Albert Eberhard Friedrich Schäffle

Deutsche Kern- und Zeitfragen

Albert Eberhard Friedrich Schäffle

Deutsche Kern- und Zeitfragen

ISBN/EAN: 9783743370746

Hergestellt in Europa, USA, Kanada, Australien, Japan

Cover: Foto ©ninafisch / pixelio.de

Manufactured and distributed by brebook publishing software (www.brebook.com)

Albert Eberhard Friedrich Schäffle

Deutsche Kern- und Zeitfragen

Deutsche

Kern- und Zeitfragen.

Von

Albert Schäffle,

Doktor der Staatswissenschaften.

Berlin.

Ernst Hofmann & Co.

1894.

Vorwort.

Die „Kern- und Zeitfragen“ sind anders und — ich darf es wohl sagen — erheblich mehr geworden, als sie ursprünglich werden sollten.

Als die geehrte Verlagsbuchhandlung an den unterzeichneten Verfasser die erste Aufforderung zu dieser Schrift richtete, war zunächst nur an die zusammenfassende Herausgabe einer Anzahl von bereits gedruckten, namentlich der in der „Zukunft“ (Berlin) abgedruckten, kleineren Arbeiten (vergl. S. 296 ff., 426 ff. u. s. w.) gedacht gewesen. Es sollten „gesammelte Aufsätze“, zwar nicht fachwissenschaftlicher Art, wie das meine zwei kleinen Bände „Gesammelte Aufsätze“[1]) sind, sondern populärwissenschaftlicher Art werden. Der Verfasser hatte zuerst bloß auf gemeinverständliche Gesammtdarstellung einer Reihe von ihm schon behandelter großer Grundfragen der Zeit, welche in den Kreis der Staatswissenschaft und der politischen Oekonomie fallen, das Absehen gerichtet, und zu Weiterem wäre demselben der Entschluß wohl auch sehr schwer gefallen. Die wirkliche Ausarbeitung hat dann aber doch viel weiter getrieben. Zwar ist an dem Plane gemeinverständlicher, populärwissenschaftlicher, allen gelehrten Apparat abbrechender Darstellung festgehalten worden, aber dem Inhalte nach wurde in drei Richtungen viel weiter ausgegriffen. Einmal sind, namentlich in der ersten Hälfte, die Ergebnisse weiterer, m. W. sonst in dieser Weise nicht gepflogener Untersuchungen, namentlich über Verfassungspolitik und Volksvertretung, dieser Schrift einverleibt

---

[1]) Tübingen, Laupp.

worden. Sodann ist, was schon gedruckt war, fast durchaus und bedeutend umgearbeitet. Endlich ist um das Neue und das umgearbeitete Alte das einheitliche geistige Band geschlungen und die Gesammtheit der, wie die Inhaltsübersicht zeigt, sehr mannigfaltigen Ausführungen vom weitesten Horizont als großes Ganzes zu umfassen gesucht worden. Sohin wird diese Schrift nicht bloß nach ihrer Darstellungsweise, sondern auch ihrem Inhalte nach den Charakter eines selbständigen und originalen Gedankengewebes beanspruchen dürfen.

Dieselbe wird auch befugt sein, von sich zu sagen, daß sie den schwierigsten und umstrittensten Fragen nicht nur nicht ausgewichen ist, sondern dieselben in furcht-, leidenschafts- und parteiloser Behandlung mit Vorliebe aufgesucht hat. Wenigstens ist dies das aufrichtige und angelegentliche Bestreben des Verfassers gewesen.

Stuttgart, Ende Oktober 1893.

Dr. Schäffle.

Inhaltsübersicht.

Kern und Wesen unseres Zeitalters.

Kern- und Zeitfragen will diese Schrift behandeln. Kern- und Zeitfragen überhaupt, nicht die, nicht alle Kernfragen unserer Epoche.

Zwar ist jedes Zeitalter des Volks- und Völkerlebens auf allen Gebieten seiner Gesammtgesittung von Kernfragen bewegt, und es sind stets Kernfragen theils des Ausbaues der Verfassung im Ganzen und der Organisationen im Einzelnen, theils Kernfragen der lebendigen Volksarbeit in allen Zweigen der Kultur; auch diese Schrift hat es mit beiderlei Fragen zu thun. Doch nicht alle, nicht die Kern- und Zeitfragen des Verfassungs- und Gesittungslebens auf sämmtlichen Gebieten des neuzeitlichen Volksdaseins sind es, mit welchen diese Schrift sich beschäftigen will. So wenig hier in Abrede gestellt wird, daß unser Zeitalter auch in seinem religiös-kirchlichen, seinem erzieherischen, seinem wissenschaftlichen und künstlerischen, seinem ästhetischen und geselligen, seinem technischen, seinem familienhaften Sein und Arbeiten von Grundfragen bewegt ist, welche den Kern- und Zeitfragen aller übrigen Gebiete der Gesittung nicht das Geringste an Bedeutung nachgeben, so will doch die folgende Kette von Einzelausführungen hauptsächlich mit Fragen von staatlicher Bedeutung, mit Fragen der auswärtigen Politik einschließlich der Kolonial- und der Handelspolitik sich befassen und volkswirthschaftspolitische, socialpolitische und finanzpolitische Hauptprobleme umspannen. Und auch solche nur unter Auswahl der wichtigsten, dem deutschen Horizont nächstgelegenen, dem Verfasser fachwissenschaftlich vertrautesten Grundfragen.

Jedoch nur mit Kernfragen unseres Zeitalters, mit Kernfragen der Gegenwart und der einigermaßen noch absehbaren Zukunft wird diese Schrift sich beschäftigen. Die Geschichte vergangener Verfassungszustände, Organisationen und Kulturinhalte wird nicht weiter berührt werden, als es erforderlich ist, um die ausgewählten Kernfragen unseres Zeitalters nach ihrer Eigenthümlichkeit und Besonderheit gründlicher zu verstehen, namentlich aber auch, um stets den weitesten Horizont und den einheitlichen Zusammenhang zu finden und zu behaupten.

Da ist denn vor Allem zu fragen: Was ist unser Zeitalter? Was macht den Kern und das Wesen unserer Epoche aus?

Die menschliche Gesellschaft hat mit ihrem Verfassungswesen, wie mit ihrer Lebensarbeit große Epochen bereits hinter sich. Unser Zeitalter ist für die Völker alter Kultur in Verfassung und Gesittung schon ein spätes Zeitalter. In eigenthümlichen Verfassungs= und Organisationsformen lebt es eine besondere Gesammtgesittung dar und schon führt es, noch bevor es sich ganz ausgelebt hat, die Völkerwelt noch höheren Verfassungsstufen und Gesittungsgraden in ersten Bildungsansätzen entgegen. Dieses Besondere muß man zuerst erfassen.

Die Socialwelt der Völkergesammtgeschichte oder Weltgeschichte und die Socialwelt der Völkereinzelschichten ist noch in vollem Schöpfungslauf und heute in einem volleren, reicheren, rascheren, als je früher einer war, begriffen. Die sociale Entwickelung hat da begonnen, wo die organische Schöpfung mit der Bildung thierischer Gesellschaften, mit den Herden geschlossen hat, nämlich mit der auf der Gemeinschaft der Abstammung beruhenden Horde oder Urvölkerschaft. Allein schon die Völkerschaftszeit der Menschheit hat selbst einen beim thierischen Herdenwesen ähnlich nirgends wahrnehmbaren Fortschritt, vom Herdendasein an bis zur Höhe der zwar noch ganz stammlich zusammengehaltenen, aber doch schon gegliederten Verfassung seßhafter Ackerbaupatriarchien in der Abwandlung verschiedener mutter= und vaterherrschaftlicher Zustände durchlaufen. Diese Entwickelung einer langen, „geschichtlosen" Völkerschaftsurzeit ist jedoch für die gesitteten Völker längst und weit über sich hinausgeschritten. Ueber ein zweites, drittes und viertes welt= und volksgeschichtliches Zeitalter mit eigenthümlichen, immer höheren und reicheren Verfassungsbildungen und Gesittungsinhalten hinweg sind die alten Völker hoher Kultur in eine fünfte Epoche eingetreten, welche in unserem Zeitalter als moderne oder neustzeitliche Gesellschaft sich aufbaut und auslebt.

Dieser ganze Entwickelungslauf einer geistig ausgewirkten, einer ethisch, nicht physiologisch=organisch zusammengehaltenen socialen oder volklichen Schöpfung, welche aus und über der anorganischen und organischen Naturschöpfung sich erhoben hat, hält immerfort dieselbe Richtung ein, indem sie die in der Horden= oder Völkerschaftsvorzeit herrschend gewesene Gleichartigkeit der Volksbestandtheile und der Volksarbeiten einerseits in immer größere Mannigfaltigkeit der Ver= fassungsformen und Gesittungsfunktionen verwandelt und indem sie andererseits die steigend mannigfaltigen Theile zu immer höheren Stufen der Einheit und Ganzheit dieser Theile verfassungs= und leistungsmäßig zusammenfaßt. Es ist ein unaufhörlicher Fortschritt zugleich der Differenziirung der Theile und Functionen und zugleich der Integration und Individuation, der Gliederung zur Einheit, der Arbeitstheilung und der Arbeitsvereinigung im aller= weitesten, nicht bloß wirthschaftlichen Sinne des Wortes Arbeit, im Sinne vielmehr der lebendigen Gesammtgesittung.

Dieser Geschichtslauf einer noch fortschreitenden und sich immer mehr beschleunigenden Socialschöpfung wird, obwohl er ebenso viele und eigenthümliche Kulturgrade als Verfassungs= oder Organisations= grade aufweist, doch nach den letzteren abzustufen sein, wenn man klar darüber werden will, was Kern und Wesen unseres Zeitalters aus= macht. In der Zusammenfassung der Theile zur Einheit, in der „Verfassung" des Ganzen zum Einen und Untheilbaren, kurz in der Individuation zum Staat finden die Völker als Gesammt= wesen ihren Ausdruck. Und in der Graduation, im Stufenbau der staatlichen Verfassungsgeschichte erhalten die Zeitalter je ihre besondere Signatur.

Nun sind, sowohl was die staatliche Gesammtverfassung, als was die in letzterer zusammengehaltenen besonderen Organisationen und Lebensinhalte der einzelnen Gesittungshauptgebiete betrifft, bis jetzt fünf Weltgeschichts= und Völkergeschichts=Hauptstufen auf= einander gefolgt: Die Stufe des Völkerschaftszeitalters oder die „Volkszeit" im eng. S. d. W., dann die Stufe des feudalen, stände= staatlichen, ämterstaatlichen Zeitalters, weiter die Stufe des „civitätischen" bürgerschafts= oder stadtstaatlichen, im eng. S. „poli= tischen" Zeitalters[1]), ferner die Stufe des länderstaatlichen oder terri=

---

[1]) Althellenisch polis, römisch civitas.

torialiſtiſchen Zeitalters, endlich die Stufe der „modernen" oder neuſt-
zeitlichen, d. h. der volklich-großſtaatlichen nationalen und der
völkergeſammtſtaatlichen Verfaſſungsbildungen. Die dritte Stufe hat,
wie ſich bald zeigen wird, weltgeſchichtlich im klaſſiſchen Alterthum,
volksgeſchichtlich am Schluß des chriſtlichen Mittelalters gegipfelt.
Die vierte und die fünfte Stufe ſind erſt in der Neu- und Neuſtzeit
erklommen worden. Erſte Anſätze zu einer ſechſten Stufe, welche
als höhere ſtaatliche Vereinigung zwiſchen Nationen und Geſammt-
ſtaaten der fünften Stufe auftreten müßte, ſind, wie beſonders nach-
gewieſen werden wird, anſcheinend bereits wahrzunehmen. Den fünf
Verfaſſungszeitaltern entſprechen höhere, ſteigende Geſittungsgrade
der lebendigen Geſammtgeſittung in allen Bereichen der Volks- und
Völkerarbeit, namentlich auch beſondere Stufen der Rechtsbildung:
altes Volkrecht, Lehenrecht, Stadtrecht, Landrecht, Nationalrecht.

Das fünfte, höchſte, bis jetzt neueſte Zeitalter iſt unſer Zeitalter. Daſſelbe iſt über den Ausgangspunkt der „Volkszeit" oder
Stammgemeinſchaftszeit ungeheuer weit hinausgeſchritten, aber andererſeits nach Aufbau und Lebensinhalt vom denkbaren Endziel
einheitlich menſchheitlicher Verfaſſungs- und Geſittungsentwickelung
wohl nicht minder weit entfernt. Unſer Zeitalter hat ſich nämlich
ſtaatlich noch keine Menſchheitseinheit gegeben, ſondern iſt international zerriſſen. Dennoch iſt es ein Zeitalter der allgemeinen
Völkerannäherung und des Zuſammenſchluſſes zum vollen Weltverkehr, wie kein früheres Zeitalter der Weltgeſchichte und Volks-
geſchichte es geweſen iſt. Die völkerſchaftszeitlich urſprüngliche
Gleichförmigkeit der ſtammlichen Volksbeſtandtheile iſt einerſeits einer
hochgradigen Gliederung und Vermannigfaltigung aller wirkenden einzelnen und geeinten, elementaren und zuſammengeſetzten Kräfte,
andererſeits einer hochgradigen Vereinheitlichung und Zuſammen-
faſſung in weſentlich nicht ſtammes- oder familienrechtlichen, ſondern
kunſtgeſchaffenen, reichen Geſtaltungen des öffentlichen und des
privaten Rechtes gewichen.

Ethiſch iſt der Grundzug unſeres Zeitalters zwar im Grunde
daſſelbe geblieben, welcher er immer und ſchon in der Völkerſchaftszeit geweſen iſt: einerſeits und objectiv Erhaltung und Vervollkommnung der Volksgemeinſchaft und aller ihrer Glieder bis zum
letzten Individuum herab, andererſeits und ſubjectiv die Beglückung
durch Gemeinſchaft und im Dienſt für die Gemeinſchaft, in der Arbeit

der Selbsterhaltung und derjenigen der Berufserfüllung. Unser Zeitalter wird im Grunde nicht ethischer und nicht unethischer, und es wird,
was Th. Waitz in seinem großen Werk über die Naturvölker erwiesen
hat, nicht glücklicher und nicht unglücklicher sein als es heutige Naturvölker noch sind, und die untergegangenen oder verwandelten Völkerschaften der Urzeit es waren. Allein der besondere Inhalt der
Vervollkommnung und der Beglückung der Volksgemeinschaft nach der
ganzen Gliederung der letzteren ist nicht bloß dem Völkerschafts-,
sondern auch dem Feudal-, Stadtstaats- und Länderstaats-Zeitalter
gegenüber, dennoch ein völlig veränderter, er ist weit reicher, vielseitiger,
intensiver geworden. Dieser Inhalt besteht eben in der Vollendung
der Verfassung, der Organisation und der Gesittung einer gesammt-
volklichen, nationalen Gemeinschaft, sowie in der Vorbereitung
höherer internationaler, nur nicht schon menschheits-einheitlicher Verfassungsbildung, Organisation und Kultur.

Unser Zeitalter ist zwar ferner, wie jedes frühere, das Erzeugniß
der Auswirkung geistbestimmten Lebens durch geistige Kräfte,
Verwirklichung einer im socialen Schöpfungslauf aus einem unbekannten geistigen Woher auftauchenden und zu einem unbekannten
geistigen Wohin führenden irdischen Ideenwelt. Allein der ideale und der
technisch-praktische Geist unseres Zeitalters ist unvergleichlich reicher,
mannigfaltiger, eigenartiger als derjenige jedes früheren Zeitalters.

Unser Zeitalter ist ferner auch das Ergebniß des selbst alle
Völkerentwickelung durchziehenden und tragenden, „natürlich züchtenden" Daseinskampfes, der Niederschlag eigenthümlich socialer
Auslese oder Selection. Die Socialauslese unserer Epoche ist
inhaltlich dennoch eine ganz andere, unvergleichlich fruchtbringendere,
an Raschheit und Fülle der Völker-Entwickelung reichere, im Vergleich
mit der eigenthümlichen Socialauslese jedes früheren Zeitalters
geworden. Sie ist noch immer nicht frei von Brutalität, Gewalt-
thätigkeit und List, aber sie weist, was die socialen Streitkräfte,
Streitanpassungen, Streitführungsweisen, Streitentscheidungsarten
und Streitwirkungen betrifft, einen ungeheuren Fortschritt an echt
menschlicher, friedlicher Führung des socialen Daseinskampfes auf.
Dies wird sofort erhellen.

Das macht nach den ersten Grundstrichen Kern und Wesen
unseres Zeitalters aus!

Kernfragen der Entwickelungsweise oder Socialauslese unseres Zeitalters.

1. Die Socialauslese als Entwickelungsfunction.

Auch die Entwickelung der Socialwelt wird, wie bereits angedeutet ist, durch den Proceß eines vielgestaltigen, natürlich züchtenden Kampfes ums Dasein, d. h. durch Socialauslese (Socialselection) vermittelt und bedingt. Nur nimmt dieser Proceß eine ganz andere Gestalt an als in der organischen Welt. Und nicht die eigentliche Verursachung des Fortschrittes und des Rückschrittes bedeutet derselbe, sondern nur eine unumgängliche und unverbrüchliche Ordnung der Entwickelungsvorgänge stellt er dar. Bewirkt und verursacht ist die wirkliche Gesellschaftsentwickelung durch das immer reichere Aufleuchten und immer leichtere Durchdringen von Ideen und von praktischen, technischen Erkenntnissen. Der „Mechanismus der socialen Auslese" leistet diesem Aufleuchten und Durchdringen Vorschub. Allein die treibende Kraft des Fortschrittes ist nicht die Socialauslese selbst. Das ist vielmehr der Geist, welcher Zeiten und Völker bewegt. Von diesem weiß man nicht, von wannen er im Guten und im Schlimmen kommt und wohin er führt. Dieser Geist, eine fortlaufende Offenbarung umfassendster, nicht bloß religiöser Art, taucht von jenseits unserer Erkenntnißsphäre auf, und das Wohin, auf welches er zum Abschluß seiner diesseitigen Wirkungen zielt, ist nicht minder unbekannt. Wie in der Kunstentwickelung das Bild einer sixtinischen Madonna geistig entsteht, wie ein Tongewebe sich innerlich wiebt, wie ein großer wissenschaftlicher Gedanke wird, wer weiß es, der je einen neuen Gedanken gehabt hat? Gewiß ist nur, daß die Ideen und praktischen Erkenntnisse es sind, welche den Fortschritt bewirken.

Nicht das Treibende zwar, aber ein ausnahmslos Bedingendes und Vermittelndes für den Fortschritt und für den Rückgang im Laufe der zweiten, unabgeschlossenen socialen Schöpfung ist dennoch die Socialauslese. Letztere wirkt wie ein allgemeiner Reibungsapparat der Entzündung, wie eine allgemeine Bewegungseinrichtung des socialen Fort- und Rückschritts.

Dieser Entwickelungsapparat ist aber selbst der Fortbildung und Rückbildung unterworfen. Er gestaltet sich eigenthümlich für jedes Zeitalter, und ohne Kenntniß aller Eigenthümlichkeiten des „Webstuhles der Zeit" versteht man die Zeit nicht, vermag man die Kernfragen der Epoche weder richtig stellen, noch glücklich lösen zu helfen. Wie vermöchte man z. B., um nur wenige Kernfragen unseres Zeitalters heranzuziehen, ohne Kenntniß der eigenthümlich modernen Socialauslese sich Urtheile zu bilden über allgemeine Abrüstung und ewigen Frieden, über das Recht zur Bevormundung halbcivilisirter Völker in der Kolonialpolitik, über das Recht der kapitalistischen Minderheits- oder der socialistischen Mehrheitsübermacht, über die Knebelung von Konfessionen, Klassen, Rassen durch Ausnahms= gesetze u. s. w.!

Es gilt daher, die eigenthümliche Entwickelungsweise oder Socialauslese unseres Zeitalters zu erkennen. Dazu gehört aber voraus das Verständniß der Socialauslese überhaupt.

2. Der allgemeine Thatbestand der Socialauslese.

Dieser Thatbestand ist von mir im Band II meines Werkes „Bau und Leben des socialen Körpers" bis ins Einzelne festgestellt. Jedoch ohne schärfere Betonung der Abwandlungen, welche seine Erscheinungen im Durchgang durch die verschiedenen Geschichts= zeitalter erfahren haben. Hier wird daher nur der allgemeine Thatbestand der Socialauslese in Grundstrichen aufs Kürzeste vorgeführt, aber die geschichtlich fortschreitende eigene Ent= wickelung dieses allgemeinen Entwickelungsapparates der socialen Schöpfung desto nachdrücklicher angedeutet werden. Einige sehr kurze Wiederholungen dessen, was ich an anderem Orte über Socialauslese ausgesprochen habe, kann ich hierbei allerdings nicht vermeiden, wenn mir eine tiefere Grundlegung der „Kern= und Zeitfragen" für den zu erhoffenden nicht fachmännischen Leserkreis dieser Schrift gelingen soll.

Die sociale Entwickelung erfolgt in der That, ähnlich wie der Fortschritt in der organischen Schöpfung, auf Grund unaufhör= licher Veränderungen, Anpassungen und Vererbungen durch die Machtentscheidungen des Daseinskampfes. Der Boden ist der sociologischen mit der zoologischen Entwickelungslehre gemein. Allein der gesellschaftbildende Daseinskampf der Menschen unter sich und mit der Natur zeigt dem Blick sofort eigenthümliche Sub= jekte, Ordnungen, Interessen, Objekte, Kampfmittel, An=

passungs= und Vererbungsformen, eigenthümliche Arten und Folgen der Daseins= und Interessenkämpfe. Auf der Eigenthümlichkeit der Ausgestaltung aller dieser Umstände des allgemeinen Auslesevorganges beruht aber auch die Eigenthümlichkeit der durch sie ausgewirkten ächt menschlichen Gesellschaftsbildung, das besondere Wesen der Civilisation in jeder Gegenwart und jeder Zukunft.

Darwin hat bereits die Thatsache hervorgehoben, daß die Socialauslese selbst einer fortschreitenden Entwickelung zu höheren Formen unterliege; denn „nicht so wie es wilde Stämme thun", meint er, führen wir den socialen Daseinskampf. Dennoch unterliegt die ganze Entwickelung der Menschheit ohne Einschränkung einer natürlich züchtenden Auslese. Aus den Machtentscheidungen des sozialen Daseinskampfes gehen Fortbildungen und Verbildungen hervor. Die sociale Entwickelung ist bis zu ihren höchsten Thatsachen, bis zur Entstehung, Vergrößerung und Auflösung der Staaten, das Ergebniß von gewaltthätigen Zusammenstößen und listigen Uebervortheilungen, aber auch und immer mehr von gewaltlos friedlichen Interessenkämpfen und Rivalitäten. Auch über diesen Kämpfen ist wirklich keine einheitlich und planmäßig leitende Hand für die Wissenschaft sichtbar. Man hat daher die soziale Entwickelung auch als Produkt der „natürlichen" Zuchtwahl des auslesenden — wenn auch eines eigenthümlich auslesenden — Daseinskampfes anzusehen. In vollem Maße, nicht, wie Darwin sagt, „in untergeordnetem Grade", hängt „der beständige Fortschritt der Civilisation von natürlicher Zuchtwahl ab".

Präge man sich nur die eigensten Grundzüge der Socialauslese, wie solche von der Urzeit bis zur Neuzeit sich gestaltet hat, scharf ein!

Der sociale Daseinskampf wird von demjenigen Lebewesen, welches nach Aristoteles „mehr gesellschaftlich ist als jedes Herdenthier", d. h. vom Menschen nicht bloß mit dem Einsatz persönlicher, geistiger und leiblicher Kräfte geführt, sondern auch in der Bewaffnung und Ausrüstung mit Sachgütern, mit Vermögen.

Die eingesetzten persönlichen Kräfte sind schon in der Völkerschaftszeit wenigstens geistig unvergleichlich stärker als diejenigen, welche die Individuen der nicht völkerschaftlich lebenden und der völkerschaftlich und herdenmäßig lebenden Thierarten zur Verfügung haben. Von Entwickelungsstufe zu Entwickelungsstufe wächst die

Summe dieser persönlichen Kräfte zu einer Größe und Stärke an, welche Alles, womit das Thier immerfort gleich seinen Daseinskampf kämpft, unendlich weit hinter sich zurückläßt. Auch der Angehörige der untersten Klasse stellt heutzutage eine persönliche Streitkraft dar, mit welcher der Angehörige einer menschlichen Horde, geschweige einer thierischen Herde nicht in Vergleichung kommen kann.

Zur persönlich höheren Ausstattung kommt die Bewaffnung mit Sachgütern, mit Vermögen. Diese Verstärkung von außenher und nach außen hin ist kaum in Andeutungen innerhalb des Thatsachenkreises thierischen und thiervölkerschaftlichen Kampfes ums Dasein anzutreffen. Schon was in der menschlichen Völkerschaftszeit an Waffen, Werkzeugen, Kleidern, Hütten, Viehbeständen, zuletzt an Feldern gewonnen wird, stellt eine äußere Rüstung von gewaltiger Wirkung dar. Und welche riesige Entwickelung erfährt diese Ausrüstung, bis sie in unserem Zeitalter zu den vielen Milliarden öffentlichen und privaten Vermögens ausgewachsen ist! Vom Feudalalter an bis in unsere kapitalistische Zeit ist es die Kombination von Vermögensmacht mit persönlicher Ueberlegenheit, was die Schichtung in herrschende und dienende Klassen mit immer höherer Spannung der Standes- und Klassengegensätze hervorbringt. Der Fortschritt über diese Schichtung hinaus bildet in der „socialen Frage" eine Kernfrage, nach der Anschauung Vieler die Kernfrage unseres Zeitalters.

Der Mensch kämpft seinen Daseinskampf mit der Natur wie mit dem Menschen. Der Kampf mit der Natur ist theils ein Angriffs- und Eroberungskrieg zur Erwerbung der Sachgüter, theils ein Abwehr- oder Sicherungskampf gegen Thiere, Pflanzen, Elementarkräfte schädlicher Art. Schon im ältesten Hordenzustand des Jägervolkes stellt der Erwerbskampf, wie der Sicherungskampf, verglichen mit der organischen Welt, ein Ringen höherer geistiger Art dar. Wie erst in der Volkswirthschaft unserer Tage, namentlich in der Industrie, welche nach ihrem Hauptbestande längst nicht mehr stammlich familienhafter Gewerbefleiß ist, auch nicht mehr Gewerbefleiß im Hause des Feudalherrn und des Kunden, ferner nicht mehr Handwerksfleiß wie in unserem bürgerstaatlichen Mittelalter, selbst nicht mehr kaufmännisch verlegter Gewerbefleiß (Manufaktur-, Verlags-Gewerbefleiß), wie in der territorialistischen Epoche, sondern kapitalistischer Gewerbefleiß, Fabrikindustrie, Erzeugung auf Rechnung von Unternehmern für den großen Markt geworden ist.[1]

Der Mensch führt den Daseinskampf nicht bloß mit der Natur und mit Lebewesen anderer Art, sondern mit dem Menschen, mit seinesgleichen. Mit volksangehörigen und mit volksfremden Menschen, mit inneren und mit äußeren Feinden. Jedoch nicht bloß mit Gewalt und List, sondern auch mit anderen immer höhere Gemeinschaft erzeugenden Mitteln! Von der Zeit der Steinbeil- und Knochenbewaffnung an bis zur heutigen Zeit der Kruppkanone und der Weltkonkurrenz, welcher Fortschritt in der kriegerischen und in der friedlichen Streitführung des Menschen mit dem Menschen!

Unvergleichlich reich sind und immer reicher, gewaltiger geworden sind auch die Formen in der Organisation der Personen und der Güter zu socialen Streitkräften. Was im menschlichen Daseinskampf schon auf der Stufe des Hordendaseins anzutreffen ist, kommt im Thatsachenbereich des thierischen Ringens ums Dasein entfernt nicht ebenso vor. Zwar streitet im Hordenzustand noch überwiegend die Gesammtheit der gleichen Einzelnen. Es ist ein Haufenkampf ohne Gliederung der Streitkräfte und ohne eigentlich staatliche Einheit in der völkerschaftlichen Gesammtmacht. Allein im Kampfe ums Dasein ist schon die Horde, dieser individualitätslose Menschenhaufen, jeder thierischen Herde überlegen: siegreich kämpft die Horde gegen die Herde, deren größter Feind der Mensch und schon der Urmensch geworden ist. Und dann, welche gewaltige innere Gliederung und höhere Vereinigung socialer Streitkräfte entsteht allmälig und zwar in demselben Maße, als die ungegliederte Stammgemeinschaft auf die moderne Familie sich einengt! Auf der einen Seite die größte Mannigfaltigkeit gebildeter, individualisirter Einzelpersonen, auf der anderen Seite organisirte Gesammtkräfte aller Art. Hier Gesammtkräfte des öffentlichen Rechtes: der Staat sowie die Kommunalkörperschaften und die Berufskörperschaften; dort Gesammtkräfte des Privatrechtes: Vereine, Genossenschaften, Gesellschaften, namentlich Handelsgesellschaften! Doch auch die Abstammungsgemeinschaft, ursprünglich Alles, ist freilich als individualisirte, moderne Familie -- noch wirksam und steht

---

[1] Die vorzügliche Nachweisung der fünf Entwickelungsstufen des Gewerbefleißes s. bei K. Bücher, Entstehung der Volkswirthschaft.

als eine ebenso bedeutende wie allgemeine Collectivkraft im Streite der socialen Wechselwirkungen. Nur allmälig erfolgt die immer höhere Individualisirung der Einzelstreitkräfte und die immer mannigfaltigere Entwickelung aller Arten collectiver Streitkräfte des öffentlichen und des privaten Rechtes bis zur Höhe unseres Zeitalters hin. Aber jede Art von Streitkräften, jede Art von Einzel= und jede Art von Gesammtkräften wirkt an besonderem Platze am meisten, und der Fortschritt beruht auf der Thätigkeit aller Kräfte je an ihrem rechten Orte. Es ergiebt sich, wozu kein Seitenstück im Thierleben sich findet, eine ganze Reihe geschichtlich in fortgesetzter Veränderung und Fortbildung begriffener socialer Macht= und Subjektformen, Familien=, Individual=, Associations=, Korporations=Einheiten, neben dem Staat. Die fortdauernde Arbeit der socialen Auslese im Daseinskampf mit der Natur, mit Feinden und mit bürgerlichen Rivalen bringt je am rechten Ort die wirksamsten Subjekt= und Machtformen zur Geltung und Entwickelung. Die stärkste siegt. Für verschiedene Aufgaben erweisen sich bald Individuen, bald Privatverbände, bald Selbstverwaltungskörper als die stärkere Kraft. Die verschiedenen Formen socialer Streitkraft kommen daher nebeneinander zur Anwendung, jede an den Orten ihrer besonderen Wirksamkeit. Durch ihre Macht, ihre im Daseinskampfe sich bewährende Tüchtigkeit kommt jede zur Geltung. Die Ausbreitung der Individual= und der Familienthätigkeit, die Begrenzung des Geltungsgebietes aller so verschiedenartigen Verbände des privaten und des öffentlichen Rechts ist selbst ein Ergebniß natürlicher Socialauslese. Die größte Gesammtkraft zum Leben erhält ein Volk nicht durch Aufsaugung aller Kräfte in die einheitliche Staatsmacht, sondern durch verhältnißmäßige Ausbreitung auch der Individual=, Privat=, Vereins= und Selbstverwaltungsthätigkeit je im Gebiete ihrer größten spezifischen Wirksamkeit.

Auch die Socialauslese beruht auf den Elementarvorgängen der Veränderung (Variation), der Anpassung bezw. Verbildung und der Vererbung. Allein auch diese Erscheinungen sind wieder völlig eigenartige und desto mehr gewaltige, je höher die sociale Entwickelung schon gediehen ist.

Die Variation wird immer mehr zweckbewußte Aenderung. Die Anpassung gestaltet sich immer mehr als private und als gesammtheitliche Bildung, Erziehung, Schulung, Uebung, als An=

eignung einer immer wirksameren und reichhaltigeren Technik. Auch
die Erscheinungen der Vererbung erweisen sich als völlig eigenartig und nehmen einen stets höheren Entwickelungslauf. Die leib-
liche Fortpflanzung ist zwar auch social ein wesentliches Mittel
der Vererbung, aber nicht das einzige. Tradition von Vermögen
durch die Erbschaft im e. S. des Wortes, Tradition des ganzen
Bildungsschatzes der Vergangenheit und der neuzeitlichen Ideen
durch Ueberlieferung, Uebung, Unterricht, Propaganda,
kommt hinzu. Was die Vermögensvererbung betrifft, so werden nicht
blos elterliche und verwandtschaftliche Vermögen den Leibesnach-
kommen übergeben, sondern Anstaltsvermögen den Berufsnachfolgern
zur Handhabung ausgefolgt. Die ganze Gesellschaft betheiligt sich
bei den rationell beherrschbaren Vererbungsvorgängen, damit möglichst Viele die geistig beste Anpassung erhalten, welche zuerst nur
ein Einzelner erworben hatte: Unterricht, Volksbildung, Erziehung,
Gymnastik, Exercitium, öffentliche Darbietung der Bildungsschätze
in allgemein zugänglichen Bibliotheken und Gallerien treiben weit
über private Leibesvererbung hinaus und gestalten sich zu allgemeiner Ausbreitung der besten persönlichen Anpassungen und der
der geistigen Bildung zu Grunde liegenden Nervenanpassungen. Auch
der Vererbungsproceß erhebt sich in der socialen Welt zu einer
Collectivaction, er ist hier geistiger geartet und inhaltsvoller.
In Folge dessen überwiegt mit steigender Civilisation immer mehr
die in der naturwissenschaftlichen Selectionslehre sogenannte „pro-
gressive Vererbung" der Neuanpassungen die „konservative
Vererbung". Die Propaganda der Neuerung gewinnt Macht gegen
bloße Tradition des Herkömmlichen. Dieser Umstand hat wieder
wesentlichen Antheil an dem rascheren Fortschritt menschlich socialer
Entwickelung.

Die Art der Streitführung treibt in der Socialauslese
überhaupt ganz andere Erscheinungen hervor, als natürliche Zuchtwahl in der thierischen Schöpfung sie wahrnehmen läßt. Die Erscheinungen socialer Streitführung nehmen sodann mit jedem höheren
Zeitalter besondere, stets großartigere, der fortschreitenden Entwickelung immer günstigere Gestaltung an bis herauf in unsere Tage
großartigen kriegerischen und friedlichen Ringens großer Völkerkreise miteinander.

Die Streitführung in der Socialauslese ist zwar auch Streit

der Gewalt und der List, Krieg, Krieg nach außen und „innerer Krieg“: Krieg jedes Volks gegen die Verbrecher und gegen andere Gesammt-feinde, welche im Schoße der Volksgemeinschaft sich aufhalten. Doch wird der Streit immer mehr ein friedlicher, sowohl zwischen den Völkern als innerhalb jedes Volkes. Wenn der Frieden mehr als die Abwesenheit des gewaltthätig geführten Streites, wenn er die Abwesenheit alles Streites zu bedeuten hätte, so würde es Frieden überhaupt nicht geben. Streit besteht immer und überall in der Social-welt. Aber nicht durchaus, sondern fortschreitend immer weniger der brutale, bestiale Gewaltstreit. Vielmehr der gewaltlose, der fried-liche Streit erlangt immer mehr das Uebergewicht. Streitfrei ist selbst das Leben des allgemeinen Friedenshortes, des Staates nicht; in der That giebt es streitvolleres Leben nicht als das politische, und so streitbewegt, wie das politische Leben unseres demokratischen Zeit-alters war das Staatsleben keiner früheren Zeit. Dieses Zeitalter ist eben darum, weil der Streit den Fortschritt natürlich züchtet, auch das fortschrittlichste geworden. Der Frieden ist nur ein Zustand der Niederbeugung von Gewalt und Ueberlistung zwischen Menschen, aber kein Zustand der Abwesenheit aller Interessengegensätze, kein Stillstand alles Ringens, kein Ruhen alles Meinungsstreites. Das wäre ein Kirchhofsfriede, die Stille des Grabes und des Ruhens aller Entwickelung. Davon zu schweigen, daß gegen die äußere Natur stets und gegen Feinde im äußeren und inneren Kriegszustand der Streit der Gewalt und der Ueberlistung fortdauert. Allerdings wiegt zwischen Menschen der „friedliche“ Streit, der Wettkampf, welcher durch Auswahl und Urtheil Dritter —, und der Kampf auf Concessionen und Compromisse, der durch Vertrag der Streiten-den Entscheidung findet, immer mehr vor.

Eigenthümlich sind auch die Triebfedern der Streiterregung im Bereiche der Erscheinungen der Socialauslese. Es ist nicht bloß der Trieb zur Befriedigung der sinnlichen Bedürfnisse, was socialen Streit mit der Natur und zwischen den Menschen entzündet, auch ideale Interessen erregen denselben. Nicht bloß das Daseinwollen überhaupt treibt Alle täglich und stündlich zur Streiterhebung, son-dern auch das bevorzugte Daseinwollen, das Mehr- und Besser-habenwollen, jene von den Alten sogenannte „Königstugend der Pleonexie“, welche mit der unaufhaltsam zunehmenden Demokrati-sirung schon in unserem Zeitalter zur allgemeinen Volkstugend und theilweisen Volksuntugend geworden ist. Um materiell bevorzugte Stellung oder Reichthum, um sociale Mehrgeltung, Ehre, Ruhm, Herrschaft, um das Durchsetzen von Ueberzeugungen wird in immer größerem Maßstabe und immer allgemeiner gerungen. Der Selbsterhaltungstrieb in allen seinen Aeußerungen — als Nahrungstrieb, als Geschlechtstrieb, als Streben nach bevorzugter Existenz, zuletzt als Streben nach bürgerlicher Gesammterhaltung, als Gemeinsinn — erweckt täglich millionenfältigen Streit. Der Fortschritt des materiellen Reichthums, der politischen Macht, der Wissenschaft, der Kunst, der Religiosität, der Vernunft und Sprache taucht zwar aus dem inneren Quell des Volksgeistes und der Einzelgeister hervor, aber dieses Emporquellen ist eine „Offenbarung", welche durch die natürliche Zuchtwahl vermittelt ist.

Die Factoren der Streitentscheidung — liegen in der Socialauslese ebenfalls ganz eigenthümlich und erlangen einen Fortschritt zu unvergleichlich fruchtbarer Macht. Zwar die Entscheidung giebt stets nur die Uebermacht und Nichts als die Uebermacht. Die Macht geht selbst vor Recht, welches eben die Macht hinter sich zu haben zur allererst en Aufgabe hat. Entscheidend ist die Macht, aber nicht blos, vielmehr immer weniger die Gewalt, obwohl freilich in äußerster Instanz es immer die militärisch mechanische ultima ratio regum, gegen äußere und innere Feinde bleibt, welche zur gewaltfreien Führung der Daseinskämpfe zwingt.

Die Entscheidungen beruhen auf Uebermacht doppelter Art. Nicht blos auf Personal= und Vermögensübermacht der streitenden Einzel= und Gesammtkräfte, sondern auch auf der Uebermacht der glücklichen und der widrigen Zufälle, auf der Gunst und Ungunst der Conjunctur. In den völlig socialeigenthümlichen Erscheinungen des Spiels und der Spekulation wird mit Bewußtsein für die Gunst und Ungunst der Conjunctur selbst die Existenz eingesetzt, und jener Macht, welche selbst Napoleon I als Schlachtengott angesehen und als Sa Majesté Le Hazard bezeichnet hat, dem Zufall, werden in jedem höheren Zeitalter anscheinend stärkere Hekatomben geopfert.

Nicht weniger eigenthümlich gestalten sich die Folgen des Streites.

In einem Fall bleibt der Streit, der friedliche und der kriegerische, unentschieden. Dieser Ausgang veranlaßt beide Parteien zu besserer und stärkerer Anpassung für erneuten Kampf oder zu endgültigen Vergleichen. Der andere Fall ist mehr oder weniger entschiedener Sieg der einen, mehr oder weniger entschiedene Niederlage der anderen Partei.

Die Folge für den Sieger ist die Gewinnung der Vortheile, um welche gekämpft wurde, die Erlangung von Besitz, Herrschaft, Macht, Ehre, Autorität. Als die entschieden stärkere Partei wird das Siegreiche maßgebend für die weitere Entwickelung, erlangt es weithin Nachahmung und Verbreitung.

Das Loos, welches dem Besiegten blüht, ist ein sehr verschiedenes. In vielen Fällen erscheint fortdauernd noch immer Vernichtung als Folge der socialen Niederlage. Vorzugsweise im Sicherungs= und Productionskampf mit der Natur, im Kriege mit äußeren Feinden, im Kriege der Polizei= und der Kriminaljustiz gegen die Verbrecher und inneren Volksfeinde jeder Art. Auch der Ausgang der Vernichtung trägt negativ oder positiv zur Entwickelung durch Socialauslese bei, zur fortschreitenden Entwickelung, wenn das Lebensunfähige und Verkommene unterliegt, zur rückschreitenden, wenn dem Besseren das vae victis widerfährt.

Die Vernichtung hat je weiter zurück in der Gesellschaftsentwickelung einen relativ desto größeren Spielraum gehabt. In unserem Zeitalter bedroht zwar noch eine Nation die andere mit Vernichtung, aber die Drohung ist doch wegen des vereinten Widerstandes aller anderen fast unausführbar geworden. Wie viel milder stellt sich heutiges Kriminalrecht dar, verglichen mit der peinlichen Halsgerichtsordnung Kaiser Karls V! Wie gewaltig ist die Abwehr des Untergangs, wie er aus Elementar= und aus Socialunglück einst massenhaft hervorbrach, durch Sicherheitsanstalten, Versicherung, Sparwesen, Hygiene u. s. w. geworden!

Eine zweite Folge befürchteter oder eingetretener Niederlage ist für den Besiegten das Ausweichen an einen anderen Ort und in einen anderen Beruf. Was in der naturwissenschaftlichen Selectionslehre die Erscheinungen der Migration, das sind für die socialwissenschaftliche Betrachtung die Wanderungen und die Berufswechsel, beide häufig mit einander verbunden. Beide sind theils freiwillig und vorbeugend, theils unfreiwillig und abwehrend (Verdrängung, Zwangsisolirung, Ein= und Absperrung). Der Krieg gegen äußere Feinde endete oft genug mit Entweichen in größtem Maßstab;

das unterliegende Volk gerieth in den Strudel der Völkerwanderung oder es gab Territorialbesitzungen auf. Im Kampf der inneren Feinde und gegen innere Feinde sind freie Entfernung und gewaltsame Isolirung von gefährlichen Subjekten, Flucht der Verbrecher und Einsperrung, ganz gewöhnliche Erscheinungen. Aber auch in dem Erwerbskampf der Arbeitskräfte und der Unternehmungskapitale, im Ringen der politischen und der religiösen Parteien ist Auswanderung der Besiegten, Verlassen des bisherigen Wohnortes, Aufsuchung neuer Subsistenzorte eine ungemein häufige Erscheinung. Auswanderung und Abzug characterisiren schon einen höher führenden socialen Daseinsstreit; durch ihr häufiges Vorkommen ersetzen sie das härtere Loos der Vernichtung durch das zwar noch harte, aber relativ mildere Loos des Entweichens aus der Heimath. Sie ermöglichen eine Masse Leben. Ganz besonders in unserem Zeitalter. Die unantastbare Berechtigung der Auswanderungsfreiheit und der Freizügigkeit ist ;auf ihre wohlthätige Funktion im modernen Spiel der socialen Auslese zurückzuführen.

Eine dritte Gattung socialer Streitwirkungen ist die abweichende Anpassung, das, was die Nationalökonomen Arbeitstheilung, die Zoologen „divergente" Anpassung nennen. Auf „Divergenz" der Anpassung beruht die Mannigfaltigkeit und Lebensfähigkeit der einzelnen Organismen und der ganzen organischen Natur. Auf Arbeitstheilung, jedoch hauptsächlich auf jener Arbeitstheilung, welche in Verkehr und Gemeinschaft ausläuft, beruht alle höhere Gesellschaftsentwickelung. Zur Divergenz kommt in der socialen und nur in der socialen Auslese immer mehr die Convergenz tausendfältig verschiedener Anpassungen oder die sogenannte Arbeitsvereinigung hinzu. Allerdings findet sich auch heute die Divergenz der Anpassung als Folge befürchteter oder erlittener Niederlagen für sich allein vor; das ist die ausweichende, isolirende Divergenz der Anpassung, welche zum socialen Wachsthum, zur höheren Entwickelung der Volks- und Völkergemeinschaft verhältnißmäßig wenig beiträgt; je weiter zurück in der Gesellschaftsentwickelung, desto mehr kommt einseitige Divergenz der Anpassung vor. Der weit wichtigere Fall ist die mit jeder höheren Stufe der Entwickelung zunehmende wechselseitig nützliche Anpassung, die Divergenz verbunden mit Convergenz der Anpassung. Diese Hauptart der abweichenden Anpassung hat stets zwei Seiten: einmal die mannigfaltige besondere Anpassung, die Arbeitstheilung, sodann die Verknüpfung mit Anderen zur Lebensgemeinschaft durch Verkehr, wechselseitige Dienstleistung, Tausch, Association, Verschmelzung, Fusion, Allianz, Union u. s. w., d. h. die sog. Arbeitsvereinigung.

Die gesellschaftbildende Arbeitstheilung geht theils durch den Unterwerfungszwang des Siegers vor sich, theils durch freie Verständigung und freiwillige Anpassung. Man hat hiernach zu unterscheiden zwischen unfreier und freier Arbeitstheilung als Wirkungen des socialen Streites.

Die unfreie Divergenz der Anpassung stellt sich namentlich ein als Folge des gewaltthätigen und überlistenden Streites. Aus dem Völkerkriege und aus den Gewalt- und Ueberlistungskämpfen innerhalb der älteren Gesellschaften ging massenhaft unfreie Arbeitstheilung hervor; die Kriegsgefangenen, welche ehedem getödtet wurden, wurden Sklaven, ganze Völker wurden zu dienenden Kasten und Klassen herabgedrückt, die Masse der Volksgenossen wurde von weltlichem und geistlichem Adel in den Stand der unfreien Arbeitstheilung, der Leibeigenschaft, Frohnpflichtigkeit, Zinsknechtschaft versetzt, durch Gewaltthat, Drohung, Vermögensübermacht, Wucher, fromme List zur misera contribuens plebs herabgedrückt. Eben weil in älterer Zeit der Gewalt- und Ueberlistungskampf noch stark herrscht, so erfüllen auch durch Jahrhunderte und Jahrtausende Unfreiheit der Arbeit und herrschaftliche Ausbeutung der letzteren die Geschichte der Völker. Es ist die nicht zu überspringende Mittelstufe zwischen thierischem Vernichtungskampf und dem Kampf, welcher in freie Arbeitstheilung ausläuft. In dieser Uebergangszeit hat die unfreie Anpassung ihren großen Werth. Sie ist in hohem Maße gesellschaftsbildend, hält die Elemente, die sonst entwichen, immerhin wenn auch zwangsweise zusammen, verdichtet die Bevölkerung unter Ausbildung von Unterschieden der Arbeitskraft, schafft feste Gemeinschaft, erspart den Unterworfenen die Vernichtung, sichert den Herrschenden die ersten freien Ueberschüsse zur Ausbildung der Kriegsmacht, der Regierung, der Verwaltung, der Erziehung, des Kultus, wie zu den Künsten der Muße und des Lebensgenusses.

Die unfreie Arbeitstheilung ist in unserem Zeitalter zwar nicht ganz gewichen, aber doch nach Umfang und Grad bedeutend zurückgegangen. Restlich ist sie als internationale Erscheinung übrig

geblieben in der Kolonialbeherrschung und Kolonialausbeutung der
Natur- und Halbkulturvölker; als allgemeine nationale Erscheinung
steht sie da in der Abhängigkeit der Lohnarbeiterklasse gegen die
Klasse der Vermögensübermacht, in dem, was die Führer des
Proletariats die kapitalistische „Lohnsklaverei" nennen.

Eine viel reichere und edlere Gesellschaftsbildung geht aus der
freien Divergenz der Anpassung auf höheren Stufen der socialen
Auslese und der civilen Weltschöpfung hervor. Die freie Arbeitstheilung und Arbeitsvereinigung ist niemals Folge des Sicherungs-
und Produktionskampfes mit der Natur; dieser führt, wenn er siegreich ist, zur Vernichtung oder zu unfreier Dienststellung von Gütern
ins Vermögen des Menschen. Freie Arbeitstheilung und Arbeitsvereinigung geht in der Regel auch nicht aus den Vergewaltigungs-
und Ueberlistungskämpfen des äußeren und des inneren Krieges hervor; politische, ökonomische, persönliche Abhängigkeit und Ausbeutung
sind die gewöhnliche Folge des äußeren und inneren Krieges, wenn
diese nicht in Vernichtung und Verdrängung besteht. Nur selten sind
wenigstens in früheren Zeiten die Völkerkriege in freie Union zu
größerer Staatsgemeinschaft, die Bürgerkriege in allgemeine Freiheit
der streitenden Klassen, Stände und Konfessionen ausgelaufen. Um
so reichere Frucht der Arbeitstheilung und der Gesellschaftsbildung
tragen das Ringen um wechselseitige Verständigung durch Vertrag
und der Wettstreit: der Wettstreit um Erwerb oder die Concurrenz, der Wettstreit um Herrschaft, um Macht, um Ehre, um
Ruhm, um die freie Anerkennung, Achtung und Liebe der Mitbürger.

Der Vertrag, wenn er kein Löwenvertrag wird, beruht eben
auf wechselseitig nützlicher Anpassung; Völker und Private geben
im Vertrag einander nach, geben und empfangen durch beiderseitige
Aenderung der bisherigen Stellungen. Der Gehalt solcher Verträge
ist wechselseitig nützliche Divergenz der Anpassung; der Friede, den
Verträge stiften, der Nutzen, welchen sie der Gesellschaft einbringen,
beruht eben hierauf, gleichviel ob und wieweit sie Theilungs- oder
(und) Vereinigungsverträge sind.

Der Wettkampf, in welchem dritte Parteien zwischen den
Kämpfern entscheiden, die Gewinnconcurrenz, der Wahlkampf, die
Anstellungsrivalität, der Bewerbungsstreit jeder Art, erweist sich
desto fruchtbarer an freier Theilung und Vereinigung der Arbeit,
je mehr die privaten oder öffentlichen Urtheiler und Wähler nach

dem wahren Werthe der Wettkämpfer, der rivalisirenden Leistungen und Produkte entscheiden. Daher ist die Concurrenz und Rivalität überhaupt social fruchtbarer, als die Erstickung aller Rivalität in der Gleichheit politischer und ökonomischer Knechtschaft oder in der Isolirung, was die feudalen Kritiker der jetzt herrschenden kapitalistischen Concurrenz gewöhnlich ebenso vergessen, wie die Beklagung jeden Wettstreites durch die extremen Richtungen des Socialismus dies vergißt. Selbst wenn der Wettstreit ohne völlige Niederlage endet, veranlaßt er alle Theile zu fortgesetzter Aenderung und verbessernder Anpassung, zur Entwickelung der starken Seiten der Individualität, zur Verwerthung der besonderen Vortheile des Ortes und der Situation, wogegen schwache Positionen verlassen werden. Zwingend ist diese Wirkung, wenn die Concurrenz und Rivalität Niederlage gebracht hat. Die Niederlage im Wettstreit der Interessen und der Ideen nöthigt zu besserer Anpassung oder zum Berufswechsel, zur Verbesserung und Aenderung der Parteiprogramme, zur Neuerung und Erweiterung der Geschäfte, zur Association, Union, Verschmelzung und zum Kompromiß mit Gegnern und mit Dritten. Andersartige und bessere Anpassung hier und neue Gemeinschaft dort, Verbindungen und Verkehr sind die Wirkung des Wettstreites der materiellen, politischen und sonstigen Interessen. Specifische Ausbildung der Einzelnkräfte, Mannigfaltigkeit derselben, Verkehr, Austausch und Zusammenwirken der letzteren sind die Folge alles gegen Rückfälle in Gewalt und List möglichst geschützten Wettstreites. Die Tüchtigkeit kommt oben an, das Untüchtige muß sich bessern und anderweit nützlich machen, das Maximum von Collectivkraft entsteht.

Alles dies um so rascher, umfassender und vollkommener da, wo die Theilung und Vereinigung der ringenden Arbeitskräfte in Freiheit und mit ungebundener Berücksichtigung der Umstände stattfinden kann. Den Gipfel gesellschaftsbildender, wahrhaft civilisatorischer Wirkung erreicht daher die sociale Auslese in der Gestalt des freien Vertragskampfes und Wettstreites überhaupt, von welchem der Vertragskampf und Wettstreit kapitalistischer Art weltgeschichtlich wohl nur eine der untersten Stufen darstellen wird. Und weil nur dieser Gestaltung der socialen Auslese die größte Gesammtkraft entnommen werden kann, stellt sich die Freiheit verbunden mit dem Kampf auf freie Verständigung und mit Rivalität aller Art unfehlbar ein.

2*

Je edler das Interesse beim Wettstreit wird, je weniger einseitig um materielle Vortheile, je mehr um den Sieg hoher Ideen und um die Liebe und Achtung der Mitbürger gerungen wird, desto höher wird die Civilisation steigen, desto mehr wird Gemeinsinn gezüchtet werden, weil Rivalität dieser Art schon dem Objekte nach nicht dem zerreißenden Egoismus der Geld= und Ehrsucht Vorschub leistet. Zur Zeit haben wir ein Uebergewicht dieser höchsten und edelsten Form der Rivalität leider noch so wenig in der Politik als in der Volkswirthschaft erreicht. Allein weiter sind wir doch schon gekommen, als jedes frühere Zeitalter.

Auf Grund aller vorstehenden Betrachtungen über den allgemeinen Thatbestand der Socialauslese wird sich die Theorie der socialen Auslese in dem von mir formulirten Satz zusammenfassen lassen: Die fortschreitende Gesellschaftsbildung oder Civilisation, die höchste Stufe der Schöpfung, ist das unausbleibliche Ergebniß der menschlichen Daseins= und Interessenkämpfe, welche von individuellen und collectiven Kräften theils untereinander, theils gegen die äußere Natur, mit den wachsenden Mitteln der menschlichen Geistes=, Körper= und Vermögensausstattung und innerhalb einer durch Recht und Sitte gesetzten Streitorganisation ausgekämpft, — durch den Trieb individueller und collectiver Selbsterhaltung, durch den Fortpflanzungstrieb, durch den Eigennutz, durch gemeinnützige Verbesserungsbestrebungen erweckt und in immer höherem Grade erneuert, um Befriedigung nicht blos der sinnlichen Nothdurft, sondern mehr und mehr um ein steigendes Maß höherer materieller und ideeller Lebensansprüche geführt, — durch Zufall, durch Spiel, durch äußeren und inneren Krieg, durch freien Austrag und durch vielgestaltige Urtheilsinstanzen des Wettstreites entschieden werden,

und nothwendig dahin führen:

daß im Einzelnen die relativ besten Anpassungen sowohl angeregt als zur Herrschaft, Ausbreitung und Ueberlieferung gebracht, dagegen die relativ schlechtesten Anpassungen, die Entartungen und fremdartigen Bildungen vernichtet, wieder ausgestoßen oder zur Verbesserung genöthigt werden,

und daß im Ganzen ein wachsendes Maß geistiger und materieller Kräfte für die gesellschaftliche Führung des menschlichen Daseinskampfes sich anhäuft, daß immer mannigfaltigere Gliederung und innigere Gemeinschaft der persönlichen Arbeitskräfte, sowie der zugehörigen Güterausstattungen eintritt, d. h. daß immer mehr Gesellschaftsbildung, bürgerliche Gemeinschaft, Civilisation entsteht.

3. Die eigenthümlich neuzeitliche Gestaltung der Socialauslese.

Das Vorige hat alle Grundzüge dieser Gestaltung bereits ergeben. Der sociale Daseinskampf unseres Zeitalters ist national und international gekennzeichnet durch das Bestreben, immer mehr vom Vernichtungs- und Ausbeutungskampf zum fruchtbaren Vertragskampf und Wettstreit unter steigender Theilung und Vereinigung der Arbeit, von der Verdrängung und Isolirung zur Gemeinschaft, von der Vereinsamung der Individuen zu allseitiger Solidarität sich zu erheben. Durch die „Kern- und Zeitfragen" unserer Epoche wird eben die Vervollkommnung der socialen Auslese wie ein rother Faden sich hindurchziehen: sowohl in den Kern- und Zeitfragen der auswärtigen Politik und der Handelspolitik, als in jenen der inneren Politik.

Was sind die Grundthatsachen heutiger Signatur der Socialauslese? Es sind die folgenden: die Bildung immer größerer Gesammtkräfte durch Allianz und durch Vereinswesen, die Entwickelung von immer weiter gespannter Gemeinschaft öffentlicher wie privater Art, die Ausdehnung und Vertiefung staatlicher, kommunaler und körperschaftlicher Machtgebilde bei gleichzeitig immer höherer Individualisirung und Entwickelung aller Einzelkräfte, die Freiheit in der Solidarität und die Solidarität bei aller individuellen Freiheit, die gleichere Vertheilung von Luft und Licht für Alle im socialen Daseinskampfe: durch allgemeine Verbreitung der Bildung, durch Zurückdrängung der privaten Besitzübermacht, durch Ausbreitung öffentlichen Vermögens zum Wirken in öffentlichen Berufen, — die Verallgemeinerung der Antheilnahme am Staatsleben, die zunehmende Versicherungs- und Kreditgemeinschaft privater und nunmehr auch öffentlicher Art, die Zunahme internationaler Gemeinschaft ideeller und materieller Interessen, die Aufhebung alles Rechtes, welches die Einen im Daseinskampf bevorrechtet und die Anderen ausnahmsgesetzlich knebelt, die Zunahme des Schiedswesens, dieses und verwandte Erscheinungen sind der Ausdruck gewaltiger Vervollkommnungen in der Führung des socialen Daseinskampfes. Diese Erscheinungen gehören unserer Epoche in nie dagewesener Höhe und Ausdehnung an und darum ist sie eine Fortschrittsepoche und verspricht sie eine solche zu bleiben.

4. Ethik und Socialauslese. Recht und Sitte als Ordnungen und Ergebnisse der Socialauslese.

Unser Zeitalter ist in einer gewaltigen Umbildung überlieferter Rechtsordnungen, Sitten und Gebräuche in allen Bereichen des Volks= und Völkerlebens begriffen. Namentlich alle socialpolitischen Kern= und Zeitfragen sind Fragen durchgreifender Umbildung des bisherigen Rechtes. Dieser Sturm und Drang in der Rechts= entwickelung wird erst verständlich, wenn man, was in der vorher= gehenden Ausführung vorläufig bei Seite gestellt worden ist, die Grundfunction von Recht und Sitte für die Gesammtheit aller Erscheinungen der Socialauslese zu würdigen gelernt hat. Dieser Würdigung sei die folgende besondere Ausführung ge= widmet!

Zur Ergänzung der vorigen Ausführung ist nämlich der Satz aufzustellen und zu begründen, daß Recht und Sitte als gesellschaft= liche auf Erhaltung des Gemeinwesens und aller integrirenden Glieder des letzteren gerichtete Ordnungen der Variations= (Neue= rungs=), Anpassungs= (Organisations=), Vererbungs= und Streit= vorgänge und Streitergebnisse aufgefaßt werden müssen, als Ord= nungen, durch welche die „natürliche" Socialzuchtwahl immer mehr über die bestiale Form der natürlichen Auslese empor= gehoben und die subjective Tugend, Rechtlichkeit und Sitt= lichkeit gesellschaftlich unterstützt und befestigt wird.

Dieser Satz, welcher Recht und Sitte nach einer ihrer grund= wesentlichen Seiten als Entwickelungsordnung bezeichnet, ist nur auf den ersten Schein widersprechend. Wenn man nämlich ein= wenden wollte, daß die Entwickelung auf dem Streit beruhe, mit dem Streit aber Gemeinschaft, Liebe, berufstreue Bewährung, Ver= vollkommnung aller menschlichen Kräfte unverträglich sei, so würde man sehr an der Oberfläche hängen bleiben. Der Sieg in den zahl= losen Kämpfen, die ein Volk mit fremden und mit inneren Feinden, sowie mit der äußeren Natur zu führen hat, heischt ja die Aus= bildung immer stärkerer Gesammtkräfte. Diese Ausbildung ist nur möglich durch fortschreitende Vervollkommnung, Gliederung und Zu=

sammenfassung besonderer Arbeitskräfte und Vermögensbestände. Eben für das Ueberleben, für den Sieg im streitvollen Spiel der socialen Wechselwirkungen ist die Anpassung zu immer vollkommeneren Collectivkräften, zu immer mehr Gemeinschaft, zu immer mehr Mannigfaltigkeit und Vollkommenheit der Glieder der Gemeinschaft erforderlich. Nur dann, wenn man sich den Daseinskampf der Menschen unter einander und mit der Natur schlechthin bestial vorstellt, wenn man das nicht bemerkt, was schon betont ist, daß wenigstens in der socialen Phase der fortschreitenden „natürlichen" Schöpfung der Proceß der Auslese in seiner Wirkung immer mehr von der Vernichtung, Zerstreuung und Verdrängung zur wechselseitig nützlichen Anpassung, zur Vervollkommnung, Gliederung, Vereinigung und Oekonomisirung der geistigen und leiblichen Arbeitskräfte, wie der Güter überspringt und hiermit in immer höhere Gesellschaftsbildung ausläuft, — nur wenn man diese geschichtlich offenkundige und logisch unausweichliche Consequenz des in die Potenz der menschlichen Selbsterhaltung verfolgten Zuchtwahlprocesses nicht zu fassen vermag oder nicht verstehen will, wird man behaupten können, daß fortschreitende Vervollkommnung, Gliederung und Zusammenfassung aller besonderen Kräfte des Menschen, daß Gemeinsinn, Berufstreue, Selbstvervollkommnung als sociale Willensgebote oder als subjective Pflichtgefühle und Willensenergieen mit dem Entwickelungsgesetz natürlicher Zuchtwahl schlechthin unverträglich seien. Wer aber die Socialzuchtwahl nicht zoologisch formulirt, wird sofort begreifen, daß gerade der Mensch durch den Zwang des auslesenden Daseinskampfes zur Eingliederung in die Gemeinschaft, zur Bewährung in allen gesellschaftlichen Gliedstellungen, zur Steigerung aller besonderen Kräfte, also zur Herstellung und erblichen Festhaltung der „ethischen" Anpassungen veranlaßt ist. Von den letzteren hängt im Laufe der Geschichte die Selbsterhaltung jedes Gemeinwesens und seiner Glieder ab. Dieselben können nicht verfehlen, aus dem Drang der Selbsterhaltung hervorzugehen und sich als Richtungen des Volksgeistes zu befestigen. Diese Auffassung bestätigt sich auch in unserer Zeit, z. B. bis herab zur Beseitigung jener noch stark brutalen Führung des Daseinskampfes, wie solcher zwischen Kapital und Arbeit vor Zulassung des Vereinsrechtes der Arbeiter und vor Einführung des Arbeiterschutzes stattgefunden hat. Eine neue, höhere, vom Geiste der Solidarität getragene Rechts- und Sittenbildung ist es, was unser „sociales Zeit-alter" so gewaltig bewegt.

Recht und Sitte können, wie sie Ordnungen der Variation, Anpassung und Vererbung sind, auch Ordnungen der Streitführung, der Streitentscheidung und der Streitfolgen sein, ohne deshalb den Eigenmachtsstreit, Gewaltthat und Berückung der Gegner zu sanctioniren; denn nicht aller Streit ist Eigenmachtsstreit, physische und geistige Vergewaltigung des Gegners.

Es giebt einen Kampf der Gegensätze auf freie Verständigung, welcher mit Verträgen endigt, indem er ohne Gewalt durchgeführt wird und zwischen den widerstreitenden Interessen durch ausweichende oder wechselseitig nützliche Anpassung Frieden stiftet. Es giebt einen Streit der Bewerbung, um die Gunst dritter Parteien, welche den Sieg zusprechen, Wettkampf, Rivalität. Auch diese Art des Streites schließt Gewaltthat und Berückung aus, nöthigt die streitenden Parteien zum Sieg durch ihren Werth in den Augen der Ausschlag gebenden dritten Parteien, in den Augen der umworbenen Personen, Käufer, Wählerschaften, Prüfungs- und Anstellungsbehörden, der an-gerufenen Gerichte und der über den Parteien entscheidenden Ge-walten.

Der sociale Friedenszustand ist, wie sich bereits gezeigt hat, nicht ein streitloser, sondern ein eigenmachtsloser Zustand der Gesellschaft. Der Streit ließe sich aus der Gesellschaft nur dann beseitigen, wenn diese nicht mehr ein System in Wechsel-wirkung stehender selbständiger Theile, sondern ein von Einem Punkte aus bewegter Mechanismus wäre. Das ist aber die Gesellschaft so wenig, als irgend ein System von Kräften des irdischen Daseins es ist. Das Leben des socialen Körpers wird nie aufhören, ein großes Spiel von Wechselwirkungen selbstthätiger, aber dennoch zusammen-gehöriger Theile zu bleiben.

Widerspricht der vorstehenden Auffassung etwa die Erfahrung des täglichen Lebens und der Geschichte? Wie mir scheint, nicht.

Ich könnte anführen, daß je weiter zurück in der Geschichte, desto mehr sogar der Eigenmachtsstreit von den positiven Rechts- und Moralsystemen geweiht und geordnet wird. Das heiligste Rechtsgefühl des Wilden und des Halbwilden ver-langt Vernichtung des Hordenfeindes und Blutrache. Noch heute ist es eine ethische Forderung, im Kriege mit Nationalfeinden für das Vaterland sich zu opfern, die Tapferkeit durch Vernichtung des feindlichen Militärs zu bewähren. Völkerrecht und Völkersitte regeln nur, aber verneinen noch nicht vollständig den auswärtigen Krieg. Neben dem letzteren tobt ein innerer Krieg des Verbrechens und der geistigen Bestrickung volksangehöriger Gegner, der Staat führt in Polizei und Justiz diesen inneren Krieg mit — Gewalt bis zur Todesstrafe durch, aber nach bestimmten rechtlichen und moralischen Grundsätzen.

So wenig sind also, wenn man eben die Erfahrung zu Hilfe nimmt, selbst die vollkommensten Systeme des Rechtes und der Moral absolute Streitverneinungen, daß sie nicht einmal den Gewaltstreit völlig beseitigen, denselben vielmehr in großem Umfange sanctioniren und durch einschränkende Ordnungen bloß legalisiren. Nur langsam zehrt sich 'der äußere, wie der innere Krieg selbst auf, indem er unter Steigerung der Maßstäbe der Macht immer weniger kriegsfähige Völkerrechtssubjecte hinterläßt, diese aber in typischer, abweichender, der wechselseitigen Aufsaugung wehrender Anpassung.

Sehe man indessen von dem ungeheuren Umfang legalisirten und moralisirten Gewaltstreites ab, den die Geschichte bis auf den heutigen Tag nachweist. Versetze man sich nur in die besten Perioden des s. g. Friedens. Ist selbst jener Friedenszustand, mit dem die vollkommensten Rechts= und Moralsysteme sich zufrieden gegeben haben, ein schäferhafter Zustand vollständiger Streitlosigkeit? Hat nicht auch er seine reißenden Wölfe in Schafskleidern, seine Hechte in den Karpfenteichen und jetzt so großartig wie nie, bis zur Potenz der Panamaschwindler? Giebt es im Frieden nicht den millionenfältigen Wettkampf der materiellen Concurrenz, in welchem alle Fibern angestrengt werden müssen, um sich zu erhalten oder oben auf der socialen Leiter zu bleiben? Bekämpfen sich nicht die politischen Parteien fast wie Feinde? Schüttelt ein „friedlicher" Wahlkampf nicht die ganze Nation? Erfüllen nicht zahllose Rivalitäten um Lob, Ehre, Ruhm, Ansehen, Macht, Herrschaft die friedlichen Perioden des Völkerlebens? Streiten nicht alle Schulen um wissenschaftliche Sätze, nicht alle Confessionen um ihren Glauben und um kirchliche Interessen? Ist nicht das gesellige Leben voll von Streit um Vorrang, Genuß, Freundschaft? Von den geschlechtlichen Bewerbungskämpfen zwischen Individuen und Familien ganz zu schweigen.

Recht und Sitte schließen auch diese Kämpfe nicht aus. Sie können, sie wollen ihnen nicht wehren. Würden sie dieselben aufheben, so würden sie der Vervollkommnung unseres Geschlechtes entgegenarbeiten. Sie lassen aber all diesen Kampf zu. Selbst die höchste Moral heischt Streit für die Vervollkommnung der Gesellschaft und gegen das Schlechte bis zum Martyrium. Der Staat, welcher der Gewalt wehrt, ist voll von Streit der Parteien, der Wahlbewegung und der beschlußfassungsmäßigen Streitentscheidungen. Auch die Moral heiligt den Streit und erregt die Tochter gegen die Mutter, die Schnur wider die Schwieger. Bis auf den heutigen Tag erfüllt also Streit in Menge auch den rechtlichen und moralischen Friedenszustand der Gesellschaft. Man kann hoffen, daß Eigenmachtsstreit einst völlig sich werde beseitigen lassen; Alles aber spricht dagegen, daß der anregende Kampf auf Austrag und daß der Wettstreit um Gunstbezeugung nach Maßgabe des Werthes je aus der Gesellschaft werden verschwinden können. Der legal-moralische Streit ist noch einer ungeheuren Veredlung fähig, und die letztere wird den Inhalt des weiteren Fortschrittes der positiven Rechts- und Moralsysteme ausmachen; die völlige Aufhebung jeder Form des Streites ist dagegen nicht absehbar, jeder dahin gehende Versuch ist hoffnungslos.

Mit Rücksicht auf alle Thatsachen der Erfahrung und wegen der auf Wechselwirkung selbständiger Theile angelegten Natur der menschlichen Gesellschaft ist es als eine Utopie anzusehen, wenn die Ethik verlangt: „es soll kein Streit sein!" Sie hat nur zu fordern: der unvermeidliche Streit soll in die Bahn gelenkt werden, welche Eigenmacht und Vernichtung vermeidet, aber zur Vervollkommnung, Gliederung und Zusammenwirkung der besonderen Kräfte in Verträglichkeit und fruchtbarem Wettstreit hinführt.

Nach der sociologisch richtig erweiterten Entwickelungslehre, wie nach aller Erfahrung erscheint es hiernach zulässig, Recht und Sitte als gesellschaftlich gesetzte, nach den geschichtlichen Bedingungen der gesellschaftlichen Gesammterhaltung sich regelnde, aus der Erfahrung über Wohl und Wehe gewonnene, von den geschichtlich gegebenen Trägern der Macht im Bunde mit den idealistischen Gesellschaftskräften äußerlich und innerlich erzwungene, durch Vererbung und Gewohnheit befestigte Ordnungen des Thuns und Lassens, als Ordnungen der subjectiven Organisation und der sonstigen Anpassung,

als Ordnungen der Vererbung, aber auch als Ordnungen fruchtbarer
Führung und Entscheidung der Interessen- und Daseinskämpfe, als
Ordnungen der Sicherstellung und der Begrenzung der Folgen von
Sieg und Niederlage in diesen Kämpfen anzusehen. Bei dieser Auffassung von Recht und Sitte braucht man keiner einzigen Thatsache
des buntscheckigen Inhalts der Rechts- und Sittengeschichte Gewalt
anzuthun, und leistet gleichwohl dem Glauben an die Wahrheit und
an die weitere Vervollkommnung des Ethischen vollauf Vorschub,
braucht man keine Beihilfe der Mystik zur Erklärung der Thatsachen
und kann sich doch selbst überschwänglichen Hoffnungen auf einen
ethisch besseren, durch den Zwang der natürlichen Socialzuchtwahl
unvermeidlich nahenden Zukunftszustand der Gesellschaft hingeben.

Allerdings ist es bei obiger Auffassung des Rechtes und der
Sitte als gesellschaftlicher Ordnungen des ewig streitvollen Spieles
socialer Wechselwirkungen nicht möglich, eine uranfängliche und absolute Harmonie der Gesellschaft anzunehmen. Eine solche ist
aber auch in der Erfahrung nicht nachweisbar. Dagegen wird der
thatsächliche unaufhaltsame Fortschritt zu höheren Graden der
Gemeinschaft und zu gliedlichen Vervollkommnungen in dieser, wird
der Fortschritt von der Eigenmachts- zur Vertrags- und Wettstreit-
entscheidung, wird die geschichtliche langsame Herausarbeitung höherer
Maße relativer Harmonie und Vervollkommnung um so verständlicher.
Wie immer Heraklit seinen Satz von „dem Krieg als Allvater"
(πόλεμος πατὴρ πάντων) und von der ἁρμονία καλλίστη κατ' ἔριν
verstanden haben mag, die Entwickelung der Gesellschaft bestätigt
diesen Satz, die Geschichte der Civilisation erweist ihn als eine auf
jeder höheren Stufe das Gemüth mehr befriedigende Wahrheit.

Die Richtigkeit der im Vorstehenden vorgetragenen Auffassung
scheint mir auch vor den Grundfragen der Rechts- und Moral-
philosophie Stich zu halten. Vor Allem den Ursprung und die
Fortbildung von Recht und Moral selbst wird man nach dieser
Auffassung nicht unbegreiflich finden.

Die natürliche Auslese, einmal in das Stadium der Entwickelung des Menschen eingetreten, zwingt zur Bildung von vernunft-
und sprachvermittelter Gemeinschaft. Sie hinterläßt jene Gemeinwesen als siegreich, welche durch Vervollkommnung, Gliederung und
Vereinigung aller besonderen Kräfte, durch friedliche Führung der
Interessenkämpfe in ihrem Innern, durch Ausschließung der Gewalt,

durch Verträglichkeit, durch positiv fruchtbaren Wetteifer, durch wechselseitig nützliche Anpassung der Sieger und der Besiegten, durch Emporhebung der Tüchtigen und durch Unterstützung und Stärkung der Schwachen die höchste collective Lebenskraft sich angeeignet haben. Die am meisten ethisirten Gemeinwesen sind die stärksten. Um der Selbsterhaltung willen müssen sich alle Gemeinschaften, Untergemeinschaften und Individuen rechtlich und moralisch anpassen, von der bestialen zur ethischen Führung der Daseinskämpfe sich erheben. Das äußerlich zwingende Recht und die innerlich ergreifende Sitte müssen somit bei Strafe der Vernichtung des Unsittlichen im Daseinskampf Boden gewinnen und erstarken. Gemeinwesen, die die gesellschaftsfördernden Ordnungen der Anpassung, Vererbung und Streitführung, das Recht und die Moral verwahrlosen, sind dem sicheren Untergang verfallen; denn sie werden oder bleiben zu schwach, um im Kampf mit stärkeren, weil ethisch besser angepaßten Gegnern sich zu erhalten. Das Spiel der natürlichen Socialzuchtwahl ist nicht blos ein Vervollkommnungsapparat, sondern auch ein Gericht, das einzige empirisch erkennbare Stück einer sittlichen Weltordnung, welche das Vollkommenere emporhebt und das Verkommene vernichtet.

Man kann wohl nach dem letzten Warum dieses Spieles der natürlichen Socialzuchtwahl fragen und in der letzteren selbst eine Mittelursache für einen uns unbekannten, empirisch unerfaßbaren Endzweck ahnen. Wir wollen diesem gläubigen Ahnen Nichts anhaben. Dafür aber möge der Glaube auch seinerseits gegenüber der Wissenschaft nicht in Abrede ziehen, daß mit der höchsten Phase der fortschreitenden Schöpfung die Erhebung von der bestialen zur ethischen Führung der Selbsterhaltungskämpfe stattfinden muß, daß der Ursprung von Recht und Sitte, sowie die geschichtliche Vervollkommnung beider, durch die höhere, zur Bildung vernünftiger Collectivkräfte forttreibende Summirung der ganzen Arbeit der socialen Auslese gesichert und mit der letzteren selbst der Erde gegeben war.

Auch wenn der Mensch fertig, d. h. als vernunftbegabtes sprach- und verkehrsfähiges Wesen in die Welt hereingestellt worden wäre, so hätte er doch nur durch Anwendung seiner Vernunft- und Sprachbegabung, durch gesteigerte Gesellschaftsbildung sich im Kampf mit der äußeren Natur und in dem durch Volksvermehrung und Vorzugsbestrebungen nothwendig entstehenden Krieg mit menschlichen Feinden

erhalten können. Eine natürliche Auslese begann dann erstmals
wenigstens für ihn. In derselben konnten eben auch nur die kräf=
tigsten Gemeinwesen sich erhalten, und das mußten dann eben auch
jene sein, welche im Inneren den Vernichtungskrieg ausschlossen,
dafür aber mehr und mehr durch Verträglichkeit und Wettkämpfe all=
wechselseitige nützliche Anpassung, Häufung, Gliederung und Ver=
einigung der Kräfte herbeiführten, Vervollkommnung, Berufstüchtigkeit,
Gemeinsinn und hilfreiche Stärkung auch der Schwachen gewannen
und vollzogen.

Im einen wie im anderen Fall konnten die menschlichen Selbst=
erhaltungskämpfe nicht verfehlen, in Gesellschaftsbildung auszu=
schlagen und hiermit auch Recht und Sitte als gesellschaftsbildende
Ordnungen der Anpassung, Vererbung und Streitführung zu ent=
wickeln. Jene Völker, welche höhere Gemeinschaft nicht erreichten,
oder aus ihr wieder herausfielen, Recht und Moral verkümmerten,
mußten zu Grunde gehen, sind zu Grunde gegangen und gehen heute
noch zu Grunde. Der Mensch hat Recht und Sitte gefunden, nicht
erfunden, auch nicht vom Himmel geholt. Aber er konnte und
mußte sie finden. Die gegebene Weltordnung der natürlichen Aus=
lese in ihrer höchsten socialen Schöpfungswirksamkeit sorgte dafür,
daß er sie finden konnte, daß er sie finden und immer mehr vervoll=
kommnen mußte.

Hiernach bin ich nun auch nicht der Ansicht, daß der empirisch
gegebene Mensch, der Mensch als zweiter Adam, ein Gemengsel
zweier Naturen, und daß Recht oder Sitte Ausfluß der höheren
zur Bekämpfung der niedrigeren Natur sei. Der Mensch mit seinem
gut und böse in einem jenseitigen Grunde wurzelnden Wesen ist nach
meiner Ansicht erst durch gemeinschaftliche Führung des Daseinskampfes
zu höherer Beseelung, zur eigentlichen Apperception, Vernunft= und
Sprachbildung gelangt. Er ist, wie überhaupt vernünftig, so auch
ethisch geworden als Gesellschaftsglied, als civiles Wesen. Was an
ihm noch thierisch, rechts= und moralfeindlich ist, stellt sich nicht als
Ausfluß einer ganz conträren zweiten Natur, sondern als unvoll=
kommener Grad der mit der Gesellschaftsbildung beginnenden, weder
für Einzelne, noch für ganze Völker jemals abgeschlossenen Ethisirung
dar. Mit der Emporhebung über das Thier beginnt die letztere.
Sie selbst sammt der correlaten logischen und ästhetischen Vernunft=
bildung arbeitet als ihren Niederschlag die unterscheidende und einzig

menschliche Natur heraus. Diese Natur ist aber nie fertig, bleibt nicht dieselbe, unterliegt der Fort- und der Rückbildung. Ein Wesen, das unter Schärfung des Apperceptionsvermögens zu gesellschaftlicher Durchführung der Selbsterhaltungskämpfe gelangte, mußte die Schwelle der Ethisirung des Willens, wie der ästhetischen und logischen Vernunftbildung überschreiten. Es gewann und fand das Ethische nothwendig im Laufe seiner Schöpfungsgeschichte, aber nicht durch einen von Anfang real vorhandenen Gegensatz einer zweiten vernünftigen gegen eine thierische erste Natur. Die zweite Natur ist nur die sich civil vervollkommnende erste Natur oder vielmehr die hundertste und tausendste Stufe über 99 und 999 zuvor erreichten, aber nur unvollkommen abgethanen niedrigeren Entwickelungsstufen. Es giebt zahllose „zweite Adams", die immer wieder sich regen und in der Gesellschaft nebeneinander wirken, weil in dieser viele nacheinander gekommene Stufen der sittlichen Bildung als sittliche Ungleichheiten nebeneinander vorhanden sind.

Nicht das Geringste wird erklärt, wenn man mit einem neueren Schriftsteller die Ethik auf die Behauptung gründet, die menschliche „Natur" sei „auf die Herrschaft der Vernunft über die Triebe eingerichtet": vermöge der Vernunft fühle der Mensch sich ‚als Glied der Gemeinschaft vernünftiger Wesen verpflichtet, nicht sich allein, sondern dem allgemeinen Besten zu leben. Das ist keine Erklärung der Entstehung des Sittlichen, sondern eine Heischung dessen, was erst zu beweisen ist. Wie kam es zur Bildung dieser „Natur" und Vernunft selbst, hiermit zur Beherrschung der Triebe, zur Gemeinschaftbildung, zum Leben für das allgemeine Beste?! Darauf antwortet diese Ansicht, die ein x für ein u setzt, nicht. Die sociologische Selectionslehre aber sagt: der Mensch konnte ohne die auf seine relativ vollkommeneren Seelenkräfte gebaute Gemeinschaft und ohne Steigerung dieser Gemeinschaft und ihrer Vernünftigkeit sich nicht erhalten, höhere Gemeinschaft aber nur unter Ausbildung von Recht und Sitte erlangen und behaupten. Recht und Sitte sind entwickelungsgeschichtlich nothwendige Erzeugnisse des an der Spitze der Schöpfung zur gemeinschaftlichen Selbsterhaltung genöthigten Menschen. Die „Vernunft" war nicht fertig da vor der Sittlichkeit und vor der Gemeinschaft vernünftiger Wesen, sondern die Entstehung der objectiven und subjectiven Moral ist selbst ein Stück des Vernünftigwerdens des Menschen im Ausmaß und mit Hilfe der Gesell-

schaftsbildung und unter dem Zwang des höchsten Wirkens der natürlichen Auslese.

Die erklärende Begründung des Sittlichen auf einen Pact
individueller Interessen erhält in keiner ihrer Formulirungen
irgend welche Bekräftigung vom Standpunkt der sociologischen Zucht-
wahltheorie. Die naturrechtliche Zurückführung der rechtlich und
moralisch geordneten Gesellschaft auf die Nutzerwägungen der den
gesellschaftlichen Urvertrag schließenden Individuen hat sociologisch
überhaupt keinen Sinn. Gleichviel, wie früh oder wie spät die
Species homo gesellschaftlich wurde, ob ihrer vernünftigen Gesellschaftsbildung eine lange Vorperiode thierischer Gesellschaftung voranging
oder nicht, so ist doch nicht anzunehmen, daß jene Ruhe, Schärfe und
Reichhaltigkeit der Apperception selbst, auf welcher die Vernunft-
und Sprachentwickelung beruht, ohne Theilung und Vereinigung der
Arbeit, ohne Gesellschaftsbildung überhaupt hätte durchbrechen können.
Der Mensch war gesellschaftlich, ehe er so reflectiren konnte, wie das
hyperindividuale Naturrecht ihn reflectiren läßt. Ja die Gemeinschaft
absorbirte gerade im Anfang wirklich menschlichen Lebens den Einzelnen wahrscheinlich weit mehr, als in irgend einer späteren Epoche.
Das Aufgehen der Individualität in der Horde und im Geschlechter-
verband bei den Wilden giebt heute noch einen Begriff hiervon.
Ueberwog aber im Anfang der menschlichen Dinge der Communismus
den Individualismus, so ist es verkehrt, die Entstehung des Rechtes
und der Sitte aus individuellen Nützlichkeitserwägungen zu erklären
oder dieselbe auf Gefühle individueller Sympathie zurückzuführen,
die in der Vorstellung eigenen Leidens des vom Bemitleideten Er-
littenen wurzelt. War der älteste Zustand ein Zustand des Auf-
gehens des Einzelnen in der Horde, so war die Gemeinschaft die
Recht und Sitte zeugende Macht. Nie ist für den Einzelnen die
Nothwendigkeit der Hingebung für das Ganze vom Standpunkt der
eigenen Erhaltung aller Einzelnen so klar und augenfällig, nie der
Werth der Solidarität so einleuchtend, als in der Zeit ursprünglichen
Hordenlebens. Gerade im Anfang der gesellschaftlichen Zusammen-
drängung der Menschen zu Geschlechterhaufen ist der Rechtsgehorsam,
die Treue gegen die Sitte, die Aufopferung für den Stamm nichts
weniger als eine gefoppte, betrogene oder närrisch gewordene Selbstsucht. Die individuelle Selbsterhaltung ist in einer für jeden Einzelnen erkennbaren Weise nur durch das Einstehen Aller für die

Gesammtheit möglich, der Werth der inneren Friedensgenossenschaft wird von Jedem unmittelbar empfunden. Es bedarf keiner Listen, um der Selbstsucht der Individuen den Gesellschaftszustand sammt Recht und Sitte einzureden oder aufzuschwindeln. Die meisten Utilitarianer der Ethik haben sich der besten Gründe für ihre Ansicht dadurch begeben, daß sie das sittliche Subject als Atom, nicht als Gesellschaftsglied betrachteten. Als Glieder der Gesellschaft finden die Einzelnen bei der Einfachheit der Verhältnisse des Urzustandes und finden später, bei Verbreitung höherer Einsicht in die Solidarität der civilen Zusammenhänge, die Hüter und Mehrer von Recht und Sitte heraus, daß eine Menge von Handlungen im eigenen Interesse der ethisch verpflichteten Subjecte liege, die dem verdorbenen und dummen Egoismus nicht einleuchten wollen. Selbst dem Geringsten unter den Hordengenossen wird der Werth, wie die Nothwendigkeit des Grundsatzes „Einer für Alle und Alle für Einen“ klar, lange bevor er dem Aberglauben und einer Religion der Furcht und der Dämonenbeschwörung sich zu entwinden vermag. Ethik, in ununterschiedenem Zusammensein von Recht und Sittlichkeit, wird daher lange vor der Religion einen relativ hohen Grad der Entwickelung erreichen können. Sie wird wirklich schon bei Wilden angetroffen, bevor eine reinere Religiosität sich findet. Die uralte und in frühester Zeit stärkste und unmittelbarste Erfahrung von der Solidarität aller Glieder der kleinen Gemeinschaften ergiebt als Ertrag ein allererstes ethisches Grundkapital, das im Laufe der Geschichte, unter dem Einfluß der weiteren Erfahrung über Hingebung, Berufstreue, Selbstvervollkommnung und friedlichen Streitaustrag als die Grundbedingungen des socialen Fortkommens, sich mehren, entfalten und verfeinern kann.

Von dem hier eingenommenen Standpunkt läßt sich auch beurtheilen, was an der Ansicht von der Erweckung der Sittlichkeit durch die Achtung und Anerkennung des Gemeinwesens wahr und falsch sein mag. Die Billigung des Guten und die Verwerfung des Schlechten durch die Volksgenossen befestigt die Tugend und erschwert die Unmoral. Jene Billigung und diese Verwerfung ist aber nicht als ein Früheres nachweisbar, welches der Moral und dem Rechte geschichtlich vorausginge. Der Selbsterhaltungskampf belehrt über das, was der Erhaltung der Gemeinschaft nützt oder schadet, er arbeitet aus der Erfahrung die Materialprincipien der Ethik jeder Periode ins Volksbewußtsein der letzteren heraus. Nach seinen Lehren reagirt das Volksgefühl anerkennend, weil befriedigt, oder mißbilligend, weil nicht befriedigt. Der Einzelne legt seinerseits Werth auf die Anerkennung, weil Achtung und Ehre der Gesellschaft Bedingungen des Fortkommens und Emporkommens in der Gesellschaft sind. Der Werth der Achtung und Ehre fällt also zwar als gesellschaftliches Gewicht schon in die Wagschale der subjectiven Befestigung recht- licher und moralischer Lebenshaltung. Sie ist aber nicht das Erzeu- gende von Recht und Sitte, sondern Aeußerung der auch bei der Entstehung von Recht und Sitte mitwirkenden Macht des werth- bestimmenden Volksgefühles. Sobald man klar erkennt, daß Recht und Sitte Bedingungen der Macht und Stärke sind, erkennt man auch, daß sich moralische Gefühle als Volks- und als Einzelgewissen befestigen müssen, um gegen Unrecht und Unsitte zu reagiren.

Wie kommt es denn überhaupt zu äußerlich zwingenden und innerlich ergreifenden, rechtlich und moralisch bindenden Ord- nungen des gesellschaftlichen Handelns? Hierauf wäre zu antworten: Die geistig, ökonomisch und leiblich stärksten Kräfte, welche in den socialen Daseinskämpfen als Sieger übrig bleiben, sind auch im Stande und haben mehr oder weniger das Interesse, den einzelnen socialen Einheiten, welche in das Spiel der socialen Wechselwirkungen verflochten sind, ein Gesetz zu geben, Pflichten vorzuschreiben; denn sie besitzen eine innerlich überwältigende und äußerlich zwingende Uebermacht und sind die obersten Interessenten der Gesammterhaltung. Bindende Selbstgesetzgebung wäre freilich ein widersprechender Gedanke; ein auf Selbstvervollkommnung, charaktervolle Berufs- erfüllung und gemeinsinnige Bewährung gerichtetes Wollen aus eigenstem Trieb, Tugend, läßt sich denken, aber keine sittliche Selbst- verpflichtung. Pflichten müssen dem verpflichteten Subjecte von einem anderen innerlich oder äußerlich bezwingenden Subjecte, von einer dritten Gesetzgebungs-Instanz, von übermächtiger Volksüberzeugung oder Sondergewalt oder von einem gläubig anerkannten, durch die Macht einer Volksreligion gestützten Drang göttlichen Geistes im Innern vorgeschrieben sein. Recht und Sitte sind nun wirklich Gesetze, welche von dem übermächtigen Willen der Gemeinschaft, leitender Geister, Autoritäten und Gewalthaber und von Priester- schaften gegeben und gehütet werden. Daß die stärksten Subjecte und der zustimmende Wille des Volkes sich als Gesetzgeber wirklich erheben, kann gar nicht ausbleiben; denn Recht und Sitte gehören zu den vornehmsten Quellen der Kraft der Selbsterhaltung des ganzen Gemeinwesens und seiner integrirenden Glieder. Die Erfahrung zeigt dem ganzen Volk, was die Voraussicht weiser Männer zuerst frei durchschaut, daß das Spiel der socialen Wechselwirkungen und Kämpfe gewisse Regelungen aus dem Gesichtspunkt der gesellschaft= lichen Gesammterhaltung finden müsse. Der Selbsterhaltungstrieb der Gesammtheit und die Macht der leitenden Personen tritt daher mit überlegener Kraft für entwickelungsgeschichtlich zweckmäßige Rechtsnormen und Sittengesetze, für ihre Geltendmachung und Fort= bildung ein. Die einzelnen Subjecte, welchen „sociale Instincte" oder Capitale von Trieben collectiver Selbsterhaltung erblich mit= getheilt sind, unterwerfen sich diesen Vorschriften sogar freiwillig und begegnen, wofern sie widerstehen, überlegenen, innerlich und äußerlich zwingenden, geistig und physisch wirkenden Schutzkräften des Rechtes und der Sitte, die an Recht und Sitte das oberste Interesse haben.

Damit ergiebt man sich nun freilich einer durchaus dynamischen Begründung der Rechts= und Moralsysteme. Dynamisch ist obige Be= gründung von Recht und Sitte; denn aus geistiger und physischer Macht lassen wir sie hervorgehen, machtvolle Träger setzen wir für sie vor= aus, Kraftverlust durch Reibungen sehen wir durch sie verhindert.

Recht ohne Macht kann nicht entstehen; Recht, welches nicht eine Kraft der Selbsterhaltung wird, kann nicht dauernd werth= geschätzt werden und daher nicht fortbestehen. Recht und Sitte müssen als kraftgetragene, als lebendige Mächte angesehen werden. Wer sie nicht so beurtheilt, wird sich über das, was sie zu leisten vermögen, immer täuschen.

Der edelste Philosoph kann das Recht nicht zu einer Macht er= heben, wenn er nicht die Mächte seiner Zeit, die Führer des Volkes und durch sie die Masse des Volkes dafür zu gewinnen versteht. Gesetze ohnmächtiger Regenten und usurpatorischer Parlamente schaffen kein mächtiges Recht und können der Anarchie nicht vor= beugen. Sittenprediger ohne Halt bei den Mächtigen und im Herzen des Volkes schaffen der Welt keine lebendige Moral. Papierene Rechts= und Sittlichkeits=Recepte haben besten Falles den Werth von Keimen einstiger Rechts= und Sittengebilde. Die Leidenschaften Einzelner löcken immer wieder gegen den Stachel der gesellschaftlichen,

legalen und moralischen Ordnung des Daseinskampfes; Macht ist
erforderlich, sie dieser zu unterwerfen, Macht der überlegenen Zwangs=
gewalt und Macht der Herrschaft über die Herzen des Volkes.
Rechts= und Sittlichkeitsideen müssen daher stets aufs Neue mächtige
Interessen zu gewinnen, zum Herzen des Volkes in der Sprache der
Zeit zu reden und die Einsicht in ihren Werth zu verbreiten
verstehen.

Daß Macht der Zeit nach vor dem Rechte da ist, wird man
hiernach allerdings zuzugeben haben; denn ein Recht ohne Kraft, die
es zur Geltung bringt, ist undenkbar. Dagegen wird nicht Gewalt
für das Recht gehen, d. h. an Stelle des letzteren gesetzt werden
dürfen. Vielmehr wird die Lehre von der Machtbildung nachweisen
können, daß Achtung des positiven Rechtes und Vertretung des
materiell wahren und echten, d. h. des die geschichtlichen Bedingungen
der Gesammterhaltung herstellenden Rechtes, selbst als eine der
wesentlichsten und ersten Voraussetzungen der Machtbildung und der
Machtbehauptung sich darstellt. Bekanntlich hat Spinoza Recht und
Sitte als Machtelemente, als Bedingungen der Selbsterhaltung voll=
ständig gewürdigt. Er hat die Gesellschaftsbildung als Machtbildung
erkannt[1]). Nur das nothwendige Hervorgehen von Recht und Sitte
aus den speciellen Voraussetzungen, die der menschlichen Selbsterhal=
tung gesteckt sind, und den Zusammenhang der Entwickelungsgeschichte
von Gesellschaft, Recht und Sitte mit der natürlichen Auslese über=
haupt dürfen wir bei ihm nicht suchen.

Daß die Entstehung, Befestigung, Erhaltung, Umbildung und
Geltung des Rechtes und der Sitten selbst dem Entwickelungsgesetz
unterworfen ist, zeigt sich auch darin, daß Recht und Sitte selbst
nur durch Kampf für das Recht und für die Sitte zur Gel=

---

[1]) Spin. Eth. V, prop. 18, sch.: Si enim duo ejusdem prorsus
naturae individua invicem junguntur, individuum componunt singulo
duplo potentius. Homini igitur nihil homine utilius; nihil, inquam,
homines praestantius ad suum esse conservandum optare possunt,
quam quod omnes in omnibus ita conveniunt, ut omnium
mentes et corpora unam quasi mentem, unumque corpus componant,
et omnes simul, quantum possunt, suum esse conservare conentur
omnesque simul omnium commune utile sibi quaerant. Ex quibus
sequitur, homines, qui ratione gubernantur, h. e. homines, qui ex
ductu rationis suum utile quaerunt, nihil sibi appetere, quod reliquis
hominibus non concupiant, atque adeo eos justos, fidos atque honestos
esse."

tung kommen können. Der Aufstellung und Vollziehung ihrer Normen gehen Kämpfe voran und zur Seite; für ihren Schutz tritt die Macht des Staates und die Reaction der öffentlichen Meinung ein. Und dieser „Kampf ums Recht" und um die Sitte erlangt selbst eine bestimmte gesellschaftliche Ordnung, eine Regelung durch Recht und Sitte; der Selbsthilfe und der Lynchjustiz wird, auch wenn sie für Recht und Sitte eintreten, gesteuert und die Entscheidung des Rechtsstreites der Parteien auf — freien Austrag und auf das Urtheil öffentlicher Instanzen oder der Gerichte verwiesen. Die Justiz selbst ist nicht Unterdrückung des Rechtsstreites, sondern geregelte Führung und Schlichtung desselben durch Urtheils-Instanzen. Und nur weil das Gericht eine ausschlaggebende Macht der Streitentscheidung ist, wird es stets im Stande sein, Recht zu bilden und abzuschaffen. Auch die Herrschaft der Sitte ist ein Werk des Kampfes für die Sitte. Die Mittel zum Schutz der letzteren sind anfangs so roh, wie die Mittel der Rechtshilfe; die Sittenpolizei und die Kirchenzucht haben derbe Waffen nicht verschmäht. Das heutige Sittengericht der öffentlichen Meinung hat seinerseits durch die Schranken gegen Mißbrauch der Preß- und Redefreiheit, durch Gerichtsschutz gegen Injurie und Verläumdung eine rechtliche Regelung erfahren.

Von selbst versteht es sich für die hier vertretene Auffassung, daß die Sitte von den stärksten Kräften erzeugt, entwickelt und gehütet wird und daß als das auszeichnende Machtattribut der Rechtsordnung der Zwang auftritt. Recht und Sitte als gesellschaftliche Ordnungen der socialen Wechselwirkung bedürfen der geschichtlich gegebenen Träger überlegener Macht. Der Hordenfürst, der Völkerschaftskönig, der Lehensherr, der Landesfürst ist Rechtshort, weil er die erste Zwangsmacht ist. Die staatliche Concentration der Collectivkraft ist es, welche dem Rechte überlegene Zwangsmacht sichert. Indem das Recht darauf ausgeht, alle Eigenmacht der einzelnen Streitparteien zu unterdrücken und die Selbsthilfe zu verbannen, muß es über die größte gesellschaftliche Kraft, jetzt über die des modernen Staates verfügen, um eine allen rechtswidrigen Widerständen überlegene Eigenmacht zu entfalten. Das Gemeinwesen als Staat entfaltet aber diese Eigenmacht, die an Stelle der Sonderanwendung vielfacher Eigenmacht gesetzt wird, im Interesse der collectiven Selbsterhaltung und, was den Rechtszwang betrifft, zu Gunsten einer der Gesammtentwickelung günstigen Ordnung der Anpassungen, Verer-

bungen, Streitführungen und Streitentscheidungen in den socialen
Daseinskämpfen. Die Kräfte der Eigenmacht können aus dem Spiel
der socialen Wechselwirkungen nicht ausgeschlossen werden; sie sind
da und verfehlen nicht zu wirken, wenn sie nicht durch Gegengewichte
niedergehalten werden. Es ist aber möglich und der Gesammterhal=
tung dienlich, die Collectivkraft des Ganzen im Staate zu organisiren
und sie auch nach Innen als eine aller privaten Selbsthülfe über=
legene Macht wirken zu lassen.

Die Frage nach dem Grund der einzelnen Rechtsinstitute be=
antwortet sich auf meinem Standpunkte wie folgt. Wenn das Recht
eine durch den Trieb der Selbsterhaltung geschaffene und den ent=
wickelungsgeschichtlichen Bedingungen der Gesammterhaltung an=
gemessene gesellschaftliche Ordnung der Anpassungen und Organi=
sationen, der Vererbungen, Streitführungen, Streitentscheidungen
und Streiterfolge darstellt — kein Jurist sagt uns bis jetzt etwas
Besseres oder überhaupt Etwas über das eigentliche und allgemeinste
Wesen des Rechtes —, dann ist jedes Rechtsinstitut „begründet",
sobald es objectiv ein entwickelungsgeschichtlich zweckmäßiges Stück
der gesellschaftlichen Ordnung der Selbsterhaltungsakte ist; und ob
es dies sei, ist subjectiv durch keine andere Instanz, als durch die
entwickelungsgeschichtlich gegebenen Organe der Rechtsbildung zu
entscheiden. Nicht blos für das positive Eigenthumsrecht, sondern
für jedes Rechtsinstitut giebt es nur eine einzige zulässige Begrün=
dungs= und Rechtfertigungsweise, nämlich jene, welche neuestens
A. Wagner in der speciellen Untersuchung über den „Grund des
Privateigenthums" als „Legaltheorie" vertheidigt hat.[1]) So liegt
u. A. auch der „Grund" der Rechtsverbindlichkeit der Verträge, über
welche neuestens in der Jurisprudenz wieder eine große Rathlosigkeit
hervorgetreten ist, objectiv in der Zweckmäßigkeit der Verdrängung
vernichtenden Eigenmachtskampfes durch Kampf auf Verständigung
über ausweichende und wechselseitig nützliche Anpassung; subjectiv
ist der Wille der das Vertragsrecht normirenden Gewalten der Grund
der rechtsverbindenden Kraft der Verträge.

Gegen die Begründung der positiven Rechtsinstitute auf die
Befugniß und Pflicht der zur Rechtsbildung berufenen Organe, be=
ziehungsweise auf den Zweck des Rechtes als einer der Gesammt=

---

[1]) Rau=Wagner, pol. Oek. Bd. I. § 277 ff.

erhaltung förderlichen gesellschaftlichen Ordnung der socialen An=
passungen, Vererbungen und Wechselwirkungen, läßt sich doch nur
von einer oberflächlichen Betrachtung die Einwendung erheben, daß
das Recht dann ganz in den Willen oder das Machtinteresse der
rechtbildenden Subjecte verlegt sei. Etwas Anderes ist gar nicht
möglich. Einerseits ist Rechtsbildung ohne Macht der Rechtsbildung
undenkbar, andererseits ist der Untergang darauf gesetzt, daß die
Recht bildende Macht ein unter den entwickelungsgeschichtlichen Be=
dingungen „zweckmäßiges", d. h. der Gesammterhaltung förderliches
Recht setze.

Auch die Möglichkeit des Rechts= und Sitten-Gehorsams und
die ethische Zurechenbarkeit erklären sich daraus, daß Recht und
Sitte Voraussetzungen der untrennbar verknüpften individuellen und
collectiven Selbsterhaltung sind. Wären sie dies nicht und wenn sie
es in besonderen Fällen nicht sind, so werden sie keine Anerkennung
finden und wird sich das Volksgefühl früher oder später gegen die
volle strafrechtlich=disciplinäre Zurechenbarkeit des Zuwiderhandelns
auflehnen. Zurechenbar sind rechts= und sittenwidrige Handlungen
und Unterlassungen nicht etwa deshalb, weil der Wille des handeln=
den oder unterlassenden Subjectes frei wäre im Sinne schlechthiniger
Bestimmungslosigkeit; denn das Wollen des Menschen ist nicht will=
kürlich, sondern eher ein bewußtes Müssen, es ist bestimmt durch das
anererbte Naturell, durch die socialen und äußeren Reize, die der
Wollende während der Vergangenheit seiner individuellen Lebens=
geschichte erfahren hat, endlich durch das Eindringen der ganzen
Gesellschafts= und Naturconjunctur auf die geistige Stimmung im
Augenblicke des Handelns oder Unterlassens. Zurechenbar ist das
Thun und Lassen gerade dann und deshalb, weil der Wille Bestim=
mungsgründe der Selbsterhaltung hat und weil (wenn) Recht und
Sitte Grundbedingungen der collectiven und individuellen Erhaltung
und Entfaltung zur Geltung bringen. Jeder bringt schon ein größeres
oder kleineres Capital socialen Instincts mit auf die Welt; jeder
erlangt sodann mehr oder weniger die Einsicht, die Lehre und die
Erfahrung, daß Unterwerfung unter Recht und Sitte Grundbedin=
gungen der collectiven, hiermit auch der individuellen Selbsterhaltung
sind; auf diese Bedingungen den Willen zu richten entspricht dem
wohl berathenen Grundtrieb. Die Bejahung der subjectiven moralisch=
rechtlichen Zurechnungsfähigkeit beruht eben darauf, daß Recht und

Sitte Kräfte und Voraussetzungen der Selbsterhaltung sind, daß sie auf der Zielscheibe menschlicher Bestrebungen selbst innerhalb des schwarzen Punktes liegen, auf welchen der schlechthin bestimmende Grundtrieb der Subjecte durch Vererbung, Erlebnisse und Erfahrung hingelenkt wird. Die Zurechenbarkeit verschwindet und schwächt sich eben deshalb, wenn entweder subjectiv das entwickelungsgeschichtliche Durchschnittsmaß socialer Justincte und die Einsicht in die Uebereinstimmung von Recht und Sitte mit dem Interesse der Selbsterhaltung abhanden kommt (Geistesstörung, Verwahrlosung, Erziehungslosigkeit, Verführung, Einschüchterung, Elend und Verzweiflung) oder wenn positives Recht und positive Sitte nicht aus dem Gesichtspunkt der individuellen und collectiven Selbsterhaltung geschöpft sind, vielleicht den Selbstmord des Gemeinwesens und der Einzelnen zur Folge haben müssen, oder wenn die Conjunctur der Gesellschaft den ethischen Trieb übermächtig ablenkt. Die Gesellschaft handelt allerdings nur nach dem menschlichen Grundtrieb der Selbsterhaltung, wenn sie auch den Unzurechnungsfähigen unschädlich macht und wenn sie auch gegen den in der Erziehung Verwahrlosten Recht und Sitte zur Geltung bringt; Sicherung bis zur Vernichtung der Feinde von Recht und Moral, wo nur Vernichtung die Gesammterhaltung ermöglicht, ist unbeschränktes Recht, weil die Gesammterhaltung unbeschränktes oberstes Gebot ist. Die Gesellschaft kann aber die Feinde ihrer Erhaltung und Entwickelung nur dann wirklich zu besiegen hoffen, wenn sie Sitte und Recht möglichst mit den entwickelungsgeschichtlichen Bedingungen collectiver und individueller Selbsterhaltung sich decken läßt. Selbstmörderische Systeme des Rechtes und der Moral verlangen Unmögliches, weil sie die Auflehnung gegen den Selbsterhaltungstrieb fordern, dagegen Auflehnung gegen sie selbst zum unvergänglichen Ruhme machen. Sie haben selbst den tiefsten Realgrund der Zurechenbarkeit unterhöhlt, den Ast abgesägt, auf dem sie allein sicher ruhen könnten. Je mehr Recht und Sitte die Selbsterhaltung durch abweichende Anpassung statt durch vernichtende Eigenmacht begünstigen, desto fester werden sie stehen, desto mehr werden sie Gehorsam finden, desto schärfer werden sie die Zurechnung durchzusetzen vermögen.

Mit der hier vertretenen Auffassung des Rechtes und der Sitte als gesellschaftlicher, in entwickelungsgeschichtlicher Zweckmäßigkeit auf die Erhaltung und höchste Entfaltung der Gesellschaft und ihrer

Glieder gerichteter Ordnungen der socialen Wechselwirkungen, ent=
schlage ich mich allerdings für die Wissenschaft jeder mystischen
Erklärung von Recht und Sitte und begründe diese beiden auf
geistige und physische Macht, beziehungsweise auf den Selbsterhaltungs=
trieb der geschichtlichen Träger physischer und geistiger Uebermacht,
ohne metaphysisch zu fragen, wie und woher ethische Ideen auf=
tauchen. Allein auf die Erfahrung muß sich auch die Ethik als
Wissenschaft beschränken, und nach der Erfahrung geht Recht aus
der Solidarität des Interesses der collectiven Selbsterhaltung mit
den idealistischen oder egoistischen Bestrebungen der geschichtlich
gegebenen Träger von geistiger und physischer Uebermacht, von
Autorität und Herrschaft hervor.

Auf dem Boden dieser durchaus empirischen Theorie finden
sich gleichwohl die realen Hauptforderungen der Ethik fast ungesucht
und ohne alle transcendentale Heischung.

Die hergebrachten Theorieen der Ethik erklären höchste Ver=
vollkommnung aller menschlichen, namentlich der den Menschen aus=
zeichnenden geistigen Kräfte, ferner die gliedliche Berufstreue und
gesicherte Berufsstellung (suum cuique), die Bewährung für die Ge=
meinschaft und alle „Nächsten“ als Glieder dieser Gemeinschaft -
für die drei obersten Gebote des Rechtes und der Moral.[1]) Sie
irren damit nicht, aber sie schießen diese obersten „Principien“ der
Ethik aus der Pistole und erklären weder ihre Entstehung, noch ihre
Geltung. Im Lichte der Entwickelungslehre und dynamischer Grund=
legung der Ethik ist ihre Entstehung und ihre Geltung vollkommen
erklärlich geworden. Ist doch die Macht collectiver Selbsterhaltung
bedingt durch höchste Vervollkommnung, durch gliedliche Mannig=
faltigkeit (Eigenartigkeit, Theilung), endlich durch inniges Zusammen=
wirken aller besonderen Kräfte in Verträglichkeit und friedlichem
Wettstreite. Der Selbsterhaltungstrieb und die Lebenserfahrung
der menschlichen Gesellschaft kann daher nicht verfehlen, die Ideen
der Vervollkommnung, des suum cuique und des viribus unitis zur
Entwickelung zu bringen und für immer ihre Geltung zu sichern,
ihnen eine immer reinere, an erhaltender Kraft reichere Auslegung
zu geben. Diese Grundsätze sind nur das zu ethischen Gesetzen

---

[1]) Nach Ulrici, Naturrecht, ist das Uebel das „Unvollkommene“, das
Böse das „Widervollkommene“, das Gute „objectiv die Verwirklichung, subjectiv die Erstrebung der Vollkommenheit“.

formulirte Machtgeheimniß der vollkommenen Ausbildung, der Theilung und der Vereinigung besonderer Kräfte, nur der für alle Richtungen der Lebensarbeit giltige Inbegriff lebensfähigster Anpassung und der Ausdruck der der Selbsterhaltung förderlichsten Organisation von Collectivkräften und Streitweisen des socialen Selbsterhaltungs= und Entwickelungskampfes.

Die ethischen Principien der Vervollkommnung, beruflichen Sonderbewährung und einheitlichen Zusammenwirkung aller in ihrer Selbsterhaltung von einander abhängigen besonderen Kräfte sind sonach zwar unverlierbare, wenn man will, ewige „Principien" der Ethik, denn ohne ihre Geltung giebt es keine höhere Macht der Erhaltung und Entfaltung menschlichen Lebens. Sie ergeben aber für verschiedene Stufen der Entwickelung sehr verschiedenartige „Materialprincipien" der Moral und des Rechtes. Die geschichtlichen, positiven Systeme des Rechtes und der Sitte sind ihrer Zeit eigenthümlich und der Weiterbildung unterworfen, also weder „heilig", noch „ewig" im strengen Sinn des Wortes. Die Rechtsprincipien viribus unitis und suum cuique, die Moralprincipien der Nächstenliebe und der beruflichen Selbstbehauptung sind „ewig", „unumstößlich", „unverbrüchlich" nur in dem Sinn, daß die Rechts= und Sittengeschichte auf sie als höchste Ziele unfehlbar lossteuert, indem ihre vollkommenste Geltung den höchsten Grad der Kraft zur collectiven und individuellen Selbsterhaltung verleiht. Nicht willkürlich gemachte und zufällige Grundsätze sind sie, aber doch nicht ewig in dem Sinne, daß sie ursprünglich fertig wären, daß sie in geschichtsloser Weise zur Anerkennung gelangen könnten, aus einer anderen Welt in unser Gewissen plötzlich hereingerufen, oder daß sie dem verschiedenen Inhalt verschiedener Entwickelungsperioden gegenüber stets denselben concreten Gehalt haben müßten. Solcher „Ewigkeit" von Recht und Moral widerspricht die Erfahrung der ganzen Rechts= und Sittengeschichte. Eine Theokratie fordert sogar im Namen Gottes Vernichtung der Andersgläubigen; die primitive Stammesgenossenschaft befiehlt die Blutrache und die Vernichtung aller Feinde, heiligt Menschenopfer und Menschenfresserei, während unserer „Toleranz" und „Humanität" das Alles ein rechtlicher und sittlicher Gräuel ist. Aber derselbe collective Selbsterhaltungstrieb ist es, der bei verschiedenen Bedingungen und Inhalten der Selbsterhaltung Verschiedenes, zum Theil Entgegengesetztes verbietet oder erlaubt.

Er liegt noch der Ethik der „Humanität" und „Toleranz", aber auch schon der Moral der Wilden und Barbaren zu Grunde. Aus dem Grundgedanken der Entwickelungslehre ergiebt es sich sogar als selbstverständlich, daß Rechts= und Sitten=Inhalte nicht „ewige" Axiome, sondern Entwickelungsergebnisse sind, daß jedes historische Rechts= und Moralsystem vergänglich und verbesserungsfähig, also weit entfernt ist, jene „Ewigkeit" und „Heiligkeit" zu besitzen, welche ihm seine Günstlinge immer zuschrieben.

Fortschreitende Vervollkommnung erkenne hiernach auch ich als ein Grundprincip der Ethik an; denn sie ist wirklich Grundbedingung der Erhaltung unter den stets wachsenden, also Vervollkommnung heischenden Anforderungen des anlesenden und immer stärkere Gegner hinterlassenden Daseinskampfes. Aber nur die relative, ent= wickelungsgeschichtlich mögliche und zur Selbsterhaltung der Gemein= schaft erforderliche Vervollkommnung, nicht eine absolute Vervoll= kommnung von starrem unveränderlichem Inhalte ist ethisch erreich= bar. Der Mensch kann die nächsten Schritte weiterer Vollkomm= nung erschauen, und darauf beschränkt sich der anregende und fruchtbare Idealismus; niemals kann er den Maßstab absoluter, unvergänglicher Vollkommenheit gewinnen. — Desgleichen ergeben sich auch mir als ethische Grundprincipien die Forderungen charak= tervoller Selbstbehauptung, gliedlicher Berufsthätigkeit, hingebungs= voller Bewährung für Andere (Liebe). Ohne sie ist keine höhere Bildung von Collectivkraft, von Gesellschaft und Civilisation, keine Erhaltung aller werthvollen Glieder der letzteren möglich. Doch zeigen sie in jeder Periode der Entwickelung eine eigenartige Aus= prägung. Auf der langen Bahn der Entwickelung vom Hordenleben bis zum modernen Culturvolke verkehrt sich ihr concreter Inhalt allmälig ins Gegentheil, vom engherzigsten Horden=Gemeinsinn des Indianers in den Patriotismus und die Humanität der Neuzeit, von der communistischen Individualitätslosigkeit des Hordenmenschen in die ausgeprägteste Berufsindividualität und Rechtspersönlichkeit des Bürgers civilisirter Staaten. Die Bedingungen der Selbst= erhaltung sind es, die im gleichen Grade geschichtlich sich änderten.

Andererseits erklärt sich die ethische Unvollkommenheit, die theilweise Fälschung aller positiven Systeme des Rechtes und der Sitte durch die Selbstsucht der Recht und Sitte erzeugenden und schützenden Interessen. Von meinem Standpunkte ist es unmög=

lich, absolute Vollkommenheit von Recht und Sitte zu erwarten oder
die Hindernisse zu verkennen, welche sich der schlechthin gemeinsinnigen
Ausgestaltung der positiven Rechts- und Sittensysteme entgegen-
stellen.

Das Recht verlangt den Rückhalt der zur Zeit herrschenden
mächtigsten Interessen: diese aber sind nur zu sehr geneigt, die allgemeine Ordnung, mit welcher der sociale Interessenkampf umschränkt
wird, nach ihrem Sonderinteresse zuzuschneiden, das positive Recht
als stärkste Waffe der eigenen Uebermacht zu gebrauchen, es zu
fälschen und als Maske für schnöden Egoismus herzurichten. Keine
Zeit entgeht in ihrer Rechtsbildung völlig dieser Gefahr, da es nie
absolut selbstlose, bloß auf den Gesammtnutzen sehende Träger der
Macht für das Recht giebt. Schon Aristoteles bemerkt: „Es ist
leichter herauszubringen, was gleich und gerecht ist, als die den
Herrschaftsbesitz ausbeutende Partei zu bewegen, daß sie Gleichheit
und Gerechtigkeit anerkenne; denn immer verlangen nach Gleichheit
und Gerechtigkeit die Schwächeren, die Starken kümmern sich wenig
darum." Der moderne Mißbrauch der Gewalt für Sonderinteressen
der Majorität ist auch im heutigen „Rechtsstaate" sehr weit von
einer selbstlosen Anwaltschaft für die Rechtsidee abgeirrt. Die
herrschende Partei nimmt auch jetzt vorweg, wie der Hordenfürst, der
pater familias, der Lehnsherr, der Eupatride und Kalokagathe
Athens, wie der mittelalterliche Stadtmagistrat, die Kirche, der absolute Monarch. Alle haben „einen großen Magen", ihre schmarotzen-
den Genossen den größten. Weder die Absolutie des Königs, noch
die einer Parlamentsmehrheit läßt, beim Hang der Mächtigen zum
Mißbrauch schrankenloser Gewalt, den möglichen Grad vollkommener
Rechts- und Sittenbildung erreichen. Sei man also historisch billig
und gewahre man stets des Balken im eigenen Auge!

Würde nicht die Rechtsverbildung durch Gewaltmißbrauch
schwächend wirken und auch die herrschenden Gewalten mit dem
Untergang bedrohen und heimsuchen, so wäre von einer Rechtsordnung, welche die Arena der socialen Interessenkämpfe auch nur annähernd aus dem Gesichtspunkt der Gesammterhaltung absteckt, gewiß noch weit weniger die Rede.

Aehnlich verhält es sich mit den herrschenden Systemen der
gesellschaftlichen Sitte, mit welcher subjective Sittlichkeit nicht zu
verwechseln ist. Was ist nicht Alles von der Kirche als unsittlich

verdammt worden! Wie schnöd urtheilt die öffentliche Meinung des Pöbels über die Charaktere!

Man begreift sofort auch die Ursachen der großen geschicht= lichen Demoralisations= und Corruptionsprocesse, sobald man nur nicht vergißt, daß nach der Consequenz der obigen Anschauung eine kräftige und reine Ausbildung des Rechtssinnes und der Sitten in einem tief eingewurzelten, weit verbreiteten und erblich befestigten Trieb und Gefühl der Solidarität und der gesellschaftlichen Zu= sammengehörigkeit wurzeln muß. Nur unter letzterer Voraussetzung reagirt die Sitte übermächtig in der Richtung der Gesammterhaltung.

Jenes Gefühl kommt nun da abhanden, wo die bisherige Ein= heit des Volksgeistes sich auflöst, wo fremde Elemente eindringen, wo Vermischung und Zusammenwürfelung fremdartiger Volksbestand= theile entsteht, wo rasche Anhäufung unverbundener Volksmassen stattfindet. Wenn solches sich ereignete, ging und geht vor unseren Augen mit der Einheit des Volksgeistes die Macht der Sitte in die Brüche, reagirt das Volksgefühl nicht mehr ethisch nach Gesichts= punkten und Instincten der Gesammterhaltung. Vielmehr stellt sich tiefe Erschütterung der Sitten, moralisch ungezügelter Egoismus im Daseinskampfe, Auflösung und Verfall ein; so in Rom nach der Uebersättigung mit fremden Elementen, so im fränkischen Reich zur Zeit der unverschmolzenen Durchsetzung zweier Nationalitäten, so bei dem Contact der Griechen und der Perser, der Barbaren und der Römer, so bei der ersten Durcheinanderwerfung der Classen und Stände durch liberale Gesetzgebungen, so in den großstädtischen Volksanhäufungen der Neuzeit, so bei dem Zusammenlaufen der unruhigen Elemente Europas nach Amerika. Unter solchen Vor= aussetzungen müssen Brutstätten der Immoralität entstehen.

Daneben kann aber auch die Thatsache eines von Rückfällen nur unterbrochenen Fortschrittes sowohl des Rechtes als der Moral entwickelungsgesetzlich leicht erklärt werden.

Die natürliche Auslese ist es, welche auch diesen Fortschritt sichert. Recht und Sitte als gesellschaftliche, äußerlich zwingende und innerlich ergreifende Regelungen der Interessenkämpfe, als sociale Streitordnungen, unterliegen nämlich selbst dem allgemeinen Gesetze der socialen Entwickelung. Sie sind entwickelungsgesetzlich nothwendige und nothwendig fortschreitende Ergebnisse der natür= lichen Auslese. Die Daseinskämpfe führen gesetzmäßig das Ergebniß

herbei, daß jene Gemeinwesen überleben, welche durch Recht und
Sitte ihrem inneren und äußeren Ringen die am meisten und
raschesten vervollkommnende, d. h. kräftigste, angriffs- und wider-
standsfähigste Organisation geben und durch sie das Maximum aller
die Lebensfähigkeit des Gesellschaftskörpers bedingenden Kräfte erreichen. Hiedurch kommt langsam zwar, aber sicher ein mehr und
mehr vollkommenes Rechts- und Sittengesetz mittelst Ueberlieferung
zur Geltung. Nach einem solchen wird aber auch mehr und mehr
gestrebt, um im inneren und äußeren Ringen der Völker oben zu
bleiben. Die Erfahrung belehrt über den Werth entwickelungsgeschichtlich zweckmäßiger, geistige und physische Macht erzeugender
Rechts- und Sittenbestimmungen. Die freie Einsicht in die Vortheile
beider, von leitenden Geistern gewonnen, von Praktikern und
Idealisten vertreten, schließlich von besonderen Wissenschaften ge-
pflegt und verarbeitet, zu Volksüberzeugungen verdichtet, tritt zu
jener Erfahrung hinzu, um im Wege der vorsorgenden Anpassung
und im Interesse der vorsorgenden Machtbildung eine steigend bessere,
äußerlich und innerlich zwingende Ordnung der socialen Ringkämpfe,
sowie der Machtbildung und Machtüberlieferung für diese Kämpfe
herbeizuführen. Der rechtliche und moralische Idealismus nimmt
an dieser Arbeit mehr und mehr einen hervorragenden Antheil.
Die mächtigsten Träger der Idee und des Interesses collectiver
Selbsterhaltung, zuerst die Häupter der Geschlechtsgenossenschaften,
dann die Hausväter der Hufen- und Gauverfassung, lehensherrliche
Dynasten, Innungen, Landesherren und Landstände, endlich organisirte Staatsgewalten und berufsmäßige Pflegorgane der Ethik
bringen das vollkommenere Recht und Sittengesetz normirend und
vollziehend zur Geltung. Sie müssen es zur Geltung bringen, wenn
das Ganze bestehen soll und sie selbst als die ersten Interessenten
der Erhaltung des Ganzen überleben wollen. Die Selbsterhaltungs-
fähigkeit heischt ja immer stärkere Kraft. Diese wird nur erreicht,
wenn auch Recht und Sitte immer mehr veredelt werden, wenn diese
der höheren Ausbildung und machtvolleren Vereinigung der Kräfte
mehr als bisher Vorschub leisten, wenn sie die zeitgemäße Um-
formung und Stärkung aller überlieferten Besitze begünstigen, wenn
sie die Anregungen weitertreibender Ringkämpfe im Einzelnen verstärken und im Ganzen regeln, wenn sie zerstörende und erbiternde
Eigenmacht aus der Entscheidung der inneren Daseinskämpfe aus-

schließen, den Tüchtigsten Erfolg und den Schwächsten Antriebe und Mittel zu lebensfähigerer Anpassung geben. Recht und Sitte erwachsen so nothwendig in dem und durch den auslesenden Daseinskampf, da sie selbst ein wesentlicher Bestandtheil der Kraft collectiver Selbsterhaltung sind!

Jede Zeit hat ihre besonderen Aufgaben der Rechtsumbildung. Unser Zeitalter befindet sich in einer rascheren und tiefer greifenden Rechtsfortbildung, als je eine frühere Epoche, gleich sehr im Völkerrecht, im Staatsrecht, im Privatrecht und im Familienrecht. Die besonderen Ausführungen dieser Schrift werden es erweisen.

5. Der ethische Character der Socialauslese.

Man hat gesagt, mit der Annahme der Geltung „natürlicher" Zuchtwahl im Gebiete der socialen Entwickelung sei die moralische Weltordnung verneint. Allein die negative Auslese d. h. die Ausmusterung des Unpassenden und die positive Auslese oder der Sieg des Passenderen ist ja das einzig empirisch erkennbare Stück eines „moralischen Weltgerichts". „Der „Mechanismus der socialen Auslese" dient dem Fortschritt der Schöpfung zur Höhe einer moralischen Welt, freilich nur als socialer Entwickelungsapparat, als Mechanismus für das Durchdringen von Ideen, deren Aufleuchten für den Glauben als Inspiration aus einer unerkennbaren höheren Welt sich darstellen wird.

Das „An sich" der socialen Auslese und einer durch sie wirkenden unbekannten Macht — Gott, Vorsehung, Weltordnung u. s. w. — liegt jenseits der Grenze aller empirischen Erkenntniß, über das Reich des Wissens hinaus im Glauben, welcher nur nach einer Seite in der Erfahrung wurzelt. Daß die socialwissenschaftliche Selectionslehre keine metaphysischen Enthüllungen geben kann, ist jedoch ein Loos, welches sie mit aller strengen Erfahrungswissenschaft theilt. Es ist ihr nicht zum besonderen Vorwurf zu machen.

Die sociale Auslese verhütet und unterdrückt in Recht und Sitte allerdings das Böse nicht völlig, sie gestattet vorübergehend sogar die Herrschaft des Letzteren als der unter gewissen Conjuncturen stärkeren Macht. Allein an der Thatsache selbst, welche von ihr erklärt wird, ist die selectionistisch begründete Ethik doch nicht schuldig. Die letzte Wirkung der natürlichen Auslese ist die Herausbildung der civilisirten Gesellschaft als der stärksten lebensfähigen Collectivkraft. Diese Kraft kann weder zu Stande kommen, noch fortbestehen und sich erhalten ohne alle jene Bedingungen, welche als die wesentlichen Bestandtheile der „moralischen Weltordnung" gelten.

Alle wesentlichen Stücke des Inventars der sog. moralischen Weltordnung erklären sich hiernach nach dem Werden (genetisch) gerade durch die selectionistisch erhellte Ethik. Die letztere verneint nicht, sondern erklärt und begründet den wissenschaftlich überhaupt nachweisbaren Bestand einer sittlichen Weltordnung, einer fortschreitenden moralischen Vervollkommnung, eines ethischen Weltgerichtes. Die Religiosität sogar findet im Proceß der socialen Auslese ihre Entwickelung und fortschreitende Läuterung; denn die Erfahrung einerseits des Leidens, Jammers und Elendes, welches an den menschlichen Daseinskampf sich stets heftete und heften wird, andererseits die Erfahrung der relativen Vervollkommnung, welche aus der uralten Arbeit der socialen Auslese hervorgeht, hat wahrscheinlich nicht wenig dazu beigetragen, in der geistigen Natur des Menschen die zwei Pole der Religiosität — das Erlösungsbedürfniß und das Streben nach Vollkommenheit, Gottesfurcht und Seligkeitshoffnung — zu erwecken und zu läutern; ohne die Erfahrungen des Menschenherzens in der socialen Selection dürfte sich die Thatsache der Religiosität nach ihrer empirischen Seite wohl kaum erklären lassen.

6. Freiheit und Gleichheit als „Principien" und als Entwickelungsforderungen.

Unsere Epoche lechzt nach immer mehr Freiheit und namentlich nach immer mehr Gleichheit für immer Mehrere, nach allgemeiner Gerechtigkeit und nach Brüderlichkeit, nach voller Selbstständigkeit und nach Solidarität zugleich.

Unser Zeitalter verlangt aber nicht blos diese Güter als „Principien", sondern erträgt dieselben und benöthigt sie auf der besonderen Höhe seiner Entwickelung. Als „Principien" sind die gedachten Forderungen unbegründbar, „Glaubenssätze weltlichen Inhalts", dagegen als praktische Forderungen eines vervollkommneten Daseinskampfes stehen sie unerschütterlich fest und können sie nicht verweigert werden.

Je freier Jeder seine besondere Kraft an den entsprechenden besonderen Aufgaben im Dienste der Gesammtheit und zugleich zum eigenen Vortheil zu entfalten vermag, je gleichheitlicher mit seiner besonderen Kraft überall mitzuringen befugt ist, je gerechter nach diesem positiven, fruchtbaren Begriff der Freiheit und Gleichheit Jedem das Seine nach seinen besonderen Kräften und Bedürfnissen zukommt, je brüderlicher ein Jeglicher zugleich den Anderen dient, und sich dem Ganzen hingiebt, indem er sich dient, je selbstständiger ein Jeder in seinem Berufe bei fruchtbarer, solidarischer Verknüpfung mit den Genossen ist, — desto höhere Entwickelung der ganzen Volksgemeinschaft und aller größten und kleinsten Glieder der letzteren ist möglich. Und umgekehrt sind, je höher die wirkliche Entwickelung geht, Freiheit und Gleichheit, Gerechtigkeit und Brüderlichkeit, Unabhängigkeit und Solidarität desto mehr erforderlich und möglich.

Nur bedeuten im Sinne der socialen Selection unseres Zeitalters die Freiheit und die Unabhängigkeit nicht das alle Anderen störende und hemmende Fürsich- und Losein-Wollen des sog. Individualismus und Atomismus, sondern die Freiheit eines Jeden in seinem Berufe innerhalb der allgemeinen Gemeinschaft mit den Anderen. Und es bestehen im selben Sinne Gleichheit und Gerechtigkeit nicht in der kahlen Gleichheit des Nichtmehr- und Nichtandersthundürfens, des Nichtmehr- und Nichtandersgenießendürfens jedes Einzelnen, jedem anderen Einzelnen gegenüber, sondern in der gleichen Befugniß Aller, an jedem Platz nach der Rangordnung erwiesener Befähigung für die Gesammtheit zu wirken und nach seinem besonderen Verdienste und entsprechend nach seinem besonderen Bedürfniß an dem Genusse der ideellen und materiellen Güter des Lebens Antheil zu nehmen. Das ist Freiheit und Gleichheit bei Selbstständigkeit und Berufssolidarität Aller für Alle. In diesem Sinne gefaßt ist das hochgradige und auf Praktisches abzielende Freiheits- und Gleichheitsverlangen der Bevölkerungsmassen unserer Epoche kein eitles Prinzipiengeflunker ohne Boden und ohne Berechtigung, sondern eine tief berechtigte Forderung, welche dem praktischen Bedürfniß einer zeitentsprechenden Gestaltung der Socialauslese entspricht und eben deshalb gar nicht abgewiesen werden kann. Daß dieses Verlangen als „Princip", als unumstößlicher Glaubenssatz weltlichen Inhaltes auftritt, kann zwar vor der Wissenschaft keinen Bestand halten, verstärkt aber die Macht dieser Forderung durch Idealisirung des geschichtlich nothwendig Gewordenen.

Es ist namentlich der Gleichheitsgedanke, welcher den Geist der stimmfähig gewordenen Massen des Volkes beherrscht. Die Erfahrung zeigt wirklich, daß immer mehr Vorrechte, Privilegien verschwinden. Die Gleichheit in dem Sinne, daß Alle unter denselben Bedingungen mit der Macht persönlicher Tüchtigkeit in dem friedlichen Streit um alle Güter und Vortheile ringen dürfen, gewinnt immer mehr Geltung. Nur jene Gesellschaft erreicht und erhält die zum Ueberleben erforderliche steigende Kraft, welche allmälig alle und je die tüchtigsten Kräfte auf allen Gebieten des socialen Ringens emporhebt und hiermit allgemein höhere Anforderungen der Leistungsfähigkeit zur Geltung bringt. Es müssen immer mehr alle Kräfte zum friedlichen Ringen zugelassen und alle zum Siege und zum Genusse der Siegeserfolge nach Maßgabe der Tüchtigkeit berechtigt werden. Die Gleichheit Aller vor dem Recht ist ein Machtpostulat der socialen Selbsterhaltung geworden. Als solches, nicht als angeborenes Urrecht bringt diese Gleichheit auch unaufhaltsam und in immer reinerer Weise durch. Sie ist nicht Princip, sondern nothwendiges Geschichtsergebniß, Ausdruck des Zwanges der socialen Auslese zur Entbindung aller und der besten Kräfte. Die Negation des Privilegiums ist für spätere Zeiten eine nothwendig gewordene Aufhebung von Hindernissen der Wirksamkeit der socialen Auslese.

Nicht blos das Recht, überall um die Güter des Lebens zu ringen, wird mehr und mehr Allen zu Theil. Die Gesellschaft macht auch immer mehr Anstrengungen positiver Ausgleichung, darauf gerichtet, Allen das Mitkämpfen unter gleichen Bedingungen zu ermöglichen. Und warum? Eine Gesellschaft, in welcher die Volksmasse roh und ungebildet ist, unterliegt im Völkerkampfe einer anderen, welche Allen ein gewisses Minimalmaß der Bildung sichert. So ist unsere Epoche eine Zeit der Verallgemeinerung der Bildung, zunehmend auf öffentliche Kosten und unabhängig vom Privatvermögen geworden. Die erreichbare und historisch mögliche Macht höherer Bildung und Lebenshaltung der Lohnarbeiter wird man nur mit Hilfe der Selectionslehre als Forderung der Gesammterhaltung, als Bedingung der Lebenskraft der Gesellschaft, unanfechtbar begründen können.

Ein Zug selbst zur Ausgleichung der materiellen Voraussetzungen des Daseinskampfes liegt tief in zeitgemäßer Ordnung der socialen Auslese begründet und bewegt mit Recht unser Zeitalter. Auf den höheren Stufen der Civilisation entstehen in der That immer mehr Anstalten des öffentlichen Rechtes, welche eine Verwerthung der persönlichen Tüchtigkeit unabhängig vom Privatvermögen gestatten. Das rasche Wachsthum des öffentlichen Vermögens gestattet die Emancipation der persönlichen Tüchtigkeit von dem Zufall der privaten Vermögensübermacht. Je mehr auf dem Gebiete der Volkswirthschaft, des „socialen Stoffwechsels", die Gründung solcher Anstalten des öffentlichen Rechtes zunehmen würde, desto mehr müßte auch hier die Ungleichheit des Privatvermögens als Schranke des Sieges persönlicher Tüchtigkeit gebrochen werden und ein beglückungsfähiger Mittelstand von breitester Basis auch außerhalb der Landwirthschaft wieder erstehen. Plötzlich und die ganze Production umspannend wird diese Wendung sich freilich nicht vollziehen.

Der hierher gehörigen großen Kern- und Zeitfrage, der Frage der Zukunft des kommunistischen oder socialistischen „Collectivismus" wird in dieser Schrift (Abtheilung: Socialpolitik) eine besondere Betrachtung gewidmet werden.

Kern- und Zeitfragen der Entwickelungsspannung, insbesondere der Bevölkerungsspannung.

Die allgemeine Entwickelungsspannung.

Das Volks- und das Völkerdasein stellt zu jeder gegebenen Zeit und in jedem gegebenen Lande ein System wechselwirkender Einzel- und Gesammtkräfte dar, welche in einem bestimmten Spannungsverhältnisse zu einander stehen. In der beharrlichen Entladung aller Spannungen vollzieht sich das sociale Leben. Stets neue Spannungsverhältnisse treten ein, aus welchen immer wieder verändertes Leben in fort- und rückschreitender Entwickelung durch die Entscheidungen der Daseinskämpfe auf allen Gebieten der nationalen und internationalen Gesittung hervorgeht. Je stärkere und größere Kräfte von qualitativ und quantitativ mächtigerer Art einander zu feindlichem und friedlichem Ringen gegenüber treten, desto höher wird der Grad der Spannung, aus deren Entladung die weitere Entwickelung hervorgeht.

Die Spannung, welchen Grades und welcher Größe sie auch sein mag, ist bald härter und weniger gedeihlich, indem die ringenden Kräfte, ohne die Möglichkeit erheblicheren Fortschrittes auf dem Wege der Arbeitstheilung und Arbeitsvereinigung zu erzielen, einander fest=halten, ermatten und aufreiben und so nur ein mühseliges Fortschreiten selbst erreichen oder stehen bleiben; ein Rückschritt ist es, was aus dieser Spannung wahrscheinlich hervorgeht. Bald ist die Spannung, auch die höchste, milderer, gedeihlicher Art, eine Spannung, aus deren Entladung mehr Arbeitstheilung und Arbeitsvereinigung als Verdrängung und Vernichtung hervorgehen wird und hervorgehen muß. Jede Zeit hat für ihr Ringen auf sämmtlichen Gebieten des Volks= und Völkerlebens bestimmte, mehr oder weniger harte und mehr oder weniger milde Spannungsgrade.

Wer die Stärke der Kräfte jeder Art, welche auf den ver=schiedenen Ring= und Kampfplätzen in bestimmter Stellung für längere Zeit einander gegenüberstehen, kennt und mißt, der vermag auch Richtung und Maß des Fortschrittes oder die Wahrscheinlichkeit von Stillstand und Rückschritt des Zeitalters mit einer gewissen Sicher=heit vorauszusehen, und vorsorgend jene Staatskunst zu üben und üben zu helfen, welche von den Römern so treffend das gesellschaft=liche Vorsehen (civilis providentia oder prudentia) genannt wurde, durch dieses Vorsehen aber auf die Entwickelung seines Volkes und seiner Zeit Einfluß zu nehmen.

Die Gesammtheit lebendiger Kräfte, welche mit den materiellen Gütern des Volksvermögens in bestimmter Vertheilung ausgerüstet zum socialen Ringen einander gegenüberstehen, liegt nun elementar in der Bevölkerung vor. Jene Spannung, welche in der natürlichen und räumlichen Bewegung der Bevölkerung, auch in der Gliederung und Schichtung der letzteren zu Berufen und Klassen obwaltet, die elementare Bevölkerungsspannung ist es hauptsächlich, welche die Staatskunst jeder Epoche interessiren muß.

Unser Zeitalter hat einen Grad und eine Weite der socialen Spannungen überhaupt und der Bevölkerungsspannung insbesondere erreicht, wie keine frühere Epoche. Eine überaus gedeihliche bei den jungen Völkern und Ländern der neuen Welten, eine nicht ebenso be=

4*

hagliche, aber doch nicht schon ungedeihliche bei den alten Völkern Mittel= und Westeuropas. Große Völkerkreise und Ländergebiete, welche theils bei sehr dünner, theils bei sehr dichter Bevölkerung langem Stillstand verfallen gewesen waren, haben begonnen, eine höhere gedeihliche Entwickelungsspannung unter dem erziehenden Einfluß des Verkehrs und der Herrschaft alter Hochkulturvölker wieder zu erreichen. Die elementaren Faktoren dieser Spannungen sollen so kurz, aber auch so zahlenmäßig bestimmt wie möglich vorgeführt werden.

Woher kommt die nie dagewesene Stärke und Weite in der Spannung des socialen Daseinskampfes für unser Zeitalter überhaupt? Die bewirkenden Einflüsse sind schon bei aphoristischer Andeutung leicht zu erkennen.

Das Entdecken und Erfinden von Ländern, Völkern und Kunstverfahren jeder Art, der ungeheure Fortschritt in der Circulation der Ideen, Personen und Güter, die Zunahme der Bevölkerung in den meisten der alten Kultur= und der germanischen Kolonialländer, die Verallgemeinerung und Steigerung der Bildung für den Einzelnen und für die Massen, die Riesigkeit der Kapitalansammlung, die Steigerung des Lebensanspruches und der Lebenshaltung in den weitesten Kreisen der nur immer mehr sich demokratisirenden alten und kolonialen Kultur, die Ausbreitung und Vertiefung des naturwissenschaftlichen Erkennens, die Erschließung aller bisher noch abgelegen und abgedrängt gewesenen Völker und Länder durch Reisende, Missionare und Kaufleute, die technische Erleichterung und wirthschaftliche Verwohlfeilerung der Binnen= und der Außenwanderung, die leichtere Loßreißung Aller von allem Hergebrachten, Heimathlichen, Abgeschlossenen, die Freiheit des Erwerbes und des Zuges und noch andere Umstände haben es bewirkt, daß die Spannung des socialen Daseinskampfes so hochgradig und so weit geworden ist wie nie zuvor.

Die bewohnbare Erde ist zur Besiedelung und Beherrschung durch die Völker höherer Gesittung in der letzten Theilung begriffen. An Stelle einer losen Handelsberührung zwischen den Erdtheilen, Rassen und Völkern ist der engste internationale Verkehr und die gleiche Freiheit dieses Verkehrs für alle Nationen getreten. Riesige Kräfte, nationale Wehrkräfte für sich und in dauernden Allianzen, riesige Kapitale für sich und in Vergesellschaftung zum

Erwerb, stände- und klassenweise geeinigte Individuenmassen von
steigender Bildung, nationale und internationale Verbände für die
verschiedenstartigen Zwecke, namentlich auch solche für die Führung
des Lohnkampfes zwischen Lohnarbeitern und Lohngebern, Massen-
zuwanderungen, innere und äußere, vom Land zur Stadt, von den
Ländern der Volksdichtigkeit zu den jungen Erdtheilen, soweit sie für
Angehörige der alten Völker siedelbar, bewohnbar und beherrschbar
sind, lassen unsere Epoche als eine Sturm- und Drangperiode des
socialen Daseinskampfes wie keine frühere erscheinen. Es ist nicht
bloß das Lebenwollen überhaupt, sondern das intensivste Mehrhaben-
und Besserleben-Wollen, was dem natürlich züchtenden socialen Daseinskampfe dieses demokratischen Zeitalters die Signatur giebt.
Unter allem diesem Drücken und Drängen stellt wohl das Streben
der nichtackerbauenden Massen der Lohnarbeiter nach Abschüttelung
der Privatherrschaft des Kapitals, nach Herstellung einer freien
Arbeittheilung und Arbeitvereinigung in öffentlichem Produktions-
dienst, d. h. die Neubildung eines breiten gewerblichen Mittelstandes auf Grund öffentlicher Güterhervorbringung, sowie auf Grund
verhältnißmäßigerer Auslohnung und besseren Schutzes auch im kapitalistischen Dienstverhältniß, die bedeutendste und weittragendste Erscheinung des inneren Lebens dar, während die Handels- und
Kolonialpolitik im weitesten Sinne den wichtigsten Kreis internationaler Kern- und Zeitfragen umspannen dürfte. Beiden That-
beständen, bezw. Kern- und Zeitfragen wird diese Schrift besondere
Aufmerksamkeit zuwenden.

Die Bevölkerungsspannung.

Für die kurze Darlegung dieser Spannung sind im Folgenden
vor Allem der werthvolle Band 44 der Deutschen Reichsstatistik
und das von Ad. Wagner[1]) mit bekanntem Geschick, Scharfsinn und
Fleiß weiter beigebrachte Material benutzt.

Die Statistik der Bevölkerungsspannung ist durchaus nicht
bloß für die volkswirthschaftliche, sondern auch für alle übrige,
namentlich auch für die staatliche Volksentwickelung von Bedeutung.
Die folgenden Blicke auf die Bevölkerungsspannung verfolgen hienach
keine einseitig nationalökonomische Richtung.

---

[1]) Grundlegung der pol. Oekonomie. Dritte Ausgabe.

1. Die Spannungen der Volksdichtigkeit.

Die Dichte der Bevölkerung weist stets auf höhere Grade, sei es gedeihlicher, sei es ungedeihlicher Spannung des Daseinskampfes hin. Dabei ist freilich die absolute und die relative Dichtigkeit wohl auseinander zu halten. In erster Linie bedeutsam für die Beurtheilung der werdenden und der kommenden Dinge socialer Entwickelung ist die relative Dichtigkeit, d. h. jene Dichtigkeit, welche mit Rücksicht auf fünf Hauptfactoren — mit Rücksicht auf die natürliche Ergiebigkeit des Landes, mit Rücksicht auf die wirthschaftlich technische Befähigung der Bevölkerung zur Ausnutzung der Ergiebigkeit, mit Rücksicht auf die industrielle Exportfähigkeit, durch welche ein Theil der Bevölkerung durch das Ausland sich ernähren zu lassen vermag, mit Rücksicht auf Höhe oder Niedrigkeit der allgemeinen Lebenshaltung, endlich mit Rücksicht auf die Verhältnisse der gesammten Bevölkerungsbewegung — sich erreicht zeigt. Je nachdem die genannten fünf Factoren günstig oder ungünstig zutreffen, wird die Bevölkerung nach Zeit und Land sehr verschiedene Dichtigkeit haben, und jede Ziffer der absoluten Dichtigkeit auf sehr verschiedene Grade der Spannung und der möglichen Entwickelungshöhe hinweisen. Der niedrigste Grad der Dichtigkeitsspannung, wie ihm z. B. die Naturvölker unterliegen, kann ebenso der härteste und ungedeihlichste sein, wie umgekehrt die höchste Dichtigkeitsspannung, z. B. in China. Wenn man annähernd die fünf genannten Momente bezüglich verglichener Länder und Völker kennt, so werden auch die Ziffern der absoluten Dichtigkeit eine beredte und wenig zweideutige Sprache führen.

Im Folgenden sind die Zahlen der absoluten Dichtigkeit für verschiedene Völkerkreise, Länder und Landestheile nach der Kopfzahl auf den Quadratkilometer angegeben. Es entfallen auf diese Flächeneinheit Köpfe:

auf der Erde: in Europa überhaupt 37, Asien 19, Afrika 5, Amerika 3; in Nordwesteuropa 124, Centraleuropa 80, Südwesteuropa 64, Südosteuropa 35, Osteuropa 18;

in Asien: Japan 105, China 90, britisch Indien 16, Hinterindien 18, russisch Centralasien und Turkestan 1,6, Sibirien 0,3, Vorderasien 5;

Nordamerika 4, Centralamerika 6, Westindien 22, Südamerika 2;

in Afrika: Nordafrika 7, nordtropische Zone 5, südtropisches Afrika 4, außertropisches Südafrika 3;

in Europa: Deutsches Reich 91, Frankreich 71, Oesterreich-Ungarn 66, Westösterreich 79, Ungarn 53, Schweiz 72, Niederlande 138, Belgien 208, Großbritannien 124, England und Wales 192, Italien 105, europäisches Rußland 38, russisch Polen 65;

in den verschiedenen Theilen Deutschlands nach Regierungsbezirken: Mecklenburg-Strelitz 33, Hannover 92, Köln 208, Braunschweig 109, Oppeln und Breslau 119, Potsdam 142, Dresden 219, Leipzig 243, Zwickau 284, Wiesbaden 150, Niederbayern 162, württ. Donaukreis 78, württ. Neckarkreis 200, Karlsruhe 173, Rheinhessen 224, Elsaß 130;

in verschiedenen anderen Ländern nach Regierungsbezirken (Kantonen): Schweiz von Graubünden mit 13 bis St. Gallen mit 114 und Zürich mit 197; Italien: Basilikata mit 55 bis Lombardei mit 160, Ligurien mit 181, Sicilien mit 128; Niederlande: von Drenth mit 49 bis Nord- und Südholland mit 313; Belgien: Luxemburg mit 49 bis Antwerpen 247, Lüttich 260, Brabant 343; Frankreich: nördliche Departements 180, südwestliche 55, östliche 74, südöstliche 70; Großbritannien und Irland: England 209, nordwestliches England 319, Schottland von 4 bis 467; Schweden: von Norrland 1,7 bis Malmöhus 77; russisch Polen: 65 mit 99 Maximum und 47 Minimum; europäisches Rußland ohne Polen 17: Minimum, Archangel 0,3 und Astrachan 3,5 bis Podolien 60 und Moskau 66; nordamerikanische Union: im Ganzen 7, Neuengland 27, Rhode Island 106, Massachusetts 104, nordwestliches Centralgebiet 7, nordöstliches 20, südöstliches 12, südwestliches 4, Felsengebirge 0,7, pacifische Staaten 2, Nordstaaten 17, Südstaaten 8, Südwestcentr. 4; britisch Ostindien: in den Schutzgebieten bis 263, in den Centralprovinzen bis 225; Japan von 44 in Jesso bis 304 in Centralnipon und 348 in Westnipon; China (nach Schätzungen): 47, eigentliches China 88, nördliche und nordwestliche Provinzen 47 bis 125, centrale und untere Provinzen 97 bis 210, südöstliche Küstenprovinzen 108 (von 60 bis 170), südwestliche Binnenprovinzen 53 (25 bis 112).

Diese und ähnliche Zahlen sind für die Beurtheilung der nationalen und internationalen Bevölkerungsspannung unseres Zeitalters wohl zu beachten, aber auch vorsichtig zu verwerthen. Sie weisen hin auf die Härten des Wirthschaftskampfes mit der Natur am

Rande der Gebirgs= und der Polar=Schneegrenzen, sowie in den Agrarprovinzen ohne Handelsgewächsbau und ohne landwirthschaft= liche Industrieen, dagegen auf gedeihliches Auslaufen des Daseins= kampfes in nationale und internationale Arbeitstheilung und Arbeits= vereinigung durch Industrieentwickelung und Großstadtbildnng, auf die den Ackerbau=Colonialgebieten, namentlich Nordamerika und ganz Rußland, gesicherte Kolossal=Entwickelung, auf die größere Leich= tigkeit des inneren nationalen Daseinskampfes für Frankreich ver= glichen mit Deutschland, Oesterreich, Großbritannien und Italien, auf die Unentbehrlichkeit auswärtiger Absatzmärkte für Mittel= und Nordwesteuropa, auf die Ernährungsabhängigkeit der alten Industrie= staaten von dem Export nach jungen Ländern, auf die Bedeutung auch der Pflanzungskolonieen für exportbedürftige alte Länder, auf die ungeheuere Wichtigkeit internationaler Gleichberechtigung im Verkehr mit den einer dichten Bevölkerung fähigen tropischen oder einer solchen schon theilhaftigen subtropischen Ländern (China, Japan u. s. w.) Für die größten Fragen der inneren, der auswärtigen und der colonialen Politik werden sich die Anregungen, welche durch die Ziffern der internationalen und nationalen Volksdichtigkeit wach= gerufen werden, als bedeutsam erweisen.

Die schwächste, aber für die Regel dennoch mindest gedeihliche Spannung des Daseinkampfes ist offenbar da vorhanden, wo In= dustrie, Handel und Städtewesen fehlen oder, wenn vorhanden, im Weltverkehr durch handelspolitische Ausschließungs= und Hemmungs= Systeme unterbunden sind. Ferner da, wo die lokale Bevölkerung wesentlich auf den Landbau für den eigenen Bedarf angewiesen ist; jedoch wird eben deshalb ein durch Fortwanderung bewirktes Zurück= bleiben der Volksdichtigkeit hier gedeihliche und behagliche Spannungs= verhältnisse herbeiführen und aufrechterhalten. Umgekehrt kann die stärkste Bevölkerungsspannung die ungedeihlichste und unbehaglichste sein, wofern sie an den Grenzen des gegebenen und weiter erreich= baren Unterhaltsspielraums und daher beim Stillstand angelangt ist, z. B. seit Jahrtausenden in China.

In beiden Fällen sind es namentlich die untersten Klassen, ist es die Masse der schwächeren socialen Kräfte, welchen die Härte des Daseinskampfes und die Nothwendigkeit der Wanderung sich auferlegt und welchen die Gefahr der Wiederherabstoßung von einer erreicht gewesenen relativen Höhe der Lebenshaltung droht.

Bei der Vergleichung der Ziffern nach Erdtheilen, Ländern und Landestheilen muß man in der That eben nicht blos auf die Zahl der Köpfe, sondern auch auf die Höhe der durchschnittlichen Lebenshaltung sehen. Je härter für ein Volk im Ganzen und für die einzelnen Schichten die auferlegte Spannung ist, desto mehr ist die erreichte Höhe der Lebenshaltung bedroht. Jede proletarische Volksverdichtung, sei es durch schwer ernährbare Geburtenüberschüsse von innen heraus, sei es durch Armen=Zuwanderung von außen her (Chinesen, Kulis und Osteuropäer) führt zu ungedeihlicher Bevölkerungsspannung.

2. Die Spannungen der natürlichen Bevölkerungsbewegung.

Ob die Bevölkerungsspannung eine gedeihliche oder nicht gedeihliche ist, dafür giebt jeder Zeit und an jedem Orte die Zu= oder Abnahme der Zuwachsrate einen Maßstab. Und zwar aus den Gründen, welche von A. Wagner auf Grund vorzüglicher Untersuchung ausgesprochen worden sind, aus den Gründen, welche ich weiter unten wörtlich anführe.

Die Volksdichtigkeit ist das gemeinsame Ergebniß der bis zur Erreichung der jeweiligen Volksdichtigkeit stattgehabten sog. natürlichen und der sog. räumlichen „Bevölkerungsbewegungen". Als natürliche Bewegung der Bevölkerung gilt die durch das Verhältniß zwischen der Geburten= und der Sterbfallshäufigkeit („Frequenz") zu Stande gebrachte Zu= und Abnahme der Bevölkerungszahl. Unter räumlicher Bewegung versteht man die durch Außen= und Binnenwanderungen bestimmte Aenderung des Bevölkerungsstandes.

Die Bevölkerungsbewegung ist nun entweder Volkswachsthum oder Volksabnahme oder Bevölkerungsstillstand.

Die Spannung des socialen Daseinskampfes bei Entvölkerung, welche durchgreifend den Rückschritt und Verfall zu bedeuten pflegt, wird weniger stark, aber härter sein, als bei rascher Volkszunahme. Wenigstens für die Regel; denn die Zunahme führt zumeist auf Ausdehnung und bessere Ausnutzung des Unterhaltspielraumes zurück.

Die Bedingungen der Bevölkerungsbewegung, der Erscheinungen der Geburtenfrequenz sowie der Sterblichkeit, der Aus= und der Einwanderung, sowie der die letztere an Bedeutung weit überwiegenden Binnenwanderung gestalten sich nun nach Perioden und Völkern auch in unserem Zeitalter verschiedenartig und eigenartig.

Die jetzige und wahrscheinlich nächstkünftige „Geburten=
frequenz" verschiedener europäischer Länder. Diese Frequenz
ist weitaus am geringsten in Frankreich. Im Zeitraum 1840
bis 1890 schwankte sie hier auf Tausend der Bevölkerung zwischen
23,7 und 29,2, während sie für das Deutsche Reich zwischen 33,89 und
42,61 pCt., für Westösterreich zwischen 31,2 und 38,1, für Italien zwischen
35,6 und 40,7, für Großbritannien zwischen 31,1 und 36,3, für Ruß=
land zwischen 46,4 und 51,3 sich bewegt hat. Aehnliche Geburts=
frequenz wie das übrige Mitteleuropa weisen Skandinavien und
Belgien auf. Im vollen Gegensatz gegen Frankreich mit der geringsten
und abnehmenden Geburtenfrequenz steht Rußland, überhaupt der
slavische Osten, mit der stärksten Geburtenfrequenz. Die französische
Abnahme in der Zuwachsrate trifft nicht die ganze romanische Welt,
namentlich nicht Italien. Man hat die statistische Zuverläßigkeit
der russischen Zuwachsrate angezweifelt, aber doch wohl nicht mit
Recht, da auch in den theilweise slavischen Ostprovinzen Preußens
mehr als 45 pro Mille als Geburtenzahl für die letzten Jahrzehnte
zuverlässig ermittelt sind.

Die obigen Ziffern sind für die Völkerkämpfe der Zukunft,
was nationale Reinerhaltung oder Mischung (Italiener mit Fran=
zosen, Slaven mit den Deutschen in Preußen und Deutschösterreich)
betrifft, was sodann die Kolonisations= und Wanderfähigkeit, die
Binnenwanderung von Ost nach West, die Zunahme der Wehrkraft,
die vergleichsweise Unterhaltungsschwierigkeit angeht, ersichtlich von
großer Bedeutung.

Die Geburtenfrequenz unterlag während der ganzen zweiten
Hälfte dieses Jahrhunderts erheblichen Schwankungen. Dieselbe
kulminirte zuerst in den vierziger Jahren, dann für ganz Mittel=
europa, sowie für Rußland ohne Polen zwischen 1870 und 1880, in
Frankreich (ohne Elsaß=Lothringen) das letzte Mal zu Anfang der
vierziger Jahre. Der fast allgemeine Rückgang seit 1873 weist auf
eine zur Zeit noch andauernde härtere Spannung hin.

Der jährlichen Geburtenfrequenz läuft die sog. Gebär=
frequenz (auf je Tausend 15 bis 50 Jahre alte Frauen) parallel.
Dieselbe betrug eheliche und außereheliche zusammen: 164 im Deutschen
Reich, 149 in Italien, aber nur 106 in Frankreich. Letztere That=
sache ist um so beachtenswerther, als Frankreich in Beziehung auf
die Ehefrequenz, d. h. auf den Procentsatz der Verheiratheten an=

nähernd so günstige Verhältniſſe hat wie Mitteleuropa im Durch=
ſchnitt. Die geringe „Gebärfrequenz" weiſt hier klar auf eine Ver=
breitung der Praxis künſtlicher Unfruchtbarkeit, des geſchlechtlichen
ſog. Präventivverkehrs hin.

Die uneheliche Geburtsfrequenz iſt zwar nach Ländern und
Nationalitäten eine recht verſchiedene: auf 1000 Frauen 19 in
Belgien, 40 bis 47 in Weſtöſterreich und Galizien. Verglichen mit
der ehelichen iſt ſie allgemein eine ſehr geringe, ungefähr nur ein
Sechſtel bis ein Zehntel. Bedenkt man, daß die jüngeren Frauen
die gebärfähigeren ſind, ſo wird es klar, als ein wie gewaltiges
Hinderniß der übermäßigen Geburtenfrequenz unſer beſtehendes
Eherecht wirkt, indem es die Verheirathung im Durchſchnitt erſt
geraume Zeit nach der Gebärfähigkeit bedingt. Was hätten unſere
Nachkommen zu erwarten, wenn der Geſchlechtsverkehr ihnen völlig
freigegeben wäre, falls ſie nicht mit den Franzoſen ſich dem ent=
völkernden Präventivverkehr hingeben wollten?!

Die phyſiologiſch mögliche Gebärfrequenz betrüge nach beſter
Berechnung 7 bis 8 Geburten auf 100 Lebende. Die wirkliche unter
dem beſtehenden Eherecht beträgt nur 3⁄8 bis 4 pCt. jährlich; hieran
hat das ſpätere Heirathen wohl den erheblichſten Antheil.

Die Heirathsfrequenz, berechnet als Heirathsfrequenz auf 1000
heirathsfähige (über 15 Jahre alte) Perſonen, iſt nicht blos nach
Zeitperioden überaus ſchwankend, ſondern auch nach Ländern ſehr
ungleich. Sie beträgt: Ungarn 81,4, Weſtöſterreich 47,8, Deutſches
Reich 55,7, Großbritannien 53, Frankreich 50,4, Niederland 50,3,
Italien 48,6, Schweiz 42, Belgien 41,3, Schweden 40,3, Irland 25,6
(nach Angaben aus den Jahren 1872 bis 1880).

Die beſonders geringe Heirathsfrequenz einzelner Länder iſt
durchaus nicht ſo leicht zu erklären wie für Irland. Die geringe
Heirathsfrequenz Weſtöſterreichs z. B. erklärt ſich aus der geringen
Heirathsfrequenz der Deutſchen Alpenländer und dieſe wieder
aus dem das Heirathen erſchwerenden und verſpätenden bäuerlichen
Agrarrecht[1]; die Wirkung dieſer beſchränkten Heirathsfrequenz
iſt eine um die Hälfte geringere Geburtenfrequenz den Czechen
und Romanen Weſtöſterreichs gegenüber. Hier liegt für die deutſche

---

[1] Vergl. Hainiſch, Die Zukunft der Deutſchöſterreicher.

Nationalität eine ſchwere Gefahr und eine Kernfrage vor, welche durch Hainiſch bereits eindringlich geſtellt worden iſt.

Die Sterblichkeit. Länder mit beſonders hoher Geburts=frequenz, wie Deutſchland, Weſtöſterreich, Galizien haben auch eine höhere Sterblichkeit, namentlich Kinderſterblichkeit, als die Länder mit geringerer Geburtsziffer. Die folgende Tabelle erweiſt es. Es kommen Todesfälle

	auf 1000 Lebende des betreffenden Alters Gestorbene ohne Todtgeb.				Auf 1000 15—50jähr. Frauen Geborene			Auf 1000 Lebende: Geborene ohne Todtgeborene
	unter 1 Jahr	1—2 Jahre	2—5 Jahre	alle Gestorbenen	verheirathet, ehelich	unverheirathet, unehelich	überhaupt	
	1.	2.	3.	4.	5.	6.	7.	8.
Westösterreich	323	84	32	29.3	258	40	145	36.7
Galiz.,Bukowina	300	113	54	37.1	260	47	175	44.6
Deutschland	294	70	25	26.8	293	30	164	39.1
Italien	284	169	42	30.0	254	24	149	36.9
Spanien	267	67		30.4	?	?	?	37.6
Schweiz	238	41	15	23.5	259	11	125	30.8
Niederlande	237	66	21	24.3	310	10	157	36.4
Frankreich	210	29		22.4	174	18	106	25.4
Finnland	195	38		22.2	?	?	149	37.0
Gr.-Britannien	174	66	20	21.4	?	?	?	35.4
Dänemark	165	36	15	19.5	241	27	132	31.4
Schweden	152	41	20	18.3	248	24	125	30.5
Irland	114	41	15	18.2	?	?	?	26.5
Norwegen	111	39	16	17.0	268	20	129	31.0
Griechenland	111	30		19.6	?	?	?	27.6

Eine der Folgen geringerer Kinderſterblichkeit in den geburten=ärmeren Ländern iſt es, daß in dieſen Ländern, alſo namentlich in Frank=reich, ein größerer Bruchtheil der Bevölkerung ins erwerbs=fähige Alter kommt und in dem letzteren länger verbleibt. Dies muß die Spannung des Unterhaltskampfes weſentlich mildern, weil es die Beſchwerung mit den Ausgaben für den unproduktiven Theil der Bevölkerung erheblich vermindert und die Möglichkeit der Kapital=anſammlung erleichtert. Das Nähere hinſichtlich der aus der ge=ringeren Kinderſterblichkeit ſich ergebenden höheren Erwachſenen=

Bestände erhellt aus der nachstehenden, den vergleichsweisen Alters=
aufbau der Völker angebenden Tabelle, auf welche der aufmerksame
Leser der „Kern= und Zeitfragen" häufiger zurückschauen wird. Es
kamen auf 1000 Lebende der beiden Geschlechter (um 1870 bis 1880):.

Länder	Bis 15 Jahre	15—40 Jahre	40—60 Jahre	über 60 Jahre
Griechenland	387	402	154	57
Galizien, Bukow.	381	401	176	41
Nordamer. Union	379	410	153	58
Großbritannien	363	391	171	75
Ungarn	355	402	183	60
Irland	352	375	177	96
Deutsches Reich	350	386	187	77
Finnland	346	398	188	68
Niederlande	345	375	195	85
Norwegen	344	375	191	90
Dänemark	337	376	194	93
Schweden	333	376	203	88
Spanien	330	412	193	65
Belgien	329	376	197	98
Italien	323	392	202	83
Westösterreich	322	391	203	84
Schweiz	319	384	208	89
Frankreich	270	383	228	119

Hiernach hat Frankreich erwerbsfähige Erwachsene pro mille 611,
Deutschland 573, Ver. Staaten 563. Das erstgenannte Land hat
die geringste Kinderbevölkerung (270 gegen 350 bez. 379), dafür
mehr Greisenbevölkerung (119 gegen 77 bez. 58).

Größe des Geburtenüberschusses. Dieser Ueberschuß ergiebt
sich durch den Abzug der Gestorbenen von den Geborenen. Trotz der
geringeren Sterblichkeit hat Frankreich den geringsten Geburten=
überschuß. Der letztere ist stetig zurückgegangen; in einigen Jahren
ist daselbst sogar ein Ueberschuß der Todesfälle hervorgetreten. Die
mitteleuropäischen Länder nähern sich mehr Deutschland; letzteres
hatte 1890 die höchste wirkliche Bevölkerungsvermehrung (1,07 %),
welche seit 1825 (1,34 %) stattgehabt hatte. Bis zu nahezu 3 % Ge=
burtenüberschuß hat es auch ohne Einrechnung der Eingewanderten
und ihrer Nachkommenschaft die nordamerikanische Union gebracht.
Die vergleichsweise härtere Spannung des Daseinskampfes durch den
wieder stärkeren Geburtenüberschuß in Deutschland erklärt Vieles im
Vergleich seiner inneren Zustände und seiner Wanderfrequenz ver=
glichen mit Frankreich. Der noch größere Geburtenüberschuß in
den Verein. Staaten — derselbe ist übrigens im Rückgang begriffen —

ist dagegen nur ein Zeichen und Ergebniß der besonders günstigen Entwickelungsbedingungen, unter welchen sich ein junges Kolonial= volk germanischer Abkunft in Gegenwart und nächster Zukunft befindet.

Die Verlangsamung der Zuwachsrate zeigt sich mehrfach, aber keineswegs überall und stetig und hat auch gerade in germani= schen Ländern wieder neuerdings öfters einer unter Jahres= schwankungen doch ziemlich anhaltenden Steigerung der Rate Platz gemacht. „Sie aber ohne Weiteres zu einem „statistischen Gesetz" zu stempeln und auf die steigende Volksdichtigkeit zurück zu führen, durch die sie nothwendig werden soll, ist unzulässig, wenn auch ein nicht seltener Trost in Frankreich" (A. Wagner).

Der wirkliche Gesammtzuwachs der Bevölkerung. Der= selbe ergiebt sich durch den Abzug der Wanderungsverluste vom Geburtenüberschuß. Dieser Wanderungsverlust in Vergleichung mit dem Geburtenüberschuß erhellt aus der folgenden Tabelle: Es ergiebt sich aus den neueren Aufnahmen ¹) die nachfolgende Uebersicht:

	Auf 1000 der mittleren Bevölkerung jährlich									
	Geburtsüberschuß					Verlust (+ Gewinn) durch Wanderungen				
	1841 bis 1850	1851 bis 1860	1861 bis 1870	1871 bis 1880	1881 bis 1890	1841 bis 1850	1851 bis 1860	1861 bis 1870	1871 bis 1880	1881 bis 1890
	1.	2.	3.	4.	5.	6.	7.	8.	9.	10.
Deutsches Reich	9.4	9.0	10.3	11.9	11.4	1.7	2.5	2.2	1.8	2.9
Westösterreich	6.1	6.9	6.6	7.5	7.2	0.6	0	1.0	0.5	—
Galizien, Bukowina	1.9	4.2	11.0	7.5	10.1	0.1	+3.0	0.1	+0.3	-
Ungarn	—	—	—	2.3	7.3	—	—	—	1.5	—
Frankreich	4.0	2.3	2.6	1.7	2.3	+0.4	+0.1	+0.2	+0.3	0.0
Großbritannien	10.2	11.9	12.7	14.1	13.9	+2.0	0.7	0.8	0.9	—
Irland	—	—	9.7	8.2	6.0	—	—	16.7	12.6	—
Italien	—	—	7.3	7.0	10.2	—	—	0.5	1.3	—
Spanien	—	—	9.2	—	—	—	—	3.7	—	—
Rußland	—	—	12.0	13.7	13.6	—	—	0.6	+0.5	—
Schweiz	—	—	—	7.3	7.3	—	—	-	0.8	—
Belgien	6.1	7.8	8.5	9.8	10.0	+1.2	1.5	1.1	0.6	—
Niederlande	6.9	7.7	10.4	12.1	13.2	0.2	0.6	2.0	0.4	—
Dänemark	10.1	11.9	10.9	12.0	13.8	0.4	+0.8	0.8	2.2	—
Schweden	10.5	11.1	11.1	12.3	12.1	0.1	0.7	3.7	3.2	—
Norwegen	12.5	15.9	12.9	13.9	13.9	0.9	1.9	5.1	4.0	....
Finnland	12.0	7.2	7.4	8.0	7.1	+0.4	0.7	0.9	+0.6	—

¹) Vgl. b. Wagner a. a. O. S. 518.

Zu dieser Tabelle bemerkt A. Wagner treffend am angef. Ort
S. 517 ff.:

„In der germanischen, freilich, wenn die Zahlen zuverlässig
sind, auch in der slavisch-russischen Welt, sind die Geburtsüberschüsse
meistens über 1% jährlich, neuerdings fast überall gewachsen, bis
auf 1.1 bis fast 1.4%. In Oesterreich mit seiner national-gemisch-
ten und seiner in den Alpen geburtschwachen deutschen Bevölkerung
sind sie kleiner, auch schwankender, ebenso in Italien, wo aber in
neuester Zeit ein germanischen Ziffern nahekommender Geburtsüberschuß erreicht wird. Belgien, Irland, die Schweiz, stehen etwas
zurück, kommen so Frankreich etwas näher, aber immerhin doch über
Irland, dessen Statistik ohnehin für unvollständig gilt, und sogar
noch in der neuesten Zeit weit über Frankreich, das auch vom romanischen Spanien, wenn die wenigen Zahlen für dieses zuverlässig sind
und einen Vergleich gestatten, bedeutend übertroffen wird. Frankreich ist dann freilich das einzige Land, welches dauernd, wenigstens
bis 1880, einen kleinen Wanderungsgewinn durch Mehreinwanderung
zeigt. Aber derselbe kommt gegenüber der großen Volkszunahme,
welche selbst die Länder der Massenauswanderung, Großbritannien,
Deutschland, Scandinavien dank ihrem starken Geburtsüberschuß behalten, gar nicht in Betracht. Es ergiebt sich, wie namentlich die
germanischen Länder durch ihre ungemein starken Geburtsziffern in die
Lage gesetzt werden, ungeheure Menschenmassen an die neue
Welt abzugeben und diese somit der germanischen Völkerfamilie definitiv zu gewinnen, ohne selbst eine große Einbuße an ihrem Bevölkerungszuwachs zu erleiden. Von der
romanischen Welt gilt das neuerdings nur einigermaßen ähnlich von
Italien, während Rußlands Geburtsüberschuß, wenn er in der
Wirklichkeit den statistischen Zahlen entspricht, eine Verbreitung der
Bevölkerung in den weiten Räumen des russischen Reichs in Europa
und Asien ermöglicht und auch einigermaßen zur Folge zu haben
scheint. Darin, das trotz eines nicht ganz unbeträchtlichen Geburts-
überschusses Irland eben auch jetzt noch immer durch die Auswanderung (übrigens nicht nur nach Amerika, sondern auch nach
Großbritannien), wie seit den 1840er Jahren, an Bevölkerung verliert, liegt der wesentliche Unterschied der Bevölkerungsverhältnisse
dieses keltisch-germanischen Massenauswanderungslandes gegenüber
den germanischen Ländern und Italien.“

Die Zahlen Frankreichs liefern das wichtige statistische Ergebniß, daß unter einer Geburtsfrequenz von nur 23—24 sogar bei
mäßiger Sterblichkeit die Bevölkerung eben nur in der Stabilität
der Zahl erhalten wird. Jede auch nur kleinere Vermehrung der
Todesfälle führt zu einem positiven Rückgang der Bevölkerungszahl
(so 1890 in Frankreich) und auch bei gleichbleibender Sterblichkeit
hat jede kleine weitere Verminderung der Geburtsziffer denselben
Erfolg. Da sich die Sterblichkeit schwer, namentlich nicht in kurzer
Zeit erheblich vermindern läßt, zumal nicht allgemein in einem großen
Lande, so kann nur durch Steigerung der Geburtsziffer noch eine
natürliche Volksvermehrung durch Geburtsüberschuß herbeigeführt
werden. In dieser Lage ist Frankreich, dessen neuere Geburtsziffer
von 23—24 (incl. Todtgeborene, die hier ca. 1—1,2 %₀ betragen)
demnach bei dort gegebener, schon nicht hoher Sterblichkeit eben deshalb als das Minimum bezeichnet werden kann, das zur Erhaltung
auch nur des Gleichbleibens der Bevölkerungszahl wenigstens im
Durchschnitt nothwendig ist. Frankreich hatte eine Geburtsziffer
1890 ohne Todtgeborene von 21,9 %₀, eine Ziffer, welche die Sterblichkeit dort nur in wenigen Jahren nach unten zu erreicht, ganz ausnahmsweise unterschritten hat (Wagner).

Die Ziffern der starken Volkszunahme der Germanen und
der Russen sind ein lapidarer Ausdruck für den Drang zu
Auswanderung und Besiedelung bei den eben genannten Völkern,
für den umgekehrten Drang der Binnenwanderung vom Land
zur Stadt, für den handelspolitischen Kampf um die auswärtigen
Märkte, um den vorderen und hinteren Orient, für den Drang zum
Kolonialerwerb und zur international gleichberechtigenden Erschließung
der volkreichen, großen Halbkulturreiche in Ost- und Südasien, für
den natürlichen Beruf Rußlands zur Kolonisation Nordasiens, für
den Drang zur Rekolonisation der asiatischen Türkei, hauptsächlich von
West- und Mitteleuropa aus (orientalische Frage). Auch andere große
Kern- und Zeitfragen verschiedenster Art wurzeln in dem Boden
der soeben bezifferten bevölkerungsstatistischen Thatsachen.

Ueberblickt man zum Schluß alle nachgewiesenen Thatsachen
der natürlichen Bewegung der Bevölkerung, so wird man im
Stande sein, die periodischen Schwankungen in der Spannung dieser
Bewegung, die ungedeihlichen nach unten und die gedeihlicheren nach
oben, richtig zu würdigen.

Unter normalen Verhältnissen, unter dem Einfluß des ge=
schlechtlichen Trieblebens und unter dem lebhaften Trachten nach
dem Glück der Familienfreuden wird die mit den Unterhaltsbedingungen
überhaupt vereinbare Höhe der Bevölkerungsspannung durch die Be=
völkerung selbst mittelst des natürlichen Volkserfages und Volks=
zuwachses durchgeseßt. Die Vermehrungstendenz geht auch heute
noch bis an die Grenze des welt= und volkswirthschaftlich gegebenen
Unterhaltsspielraums. Diese Grenze wirkt nicht wie eine Mauer, sondern
wie ein elastisches Band. Die wirkliche natürliche Volksbewegung, die
für sie maßgebenden Verhältnisse der Eheschließungen, der Zeugungen,
Geburten und Todesfälle, demnach weiter der Stand der Be=
völkerung, insbesondere Richtung und Maß seiner Veränderung
hängen, sagt zusammenfassend A. Wagner (a. a. O. 529 f.), „ein=
mal von einer mehr oder weniger, wenigstens für gewisse Zeit=
räume, gegebenen ziemlich constanten Größe, der in einer Be=
völkerung einmal bestehenden Vermehrungstendenz und daraus
folgenden thatsächlichen Vermehrung, sodann aber von einer wechseln=
den Größe ab, derjenigen der Wirksamkeit, welche die gegebene
Vermehrungstendenz unter dem Einfluß veränderlicher concreter
psychischer und physischer Förderungs= und Hemmungsmittel in be=
stimmter Zeit und an bestimmtem Ort thatsächlich erlangt. In
letzterer Hinsicht zeigt sich dann die Leichtigkeit oder Schwierigkeit,
eine Familie zu begründen und für mehr Menschen Unterhalt zu be=
schaffen, sowie die hierüber herrschende Ansicht, oder, kurz gesagt,
der wirkliche und der angenommene Unterhaltsspielraum
von entscheidender Bedeutung. Indem aber eine bestimmte Ansicht
über das, was in Bezug auf den Unterhalt einerseits ausreichend,
andererseits nothwendig sei, in einer Classe, einem Volke, einem Zeit=
alter zur herrschenden wird, kann diese Ansicht dann auch zu einem
Factor werden, welcher hier dauernd auf die Heiraths= und Geburts=
frequenz einwirkt, damit deren Durchschnittsgröße und so auch
jene als gegebene Größe anzunehmende nationale Vermehrungs=
tendenz mit bestimmt, bezw. ändert, sie beschleunigt, sie verlang=
samt. So erklären sich die dauernden Vermehrungsverhält=
nisse und die Veränderungen, welche darin erfolgen, bei der Be=
völkerung überhaupt und bei verschiedenen Völkern und in ver=
schiedenen Zeitaltern bei demselben Volke." Und dasselbe findet
statt bei den verschiedenen Schichten desselben Volkes, welche

eine verschieden starke, gedeihliche oder ungedeihliche Spannung auf=
weisen.

Die Erfahrung zeigt aber auch, daß die unter normalen Ver=
hältnissen regelmäßige und gesicherte Stärke der Bevölkerungs=
spannung abnormen Spannungszuständen weichen kann. Es ist
der Zustand, in welchem Frankreich sich befindet und in welchen
der geschlechtliche Präventivverkehr allgemeiner hineinführen könnte,
wofern durch künstliche Hemmung der Fruchtbarkeit auch der
vorhandene und mit der allgemeinen Gesittung weitersteigende
Unterhaltsspielraum nicht mehr mit dem existenzfähigen Nachwuchs
besetzt werden sollte. In dieser Hinsicht droht dem Fortschritt der
Civilisation eine nicht ganz leicht zu nehmende Gefahr: die Ver=
drängung der Völker, Bevölkerungstheile und Volksklassen von
höherer Gesittung und Lebenshaltung durch Völker, Bevölkerungs=
theile und Volksklassen von niedriger Bildung und Lebenshaltung.
Selbst der Verlust, jedenfalls die Trübung der Nationalität durch
Zumischung kann in Europa bis zu einem gewissen Umfang ein=
treten. Auch da, wo die Niedrigkeit der Zuwachsrate nicht auf künst=
licher Hemmung, sondern auf anderen Ursachen, z. B. auf dem Agrar=
system beruht; in den deutschen Alpenländern drückt nach Hainisch
das geschlossene Hofsystem den Zuwachs auf die Hälfte des Geburten=
überschusses der slavischen und der romanischen Westösterreicher herab.

So wenig es wünschenswerth ist, daß das weitere Bevölkerungs=
wachsthum auf Kosten der Lebenshaltung vor sich gehe, so wünschens=
werth bleibt es, daß die Volkszahl überhaupt soweit und solange
zu wachsen fortfahre, als der örtlich und zeitlich gegebene Unter=
haltsspielraum es überhaupt ohne Beeinträchtigung der verhältniß=
mäßig mitsteigenden Lebenshaltung gestattet. Auch hier darf die
Quantität nicht ganz der Qualität hintangesetzt, die nationale Zu=
kunft nicht dem Interesse größerer Daseinsbehaglichkeit der Gegen=
wart geopfert werden. Vermuthlich werden die germanischen Völker
von der Behauptung und Steigerung ihrer Lebenshaltung durch Zu=
flüsse von Chinesen, Kulis und anderen fremden Bevölkerungs=
auswürfen niedrigster Lebenshaltung sich nicht abhalten lassen. (Die
Chinesen=, Kuli= und Einwanderungsfragen in Nordamerika und
Australien!) Sie brauchen darum den Gefahren und Verlockungen
des entvölkernden Präventivverkehrs nicht zu unterliegen. Nur
haben sie es auch nicht nöthig, die „Erhaltung der Gattung", wie

geschehen ist, als den obersten Grundsatz einer „Moral der Zukunft"
zu proklamiren; die Vervollkommnung der Gattung, die Erhaltung,
Vervollkommnung und Beglückung eines jeden Gliedes der Gemeinschaft in seinem besonderen Zeitberuf gehören für immer auch zur
Moral!

3. Die Spannungen der räumlichen Bevölkerungsbewegung.

Die Wanderungen spielen eine große Rolle in der Bevölkerungsspannung unserer Gegenwart und einer absehbaren Zukunft.

Bedeutender noch als die Auswanderung, welcher die jungen
Großstaaten eine so bedeutende Beschleunigung ihrer Bevölkerung
und Entwickelung verdanken und sie noch einige Generationen weiter
verdanken werden, erweisen sich die einheimischen Wanderungen.
Namentlich diejenigen vom Dorf, vom Gutsbezirk und von der Kleinstadt in die Industrie- und Bergwerksbezirke, in die Residenz- und
andere Groß- und Handelsstädte. Diese gewaltige innere Wanderung hat sich bis zu der Wirkung gesteigert, daß in einzelnen Orten,
Bezirken und selbst Provinzen ein Rückgang der Bevölkerung eingetreten ist. Doch sind, wie A. Wagner nachdrücklich hervorhebt, erst
mit der Entwickelung der Großindustrie, mit dem Uebergang aus der
vorwaltend agrarischen und handwerklichen in die mehr industrielle
und städtische volkswirthschaftliche Phase, mit dem neuen Dampf-
communicationswesen und mit der durch das Alles erst mächtig gewordenen Wirksamkeit des Freizügigkeitsprincips und der Gewerbe-
freiheit die einheimischen Wanderungen, die Vermengung der örtlichen Bevölkerung, das Strömen in die Städte, Industrie- und
Montangegenden, auch die periodischen Wanderungen der Feld- und
anderer Arbeiter, die Richtung der Wanderung immer mehr von Osten
und Nordosten nach der Mitte und nach dem Westen (auch in Betreff
der Juden aus den preußisch-polnischen Ländern, namentlich seit der
rechtlichen Gleichstellung der Juden), so bedeutsam geworden. Die
noch in den ersten Jahrzehnten dieses Jahrhunderts, besonders nach
der Kriegszeit, wahrnehmbare Veränderung der Volkszahl der einzelnen Landestheile ließ mehrfach auf einen Zug vom Westen und
Süden nach dem Norden und Osten, von den volksdichteren in
die weniger dichten Gegenden, auch in agrarische, schließen. Seit
der industriellen und der Eisenbahnentwickelung, seit den 40er Jahren,
wird die Richtung der Wanderungen immer mehr eine entgegen-

gesetzte, nach Mitte und Westen gehende, in die Städte und Industrie-
bezirke. Aehnliches zeigt sich in anderen alten Ländern.

In den jungen Ackerbaureichen ist dagegen noch immer eine
umgekehrte Zugsrichtung nach dem unbesiedelten Innern, dem fernen
Westen Nordamerikas, dem fernen Osten des russischen Nordasien
wahrzunehmen.

An sich ist der große Binnenabfluß nach den Bezirken und
Städten der großen Industrieen, der industriellen Landwirthschaft,
des Bergbaues und des Handels eine gesunde Bewegung, indem
er durch gewerbliche Anpassung in bessere Lebenshaltung für die
Bevölkerungsüberschüsse und in gesteigerte nationale Arbeitstheilung
ausläuft. Eine ähnliche Wanderung haben wir, wie Bücher[1]) bereits
nachgewiesen hat, schon in der Städtezeit unseres Mittelalters gehabt, nachdem in der entgegengesetzten Richtung zuvor zweimal eine
bäuerliche Siedelungsbewegung nach dem Osten vor sich gegangen
war, eine Bewegung, welcher das heutige Deutschland die Hälfte
seines Besitzstandes verdankt. Allein praktische Kernfragen zeit-
eigenthümlicher Art wirft in ernster Weise diese große Bewegung
für unsere Ostprovinzen und ihren Großgrundbesitz dennoch auf.
Ich werde dieselben nicht ganz unberührt lassen.

Von gewaltiger Wirkung für die internationale und nationale
Bevölkerungsspannung ist auch die überseeische Massenauswanderung des 19. Jahrhunderts, zu welcher vielleicht und hoffentlich eine große Auswanderung nach dem türkischen Orient zur Re-
colonisation der heutigen europäischen Türkei im 20. Jahrhundert hinzukommen wird. „Die überseeische europäische Massenauswanderung des 19. Jahrhunderts ist," sagt A. Wagner, „in der
Hauptsache eine gewaltige germanische, deutsche, britische, scandina-
vische Völkerwanderung, an der außerdem im stärksten Maße nur
noch die keltisch-germanische Bevölkerung Irlands, neuerdings auch
die italienische betheiligt ist und in allerjüngster Zeit auch die
slavische (und jüdische) Osteuropas etwas mehr Theil zu nehmen
beginnt. Frankreich namentlich in seinen rein französischen Theilen
(vor 1871), auch im Ganzen selbst Spanien stehen erheblich zurück.
Mehr als letzteres hat Portugal eine Auswanderung (bes. nach)
Brasilien). 70—80% der gesammten britischen und irischen Aus-

---

[1] Die Entstehung der Volkswirthschaft.

wanderung gehen nach Gesammt=Nordamerika. Auch nach Südafrika wenden sich etwas germanische Einwanderer. Das romanische Süd= und Mittelamerica wird von ihnen nur schwächer, meist ganz schwach, aufgesucht. Dieses ist das Hauptziel der italienischen (bei dieser zu 70—80 %) und sonstigen romanischen Auswanderung. Aus den übrigen Theilen der alten Welt kommt, nach dem ziemlichen Auf= hören des Negersklavenimports, nur die chinesische Auswanderung nach der neuen Welt (Amerika, Australien), wie auch nach anderen Theilen Asiens in den letzten Jahrzehnten in Betracht, ist aber durch gesetzliche und administrative Maßregeln, namentlich in Nordamerika, bereits wieder gehemmt worden."

Jedermann kennt die Kern= und Zeitfragen, welche die Amerikaner und die australischen Jugendvölker in Bezug auf Einwanderung und kapitalistische Ländereispekulation schon aufgeworfen haben!

Die absolute Zunahme der Bevölkerung. — Diese Zunahme ergiebt sich durch Abzug der Auswanderungsverluste bezw. durch Zu= ziehung des Einwanderungsgewinnes zur natürlichen Volksvermehrung.

Die Verschiebungen in der absoluten Volkszahl der ver= schiedenen Länder während dieses Jahrhunderts sind gewaltig. Solches ist aus den nachfolgenden statistischen Zahlen zu ersehen. Es hatten Bevölkerung in Millionen Köpfen:

	1816	1840	1870	1890
Deutsches Reich (heutiges Gebiet)	24,8	32,7	40,9	49,4
Frankreich	27,7	32,7	36,7	38,3
Oesterreich (ohne Ungarn)	13,3	16,5	20,2	23,7
Europäisches Rußland	—	—	65,7	85,9
Großbritannien	—	17,5	26,0	33,0
Italien	—	—	26,8	30,1
Niederlande	2,6	2,8	3,5	4,5
Belgien	—	4,3[1])	5,0	6,1
Vereinigte Staaten	9,6[2])	17,6	38,9	62,9
Britisch Australien	—	1,3[3])	1,9	4,5

Die germanischen Völker sammt Italien und Rußland haben hiernach trotz der starken Auswanderung bei den ersteren an Be= völkerung gewaltig zugenommen. Nach Levasseur hatte zur Zeit Napoleons I. Frankreich mehr Bevölkerung und waffenfähige Männer

---

[1]) Im Jahre 1846.
[2]) Im Jahre 1820.
[3]) Im Jahre 1863.

als die alliirten Gegner Deutschland, Oesterreich und Rußland zu=
sammen. Heute steht es um 11 Millionen hinter Deutschland allein
zurück. Frankreich und Rußland haben zusammen 123, Deutschland,
Oesterreich und Italien zusammen haben nahezu 120 Millionen Ein=
wohner.

Die Bedeutung dieser Zahlen des Bevölkerungswachsthums
für die größten Fragen der äußeren und inneren Politik auf absch=
bare Zukunft liegt nahe.

4. Die Berufs= und Klassenspannungen.

Die Bevölkerung hat in unserem Zeitalter weiter eine eigen=
thümliche Berufs= und Klassenspannung. Wenn man unter Beruf die
Selbstversorgung durch öffentliche und private Arbeit zum Nutzen der
Gesammtheit versteht, so hat kein Zeitalter stärkere Berufsgliederung
gehabt als das unserige; denn keines hatte eine so weitgehende
Arbeitstheilung. Und wenn man unter den Klassen die Schichtung
der Bevölkerung nach herrschenden und nach dienenden Volksbestand=
theilen versteht, so hat man auch heute eine die ganze gebildete
Völkerwelt durchziehende Klassenscheidung so gewaltiger Art, wie sie
kaum je die Bevölkerung zerschnitten hat. Zwar giebt es — ganz
geringe Reste aus älterer Zeit ausgenommen — nicht mehr Gebürtig=
keitsklassen und wird es solche nicht mehr geben, aber Schichtung von
besitzenden über den nichtbesitzenden Bevölkerungstheilen, eine Schich=
tung von herrschenden über dienenden Klassen, welche durch das Erb=
recht mittelbar gebürtig wird, ist durchgreifend und zerreißend vor=
handen. In Berufsgliederung und Klassenschichtung herrscht eine
unserem Zeitalter eigenthümliche, sei es zum Fortschritt drängende,
sei es dem Verfall entgegenführende unvergleichlich starke Bevölke=
rungsspannung. Diese Spannung ist für die „Kern= und Zeitfragen"
so wichtig, wie diejenige der natürlichen und der räumlichen Be=
völkerungsbewegung, freilich zahlenmäßig nach Grad und Ausdehnung
weniger leicht zu bestimmen.

Die Erörterung der Berufsspannung muß bei der Thatsache
anheben, daß auch unser Zeitalter einen bestimmten Theil berufs=
loser Bevölkerung hat. Dieser Bevölkerungstheil unterliegt wieder
theils einer unfreiwilligen Berufslosigkeit in Folge der durch Kind=
heit, Greisenalter und persönliche Gebrechen bewirkten Berufsun=
fähigkeit, theils einer freiwilligen Berufslosigkeit in Folge der

Berufsscheue. Zur dauernden Berufslosigkeit der Berufsunfähigen kommt eine vorübergehende Berufslosigkeit der Berufsfähigen hinzu; es ist die Erwerbslosigkeit.

Die Erwerbs= oder Berufsunfähigkeit bedroht mit Untergang und Verkommen. Hiegegen hat unser Zeitalter immer großartigere Vorbeugung und Hülfe, durch Organisation der Wohlthätigkeit sowie durch freiwilliges und erzwungenes Versicherungs= und Sparwesen, zu Stande gebracht. Kein früheres Zeitalter hat etwas wie unsere Zeit der allgemeinen Personalversicherung gehabt; eine Masse vernichtender Daseinskämpfe wird hierdurch aus der Lebens= und Entwickelungsweise unseres Zeitalters hinausgeschafft. In Beziehung auf die Berufsunfähigkeit hatte wohl kein Zeitalter eine minder unbehagliche Spannung als das unserige trotz alles Jammers der Armenpflege.

Auch bezüglich der Erwerbslosigkeit im weitesten Sinne des Wortes, wonach nicht bloß Lohnarbeiter ohne Stelle, sondern auch Unternehmer mit stillstehendem oder Verlust gebendem Geschäft als erwerbslos anzusehen sind, hat unser Zeitalter, im Ganzen genommen, und im Verhältniß schwerlich einen härteren Spannungsgrad, als frühere Epochen solchen hatten. Allein die viel größere Weite, welche allen Spannungen des neuzeitlichen Daseinskampfes eigen ist, läßt die Erwerbslosigkeit massiger und concentrirter, die erwerblosen Massen organisirter, hiermit mächtiger und gefährlicher auftreten. Auf die Verhütung der Erwerbslosigkeit und auf die Versorgung bei unvermeidlicher Erwerbslosigkeit sind daher angelegentliche Bestrebungen unseres Zeitalters gerichtet: im schon vorhandenen Sparwesen und in der geplanten Ausdehnung der allgemeinen Versicherung auch auf die Erwerbslosigkeit. Auch diese Kern= und Zeitfragen sollen wenigstens gestreift werden.

Eine große und eigenthümliche Spannung giebt auch unserem Zeitalter die Berufsscheue. Wir haben im Verhältniß weit weniger Verbrecher, Faullenzer, Vergnüglinge, Lumpe aller Sorten, Diebe, Gauner, Schwindler, Wucherer, Dirnen, Kuppler, Zuhälter, Gesellschaftsschmarotzer jeder Art, als eine frühere Zeit. Eher weniger als die Zeit hatte, in welcher Luther sein Büchlein von der „falschen Bettelbüberei" geschrieben hat, weniger als die Zeit der „fahrenden Leute". Allein Berufsscheue giebt es noch leidig viele, nur in neuen Gestalten. Die aus den sog. höheren Klassen und Berufen hervorgehenden Auswürflinge der Berufsscheue sind heute wie immer politisch und social die gefährlichsten und corrumpirendsten Bevölkerungselemente. Sie haben durch Presse, Wirthshaus, Vagiren einen größeren Zusammenhang wie nur je, und durch ihr Zusammensein in Riesenstädten sind sie eine politische und sonstige Gefahr, wie nur je die Berufsscheuen es waren. Sie haben mehr nationalen und internationalen Zusammenhang gewonnen, als er je früher irgend einer „Bande" von Berufs- und Klassenauswürflingen zukam. Kriminaljustiz, Polizei, Technik der Armenpflege liegen mit ihnen immerhin noch in schweren Kämpfen.

Der weitaus größere Theil der erwachsenen Bevölkerung ist Berufsbevölkerung. Keine Zeit hatte eine so reiche Berufsgliederung, wie die unserige. Diese Thatsache ist ja nur der Ausdruck unserer Arbeitstheilung in Gestalt der Berufsschichtung; so hohe Arbeitstheilung hat eben kein früheres Zeitalter gehabt. Unsere hochgradige Berufsgliederung ist ebendeshalb an sich eine kerngesunde Erscheinung. Dieselbe geht naturgemäß in der Industrie und in den Städten am weitesten und ist am größten bei jenen Völkern der alten Kultur, welche bei hochgespannter Volksdichtigkeit industriell für jüngere Länder und Völker thätig sind, um diese landwirthschaftlich für sich thätig sein zu lassen.

Nie zuvor waren die berufszusammengehörigen Bevölkerungstheile im privaten Vereinswesen so mächtig und handlungsfähig geeint und gegliedert, wie jetzt in den Fachvereinen der Arbeiter und der Arbeitgeber und in den vielerlei und immer reichhaltiger hervorsprießenden Organisationen der Berufsschichten zu Körperschaften des öffentlichen Rechtes, zu berufskörperschaftlichen Kammern aller Art. Ich habe hierauf bei verschiedenen unter den folgenden Kern- und Zeitfragen zurückzukommen.

Die in steigender, nie dagewesener Höhe der Arbeitstheilung sich entladende Berufsspannung unseres Zeitalters ist im Ganzen wohl entfernt nicht so unbehaglich und ungedeihlich, wie diejenige irgend einer früheren Epoche. Die Erwerbs-, Zugs- und Berufswahl-Freiheit gestatten leichtere und raschere Anpassung nach der persönlichen Berufsfähigkeit einer- und nach der örtlichen wie zeitlichen Berufsgelegenheit andererseits. Dennoch fehlt es an ungedeihlichen Berufsspannungen durch Berufsübersetzung, durch Berufsverfehlung, durch Berufsschlendrian, welcher veränderte Berufsanpassung vereitelt, auch in unserer Zeit nicht. Viele der besten Köpfe und der geschicktesten Hände kommen nicht in das richtige Berufsgeleise hinein, weil ihnen die Bildungsmittel fehlen, und große Massen tüchtiger Menschen bleiben durch ihre und ihrer Eltern Armuth genöthigt, im Berufe ungelernter Arbeit zu verharren, und gehindert, zu den Rangstufen der gelernten Arbeit bis zu den höchsten Sprossen auf der Leiter der öffentlichen und der privaten Dienstleistung aufzusteigen. Ein großer Theil der vom Socialismus aufgeworfenen Kern- und Zeitfragen auf dem Gebiete der Organisation der Volkswirthschaft und des öffentlichen Bildungswesens drehen sich um Verhütung der Berufsübersetzung, Berufsunterbrechung und Berufsverfehlung.

Von Interesse ist es nun, soweit die Statistik dies schon gestattet, die heutige Bevölkerung nach Berufslosigkeit, Berufsthätigkeit und Berufsgliederung zahlenmäßig festzulegen. Nach der Statistik ist die Zahl der Berufslosen und der Berufsscheuen, welche freilich in der Wirklichkeit weit größer sein wird, als sie in der statistischen Bezifferung erscheint, eine verhältnißmäßig geringe. Auf 1000 Köpfe der Bevölkerung kamen als eigentliche Berufsbevölkerung, als „erwerbsthätig" im Sinne der Statistik: in Deutschland 390 bezw. 604 Männer und 185 Frauen gegen 29 (bezw. 2 und 35) Dienstboten, gegen 551 (bezw. 765 und 729) Familienangehörige und gegen nur 30 (bezw. 29 und 31) Berufslose. In Frankreich, England, Standinavien ist der Promillesatz der Erwerbsthätigkeit nicht weit von demjenigen Deutschlands entfernt. In den Vereinigten Staaten ist er mit 325 entschieden niedriger, dagegen in Oesterreich (465) und Italien (516) entschieden höher. Der Procentsatz der zu versorgenden Familienangehörigen ist am höchsten in den Vereinigten Staaten (570), niedriger in Frankreich (508). Die große Ausdehnung der Frauen- und Kinderarbeit ist bei der starken Erwerbsthätigen-Ziffer Italiens jedenfalls von bedeutendem Einfluß; solcher Einfluß ist für eine internationale und nationale Kern- und Zeitfrage unseres Zeitalters, für den Arbeitsschutz nämlich, von ganz erheblicher Bedeutung.

A. Wagner a. a. O. S. 621 bemerkt über das Ergebniß der Statistik der Erwerbsthätigen und über die Aenderung, welche dieses Ergebniß durch eine etwaige Emancipation des weiblichen Geschlechtes erleiden müßte, das Folgende: „Meist sind über zwei

Fünftel der Bevölkerung erwerbsthätig (einschließlich der im häus=
lichen Dienste thätigen), aber mit Schwankungen zwischen einem
Drittel (Nordamerika) und mehr als der Hälfte (Italien). Von der
erwachsenen (über 15 jährigen) Bevölkerung sind nahezu drei Fünftel
erwerbsthätig, mit den häuslich Dienenden zwei Drittel; von der
männlichen Bevölkerung ebenfalls etwa drei Fünftel, mit den
Dienenden nur ein Geringes mehr, von der weiblichen in Europa
blos ein Fünftel bis ein Drittel, mit den Dienenden ein bis zwei
Fünftel. Von der männlichen erwachsenen Bevölkerung gehören da=
gegen neun Zehntel (Deutsches Reich 921, England 914 %ₒₒ) zu den
Erwerbsthätigen, einschließlich der häuslich Dienenden, je nach der
Verbreitung männlicher Dienstboten, noch etwas mehr (Deutschland
nur 3, England 25 %ₒₒ), während die erwachsene weibliche Bevölke=
rung, freilich unter Nichteinrechnung der Hausfrauen u. dgl. zu der
Kategorie, nur ein Viertel und darüber (Deutsches Reich 273,
England 240, Italien allerdings 440) Erwerbsthätige und selbst mit
Einschluß der Frauen in häuslichen Diensten nur ein Drittel bis
zwei Fünftel (Deutsches Reich erwachsene weibliche Dienstboten: 81,
England 132, Italien hier nur 69) zählt. Natürlich ist dies das
Ergebniß von socialen Verhältnissen, wie den heute in der Cultur=
welt bestehenden. Eine völlige sociale und wirthschaftliche Eman=
cipation des weiblichen Geschlechts und Gleichstellung desselben im
Erwerbsleben mit dem männlichen würde auch eine Verschiebung der
Quoten zu Wege bringen, den Belastungscoefficienten, welchen über=
wiegend die Kinder und Frauen in der Bevölkerung darstellen,
mehr zu Ungunsten des Weibes verschieben müssen. Umgekehrt würde
natürlich der weitere Ausschluß des weiblichen Geschlechts und der
Kinder aus der regelmäßigen Erwerbarbeit die Quote der Erwerbs=
thätigen und Dienenden vermindern, diejenige der zu unterhaltenden
Angehörigen und damit den Belastungscoefficienten für die männ=
lichen Erwachsenen erhöhen. Die umfassendere Ausbildung und
strengere Durchführung des Arbeiterschutzrechts auf allen Arbeits=
gebieten, nicht blos in der Fabrik, sondern auch in Kleingewerbe,
Hausindustrie, Handel, Landwirthschaft, Gesindedienst, hätte diese
Folge. Nahe liegend ist die Bedeutung, welche die überwiegende
Belastung der Erwachsenen und Männer mit der nationalen Erwerbs=
thätigkeit in populationistischer Beziehung hat, namentlich bei großer
Volksdichtigkeit, starker Geburtsfrequenz und hohem Geburtsüber=

schuß, und naheliegend sind die volkswirthschaftlichen Folgen, welche
mit dieser Belastung in Verbindung stehen".

Die nächstvorstehenden Ziffern haben die Schichtung der Bevölkerung überhaupt nur nach berufslosen und berufsthätigen Bestandtheilen, nach Dienstboten und sonstigen Erwerbsthätigen statistisch zu
erhellen gesucht, mit weiterer Unterscheidung nach dem Geschlechte.
Von gewaltiger Bedeutung für verschiedene Kern- und Zeitfragen
unserer Epoche ist jedoch weiter die Gliederung der Berufsbevölkerung nach Berufsarten. Diese Gliederung ist länderweise sehr
verschieden. Nach unserer Berufsstatistik von 1882 sind im Deutschen
Reiche immer noch zwei Fünftel der Erwerbsthätigen in der Landwirthschaft, nur etwa ein Drittel ist in der Industrie beschäftigt; jede andere
Berufsgruppe steht hinter den zwei genannten großen Berufsarten
weit zurück. Ganz anders in England und Schottland, wo die landwirthschaftliche Bevölkerung auf ⅕ bis ⅙ zurückgedrängt, die in-
dustriell-merkantile dagegen auf über die Hälfte der Berufs-Gesammt-
bevölkerung emporgewachsen ist; in Deutschland sind ähnliche Ziffern
nur für Sachsen (555 ‰ industrielle, 100 ‰ merkantile, 224 ‰ landwirthschaftliche) unter den Erwerbsfähigen anzutreffen. Ungefähr
dieselbe Promille-Stärke, wie im Deutschen Reich, findet sich für die
Landwirthschaft in Frankreich, in der Schweiz und in den Vereinigten
Staaten.

Die verschiedene Vertheilung der Bevölkerung auf die Berufsarten ist einleuchtend von großer Bedeutung für eine Reihe bedeutender Zeit- und Kernfragen: so für die Uebermacht der Landwirthschaft oder der Industrie im Verfassungsleben, für den vergleichsweisen Einfluß der Landwirthschaft und der Industrie auf die
Handelspolitik, für die Absteckung der Ziele in der Kolonialpolitik u. s. w.

Im Allgemeinen leidet unsere Zeit der Erwerbsfreiheit, der
Freizügigkeit, der die allgemeine Anpassungsfähigkeit begünstigenden
Volksbildung nicht unter einer für die Einzelnen harten Spannung
der Berufsarten.

Bedeutend härter ist die Spannung der Interessengegensätze
zwischen den großen Berufsarten im Ganzen. Der scharfe Agrarismus hat da am meisten Spielraum, wo zwar die Landwirthschaft
als Berufsstand noch das Uebergewicht hat, aber nicht mehr export-
bedürftig ist; so in Deutschland und in Frankreich im Gegensatz nicht

nur zu England, sondern auch zu Westösterreich-Ungarn, wo noch über die Hälfte (550 %o) der Bevölkerung landwirthschaftlichen Berufes ist.

Die erwerbsthätige Bevölkerung zerfällt nicht bloß in verschiedene Berufsarten, sondern je nachdem sie durch Vermögen (Kapital) und öffentliches Amt herrscht oder nicht, auch in verschiedene Klassen.

Die wirthschaftliche Klassenschichtung in selbständige und in unselbständige Erwerbsthätige fällt auch heutzutage mit der Klassenschichtung nicht überhaupt zusammen. Zur Klasse der Selbstständigen gehören ja neben den selbständigen Unternehmern auch die öffentlichen Diener in Staat, Schule und Kirche, die selbständigen Männer in den sog. freien Berufsarten, endlich und namentlich die nichterwerbsthätigen Rentner jeder Art.

Den beiden extremen Klassen, der Klasse der privaten und öffentlichen niederen Dienstleistungen einerseits und der reinen Besitzklasse des größeren Rentnerthums andererseits, steht weiter gegenüber noch immer eine Mittelklasse, welche weder bloß besitzend ist, noch bloß in Abhängigkeit außer der Familie arbeitet. Das ist die zahlreiche Klasse jener unabhängigen Erwerbsthätigen, welche selbst und mit ihren Familienangehörigen eigenes Vermögen selbständig bewirthschaften, diejenigen, welche man die Besitzarbeiter- oder Eigenthumsarbeiterklasse nennen könnte. Es ist die noch immer bedeutende Klasse der Bauern und gewisser Handwerker sammt ihren mitthätigen Familienangehörigen. Von den „Selbständigen" der deutschen Berufsstatistik umfaßt diese Mittelklasse weitaus die Mehrzahl. Da ihr die privaten Geschäftsführer, öffentlichen Diener, Gelehrten, Künstler nach ihrem Interesse, ihrer Anschauung und ihrer Mittelstellung zwischen Großbesitz und Lohnarbeit nahe stehen, so ist die Mittelklasse oder der Mittelstand auch für die Neuzeit noch nicht verschwunden.

Wenigstens nicht in der Landwirthschaft und nicht in Deutschland. Unsere Berufsstatistik von 1882 ist auch ein Stück Klassenstatistik geworden, indem sie unter den Erwerbsthätigen die selbstständigen und die unselbständigen geschieden hat. Das Ergebniß dieser Unterscheidung ist für das ganze Deutsche Reich dieses, daß von den Erwerbsthätigen der materiellen Berufe beinahe ein Drittel den Selbständigen, über zwei Drittel den Abhängigen angehören.

Im Handel (Gast- und Schankwirthschaft u. s. w.) ist die Quote der Selbständigen am größten, in der Landwirthschaft am kleinsten. Umgekehrt verhält es sich mit dem Arbeits-, besonders dem niederen Arbeitspersonal; das höhere fällt der Zahl nach nur beim Handel u. s. w. etwas stärker ins Gewicht. Zu den Abhängigen stellen aber die Familienangehörigen, welche später selbst unabhängig werden, wenigstens in der Landwirthschaft und im Kleingewerbe ein bedeutendes Kontingent, was man der Mittelklasse beizählen darf.

Die Klassenverhältnisse verschieben sich freilich mehr oder weniger lokal und innerhalb der großen Berufsgruppen vornehmlich nach der Vertheilung und Bewirthschaftungsart des ländlichen Grundbesitzes und nach der Agrarverfassung, sowie nach dem Betriebs-umfang der Geschäfte, besonders in der Industrie; auch, theils damit zusammenhängend, theils unabhängig davon, nach Land und Stadt, Klein-, Mittel-, Großstadt, namentlich auch im Handel u. s. w. Beim Vorwalten des ländlichen Mittel- und Kleinbetriebes, von Eigen-thümern, Pächtern steigt die Quote der Selbständigen in der Land-wirthschaft, sinkt diejenige des Arbeitspersonals; umgekehrt bei über-wiegendem ländlichen Großgrundbesitz und Betrieb. Aehnlich verhält es sich bei Industrie und Handel u. s. w., bei Kleingewerbe, Hand-werk, Hausindustrie einer-, Großindustrie, Fabrikwesen andererseits, bei Klein- und Großgast- und Schankwirthschaft, in Klein- und Großstädten beim Detailhandel (A. Wagner).

Die Thatsachen der Klassenspannung haben für die richtige Stellung und Beantwortung gerade der gewaltigsten Kernfragen unserer Zeit eine tiefe Bedeutung. Man wird die große Frage der Boden-verstaatlichung wenigstens in der letzten Grundtendenz nur dann richtig verstehen, wenn man die Wiederherstellung eines selbständigen Farmer- und Bauernstandes für England und die Sicherstellung der bäuerlichen Mittelstandsbildung für Nordamerika als Ziel der Be-wegung ansieht. Man wird ferner da, wo ein landwirthschaftlicher Mittelstand noch besteht, diesen durch körperschaftlich-genossenschaft-liche Kreditorganisation hauptsächlich, wie ich zeigen werde, stärken, nicht aber aufheben müssen. Man wird weiter, was die industriell-kommerzielle Klassenschichtung betrifft, dahin zu trachten haben, theils durch Ueberführung kapitalistischer Lohnarbeit in öffentlichen Pro-ductionsdienst, soweit solcher wirthschaftlich möglich ist, theils durch Organisation der Lohnarbeiter zum Kampf um verhältnißmäßigen

Lohn und durch Arbeiterschutz die gewerblich=kommerzielle Lohn=
arbeiterklasse selbst gegen das Niveau des Mittelstandes emporzu=
heben, also den Mittelstand einschließlich eines körperschaftlich ge=
gliederten Standes öffentlicher Berufsarbeit auf breitester Basis
wiederherzustellen haben.

Das kann mißglücken, aber möglicher Weise auch gelingen. Die
Klassenkämpfe, welche hierüber schon geführt werden, sind wohl das
Großartigste an weiter drängender Klassenspannung, was bis jetzt
erlebt worden ist.

Wirft man schließlich einen Rückblick auf die Gesammtheit der
Thatsachen, welche bezüglich der ganzen Bevölkerungsspannung ein=
schließlich der Berufs= und Klassenspannung für unser Zeitalter nach=
gewiesen worden sind, so wird man sich zwar nicht verhehlen dürfen
daß wenigstens bei einigen Völkern hoher Kultur unbehagliche und
ungedeihliche Spannungen im Sinne Rümelin's und A. Wagner's
theils schon vorhanden sind, theils in stärkerem Maße werden eintreten
können. Allein an eigentliche Ueberpölkerung ist doch auch hier wohl
nicht zu denken. Nicht einmal bei den germanischen Völkern der
alten Welt, geschweige bei Frankreich, wo vielmehr Entvölkerung
droht.

Man fürchtet zwar die Abhängigkeit der Völker, welche für die
Regel mehr Nahrungsmittel benöthigen, als sie erzeugen und erzeugen
können, so daß sie für ihre Existenz durch eine starke von der fremden
Handelspolitik abhängige Ausfuhrindustrie aufkommen müssen. Doch
hat man keinen Grund, in dieser Hinsicht besonders schwarz zu
sehen. Ich beschränke mich auf zwei Andeutungen.

Es giebt subtropische und tropische Gebiete, welche jetzt schon
Hunderte von Millionen Einwohner haben, wie China mit 350 und
Vorderindien mit 285 Millionen, und andere, welche im Laufe der
nächsten Jahrhunderte viele Millionen Bevölkerung erst erreichen
werden. Die einen oder die anderen werden der industriellen Ver=
sorgung aus der alten Welt weder entrathen können noch entrathen
wollen. Gerade der Verkehr zwischen alten Völkern und Pflanzungs=
ländern wird den Fortbestand industrieller Exportarbeit der alten
Länder noch für unabsehbare Zeit ermöglichen, so fern die Handels=
und Kolonialpolitik Europas nicht völlig unfähig sein wird.

Sodann ist nicht zu erwarten, daß werdende und siedelnde
Nationen wie die nordamerikanische und die bald kommende neu=

ruſſiſche ſich der vollen Einſicht in die unermeßlichen wechſelſeitigen
Vortheile internationaler Arbeitstheilung und freieren Verkehrs
zwiſchen jungen Ländern mit wenig Arbeitskraft und theurerem Kapital
und zwiſchen alten, an Kapital und Händen reichen Ländern ſich
für gar zu lange entziehen werden; an ihrem jetzigen Ausſchließungs=
geiſt ſind ja ſie nicht allein ſchuldig. Endlich befinden wir uns noch
keineswegs in einem ſolchen Zuſtand ſtaatlicher Zwerghaftigkeit und
ſtaatlicher Wachsthumsunfähigkeit im Vergleich mit Rußland und mit
den Verein. Staaten, um an der Fortdauer politiſcher und handels=
politiſcher Geltung in der Welt und am eigenen politiſchen Fort=
wachſen Mitteleuropas verzweifeln zu müſſen.

Die Möglichkeit ſtaatlicher Weiterentwickelung und die
Nothwendigkeit großer Auffaſſung einiger Hauptaufgaben der Kolonial=
und Handelspolitik ſollen denn auch die erſten Gegenſtände ſein,
welche die nächſtfolgenden Ausführungen gewidmet werden.

Kern- und Zeitfragen der Verfaſſungspolitik überhaupt.

Fünf Verfaſſungsſtufen.

Man kann die Kernfragen der Verfaſſungspolitik für unſer Zeit=
alter weder richtig ſtellen, noch ſicher beantworten, wenn man nicht
über die verſchiedenen Stufen der Verfaſſungshöhe, auf welchen die
heutigen Völker ſtehen und geſtanden ſind, ſich klar geworden iſt.
Zureichende Klarheit aber findet man bezüglich der Verfaſſungsſtufen
weder in der Staatswiſſenſchaft, welche ſich weit mehr mit den
Regierungsformen als mit den Verfaſſungsſtufen befaßt hat, noch in
der Geſchichtſchreibung, welche den volkszeitlichen, feudalen, civitä=
tiſchen, territorialiſtiſchen und modernen Staat nicht genügend aus=
einanderhält und ſich des geſetzmäßigen Durchganges aller Staats=
und Geſellſchaftsentwickelung durch beſtimmte Hauptſtufen der Ver=
faſſung noch nicht mit der wünſchenswerthen Schärfe bewußt geworden
iſt. Ich ſuche daher, um feſten Fuß für die Kern= und Zeitfragen
der Verfaſſungspolitik zu erlangen, hier den Grund einer Verfaſ=
ſungsſtufenlehre zu legen. Die Fruchtbarkeit dieſer Grund=

legung wird dem Leser bis zum Schluffe dieses und des nächsten Abschnittes vollständig einleuchtend geworden sein. Der Leser wird auch erkennen, wie wenig die Verfassungshöhe und die Gebietsweite der Staatswesen sich decken und wie sehr es in die Irre führt, beide mit einander zu vermengen.

Die fünf Hauptstufen der Verfassungsentwickelung sind im Eingang (Seite 3 f.) bereits genannt. Ich werde zeigen, daß dieselben in den Welt- und Volkszeitaltern nacheinander, geographisch und ethnographisch heute noch nebeneinander und entwickelungsgeschichtlich innerhalb des weiteren Gebietskreises häufig durch- und untereinander vorkommen. Den Stufen der Verfassungshöhe entsprechen solche der Gesittungshöhe.

Jede Hauptstufe scheint je so viele Unterstufen durchlaufen zu müssen, als Hauptstufen vorangegangen sind. Bei Kolonialvölkern, welche unter Verdrängung der Eingeborenen ganz von alten Kulturvölkern auf einer der höheren Hauptstufen ausgehen, stellt sich der Lauf über die Unterstufen wie eine abgekürzte und durch den Einsatz alter Kulturkraft intensivere, hochkulturlich gewordene Wiederholung der von den Muttervölkern schon durchlaufenen Hauptstufen dar. Ich komme hierauf bei den Erörterungen über Kolonialpolitik des Näheren zurück.

Erste Stufe (I): Ur- oder Völkerschaftsverfassung. Dieselbe stellt sich dar als Verfassung der Jägerhorden, der Nomaden und der seßhaft gewordenen, aber noch stamm- und familienweise gegliederten, sog. patriarchalen Ackerbauvölker.

Die Völkerschaftsverfassung macht selbst schon verschiedene Abwandelungen durch. Nach Bachofen, Morgan und Anderen wäre Zusammenfassung nach der Weiberverwandtschaft, „Gynäkokratie" oder „Matriarchie" ganz allgemein der späteren männerherrschaftlichen Verfassung oder der Patriarchie im weiteren Sinne des Wortes vorausgegangen. Die letztere gipfelt bei den seßhaft gewordenen Ackerbauvölkern in der Herrschaft der patres, der Familienhäupter, d. h. in der Patriarchie im engeren Sinne des Wortes.

Die Völkerschaftsverfassung findet sich noch heute in Australien, in Südamerika, in Nordasien und auf ihrer höchsten Unterstufe, nämlich als Staat von Ackerbauvölkern, als Patriarchalurstaat in der ganzen Bantunegerwelt Centralafrikas vor. Die Völkerschaftsverfassung fand sich aber auch in der Vorzeit jedes heutigen Kultur-

volkes, gipfelnd im Gemeinwesen der seßhaft gewordenen Völker=
schaften, in der Herrschaft der hufenbesitzenden Familienväter, vor.
Mit dieser Patriarchie hat die griechische, die römische, und als schon
das altklassische Bürgerschaftszeitalter zur Neige ging, die germanische
Völkerschaftszeit geendet —, je am Schluß der selben großen Wande=
rungen, aus welchen in Centralafrika neuestens noch die seß=
hafte, ackerbauliche Patriarchie sich niedergeschlagen hat und nieder=
schlägt.

Die Völkerschaftsverfassung war hiermit sowohl die Verfassung
des ersten Volksalters der Menschheit wie sie die Verfassung der
Vorzeit aller Völker war, bevor die Weltgeschichte den Durch=
bruch der Entwickelung in die ständestaatlichen, ämterstaatlichen, feu=
dalen Staatbildungen des vorklassischen egyptischen, süd= wie ostasiati=
schen Alterthums — in Egypten, Mesopotamien, Indien, China —
vollzog und bevor die späteren christlichen Nationen ins Lehens=
zeitalter eintraten.

Innerhalb der höheren Verfassungszeitalter erhalten sich einzelne
an den Polar= und Hochgebirgsrändern der bewohnten Erde befind=
liche Volkstheile noch spät auf dieser Urverfassungsstufe. Einzelne
dahin abgedrängte Naturvölker werden diese Verfassungsstufe über=
haupt nie überschreiten, ja nicht einmal die höchste, patriarchale Vor=
stufe der Völkerschaftsverfassung erreichen.

Das Charakteristische aller Ur= oder Völkerschaftsverfassung ist
der Mangel an ständischer Gliederung der Volksgemeinschaft,
die bloße Aneinanderlagerung der Volksbestandtheile nach der
Abstammung. Das Volk ist unschichtig, bei aller Kleinheit massig,
staatlich und kulturell nicht differenziirt. Selbst der Gegensatz von
Freien und Sklaven ist noch kein Ständeunterschied, sondern eine
Scheidung innerhalb des Stammes=, Sippschafts= und Familien=
verbandes. Der Verwaltungsorganismus selbst innerhalb des
weitesten Gebietskreises stellt sich dar als Verzweigung einer
großen Familienhaushaltung und Hofhaltung, die Reichsverwaltung
ist zuerst noch großpatriarchale Pfalz(Palast)=Verwaltung.

Alle drei Regierungsformen kommen bereits vor: Einherr=
schaft, Adelsherrschaft und Volksherrschaft, aber nur als Völkerschafts=
königthum einzelner Führer, Häuptlinge, Familienhäupter, nur als
Volksadel der besonders angesehenen Sippen, nur als Volks=
herrschaft aller gleichberechtigten „Väter" der Volksgemeinde. Zu

einer herrschenden Schichte an der Spitze des Staates ist es noch
nicht gekommen.

Die Völkerschaftsverfassung geht weltgeschichtlich in unserer
Epoche zur Neige. Die sog. „Naturvölker" verschwinden, die Nomaden
bleiben auf die von Natur nur zu roher Weidewirthschaft angelegten Theile der Erde eingeschränkt, die im engeren Sinne patriarchalen, im Ackerbau seßhaften Urvölker aber stehen im Begriff, in das
neufeudale Verhältniß der Beherrschung, Erziehung und Bevormundung
durch die Kolonialämter der Hochkulturvölker überzugehen, und vielleicht erreichen sie von da aus selbst die zweite Verfassungsstufe.
Hierbei ist jüngst auch Deutschland durch seine afrikanische Erwerbung eine koloniale Kern= und Zeitfrage erwachsen.

Regierung, Gesetzgebung, Verwaltung und Volksvertretung sind
auf der Verfassungsstufe I noch völlig ineinander liegende Staats-
funktionen von dürftigster Entwickelung.

**Die zweite Verfassungsstufe (II): Ständestaatliche, ämterstaat-
liche, feudale Verfassung.** Diese zweite Verfassungsstufe setzt die
Scheidung der Gesammtbevölkerung in herrschende und beherrschte
Volksschichten voraus. Ihr Wesen ist eben die Ständeherrschaft.

Solche Schichtung beruht stets auf Macht, der Rechtsgrund
schon der Ständeherrschaft liegt nur in der geistigen und physischen
oder in der grundbesitzlich wirthschaftlichen Uebermacht herrschender
Stände. Diese Uebermacht kommt einmal von außen durch das er-
obernde Eindringen fremder Völker, was die verschiedenen Formen
der Eroberungsfeudalität bis zur neukolonialen Aemterherrschaft
herab ergiebt. Die den ständeherrschaftlichen Staat begründende
Uebermacht steigt aber auch aus dem Schoße der inneren Volksentwickelung auf, und dieses Aufsteigen erfolgt selbst auf verschiedene
Weise: theils durch Entstehung von Bildungsübermacht, was namentlich den priesterherrschaftlichen Feudalismus (Theokratie, Idiokratie)
begründet, theils durch Entstehung von Waffenübermacht, was den
triegerstaatlichen (militärstaatlichen) Feudalismus erzeugt, theils
durch Entstehung ständischer Verwaltungsübermacht, was den ämterstaatlichen Feudalismus zu Stande bringt; endlich und im Gegensatz zur Bildung persönlich übermächtiger Volksschichten erfolgt das
Aufsteigen zur ständestaatlichen Verfassungsbildung durch Besitzübermacht, welche in dieser frühen Zeit dürftiger Ausbildung des beweglichen Vermögens stets Grundbesitzübermacht ist. Die letztere Art

ständeherrschaftlicher Verfassungsbildung hat im engeren Wortsinn die Benennung Feudalismus davon getragen.

Meist wird es ein Zusammenwirken und eine Verschmelzung geistiger, militärischer, verwaltungstechnischer und besitzlicher Uebermacht, verbundene Gewalt der Priester, der Krieger, der Verwaltungsmänner und der Großgrundbesitzer sein, was die zweite Verfassungsstufe hervorbringt. So schon zur vorklassischen Zeit in Mesopotamien und Egypten, so im christlichen Mittelalter, in welchem Kirche, Militairadel, Verwaltungsadel und Grundbesitzvergebung zusammen die Feudalverfassung auswirkten, so in den Kolonieen, wo Beamte, Soldaten und Missionare zusammen herrschen. Immerhin kann auch jede besondere Art des Ständestaates, sei es von Anfang an, sei es mit der Zeit, zur Entwickelung gelangen: in der jüdischen Theokratie vor Saul, in den Staatengründungen der Ritterorden, in der Soldaten- und Civilbeamtenherrschaft des sinkenden Alterthums, im Mandarinenstaat der Chinesen, welcher freilich in der Reichsoberhauptschaft der Mongolendynastie als Eroberungsherrschaft sich darstellt.

Die zweite Verfassungsstufe heiße ich ständestaatlich, soferne man an ihre sociale Grundlage, das Vorhandensein herrschender Stände denkt; — ämterstaatlich, sofern die mächtigen Stände durch priesterliche, militairische und civile Amtsgewalt herrschen; endlich feudal im besonderen Sinne, sofern die Ueber- und Unterordnung innerhalb der herrschenden Stände auf Grundlehensthum begründet erscheint.

Die zweite Verfassungsstufe bildet sich in Uebergängen aus der ersteren heraus. Selbst für das Reich Karls M. ist es zweifelhaft, ob die Germanen immer noch mehr der Völkerschaftszeit oder schon der Feudalzeit zuzurechnen wären. Die Feudalverfassung bestand z. B. in unserem Mittelalter für die Masse der Nation noch Jahrhunderte fort, bis sie neben der aufsteigenden dritten bürgerschaftlichen Verfassungsstufe sich ausgelebt hat. Allein schon etwas raschlebiger ist sie verglichen mit der noch geschichtslosen Vorzeit völkerschaftlicher Verfassungszustände.

Schon der Feudalismus durchläuft Vorstufen, welche aus der ersten Verfassungsstufe, derjenigen der Völkerschaftszeit, hervorbrechen. In großem Umfang ist die später ganz feudale Verfassungsbildung mittelst der Machtüberlagerung patriarchal gegliederter Völkerkreise

durch völkerschaftliche Reiternomaden erfolgt, und zwar von der ersten
Bildung der altorientalischen Reiche an bis zu den flüchtigen Feudal=
bildungen, welche in Centralafrika durch Reiternomaden heute noch
stattfinden.

Eine zweite Vorstufe des entwickelten Ständestaats ist
patriarchaler Art. Ein einziger oder mehrere Patriarchen, welche
an Land, Vieh, Sklaven, Weibern, Kindern besonders reich und be=
sonders angesehen geworden sind — meist in Folge von Kriegen —,
erheben sich als herrschende Schichte über die Anderen und regieren
die Gesammtheit kraft ihres ständischen Vorrechtes. Alle diese „vor=
nehmen“ Patriarchen regieren entweder zusammen als patriarchal=
ständische Demokratie, oder thun es die Hervorragendsten als feudale
Aristokratie, oder thut es ein Einziger — etwa Besitzer großer
Pfalzen mit viel Gefolge und Hausgesinde und von großem Ansehen
— als Monarch mit oder ohne Vertretung der Freien, d. h. der An=
gehörigen der herrschenden Klasse. Als Organe der Regierung
dienen die Arbeitskräfte des eigenen Hauses oder „Hofes“, die Dienst=
leute oder Ministerialen — der Hofstaat heutiger Monarchie ist das
späte Nachbild hievon; ferner freie Gefolgschaften standesgleicher
Männer; weiter namentlich für die Regierung in den engeren Kreisen
die daselbst ansässigen, dem Oberhaupt treuverpflichteten Standesge=
nossen. In Deutschland als Reich hat sich aus den besonderen
Umständen der patriarchale Ständestaat theils als Macht über Hörige,
theils als Macht über Ministerialen und über Standesgenossen für
die Durchführung in den engeren Ausdehnungskreisen (als Vasallität),
zusammen als Feudalität entwickelt. Die patriarchale Ständestaat=
bildung wird aber in Ländern anderer Nachbarschafts=, Geschichts=
und Zonenlage sich ganz anders gestalten und nicht nothwendig von
der Ständeschichtung innerhalb des Grundbesitzes, sondern auch von
der kommerziellen und sonstigen Bildung herrschender Stände aus=
gehen können. Geschichte und Ethnographie wimmeln von Beispielen
hiefür.

Die Hauptbildung ständestaatlicher Art ist welt= und altvolks=
geschichtlich der ständische Beamtenstaat (neuestkolonialgeschichtlich
der reine Wahlämterstaat.)

Vollgeltung hat der reine Beamtenstaat im Mandarinenthum
Chinas und in den geistlichen Herrschaften unseres christlichen Mittel=
alters und weiter im „Kirchenstaat“ bis 1869 erreicht. Den reinsten

Militärständestaat stellen vielleicht die babylonischen, assyrischen und persischen Eroberungsreiche, sowie die Ritterordens=Staaten aus der Zeit der Kreuzzüge und der Kolonisation im Osten Deutschlands dar. Nicht in ganz Ostasien gilt heute die Herrschaft staatsgelehrter und geprüfter Mandarinen. Dicht daneben liegt z. B. bei den Schan's in ganz Innerhinterindien eine halbfeudale oder patriarchalständische Grundherrschaft. Und ganz falsch wäre es, wenn man nach den Er= gebnissen neuester Forschung über die altorientalischen Reiche noch annehmen würde, im alten Egypten oder Indien hätten die Priester allein geherrscht.

Die Ständestaats=, Aemterstaats=, Feudalverfassung findet sich heute noch in der Welt weit verbreitet. Sie herrscht noch in ganz China, und man trifft dieselbe in den Sultanaten von Westcentralafrika, pathologischer Art in der Türkei, als Herrschaft ursprünglicher Reiter= nomaden über Rückbildungsreste der klassisch bürgerstaatlich gewesenen Griechen= und Römerwelt. In der Kolonialentwickelung unserer Epoche liegt eine äußerst umfangreiche theils freie, theils unfreie ämterstaat= liche Verfassungsbildung vor, worauf ich zurückkomme.

Die zweite Verfassungsstufe fand sich auch bei allen älteren Völkern. Die Römer und Griechen hatten ihre Feudalzeit, wir Deutsche hatten sie, die Engländer, Franzosen, Italiener, Spanier mußten sie, nachdem sie von der älteren klassischen Civitätsverfassung längst rückfällig geworden waren, durchmachen. Die Feudalverfassung beherrschte aber auch das ganze vorklassische, altorientalische Weltalter, mit welchem die eigentliche Weltgeschichtschreibung anhebt.

Noch sehr tief in die Zeiten der dritten und vierten, nämlich bürgerschaftsstaatlichen und länderstaatlichen (territorialistischen) Verfassungsepochen hinein hat sich der Feudalismus der christlichen Völker in starken Resten erhalten, bis er den Revolutionen von 1789 und 1848 vollends erlag. Einzelne Völker, vielleicht sogar große Völker kommen gar nicht über den Feudalismus hinaus oder sie werden nur langsam, vielleicht auch nicht sehr weit und nicht in absehbarer Zeit darüber hinauskommen. Man denke an die ost= und südasiatischen Halbkulturreiche und an die centralafrikanischen Sultanate!

Das Charakteristische aller Verfassungszustände zweiter Stufe besteht in der ersten Bildung weltlicher und geistlicher Berufs= klassen, wovon eine allein oder mit anderen zusammen die den anderen Klassen angehörige Volksmasse aus eigenem Recht, be=

ziehungsweise aus eigener Macht beherrscht. Die feudale Ver=
fassungsstufe ist daher wesentlich eine Stufe der Massenunfreiheit.
Nicht Einer oder Einzelne herrschen mit Zustimmung des ganzen
Volkes, sondern bestimmte Schichten herrschen aus eigenem Recht,
unmittelbar oder mittelbar, d. h. durch Bethörung und geistige Ueber=
macht; Eigenmacht einer Schicht von Berufspolitikern herrscht auch
da, wo Beherrschte die herrschende Führerschaft wählen, jedoch der
Wahlkorruption und dem Wahlterrorismus unterliegen.

In den engeren Gebietskreisen feudaler Staatswesen tritt als
weit überwiegende Regierungsform die aristokratische hervor.
Könige und Kaiser giebt es nur für das „Reich“, d. h. für den dürftigen
Inhalt des politischen Nationallebens, und auch da zeigt sich die
Macht fast immer getheilt mit vasallitischem Adel, mit Priesterthum,
mit der Bureaukratie, mit dem Soldatenthum und der Kaufmanns=
aristokratie als Ständen. Demokratie giebt es nur in dem sehr be=
schränkten Sinne, daß Alle, welche im Feudalgemeinwesen eine
herrschende Stellung einnehmen, beim Regieren, Gesetzgeben und
Verwalten auf Reichs= und Provinzialtagen und auf Concilien einen
Platz haben oder vertreten sind. Eine Nationalvertretung, welche
direct von den Familienvätern gewählt wäre, war nicht, ist nicht
und kann nicht sein, außer etwa im Hoftag und Gericht des einzelnen
Herrenbezirks.

Der Verfall aller feudalen Staatsgebilde erweist sich stets
als Rückfall auf die erste Verfassungsstufe und zwar als ein in
krankhafter Weise bewerkstelligter und krankhafte Zustände zurück=
lassender Verfall. Bis auf die erste Stufe der Verfassung und Kultur
zurück hat namentlich der Militärfeudalismus der türkischen Reiter=
nomaden die ostmittelländischen Völker des klassischen Alterthums
wieder heruntergebracht, nachdem das klassische Alterthum aus sich
selbst schon von der stadtstaatlichen Entwickelungshöhe (Verfassungs=
stufe III) auf die zweite Stufe des Soldaten=, Beamten= und Priester=
reiches rückfällig geworden war.

Dem Feudalismus entspricht in der Gesittung die sog. Halb=
kultur, wie dem Völkerschaftsstaate darin die sog. Barbarei ent=
spricht. Leider ist auch der Begriff der Halbkultur durch Kultur=
geschichte und Socialwissenschaft noch nicht scharf durchgearbeitet.
Gewiß aber ist es, daß erst aus starken Anfängen kultureller Volks=
gliederung und Arbeitstheilung heraus die zweite Verfassungsstufe

herauswachsen kann. Nur jener Theil von Land und Leuten, welcher
bäurisch roh in abgelegener Lage verharrt, entzieht sich mit seiner
wilden Freiheit volkzeitlicher Art der Feudalisirung.

Die Gesammtheit der Feudalgebilde, welche in unsere Epoche
hineinragen, stellt der europäischen Politik noch weit größere und
schwierigere Aufgaben, als solche durch Erschließung der lebens- und
bildungsfähig erhaltenen Naturvölkerwelt gestellt worden sind. Die
zwei bedeutendsten dieser Fragen, die Wiederaufsiedelung des
Gebietes der Türkei und die Verkehrsentwickelung Ostasiens durch gleichberechtigtes Mitwirken aller alten
Völker werden alsbald besonders berührt werden.

Die dritte Verfassungsstufe (III): Stadt- oder Bürgerschaftsstaat (civitas, πόλις). Diese dritte Verfassungsstufe bedeutet einen
gewaltigen Schritt über den Feudalismus hinaus, indem die verschiedenen Stände, freie und unfreie, heimische und zugewanderte, zu
einem einheitlichen Ganzen, zum Bürgergemeinwesen sich ver-
schmelzen. Der einfache Gegensatz herrschender und beherrschter Stände
schwindet, und die selbständigen Mitglieder jeden Standes einer
burggeschützten Ortsgemeinschaft, einer Stadt werden Bürger eines
auf diese höhere Zusammenfassungsstufe gebrachten Gemeinwesens.

Alles, was die Zusammenfassung einer größeren Volksmenge
zur Abwehr gegen äußere Feinde fordert und was zur Arbeitstheilung und Arbeitsvereinigung nach innen antreibt, das hat dazu
beigetragen, die Bürgerschafts- oder stadtstaatliche Höhe der Entwickelung zum Durchbruch zu bringen. Die Entstehung des Stadtstaates im Alterthum und im Mittelalter ist Gegenstand reichhaltiger
und werthvoller Untersuchungen geworden, aus welchen jedoch eine
übereinstimmende Erklärung bis jetzt nicht hervorgegangen ist. Selbstverständlich konnte die Entstehung nicht überall denselben Verlauf
nehmen. Es genüge die Bemerkung, daß in ältester, wie in mittlerer
und neuester Zeit der Stadtstaatbildung Alles günstig sein mußte,
was der ständestaatlichen Verfassungsbildung ungünstig ist: die
örtliche Mischung verschiedener Völker auf dem Fuße der Gleichberechtigung, ferner die Mittelpunktlage für jede Art von Verkehr,
so hauptsächlich die in Italien und Südgriechenland so reichlich gegebene Mittelpunktlage in geschlossenen Kleingebieten und Gauen,
der örtliche Zusammenfluß der unfreien Elemente mit den freien
Grundbesitzern aus aller Feudalherren Ländern, sodann das Streben

der Bischöfe, Landesfürsten und Stadtpatricier nach mehr Macht und Einkommen, die örtliche Concentrirbarkeit des Erwerbes, welche dem Landbau so ganz fehlt, aber den Gewerben, dem Handel, den freien Berufen so sehr möglich und Bedürfniß ist, endlich die Nöthigung des Zusammenschlusses zur Vertheidigung hinter festen Burg- und Stadtmauern. Alle diese Umstände waren und sind der Ständevermischung zu Bürgergemeinschaften mit freier Arbeitstheilung, also dem Fortschritt über den Ständestaat hinaus günstig gewesen.

Die bürgerschaftstaatliche Verfassungsstufe hat einmal ein bestimmtes Weltalter, in seiner ersten, besseren Hälfte das klassische Alterthum beherrscht. Es war in der griechischen polis, deren Name auf die beiden folgenden Verfassungsstufen als Staatsbezeichnung übergegangen ist, und in der römischen civitas, welche sich von der urbs zum orbis stadtstaatlich auswuchs. Die Stadtstaat-Verfassung hat sodann in der zweiten Hälfte des Mittelalters für alle älteren christlichen Nationen den Höhepunkt der Entwickelung ergeben. Nachdem das selbständige Stadtstaatsleben nach einem in Deutschland und Italien besonders großartigen Wiederaufbau bereits untergegangen und den weiteren Machtkreisen der landeshoheitlichen Gewalten einverleibt worden war, so wurde die ganze Landesverwaltung für Dörfer wie für Landstädte stadtartig, so zu sagen verstädtert, kommunalisirt, hauptsächlich durch die „Polizei", deren Begriff, wie der Name anzeigt, ursprünglich die städtische und stadtartige Verwaltung bedeutet hat.

Auch die Verfassungsstufe III mußte ihre Vorstufen, zwei nämlich, durchlaufen. Ueberall war die spätere bürgerschaftliche Großortgemeinschaft zuerst ein Nebeneinander von Grund- und Häuserbesitzern, welches dann die ständeherrschaftliche Ueberlagerung durch das Patriciat des Orts-Großgrundbesitzes oder durch weltliche und bischöfliche Feudalvögte zu erleiden hatte, bevor die Verschmelzung aller von denselben Mauern umschlossenen Familien zur einheitlichen, aber darum nicht ungegliederten Bürgerschaft möglich wurde. Die tieferen zwei Hauptstufen der Verfassungsentwickelung kehren hier also in den Vorstufen wieder.

Hat schon das feudale Weltalter der Völker und das feudale Zeitalter jedes einzelnen Kulturvolkes einen rascheren Verlauf genommen, als die Verfassungsbildung der geschichtslos endlosen Vorzeit, so nimmt man dasselbe wahr, wenn man den stadtstaatlichen Entwickelungsverlauf mit dem feudalstaatlichen vergleicht. Die Dauer der altklassischen Weltgeschichtszeit war kürzer, als jene des altorientalischen Feudalweltalters, und das christlich-städtische Volkszeitalter bemißt sich nur auf die eine, zweite Hälfte der christlichen Feudalepoche.

War das Feudalalter die Zeit der Unfreiheit, so bringt die bürgerschaftliche Verfassungsstufe schon zu einer — mit der altvolksgemeindlichen Freiheit verglichen, erheblich höheren, nämlich bürgerschaftlichen Freiheit empor. Freilich fehlt es an starken Zusätzen der Unfreiheit und Ungleichheit noch immer nicht. Frauen, Hauskinder, Sklaven, Gewerbegehülfen sind nach wie vor unfrei, frei ist nur der selbständige Bürger. Bei aller Zunahme an staatlicher Arbeitstheilung, welche verglichen mit der feudalen Verfassungsstufe im Regieren, Gesetzgeben und Verwalten nun schon wahrnehmbar ist, giebt es doch Volksvertretung im modernen Sinne selbst für die in Städten zusammengedrängte Gesammtbevölkerung noch nicht. Die Verfassungsform ist zwar überwiegend demokratisch, aber gleichmäßig in den griechischen, römischen und christlich mittelalterlichen Städterepubliken ist es doch nur eine Demokratie der selbständigen Vollbürger, und zwar im christlichen Mittelalter, unter Abwerfung der Sklaven- und Oiken-Gewaltswirthschaft des Alterthums, eine beruflich zünftig verfaßte Demokratie. Neben dieser Demokratie findet sich zum Beginn und zum Schluß der selbständigen Stadtstaatsentwickelung patrizische und geldbesitzliche Aristokratie, Stadtkönigthum und Tyrannis. Und wie sehr das ganze umgebende Land von den Städten und Städtebundsvororten in einer harten Herrschaft über das „Land" ausgebeutet wurde, bevor die landesherrliche Schirmherrschaft dieses „Land" erlöste und gleichmäßig kommunalisirte, ist eine allbekannte Thatsache.

Der Verfall bürgerschaftlicher Verfassung ist ebenfalls krankhafter Rückfall auf frühere Verfassungsstufen, erst auf entartetes und entartendes Aemterstaatswesen, weiter bis zu herabgekommenem Völkerschaftsleben herunter; das bürgerschaftsstaatliche klassische Alterthum hat im west- und im oströmischen Reich die erstgenannte und dann um das Ostmittelmeer seit der Türkenherrschaft theilweise auch die zweite Verfallsstufe erlitten.

Die Endbestimmung ist jedoch für den Bürgerschaftsstaat so wenig wie für den Ständestaat der Verfall, vielmehr das gliedliche und allgemeine Fortleben auf den zwei folgenden Stufen der Verfassungsbildung. Eine der größten Verfassungsfragen unseres Zeitalters wird die sein, ob jene Aemterstaatsreiche, welche in Ost- und Südasien fast die Hälfte der gesammten Erdbevölkerung zu Unterthanen haben, in allmäliger Kommunalisirung, d. h. Bürger-Gemeindebildung, sich zur Selbstverwaltung erheben werden oder nicht. Ihr endlicher Fortschritt nach langem Stillstand wird hier- von abhängen.

Im großen Ackerbaukolonialreich Nordamerikas wird die Durch- bildung der Stadtverfassung und Stadtverwaltung von Amerikanern selbst als die verfassungsgeschichtliche Haupterscheinung der Gegen- wart angesehen; die einheitliche Territorialisirung hat dort begonnen, steht aber noch in den Anfängen.

Man hüte sich nur vor der Verwechselung der Bürgerschafts- staaten mit jeder Art örtlicher Volksverdichtung und Wohnungs- anhäufung. Städte im Sinne der letzteren gab es und giebt es schon auf den Stufen I und II. Wißmann fand vor zehn Jahren im innersten Kongobecken fünf Stunden lange Dörfer. Die Krieger-, Priester- und Mandarinenstaaten – China, Altegypten, Assyrien, Türkei – zeigen Millionenstädte, wie sie „Provinzen" haben, aber es sind und waren keine Bürgergemeinwesen, so wenig, als ihre Provinzen Länderstaaten darstellen. Es sind und waren Großorts- verwaltungen. In den Kolonieen giebt es große Ortsniederlassungen unter Wahlbeamten, lange bevor die Kommunalisirung beginnt.

Die vierte Stufe (IV): Länderstaatliche oder territorialistische Verfassung. Diese Verfassung ist Zusammenfassung und fortschreitende Verschmelzung städtischer, feudaler und urbanerschaftlicher Gebilde dritter, zweiter und erster Stufe der Verfassungsbildung zur Einheit in Regierung, Gesetzgebung, Verwaltung und Vertretung, mit landschaft- licher (kantonaler, grafschaftlicher, provinzialer) Gebietsweite.

Die länderstaatliche, geschweige neuzeitstaatliche Entwickelungs- höhe ist im klassischen Weltalter der polis und civitas, geschweige im altorientalischen Weltalter der Feudalgroßreiche nicht schon er- stiegen worden. Solches hätte durch Verschmelzung der Städte sammt ihren ländlichen Bevölkerungsanhängseln mit einander, unter Gliederung und Vereinigung zu größeren und höheren Territorial- gemeinwesen und durch die Vereinigung der letzteren zu noch höheren und weiteren National- und Gesammtstaatseinheiten geschehen müssen.

Es ist jedoch weder zu dem Einen, noch zu dem Anderen gekommen. Rom blieb selbst als es am Schluß der Republik bereits „die Welt" geworden war, dennoch urbs, das römische Bürgerrecht Stadt= bürgerrecht, und jede römische Provinz eine Stadtstaatdependenz.

Das heutige Europa hat die territorialistische Verfassungsstufe schon hinter sich, kein Land hat sie so voll, aber auch so einseitig, so partikularistisch durchlaufen wie Deutschland.

Die länderstaatliche Entwickelung hat ebenfalls ihre Vorstufen, drei an der Zahl, nämlich wieder so viele, als Verfassungshauptstufen vorangegangen sind. Sie hat schon um die Mitte des christlichen Mittelalters eingesetzt als Nebeneinanderlagerung von Volks= theilen, Lehensherrschaften und Städten im landesherrlichen Besitz. Durch Gewalt, Belehnung, Kauf, Erbschaft, Heirath, vollzieht sich diese erste Unterstufe der Aggregation und Agglomeration, vergleich= bar der völkerschaftlichen Aneinanderlagerung. Als zweite Vorstufe ergiebt sich eine ämterstaatliche Gliederung des landesherrlichen Gesammtbesitzes durch die Beamten, die Räthe und Rathskollegien des Landesherrn. Eine dritte Vorstufe ist die stadtverwaltungsähn= liche, polizeistaatliche Verwaltung mit Schaffung von allgemeinen Landrechts= und von Gesammt=Landesordnungen und mit Herstellung einer Gesammtvertretung aller unter der Landesherrlichkeit ver= einigten städtischen, feudalen, etwa auch frei bauerschaftlichen Volks= bestandtheile; letzteres macht die altlandständische Verfassung aus. Die der Vorstufenarbeit folgende Hauptarbeit geschieht, nachdem der Polizeistaat nivellirt, die ungleichartigen Bestandtheile schon etwas ver= ähnlicht, mehr gleichartig getheilt und gegliedert hat, durch die völlige Verschmelzung des Landes, seiner Bevölkerung, seiner öffentlichen kommunal= und berufskörperschaftlichen Gliederungen zu einem ein= zigen und in sich gleichartigen, gegliederten Ganzen mit einheitlicher, neulandständischer Landesvertretung - der landesherrlichen Regierung, Gesetzgebung und Verwaltung gegenüber. Diese letzte Hauptstufe des Territorialismus gipfelt für Deutschland erst im neunzehnten Jahrhundert mit der Herstellung der konstitutionellen Landesverfassungen in den deutschen Mittel= und Kleinstaaten; Preußen und Oesterreich folgten für ihre Territorien=Komplexe von Provinzen und Kronländern seit 1848 und 1859 nach.

Die Länderstaatbildung konnte von der dritten Verfassungs= stufe, von derjenigen der Stadtstaaten aus, versucht werden, und der

Versuch ist in Deutschland, noch mehr in Italien so gemacht worden. Dieselbe konnte aber auch von der zweiten Vorstufe, vom Feudalismus aus gemacht werden, indem einzelne Feudalherrschaften die vielerlei ungleichartigen Verfassungsgebilde, zuletzt die Städte selbst sich aneigneten und schließlich unter sich einigten. Auf dem letzteren Wege hauptsächlich ist in Deutschland die länderstaatliche Verfassung ihrem Abschluß entgegengeführt worden; in Frankreich, England und sonst ist es vom weitesten Territorialkreis der Feudalwelt, vom feudal gewesenen Nationalkönigthum aus geschehen.

Auch die vierte Verfassungsstufe ist in ihrem letzten Hauptstadium wiederum rascher durchlaufen worden, als die Hauptstufe vorher, als die vorausgegangene Stadtstaatbildung. Allein auch sie konnte nicht aus dem Stegreif geschaffen werden. Der Fortschritt der Technik, der wachsende Verkehr, die Verbesserung der Communicationsmittel, der steigende Handel, die im Manufakturwesen erstehende erste gewerbliche Großproduktion, das steigende Landfriedensbedürfniß, die zunehmende Widerwärtigkeit lokaler Verkehrshemmungen, der Bedarf der Finanzwirthschaft, dies und anderes ermöglichte und bewirkte immer mehr den durch ein Netz und eine Hierarchie von landesherrlichen Unter- und Oberbehörden vollzogenen, vollen Durchbruch der vierten länderstaatlichen Verfassungsstufe.

Der Verlauf war, zumal auf den Vorstufen, weit mehr ein unfreiheitlicher, sogar hart absolutistischer. Erst am Schluß bei der Erhebung zum Konstitutionalismus kehrt bürgerliche Freiheit allgemeiner und hochgradiger als in der besten Zeit stadtstaatlicher Demokratie wieder ein, jedoch noch heute mit besitzaristokratischen Ausgestaltungen der Volksvertretung.

Auch der Territorialismus hat ebenfalls theils monarchische, theils aristokratische, theils volksherrschaftliche, außerdem gemischte Staatsformen aufzuweisen. Der ersteren Form gehört der deutsche Territorialismus fast ganz bis zum Untergang des polizeistaatlichen Absolutismus in der konstitutionellen Landtagsverfassung an. Zu den aristokratischen Gebilden des Territorialismus gehört die Patricierregierung der zu Territorien sich erweiternden Stadtrepubliken Deutschlands, Italiens und der Schweiz. Demokratisch sind die neueren Kantonsverfassungen der Schweiz, sowie der Territorialismus in den States der Vereinigten Staaten.

Die Endbestimmung auch der vierten länderstaatlichen Ver-

faffungsstufe ist nicht Verfall und Untergang, sondern die stets voll=
kommenere Fortentwickelung innerhalb der nächsten neustzeitstaatlichen
Verfassungsstufe als provinzielle Grundlage der Regierung, Verwal=
tung und Vertretung.

Die länderstaatliche Verfassung kann nur bei einer auch die
stadtstaatliche, altklassische und spätmittelalterliche Gesittung über=
steigenden Kultur= und namentlich Verkehrshöhe erreicht werden.
Nur ist dies nicht schon jene Hochkultur, welche als die Voraus=
setzung für den durchgebildeten Staat fünfter Stufe, den Neustzeit=
staat anzusehen ist; es ist schon die Neuzeit=, aber nicht schon die Neust=
zeit= oder Hochkultur.

Die Stufe des Territorialismus haben auch jene Reiche durchlaufen,
welche den weiteren nationalen Zusammenhang zwischen den Territorien
und Territorienconglomeraten nie verloren haben, wie Frankreich und
England. Dem Territorialismus mit alter, buntscheckiger Landschaft=
staats= oder Provinzialverfassung machte selbst in Frankreich erst die Re=
volution von 1789 das letzte gewaltsame Ende, nicht ohne eine bedenk=
liche Reduction der einst stärker gewesenen Provinzial= zur neustzeit=
staatlichen Departements=Gliederung des Staates. In Deutschland
wird der früher particularistische Territorialismus hoffentlich für
immer eine kräftige und gesunde, übermäßiger Centralisation trotzende
Einzelstaats= beziehungsweise Provinzialgliederung hinterlassen.

Landstaatsbildung blieb dem Alterthum versagt. Dazu fehlten
namentlich die Mittel der Publicität, welche erst zu Anfang der
Neuzeit die Buchdruckerkunst lieferte; Aristoteles bestimmte bekannt=
lich den Staatsumfang auf ein Gebiet, dessen Bürgerschaft in der
ἐκκλησια durch eine bürgerliche „Stentorstimme" erreicht werden
kann. Das Alterthum hätte, wenn es auch die Repräsentativ=Demo=
kratie schon erfunden hätte, doch die geistigen und materiellen Ver=
kehrsmittel der höheren Verschmelzung in Verwaltung, Gesetzgebung,
Polizei und Regierung zur politischen Landeseinheit nicht so gehabt,
wie seit Guttenberg, der Renaissance und der Reception des römi=
schen Rechtes der neuzeitliche Länderstaat sie hatte. Das Mittelalter
hatte bis ins 13. Jahrhundert für die germanischen Völker die
Stände= und die Bürgerstaat=Bildung erst wieder anzufangen und
in den romanischen Ländern dieselbe zu wiederholen. Erst nach=
dem dieser Prozeß vollendet war, in Deutschland während der
späteren Zeit der Landeshoheit, konnte die Ausbildung des hier so=

genannten „Territorialstaates" durch Zusammenfassung von Bauern=
schaften (Herrschaftsgebilden I. Stufe), Feudalherrschaften (II. Stufe)
und von Stadtherrschaften (III. Stufe) vor sich gehen; jetzt waren
und wurden immer mehr die technischen Mittel für diese höhere Bil=
dung gegeben.

Die fünfte Verfassungsstufe (V): Die neuzeitstaatliche oder
moderne Verfassung. Auf der vollen Höhe dieser Stufe stellt sich
das Staatswesen dar als gegliederte Zusammenfassung aller einem
Großvolk oder Völkerganzen (Völkergemengsel) angehörigen Landes=
bevölkerungen sowie ihrer Kommunal= und Berufskörperschaften in
Regierung, Gesetzgebung und Verwaltung.

Die fünfte Verfassungsstufe wäre die nationalstaatliche
zu nennen, wenn diese Bezeichnung nicht ein Mißverständniß doppelter
Art begünstigen würde. Das eine sich einstellende Mißverständniß
ginge dahin, erst für die neueste Zeit Nationalreiche annehmen zu
sollen. Nun kann aber in Bezug auf die Gebietsweite jede Ver=
fassungsstufe einen Nationalstaat darstellen, indem sie alle Glieder
der Nation, alle Stämme und Gebiete derselben Nationalität um=
faßt. Schon die Nomadenhorden bilden flüchtige Nationalreiche, und
weder den Feudal=, noch den Stadtstaat=, noch den Territorialstaat=
Epochen fehlt es an nationalstaatlichen Zusammenfassungen. Ein
zweites Mißverständniß käme nahezuliegen. Es würde scheinen,
als ob die fünfte Verfassungsstufe nur als National=Einheitsstaat
berechtigt und vorhanden wäre, was keineswegs zutrifft. Daher ist
der Ausdruck Neuzeitstaat und zwar im Sinne der neuesten
Staatenbildung in Europa gewählt. Jede bessere Bezeichnung sei,
wenn sie die fraglichen Mißverständnisse ausschließt, voraus will=
kommen geheißen. Der Staat fünfter Stufe verdient übrigens den
Namen Neuzeitstaat, weil er der neuesten Zeit europäischer Hoch=
kultur eigen ist.

Die gewaltige Verstärkung aller jener Ursachen, welche dem
Durchbruch der länderstaatlichen Verfassungsstufe Vorschub leisteten,
hat den Neuzeitstaat hervorgetrieben. Er ist noch rascher geworden,
als jede der vier vorangegangenen Hauptstufen. Und die treibenden
Ursachen waren danach angelegt! Eine am Schlusse der Länder=
staatsepoche hervorbrechende nationale Literatur, ein über den
territorialistischen Manufacturgroßbetrieb weit hinauswachsender
Fabrikbetrieb, eine gewaltige Ausdehnung des Handels und des Unter=

nehmungskapitals, welchem territorialistische Landesverwaltung und
Gesetzgebung nimmer gerecht werden konnte, die zur Militäreinheit
drängende Uebermacht zuerst gebildeter Nationalstaaten, die riesigen
Fortschritte in der Hervorbringung jeder, namentlich industrieller Art,
im [Transport= und Communicationswesen — dieses und andere
bahnbrechenden Factoren der Ausbildung des Neuzeitstaates sind
aphoristisch hiemit nur angedeutet.

Wo die nationale Einheitsgewalt sich durch die feudale, bürger=
staatliche und territorialistische Stufe hindurch kräftig erhalten hatte,
kam der Neuzeitstaat natürlich am frühesten und vollständigsten zum
Durchbruch. So in Frankreich stoßweise mit 1789. Ruckweise und
gewaltlos in England, wo übrigens der Territorialismus als
homerule für Irland wieder aufflammt. In der Behördenorgani=
sation ist der Neuzeitstaat in England noch nicht fertig. Am
schwierigsten und am spätesten, d. h. erst in der zweiten Hälfte dieses
Jahrhunderts, erfolgte der Durchbruch bei jenen beiden großen
Nationen Europas, den Deutschen und den Italienern, welche die
nationale Einheit an den theils fürstlichen, länderstaatlichen, theils
stadtstaatlichen, ja schon an den feudalstaatlichen Territorialismus
wegverloren hatten, oder eine national gleichartige Bevölkerung über=
haupt nicht besaßen und heute noch nicht besitzen, wie Oesterreich
und die Schweiz. In Deutschland und in Oesterreich war es Mangels
einheitlicher National= und Gesammtstaatsgewalten die Zusammen=
fassung einer Vielheit von Territorien durch eine gemeinsame
Dynastie, was den Sieg des Neuzeitstaates, des nationalen in
Deutschland, sowie des gesammt= oder vielmehr doppelstaatlichen in
Oesterreich, dennoch ermöglichte.

Völlig durchgebildet ist jedoch der Neuzeitstaat nirgends und nach
einer und derselben Schablone wird er auch nirgends fertig werden.
Die gewaltigen Ziele verfassungsrechtlicher Vervoll=
kommnung, welche der fünften Verfassungsstufe überall noch ge=
steckt sind, bis diese sich aus= und hiemit schon in eine noch höhere
Verfassungsstufe hineingelebt haben wird, sollen alsbald vorgeführt
werden.

Hier aber sei noch bemerkt, daß die Bildung des Neuzeitstaates
ebenfalls über die entsprechende Anzahl von Vorstufen, nämlich
von vier Vorstufen, hinweg dem Ziele zuschreitet. Da ist zuerst
die elementare Aneinanderreihung (Aggregation) territorialer,

ständischer, feudaler, bauernschaftlicher Gebilde in großer Hausmacht
(Fürstenmacht), in Bünden und in Personalunionen; dann die ein=
heitliche Zusammenfassung in gemeinsamen Landes=Aemtern, =Be=
hörden und =Anstalten; weiterhin die gleichartige Verschmelzung
durch Zusammenfassung verschiedenartiger Einzelämter zu Central=
stellen bis zum Staatsrath (Hofrath, Geheimrath) hinauf; endlich
kommt die Zusammenziehung der Länder zu großstaatlichen Länder=
komplexen mit Einheit auch eines Theils der Gesetzgebung und
Vertretung im vereinigten Landtag und im Kronländer=Reichsrath,
im modernen Staatenbund und Bundesstaat. Der letzte Schritt ge=
schieht 'durch Herstellung der Einheit in der Verwaltung, Gesetz=
gebung und Regierung mit voller Nationalvertretung, durch ganze
Eingliederung der zugehörigen bisher selbständigen Länderstaaten
(ihre Rückbildung auf Provinzen, aber ohne Verkümmerung der
Provinzialgemeinschaft in Landesangelegenheiten, ohne Beeinträchti=
gung der Stadt=, Kreis= und Orts=Selbstverwaltung, ohne Vernach=
lässigung ihrer öffentlichen Aemter und Anstalten aller Art).

Die Gegenwart steht noch mitten in der Arbeit der Durch=
bildung der Stufe V politischer Individualisirung, in der Zusammen=
fassung einer Mehrheit verschiedenartiger Länderstaaten, Kronländer,
Grafschaften, Kantone, Bundesstaaten, Provinzen zu intensiverer
Einheit und zu politisch noch höherem Aufbau. Dieser Aufbau ist eben
der moderne Staat. Deutschland hat in der Regierung, Gesetz=
gebung und Administration, in der Exekutive und in der Vertretung,
die Einheit erst halb herausgearbeitet. Das neueste Deutsche Reich
stellt die Zusammenmischung eines Einheits=Halbgroßstaates (aus
den preußischen Provinzen) mit halb souveränen Territorialstaaten
als Bundesstaaten unter Preußens Führung dar. In der Kom=
petenz der Reichsgewalten zeigt sich die Staatseinheit noch in
mancher Hinsicht territorialstaatlich gebrochen. Der in der staats=
rechtlichen Litteratur viel bestrittene Charakter des neuesten „Deut=
schen Reiches" ist gleichwohl ein ganz anderer und viel höherer als
auf den drei Vorstufen des Reiches von den Karolingern an bis
1806. Es ist ein Zwischengebilde zwischen Territorial= und Ein=
heitsstaat: in der Administration noch ganz gestützt auf die Territorial=
staatsmacht der Glieder, in der Gesetzgebung und Regierung ein
Uebergangsgebilde, in der Vertretung eine erste politische Aggregation
des „Volkes" zu einem repräsentativen Primitivgebilde (Reichstag).

In der Organisation der Centralgewalt (Bundesrath — Kanzler — Kaiser) ist es die Verbindung von Territorialstaats-Aristokratie (Bundesrath) und von monarchischer Ueberordnung des mächtigsten, aus sich zum Halbgroßstaat erwachsen gewesenen Gliederstaates. Letzteres im Ausmaße der dem Kaiser zugewiesenen besonderen Rechte. Im Ganzen also ist das neue Reich durchaus eine Zwischenstufe zwischen IV und V und es hat Zeit, die weiteren Schritte langsam und nur nach Bedürfniß zu machen. Andere Neuzeitstaaten sind in anderer Hinsicht noch viel unvollkommener, als Deutschland im Reiche ist.

Gewiß ist, daß der moderne Staat, welcher als Nationalstaat am leichtesten gedeiht und im vollen verfassungsmäßigen „Einheitsstaat" auf Basis freier Kommunal- und Berufsselbstverwaltung und gegliederter Volksvertretung sich sein höchstes Ziel abgesteckt sieht, eine neue, höhere, fünfte Stufe politischer Individualisirung der Volksgemeinschaften darstellt. In seinem Aufbau aus der politischen Bevölkerung zu einzelnen Aemtern und Gemeinden, zu Kreis- und Stadt-Kommunalkörpern und Behörden, weiter zu Provinzialkörperschaften und Provinzialämtern bis zur Spitze der modernen repräsentativen Staats- und Reichseinheit im Gesammtministerium und Reichstag, stellt er das getreue Gegenbild der fünf Stufen dar, über welche sein welt- und sein volksgeschichtlicher Entwickelungsgang geführt hat und noch immer führt.

Geht der Neuzeitstaat dem Verfalle entgegen oder treibt er schon auf eine weitere sechste Stufe der Entwickelung hin? Nicht Wenige sind es, welche das Erstere wenigstens fürchten. Ich glaube nicht an den Verfall, halte vielmehr gerade diejenigen Erscheinungen, welche Anderen Bange machen, für Zeichen fortschreitender Ausbildung neuzeitlicher Verfassungshöhe, wovon alsbald weiter die Rede sein wird. Das aber muß zugegeben werden, daß der Verfall auch als eine Bewegung pathologischen Rückganges bis auf Stufe IV, z. B. als „Partikularismus", noch wahrscheinlicher als eine rasche Bewegung pathologischen Rückganges auf Stufe II, auf absolute Säbel- und Beamtenherrschaft, auf reinen Cäsarismus und Militarismus sich vollziehen müßte. Das Material zu einem europäischen „Reich der Mitte" mit Civil- und Militärmandarinen wäre ja wohl schon vorhanden, aber das Material, die treibenden Ideen und die Kräfte zur fortschrittlichen Weiterführung und Vollendung unserer Verfassungsstufe fehlen doch wahrlich auch nicht.

Eine allgemeine Betrachtung der Erscheinungen des Verfassungs-
verfalles müssen wir jedoch unterlassen. Genug, daß der Verfall
stets als eine rückläufige Verfassungsentwickelung krankhafter Art sich darstellt, am raschesten und akutesten bei Revolutionen, in welchem selbst das Verfassungswesen fünfter Stufe in
Stunden und Tagen für Stunden und Tage bis zur Stufe I, bis
zur Horden- und Haufenherrschaft eines siegreichen Barrikadenpöbels
zurücksinken kann. Doch gestattet der Raum nicht, diese und ähnliche
Gedankengänge hier weiter zu verfolgen.

Die Fruchtbarkeit überhaupt einer Verfassungsstufenlehre, deren
Grund hiemit gelegt ist, für die Stellung und Lösung bedeutendster
Kern- und Zeitfragen wird sich alsbald erweisen.

Verfassungshöhe und Gebietsweite. Fünf staatliche Gebiets- und Bezirksweiten.

Bevor ich nun weitergehe und die Frage nach einer weiteren
sechsten oder gar siebenten und achten Stufe der Verfassungsbildung,
in Auseinandersetzung mit den Anhängern des ewigen Friedens
und mit den Träumern des Weltstaates, anzufassen wage, habe
ich mich erst mit dem wichtigen Verhältniß zwischen Verfassungshöhe
und Gebietsweite zu befassen. Für das Verständniß des Staats-
und Staatenwachsthums aller Zeitalter, namentlich aber des unserigen
ist auch dieses unumgänglich nothwendig.

Mit den Verfassungsstufen oder dem intensiven Wachsthum des
Staatswesens dürfen die verschiedenen Spannweiten räumlicher
Ausdehnung und die Erscheinungen der Gebietsgliederung
oder Gebietseintheilung nicht verwechselt werden. Zwar besteht
ein tiefer Zusammenhang zwischen Verfassungshöhe und Gebietsweite, beziehungsweise Gebietsgliederung, nämlich insofern, als die
höheren Verfassungsstufen auch größere Gebietsweite und festere
Gebietsgliederung theils zur Voraussetzung, theils zur Folge haben.
Allein nicht auch das Umgekehrte ist der Fall. Vielmehr kann, wie
die Geschichte lehrt, schon auf jeder tieferen Verfassungsstufe
die größte Gebietsweite und eine feste Gebietsgliederung
oder Bezirkseintheilung erreicht werden.

Die Gebietsabgrenzung nach außen und die Bezirkseintheilung
nach innen sind etwas geschichtlich durchaus veränderliches. Auf
jeder Entwickelungsstufe sind die Grenz- und Bezirkserscheinungen

auch eigenthümlicher Art. Ein Blick auf die Karten in irgend einem Geschichtsatlas erweist Beides. Allein auf jeder Entwickelungsstufe sind verschiedene Gebietsweiten und Bezirksgrößen wahrzunehmen, ob man auf einer Kolonialkarte eines bestimmten Bundesgebietes die Einzelstaaten (states), die Grafschaften (counties), die Grafschaftstheile (sections) und die Ortschaftsgebiete (townships) in- und nebeneinander liegen sieht, oder ob man in einem noch völkerschaftlichen Gemeinwesen Dorfschaften, Dörfergesammtheits-, Gau-, Stamm- und Völkerschaftsfamilien- oder National-Gebiete in- und nebeneinander findet, oder ob man in der Bezirkseintheilung von Hochkulturstaaten allgemein fünf Gebietsweiten: Ortschafts-, Kreis-, Regierungsbezirk- oder Großstadt-, Länder- oder Provinzialeinheiten neben- und übereinander gelagert, und alle vom Gesammtstaats- oder Nationalgebiet umschlossen findet.

In der Hauptsache sind es jedoch fünf Ausdehnungskreise, innerhalb welcher die Individuation der Volksgemeinschaft territorial, gebietlich sich vollzieht. Jeder weitere Kreis umschließt mehrere engere, und der weiteste äußerste umspannt alle engeren vier Bezirke. Ich will diese fünf geschichtlich so flüssigen Gebietsweiten, beziehungsweise Bezirksgrößen, welche sich auf allen Entwickelungsstufen finden, mit A, B, C, D, E bezeichnen: den engsten mit A (Ortschaft), den nächst engen mit B (Kreisgebiet) den mittelgroßen mit C (Gau), den weiteren mit D (Land, Provinz), den weitesten mit E (Reich).

Man muß nun, wenn man in Geschichtschreibung, Staatswissenschaft und Politik nicht in die tiefsten Irrthümer und Wirrnisse hineingerathen soll, vor Allem festhalten, daß die fünf Verfassungsstufen mit den fünf Territorialweiten A bis E sich durchaus nicht decken.

Allerdings besteht ein doppelter Zusammenhang zwischen den Entwickelungsstufen und den Gebietsweiten, beziehungsweise Gebietsgliederungen oder Bezirkseintheilungen.

Einmal ist mindestens die Gebietsgröße A erforderlich, um für die Verfassungsstufe (I) des Völkerschaftsstaates, und die Gebietsgröße B, um für die Entwickelungsstufe (II) des Ständestaates, und die Gebietsgröße C, um für die Verfassungsstufe (III) des Bürgerschaftsstaates, die Gebietsgröße D, um für die Verfassungsstufe (IV) des Länderstaates, endlich die Gebietsgröße E, um für einen Neustzeitstaat das zureichende Bildungsmaterial zu besitzen. Jedes

7*

Staatswesen, welches intensiv wachsen will, muß also, wenn es nicht schon von Anfang ein Reich gewesen und ein solches geblieben oder wieder geworden ist, auch extensiv entsprechend wachsen.

Ein zweiter Zusammenhang von tieferer Bedeutung besteht zwischen Verfassungshöhe und Bezirksgliederung. Mit jeder höheren Verfassungsstufe steigt auch die Ueberordnung immer höherer über niedrigere Bezirkseinheiten, sowohl was den staatlichen Behördenorganismus als was den Aufbau der kommunal- und der berufskörperschaftlichen Selbstverwaltung betrifft. Auch das größte Völkerschaftsreich ist ein nur durch große Persönlichkeiten und Familien zusammengehaltenes Nebeneinander (Aggregation) völkerschaftlicher Reichsbestandtheile; bei aller Gebietsgröße bleibt es ein Gebilde der Verfassungsstufe I. Die größten Feudalreiche sind, nebstdem, daß sie noch kleinere oder größere, wenige oder viele Inseln völkerschaftlicher Verfassungsgebilde umschließen, doch nur Aggregate ständestaatlicher Aemterbezirke im weitesten Kreis E, wie im Kreis B mit ortschaftlicher Untereintheilung. Und ähnlich erscheint auf der bürgerschaftlichen Verfassungsstufe noch kein Aufbau der Großstadt- und Gaubezirke zu großkommunaler Provinzialorganisation. Ein nationalstaatliches Uebereinander von Ländern und Provinzen giebt es erst auf Stufe V. Desgleichen bildet sich ein länderstaatliches, stadtstaatliches, feudalstaatliches Uebereinander von Großstadt- und Regierungsbezirken, beziehungsweise von Stadt- und Landkreisen, sowie von Ortsgemeinschaften erst im Stufengang der Verfassungsentwickelung, d. h. der immer höheren staatlichen Individuation aus. Zu den ortschaftlichen Verbänden der Feudalzeit giebt es wohl größere Gebietsweite gleich dem heutigen Kreis-, ja selbst Regierungs- und Großstadtbezirk. Es giebt weiter Feudalconglomerate von Landes- und Reichsweite. Allein die Zusammenfassung auch des weitesten Verbandes und die Verfassung aller Körperschaften (Gemeinden) ist feudaler, ämterstaatlicher Art. Aehnlich gab es im Stadtstaatszeitalter wohl Provinzen im Sinne der Gebietsweite D, aber nicht im Sinne der länderstaatlichen Entwickelungshöhe (IV). Endlich gab es schon auf Stufe IV Territorienreiche von der Gebietsweite E, sogar Weltreiche, aber keine Verknüpfung derselben auf neuzeitstaatliche Weise.

Trotz dem nachgewiesenen Doppelzusammenhang zwischen Entwickelungshöhe und Gebietsweite ist es dennoch unzulässig, Ver-

faffungshöhe einerseits, Gebiets= und Bezirksweite andererseits sich
decken zu laffen.

Einmal kann schon die tiefste Verfaffungsstufe die Gebiets=
weite E besitzen, obwohl die letztere erst für den Neustzeitstaat un=
bedingt erforderlich ist. Es gab und giebt Völkerschaften=, Feudal=,
Stadtstaats= und Territorial=Reiche.

Zweitens brauchen die verschiedenen Bezirke eines Staats=
gebietes oder Reiches nicht auf derselben Höhe der Verfaffung
zu stehen, einheitlichen Geist nicht zu besitzen: Völkerschafts=, Feudal=,
Stadtstaat (Stations=), Länderstaats=, Neustzeit=Staatsgebilde können
mit einander verbunden sein und es wären im britischen Weltreich
wirklich alle mit einander verbunden, wenn Irland home rule
d. h. länderstaatliche Sonderstellung durch die Gladstone'sche Rück=
bildung zurückerlangen würde.

Drittens wird das Einheitsband größerer Staatswesen
keineswegs auf die der Verfaffungsstufe des höchst entwickelten
Theiles entsprechende Weise stets geschlungen werden. Die Gewalten
des weiteren Verbandes sind und waren fast immer ämterstaatlicher
Art, als es schon Bürgerschafts= und Länderstaats=Gemeinwesen
innerhalb der Gebietsweite D und E gab. Der Kolonialbesitz der
Neustzeitstaaten ist ämterherrschaftlich an die mutterländische Ver=
faffung angelehnt. In der That wird — von den flüchtigen Horden=
reichen abgesehen — der weiteste Staatsverband mindestens ämter=
staatliche Verfaffungsansätze benöthigen.

Viertens geht die Verfaffungsentwickelung nicht nothwendig
vom engen Kreise A zu B, C, D, E fortschreitend aus, so daß zuerst
nur Ortsstaaten, dann nur kreisweite Feudalstaaten, weiter nur
ettergroße Stadtstaaten u. s. w. sein könnten.

Fünftens bedürfen die Staaten mehrerer Verfaffungsstufen,
namentlich jene des Feudalismus, ein geschloffenes und einheit=
lich eingetheiltes Gebiet überhaupt nicht.

Sechstens ist wahrzunehmen, daß die Gebietsausdehnung für die
Regel weiter geht, als nöthig wäre, um eine bestimmte Verfaffungs=
höhe sich auswirken zu laffen. Ich möchte dies das regelmäßige
Uebergreifen der Gebietsweite über die Verfaffungshöhe
nennen. Dieses Uebergreifen bedingt es, daß die höhere Verfaffungs=
organisation mehr gliedlich oder staatsrechtlich als völkerrecht=
lich oder souverän erreicht wird. Zwar giebt es weltgeschichtlich

Souveränitätstypen jeder Stufe: z. B. den tausendfach souveränen
Dorfstaat noch jetzt in Aequatorialafrika; den ämterstaatlichen Mandarinenstaat in China; die athenische Politeia und die römische
Civitas (mit ihrer selten stadtstaatlichen Länderanlage!) und die
nahezu souveränen nordamerikanischen Städte; dann den souveränen
Territorialstaat im national zertrümmert gewesenen Deutschland;
endlich den reinen Nationalstaat ohne Anhängsel tieferer Organi-
sationsstufen. Allein die Regel ist, daß die höhere Stufe entweder
innerhalb eines mehr als zureichend weiten Gebietes von einzelnen
Theilen aus erreicht wird oder daß der weitere Kreis selbst zuerst
der nächstniedrigen tieferen Stufe angehört mit der Folge, entweder alle seine Theile auf die höhere Stufe sich allmählich erheben zu lassen oder die schon höher entwickelten Theile wieder zur
Tiefe der politischen Organisation des Gesammtstaates herabzuziehen,
also rückbildend zu wirken, wie die Germanen gegen die weströmische,
die Türken gegen die früher oströmische Welt gewirkt haben. Ohne
das Verständniß der Innenaufnahme und Ansteckung der höheren
Stufen mittelst vorgreifender Territorialausdehnung wird man fast
keine einzige Thatsache der Staatengeschichte, namentlich auch der
Kolonialgeschichte, klar aufzufassen vermögen.

Das fragliche Uebergreifen kann in doppelter Weise stattfinden:
entweder wird von einem politisch höheren Theile aus auf niedrigere
oder von einem niedrigeren auf höhere Mitbestandtheile übergegriffen.
Ersteres fand z. B. durch Erweiterung des Stadtstaates Rom zum
Weltreich statt und ist umfassendst in der modernen Kolonialpolitik
wahrzunehmen, welche an Hochkulturstaaten je Dependenzkolonieen
anhängt und dadurch die Neuzeitstaaten zu „Weltreichen“ erweitert.
Das Andere geschieht, wenn z. B. ein Nomadenvolk die Ackerbau-
Naturvölker oder gar Halb- und Ganz-Kulturvölker mit sich zu einem
Weltreich verbindet, wie es in Afrika heute noch umfassend statt-
findet und wie es durch die Barbaren gegen Weströrm, durch die
Türken gegen Ostrom und die Donauvölker geschah.

Ein zu weites Gebietsvorgreifen, namentlich von der niedrigeren
Stufe aus, wird, was die Verfassungshöhe betrifft, leicht zurück-
bildend wirken. Eine Rückbildung erfuhr Rom, welches vom Stadtstaat zum klerikal-civil-militärischen Kaiser-Beamtenstaate zurücksank
und welches dann durch die Barbaren weiter selbst die Munizipal-
verfassung an den Feudalismus theilweise wieder wegverlor. Viel

wahrscheinlicher ist dagegen das Umgekehrte, die politische Hinauf=
hebung aller Theile des Gesammtgebietes, dann, wenn der das Ge=
sammtreich beherrschende Theil höhere Entwickelung entweder von
Anfang mitbringt oder die politische Civilisation höher entwickelter
Theile annimmt und verbreitet: der Fall der modernen Kolonisation,
selbst derjenigen, welche nur erzieht und politisch mit Emanzipa=
tion endet.

Außerdem giebt es ein Gebietsausgreifen durch Koordination
gleich hoch entwickelter Staats= und Kommunalgebilde zu Bünden
und Unionen. Diese werden entweder zusammen als Bund durch
selbständige Entwickelung kollektiver Bundesgewalten oder aber gegen
die Bundescentralgewalt durch Emporhebung (Machtsuperordination)
von Gliedern erst zu Reichen halber Höhe der nächsten Stufe
werden und weiter auf die volle Höhe der nächsten Stufe gelangen
können.

Die Ursachen der vorgreifenden Ausdehnung können hier nur
mit ein paar Worten genannt werden: der völkliche Selbsterhaltungs=
trieb, die geographisch groß angelegte natürliche Gebietseinheit, die
große Ausbreitung einer Völkerfamilie, die Leichtigkeit der Gebiets=
eroberung (z. B. für Reiternomaden).

Es ruht kein übermächtiges Gemeinwesen höherer Ordnung
bis es alle niedrigeren unterworfen und ungefährlich gemacht hat.
Die Völker niedriger Organisation sind selbst genöthigt, zusammen=
zustehen, und haben das gethan; von Armin bis zu den in den
neuesten Kolonieen um ihre Freiheit kämpfenden Koalitionen der Ein=
geborenen fand daher übergreifende Ausdehnung statt. Auch im
Innern sind stets Kräfte für das Uebergreifen thätig: die Bildung
großer Hausmacht auf allen fünf Stufen der Staatenbildung; die
Assimilationsfähigkeit der herrschenden Stände auch verschiedener
Nationalität im ständischen Zeitalter; das unersättliche Ausdehnungs=
streben des stadtstaatlichen Kapitals in der Bürgerschaftsepoche; der
Länderhunger der Territorialfürsten; das national=ideale Einheits=
streben der Neuzeitvölker.

Die Kulturfaktoren treten hinzu, um übergreifender Staaten=
ausdehnung vorzuarbeiten: die Religionspropaganda; die Ausbildung
der Verwaltungs= und der Kriegskunst; der geographische Entdeckungs=
trieb; die Entwickelung in der Technik des Handels, der Industrie,
des Transportes.

In neuester Zeit gestattet namentlich die kolossale Steigerung der Technik des Transportes und der Kommunikation weiteres Um- sichgreifen der Großstaaten und weiteste Absteckung der Grenzen der Kolonialreiche. Der moderne Maßstab der Staatenausdehnung ist gewaltig größer geworden, so groß, daß er den Hochkultur- staaten nur noch die Wahl zwischen Eroberung, Kolonisation und Herstellung internationaler Verkehrsgemeinschaft läßt. Auch Deutsch- land hatte alle Ursache, daran zu denken, daß es im dritten Jahr- tausend nicht ein „Kleinstaat" werde, wie es einige europäische Staaten nach heutigem Maßstab der Staatengröße schon sind.

Dem vielgestaltigen Ausdehnungsstreben kommt namentlich die „göttliche Staatleidenschaft der Pleonerie der Könige", die Herrsch- sucht zu jeder Zeit und auf jeder Entwickelungsstufe zu Hilfe.

So entstehen durch das Uebergreifen der extensiven über die intensive Staatbildung auch immer größere Reiche, sofern das Ge- biet, auf welches die Ausdehnung der Herrschaft sich erstreckt, jüngerer Gesittung ist.

Durch den eben gepflogenen Ueberblick wird das Uebergreifen der Territorialausdehnung über die Verfassungshöhe, eine Er- scheinung, welche nie so großartig Platz gegriffen hat, wie in der Kolonialentwickelung unserer Epoche, wird ferner die daraus quellende Verfassungssteigerung, wird der Parallelismus zwischen Intensivität und Extensität des Staatswachsthums völlig einleuchtend geworden sein. Ich begnüge mich damit, nochmals zu betonen, was bis jetzt nur kurz berührt ist, daß die Extensität der Staatenbildung immer größere Maßstäbe angenommen hat und daß darum auch die Intensität kommender Staatsentwickelung eine noch viel größere und großartigere werden muß. Halbe Welttheile werden durch Eroberung, Okkupa- tion und Völkervertrag zu einer Staatenbildung abgegrenzt und ab- gesteckt, zu deren Dimensionen die bisherige Staatengeschichte kein auch nur annäherndes Seitenstück anzuführen vermag. Ein so ge- waltiges Uebergreifen der Gebietsweite für künftige Staatenbildung hat die Welt niemals gesehen. Ist damit eine Verfassungsstufe höheren Grades (VI) im Anzuge? Ich antworte hierauf alsbald.

Es wäre zum Schluß der grundlegenden Betrachtungen über Verfassungsstufen und Gebietsweiten verführerisch, denselben Gedanken- gang in die Rechtsbildung und in die ganze Kulturentwickelung hin- ein zu verfolgen und zu sehen, ob auch hier mit jeder Intensitätsstufe

die territoriale Ausweitung Hand in Hand geht. Für solche Nach=
weisung ist aber das erforderliche Material noch nicht reif geworden.
Doch soll angeführt werden, daß da und dort bis ins Einzelne hin=
ein auch außerhalb des Staats die Kulturentwickelung denselben
Stufengang zu nehmen scheint. Ich möchte hier nur nochmals an die
klassische Schrift Karl Bücher's erinnern, welche den Beweis er=
bracht hat, daß in den fünf Welt= und Volkszeitaltern der Ver=
fassungsentwickelung auch Verfassung und Betrieb der Gewerbe bis
zur heutigen Industriehöhe hinauf fünf Stufen durchlaufen hat:
Hauswerk, Kunden= und Oikenwerk, Handwerk, Manufactur, Groß=
industrie; jede höhere Betriebsweise setzte weiteren Markt voraus.
Der Parallelismus ist jedenfalls überraschend.

Es wäre ferner verführerisch, die Rückwirkung, welche der
Fortschritt in den Verfassungsstufen auf den Fortschritt in den
Verfassungsformen ausübt, ins Einzelne zu verfolgen. Die eigen=
thümliche Abtönung der Verfassungsformen für jedes Welt= und
Volkszeitalter der Verfassungsentwickelung läßt sich jedoch an der
bis auf Roscher herabreichenden Staatsformenlehre von Jedermann
leicht verfolgen.

Die Betrachtungen, welche über die Verfassungsstufen der
Staatsentwickelung und über das Verhältniß der Verfassungsstufen
zur Gebietsweite durchgeführt sind, dürften wohl die große Bedeutung
einer Lehre von den Verfassungsstufen dargethan haben. Keine einzige
der vielen großen Fragen der auswärtigen Politik und der inneren
Verfassungsentwickelung kann ohne Einsicht in den fraglichen Stufen=
gang richtig gestellt und mit einiger Sicherheit praktisch gelöst werden.
Die folgenden Ausführungen werden zeigen, wie viel Licht für die Kern=
und Zeitfragen des Verfassungsfortschrittes, der Kolonisation, der
Völkereinigung, des Allianzwesens, der Weiterentwickelung des
Deutschen Reiches, des Fortschrittes in der Volksvertretung von der
Grundlage des allgemeinen Stimmrechtes aus, endlich für die Kern=
und Zeitfragen der Handelspolitik von hier ausströmt.

Ueber die fünfte Verfassungsstufe hinaus? Der Weltstaattraum.

Kann eine Weiterentwickelung über die fünfte Verfassungsstufe
hinaus stattfinden? Wie wird sie bejahenden Falls stattfinden?
Ist sie in ersten Ansätzen vielleicht schon vorhanden? Diese Fragen,
welche früher (S. 97) liegen bleiben mußten, seien nun zunächst angefaßt!

Um dabei nicht in die Irre zu gehen, muß mit einer Anzahl verwirrender Vorschwebungen gebrochen werden.

Vor Allem sind völkerrechtliche Allianzen nicht in Betracht zu ziehen, selbst nicht der gegenwärtige Dreibund Mitteleuropas. Nur staatsrechtliche Bildungsansätze für eine höhere Verfassungsstufe kämen in Veranschlagung. Sodann ist die Verbindung eines einzelnen Neuzeitstaates mit Kolonieen und Dependenzen kein Staatsgebilde höherer Stufe, vielmehr die bloße Anhängung tieferer Gebilde an ein einziges Neuzeitstaatswesen; die „zusammengesetzten Staaten" kommen also, obwohl man sie „Weltreiche" nennt, ebenfalls nicht in Betracht. Drittens muß man den Welt- oder Menschheitsstaat ganz aus dem Spiele lassen; derselbe ist in einem Zuge nicht erreichbar und nur an eine erste von mehreren weiteren Hauptstufen zu ihm hin kann überhaupt gedacht werden. Es wären nur Gruppen jetziger Neuzeitstaaten, welche zu Staatengebilden höherer sechster Ordnung, heiße man sie Unionsreiche, sich staatsrechtlich verbinden würden. Also Allianzen, zusammengesetzte Staaten, das Kommen des Welt- oder Menschheitsstaates, müssen allesammt bei Seite gelassen werden.

Wie denn nun könnte es geschehen, daß die heutige Verfassungsstufe V bereits über sich hinaus in Unionsreiche, in Gebilde einer Verfassungsstufe VI hineintriebe? Diese Frage führt weiter.

Nicht bloß die Stegreifschöpfung des Welt- oder Menschheitsstaates ist ein träumerischer Gedanke, sondern auch die Fertigstellung einer nächsten sechsten unter mehreren weiteren Hauptstufen in Einem Zuge ist es. Nur im gesetzmäßigen Gang über mehrere Unter- oder Vorstufen hinweg könnten Unionsreiche fertig werden.

Man kann vermuthen, daß fünf solcher Vorstufen durchlaufen sein müßten, bevor aus einer Gruppe von Neuzeitstaaten ein vollentwickeltes Neuzeitstaatenreich, ein Unionreich, sich gebildet hätte, in welchem jetzige Neuzeitstaaten zum höheren Gesammt- oder Einheitsstaat dieselbe Stellung einnehmen würden, welche einstige Territorialstaatswesen nun als Provinzen im dermaligen Neuzeitstaat inne haben.

Man kann der staatswissenschaftlichen Phantasie immerhin einigermaßen den Lauf über diese fünf Vorstufen hinweg freigeben, wenn dabei nur beachtet wird, daß dabei die Phantasie stark im Spiele sein muß. Erste Vorstufe: Jetzige Neuzeitstaaten ver-

einigen sich dauernd, um bestimmte Staatszwecke gemeinsam durch=
zuführen. Die Erweiterung des Theilnehmerkreises und des Vereins=
staatszweckes bliebe vorbehalten. Mit der Zeit würde ein Bundes=
rath gebildet werden, desgleichen ein Delegirtenparlament aus den
Vertretungskörpern der verbundenen Neustzeitstaaten. Als Ver=
waltungsorgane würden im „übertragenen Wirkungskreis" die Be=
hörden der als Unionsmitglieder betheiligten Neustzeitstaaten (V. Stufe)
wirken. Es wäre die erste aggregatische Vorstufe des kommenden
Gruppenstaates oder Unionsreiches sechster Ordnung. Zweite
Vorstufe: Die Neustzeitstaatenvereinigungen würden für besondere
gemeinsame Zwecke besondere Aemter (Kommissionen) einsetzen, der
Unionsregierung (Bundesrath) direct unterstehend, mit Controle durch
ein Delegirten= oder durch ein von der Gesammtwählerschaft aller
verbundenen Neustzeitstaaten gewähltes Parlament. Damit wäre
die aggregatisch erste Stufe überwunden und die zweite kommissionale
ämterstaatsähnliche Vorstufe erreicht. Ein Theil der Verwaltung
könnte auch auf dieser, wie auf allen folgenden Vorstufen, im über=
tragenen Wirkungskreise durch jeden der verbundenen Neustzeitstaaten
versehen werden. — Dritte Vorstufe: Es läßt sich denken, daß
unter weiterer Mehrung der „gemeinsamen Angelegenheiten" die vielerlei
Specialämter oder Kommissionen für jeden der alsdann schon be=
deutend eingegliederten jetzigen Neustzeitstaaten zusammengelegt
würden. Man hätte bereits einen einheitlichen Verwaltungsorganis=
mus des Unionsreiches (VI. O.) innerhalb jedes jetzt souveränen
Neustzeitstaates der Unionsgruppe: mit gemeinsamer Regierung,
Gesetzgebung und Volksvertretung; dabei fände theils eine Hinauf=
hebung des jetzt centralen Behörden= und Verwaltungsorganismus
zu Organen des Staatsverbandes sechster Ordnung, theils eine Zurück=
führung desselben auf eine, die jetzige Provinzial=Selbstverwaltung
überragende nationale Stufe der Selbstverwaltung statt. — Vierte
und fünfte Vorstufe: Auf jeder von beiden würde der Aemterorganis=
mus des Sammtstaatswesens sechster Ordnung seine einheitliche Real=
theilung weiter treiben, und ein unionistischer selbständiger Behörden=
organismus würde in selbständiger Vereinigung aller Verwaltungs=
departements in die heutigen Provinzen und Territorialstaaten sich ein=
setzen. — Der sechsten und letzten Bildungsstufe würde es angehören,
die centrale Staatsorganisation sechster Ordnung zu vollenden, indem
der unionistische Centralorganismus der letzteren von zu oberst bis

zu unterst reichend, Einheit erlangt haben würde, wie der Central=
organismus des vollendeten Neuszeitstaates, jedoch unter Hinzu=
fügung einer durch Reduction entstandenen höheren, überprovinziellen
Gruppe der kommunal= und berufskörperschaftlichen Selbstverwaltung.
— So und nur so, also nur ganz stufenweise vermag ich mir ein
Fortschreiten der Staats= und Staatenentwickelung über den bis
jetzt erreichten Höhengrad des Neuszeitstaates hinaus überhaupt zu
denken. Etwas rascher vielleicht, jedenfalls großartiger, aber doch
nur nach dem allgemeinen Gesetz bisher erfolgter Verfassungsbildung
würde die Staats= und Staatenbildung die höhere Stufe erklimmen,
welche immer noch nicht den Welt= oder Menschheitsstaat bedeuten,
aber diesem höchsten Ziel doch schon gewaltig näher kommen würde.

In dieser nüchternen Weise folge ich in der That den edlen
Aposteln des ewigen Friedens und den Träumern des Weltstaates, —
selbst ein Träumer, da die Phantasie immerfort das hauptsächliche
Wort hat, und nur an dem Gesetz der bisherigen Verfassungsent=
wickelung der feste Boden einer nicht gering zu schätzenden Erfahrung
gegeben ist. Immerhin nimmt die Unsicherheit erheblich ab, zumal
da es sich nur darum handelt, ob zunächst die Grundlegung der zwei
niedrigsten Vorstufen unionistischer Staatsbildung erreicht wird oder
nicht: nämlich einmal die erste aggregatische Zusammenfassung einzelner
Gruppen von Neuzeitstaaten ohne selbständige Bildung von Central=
ämtern, und darüber hinaus zweitens die ämterstaatliche, commissionen=
weise Ansetzung von Unionsorganen für die gemeinsamen Angelegen=
heiten.

Diese ersten Krystallisationen halte ich nicht für un=
möglich. Zwar unterschätze ich nicht im Geringsten die ungeheuren
Widerstände, welche kaum erst entpuppte, immer noch mit den Hülsen
ihrer nationalen Ausschlüpfung behaftete und von der Eifersucht
vorher fertig gewordener Nationen bedrohte Neuszeitgroßstaaten dem
Beitritt zu Unionsreichen noch längere Zeit entgegensehen werden
und müssen. Ich unterschätze weiter nicht den Widerstand, welchen
jene extensiv kleinen, intensiv hoch entwickelten Neuszeitstaaten, wie die
Schweiz, Belgien, Holland, Dänemark u. s. w., aus Furcht vor Ver=
schlingung leisten werden. Ich unterschätze endlich nicht die That=
sache, daß die fünfte Stufe der Entwickelung noch lange nicht voll=
endet ist und daß die Arbeit ihrer Vollendung an Bedeutung den
ersten Ansatz der Unionbildung weit überragt. Allein je sicherer und

froher die jungen Neuzeitstaaten ihrer Existenz werden, je mehr die
Neuzeitstaaten sich endgültig durch natürliche Grenzentwickelung
miteinander ins Gleichgewicht gesetzt und ihr Mißtrauen abgelegt
haben werden, je mehr die sofort zu erwähnenden großen Aufgaben
des internationalen Völkerlebens ihrer Lösung entgegen drängen,
desto mehr könnten die Neuzeitvölker, zunächst in kleinen Gruppen
und für einen engsten Kreis gemeinsamer Angelegenheiten, dem Fort=
schreiten zu Unionsreichen zugänglich werden. Man muß nur nicht
nach Jahrzehnten, sondern nach Generationen rechnen, nicht zu rasch
Vieles wollen und erwarten.

Nicht bloß möglich ist diese Höherbildung, ich glaube, daß sie
unvermeidlich ist. Nach dem bisherigen Gang der Verfassungs=
geschichte kam weltgeschichtlich und volksgeschichtlich die höhere Stufe
ansatzweise, noch bevor die vorausgehende schon völlig ausgelebt war.
Es mag wieder so werden, daß Ansätze einer sechsten Verfassungs=
stufe stattfinden, bevor die fünfte zur vollen Entwickelung gelangt.
So wenig der Sprung vom heutigen Staat in den Welt= oder
Menschheitsstaat als eine Möglichkeit anerkannt werden darf, ebenso
wenig darf angenommen werden, daß mit dem Neuzeitstaate die
Verfassungsgeschichte bei ihrem letzten Worte angekommen sei. Die
politisch=sociale Schöpfung muß wie bisher immer weitergehen. Dazu
sind alle Mittel und Bedingungen vorhanden, was die Technik und
den Verkehr betrifft, dazu aber auch die Antriebe der bedeutendsten
Interessen. Ist es denn nicht denkbar, daß Schiedsgerichte zur
Schlichtung von Völkerstreit wenigstens einmal von Gruppen neuzeit=
licher Staaten als feste Einrichtung angenommen werden? Daß
eben dieselben Gruppen zur gemeinsamen Verfolgung handelspolitischer
Interessen in dauernden Zoll= und Handelsvereinen sich zusammen=
thun? Daß sie für Gesundheits= und Veterinärpolizei, für Bekämpfung
pflanzlicher Schädlinge feste Gesammtämter bestellen? Daß sie dasselbe
thun für die gleichartige Regelung des Verkehrsanstaltenbetriebs und
für die Beilegung der Währungsanarchie wie des eisenbahn= und zoll=
tarifarischen Unfriedens? Daß sie — schon um des internationalen
Konkurrenzgleichgewichtes willen — den Arbeiterschutz, die Arbeiter=
versicherung, die ganze Socialpolitik unter dem Einfluß der inter=
nationalen Arbeiter= und Arbeitgeberverbände in fester Weise regeln
und verwalten? Daß für die gemeinsamen Angelegenheiten endlich ge=
meinsame Organe der Leitung, des Vollzuges, der Gesetzgebung und

der Volksvertretung erstrebt werden? In der That, ich kann mir das nicht nur, ich muß es mir denken, da ich mir nicht denken kann, daß mit unserem Zeitalter die Verfassungsgeschichte auf einmal stillstehen müßte oder nur noch rückfällig werden könnte.

Der Fortschritt zu Anfängen einer Verfassungsbildung sechster Stufe wird für die alten Völker allerdings kein rascher und kein leichter sein. Dieselben sind verknöcherter und steifer als die jungen. Allein das Altern ohne Möglichkeit der Verjüngung ist für die Völker kein nothwendiger Vorgang, keine nachgewiesene Thatsache der Geschichte. Bedenkt man, daß der Untergang oder wenigstens das liliputanische Verkommen als Strafe auf den Nichtfortschritt zu höherer Stufe staatlicher Völkergemeinschaft gesetzt ist, so wird man selbst für alte Völker an das Nahen einer höheren Staatenbildung glauben dürfen. Versäumen aber auch die alten Staaten diesen weiteren Fortschritt, so haben doch die großen jungen Völker der gemäßigten Zone, zumal die Nordamerikaner alle Anlage, denselben zu vollziehen. Sie brauchen nur zwischen den States und der Union, einst Gruppen von States, die nordatlantische, die südatlantische, die mittelstaatliche, als die den alten Neuzeitstaaten correspondirende letzte Unterstaffel des nationalen Staatsorganismus und der Union einzuschieben, nachdem sie ihre Lokal=, Kreis=, Grafschafts= und Stadt=, State= und Großstadtentwickelung bis zu gewissem Grad zurückgelegt haben würden, so wäre die Verschmelzung auch der Staatengruppen zur vollen Einheit in Regierung, Gesetzgebung, Verwaltung und Vertretung erreichbar und eine Verfassungshöhe sechster Stufe würde nicht ausbleiben. Vielleicht können junge Staaten diesen Entwickelungsgang, welchen die steigende Volksverdichtung nur begünstigen kann, gar nicht verfehlen!

Nicht bloß möglich, nicht bloß unvermeidlich erscheint mir die Entwickelung der fünften Verfassungsstufe über sich selbst hinaus zu sein. Ich meine, daß sie in der Wirklichkeit mit ersten Ansätzen sich bereits eingestellt hat und immer mehr einstellt.

Gemeinsame Angelegenheiten giebt es in Menge, und Verträge über dieselben, welche nimmer gekündigt werden können, und regelmäßige Kongresse amtlicher Fachmänner in Vertretung ihrer Reiche zur Berathung gemeinsamer Angelegenheiten. Das ist noch keine unionsstaatsrechtlich ganz feste Krystallisation, aber doch vielleicht der Anfang der ersten Vorstufe unionsstaatlicher Verfassungsbildung,

eine erste Aggregation. Auch Ansätze unionistisch ämterstaatlicher
Art, Ansätze der zweiten Vorstufe dürfen vielleicht in gewissen Ver=
anstaltungen der neuesten Zeit erblickt werden. Ich denke namentlich
an die zahlreichen internationalen Commissionen und Büreaus und
zwar solche von ständiger Art und für gewisse Sachen mit Majoritäts=
entscheidung. Diese internationale Aemterbildung ist intensiv, extensiv
und gegenständlich in sichtbarem Wachsthum begriffen. Sie darf
vielleicht als Unterstufe 2 einer Zukunftshauptstufe VI gedeutet
werden. Derselben folgen vielleicht schon im nächsten Jahrhundert Zu=
sammenlegungen und Verschmelzungen verschiedenartiger Aemter und
Büreaus — in Bern sind deren schon ein halbes Dutzend nebenein=
ander! — und man hätte dann Primitivrudimente einer dritten Vorstufe.

Ich will es unterlassen, diese Erscheinungen hier schon völlig
anders denn als „völkerrechtlich", also rein staatsrechtlich, zu deuten.
Zwar hindert daran der Umstand nicht, daß eine umschließende Welt=
gewalt noch nicht da ist, die über allen verbundenen Staaten stünde;
die hat auf früheren Hauptstufen oft auch gefehlt, und die Ver=
einigung hat früher vielfach, zuletzt in den Staatenbünden, nicht die volle
Regierungs=, Gesetzgebungs= und Verwaltungs=Einheit, sondern ein=
zelne Direktions= und Verwaltungs=Funktionen zum Inhalt gehabt. Auch
eine neue Formation VI müßte ein öffentliches Recht erhalten, welches
über dem jetzigen Staatsrecht zwischen diesem und einem Zukunfts=
völkerrecht in der Mitte stünde, so daß eben die fraglichen Erschei=
nungen weder rein jetztstaatsrechtlich noch rein jetztvölkerrechtlich
gedeutet werden dürfen und müssen.

Mit dem Glauben schließe ich die gegenwärtige Ausführung,
daß, ehe einige Menschenalter dahin sind, bereits recht ansehnliche
Ansätze aggregatischer und kommissioneller Unionsgruppen aus den
wallenden Nebeln der fortdauernden völkerrechtlichen Zerstreuung sich
werden niedergeschlagen haben. Dem Welt= oder Menschheitsstaat
aber stehen wir noch nicht nahe.

Die Weiterentwickelung und Vollendung des Neuzeitstaats.

Vom Ausblick auf eine höhere Verfassungsbildung sechster Stufe
wende ich mich nun ab. Viel näher liegen und viel bestimmter sind
die verfassungspolitischen Aufgaben, welche unserem Zeitalter auf
der höchsten bis jetzt erreichten Verfassungshöhe gesteckt, aber
auch nicht von ferne schon gelöst sind. Schon steht unsere Zeit im

heißen Streit um die Lösung dieser ihrer eigensten verfassungspolitischen Kern- und Zeitfragen.

Vor Allem sind die neustzeitstaatlichen Volksgemeinschaften noch nicht vollständig zum Staatswesen ihrer
Verfassungsstufe gegliedert. Der Neustzeitstaat, selbst der
centralisirteste, derjenige der Franzosen, ist noch nicht ganz
konstituirt.

Noch behaupten in seiner Verfassung, namentlich innerhalb der
ersten Kammern, Bestandtheile, welche für den Neustzeitstaat überhaupt abgelebt sind und in denselben nicht hineingehören, immerfort
mehr oder weniger Platz. Die Beseitigung durch positiven Ersatz
im Geiste der Neuzeit ist erst zu vollenden.

Wäre aber auch diese Ausmerzung, die Abstreifung aller alt-
territorialistischen und altständischen Ueberlebsel allgemein und
vollständig vollzogen, so würden die Neustzeitvölker noch immer nicht
als völlig konstituirt angesehen werden können.

Auch da nicht, wo die Verfassung auf den Boden des allgemeinen Stimmrechts gestellt ist; denn das Volk ist politisch mehr als
das verfassungsrechtliche Grundgewebe der bezirklich gegliederten
Gesammtwählerschaft des allgemeinen Stimmrechts.

Indessen ist das allgemeine Stimmrecht noch stark angefochten,
obwohl es nach der weiter folgenden Begründung als eine der zwei
unanfechtbaren Grundlagen neustzeitstaatlicher Volksvertretung anzusehen ist. Nur in Frankreich ist es vollständig durchgeführt, von
der Ortsgemeinde an bis zur Nationalvertretung hinauf. In Deutschland herrscht es zwar uneingeschränkt im Reiche, aber nur sehr beschränkt (Württemberg, Baden, annähernd Sachsen) im landesstaat-
lichen und kommunalen Verfassungsrecht. Im letzteren überwiegt
noch immer das Censussystem.

Das letztere und das allgemeine Stimmrecht können auf diese
Weise für die Dauer unmöglich zusammen bestehen. Der ausschließliche Aufbau der Verfassung auf dem Boden des allgemeinen Stimmrechts kann zwar nicht als verfassungspolitisch vollständige Bildung
angesehen werden; denn die Volksgemeinschaft ist entfernt nicht bloß
das Aggregat der politisch berechtigten und verpflichteten selbstständigen Männer, sondern auch eine große Gliederung kommunaler
und berufsanstaltlicher Körperschaften des öffentlichen Rechtes, und
letztere haben noch nirgends Platz in der neustzeitstaatlichen Volks-

vertretung gefunden. Immerhin wird durch das allgemeine Stimm= recht die Gesammtheit der selbständigen ihre Nächstangehörigen unmittelbar repräsentirenden Männer in den Staat verflochten. Beim Censussystem jedoch nur ein Theil der letzteren und auch dieser Theil mehrfach nur klassificirt. Um das Censussystem und um allge= meines Stimmrecht wird daher der Kampf, welcher erst in den demo= kratischen Republiken wie Frankreich ganz, in England nahebei zu Ende geführt ist, noch lange fortdauern. In einigen Neustzeitstaaten, wie Italien und Oesterreich=Ungarn, hat dieser Kampf ernstlich noch gar nicht begonnen.

Sodann fehlt dem Neustzeitstaat die Vertretung des Volkes nach seiner kommunalkörperschaftlichen und berufskörper= schaftlichen Gliederung so gut wie ganz. Die französische Re= publik zieht diese Gliederung zwar im Senat heran, jedoch nur von der kommunalen Seite her. Die übrigen demokratischen Republiken haben in ihren Senaten zwar Vertretungen der Einzelstaaten (Kantone), allein eine gegliederte Verfassung haben auch sie nicht. In Deutschland haben die Länder als solche durch ihre Landtage keine Vertretung im nationalen Verfassungsleben. Und wieder haben die Kommunal=, geschweige die Berufskörperschaften in der Haupt= sache keine Stellung im landtäglichen Verfassungsleben. Welche ge= waltigen Lücken!

Die eine der beiden großen Gliederungen des Volkes im öffentlichen Rechte der Neuzeit ist in den neustzeitstaatlichen Ver= fassungsaufbau nirgends einbezogen. Es sind die Berufskörper= schaften. Schule, Kirche, Kunst, Wissenschaft, die Volkswirthschaft in ihrer Hauptverzweigung sind allüberall unvertreten. Die Neust= zeitvölker sind also weder vollständig, noch im Verhältniß der realen Bedeutung ihres kommunalen und berufsanstaltlichen Lebens zum Neustzeitstaate konstituirt. Das ganze öffentliche Leben leidet hier= unter. Die Gefahren des allgemeinen Stimmrechtes dampfen aus dieser Lücke. Sie wären ganz von selbst gehoben, wenn neben den politischen Elementargeweben der Volksgemeinschaft, den Wähler= schaften des allgemeinen Stimmrechtes, auch die kommunalen und beruflichen Gliederungen in der Verfassung des Neustzeitstaates be= reits eine Stelle hätten. Ueber die Füllung dieser klaffenden Lücke wird der Streit um so heißer entbrennen, je vollständiger die ständi= schen Elemente aus älterer Zeit gefallen sein werden und je mehr dann das allgemeine Stimmrecht schrankenlos und gegengewichtslos geworden sein wird. Vielleicht gelingt der weitere vollständige Ausbau des Neustzeitstaates gar nicht. Droht dann aber nicht der Verfall? In einer Ausführung über die Volksvertretung der Gegenwart und Zukunft werde ich tiefer auf diesen Gegenstand eingehen. So viel steht hier schon fest: der Neustzeitstaat ist verfassungsrechtlich noch lange nicht fertig.

Das Fertigmachen stößt, was die Heranziehung der berufskörperschaftlichen Volksgliederung zum Verfassungsleben betrifft, auf besondere Hindernisse, namentlich nach der Seite der Volkswirthschaft hin. Die Wegräumung dieser Hindernisse bedingt ein gewaltiges Stück verfassungspolitischen Arbeitens.

Die verschiedenen großen Gesittungskreise des ideellen und des materiellen Volkslebens sind mit ihrer modernen öffentlichrechtlichen Ausgestaltung selbst noch nicht fertig, obwohl solche Ausgestaltung sich stark im Zuge befindet. Der große Gesittungsbereich der Volkswirthschaft ist öffentlichrechtlich überhaupt noch fast ganz entgliedert. In der Landwirthschaft ist Gliederung da, sofern im bäuerlichen Betrieb die Familie als Grundlage der Wirthschaftsführung sich darstellt. Allein schon in der großen Landwirthschaft ist es mit der gliedlichen Einheit von Besitz und Arbeit zu Ende. Noch mehr im Gewerbe, wo auch wiedererweckte Innungen doch nur noch einen sehr beschränkten Umfang gegliederter Berufsarbeit darstellen würden, und vollends im Handel und im Transportwesen. Offenbar sind die schon vorhandenen Handels- und Gewerbekammern, die Eisenbahnräthe und dergleichen als unvollständige und unvollkommene Berufsverkörperungen öffentlichrechtlicher Art anzusehen. Sie werden dieses auch dann noch sein, wenn die geforderten Landwirthschafts- und Handwerkskammern weiter hinzukommen; denn in dieser berufskörperschaftlichen Gliederung sind nur die Unternehmer, nicht auch die der Unternehmerfamilie fremden Lohnarbeiter sachlich vertreten. Eine Verfassungsfrage von ungeheurer Tragweite ist an den kommenden Neustzeitstaat mit der Forderung einer socialistischen Organisation der Volkswirthschaft gestellt; wenn diese Organisation möglich wäre, so würde sie auch den breiten Grund berufskörperschaftlichen Ausbaues der Verfassung abgeben. Hier liegt nicht bloß socialpolitisch, sondern auch verfassungspolitisch eine „Kern- und Zeitfrage" allerersten Ranges vor. Wird es dann aber zum

collectivistischen Umschlag aus der kapitalistischen in die collectivistische
Volkswirthschaftsordnung kommen? Dieser Frage wird eine besondere Ausführung unter den „Kern- und Zeitfragen der Socialpolitik" gewidmet werden. Wenn es zu jenem Umschlag entweder
gar nicht oder wenn es, wie zu vermuthen, hierzu besten Falles nur
in beschränktem Maße oder nur langsam kommt, so wird die fach-
vereinliche Bildung der Arbeits-, bezw. Arbeiterkammern, als
Uebergangsschöpfung oder als endgültige Einrichtung nicht zu umgehen sein. Den „Arbeitskammern" ist weiterhin eine besondere
Ausführung gewidmet.

Eine weitere große Frage der Verfassungspolitik unseres Zeitalters ist es, ob autokratisch (absolutistisch) oder nichtauto-
kratisch, und wenn nicht autokratisch, ob konstitutionell oder
parlamentarisch regiert werden soll.

Die Autokratie ist, Rußland ausgenommen, in ganz Europa
wie in den Ackerbau-Kolonialreichen für den Neuzeitstaat beseitigt.

Daß Rußland die Autokratie auch abweisen werde und könne,
ist zunächst nicht zu erwarten. Dieselbe wird diesem jüngsten Großstaat vermuthlich noch länger beschieden sein, und wohl bei bestem
Willen wäre für absehbare Zeit der Czar außer Stande, seinem
Volk eine Verfassung, d. h. eine Verfassung mit Volksvertretung zu
geben. Vollends in allen jenen Völkerkreisen, welche den Neuzeitstaat noch nicht haben, wird Autokratie, das Regieren aus eigenem
Recht, genannt „Gottesgnade", ohne Beeinflussung Seitens der
Regierten (Unterthanen) wohl noch lange dauern. Sie wird in
monarchischer oder aristokratischer Form den Halbkultur- und Feudal-
reichen, sowie den nichtackerbaumäßigen Kolonieen noch lange verbleiben. Kein einziger europäischer Staat wird sämmtliche Kolonialunterthanen in sein Verfassungsleben aufnehmen, und bei dem ungeheuren Abstand der Verfassungs- und der Gesittungsstufe zwischen
Mutter- und Tochterland ist dieses ja auch gar nicht möglich. Die
fraglichen Kolonieen werden also für alle absehbare Zeit autokratisch
regiert werden. Es ist bezeichnend, daß nicht einmal der äußerste,
radikalste Individualismus, obwohl er „Alles, was Menschenantlitz
trägt", für gleich und gleichberechtigt erklärt, die Aufnahme der
Kolonialunterthanen in das Staatsbürgerrecht des Mutterlandes
verlangt hat. Allein die umfassende Fortdauer der Autokratie wird
weder für Rußland, noch für die unfreien Halbkultur- und Kolonial-

völker die Abwesenheit von großen Verfassungsfragen überhaupt
bedeuten. Der Fortschritt der die Hälfte der Menschheit umspannen=
den ostasiatischen Welt wird sich, wenn er sich vollzieht, wohl nur
durch die verfassungspolitische Riesenarbeit allmäliger Einführung
und Durchbildung kommunaler und beruflicher Selbst=
verwaltung vollziehen können.

Der Staat ohne Volksvertretung hat zwar auch eine Ver=
fassung, und die vertretungslose Verfassung kann für längere Zeiten
oder vorübergehend als Dictatur sogar das Bessere sein. Allein
zum normalen Verfassungsbestand gehört auf jeder Verfassungsstufe
die unmittelbare oder vertretungsmäßige Betheiligung der gegliederten
Volksgemeinschaft am Staatsleben. Im Geiste unseres Zeitalters
hat der Staat erst dadurch eine „Verfassung", daß er eine Volks=
vertretung hat. Es handelt sich bei den Neustzeitstaaten darum, ob
die Volksvertretung zum maßgebenden Machtfactor sich erheben, ob
parlamentarisch regiert werden soll, was sich für die demokratischen
Republiken von selbst in bejahendem Sinne entschieden hat, oder ob
— sei es im monarchischen, sei es auch im aristokratischen Staat, wo
die Träger der Regierungsgewalt eine selbstständige Stellung neben
der Volksvertretung behaupten verfassungsmäßig, aber dennoch
nicht parlamentarisch, ob vielmehr konstitutionell regiert werden
soll. In der Monarchie wird parlamentarisch regiert, wenn die
Mehrheit der Volksvertretung die Ministerien stellt und stürzt,
konstitutionell, wenn die „Krone" ihre obersten „Räthe" unabhängig
wählt, beruft und entläßt.

Welches der beiden „Regierungssysteme" wird den monarchischen
Neustzeitstaat beherrschen? Dem Anscheine nach das „parlamentarische
Regime". Es hat sich auch in monarchischen Staaten: in England,
dann in Belgien, in Holland, in den skandinavischen Staaten,
neuestens selbst in Oesterreich=Ungarn, ganz oder großentheils durch=
gerungen. Es ist also nur noch eine besondere deutsche Sache, ob
die parlamentarische Mehrheitsregierung Platz greifen soll oder nicht.
Es wird eine verfassungspolitische Grund= und Hauptfrage für das
deutsche Staatsleben werden und bleiben, ob man ebenfalls zur
parlamentarischen Regierungsweise übergehen will, kann und soll.
Ich werde hierauf besonders zurückkommen.

So wartet unseres Zeitalters, bis es auf der erreichten Ver=
fassungsstufe seinen Staat vollendet haben wird, auf absehbare Dauer

eigenste verfassungspolitische Arbeit in Hülle und Fülle. Es wird ein um so bewegteres Leben sein, als es in steigendem Maße sich demokratisiren wird.

Das Wachsthum der Demokratie. Republikanisirung?

Die Demokratisirung ist nicht nothwendig Republikanisirung, obwohl die erstere immer mehr alle Poren, selbst des monarchischen und damit auch des deutschen Neustzeitstaatswesens, erfüllt.

Noch ist die Demokratie zwar nicht zu vollem Siege gelangt. Die Besitzherrschaft hat namentlich in den Gemeindeverfassungen des Festlandes — Frankreich und die Schweiz ausgenommen — noch immer breiten Boden. Das allgemeine Stimmrecht hat in Oesterreich und Italien nicht einmal für die allgemeine Volksvertretung Geltung. In den Landesverfassungen der deutschen Einzelnstaaten, sowie in der ganzen Kommunalverfassung Deutschlands ist die Besitzvertretung noch ganz überwiegend — etwa Württemberg, auch Baden und Sachsen ausgenommen. Dennoch hat die Demokratie durch die Einführung des allgemeinen Stimmrechtes in Frankreich und für den Reichstag in Deutschland, durch die fast vollendete Demokratisirung des Wahlrechtes für das englische Unterhaus, durch die Ausdehnung des Wahlrechtes in Belgien verfassungspolitisch die gewaltigsten Fortschritte gemacht. Kein Zweifel; die Zukunft gehört der Demokratie, in der alten Welt wie in den Ackerbaukolonialreichen der neuen Welt. Dieser Lauf unserer Epoche zur Demokratie im Staats- wie im ganzen übrigen Gesellschaftsleben ist unwiderstehlich und unaufhaltsam.

Man muß diesen Drang innerlich begreifen, um ihn nicht nur nicht fürchten zu müssen, sondern willkommen heißen zu können. Je höhere Stufen die Gesittung im Staat und im übrigen Gesellschaftsleben erreicht, desto mehr müssen die Kräfte aller Theile des Volkes entbunden und ausgebildet sein, und je mehr sie es sind, desto höhere Gesittung ist möglich. Auf der höchsten, bisher erstiegenen Stufe der Gesittung — und keine frühere Epoche hat politisch und kulturell eine so hohe Stufe erreicht, muß daher die Demokratie, die Betheiligung aller am Staatsleben immer mehr zum Durchbruch gelangen. Dem Volke kann es nur frommen, wenn allen persönlich Edelsten, nicht gebürtig „Edelsten der Nation" die Führung immer mehr zukommt. Auf der Höhe jeder Entwickelungsstufe muß immer die

Demokratie, am meisten aber muß sie auf der Höhe der höchsten Verfassungsstufe zum Siege gelangen. Erst bei der Zurückbildung, beim Verfall kann die Herrschaft der Minderheit und einzelner Familien, die Herrschaft nämlich kraft eigenen Besitzübermachts- oder Gebürtigkeitsrechts in mehr pathologischen Erscheinungen wieder das Uebergewicht erlangen. Die zunehmende Demokratisirung ist also kein Uebel und kein Gegenstand berechtigter Besorgniß. Freilich stets das Eine vorausgesetzt, daß die Demokratie richtig verfaßt, daß vom Boden der allgemeinen Antheilnahme am Staate aus der demokratische Verfassungsbau so aufgeführt sei, um nicht den Leidenschaften und Begierden der Massen Alles zu überlassen, sondern allen persönlich bedeutenden Männern durch und für das Volk das Heft in die Hand zu geben. Die große, noch ungelöste Aufgabe, diese Voraussetzung durch entsprechende Ausgestaltung der Volksvertretung herzustellen, wird alsbald einer besonderen Erörterung unterzogen werden.

Hier sei nur erst dargethan, daß der Sieg der Demokratie nicht die allgemeine, geschweige die plötzliche Republikanisirung bedeutet. Die eingeschränkte Monarchie ist mit dem Fortschritt der Demokratie nicht bloß verträglich. Dieselbe kann der letzteren Vorschub leisten, indem sie ochlokratischen Ausschreitungen einen starken Damm entgegensetzt. Die Zukunft Deutschlands wird, wenn kein Verfall eintritt, zweifellos demokratisch, sie muß aber nicht republikanisch sein.

Was unterscheidet die Republik von der Monarchie? Die Nichtgebürtigkeit der Staatsoberhauptschaft. Nun kann aber auch die Gebürtigkeit der Staatsoberhauptschaft eine Einrichtung des öffentlichen Rechtes werden, dieselbe muß nicht der Ausfluß des Familienrechtes bleiben. Als Einrichtung des öffentlichen Rechtes kann dieselbe eben darauf berechnet sein, mäßigend auf demokratisches Verfassungsleben einzuwirken und den in der Demokratie besonders heftigen Kampf um die höchste Stellung im Staate auszuschließen. In der konstitutionellen Monarchie ist die Gebürtigkeit der Staatsoberhauptschaft wirklich eine öffentlich rechtliche Einrichtung, nicht ein Familienvorrecht. Diese Erbmonarchie ist mit zunehmender Demokratie verträglich und sie kann gerade für demokratische Zeitalter besonderes Bedürfniß sein, wenn die Völker zu deliriren geneigt sind. Nur dürfen die Königsgeschlechter nicht selbst deliriren. Das Letztere ist eben auch möglich, und nicht nur die

Oberhauptswahl durch das Volk, sondern der Thronwechsel nach
der Gebürtigkeit kann die heftigsten Schwankungen in den Gang
des Staatslebens hineintragen; eine Reihenfolge untüchtiger Träger
der Krone, nicht die Unverträglichkeit mit der Demokratie stürzt die
Dynastieen. Demokratisirung bedeutet jedoch nicht an sich schon allgemeine Republikanisirung.

An und für sich scheint die Republik die höhere Art der Bestellung des Staatsoberhauptes darzustellen; denn sie legt diese Bestellung in die Entscheidung der freien Einsicht bestimmter Wahlkörper und läßt die Berufung jedes tüchtigen, jedes bedeutenden
Mannes oder eines Rathes solcher Männer aus der Reihe der persönlich Tüchtigsten der Nation vollkommen frei. Alles persönlich Zufällige der Gebürtigkeit erscheint ausgemerzt. Ist aber darum die
Wahl des Staatsoberhauptes aus den Reihen der unfähigen und
gemeinen Bürger ausgeschlossen? Unterliegt die Bestellung durch
Volkswahl nicht auch Zufälligkeiten? Kann diese nicht der Leiden-
schaft, der Volksgunst, der Bestechung, der Bethörung Alles in die
Hand geben, wenigstens bei der Allentscheidung durch bloßen Massen-
mehrheitswillen? Und kann nicht entgegen die Staatsoberhauptschaft kraft Gebürtigkeit auch in einem demokratischen Zeitalter besondere Vortheile bieten? Sichert sie nicht für die Regel ein Staatsoberhaupt von guter Erziehung und anerzogener Mäßigung? Stellt
sie nicht das Staatsoberhaupt unabhängig von der Parteien Gunst
und Haß? Begünstigt sie nicht die Wahl tüchtigster Männer für die
bedeutendsten Staatswürden? Wirkt sie hierdurch nicht dem Herrschen
der Mittelmäßigkeiten unter den Erkorenen des allgemeinen Stimmrechtes entgegen?

Man kann diese Fragen insgesammt nicht für die Republik
und gegen die Erbmonarchie beantworten. Die Gebürtigkeits-
monarchie hat sicher den Nachtheil, daß sie es unmöglich macht,
schlechte, unfähige, irrende Könige, deren Thorheiten die „Achiver"
büßen müssen, Persönlichkeiten ohne Herrschergeist von dem Herrscher-
posten zu entfernen. Aber sie hat auch den Vortheil, daß tüchtige
und fähige, sorgfältig erzogene, mit der ganzen Zukunft ihrer Familie
für eine gute Führung der Staatsgeschäfte interessirte, also im
höchsten Grade verantwortliche, der Gunst der Parteien und den
Leidenschaften der Oberhauptswahl entrückte Persönlichkeiten dem
Herrscherberuf gesichert bleiben. Die konstituelle Erbmonarchie findet

ja eine verfassungsmäßige Umschränkung, bei welcher auch mittel=
mäßige und minder wohlgesinnte Persönlichkeiten wenig zu schaden
vermögen und vielmehr nicht umhin können, den Forderungen selbst
des demokratischen Zeitgeistes stattzugeben. Die konstitutionelle
Erbmonarchie erscheint hienach nicht schlechtweg als die minder gute
Verfassungseinrichtung. Für Völker und Völkergemengsel, welche
durch ihr Naturell, ihre Geschichte und ihre Zusammensetzung centri=
fugalen Neigungen fröhnen, welche so gestimmt sind, daß Jeder wo=
möglich seinen besonderen Staatschef sich wählen würde, kann die
Erbmonarchie den entschiedensten Vorzug auch und gerade für ein
demokratisches Zeitalter verdienen. Zu diesen Völkern und Völker=
gemengseln gehören zweifellos Deutschland, Oesterreich=Ungarn und
Italien wenigstens für absehbare Zeit.

Kern- und Zeitfragen der Volksvertretung insbesondere.

Die Grundfunction der Volksvertretung im Staatsorganismus. Vier Grundanforderungen an gute Volksvertretung.

Im Staat stellt sich das Volk als willens= und machtbegabte
Einheit dar. Die Grundaufgaben des Staates bestehen im Regieren,
Verwalten und Gesetzgeben. Diese Aufgaben können absolutistisch
durch die Regierungsgewalten und die Verwaltungsämter gelöst
werden. Allein nur ungenügend. Die normale Lösung der staat=
lichen Gesammtaufgabe heischt auf jeder Verfassungsstufe in eigen=
thümlicher Weise eine Gegen= und Mitwirkung aller selbständigen
Volkstheile, aller socialen Gruppen und Gliederungen; die Wechsel=
wirkung der Bevölkerung mit den ständigen Staatsgewalten ist selbst
bei absolutistischer Regierung nicht ganz ausgeschlossen, da die Volks=
meinung stets eine Macht ist und sociale Einflüsse durch Bestechung
und Kritik, Begutachtung und Bitte, geradeaus oder über Hinter=
treppen, unmittelbar oder durch Vermittlung von Höflingen, Kammer=
dienern, Günstlingen und Maitressen sich bei den Organen der Re=
gierung, Verwaltung und Gesetzgebung geltend zu machen vermögen.
Gleichwohl ist die förmliche Organisation der politischen Mitarbeit

des ganzen Volkes an allen Zweigen des Staatslebens erforderlich. Dies ergiebt die Nothwendigkeit einer Volksvertretung als regel= mäßiger Einrichtung für jede der fünf Verfassungsstufen und Gebiets= weiten des Staatslebens.

Auch das Staatsleben läuft nicht ab, wie die Bewegung eines Mechanismus. Es muß aus dem Ringen der Interessen und Ideen aller Bestandtheile der Volksgemeinschaft sich herausarbeiten. Es unterliegt in seinem Fortschritt und in seinem Rückschritt einem unauf= hörlichen auslesenden Daseinskampf. Den eigentlichen Kampf= boden der politischen Socialauslese giebt nun die Volksvertretung ab. Innerhalb der letzteren und im Verkehr der Volksvertretung mit den ständigen Staatsgewalten werden die politischen Entscheidungen getroffen, nachdem der Kampf der Meinungen und Interessen mit geistigen Waffen und mittelst der volksvertretungsmäßigen Oeffent= lichkeit vor den Augen und Ohren der ganzen Volksgemeinschaft ge= führt worden ist. Das ganze Volk wirkt alleinbestimmend oder mit= bestimmend auf die Obrigkeiten und die Gesetze ein, welchen es her= nach zu folgen hat oder schon gefolgt ist. Die auf dem politischen Kampfboden der Volksvertretung auszufechtenden Kämpfe müssen überhaupt entschieden werden. Die Entscheidung kann nur durch Unterordnung der Minderheit unter die Mehrheit erfolgen, ob nun die Abstimmung kopf= oder kurienweise stattfindet.

Die verfassungsmäßige Organisation aller dieser unaufhörlichen und vielgestaltigen Interessenkämpfe hat nur darauf zu sehen, daß den Entscheidungen die Ruhe, die Ueberlegung, die Billigkeit und die Sachkenntniß nicht fehlen. In der That giebt es der hierauf be= rechneten volksvertretungsmäßigen Einrichtungen vielerlei: die Mehrheit der Lesungen eines Gesetzes; dann die Abhängigkeit der Beschlußgültigkeit von der Uebereinstimmung mehrerer Vertretungs= körper, deren jeder auf besondere Weise ein Ausdruck des ganzen Volks sein soll, d. h. das Zweikammersystem; weiter die Abhängigkeit gewisser Mehrheitsbeschlüsse von der Zustimmung der Regierungs= gewalt, vom absoluten oder vom aufschiebenden Veto des Staats= oberhauptes oder des in der Volksabstimmung über Referendums sich unmittelbar selbstentscheidenden Volkes. Das Alles sind Er= scheinungen fruchtbarer Organisation der auf dem Kampfboden der Volksvertretung sich abspielenden politischen Interessen= und Daseins= kämpfe. Doch halte ich mich bei diesen vielerlei Hemmungen,

Mäßigungen und Instanzirungen für die Entscheidung des staatlichen Daseinkampfes, durch vertretungsmäßige Wechselwirkung aller Volksbestandtheile unter einander und mit den beiden ständig wirkenden Staatsgewalten, im Einzelnen nicht auf.

Wo die Volksvertretung keine unmittelbare Vertretung, sondern Wahlvertretung ist, geben die Wahlen den Boden eines allgemeinen Vorkampfes der politischen Ideen und Interessen ab. Die Wahlen sind eine Erscheinung verfassungsmäßig organisirten Kampfes der Wähler, eines Kampfes, in welchem sich für die Zeit bis zur nächsten Neuwahl die Richtung entscheidet, in welcher der Ideen- und Interessenkampf innerhalb der gewählten Vertretung sich bewegen wird. An diesem grundlegenden Kampf und seinen Entscheidungen nimmt mittelbar durch publicistische und persönliche Agitation das ganze Volk, nicht bloß die Wählerschaft theil.

Die Thätigkeit der Volksvertretung ist zwar ihrem Wesen nach immer dieselbe, nämlich Betheiligung des Volkes am Staatsleben nach der ganzen Fülle seiner Interessen, Wünsche und Gefühle. Diese Betheiligung bewegt sich jedoch in zwei verschiedenen Grundrichtungen. Einmal ist sie Vertretung gegenüber der Regierung, der Verwaltung und den sich überhebenden Volkstheilen, sodann ist sie Mitwirkung und Beihülfe zur Lösung der staatlichen Aufgaben in Regierung, Gesetzgebung und Verwaltung. Wahl des Staatsoberhauptes und der Minister, Zustimmung zu Gesetzentwürfen, Verwilligung des Regierungs- und Verwaltungsbedarfs, Rechnungsprüfung, Interpellation, Enquête, Adresse, Verwahrung, Beschwerdeführung, Petition u. s. w. sind die verfassungs- und geschäftsordnungsmäßigen Mittel zur Erfüllung aller in der angegebenen Doppelrichtung liegenden Aufgaben der Volksvertretung.

Nicht jede Volksvertretung bedient sich aller dieser Mittel; denn der Inhalt vertretungsmäßiger Thätigkeit ist bald ein weiterer, bald ein engerer, je nachdem das Volk souverän sich selbst regiert und selbst die Gesetze giebt oder aber die Regierung und Verwaltung einem Monarchen als Souverän und dessen Angestellten, den Staatsdienern, überläßt. Im ersteren Fall erstreckt sich die Vertretung des Volks auch auf die Bildung der Regierungsorgane und Verwaltungskörper, durch welche das Volk seinem souveränen Willen für Regierung, Gesetzgebung und Verwaltung Ausdruck gibt, indem es seinem Staatsleben in Regierung, Gesetzgebung, Verwaltung die Richtung

vorzeichnet, die Gesetze giebt oder geben läßt, die Regierungsmanda=
tare und Verwaltungsbediensteten wählt, überwacht und zur Rechen=
schaft zieht. Viel enger ist jedoch der Inhalt der Vertretung —
einerseits gegenüber Regierung und Verwaltung, andererseits der
verschiedenen Theile der bürgerlichen Gesellschaft einander gegenüber,
im monarchischen Staat. Der Inhalt der Volksvertretung im monar=
chischen Staat ist bloße Mitwirkung mit dem souveränen Monarchen
und seinen Organen bei aller, ganz besonders bei der finanziellen
Gesetzgebung, sodann Kontrolle und Beeinflussung der Regierung und
der Verwaltung durch Rechnungsaufsicht, durch Beschwerdeführung,
durch Aeußerung von Wünschen und durch allerlei öffentliche An=
regungen im Volksinteresse.

Uebrigens ist das Vertreterwählen und das Vertretungüben
nicht bloß ein Recht der Wähler, der Vertretenen und der Ver=
tretenden, sondern auch Pflicht und Beruf für das gemeine Interesse,
ein öffentlicher Dienst.

Aus der Grundfunction der Volksvertretung im Staatsorganis=
mus ergeben sich vier Grundanforderungen an gute Volksvertretung.
Es sind zwei Forderungen je des Vertretenseinsollens und des Ver=
tretensollens. Damit ein Volk auf irgend einer Stufe seiner
staatlichen Entwickelung und in jedem Gebietskreise gut ver=
treten sei, muß es einmal nach allen seinen Bestandtheilen, d. h.
vollständig vertreten sein, und alle Bestandtheile müssen im Verhält=
niß zu einander vertreten sein: so ergiebt sich das erste Paar von
Grundanforderungen an eine gute Volksvertretung: die Vollständig=
keit und die Verhältnißmäßigkeit. Das andere Paar von Grund=
anforderungen ergiebt sich, wenn man daran denkt, wie ein Volk un=
mittelbar oder durch Stellvertreter (Repräsentanten) vertreten sein
soll. Die Pflicht, nicht bloß das Recht der Volksvertretung zu er=
füllen vermag es nur, wenn die Vertretung die nöthige Unabhängig=
keit und wenn sie die zur Erfüllung aller Aufgaben der Volks=
vertretung erforderlichen Verstandes=, Charakter= und Gemüthseigen=
schaften, d. h. Vertretungstüchtigkeit besitzt. Die vier Grundanforde=
rungen an eine gute Volksvertretung sind hienach Vollständigkeit
und Verhältnißmäßigkeit, Unabhängigkeit und Tüchtigkeit.
Anders kann die Grundfunction der Volksvertretung im Staats=
organismus nicht zur vollen Entfaltung gelangen. Diese zwei Paare
von Eigenschaften guter Volksvertretung heischen auf der heutigen

fünften Verfassungsstufe eine Verknüpfung der Vertretung nach allgemeinem Stimmrecht mit der Vertretung nach der kommunal- und berufskörperschaftlichen Gliederung des Volkes, wie sich alsbald ergeben wird.

Die allgemeinen Formerscheinungen der Volksvertretung auf allen Verfassungsstufen.

Die Volksvertretung weist Formerscheinungen auf, welche allen Verfassungsstufen gemeinsam, und solche, welche jeder besonderen dieser Stufen eigen sind. Zuerst sind die allgemeinen Formerscheinungen in Betracht zu ziehen. Diese Formerscheinungen müssen auf Grund der verfassungsgeschichtlichen Erfahrungen klassificirt werden, wenn man über die Volksvertretung der Gegenwart und Zukunft völlig ins Klare kommen will.

Vor Allem ist nun die Volksvertretung entweder eine unmittelbare oder eine mittelbare, abordnungsmäßige, wahlmäßige, stellvertretungsmäßige, repräsentative Ausübung der dargelegten Grundfunction. Unmittelbare Vertretung ist jene Vertretung, in welcher das rechtliche Haupt, die verfassungsmäßige Spitze jeder zur Vertretung zu bringenden Volksgruppe als Vertreter dieser Gruppe auftritt. Auf patriarchalvölkerschaftlicher Verfassungsstufe ist dies jeder freie Hufenbauer, welcher ohne Wahl seine ganze Familiengruppe von Frauen, Hauskindern und Sklaven in der Volksgemeinde vertritt; auf feudaler Stufe ist es etwa der auf dem Frohn- und Gerichtstag vertretene Hintersasse für sich und seine Angehörigen, sowie der Feudalherr und der Bischof bis zu der Versammlung der „Großen" im Reichstage hinauf; auf stadtstaatlicher Verfassungsstufe findet man so den patricischen Magistrat und den selbständigen Meister, welcher seine Angehörigen einschließlich seiner Gewerbegehilfen und Lehrlinge vertritt; auf länderstaatlicher Verfassungsstufe trifft man in unmittelbarer Vertretung die im Länderstaat befaßten weltlichen und geistlichen Landstände, adlige Herren und Stadtmagistrate; selbst auf heutiger fünfter Verfassungsstufe stellt der einzelne Wähler ein Stück unmittelbare Vertretung dar, indem er nicht als Individuum auftritt, sondern die ganze Gruppe von Frauen und Unmündigen, die hinter ihm steht, durch die Wahl zur Vertretung zu bringen hat. Sogar beim allgemeinen Stimmrecht bleibt insolange, als nicht jeder Wähler nur sich selbst vertritt,

sondern seine Nächsten im Wählen mitzuvertreten hat, die unmittelbare
Vertretung Grundlage selbst der mittelbaren Vertretung. Die Wahl=
vertretung ist das weiter Hinzukommende. Sie ist in größerem Umfange
allerdings erst den späteren Verfassungsstufen und den weiteren Aus=
dehnungskreisen des Staatswesens eigen. Die Volksvertretung war,
je weiter zurück, desto mehr unmittelbare Vertretung einer Gruppe
durch ihr familienrechtliches oder durch ihr öffentlichrechtliches Haupt.
Heute noch sind, so lange Frauenstimmrecht nicht besteht, und heute
noch wäre selbst dann, wenn Frauenstimmrecht bestände, jeder Wähler,
jede Wählerin Vertreter (Vertreterin) von Familien= und Nächsten=
gruppen. Die mittelbare Vertretung durch die gewählten Abgeord=
neten, die Spaltung in Wähler und Repräsentanten kommt erst hin=
zu. In den späteren Epochen durchzieht dann aber die mittelbare
Vertretung durch Abgeordnete (Repräsentanten) alle Bezirke des
Staatslebens: die Ortsgemeindevertretung, die von den Ortsgemeinden
gewählte Kreisvertretung (Kreistag) und so weiter bis zum Land=
oder Provinzial= und bis zum Reichstag hinauf. Auch da, wo jeder
erwachsene Mann Wähler ist, weil eine zu vertretende Nächstengruppe
hinter ihm steht oder doch hinter ihm stehen könnte, ist der Wähler
als solcher unmittelbarer Vertreter einer Gruppe, die Wählerschaft
ein Ganzes von Gruppenhäuptern, nicht aber individuali=
stisches Aggregat von Einzelnen. Dem radikalen Individualis=
mus gegenüber kann diese Thatsache nicht entschieden genug betont
werden.

Mit dem Unterschiede unmittelbarer und mittelbarer Vertretung
ist ein zweiter allgemeiner Formunterschied, der Unterschied des
directen und indirecten, d. h. durch Wahlmänner vollzogenen
Wahlverfahrens nicht zu verwechseln.

Die Vertretung, die unmittelbare und die mittelbare, weist
einen dritten allgemeinen Formunterschied auf. Sie ist einestheils
elementarische Vertretung jedes Wählers für sich und seine Nächsten
in Allem, was ihn und letztere social interessirt und staatlich berührt;
sie ist andererseits Vertretung von Gruppen des öffentlichen Rechtes,
gliederungsmäßige, nach ihrer heutigen Erscheinung körper=
schaftliche, genauer kommunalkörperschaftliche und berufskörperschaft=
liche Vertretung. Die Elementarvertretung ist, je weiter zurück,
desto mehr Vertretung der weiteren und engeren Familie; je weiter
zu unserer Zeit her, wird sie eine Vertretung des Wahl= und Ver=

tretungsberechtigten für alle, welche diesem in, aber auch außer der Familie Angehörige oder Nächste sind, es ist die Vertretung, welche durch das Wahlrecht aller erwachsenen Männer mit eigenem Hausstand (occupation) oder ohne solchen geübt wird. In dieser Verschiebung, welche die Erscheinungen der Elementarvertretung durchlaufen, zeigt sich wieder das Fortschreiten der schon im Eingang hervorgehobenen Verblassung der Familie im öffentlichen Rechte. Die gliederungsmäßige Vertretung ist z. B. als indirekte Vertretung im kommunal gewählten Senat der dritten französischen Republik, als ebensolche Vertretung im kommunal gewählten Kreis- und Provinzialtage anzutreffen. Sie durchzieht aber die Volksvertretungsweise aller Verfassungsstufen von der Feudalperiode an. Das Zurücktreten der körperschaftlichen Vertretung im weitesten nationalen und landesmäßigen Kreise, im Reichs- und Landtag, und weiter das Zurücktreten des berufskörperschaftlichen Vertretungsbestandtheils habe ich als die zwei Grundmängel neutzeitlicher Volksvertretung bereits bezeichnet. Den Uebergang zu vollständiger Elementarvertretung d. h. die Einführung des allgemeinen Stimmrechtes sehe ich dagegen als den Grundfortschritt an, wofern auch die erwähnten Lücken volksgliederungsmäßiger Vertretung gefüllt werden wollen.

Ein vierter allgemeiner Formunterschied ergiebt sich, je nachdem die Volksvertretung, elementare und gliederungsmäßige, unmittelbare und mittelbare, aus einem und demselben Gusse ist oder Vertreter von öffentlich rechtlichen Gebilden verschiedener Verfassungshöhe in sich vereinigt. Das Letztere ist einmal auf den Vorstufen jeder Verfassungshauptstufe anzutreffen, sofern noch nicht alle Volksbestandtheile zu staatsrechtlicher Gemeinschaft einheitlichen Gusses verschmolzen sind. Sodann in den weiteren Gebietskreisen, namentlich im National- oder Großreich, sofern hier Bestandtheile verschiedener Verfassungshöhe nebeneinander gelagert sind. Volksvertretungen der ersteren Art heiße ich einfache oder einheitliche Vertretung, solche der zweiten Art Gemengevertretung. Die Gemengevertretungen sind in der Feudalzeit vorhanden, wenn noch völkerschaftsstaatliche Volksgemeinden und schon stadtstaatliche Bürgerschaftsgemeinden mit der Vertretung einer im Grund und im Gesammtumfang feudalen Gesellschaft zur Volksvertretung vereinigt sind, wie in den Reichstagen und Parlamenten Deutschlands, Frankreichs, Englands vom Beginn der Feudalzeit bis fast in unsere Tage herein. Eine

Gemengevertretung war ferner da auf der länderstaatlichen Ver=
fassungsvorstufe als altlandständische Vertretung, indem der Landtag
städtische, feudalständische und altvolksgemeindliche (bauerschaftliche)
Elemente zusammenfaßte. Die moderne Nationalvertretung und die
moderne Landesvertretung, die Vertretung jeder ihrem Verfassungs=
höhepunkte zugeeilten und zueilenden Epoche stellen sich mehr als
einfache, nicht als Gemengevertretung dar, wenigstens nicht in den
zweiten Kammern. Nur soll man nicht meinen, daß Völker, welchen
der weiteste nationale Ring staatlicher Volksgemeinschaft niemals
zerbrach, nicht auch Gemengeverfassungen gehabt hätten; England
hatte durch Jahrhunderte die Städte= und Feudalgewalten im Ver=
tretungsgemenge, nicht weniger Frankreich mit seinen drei Ständen.
Die Uebergangsstufe von der Gemengevertretung zur einfachen Ver=
tretung ist häufig durch Zwischenzeiten des Absolutismus, welcher
die Abwesenheit aller Volksvertretung bedeutet, vermittelt worden.
Der Absolutismus beschleunigt dann die einheitliche Verschmelzung,
deren Ausdruck die einfache Volksvertretung ist. In den ersten
Kammern unserer Epoche besteht die Gemengevertretung von politi=
schen Ueberlebseln zum Theil noch heute fort. Je nachdem eine be=
stimmte Verfassungsstufe entweder noch Gebilde der vorhergehenden
oder schon Gebilde der nächst höheren Verfassungsstufe mit ihren
eigenen politischen Gebilden vertretungsmäßig zusammenzufassen hat,
kann man rückständige und vorgreifende Gemengevertre=
tung unterscheiden.

Nach den engeren oder weiteren Staatskreisen und Bezirken
ergiebt sich ein fünfter allgemeiner Formunterschied. Es giebt theils
engste Lokal=, theils engere Kreis=, theils Mittelgebiets=,
theils Landes=, theils National= oder Reichsvertretung. Die
Volksvertretung ist hiernach eine allgemeinere Thatsache, als
die Vertretung der weitesten Gebietskreise. Im engeren Sinn
verbindet man allerdings mit dem Begriff der Volksvertretung
die Vertretung des weitesten Kreises, die National= oder Reichsver=
tretung.

Nach den Verfassungs= oder Intensitätsstufen der Staats=
entwickelung sind sechstens fünf weitere Vertretungsformen aus=
einander zu halten: völkerschaftsstaatliche oder Urvertretung,
namentlich patriarchale Volksvertretung, Feudalvertretung, stadt=
staatlich bürgerschaftliche Vertretung, landesstaatliche (terri=

torialiſtiſche), endlich neuſtzeitſtaatliche oder ſog. „moderne" Volks=
vertretung.

Die beſonderen Formerſcheinungen der fünf Verfaſſungsſtufen.

Dieſen beſonderen Formbetrachtungen iſt nur eine einzige all=
gemeine Bemerkung vorauszuſchicken: je weiter zurück zu den
niedrigeren Verfaſſungsſtufen, deſto weniger iſt die Function der
Volksvertretung im Staatsorganismus von den übrigen Staats=
functionen der Regierung, Geſetzgebung und Verwaltung geſchieden,
deſto mehr ſind die Vertretungsformen auch Regierungs= und Ver=
waltungsformen. Die zu völliger Selbſtändigkeit herausgearbeitete,
gänzlich differenziirte Volksvertretung, welche voll und ganz die dar=
gelegte Grundfunction, aber auch nur dieſe zu erfüllen hat, gehört
in der Hauptſache erſt unſerer Epoche an und ſie iſt weit da=
von entfernt, von der letzteren ſchon vollſtändig durchgebildet worden
zu ſein.

Die völkerſchaftsſtaatliche Volksvertretung -- iſt noch
durchaus unmittelbare, nicht wahlmäßige Volksvertretung. Dieſelbe
erſcheint im engſten Lokalkreiſe nur als elementare, einfache Volks=
vertretung und zwar als Volksgruppenvertretung, indem die rechtlich
an der Volksgemeinde betheiligten Mitglieder nicht als Einzelne, als
Köpfe, ſondern als Mitglieder der untheilbaren Hordengemeinſchaft
oder auf der patriarchalen Hochſtufe der Völkerſchaftszeit als
Häupter des damals noch weiteren Kreiſes freier und unfreier
Familienangehörigen an einem dürftigen Regieren, Verwalten und
Geſetzgeben ſich betheiligen. Auch die Volksvertretung in den
weiteren Kreiſen, welche übrigens noch dürftigeren Inhalt hat, iſt un=
mittelbare Vertretung wohl nur in ſehr geringem Umfang als Abordnung
zu den Verathungen und Beſchlüſſen von gaumäßigen, ſtammgenoſſen=
ſchaftlichen und geſammtvölkerſchaftlichen Vertretungen geweſen. Zu
wirklich geſammtvölkerſchaftlichen, nationalen Zuſammentritten mit
feſter Organiſation iſt es überhaupt nicht gekommen. Die elementare
Vertretung von Familiengruppen und die Vertretung nichtfamilien=
hafter Körper liegen noch ohne Differenziirung ineinander. Daſſelbe
gilt von dem Unterſchied territorial= und berufskörperſchaftlicher
Vertretung, da die Scheidung von Ständen und Berufen nach dem
charakteriſtiſchen Grundzug dieſer Verfaſſungsſtufe noch nicht vor
ſich gegangen iſt.

Die ständestaatliche oder feudalstaatliche Volksvertretung — hat wohl auch Ansätze elementarer Vertretung durch die Familienhäupter der abhängigen Landbebauer und der stoffveredelnden Hintersassen in engsten und engeren Kreisen der Gebietsgliederung gehabt. Schwerlich jedoch hat es Wahlvertretung, auch nur in Ansätzen, gegeben. Für die Lehenstage und Synoden der weiteren Staatskreise der Feudalepoche ist unmittelbare Vertretung durch die feudalen Machtinhaber des nächst niedrigeren engeren Staatskreises die Regel gewesen. Auf feudale Weise waren und sind aber nicht bloß Territorialverbände vertreten, welche in feudaler, ständeherrschaftlicher, nur nicht in bürgerschaftsstaatlicher Gestalt schon vorhanden waren, sondern erstmals schon Berufskörperschaften; denn die erste Stände- und Berufsscheidung ist bereits vollzogen. Nebeneinander sitzen in den Lehenstagen bis zum Feudalreichstag hinauf Vertreter auch des geistlichen Standes. Selbst die in dieser Epoche so bedeutende Erscheinung der Synoden ist nur vorwiegend, nicht ausschließend Vertretung der Kirche gewesen. Die lehnsstaatliche Vertretung war auf ihrer Vorstufe wohl auch Gemengevertretung mit Einsprengung völkerschaftlich patriarchaler Volksgemeinderechte gewesen; auf dem Höhepunkte der Feudalentwicklung, bevor die Städte zur Vertretung kamen, war sie einfache Vertretung geworden.

Die stadtstaatliche Volksvertretung — wiederholt die allgemeinen Formerscheinungen der Volksvertretung ebenfalls auf ihre besondere Weise. Auch sie ist Gruppenvertretung und nur Gruppenvertretung bis zum Wahlrecht der Zunftmeister herab, die nicht bloß ihre Person, sondern auch ihren mit der heutigen Familie verglichen immer noch größeren Zugehörigenkreis elementarisch vertreten. Unmittelbar ist noch immer das Patriciat in den Räthen repräsentirt. Immerhin erscheint erstmals eine umfassende Wahlvertretung, indem die Angehörigen jeder Zunft ihre Abgeordneten zur Stadtvertretung, die Städte als bürgerschaftliche Gesammtheiten ihre Abgeordneten zu den Städtebundstagen und zu den in der Hauptsache noch feudalen Land- und Reichstagen entsenden. Die Vertretung bleibt überwiegend Gemengevertretung; erst auf der Höhe mittelalterlicher Städteentwickelung erscheint einfache einheitliche, jedoch berufsgegliederte Vertretung mit sowohl elementarer als körperschaftlicher Structur. Der berufskörperschaftliche Aufbau der Verfassung erlangt immer mehr Geltung und kommt schließlich zu einseitiger Anwendung. Auf den zuerst gentilicischen und altstädtisch patriarchalen, dann patricisch-vogteilichen Vorstufen der Städteentwickelung kommt eigentliche bürgerschaftliche Vertretung überhaupt noch nicht zum Durchbruch, und beim Verfall der klassischen sowie der spätmittelalterlichen Stadt-staatsbildungen sinkt auch die stadtstaatliche Volksvertretung, sofern sie nicht dem ständestaatlichen Absolutismus überhaupt weicht, auf die vorausgegangene Vertretungsstufe zurück. Auf dem Höhepunkt stadtstaatlichen Lebens erscheint dagegen eine Demokratie, die gliederungslose Vertretung des schließlich allgemeinen Stimmrechts in Athen und Rom und die gliederungsmäßige Vertretung nach Zünften in den Städten der zweiten Hälfte des christlichen Mittel-alters. Diese Demokratie ist jener anderen, welche auf dem patriarchalen Höhepunkt der völkerschaftlichen Verfassungsstufe in der freien Hufen- und Markgenossenschaft bereits zur Geltung ge-kommen war, an Freiheitlichkeit erheblich überlegen. Aber weder die besitzaristokratisch patricische Vertretung des Grundbesitzes, noch die Vertretung verschmolzener Völkerschaften (Tribus) fehlen. Einfache Volksvertretung wird für den weitesten nationalen Kreis selbst im römischen Gemeindewesen nicht erreicht, trotz dem Fort-gang zum lateinischen und schließlich zum reichsmäßigen Bürger-recht, trotz der Verallgemeinerung der Bürgerschaftsverfassung durch die Municipalverfassung in den Provinzen; auch nicht bei der Ent-stehung der mittelalterlichen Städtebünde und Städtetage.

Eigenthümlich gestalten sich weiter die allgemeinen Form-erscheinungen der Volksvertretung auch auf der vierten Verfassungs-stufe, in der Epoche der Territorialstaatsbildungen. Auf allen ihren Vorstufen ist diese Verfassungsbildung überhaupt der Volksvertretung wenig günstig und für solche wenig angethan; der Absolutismus des büreaukratisch-militärischen Aemterstaates giebt auch den Vor-stufen die Signatur. Die altlandständische Volksvertretung der territorialistischen „Landtage" ist Gemengevertretung der noch feudal-staatlichen und wieder stadtpatricischen einzelnen Landestheile. Im weitesten fünften Gebietskreise, d. h. im Reich, sind adelige, geistliche und städtische Vertretungen kurienweise beisammen. England ist das einzige Nationalreich, welches Volksvertretung ohne absolutistische Unterbrechung sich zu bewahren gewußt hat; aber auch dort findet man sowohl in der Grafschaftsvertretung, welche dem vierten Kreise der Gebietserstreckung angehört, als in den beiden Häusern des Parla-

ments bis in dieses Jahrhundert die feudalen und stadtstaatlichen
Vertretungsbestandtheile territorialistisch im Gemenge liegen, und das
Oberhaus ist heute noch nicht ganz entfeudalisirt, wie auch die
ersten Kammern unserer einfachen Territorialstaaten und der gewesenen
Territorialstaats-Reiche — Preußens und Oesterreichs Herrenhaus! —
noch nicht ganz entfeudalisirt sind. Die modernen Landtage, wie sie
in Deutschland am Schlusse der Territorialepoche zuerst in den
Mittel- und Kleinstaaten auftraten, sind wenigstens in den zweiten
Kammern meist Erscheinungen einfacher, einheitlich verschmolzener
Volksvertretung. Dieselben gehen unter dem Einfluß einer demokratischen Reichsverfassung höchst wahrscheinlich derselben Demo-
kratisirung entgegen, welche von den Franzosen in der Departemental-
vertretung für den vierten und in der Deputirtenkammer für den
fünften Kreis der Gebietserstreckung bereits vollzogen ist und in
England für die Grafschafts- wie für die Parlamentsvertretung
bald vollzogen sein wird. Vorläufig freilich ist die Landes- oder
Provinzialvertretung in den eigentlichen Länderstaaten (Mittelstaaten)
Deutschlands, sowie in den ehemaligen Territorialreichen Preußen und
Oesterreich, noch mehr oder weniger stark besitzaristokratisch, in
Resten selbst ämter- und feudalaristokratisch angehaucht.

In der altlandständischen Territorialstaatsvertretung herrschte
die unmittelbare und die Gemengevertretung vor. In der neulandständischen Vertretung ist dagegen die Wahlvertretung zu
breiter Geltung gelangt; stets als Gruppenvertretung theils elementarer Art mit dem Wahlrecht der Häupter selbständiger Haus-
stände, theils gliederungsweise in Gestalt körperschaftlicher Abordnung
aus den engeren Kommunalkörpern zu den weiteren und weitesten
Kommunalkörpern, zu den Kreis-, Regierungsbezirks- und Provinzialtagen. Nur wenige deutsche Landtage haben schon die volle Elementarvertretung des allgemeinen Stimmrechtes. So mehr
oder weniger Württemberg, Baden, Sachsen; auch Württemberg hat
sie nur für die zwei gewählten Drittel seiner sogenannten Abgeord-
netenkammer. Im Uebrigen herrscht in der unserer kapitalistischen
Epoche angehörigen Form des einfachen oder des Dreiklassen-Census
die Besitzaristokratie vor, was offenbar ein Zurückbleiben hinter der
vollständigen Elementarvertretung der Länder mit allgemeinem, oder
nahezu allgemeinem Departemental- und Gemeindewahlrecht bedeutet.

Allein nicht bloß was die elementare Gruppenvertretung betrifft, ist die neulandständische Entwickelung nicht zur Vollständigkeit fortgeschritten. Auch die zweite gliederungsmäßige Vertretung ist erst noch zu finden und auszugestalten. Die altlandständische Vertretung war eine territorial und eine beruflich gegliederte Vertretung von Landadel, Landesprälaten, Amtsbezirken bis zu ihrem Ende, in Württemberg bis zum Jahre 1806 geblieben, wie es von der Feudalzeit an die Volksvertretung jeder besonderen Verfassungsstufe war. In der neulandständischen Verfassung hat zwar durch die Herrenhäuser die Vertretung von Kommunalkörpern und Berufsschichten abermals Geltung gewonnen, aber weder in unmittelbarer, noch in privilegienloser, noch in vollständiger, noch in verhältnißmäßiger Weise, keinesfalls aber in der Weise, daß sie den ihr neben der vollständigen Elementarvertretung zugewiesenen Beruf wirksam erfüllen könnte. Beim neulandtäglichen Zweikammersystem müßte die erste Kammer eine vollständige und verhältnißmäßige Vertretung aller Kommunal- und Berufs-Centralkörperschaften sein. Das ist aber mit nichten der Fall. Die ersten Kammern sind keine Körperschaftshäuser, geschweige vollständige und verhältnißmäßige Vertretungen jener Gebiets- und Berufskörperschaften, wie solche unsere Zeit im öffentlichen Rechte hervorgetrieben hat und immer weiter hervortreibt. Sie sind gleich dem englischen Haus der Lords, welchem sie abgesehen sind, und gleich den altlandständischen Vertretungen, welche durch sie nach langer Unterbrechung halb wieder aufleben sollten, Vertretungsgemengsel feudalistischer und territorialistischer Ueberlebsel mit Zumischung einiger Vertreter moderner Körperschaften (Universitätsabgeordnete, Prälaten, Oberbürgermeister) und mit Zumischung von lebenslänglich berufenen Würdenträgern des Staatsdienstes. Das ist keine gliederungsmäßige Volksvertretung aus dem körperschaftlichen Geist und Fleisch des öffentlichen Lebens der Neuzeit. Es sind in willkürlicher und für jedes Land anderer Zusammensetzung Herren-, Prinzen-, Erbadels-, Würdenträger-Häuser, wenn ihnen auch einige Vertretung, ernannte und abgeordnete von Großkommunen und Berufskörperschaften beigegeben sind.

Hierzu kommt der dritte Grundmangel, das Zurücktreten des berufskörperschaftlichen Elements innerhalb sämmtlicher Kommunalkörperschaften im öffentlichen Rechte der Neuzeit. Die Provinzial-, Regierungsbezirks-, Kreis- (Stadtkreis) und Ortsgemeinde-

Vertretungen stellen nur einen vollständigen kommunalkörperlichen Unterbau für eine echte Landtags= und Reichstagsvertretung der Zukunft dar. Erst im Fall, daß die Ortsgemeindevertretung, von welcher aus stufenweise die Kreis=, Bezirks= und Provinzialvertretungen sich aufbauen, — mit Abstreifung des Census oder unter Beibehaltung des letteren bloß für einen Theil der zu bestellenden Abgeordneten, zwar auf die Grundlage des allgemeinen Stimmrechts wie in Frank= reich, Württemberg und sonst gestellt, aber zugleich durch Beigabe von Berufsvertretungs=Bestandtheilen vervollständigt werden würde, hätte man an jeder engeren Bezirkskörperschaft den gegebenen Unterbau für vollständige Volksvertretung in jedem weiteren Kreise öffentlichen Lebens, zuletzt an den Land= und Provinzialtagen den Unterbau für vollständige und verhältnißmäßige Reichsvertretung.

Auf der fünften Verfassungsstufe, welche im neutzeitlichen National= und Gesammtstaate, theils bundes=, theils einheitsstaatlich erreicht ist, machen sich im Allgemeinen dieselben Mängel geltend, welche auch der neulandständischen Landesvertretung in der Gegen= wart noch anhaften. Es sind drei Grundgebrechen. Erstens ist die Elementarvertretung eine ungenügende, sofern in derselben das allgemeine Stimmrecht, sei es ausschließend, sei es neben beschränkter Besitzvertretung, nicht durchgreifend zur Geltung gelangt ist. Zweitens mangelt es an der körperschaftlichen Vertretung überhaupt; im Deutschen Reichstag ist nur die Elementarvertretung, obwohl hier auf breitester demokratischer Grundlage, zur Herrschaft gelangt, und selbst die erstkammerlichen Vertretungselemente der Reichstage stellen, z. B. im österreichischen Herrenhause, an der ungarischen Magnaten= tafel, im italienischen Senat, im englischen Hause der Lords, eine unmittelbare und wirkliche Vertretung des im öffentlichen Recht körperschaftlich gegliederten Volkes nicht dar. Drittens hat man selbst in denjenigen National= und Gesammtstaatsvertretungen, welche ihre ersten Kammern, Senate, Ständeräthe von der kommunalen bezw. landtäglichen (kantonalen) Vertretung ausgehen lassen, wie dies in Frankreich, der Schweiz und der nordamerikanischen Union der Fall ist, den berufskörperschaftlichen Aufbau vollständig in die Brüche gehen lassen, wodurch es geschieht, daß die Gliederung des Volkes nach den öffentlichen Hauptseiten seines geistigen und materiellen Lebens, nach seiner nichtwirthschaftlichen und wirthschaft= lichen Organisation einer Vertretung überhaupt, geschweige einer vollständigen und verhältnißmäßigen, einer allseitig unabhängigen und allseitig befähigten Volksvertretung ermangelt.

Damit sind auch die drei Grundrichtungen für die weitere Ent= wickelung der Volksvertretung in Gegenwart und Zukunft gewiesen.

Der Ueberblick über die besonderen Vertretungserscheinungen der fünf Verfassungsstufen hat das wichtige Ergebniß geliefert, daß mit Ausnahme der ersten Stufe, auf welcher auch die Vertretung eine noch aller Differenziirung ermangelnde Vertretung nach der Familien= und der Stammgemeinschaft ist, stets auch gliederungs= mäßige Territorial= und Berufs=Vertretung vorhanden gewesen ist, daß die Elementarvertretung als Vertretung elementarer Gruppen, nicht als Kopfvertretung nach den hyperindividualistischen „Natur= rechts“=Anschauungen sich ausgestaltet hat, und daß die Elementar= Gruppenvertretung auch als allgemeines Stimmrecht nur der reifen erwachsenen Männern noch immer in Geltung steht.

Die Verächter und die Anbeter des allgemeinen Stimmrechts.

Keine Nation ist in der uneingeschränkten Annahme des allge= meinen Stimmrechtes soweit gegangen, wie das deutsche Volk, aller= dings nur für seinen Reichstag. Hängt es damit zusammen, daß ge= rade in Deutschland die Verächter und Ankläger des allgemeinen Stimmrechtes allem Anschein nach am meisten zunehmen? Weit her= um im Deutschen Reiche hört man es, das allgemeine Stimmrecht verschulde es, daß der Deutsche Reichstag nach jeder Neuwahl an Capacitäten, Charakteren und Führern immer ärmer werde, daß nur jene socialen Mächte, welche die Volksmassen besonders stark be= einflussen: Arbeiterführer, Geistliche, Bauernkönige, antisemitische Schreier und Krakehler zu immer mehr Einfluß und stets extremerer Haltung gelangen, daß der Socialdemokratismus, Ultramontanismus, Agrarismus und der Antisemitismus beim allgemeinen Stimmrecht immer stärker werden und werden müssen, daß die Bildung unfruchtbarer, regierungsunfähiger Coalitionen von Parlamentsparteien, welche nur im Regieren einig sind, das Regieren immer mehr erschwere, daß die wichtigsten Volksinteressen gar keine oder nur zufällige und un= verhältnißmäßig geringe Vertretung finden. Auch außerhalb Deutsch= lands wird überall über zunehmende Mittelmäßigkeit der Candidaten und der Volksvertreter geklagt: in Frankreich und in England, zu schweigen von den Vereinigten Staaten mit ihrer Herrschaft der

Professionspolitiker, Aemterjäger und Advokaten. Der Pariser „Figaro"
hat es aus Anlaß der französischen Neuwahlen des Sommers 1893
offen ausgesprochen: „Es ist gewiß, daß wir einem Zustand entgegen-
gehen, ähnlich demjenigen, wie er in den Vereinigten Staaten besteht: die Bildung einer geschlossenen Kaste von Politikern, und daneben die immer größere Enthaltung aller Männer, die denken oder
zu denken geben."

Auf solche Thatsachen stützen die Verächter des allgemeinen
Stimmrechtes die offene Forderung und die geheime Hoffnung einer
Wiederbeseitigung des letzteren und einer Umkehr zur bloßen Besitz-,
Bildungs- und Gebürtigkeits-Vertretung. Ich vermag ihre Forderung
und Hoffnung nicht zu theilen, indem ich die vollständige Elementarvertretung der Bevölkerung als einen großen, nicht mehr umzu-
stoßenden Fortschritt, als das eine und hauptsächliche Stück ächt
neustzeitstaatlicher Volksvertretung ansehe, welchen man das andere
gliederungsmäßige nur hinzuzufügen braucht, um all' die großen Gefahren einseitiger Geltung des allgemeinen Stimmrechtes zu bannen.
Wenn die Verächter des allgemeinen Stimmrechtes das letztere als
eine Ausgeburt des extremen Individualismus unserer Zeit auf ver-
fassungspolitischem Gebiete heruntersetzen, so wollen sie nur bedenken,
daß die Besitzvertretung der reichen Individuen eben auch den Individualismus, den kapitalistisch liberalen, viel engherzigeren Individualismus und Nichts als diesen bedeutet.

Den Verächtern des allgemeinen Stimmrechtes stehen dessen
Anbeter gegenüber. Irre geführt durch den extrem gleichheitlichen
Individualismus, welchem sie für den Staat, wie für die Volkswirthschaft huldigen, verlangen sie das allgemeine Stimmrecht und Nichts
als das allgemeine Stimmrecht, das allgemeine Stimmrecht nicht
bloß für den Reichstag, sondern auch für die Landtage, die Kreistage und die Gemeindekörperschaften, die Vertretung möglichst durch
eine einzige reine Volks- und Wahlkammer, die unmittelbare Vertretung Aller ohne Repräsentanten durch Volksreferendum, Volksveto,
Volksantrag (Initiative), die gleiche Vertretung Aller nach dem un-
veräußerlichen Menschenrecht, nach dem „Princip" der Gleichheit.
Auch die Frauen sollen das allgemeine Stimmrecht erhalten, und wenn
letzteres nicht weiter den schwarzen, braunen und weißen Kolonialunterthanen, nicht auch den ansässigen Steuerzahlern von fremder
Reichs-, Landes- und Ortszugehörigkeit, nicht auch den Straf-

gefangenen, den Unmündigen durch Vormundsvertretung, kurz allen Individuen, welche Menschenangesicht tragen, jetzt schon zugesprochen wird, so läge dies doch in der strengen Vertretung des verfassungs= politischen Individualismus der radikalen Demokratie. Daß der extrem gleichheitliche Radikalismus mit allen altlandständischen Ver= tretungsresten im Staat und sonst aufgeräumt wissen will, ist ebenso bekannt, als daß er eine Vertretung auch der aus dem eigensten Geist unserer Zeit erwachsenen Körperschaften, also eine zweite mittelbare Volksvertretung neben der bloßen Wählermassen=Volksvertretung ablehnt.

Im Folgenden wird das allgemeine Stimmrecht zugleich gegen seine Verächter und gegen seine Anbeter vertheidigt werden, indem die Herstellung einer Volksvollvertretung begründet wird. Sowohl von den Uebertreibungen des besitzaristokratisch liberalen, als von den Uebertreibungen des gleichheitlich demokratischen Individualismus werde ich mich gleich sehr fern halten. Die wohl unanfechtbare Grund= anschauung leitet mich, daß im neuzeitstaatlichen wie in jedem vorausgegangenen Verfassungszeitalter für die verfassungsmäßige Betheiligung am Staate „das Volk" zwar auch und zu oberst als die Summe aller erwachsenen Männer, als Elementargruppen=Masse in Betracht komme, daß aber das Volk politisch staatsrechtlich noch weit mehr ist, nämlich zugleich eine Gliederung öffentlicher, theils kommunaler, theils beruflicher Körperschaften, und daß letztere ebenso unmittelbar und gesichert, wenn auch hauptsächlich in der Rolle eines temperirenden Zusatzes, im Staate vertreten sein müssen, wie die Masse der grundverschiedenen Wähler=Individuen durch die Bezirks= erwählten des allgemeinen Stimmrechtes vertreten ist und vertreten bleiben soll. Erst diese Gestaltung ergiebt nach meiner Ueberzeugung wirklich eine volle und ganze Volksvertretung.

Mein Vertretungsvorschlag im Lichte der vier Grundanforderungen an gute Volksvertretung.

Die Vollständigkeit der Volksvertretung. Wenn die Volksgemeinschaft staatsrechtlich zugleich elementare Gruppenschichtung der Gesammtbevölkerung an Wählern, Steuerzahlern, Wehrpflichtigen und eine Gliederung von Kommunal= und Berufskörperschaften des öffentlichen Rechtes ist, so verlangt der Grundsatz der Vollständigkeit zum Elementarwahlrecht, und zwar dem allgemeinen, auch die unmittel=

bare oder wahlmäßige Vertretung der gedachten Körperschaften. Das leuchtet ohne Weiteres ein, und nur mit den Einwendungen, welche hiegegen schon erhoben oder weiter denkbar sind, ist eine Auseinandersetzung zu pflegen.

Nun hat man fürs Erste gesagt, die Abgeordneten der Körperschaften des öffentlichen Rechtes würden nichts Anderes als „neue Privilegirte" sein, und hat sonderbarer Weise im selben Athemzug wirkliche Privilegirte neuer Art an Stelle unserer nur angeblichen als Zusatz von Höchstbesteuerten zu 2. oder 1. Kammern in Antrag gebracht. Wie in aller Welt könnten Kommunalkörperschaften, die wie in Württemberg aus dem allgemeinen Stimmrecht hervorgehen, Privilegienkörperschaften darstellen, wie sollten sie, wenn sie nur gleichmäßig und vollständig von allen Theilen des Landes her zur Wahl herangezogen werden, eine Privilegirtenbank liefern können!

Und ebenso haltlos ist die Vorstellung, daß Abgeordnete der Berufs= oder Fachkörperschaften Privilegirtenkörper sein würden, daß ihre besonderen Wahlkörper lediglich eine Privilegirtenbank neuer Art bevölkern würden. Eine evangelische Landessynode ist als öffentliche Kirchenkorporation doch offenbar kein Privilegirtenkörper; Jedermann kann Geistlicher und Pfarrgemeinderath und von diesen aus Mitglied der Landessynode werden, wenn er dazu fähig und würdig ist und Vertrauen findet. Im Wesentlichen dasselbe gilt vom bischöflichen Domkapitel, obwohl diese Körperschaft nach dem Wesen der katholischen Kirche mehr aristokratisch geformt ist, als eine evangelische Landessynode; es kann als eine ziemlich aristokratische Einrichtung mit sehr demokratischer Grundlage, aber gewiß nicht als eine Privilegirtenkörperschaft angesehen werden. Privilegirt sind in bestehenden Volksvertretungen wohl jetzt in einem gewissen Sinn die beiden Kirchen, sofern die anderen großen körperschaftlichen Organisationen für niederes und höheres Schulwesen, für Landwirthschaft, für Handel und Gewerbe u. s. w. nicht auch mitvertreten sind. Allein dieses Vorzugsrecht beider Kirchen soll ja eben beseitigt werden! Daß die Confessionslosen unvertreten sind, weil sie selbst keine religiöse Corporation zu bilden im Stande sind, den bestehenden, tief im Volk wurzelnden Körperschaften aber nicht angehören wollen, kann doch den bestehenden Kirchen nicht den Privilegiencharakter aufstempeln.

Wendet man sich von den Kirchen weiter zu den akademischen

Senaten von Wissenschaft, Technik und Kunst, so ist auch da keine
Faser von Privilegienhaftigkeit zu entdecken. Die Lehrkörper werden
aus den Notabilitäten von Kunst und Wissenschaft auf Vorschlag
und Begutachtung der öffentlich angestellten Fachmänner berufen, und
Jedermann, der die Fähigkeit dazu erprobt, kann Mitglied derselben
werden. Wo ist da von Privilegienhaftigkeit die Rede, wenn
diese Körper zu Wahlkörpern allgemein bestellt würden, wie es
in einigen deutschen Landen längst der Fall ist. Nur jetzt besteht
ein Privilegium, weil nur die humanistische, nicht auch die technische
Bildung, und nicht auch die schöne Kunst ebenfalls soweit vertreten
sind, als sie öffentliche Organisation theils schon gefunden haben
und weiter finden könnten. Nicht anders verhält es sich mit der
körperschaftlichen Heranziehung des Volks- und Mittelschulwesens.
Die öffentliche Organisation dieser wichtigen Zweige gesitteten
Volkslebens läßt sich zwar für die Zwecke der politischen Vertretung,
worauf auch sie in einer vollständigen Volksvertretung gerechten Anspruch haben, im jetzigen Zustande nicht ganz leicht anfassen. Aber
möglich ist dies überhaupt, wenn man an die Ortsschulräthe und Lokal-
studienkommissionen anknüpft, oder wenn man wie in Oesterreich Bezirks-
schulrathscollegien bildet, oder wenn man eine dritte Combination
körperschaftlicher Art jetzt oder demnächst schafft. Dasselbe gilt bezüglich der Landwirthschafts- und Gewerbekammern und
anderer Körperschaften. Ohne weiter ins Einzelne einzugehen, wird
genug gesagt sein, um die angebliche Privilegienhaftigkeit jedes fach-
körperlichen Vertretungszusatzes als leere Einbildung nachgewiesen
erscheinen zu lassen. Man darf sich zwar nicht wundern, wenn der über-
zeugte Anhänger der „reinen" Demokratie Abgeordnete der Kommunal-
und Fachkörperschaften ablehnt; denn er sieht in seinem angebeteten
„Volk" eben nur die Masse aller gleichberechtigten Individuen. Wer
aber dieser Staats- und Gesellschaftsauffassung nicht huldigt und
dennoch, wie es jetzt so vielfach geschieht, dem Radikalismus das
Schlagwort der „Neuprivilegirten" nachredet, läuft eben am Seil des
Radikalismus mit davon. Das Einzige, was wirklich richtig ist,
die Thatsache, daß die fraglichen Abgeordneten nicht von den
Wählern des allgemeinen Wahlrechtes gewählt wären, ist es, was
man zum Privileg stempeln möchte. Allein nicht in einem Wahl-
bezirk des allgemeinen Stimmrechts gewählt zu sein, wäre eben doch
kein Privilegium. Auch die Abgeordneten der Körperschaftswahl

wären gemeinrechtliche Volksvertreter, trügen also nichts Privilegien=
haftes an sich, sie wären wahre Volksvertreter für lebendige gleich=
mäßig herangezogene Volksbestandtheile, ebenso gut, wie die Sieger
des allgemeinen Stimmrechts, wenn nur nicht bloß Kirche und Universität
allein oder eine Adelskörperschaft überhaupt Sitz behalten. Körper=
schaftlicher Abgeordneter könnte jeder Volksgenosse werden, wenn der
Vorschlag Annahme fände, wonach von jeder Kommunal= oder Fach=
körperschaft Jedermann gewählt werden kann, sofern er auch kraft
allgemeinen Stimmrechts wählbar ist. Nochmals: wo ist da ein
Privilegium?

Ein zweites Schlagwort lautet: wenn auch keine neue Privi=
legirung, so wäre es doch eine ständische, eine neu=, wenn auch
nicht mehr eine altständische Vertretungsweise. Auch diese Be=
kämpfung ist m. E. von Grund aus unrichtig. Das Wort ständisch
hat bekanntlich verschiedenen Sinn, einen politischen und einen
socialen. Politisch hießen die Stände, seit der Zeit der altland=
ständischen Volksvertretung, alle abgesondert zur Vertretung ge=
langenden Theile des Volkskörpers, ehedem hoher Adel, niederer
Adel, Städte, endlich die Bauernschaft (Landvolk) des Territoriums.
Im socialen und wirthschaftlichen Sinne des Wortes aber erscheinen
als Stände die Geistlichkeit, die Lehrer, die Künstler und Gelehrten,
die Rechtsanwälte, die Aerzte, die großen und kleinen Landwirthe,
die Kaufleute, die Industriellen, die Handwerker u. s. w. Im ersteren
politischen Sinn nun wären auch die Abgeordneten der öffentlichen
Körperschaften ein Landstand, wie die Abgeordneten des allgemeinen
Stimmrechts einen solchen darstellen, eines der Glieder der zweiten
Ständekammer, nur nicht als eine fremdartige oder veraltete Zuthat
zum Landtag, sondern als politisch vollwichtiges Glied der Ver=
tretung unserer modernen Gesellschaft. Die Wahlabordnung in den
Landtag würde zwar durch beiderlei Wahlkörperschaften, aber nur
von modernsten Gebilden des öffentlichen Rechts aus und so er=
folgen, daß die beiderlei Abgeordneten einen einheitlichen und voll=
ständigen Vertretungskörper mit demselben Gelöbniß auf das unzer=
trennliche Wohl des ganzen Volkes, des Fürsten und des Vater=
landes bilden würden. Mag man das neuständisch heißen oder nicht,
so ist doch im hier vertretenen Vorschlag an die eigentliche anstößige
Vertretung der Stände im socialen Sinne des Wortes gar nicht ge=
dacht. Eine solche wäre auch ganz unmöglich, da sich social die

sämmtlichen Stände gar nicht mehr abgrenzen lassen, und sie wäre überdies völlig überflüssig, da die besonderen Interessen jedes Standes theils durch die Agitation in der allgemeinen Volkswahl, theils — nur verhältnißmäßiger und weniger maßlos — von unabhängigen und verhältnißmäßig gegeneinander abgegrenzten Körperschaften aus mittelbar hinreichende Mitvertretung finden.

Die fraglichen Körperschaften selbst wären eben in keiner Weise Standesgenossenschaftskörper. Für die Kommunalkörper ist dies an sich einleuchtend. Aber auch bezüglich der Berufs- oder Fachkörperschaften gilt durchgreifend dasselbe. Es ist gar nicht davon die Rede, je die sämmtlichen Angehörigen eines Standes zu besonderen Wahlkörpern zu vereinigen. Immer würden nur einzelne besonders taugliche Individuen, soweit sie bestimmten Körperschaften und Organisationen angehören, als Fachmänner öffentlich-rechtlicher Art zusammen mit anderen Elementen, aus welchen die betreffende Körperschaft schon aufgebaut oder weiter aufzubauen ist, das Volksgesammtinteresse, darunter auch das berechtigte Interesse aller Stände und der Fachgenossen wahrnehmen. Die Zusammensetzung würde wenigstens in der protestantischen Kirche auch Laien, in der Vertretung von Kunst und Wissenschaft auch nichtlehrende Gelehrte, im Bereiche der Schule auch kommunale Elemente, im Bereiche der wirthschaftlichen Körperschaften auch die in aller Wirthschaft mitwirkende Lohnarbeit gleichmäßig zum Landtage herbeiziehen. Ein grobes Mißverständniß ist es zu nennen, genannte Fachkörperschaften seien auch nur entfernt Standesgenossenschaften, obwohl auch Fachleute hineingesetzt werden müssen. Zwar kann man begreifen, wenn die reine Demokratie aus ihrem Gedankenkreis heraus die kommunal- und fachkörperschaftliche Wahlvertretung ablehnt. Ihr „Volk" ist eben nur die Masse der gleichen oder wenigstens gleichzuberechtigenden Individuen. Nur ist diese Auffassung handgreiflich grundfalsch; die „radikale Demokratie" ist eben vom Geist des äußersten verfassungspolitischen Individualismus in einem viel zu engen Kreis herumgeführt. Allein der Umstand, daß ihr auch jegliche körperschaftliche Vertretung zuwider ist, beweist noch gar nicht dafür, daß diese Körperschaften nicht ebenfalls demokratisch aufgebaut werden können, daß Körperschaften und sociale Standesgenossenschaften ein und dasselbe Ding ausmachen und daß eine Vertretung der ersteren verwerflich und volksfeindlich sein würde. Ich fasse nur den Begriff des Volkes vollständiger, so wie er der Volksvertretung aller Verfassungsstufen und aller Gebietsweiten stets zu Grunde lag. Den einzigen Weg, das ganze Volk aus dem eigensten Schoße der Neuzeit heraus zur verfassungsmäßigen Vertretung zu bringen, darf man eben nicht ablehnen, wenn man nicht in den Chor des Radikalismus, in die völlig grundlosen Verketzerungsrufe, sei es der Schaffung neuer Privilegien, sei es social-neuständischer Tendenzen einstimmen will. Die Demokraten selbst hätten das Recht, darüber zu lachen; denn die konservativen Parteien ziehen dabei an den Strängen der radikalen Demokratie.

Daran wird nichts durch die Thatsache geändert, daß in den Kommunal- und Berufskörperschaften auch fachgenossenschaftliche und allerlei andere Sonderinteressen überhaupt sich geltend machen könnten. Schließt denn dies etwa die Vertretung kraft allgemeinen Stimmrechtes aus? gestattet denn nicht gerade die letztere die fast maßlose Klassen- und Standesvertretung, so daß die Lohnarbeiter als vierter Stand jetzt der Uebertreibung des Abbé Sieyes fröhnen und die Frage, was ist der vierte Stand, dahin beantworten: wir sind Alles. Von den überreichen Früchten eines übertriebenen Agrarismus für den Großgrundbesitz durch Bauernkönige und eines einseitigen Klerikalismus für die Geistlichkeit, welche auf dem Baume des allgemeinen Stimmrechts wachsen können, gar nicht zu reden! Handelt es sich denn nicht gerade darum, einer maßlosen Geltendmachung des Sonderinteresses dadurch Schranken zu setzen, daß man einem jeden großen Volksinteresse in abgegrenzter, vollständiger und verhältnißmäßiger Weise Wort und Stimme im Reichs- und Landtage sichert? Das aber geschieht eben und kann nur mittelst körperschaftlicher Zusätze zur Vertretung geschehen und das dürfte eben eine der vorzüglichsten Eigenschaften des hier vertheidigten Systems sein.

Einige andere Einwände gegen das vorgeschlagene System, die an sich wenigstens auf den ersten Blick weit gewichtiger erscheinen, als die Andichtungen neuer Privilegirung und socialständischer Vertretung, sind merkwürdiger Weise noch nicht aufgeworfen worden. Ich will sie jedoch selbst vorführen, da ich überzeugen will und nichts zu erschleichen oder zu vertuschen brauche. Da könnte zunächst die Frage aufgeworfen werden: ist denn das ganze Volk nicht noch weit mehr als die Individuenmasse der „reinen" Demokratie und die ganze Zahl der Kommunal- und Fachkörperschaften zusammen? Ist das

Volk nicht auch ein unübersehbares, vielverschlungenes Ganzes von freien Genossenschaften aller Art, von Vereinen, von Gesellschaften, von geselligen Verbindungen, von Klassen= und Standesvereinigungen, Klassen= und Standesmassen, von Freundschaftsverhältnissen, namentlich aber auch von Verwandtschaften und von Familien=Gemeinschaften? Die Antwort auf diese Frage ist einfach: ja, das Alles gehört auch zum Volk, wie dessen Körperschaften, und darf in einer vollständigen Volksrepräsentation nicht unvertreten bleiben. Es gehört aber zum Volk nur social und kann daher zum Staat, also politisch nur so herangezogen werden, daß theils die Masse wahltüchtiger Individuen durch das allgemeine Stimmrecht, theils die sämmtlichen öffentlichen Körperschaften, in welchen die Gesittungshauptkreise bereits dem öffentlichen Rechte angehören, zur Wahl von Abgeordneten berufen werden. Auf der einen Seite stellt die ganze Summe der zum Wählen tüchtigen Individuen, jedes dieser Individuen in seiner besonderen socialen Schattirung das Volk dar. Auf der anderen Seite ergeben erst alle großen Körperschaften des öffentlichen Rechtes zusammen für die Volksvertretung die unschätzbare Bürgschaft, daß jeder bedeutende Kreis territorialer und beruflicher Gliederung der Volksgesittung stets und jeder den anderen gegenüber wirklich vollständig vertreten ist. Politisch müssen als Träger der vollständigen Volksvertretung unter den Verhältnissen neuzeitlicher Struktur des Volkskörpers beide zusammen, die Wählermassen des allgemeinen Stimmrechtes, und die Körperschaften als Kommunal= und Berufswahlkörper des öffentlichen Rechts, zur Bestellung der Volksvertretung herangezogen werden. Vertretungspolitisch gehören also zum Volk eben theils die Einzelnen, soweit sie — zugleich in Vertretung ihrer zum Wählen nicht geeigneten Angehörigen als Wähler durch das öffentliche Recht zu Elementen des politischen Volkes bestellt sind, theils diejenigen Verbände, welche wieder durch das öffentliche Recht gebildet und geordnet sind, so daß sie als die festen Grundlagen zur Vertretung des gegliederten Volkes benutzt werden können. Alle übrigen Verbände sind weder faßbar, noch erforderlich, um eine vollständige Volksvertretung zu ermöglichen; nicht faßbar, weil sie sich großentheils gar nicht abgrenzen lassen, und nicht erforderlich, weil theils der einzelne Wähler, theils jede der zweierlei öffentlichen Körperschaften zugleich ihre und aller Anderen sociale Anliegen ideeller wie geistiger Art mit vollstem

Interesse für die freien und familienhaften Verbindungen wahrnehmen
kann. Es bleibt also doch dabei, daß das Volk für eine vollständige
politische Volksvertretung durch die Wahlkörper aller wahlberechtigten
Individuen einerseits und durch die Gesammtheit der großen Korporationen des öffentlichen Rechtes andererseits zusammen gegeben ist.

Ein weiterer, über das bloße Parteischlagwort hinaus reichender Einwand ist noch zu berühren. Er läßt sich in die Frage zusammenfassen: warum nicht entweder bloße Vertretung nach dem
allgemeinen Stimmrecht oder bloße Vertretung durch Abgeordnete
öffentlicher Körperschaften? Werden denn nicht mittelbar durch die
Einzelnwähler auch schon die großen Gesammtinteressen aller verschiedenen Kreise der ideellen und materiellen Volksgesittung so vollständig wie verhältnißmäßig gewahrt und umgekehrt durch die öffentlichen Körperschaften die Interessen aller Einzelnen hinreichend vertreten, auch die Gefühle und Kräfte der letzteren hinreichend dem
Staate zugewendet sein? Diese Frage läßt sich auf der heutigen
Höhe staatlicher und gesellschaftlicher Entwickelung nur verneinen. Wohl gab es Zeiten, wo wenigstens im Stadtstaate der
Einzelne fast ganz in seiner Korporation aufging: so und auf gut
demokratische Weise in der städtischen Zunftverfassung der zweiten
Hälfte des Mittelalters. Heute ist dies ganz anders geworden. Die
Individualität ist viel schärfer und weit vielseitiger ausgeprägt. In
jedem Individuum, in seinem Denken, Fühlen, Wollen und Handeln
pulsiren die vielseitigsten Interessen seiner selbst, seiner Familie,
seiner Verwandtschaft, seines Standes, seiner Klasse, sowie der
organisirten Freiverbände, welchen es als Mitglied oder Interessen-
theilhaber angehört, und zwar fast in jedem derselben auf besondere
Weise! Die nicht mehr durch den Familienvater oder durch den
Geschäftsherrn mittelbar vertretenen Individuen, und als solche sehe
ich alle erwachsenen Männer von wenigstens 25 Jahren an, müssen
daher zu Wählern bestellt werden und vom 30. Jahre an wählbar
sein, und zwar gerade deshalb, weil sie verschiedenartige
Kreuzungspunkte und Träger aller Volksanliegen darstellen, mit anderen Worten, weil sie ungleich, nicht weil sie
gleich sind. Ich bin somit ganz entschieden, nur entfernt nicht aus
den Gründen der radikalen Demokratie für das allgemeine Stimmrecht, und zwar für das direkte und geheime. Das Censussystem
kann man verwerfen, allein das andere, und das trennt mich von

der radikalen Demokratie, vermag ich nicht zuzugeben, daß die in sämmtlichen Körperschaften des öffentlichen Rechts konstituirten großen Kommunal= und Fachanliegen mittelbar schon durch das allgemeine Stimmrecht der Individuen allein sicher und vollständig zur berechtigten und nothwendigen Vertretung gelangen. Die tägliche parlamentarische Erfahrung und der Ausfall der Massenwahl sprechen dafür nicht, und es liegt ja auch in der Natur der Sache, daß dem auf die Dauer gar nicht so sein kann. Das bloße allgemeine Stimmrecht führt langsam vielleicht, aber sicher zur Massenherrschaft. Dem war und ist überall so und es kann anders gar nicht sein. Dabei ist die Fälschung des allgemeinen Stimmrechts, wenn es ausschließlich angewendet wird, geradezu unausbleiblich. Das bloße allgemeine Stimmrecht leidet unter seiner Gegengewichtslosigkeit, weil es nur auf unvollständige Vertretung des Volkes, nämlich nur auf diejenige der Massen angelegt ist. Es führt, nur in neuer Form, ebenfalls zur Korruption wie das Zensussystem. Die durch Massenmehrheit vertretungslos werdenden Interessen sind geradezu dazu gezwungen, das Massenstimmrecht durch Belügung und Beschmeichelung der Massen auszubeuten und durch politische Macher, durch Redner, durch Drahtzieher, durch gewissenlose Organe des Journalismus, durch die Geistlichen mehr als den gebührenden, einen sehr einseitigen Einfluß zu gewinnen. Man hat in Rußland den Absolutismus eines Einzelnen als durch Meuchelmord gemäßigt bezeichnet; die reine Demokratie der bloßen Vertretung nach allgemeinem Stimmrecht wird unvermeidlich zur Despotie der Massen gemäßigt durch Lüge und Schmeichelei gegen den künstlich verdummten millionenköpfigen Souverän, auch durch Geld= und Naturalbestechung, durch Freibier und Freiwurst. Noch ist es kurze Zeit her, daß im Deutschen Reich dieses Vertretungssystem einseitig in Geltung steht, und schon zeigen sich Folgen, welche für einen nicht zu fernen Zeitpunkt das Schlimmste weiter befürchten lassen. Zur eigenen Reinerhaltung der Volkswahlen und zur gründlichen Verhütung des Generalumsturzes durch zerstörende Massenherrschaft ist der Vertretungszusatz aus den großen Körperschaften des öffentlichen Rechtes unentbehrlich, aber auch ganz hinreichend, um den vollen Verzicht auf die doch nicht haltbaren Schutzdämme der Diätenlosigkeit, des Census und Anderes zu gestatten. Ohne körperschaftliche Vervollständigung der Volksvertretung wird u. A. die Socialdemokratie eine gewaltige Gefahr bleiben, was sie bei einer im Geiste der Neuzeit vollständigen Volksvertretung auch dann nicht werden dürfte, wenn man auf die immer hinfälliger werdenden Censusschranken jeglicher Art verzichtet haben wird.

Ein weiterer Einwand, welcher erhoben wird, kann mich ebenfalls nicht im Geringsten berühren. Die Socialdemokratie verheißt, daß das Volk bald eine einzige und daher eigentlich keine Klasse, ein einziger und daher kein Stand mehr sein werde. Diese Erwartung kann ja doch äußersten Falles nur im Sinne einer Organisation der Volkswirthschaft auf der Grundlage der Aufhebung alles Privateigenthums an den Produktionsmitteln gemeint sein. Die wirthschaftliche Besitzklasse wäre damit beseitigt, aber noch lange nicht der vielgestaltigste Interessenunterschied zwischen faul und fleißig, zwischen geschickt und ungeschickt, zwischen den verschiedenen Arbeitsarten und deren höchst verschiedenen Arbeitern und zwischen den verschiedenen gegliederten Zweigen der Nationalproduktion. Noch viel weniger könnte gerade bei einer ausschließend socialistischen Organisation eine körperschaftliche Organisation fehlen, da der Wirthschaftskörper ohne großartige Gliederung öffentlicher Art, und wäre sie noch so demokratisch angelegt, einfach nicht bestehen und nicht arbeiten könnte. Kein volkswirthschaftliches System ist bis jetzt vorhanden gewesen, welches so viel körperschaftlichen Aufbau aller Glieder des wirthschaftlichen Volkslebens unerläßlich nothwendig hätte wie der Socialismus! In der socialistischen Volkswirthschaft müßte alle Organisation körperschaftlich oder kommunal sein, und folglich wäre das Volk als Wirthschaftskörper auch und ganz besonders korporativ zur Vertretung zu bringen, wenn nicht Alles im Urbrei beharrlicher Anarchie zerfließen soll. Und dann gäbe es noch immer das Volksleben in Glauben, Wissenschaft, Kunst, Erziehung, neben inhaltvollem Lokalgemeinleben nichtwirthschaftlicher Art. Auch dieses vielseitige immaterielle und kommunale Volksleben hätte noch die sach- und kommunalkörperschaftliche Organisation und Vertretung unerläßlich nöthig. Das Volk kann eben bloße Masse, geschweige bloße Wirthschaftermasse niemals werden, am allerwenigsten in dem das gesammte Privateigenthum und alle Privatorganisation so gänzlich entbehrenden System des ausschließenden Socialismus. Es wird übrigens dafür gesorgt bleiben, daß das Volk ebenso wenig ein ausschließlich öffentlichrechtlicher Wirthschaftskörper wird, wie längst bafür geforgt ist und schon jetzt immer mehr dafür geforgt wird, daß weder die Volkswirthschaft rein privatwirthschaftlich bleibe, noch daß in der verbleibenden privatwirthschaftlichen Hemisphäre der Volkswirthschaft der Körper der Lohnarbeit nicht auch mehr und mehr Organisation finde. Diese Organisation ist bereits in mächtiger Entwickelung begriffen, und deswegen ist gerade beim berechtigten Sozialismus berufskörperschaftlich-kommunale Volksvertretung ebenso möglich, wie sie unerläßlich ist. Dem großartigen Umsturzplan der Socialdemokratie steht eine theilweise körperschaftliche Vertretung aller Gesittungskreise allerdings als unübersteigliches Hinderniß im Wege. Allein die Berechtigung solcher Vertretung ist darum nicht bloß nicht widerlegt, sondern erwiesen. Es soll eine vollständige Volksvertretung kommen, welche den Umsturz alles Bestehenden durch unvollständige Vertretung des Volks, durch bloße Arbeitermassen-Mehrheit vereitelt und den Nationen endlich den Alp von der Brust wälzt, welcher ihnen nur durch das einseitigste Vertretungssystem bloßer Massenwahl auferlegt worden ist. Die Arbeiterklasse hat auf dieses thatsächliche Privileg so wenig Anspruch, wie die Bourgeoisie auf das andere Privilegium des Censussystems, und auch ihr wird beim Zusatz körperschaftlicher Vertretung nur ihr Recht. Die Thatsache, daß die Socialdemokratie auf Grund des ausschließenden Massenstimmrechts sich zur großartigsten Umsturzpartei organisirt, ist der stärkste Antrieb zu der Erkenntniß, daß das allgemeine Massenstimmrecht eine vollständige, geschweige eine verhältnißmäßige, unabhängige, tüchtige Volksvertretung schlechthin ausschließt. Soweit aber die Zukunft theils in der öffentlichen Organisation der Volkswirthschaft, theils in der Organisation auch des Arbeiterstandes fortschreiten wird, kann es in geordneter Weise nur durch allgemeines, vollständiges Zuziehen der Kommunal- und Berufskörperschaften zur Volksvertretung in Land und Reich geschehen. Man braucht dann auch theilweisen Socialismus verfassungspolitisch nicht im Geringsten zu fürchten.

Ein letzter Einwand gegen den hier vertretenen Vorschlag vollständiger Volksvertretung könnte schließlich dahin erhoben werden, daß er das ganze kommunale und berufskörperschaftliche Leben in den Strudel der Landespolitik, und die Landtage in die Wirrnisse der Reichstagswahlagitation immerfort hineinziehe. Von Seiten der fortschrittlichen Parteien freilich kann ein derartiger Vor-

wurf nicht kommen. Derselbe würde aber auch von konservativer
Seite aus in die Irre gehen. Einmal entspricht es einer guten
Staatsorganisation, wenn alle wesentlichen Bestandtheile des zugehörigen Volkskörpers von unten an bis zur Reichsvertretung hin-
auf mit dem Staat und dem Reich organisch verknüpft, darin vertreten und daran interessirt sind. Die Gleichgiltigkeit zwischen den
Landtagen und dem Reichstage einerseits und den sämmtlichen
Körperschaften des öffentlichen Rechts andererseits frommt auch den
letzteren nicht, sondern versumpft sie und beraubt sie der lebendigen
Theilnahme seitens der Bevölkerung. Es ist aber auch gar nichts von
einer politischen Belebung zu fürchten; denn die nächsten eigenen
Interessen und Aufgaben aller Körperschaften und der ihnen angehörigen Gesittungskreise sind stark und bezwingend genug, um über der
Bestimmung zur politischen Wahlkörperschaft nicht auch die nächsten
eigenen Interessen bei der Besetzung der Körperschaftsorgane maßgebend werden zu lassen. Ich lehne daher auch diese letzte Einwendung
in jeder Hinsicht als Ausgeburt unbegründeter Angst vor einem in
allen Poren des Gesellschaftskörpers stets frischen politischen Nationalleben ab.

Die Schlagworte und Einwendungen, welche gegen eine in
meinem Sinne vollständige Volksvertretung theils alsbald gerichtet worden sind, theils weiter könnten gerichtet werden, glaube ich
nun widerlegt zu haben. Eine wahre „Volkskammer" ist wirklich
nicht in der bloßen Massenmehrheitskammer zu erblicken.

Die Verhältnißmäßigkeit der Vertretung. Auch die
Probe auf die zweite Grundforderung guter Volksvertretung dürfte
der Vorschlag bestehen. Die Verhältnißmäßigkeit der Volksvertretung
fällt nächst der Vollständigkeit aufs Schwerste in die Waagschale
einer gesunden Verfassungspolitik. Die Gesammtvertretung muß so
angelegt sein, daß das Volk nicht bloß als Ganzes vollständig durch
Vollvertretung, sondern auch nach seinen Bestandtheilen verhältnißmäßig zum Ausdruck gelangt, daß jeder Theil des Volkes einerseits
den anderen Theilen und dem Ganzen, andererseits der Regierung
und Verwaltung gegenüber Vertretung findet.

Allgemein gültige Verhältnißzahlen für die Vertretung der
verschiedenen Theile des Volkes lassen sich nun freilich nicht auf-
stellen. Es kommt auf den besonderen Gesellschaftszustand jedes
Landes, auf das Temperament des Volkes, auf den vorwiegenden

159*

Inhalt seiner Gesittung ab; der Zusatz der mäßigenden körper=
schaftlichen Elemente z. B. wird schwächer sein können, wo der
Volkscharakter weniger stürmisch ist. Im Ganzen wird man jedoch
für deutsche Verhältnisse das Richtige dennoch ziemlich leicht zu
finden vermögen. Einmal, was das Zahlenverhältniß zwischen den
Volkswahl= und den Körperschaftswahlsitzen betrifft; sodann was das
Zahlenverhältniß zwischen den kommunal= und den fachkörperschaft=
lichen Abgeordneten untereinander angeht; endlich was das Verhältniß
der Vertretung zwischen Kirche, Erziehungswesen, Wissenschaft, Kunst,
Volkswirthschaft untereinander anbelangt.

Die Zahl überhaupt der aus den Massenwahlen hervorgehenden
Abgeordneten wird selbst beim Einkammersystem die Hälfte aller
Abgeordneten übersteigen dürfen. Hauptsächlich bestimmt, das
mäßigende Element zu bilden und gegenüber einseitigster Ausbeutung
der Volkswahl für Klassen= und Standesinteressen einigermaßen die
Verhältnißmäßigkeit, wie die Vollständigkeit der Vertretung zu ge=
währleisten, wird das körperschaftliche Element nur einen Zusatz zur
Massenwahlvertretung zu bilden brauchen.

Es gilt nun, innerhalb der Körperschaftsvertretung selbst die
Sitze zwischen den Abgeordneten der Kommunalkorporationen und
denjenigen der Fachkorporationen (Kirche, Schule, Wissenschaft,
Kunst, Volkswirthschaft u. s. w.) richtig zu vertheilen. Halbirung
wäre zulässig; sie ist aber nicht gerade nothwendig. Man könnte die
Bank der Erwählten der Kommunalkörperschaften weniger stark be=
setzen, als jene sämmtlicher Vertreter der geistlichen und weltlichen
Fachkorporationen; denn da die Volkswahlbezirke mit den Kommunal=
körperschaftsbezirken zusammenfallen, so kommt mittelbar (schon in
den Volkswahlen) die kommunalkörperschaftliche Anschauung immer=
hin etwas stärker zur Geltung, als dies den verschiedenen idealen
und wirthschaftlichen Fachanliegen gesichert ist. Endlich wäre auch
zwischen den verschiedenen Fachkörperschaften unter einander ein
sachgemäßes Vertretungsverhältniß zu erzielen. Wie das zu ge=
schehen hätte, darüber läßt sich im Einzelnen streiten, aber nicht
darüber, daß hiebei etwas viel Besseres zu erreichen wäre, als die
jetzige ganz unverhältnißmäßige und darum wahrhaft privilegienhafte
Heranziehung. Ich beschränke mich auf wenige allgemeine Be=
merkungen: Kirche, Schule, Wissenschaft, Kunst zusammen dürfen eher
mehr denn weniger Sitze zugewiesen erhalten als die Zweige der

Volkswirthschaft zusammen; denn das ideelle Volksleben ist mindestens gleichgewichtig mit dem wirthschaftlichen, kommt aber mittelbar, nämlich in der allgemeinen Volkswahl, wohl weniger zu verhältniß=mäßiger und gesicherter Geltung. Sodann muß überhaupt jeder große Gesittungskreis fachkörperschaftlich vertreten sein, also nicht bloß die Kirche, sondern auch Schule, Wissenschaft und Kunst, und wieder in der Volkswirthschaft nicht bloß die Produktion und der Handel, sondern auch die übrige wirthschaftliche Versorgung und Sicherstellung des Volkes, namentlich der Volksmassen.

Noch müssen einige die Verhältnißmäßigkeit betreffende Ein=wendungen ihre Widerlegung finden. Sie erheben sich sowohl vom einseitig demokratischen als vom einseitig aristokratischen Standpunkt, indem sie dort von einer gewaltigen Ueberschätzung, hier von einer groben Unterschätzung des allgemeinen Stimmrechts, auf beiden Seiten aber von einer m. E. gründlichen Verkennung der eigentlichen Bedeutung dieses Stimmrechtes ausgehen. Zur Rechtfertigung gegen beiderlei Einwendungen und zur Verständigung mit den entgegen=gesetzten Standpunkten, wovon sie ausgehen, bedarf es daher in unserer verworrenen Zeit vor Allem einer ruhigen Begründung des allgemeinen Stimmrechtes. Die m. E. allein haltbare Beur=theilung des allgemeinen Stimmrechts führte nun weder in die Gefangenschaft der radikalen Demokratie, noch auch nur im Geringsten zurück zum Censussystem, gar zur Herrschaft des Großbesitzes.

Die radikale Demokratie wird einwenden, daß das allgemeine Stimmrecht als das verwirklichte „gleiche Recht Aller“ am meisten der Verhältnißmäßigkeit als Gleichheit der Gleichen entspreche und daß dabei das verhältnißmäßige Vertretensein aller besonderen Hauptkreise der Volksgesittung ganz von selbst zu Stande komme, indem in der Wahlbewegung „das“ Volk der Agitation für alle seine Lebensinteressen zugänglich sei. Ich setze diesem Gleichheits=glauben den allergrößten Unglauben entgegen und meine, daß die Sache des allgemeinen Stimmrechts gründlich verloren wäre, wenn sie auf die Gleichheit Aller sich stützen müßte. Die Einzelnen sind heute nicht nur nicht gleich, sondern verschiedenartiger und eigen=artiger denn je, und werden bei fortschreitender Gesittung, welche gleichbedeutend ist mit steigender Differenzirung unter entsprechender Vereinheitlichung (Integrirung im Staat), immer verschiedenartiger und eigenartiger werden. Das allgemeine Stimmrecht kann aber die gröbste Unverhältnißmäßigkeit der Vertretung ergeben, wenn die Massen es für Klasseninteressen und Vorurtheile, d. h. für ihre Besonderheit ausüben. Die Erfahrung zeigt auch, daß das allgemeine Stimmrecht, wenn es rein, d. h. ohne konservative Gegengewichte herrscht, nicht bloß vorübergehend, sondern dauernd zur Uebermacht der weniger gebildeten Mehrzahl und zur Unterdrückung der Minderzahl, Anfangs langsam, dann immer stärker hinführt. Wie ist denn dabei im Deutschen Reich die verhältnißmäßige Vertretung des ganzen Volks gefahren? Alle die obersten Interessen ideeller und wirthschaftlicher Gesittung, welche in unseren größten Städten sich konzentriren, sind eben gar nicht vertreten, vertreten ist von daher nur die Klasse der schwieligen Lohnarbeit. Das jedes Gegengewichts entbehrende allgemeine Stimmrecht führt unfehlbar zur ausschließlichen oder kartellirten Herrschaft einzelner Klassen, Stände, Konfessionen. Bis zu einem gewissen Grade muß daher die Verhältnißmäßigkeit durch einen Vertretungszusatz sicher gestellt werden und dies wird besser, als durch die Altprivilegirten des Adels und der Geistlichkeit, besser als durch Neuprivilegirte der höchsten Steuerzahlung, durch die gleichmäßige Heranziehung des ganzen öffentlichrechtlich gegliederten Volks erreicht.

Auf ihrem entgegengesetzt einseitigen Standpunkt wird die Aristokratie gerade von der Forderung der Verhältnißmäßigkeit aus den Einwand erheben, das allgemeine Stimmrecht behandle Alle gleich, während die Einzelnen ungleich leistungsfähig und ungleich belastet seien, es verstoße daher gegen den Grundsatz verhältnißmäßiger Vertretung, und in jenem Uebergewicht, welches die Volkswahl-Vertretung neben den körperschaftlichen Elementen zugelegt erhalte, liege ein Abfall auch vom Grundgedanken des hier vertretenen Vorschlages. Diese Auffassung ist gänzlich unbegründet. Das „Prinzip" des „gleichen Rechtes für Alle" hat meines Dafürhaltens mit der Berechtigung des allgemeinen Stimmrechtes überhaupt gar nichts zu thun. Das Letztere ergiebt sich vielmehr aus dem eigensten Wesen der neuzeitlichen und nur der neuzeitlichen Volksgemeinschaft. Der ganze Charakter der Neuzeit hat das allgemeine Stimmrecht möglich und nothwendig gemacht, und mit der ganzen neuzeitlichen Gesellschaftsentwickelung bezeichnet auch ihr verfassungspolitisches Produkt, das allgemeine Stimmrecht, einen großen Fortschritt, sobald es das naturgemäße Gegengewicht angehängt erhalten haben wird.

Die moderne Gesellschaft hat eine Masse auch erwachsener Männer ihren früheren festen Verbänden enthoben und ihre mittelbare Vertretung durch das Sippschaftsoberhaupt oder durch patriarchale Feudal- und Geschäftsherren beseitigt. Daher ist die Selbstvertretung aller dieser Männer allgemein nothwendig geworden, und dies ist die eine Grundvoraussetzung des allgemeinen Stimmrechts. Die Masse der erwachsenen Männer ist ferner sittlich und geistig allgemeiner fähig geworden, tüchtig zu wählen. Diese Massen sind sodann, wie die Abstimmungen der Arbeiterklasse beweisen, auch hinlänglich unabhängig zur Selbstvertretung geworden. Dieselben Individuenmassen unserer in unvergleichlich hohem Grade individualistischen, freiheitlichen, liberalen Epoche sind aber auch sittlich fähig, beim Wählen nicht bloß an sich und die Ihrigen, sondern auch an Dritte und an das Ganze zu denken und zu gemeinsamen großen Impulsen für jedes der großen Volksanliegen sich zu vereinigen, also dem Staat den Schwung des einheitlichen Volksgeistes, die unmittelbare Theilnahme Aller zu sichern. Dieselben Angehörigen der Masse sind zwar individuell ungleicher als je die Bürger eines Gemeinwesens in früherer Zeit gewesen sind; aber gerade weil jeder Wähler besondere Anliegen hat und weil jeder die allgemeinen Interessen in seiner besonderen Weise erfaßt, also wegen der Ungleichheit der Einzelnen in jeder Hinsicht ist die durch das allgemeine Wahlrecht konstituirte Heranziehung Aller zum Staatsleben erforderlich, wenn wirklich Alles, was im Volke lebt, sich in der Volksvertretung soll geltend machen können. Dieselben Massen sind aber, so bald nur dem Klassen-, Standes- und Konfessionseigennutz ausreichende Gegengewichte entgegenstehen, auch der Führerschaft der bedeutenderen Elemente zugänglich; unter der gedachten Voraussetzung und um den Preis, das Vertrauen des Volks verdienen zu sollen, ist die verhältnißmäßige Mehrgeltung aller hervorragenden, nicht bloß der besitzenden Volkselemente, entfernt nicht ausgeschlossen. Zwar nur allzu unbedacht redet man das Wort aus Schillers Demetrius nach: „man soll die Stimmen wägen und nicht zählen!" Leider ist eben am einzelnen Wähler diese von der Verhältnißmäßigkeit geforderte Gewichtsbestimmung unmittelbar gar nicht möglich; denn das sittliche Gewicht des Einzelnen für den Staat ist unbestimmbar und die mitzuvertretenden, nicht nach dem Inhalt des Geldsackes zu messenden geistigen Kräfte und Interessen sind nicht minder unwägbar. Der

Stimmgewichtsantheil bloß nach dem Geldsack verstößt daher in jeder Form aufs Gröblichste gegen das Princip der Verhältnißmäßigkeit wie der Vollständigkeit der Volksvertretung. Mittelbar kann aber das geistige Gewicht dennoch zur Geltung kommen, wenn den Entscheidungen der Massenwahlen nur immer mäßigende Elemente gegenüberstehen. Es giebt da wirklich nichts Anderes, als daß alle großen Gesittungskreise des Volkes durch ihre besten Kräfte geistig auf das Volk einwirken, um schon in der Volkswahl zu einiger Geltung zu gelangen. Unter der Voraussetzung, daß verfassungsmäßig kräftige Gegengewichte gegen den Mißbrauch der Massenabstimmung für Sonderinteressen entgegengesetzt sind, kann dies auch ohne Unlauterkeit und Korruption in leidlichem Maße erreicht werden. In diesem Sinne kann man die Gleichheit Aller für unsere Zeit als den größten Köhlerglauben erklären, wie ich dies ganz offen thue, und dennoch gerade auch vom Standpunkt der Verhältnißmäßigkeit der Volksvertretung das allgemeine Stimmrecht wärmstens als einzig passende Grundform der Vertretung für die Neuzeit befürworten — immer die besagte Bedingung als erfüllt angenommen. Und nicht weniger kann man so die andere Forderung vertreten, daß der Schwerpunkt neuzeitlicher Volksvertretung auf die Bänke der Volkswahlabgeordneten zu liegen komme. So begründet, verschreiben sich meine Forderungen dem „Princip" der radikalen Demokratie nicht mit einem einzigen Tröpfchen Blut.

Die Unabhängigkeit der Volksvertretung. Unabhängigkeit muß vorhanden sein einmal nach oben gegenüber der Regierung und der Verwaltung des Staates; denn diesen gegenüber ist das Volk zu vertreten. Sie muß aber, was den Vertreter betrifft, auch vorhanden sein nach unten gegen die Volkslaune und gegenüber dem eigenen Standes- und Klasseninteresse. Unabhängigkeit gegen oben besitzt heute die Masse der Wählerschaft bei allgemeinem Stimmrecht. Ob auch die Vertreter Unabhängigkeit gegen oben besitzen, das ist lediglich durch den Vertrauensakt der Wahl und der Wiederwahl zur Entscheidung zu bringen; für die Massen- und für die Körperschaftswahl empfiehlt sich daher unser Vorschlag, daß jeder Wahlkörper sich durch jede ihm genehme Person vertreten lassen kann, sofern diese die allgemeinen Eigenschaften hierfür besitzt; namentlich wäre auch bezüglich der Wählbarkeit der Rückgriff auf den Census für etwaige Höchstbesteuertenvertretung ein wirklicher Rückschritt.

Was sodann die Unabhängigkeit gegen unten, gegen die Launen der vielköpfigen Masse betrifft, so wäre dieselbe gerade durch den Zusatz körperschaftlicher Elemente zu einer zweiten Kammer oder durch den Bestand einer ersten Kammer gesichert, welche nicht oder nicht überwiegend durch Volkswahl zu Stande kommt. Was die Unabhängigkeit gegenüber den Fach-, Klassen- und Standesinteressen anbelangt, so wird auch sie bei dem hier vorgeschlagenen System wohl am meisten verbürgt sein. Vielleicht schon durch hervorragende Männer, welche durch die Krone auf Lebenszeit in die erste Kammer, zahlreicher als bis jetzt und verhältnißmäßig aus allen Lebensstellungen, berufen sein würden. Sodann dadurch, daß auf den Bänken der Körperschafts-abgeordneten sich wesentlich Männer niederlassen werden, welche nicht nur unabhängiger gegen die Launen der Volksmasse sind, sondern wider ihre Fach- und Standesanschauungen je stets durch die Mehrheit aller übrigen Kommunal- und Fachvertreter eingeschränkt sind. Endlich dadurch, daß gegen jede Einseitigkeit, welche sich in der ersten Kammer und auf den Bänken der Körperschaftsvertreter geltend machen will, in der Volkswahlagitation von Jedermann das ganze Volk, Mann für Mann, aufgerufen werden kann. Kein anderes System der Vertretung dürfte in höherem oder auch nur im selben Maße die Unabhängigkeit des Wählens und Vertretens gewährleisten; am allerwenigsten der Wahl- und Wählbarkeits-Census der Höchstbesteuerung, da auch die Höchstbesteuerten Menschen sind, welche Titel-, Knopfloch-, Conzessions- und andere Schmerzen haben und zum Zugriff im Klasseninteresse wohl sehr geneigt sein können.

Die Tüchtigkeit der Volksvertretung. Was eben bemerkt ist, gilt nun zu Gunsten meines Vorschlages auch bezüglich der vierten und letzten Grundforderung, bezüglich der Tüchtigkeit zum Wählen und Vertreten neben der Unabhängigkeit. Diese Tüchtigkeit besteht keineswegs bloß in der intellektuellen Bildung, in der Rechtskenntniß, in der Verwaltungserfahrung, sondern auch und hauptsächlich im Patriotismus und im Gerechtigkeitssinn. Diese Eigenschaften besitzen in verschiedenartiger Mischung die beiderlei Wähler- und Abgeordnetenkörper. Beide zusammen ergeben am meisten Vertretungstüchtigkeit. Die Tüchtigkeit besitzen bei irgendwie gesunden Gesellschaftszuständen mehr oder weniger auch die Wählermassen, und sie besitzen bei ungesunden Zuständen auch die Gebildeten und Besitzenden nicht unbedingt. Am ehesten bethätigen die Massen diese Eigenschaften, wenn sie nicht ausschließlich zur Geltung kommen, sondern durch Zusätze vollständiger und verhältniß= mäßiger Körperschaftsvertretung, sowie durch die nicht gewählten Elemente einer ersten Kammer gehindert sind, diktatorisch im Klassen= oder sonstigen Sonderinteresse aufzutreten. Ist dies der Fall, so kann zwar jeder bedeutende Mann durch Volkswahl in die Volks= vertretung gelangen, zumal nachdem die Diätenlosigkeit als konser= vative Hemmung gänzlich überflüssig geworden wäre. Aber auch die Korruption der Massen durch die höheren Volksschichten ist eher aus= geschlossen, wenn letztere schon in der körperschaftlichen und erst= kammerlichen Sphäre der Volksvertretung eine gesicherte Stellung besitzen und nicht dazu gezwungen sind, das Volk durch Wahl= verdummung, Lüge und Bestechung zu beherrschen. Nullen und Dummköpfe würden gerade von den öffentlichen Korporationen in der Regel nicht entsendet werden, und ebensowenig kann man mit solchen eine erste Kammer überwiegend besetzen. Das hier empfohlene Vertretungssystem entspricht hiernach auch der Forderung der allseitig tüchtigen Ausstattung der Volkvertretung in besonderem Grade.

Nun sind nur noch zwei Vorwürfe, welche die radikale Demo= kratie erheben wird, bestimmt abzulehnen. Ich fordere weder die Herabsetzung des stimmfähigen Alters auf das 21. Jahr, noch das allgemeine Frauenstimmrecht, sondern lehne diese beiden Forde= rungen der äußersten Demokratie der Neuzeit aufs Bestimmteste ab. Das gilt für die radikale Demokratie als Versündigung gegen das „Prinzip" der Gleichheit. Nun geht mich aber, obwohl ich das all= gemeine Stimmrecht befürworte, der Gleichheitsglaube, auf welchen beide Forderungen sich stützen, überhaupt nichts an. Von den vier Grundforderungen aus, welche aus dem Wesen neuzeitlicher Volks= vertretung geschöpft sind, müssen eben beide Forderungen abgelehnt werden. Die Männer im Alter von 21 bis zu 25 Jahren sind nicht überhaupt unvertreten. Ihre Väter, Brüder und sonstigen Ver= wandten vertreten auch sie, gleichwie sie die minderjährigen Angehö= rigen vertreten; jene sind also vollständig und verhältnißmäßig mit= vertreten. Sie sind aber zum Wählen und Vertreten noch gar nicht befähigt; denn die erforderliche Unabhängigkeit und Tüchtigkeit würde diesen Altersklassen selbst dann abzusprechen sein, wenn sie nicht noch der stehenden Armee und militärischen Zucht angehören würden. — Aber auch das von der „reinen" Demokratie geforderte Frauen=

stimmrecht und die Frauen-Wählbarkeit, die politische „Frauenemancipation" sind nach den Grundanforderungen an eine gute Volksvertretung überhaupt nicht geboten. Bei allgemeinem Stimmrecht
sind die Frauen, ob verheirathet oder nicht, durch die erwachsenen
Männer (Gatten, Väter, Brüder u. s. w.) vollständig und verhältnißmäßig mitvertreten; wie manche Frau wählt durch den Zettel ihres
Gatten oder Bruders! Der erwachsene männliche Wähler ist nicht bloß
als Eigeninteressent, sondern als Träger aller lebendigen Interessen und
Gefühle, welche sich und wie sie sich in ihm kreuzen, vor Allem auch
als Vertreter seiner Gattin, seiner Kinder und Enkel, sowie seiner
Geschwister zum Staatsleben herangezogen. Nur für ihn, nicht für
seine weiblichen Angehörigen ist heutzutage allgemein die individuelle
Selbstvertretung wirklich geboten. Auch was die Unabhängigkeit betrifft, erscheinen die Frauen zum Wählen und zum Vertreten kaum
berufen. Wie viel es auch Familien geben mag, in welchen die Frau
zu Hause die bekannte parlamentarische Herrschaft erlangt, so ist und
bleibt im Staate naturgemäß „der Mann des Weibes Haupt". Die
Frau befindet sich in einer ihr und ihrem Beruf nur günstigen Ab-
hängigkeitsstellung, welche durch die politische Frauenemancipation
ohne die größte Gefahr nicht ins Wanken gebracht werden darf.
Nur zum Schaden des Familienlebens, also ganz besonders zum
Schaden des Weibes und zum Schaden des ganzen Volkes, würde
es ausschlagen, wenn das ganze Staatsleben unter der starken Par-
fümirung durch den haut goût der Koketterie leiden würde. Endlich
ist auch die Tüchtigkeit der Frau für das Wählen und für den
Wahlkampf, sowie die Befähigung zur Ausübung des Abgeordneten-
berufs nicht ausreichend vorhanden. Ja, wenn es bloß auf die in-
tellektuelle Fähigkeit, auf Bildung und Patriotismus ankäme, so
wären ja auch den Frauen Wahlrecht und Wählbarkeit gewiß nicht
abzusprechen. Allein, wie sie nicht die Fähigkeit haben, dem
Staate dasselbe zu leisten, wie die Männer, so haben sie auch nicht
die sonstige volle Eignung für das aktive politische Leben, und hätten
sie dieselbe mehr als es der Fall ist, so würden ihre Würde und ihr
vorwiegend auf das Familien-, nicht auf das öffentliche Leben an-
gelegter Beruf nothleiden.

Die politische Emancipation der Frauen kann überall nur da
in Frage kommen, wo die Volksvertretung noch auf der Grundlage
des selbständigen Besitzes oder der selbständigen Steuerzahlung oder

der eigenen Wohnung angebaut ist, wie in Oesterreich, in England und in einigen anderen Ländern; hier gilt der belastete Besitz, nicht die Person als wahlberechtigt und sind daher namentlich für örtliche Wahlen die selbständigen Frauen, Actiengesellschaften u. s. w. durch ihren Besitz stimmberechtigt. Sonst läßt sich die allgemeine Frauen= wahl nur aus dem „Princip" der Gleichheit Aller ableiten, wenn man eben an dieses Princip glaubt. Die Socialdemokratie hat diese Folgerung wirklich gezogen und sie müßte in dem Falle, als es ihr mit Lösung des festen Ehe= und Familienbandes wirklich ernst sein sollte, jeder erwachsenen weiblichen Person directe Selbstvertretung, d. h. Wahlrecht und Wählbarkeit auch deshalb einräumen, weil dann alle Frauen öffentliche Arbeiterinnen außerhalb der Familie geworden und der mittelbaren Vertretung durch Gatten, Vater, Brüder ver= lustig gegangen wären. Für die Gewerbeschiedsgerichts= und Hilfs= kassenwahlen und dergleichen wird man ein Mitstimmen der außer= halb der Familie selbständig arbeitenden Frauen überhaupt nicht ab= lehnen können; der weiblichen Fabrikarbeiterin ist hierfür das Stimmrecht nicht zu versagen.

Hienach dürfte unter allen Gesichtspunkten guter Volksvertretung mein Vorschlag die Probe bestanden haben. Das allgemeine Stimm= recht wird man ruhig festhalten dürfen, ohne sich dem Ultra= individualismus der radikalen Demokratie zu verschreiben. Meines Erachtens ist die Massenvertretung nach allgemeinem, direktem und geheimem Stimmrecht vollständig berechtigt. Sie stellt unter den zwei Hauptstücken einer Volksvertretung der Zukunft das hauptsäch= liche und dasjenige dar, welches zuerst kommen mußte. Viele Ueber= lebsel alter Zeit, wie sie in den ersten und zweiten Kammern der Landtage noch vorhanden sind, werden und können verschwinden, das allgemeine Stimmrecht aber wird bleiben. Nur muß das andere Hauptstück, die gliederungsweise Vertretung hinzukommen. Die Ent= ladungen, welche aus der gewaltigen Entwickelungsspannung hervor= brechen müssen, werden schon dafür sorgen, daß auch dieses zweite Ergänzungsstück einer Volksvertretung der Zukunft in freiheitlichem, neuzeitlichem Geiste zur Ausführung gelangen wird.

Das Verhältniß meines Vorschlages zu anderen Fragen der Vertretungsreform.

Wie stellt sich schließlich die hier geforderte Volksvertretung zu den sonstigen im Schwange gehenden Forderungen der Vertretungs-reform: zur Frage der Gewährung von Diäten, zur Frage der Proportionalvertretung, zu den Fragen des Volksveto (des in der Schweiz s. g. Referendums) und der Volksinitiative in der gesammten Gesetzgebung, endlich zu der Frage der Vertretung der Volkswirthschaft bei etwaigem, theilweisem Sieg des Socialismus?

Die Gewährung von Diäten ist mit dem gemachten Vor-schlage vollständig verträglich. Dieses bedeutet m. E. eine weitere Lichtseite desselben. Ich bin zwar weit davon entfernt, dem Fürsten v. Bismarck als Urheber der Diätenlosigkeit einen Vorwurf zu machen. So wie die Dinge lagen, als er die deutsche Volksvertretung schuf, hatte er, wenn er die letztere lediglich auf dem Grund des allgemeinen Stimmrechtes auferbaute und bei den damals gegebenen einzelstaat-lichen Vertretungszuständen so aufbauen mußte, kein anderes Mittel konservativer Balanzirung der reinen Massenwahl, als die Diätenlosigkeit der Reichstagsabgeordneten. Aber das beste Mittel konservativer Mäßigung ist die Diätenlosigkeit darum doch nicht. Die Diätenlosigkeit ist, was die Wählbarkeit betrifft, ein mittelbares, verdecktes Censussystem, welches die minder begüterten, aber zur Volksvertretung darum nicht minder befähigten Elemente den Sitzen in der Volksvertretung ferne hält. Die Diätenlosigkeit, wie aller übrige Census, setzt sich mit der Vollständigkeit des Vertretenseins und des Vertretendürfens in unauflösbaren Widerspruch und sie ist mittelbar der Vertretung solcher Sonderinteressen, welche unbezahlte oder heimlich bezahlte Anwälte erschwingen können, außerordentlich günstig. Die Diätenlosigkeit läßt sich umgehen, wenn die Wähler-schaften oder reiche Interessenten von Sonderbestrebungen heimlich dennoch ihren erwählten Kandidaten Diäten zahlen. Allein dann wird der Gewählte korrumpirt und verliert eine Haupteigenschaft des Vertreters — seine Unabhängigkeit, seine Unbestechlichkeit. Dazu kommt weiter, daß die Diätenlosigkeit in stürmischer Zeit sich doch nicht als haltbarer konservativer Schutzdamm bewähren dürfte; ihr Zweck wird dann gerade im entscheidenden Augenblick nicht erreicht werden, sie wird den Dienst versagen und einmal weggefegt werden.

Die Diätenlosigkeit wird nun ganz überflüssig, sobald unmittelbar und unverdeckt die richtigen konservativen Gegengewichte angehängt werden. Dann kann auch der Unbemittelte gewählt werden und ein Jeder vermag als öffentlich entschädigter Träger eines öffentlichen Berufes in Thätigkeit zu treten. Bei körperschaftlich gemäßigter Zusammensetzung der Volksvertretung wäre die Diätenlosigkeit wirklich völlig entbehrlich; auch im Reichstag, wenn dieser einst die entsprechende Reform gefunden haben würde.

Die Rückkehr zur unmittelbaren Volksvertretung für die Gesetzgebung ist es, was den Kern der Forderungen des Volksveto (Referendums) und der Volksinitiative ausmacht. Diese Forderungen haben in der Schweiz wenigstens die Hoffnungen des Radikalismus nicht gerechtfertigt, wie eine jüngste Veröffentlichung der eidgenössischen Statistik es deutlich erkennen läßt. Hier ist jedoch nur die Frage aufzuwerfen, ob die gedachten Forderungen mit dem vorgeschlagenen Systeme der Volksvertretung zusammen bestehen könnten. Das wäre der Fall. Nur wäre auch an die kommunalen und beruflichen Wahlkörper zu „referiren" und das Initiativansinnen zu stellen, und nur ein von beiderlei Wahlkörpern gebilligter Verwerfungs- oder Initiativantrag dürfte Kraft erlangen.

Weiter das bekannte Verlangen der Proportional- oder Minderheitsvertretung! Dasselbe würde mit dem hier begründeten Vertretungssystem völlig verträglich sein. Die fragliche „Reform", welche nach einer sich ausbreitenden Ansicht unsere vertretungskranke Zeit heilen soll, ist übrigens in ihrem Werthe bestritten. Der an sich bestechende Gedanke der Proportionalvertretung ist darauf gerichtet, daß auch die Minoritäten, die zusammen im ganzen Lande (Reiche) für eine bestimmte Sache bestehen, in jenem Verhältniß Vertreter entsenden, als sie innerhalb der Gesammtzahl der abgegebenen Stimmen für ihre Sache Stimmen in die Wahlurnen zu bringen vermochten. Das Mittel hierzu ist die Konstituirung der Gesammtwählerschaft des Volkes oder doch größerer Landestheile zu einem einzigen Wahlkörper für Listenwahl mit einer Stimmenzuzählungsweise, welche jeder Partei Sitze im Verhältniß der für sie abgegebenen Stimmen, also auch allen kräftigeren Minoritäten eine verhältnißmäßige Vertretung sichert. Es ist ein Versuch, aus dem Massenwillen der Mehrheitswahlen den verhältnißmäßigen Volkswillen für die Arbeit in der Volksvertretung herauszudestilliren und die Despotie der Majoritätsherrschaft einzuschränken. Die Einrichtung hat aber wohl auch ihre Schattenseiten. Sie heischt ein äußerst kompliziertes Zählungsverfahren, sie begünstigt die Parteizersplitterung für sociale und politische Liebhabereien und verschafft den Parteien des rührigsten Wühlens ein Uebergewicht. Bei Sicherstellung verhältnißmäßiger Vertretung aller großen Kreise der Volksgesittung auf anderem Wege wird die Proportionalvertretung vorläufig zurückgestellt bleiben können.

Wie stellt sich schließlich die Vertretungsreform eventuell zum Socialismus?

Das vorgeschlagene Vertretungssystem stände der Weiterentwickelung selbst im Falle theilweisen Sieges des berechtigten Socialismus vollständig offen. Ich glaube nicht, daß die ganze Produktion und Vertheilung der Güter der Privatgeschäftsführung je entzogen werden wird; aber theilweise ist solches möglich, nicht wegen der Unübertrefflichkeit socialdemokratischer Geschäftsführung, sondern deshalb, weil die kapitalistische Produktionsweise selbst in den Ringen und Kartellen sich des Zügels der Konkurrenz immer umfassender entledigt, weil sie vielfach ins Monopol ausartet, so daß sie die öffentlich rechtliche theils kommunal-, theils berufskörperschaftliche, jedoch von der Regierung unabhängige[1]) Organisation der Volkswirthschaft mehr und mehr herausfordern könnte. Ob und wie weit dies kommen wird, vermag heute Niemand voraus zu bestimmen. Wenn das aber allmählich und stückweise der volkswirthschaftliche Entwickelungsgang der Zukunft werden sollte, so läßt die hier vorgeschlagene Organisation für eine so sich umgestaltende Volkswirthschaft die Vertretung ohne jegliche Umsturzgefahr offen, und ruhig könnte der Staatsmann den Dingen entgegensehen, die da kommen würden. Der verbleibende Privatbesitz, die Bildung, alle Kreise des idealen Volkslebens würden keine Gefahr laufen, von theilweisem Siege des Socialismus socialrevolutionär über den Haufen gerannt zu werden; denn das hier empfohlene System der Volksvertretung schließt es ebenso aus, daß die Massen durch gegengewichtslose Mehrheitsherrschaft die absolute Macht erlangen, wie es dies ausschließt, daß solche einmal wieder die Besitzenden durch Censusherrschaft sich aneignen. Mein Vorschlag schließt die Massen- wie die Geldherrschaft schlechthin aus, bleibt

---

[1]) Vergl. unter Stern- und Zeitfragen der Socialpolitik: „Socialismus und Socialpsychologie.“

aber jeder Weiterentwickelung gerade für eine etwa zunehmende öffentlich rechtliche Ausgestaltung der Volkswirthschaft der Zukunft offen.

Umfang der Vertretungsreform. Hauptergebniß. Aussichten. Uebergänge.

Sichtlich würde der Fortschritt zu einer zeitgemäß vollständigen Volksvertretung ein gewaltiges Stück Arbeit und Kampf fordern. Schon was die Herstellung für das Reich und für die Länder betrifft. Allein die Aufgabe geht über die Landtags- und Reichstagsreform hinaus. Die Berufskörperschaften sind, zumal im Gebiete der Volkswirthschaft, erst zu organisiren (vergl. S. 160 ff.). Weiter wäre nicht bloß im Reichstag und im Landtag, sondern auch in der ganzen Kommunalvertretung, mindestens vom Kreistage und der Stadtgemeinde an der beruflichen Vertretung entsprechende Geltung zu verschaffen. Ob jegliche Ortsgemeinde das Material für solche Vertretung besitzt, bleibe hier dahingestellt. Wenn die Berufsgliederung auch für die Landgemeinde versucht werden sollte, muß in Ländern und Landestheilen mit größerem Grundbesitz dem letzteren eine seiner Belastung entsprechende Vertretung eingeräumt werden. Der ländliche Ortsgemeindeverband ist eben Grundbesitzerverband. Die elementarische Vertretung aller erwachsenen Männer der Gemeinde hätte jedoch den Grundbestandtheil der Ortschaftsvertretung zu bilden.

Außer dem Gesammtumfang der Vertretungsreform kämen zwei Hauptpunkte in Betracht, welche ich jedoch nur streifen kann.

Einmal könnte auch die Abordnung aus den Kommunal- und aus den Berufskörperschaften ganz überwiegend nach dem Grundsatz des gleichen Stimmrechtes aller Körperschaftsmitglieder aufgebaut werden. Sodann ließe sich sowohl das directe als das indirecte Wahlverfahren durchführen. Das directe Verfahren bestände darin, daß alle Kommunal- und Berufskörperschaften zur Wahl berufen werden würden, das indirecte aber darin, daß die engeren Kommunalkörper, nachdem sie auch berufskörperschaftliche Elemente aufgenommen haben, je in den weiteren Verband bis zu den Landtagen und Provinzialtagen hinauf wählen würden, welche alsdann als die Wahlmännerkörper des ganzen kommunal- und berufskörperschaftlich gegliederten Volkes auftreten würden. Das zweite Verfahren hätte

für den Zusatz körperschaftlicher Elemente zur Reichs- und Landesvertretung wenigstens den Vorzug der Einfachheit. Doch wird hier
die Frage der Wahl zwischen directem und indirectem Verfahren
offen gelassen.

Ueber die Aussichten neuzeitlicher Volksvollvertretung von der
Basis der Gemeinde an bis zum Reich hinauf gebe ich mich nicht der geringsten Täuschung hin. Der Weg ist ein langer, und der namentlich in Deutschland noch zu erwartende Widerstand ein riesiger.
Möglich, daß dieser Fortschritt gar nicht erfolgt und daß aus der
einseitigen Massenmehrheits-Herrschaft der Verfall hervorgeht, welcher
im krankhaften Rückgang auf einen Verfassungszustand zweiter Stufe
(auf Officiers- und Schreiberherrschaft) oder gar erster Stufe (auf
Pöbelherrschaft) bestehen würde. Allein für ausgeschlossen halte
ich die Hoffnung auf ein Gelingen auch nicht.

Was Deutschland betrifft, so dürfte früher oder später eine
große Erschütterung sowohl wegen des einseitigen Massenvertretungs-
Aufbaues im deutschen Reichstage, als wegen der Haltlosigkeit der
Censussysteme in den meisten deutschen Bundesstaaten nicht ausbleiben. Wann das sein wird, kann Niemand vorhersagen: Gottes
Zeiten sind sein Geheimniß. Aber daß solche Erschütterungen
kommen oder doch stark drohen, glauben heute schon Viele. Dann
aber könnten alle Gliedstaaten des Reiches unter Aufgebung der
landesverfassungsmäßigen Censussysteme bereit sein, zum System der
zugleich elementarischen und körperschaftlichen Volksvertretung zu
greifen; denn diese allein wird für unsere Zeit den sämmtlichen
Forderungen einer zeitgemäßen Vertretung am ehesten gerecht. Es
giebt nun gar keine Partei, außer der Socialdemokratie, deren Anhängerschaft von den fraglichen Gefahren nicht schon bedroht wäre. Es
wird daher auch keine der anderen Parteien im gegebenen Augenblick
der Ausbreitung der Volksvollvertretung widerstreben. Selbst das
„Centrum“ nicht ausgenommen, welches eben für die völlige Beseitigung des allgemeinen Stimmrechts zum Glück niemals zu haben
sein wird.

Maßgebend würde schließlich das Verhalten Preußens sein.
Allein einen allzu schweren Entschluß wird es auch dort nicht kosten
bei der eben vom Fürsten v. Bismarck verurtheilten Verwerflichkeit
des Dreiklassen-Systems und bei der Möglichkeit allseitiger Wahrung
der konservativen Interessen durch verhältnißmäßige Zumischung

körperschaftlicher Elemente zum Landtag. Wäre aber einmal Preußen hiefür gewonnen, so ließe sich auch der deutsche Reichstag zu einer vollständigen Vertretung des deutschen Volkes ohne jegliche Gefahr einfachst ausgestalten.

Es könnte auf zweierlei Weise geschehen. Entweder würde man nach Frankreichs und der anderen Republiken Vorgang einen körperschaftlichen, von den Landtagen aus abgeordneten Senat her= stellen, oder man würde beim Einkammersystem für das Reich be= harren. Die letztere Gestaltung wäre wohl die einfachere. Während jedenfalls reichlich zwei Drittel der Reichstagssitze dem allgemeinen, directen, geheimen Wahlrecht vorbehalten blieben, würde höchstens ein Drittel der Reichstagssitze durch Wahl der Landtage besetzt werden, sei es bloß durch Wahl der körperschaftlichen Elemente oder und besser durch Wahl der Landtagsvollkörper, bei Zweikammerland= tagen im Verhältniß etwa von 1 : 2 zwischen erster und zweiter Kammer. Die Landtage selbst würden dabei frischeres Leben er= langen! Man könnte so eine völlig gleichartig aufgebaute, wirklich vollständige Vollvertretung der deutschen Nation mit verhältniß= mäßiger Vertretung aller Gesittungskreise ganz im Geiste der Neu= zeit erreichen, zugänglich allen Interessen und offen für alle Fort= schrittsanregungen, aber auch ein unübersteigbares Bollwerk gegen jeg= lichen Umsturz.

Vielsagend ist es, daß jene bis zum Einheitsstaat fünfter Ver= fassungsstufe zuerst und reinst durchgedrungene Nation, die Nation, welche dem allgemeinen Stimmrecht auch im Kommunalleben die un= beschränkte Geltung bereits eingeräumt hat, ihrer Verfassung einen stark körperschaftlichen Zusatz gegeben hat. Die hochdemokratische dritte Republik der Franzosen hat der „privilegirten" Senatoren des Kaiserreichs durch eine nahezu rein kommunalkörperschaftliche Organi= sation der ersten Kammer sich zu entledigen gewußt. Dieselbe hat sich nicht entblödet, dem Volkswahlhaus (Deputirtenkammer) von 584 Mitgliedern einen kommunalkörperschaftlichen Senat von 300 Mit= gliedern theils als erste Kammer an die Seite zu setzen, theils für die wichtigsten Staatshandlungen, die Präsidentenwahl und die Ver= fassungsrevision, diesen Senat einkammerlich mit der Abgeordneten= kammer im Kongreß (congrès, assemblée nationale) zu ver= schmelzen, so daß im einen Fall der kommunalkörperschaftliche Senat als erste Kammer das ganze Volkswahlhaus im Schach hält und im

anderen Fall einkammerlich mehr als ein Drittel aller Stimmen
Einer Kammer abgiebt.

Und nun zum Schluß nur noch für einen Augenblick zurück zu
einer früher zurückgestellten Frage des Vertretungslebens, zur parlamentarischen Regierungsweise!

Die letztere hat in Deutschland wenig Aussichten, wenigstens für
absehbare Zeit. Bei bloßer Geltung des allgemeinen Stimmrechtes
wäre dieselbe vielleicht verderblich. Wie aber, wenn die vorgeschlagene
Volksvollvertretung erreicht wäre? Wäre die fragliche Regierungsweise auch dann noch ausgeschlossen, weil sie der Einheit in Regierung, Gesetzgebung und Verwaltung abträglich wäre?! Ich möchte
diese Frage nicht unbedingt bejahen. Die parlamentarische Regierungsweise würde die bedeutendsten politischen Köpfe durch das
Parlament an das Reich heranziehen, also mehr centripetal als centri-
fugal wirken. Es wäre weiter, wenn ins Parlament mit Sicherheit
bedeutende Männer aus allen Landtagen und Berufsschichten abge-
ordnet werden würden, ein werthvolles Material für maßvolle Partei-
regierung gewonnen. Ob solche Regierung für Deutschland überhaupt je kommen wird, ist jedoch heute nicht zu sagen. Es darf aber
behauptet werden, daß es ein Vertretungssystem giebt, mit welchem
auch für Deutschland parlamentarische Regierungsweise von „ver-
antwortlichen", d. h. der Nation in ihrer Vertretung verantwort-
lichen „Reichsministerien" nicht voraus unverträglich erscheint.

Die Ausnahmegesetze und das allgemeine Stimmrecht.

Das Verfassungsleben des Deutschen Reiches leidet jetzt und
noch für länger unter den Nachwirkungen zweier Ausnahmegesetz-
gebungen, derjenigen gegen die katholische Kirche und derjenigen
gegen die Socialdemokratie. Beide Gesetze haben nicht aufrecht erhalten werden können. Warum? Weil sie Ausnahmegesetze gegen
Bevölkerungsmassen gewesen sind, ohne daß sie doch für diese Massen
das Massenstimmrecht, die politische Massenvertheidigung ausschlossen.
Die Zeit ist überhaupt dem Ausnahmerecht nicht günstig, was wieder
auf die oft hervorgetretene mildere, gerechtere, friedlichere Führung
der Daseinskämpfe in unserem Zeitalter hinweist. Allein Ausnahmegesetze können gegen ganze, große Bevölkerungsschichten in einer Zeit der
Geltung des allgemeinen Stimmrechtes überhaupt nicht gelingen,
wenn unter den Waffen der Ausnahmegesetzgebung nicht die Aus-

11*

schließung dieser Massen vom Stimmrecht obenan gesetzt werden kann oder will. Ich habe mich gegen die erwähnten zwei Gesetzgebungen mit Namensnennung schon zu der Zeit ausgesprochen, als sie erlassen wurden, möchte aber nicht unterlassen, durch die Nachweisung der Gründe meines Widerspruches Einiges zur „Theorie des Aus nahmerechtes" überhaupt und hierdurch auch zur ferneren Ein schränkung der Ausnahmegesetzgebung gegen Minderheiten und gegen Einzelne beizutragen.

Der Begriff des Ausnahmerechtes läßt sich in einem weiteren und in einem engeren Sinne auffassen. Im weiteren Sinne um schließt es alle Gesetze, Verordnungen und Verfügungen, rechtlich er laubten Regierungs- und Verwaltungsmaßregeln, welche Einzelne (singulos) im selben Falle oder Lebensverhältnisse rechtlich ab weichend von dem für alle anderen Glieder des Gemeinwesens gelten den Rechte behandeln, — das ist jus singulare im Gegensatz zum jus commune; in diesem weiteren Sinn bedeutet das Ausnahme recht alles und jedes Singularrecht im Gegensatz zur gemeinrechtlichen Gesetzgebung und Verwaltung, ob dasselbe Bevorrechtung (Privile girung), oder Entrechtung und Rechtsbeschränkung (Zurücksetzung) vollzieht, ob es als befristetes oder als unbefristetes („ewiges") Recht auftritt, ob es im materiellen Rechte oder im Verfahren und in den Organen der Ausübung des Rechtes Einzelne abweichend vom gemeinen Recht behandelt, ob es offen oder versteckt, d. h. in gemeinrechtlicher Verkleidung auftritt. Im engeren Sinne ist das Ausnahmerecht ein Inbegriff von Einschränkungen der all gemeinen bürgerlichen und staatsbürgerlichen Freiheits rechte gegen Einzelne — Individuen, Familien (Dynastieen), Stände, Klassen, Bekenntnisse u. s. w., d. h. ein Inbegriff von Hemmungen der Gleichberechtigung in der Führung des socialen Daseinskampfes, im Ringen um ideale und wirthschaftliche Interessen.

Ausnahmerecht durchzieht alle Zeitalter der Volksentwickelung. Was ist der s. z. s. völkerpsychologische allgemeine Grund des Ausnahmerechtes? Die Antwort liegt nahe. Das Alte will und kann immer nur langsam dem Neuen weichen — es geht mit Wider streben gliedlich im Neuen und Höheren allmählich auf oder es geht darin unter; dies ist das eine. Und das andere ist: das Neue tritt zunächst mit Vorliebe stürmisch, einseitig, untergrabend auf und er scheint nicht nur dem Bestehenden feindselig, sondern ist meist mehr oder weniger dem ruhigen Gange der Fortentwickelung vom Alten zum Neuen, vom Niedrigeren zum Höheren wirklich feindlich, „staats= und gesellschaftsgefährlich". Selbst das berechtigtste Neue tritt so leicht zerstörend, im wilden Drang und Sturm des Umsturzes, nicht im Geiste der gewaltlosen Reform in die Geschichte ein, so daß ein Göthe selbst von der Reformation, weil sie Deutschland den dreißig= jährigen Krieg bringen sollte, und von der ersten französischen Revolu= tion, obwohl diese den Neustzeitstaat zum Durchbruch gebracht hat, sagen konnte: „Franzthum drängt in diesen verworrenen Tagen, wie einst Lutherthum that, ruhige Bildung zurück". Und wohl eben dar= auf beruht es, daß hier alte Rechte als Vorrechte ausnahmerechtlich zertrümmert, dort neue Rechtsansprüche in ihren Vertretern aus= nahmerechtlich verfolgt werden. Jede der beiden Richtungen stellt, wenn sie zur uneingeschränkten Macht gelangt, singuläres Recht be= günstigend für sich, aber entrechtend gegen die Gegner auf. Die dritte französische Republik hat es gegen die Prinzen gethan. Social= demokraten haben der „kapitalistischen Minderheit" eine „Dictatur des Proletariats" als Ouverture auch schon in Aussicht gestellt.

Je mehr die geschichtliche Entwickelung stoßweise und unruhig erfolgt, desto stärker und schärfer wird die Ausnahmegesetzgebung ausgreifen. Entrechtendes und beschränkendes Ausnahmerecht, daher auch Ausnahmegesetzgebung im engeren Sinne des dermaligen Sprach= gebrauchs, wird daher keiner Zeit, in welcher die religiöse, nationale, verfassungsrechtliche Entwickelung stürmisch und revolutionär, im Innern und nach außen durch Blut und Eisen sich vollzieht, wo frühere Minoritäten plötzlich Majoritäten werden, oder halb verlorene Bruchtheile des Volksthums wieder zurückerobert sind, überhaupt fehlen. Bisher wenigstens war dies nie der Fall, im neuen Deutschen Reich so wenig als im alten Deutschen Bunde. Die Zeit, da das Ausnahmerecht seinem innewohnenden Drang zu überflüssiger und maßloser Anwendung widerstehen wird, ist leider auch jetzt noch nicht sicher abzusehen, so sehr es zu bedauern ist, daß dieselbe noch nicht da ist.

Das Ausnahmerecht stellt sich immer wieder nicht bloß als vor= übergehende, sondern sogar als dauernde Einrichtung ein.

Unaustilgbare Unterschiede unverschmelzbarer Rassen können dazu führen, daß die sich zusammenschließenden Angehörigen der höheren Rasse Vorrechte und Sonderstellungen genießen, wie die Weißen überall in der fremdrassigen Kolonialwelt; Blut ist ein ganz besonderer Saft, namentlich für die höher stehenden Rassen. Was um ganze Weltalter der Civilisation, namentlich der Staatsentwickelung noch von einander absteht, kann kaum dasselbe gemeine Recht haben. Der Eingeborene gegenüber dem Fremden, wie die Eindringlinge höherer Gesittung gegenüber ihren barbarischen oder halbbarbarischen Kolonialmündeln verlangen Vorrechte und verhängen Entrechtungen.

Können überhaupt Ausnahmegesetze jemals innere Berechtigung haben? Zweifellos dann, wenn die Bevorrechtung, z. B. des Monarchen, eine dem Volksleben nützliche Einrichtung darstellt oder wenn die Rechtsbedrückung von der Volksgemeinschaft größeres Unheil, Vernichtung und Verkommen abwehrt, ohne daß die Erlangung des Volkswohles oder die Abwendung des Volksunglückes auf gemeinrechtlichem Wege möglich ist.

Unter allen Umständen wird Ausnahmerecht in der restrictivsten Weise zu rechtfertigen sein. Es muß unumgänglich nothwendig sein. Darum läßt sich auch die Forderung erklären, daß Ausnahmerechte dem Umfang und dem Grad nach mit aufsteigender Civilisation immer mehr zurückgehen sollen, was ja wirklich der Fall ist. Je mehr die Bildung steigt, je größer und mannigfaltiger die Gemeinwesen werden, je mehr ein freies Verfassungsleben das Ineinanderschmelzen von anfänglich hart aneinander reibenden Elementen begünstigt, je mehr Ganz- und Halbbarbaren zur Civilisation sich erheben, desto weniger und desto weniger hartes Ausnahmerecht wird Bedürfniß sein, desto mehr wird singuläres jus civile von nationaler Härte und Ausschließlichkeit vor gemeinem jus gentium verschwinden, sowohl öffentlich-rechtlich wie privatrechtlich. Und in der That ist dies, wie jeder Blick auf die Rechtsgeschichte zeigt, immer mehr der Fall gewesen und wird es immer mehr der Fall werden.

Selbst die allgemeinen Freiheitsrechte sind bei gelegentlichem Nothbedürfniß des Volkes dem Ausnahmerecht nicht unbedingt entrückt. Davon war nie die Rede und wird nie die Rede sein, daß diese Rechte jeglicher Einschränkung unter allen Umständen und auch dann enträckt bleiben müßten, wenn durch ganze Klassen und Volksschichten ein anderswie nicht zu vereitelnder Mißbrauch dahin stattfände, die ganze Gesellschaft, die Freiheit aller übrigen Bürger, den Frieden des Staates und den gesunden Fortschritt auf gesetzlicher

Bahn zu gefährden. Mit solchem Mißbrauch schwindet die eigenste Grundlage dieser Rechte, und das „Staats-Nothrecht" hebt an.

Die grundsätzliche Verwerflichkeit aller Ausnahmegesetzgebung läßt sich unseres Erachtens auch aus dem Wesen des Verfassungsstaates nicht ableiten. Der Verfassungsstaat an sich schließt weder rechtliche Vorzugsstellungen noch rechtliche Beschränkungen singulärer Natur aus; denn er ist durchaus nicht der Möglichkeit entrückt, durch die ersteren dem Ganzen und in diesem allen übrigen nichtbevorrechteten Einzelnen zu nützen, und durch die Einschränkung Einzelner dem Wohl und der Sicherheit des Ganzen und hiemit allen übrigen Einzelnen, ja den ausnahmsrechtlich Behandelten selbst eine sonstwie nicht erreichbare, unumgängliche Gewähr zu geben. Der Verfassungsstaat hat in dieser Hinsicht dieselbe Lage, wie der absolute Staat. Der letztere hinwiederum wird bei weiser Selbstbeherrschung, die ihm freilich unvergleichlich schwerer fällt, ebenso wie der Verfassungsstaat in singulärer Gesetzgebung über das schlechthin unerläßliche Maß nicht hinausgehen. Das Besondere des Verfassungsstaates gegenüber der Ausnahmegesetzgebung besteht nicht darin, daß der Verfassungsstaat alles Ausnahmerecht grundsätzlich ausschließt, sondern darin, daß er durch die Volksvertretung besonders berufen und befähigt ist, die Ausnahmegesetzgebung streng auf das Maß ihrer Unerläßlichkeit einzuschränken. Und dies führt von der Untersuchung grundsätzlicher Berechtigung der Ausnahmegesetzgebung zur näheren Entfaltung des obersten Grundsatzes über das Maß zulässiger Ausnahmegesetzgebung hinüber.

Diese Begrenzung ergiebt aus dem Begriff des Ausnahmerechts selbst zwei Forderungen.

Einmal ist alles Ausnahmerecht überhaupt zu verwerfen, sofern das bestehende gemeine Recht oder eine alsbald erreichbare Um- und Fortbildung des letzteren der gemeinen Gefahr gewachsen erscheint. Das Andere ist, sofern Ausnahmerecht unumgänglich ist, daß es in den Mitteln, der Dauer und der Ausdehnung auf die verschiedenen Rechtsgebiete das Maß des schlechthin Unerläßlichen, die Grenzen sparsamster Anwendung und äußersten Maßhaltens nicht überschreitet.

Die Anwendung dieser Grundsätze hat den Verfasser von allem Anfange an zur entschiedensten Ablehnung des Socialistengesetzes und der Maigesetze hingeführt. Dieselbe führt aber nach seiner

Ansicht auch zur Abweisung antisemitischer Ausnahmegesetze,
da nach den unter den „Kern- und Zeitfragen der Socialpolitik"
gegebenen Nachweisungen für die Bekämpfung der überdies von
unbeschnittenen ebenso wie von beschnittenen Juden ausgehenden
Volksleiden ausreichende, ja weiterreichende Mittel auf dem Boden
der gemeinrechtlichen Gesetzgebung zu finden sind.

Kern- und Zeitfragen der auswärtigen Politik und der Kolonialpolitik.

Ewiger Frieden. Abrüstung und Völkerschiedsgericht.

Nach der stattgehabten Nationaleinigung Deutschlands, Italiens
und der Balkanvölker dürstet Mitteleuropa nach Frieden, lechzen
aber Rußland und Frankreich, welche dem nationalen Erntewagen
der sich befreienden Völker Vorspann geleistet haben, ohne selbst ein-
heimsen zu können — nach „Revanche", Eroberung und Wiedereroberung. Niemand traut dem Frieden und vom „ewigen Frieden"
der Oelblätter Elihu Buritt's wird nicht mehr geredet. Aber Abrüstung wird verlangt und allgemeine Staatenverpflichtung zu schieds-
richterlicher Schlichtung alles kriegsschwangeren Streites.

Ich halte die Abrüstung nicht für möglich. Während aus der
vollen Kriegsrüstung und nur aus dieser der Frieden und die sieges-
gewisse Kriegsabwehr entspringt, entspringt umgekehrt aus der Abrüstung der Krieg und ein Aderlaß durch den Krieg, bis kein Blut
mehr läuft. Dem Gesetz der socialen Auslese ist hienieden nicht zu
entrinnen. Nur durch staatliche und durch völkerrechtlich allianzweise
Herstellung überlegener Macht gegen äußere und innere Feinde
zugleich, und zwar nur durch die organisirte Gewaltübermacht,
läßt sich die Gewalt, welche aus der Ueberhebung der fremden Völker
und der inneren Aufrührer stets hervorzubrechen auf dem Sprunge
steht, niederhalten, läßt sich die gewaltlose Führung aller socialen,
internationalen und innernationalen Daseinskämpfe, läßt sich die
sog. friedliche, aber niemals streitlose Socialauslese erreichen.

Die Vollrüstung ist auch finanziell möglich, finanziell das Vortheilhaftere verglichen mit der Abrüstung. Die nationale Sicherheit gegen Aufreibung durch Feinde von außen her und gegen Auflösung durch gewaltthätigen Bürgerzwist ist ein oberstes, wenn nicht das oberste Gut. Kein anderer Staatsbedarf ist nothwendiger als derjenige für die quantitativ und qualitativ erforderliche Entwickelung der Wehrkraft. Nöthigenfalls müßten minder nothwendige Bedarfe gegen denselben zurückstehen! Die weiterhin zu pflegende Erörterung der „Kern- und Zeitfragen in der Finanzpolitik" wird jedoch ergeben, daß auch Deutschland und gerade Deutschland im Stande ist, seine Wehrkraft vollentwickelt in die Wagschale der Friedensbewahrung zu werfen, ohne die Kulturaufgaben im öffentlichen Militäraufwand vernachläßigen oder die Steuerlast bis zur Unerträglichkeit steigern zu müssen. Wie viel kostspieliger die Abrüstung verglichen mit der Vollrüstung werden kann, wenn erstere den siegreichen Angriff herbeiführt, das läßt sich leicht beziffern. Die Kosten eines nächsten Krieges zwischen Frankreich und Deutschland sind ohne Uebertreibung auf 24 bis 30 Milliarden Mark berechnet. Sie fallen auf den Besiegten. Durch Anlehen aufgebracht, würden sie der besiegten Nation eine Zinsenlast von 1200 Millionen Mark wenigstens auferlegen. Unser ganzer Heeresaufwand wird auch nach Durchführung der Caprivischen Militärorganisation 1893 noch nicht 700 Millionen Mark betragen. Nach einer großen Niederlage hätten wir den laufenden Militäraufwand und die 1200 Millionen Last aus der Kriegsschuld außerdem zu tragen.

Wie der „ewige Frieden" widerstreitet der Frieden ohne ordentliche Vollrüstung dem ganzen Gesetz der socialen Auslese, welche den äußeren wie den inneren Völkerfrieden an die Bedingung organisirter Gewaltübermacht unabänderlich gebunden zeigt. Selbst wenn die ganze Menschheit geeinigt wäre, würde die Behütung des inneren Friedens eine starke, zuverläßige Militärmacht in voller Schlagfertigkeit heischen, wenn natürlich auch bis dahin die Organisation der die Unrechtgewalt niederhaltenden rechtmäßigen und dem Recht dienenden Gewaltübermacht eine der heutigen Militärgestaltung kaum mehr zu vergleichendes Aussehen und eine relativ geringere Kostspieligkeit wahrscheinlich erreicht haben würde.

Je besser die Rüstung ist, desto sicherer der Frieden, desto aussichtsvoller auch das Wirken von Schiedsgerichten, deren Stabi-

lisirung vorläufig für Staatengruppen bereits als wünschens=
werth anerkannt worden ist. Je kräftiger die Rüstung der friedfertigen
Staaten ist, desto mehr läßt sich auf die Friedensbewahrung auch
Seitens jener beiden großen Nationen hoffen, welche bei den
Emanzipationskämpfen in Mitteleuropa sich so schwer verrechnet
haben.

Die orientalischen Fragen.

Der Frieden Mitteleuropas hängt ab von der Versöhnung
Rußlands in der orientalischen, besser vorderorientalischen Frage,
von der Verständigung mit demselben über die Wiederaufsiedelung
des Gebietes der heutigen Türkei. Frankreich allein ohne Rußland
wird den Frieden nicht, jedenfalls nicht mit Erfolg brechen.

Es ist nun meine, von keinerlei Vorliebe für Rußland ein=
gegebene, felsenfeste Ueberzeugung, daß die friedliche Ausglei=
chung Deutschlands und Oesterreichs mit Rußland das A
und O dauernden europäischen Friedens ist, und daß, wenn
eine solche Ausgleichung dennoch nicht gelänge, die Zurückweisung
eines russischen Angriffes auf Konstantinopel nur nach
Vorantritt Englands im Kampfe geschehen dürfte.

Halten wir Deutsche möglichst mit Rußland Frieden! Lassen
wir uns durch kein Mißfallen über die Behandlung der Juden, durch
keinen Mißmuth über Rußlands gewaltige und wahrscheinlich steigende
Agrarkonkurrenz, durch keine Verbitterung aus dem dermaligen Zoll=
krieg das Blut bis zur Kriegslust erhitzen! Zähmen wir die Ungarn,
damit sie nicht aus Rache für Vilagos losschlagen, außer wenn
Rußland angreift und auch dann England zuvor mit seiner ganzen,
sonst nicht gebundenen Seemacht sich ins Vordertreffen des Riesen=
kampfes um den mittelländischen Orient gestellt haben wird! Ver=
mögen wir dies durchzuführen, so ist der Revanchekrieg der Franzosen
viel zu gewagt, um wahrscheinlich zu sein, keinesfalls aber ist dann
der Ausgang eines solchen Krieges für uns zu fürchten. Wir er=
ringen dann mit größter Wahrscheinlichkeit dauernden Frieden und
erhalten die trostvolle Aussicht, daß beide Haupttreibflächen für die
Störung des europäischen Friedens   Konstantinopel sammt den
Meerengen einerseits und die elsaß=lothringischen Reichslande anderer=
seits — mit der Zeit ihre Entzündungskraft verlieren werden.

Ich glaube manchen Leser für meine Auffassung gewinnen zu

können, wonach nicht in Haß und Herabſetzung Rußlands, ſondern in der Herſtellung der Vorausſetzungen dauernden Friedens mit dem Zarenreiche der Ausweg aus der ungeheuren Verwir- rung und drohenden Zerrüttung des mittleren und weſt- lichen Europas zu ſuchen und zu finden iſt. Auch Ruſſenfeinde haben vielleicht die Unbefangenheit, der Begründung dieſer Anſicht geduldig zu folgen. Sie werden dabei zwar keine Faſer des Haſſes gegen Rußland entdecken, aber auch keinen Hauch von Vorliebe für dieſes Reich. Für uns Deutſche können ſibiriſche Staatsgefangenſchaften und orthodoxe Judenverfolgungen etwas ſehr Widerwärtiges haben, entſcheidend für das politiſche Handeln der Deutſchen ſind dieſe Ge- fühle aber nicht. Wir haben auch nicht die Geſchäfte der Polen zu beſorgen, welche nach der Wiederherſtellung ihres Vaterlandes das begreifliche Beſtreben hegen. Stellen wir uns vielmehr recht lebhaft vor, daß wir ſelbſt im Falle des entſchiedenſten Sieges die Ruſſen doch nur bis zur Waſſerſcheide der Rokitnoſümpfe zurückzuwerfen vermöchten, dann aber gegen uns, gegen den König von Preußen und gegen den öſterreichiſchen „König von Galizien und Lodomirien" und für einen Eintagskönig der Polen gearbeitet haben würden. Für uns Deutſche iſt die Frage überragend, wie es etwa anzugreifen wäre, daß Mitteleuropa jeden unnöthigen Krieg mit Rußland ver- meiden könne und daß es einen durch Rußlands Angriff nöthig werdenden Krieg nicht ohne England im Vordertreffen führe. Ein Krieg mit Rußland würde mit den Knochen unſerer Musketiere und mit ungeheuren Geldopfern von uns, dennoch nur für die eruente Welt- Suprematie von Englands Handel und Induſtrie auch dann geführt ſein, wenn wir als Sieger aus dem Kampfe hervorgehen würden. Er würde aber unſere Zukunft und die Freiheit Mitteleuropas in Frage ſtellen, wenn wir unterliegen ſollten. Darum lohnt es ſich der Mühe, die eben bezeichnete internationale Grundfrage, bei welcher für Deutſchland die vollſte Intereſſengemeinſchaft mit unſeren zwei Bundesgenoſſen für immer obwaltet, mit einem Ernſte ins Auge zu faſſen, wie er tiefer keiner anderen großen Frage äußerer und innerer Politik in Europa gebühren dürfte. Der Verfaſſer wird hiebei weder ruſſenfreundlich noch ruſſenfeindlich, weder englandſchwärmeriſch noch englandverdroſſen, ſondern nur deutſch zu denken und zu fühlen ſuchen.

Die zwei böſen Pfähle im Fleiſche des europäiſchen Friedens ſind die Revancheluſt der Franzoſen, die auf Wiedereroberung der ursprünglich deutschen Reichslande gerichtet ist, und die Aspirationen Rußlands auf den Löwenantheil an der Erbschaft der vollends zur Neige gehenden Osmanenherrschaft. Beide Bestrebungen müssen beseitigt werden, wenn Mitteleuropa den Frieden wirklich bewahren und die zahlreichen anderen Aufgaben der auswärtigen und der inneren Politik soll lösen können.

Ist es denn nun überhaupt möglich, jene zwei Pfähle ohne Verblutung aus dem Fleisch des europäischen Friedens noch herauszuziehen? Daran zweifeln die Allermeisten, und dieser Zweifel ist es gerade, was die Gefahr steigert, daß der selbstmörderische Riesenkampf über Mitteleuropa wirklich hereinbricht. Ich bin fest vom Gegentheil überzeugt und der Ansicht, daß beide Gefahren beseitigt werden können, wenn man nur will, wenn nur die leitenden Geister der Politik in den Kabinetten und in der Presse von dieser Möglichkeit sich stets überzeugt halten, und wenn bei allen Nationen in der öffentlichen Meinung dieselbe Ueberzeugung die Oberhand gewinnt und behält. Die genannten zwei Pfähle werden dann langsam von selbst herausfallen.

Glücklicher Weise haben Beide, Rußland und Frankreich, viel größere Interessen und Grundaufgaben, als das eine: die Eroberung des Türkeirestes im Riesenkampf mit England und Mitteleuropa, und das andere: die Wiedergewinnung Elsaß-Lothringens durch das Wagniß eines Vernichtungskrieges. Beide Nationen haben sehr viel mehr zu gewinnen, wenn sie ihre ganze Kraft für die unvergleichlich fruchtbringendere Ausdehnung in anderen Richtungen, wenn sie alle ihre Mittel für das Wachsen in riesigem Maßstab auf den von ihnen schon eroberten, widerstandslos kolonisirbaren Gebieten einsetzen wollen. Diese Gebiete liegen für Frankreich im Süden: in Tunis und Algerien, wo in friedlicher Arbeit zehnfacher Ersatz für Elsaß-Lothringen zu haben ist. Für Rußland liegen sie in unermeßlicher Ausdehnung im Osten und Südosten, nach Mittel- und Nord-Asien hin, wo die slavischen Bevölkerungsüberschüsse Rußlands für eine unabsehbare Zeit den Spielraum ungehinderter Ausbreitung schon besitzsicher abgesteckt finden. Die Russen haben den Rest der Türkei zu ihrer Entfaltung nicht nöthig. Es ist sogar sehr fraglich, ob sie die für Rekolonisation Kleinasiens und Mesopotamiens geeigneten und zureichenden Besiedelungskräfte aufbringen würden. Die weitere Ausbreitung Rußlands gegen Süden ist daher nur insoweit nationale Lebens= und Selbstbewußtseins=Frage, als diese Ausbreitung mit dem Interesse aller übrigen Nationen Europas, wie sich zeigen wird, vollständig verträglich ist. Diese Meinung wird alsbald genauer bescheinigt werden.

Ist nun irgend welche Aussicht vorhanden, daß man hiervon nach der einen Seite die Franzosen, nach der anderen Seite das Zarenthum überzeuge? Die Franzosen werden sich ganz gewiß nicht freiwillig überzeugen lassen. Möglich, wie ich glaube sogar wahrscheinlich, ist dagegen der Erfolg eines Ueberzeugungsversuchs, wenn dieser von den Dreibundsmächten durch die That und rechtzeitig gemacht werden wollte.

Es liegt zwar auf flacher Hand, daß Frankreich ein unvergleichlich größeres Interesse hat, in Nordafrika intensiv zu wachsen, dorthin seine Kapitalmilliarden zu werfen und dort die Bevölkerung wieder wachsthumfähig zu machen, statt abermals zwanzig Milliarden im Rückeroberungskrieg gegen Deutschland zu vergenden und die Blüthe seiner Bevölkerung, einer Bevölkerung, welche (vergl. S. 64 ff.) in der Abnahme der Zuwachsrate mit jeder Zählungsperiode immer erschreckendere Rückgänge aufweist, in Schlachten aufzureiben und zu decimiren. Das Wachsthum in der einst römischen Provinz Afrika ginge durch solche Vergendungen sicher verloren, während der gegen Deutschland jetzt beabsichtigte Erfolg bei nur nicht ganz glücklicher Führung des Krieges sehr fragwürdig wäre, sogar bei entschiedenem Waffenglück im Verhältniß zu den Opfern nur geringfügig und unsicher ausfallen, bei neuen Niederlagen aber in halbe Vernichtung umschlagen dürfte. Ob die Franzosen den Krieg gewinnen oder verlieren: das durch Lage und Geschichte ihnen gewiesene Wachsthum im nordafrikanischen Neufrankreich würden sie jedenfalls einbüßen, wenigstens für lange Zeit versäumen und verlangsamen, da sie auch nach augenblicklichen Siegen ihre ganze Kraft an Männern und Millionen gegen Deutschland eingesetzt erhalten müßten. Wirklicher, positiver, gesicherter Gewinn kann durch Revanchepolitik den Franzosen keineswegs zu Theil werden. Werden sie aber darum diese Politik aufgeben? Freiwillig ganz gewiß nicht! Sie sind noch ziemlich die Gallier, wie sie schon vor 1800 Jahren bei Strabo im Buche standen, und gerade „die besitzenden und gebildeten Klassen" Frankreichs, die bei neuen Kriegsniederlagen ihres Landes davon bedroht wären, von der Socialrevolution vernichtet zu werden, selbst „die besitzenden und gebildeten Klassen" sind und bleiben in ihrem heißen Rachedurst jeder verständigen Umkehr, damit aber auch der vollen Hinwendung zu den Zielen sicheren Nationalwachsthums und ausschließender Vergrößerung nach dem Süden hin vorläufig noch unzugänglich. Die Franzosen muß man durch Ablenkung ihres Machtdranges vom Osten hinweg zwingen, den Weg ihres Heils zu gehen.

Das kann geschehen, wenn wir Deutschen durch vollste Entwickelung unserer Wehrkraft und durch ausdauerndste, treueste und unverdrossenste Pflege unserer Bündnisse jedem Revanchekrieg siegessicher gegenüberstehen, wenn wir weiter uns hüten, durch unnöthigen Krieg mit Rußland für England und seine Handels-Suprematie die Kastanien aus dem Feuer zu holen, wenn wir endlich den Russen positiv zeigen, daß wir ihren berechtigten nationalen Gefühlen und Ansprüchen im Orient, soweit sie Gesammteuropa nicht gefährden, vollauf gerecht werden wollen. Nicht bei Frankreich, nur bei Rußland läßt sich der Hebel für die dauernde Sicherung des europäischen Friedens ansetzen, und je früher dies mit Erfolg geschehen wird, desto früher schwindet den Franzosen die Hoffnung auf die Hilfe Rußlands, mit dieser Hoffnung aber auch der Muth, Deutschland anzugreifen; den Engländern fällt aber die thörichte Spekulation dahin, Deutschland um einen englischen Admiralshut für den Deutschen Kaiser sich für englische Interessen aufreiben zu sehen.

Ich bin überzeugt, daß auch unter dem „neuen Kurs", beim Kaiser Wilhelm II. wie beim Kanzler Grafen v. Caprivi, der Sinn für volle positive Verständigung mit Rußland klar und ernst vorhanden ist. Es gilt hauptsächlich die öffentliche Meinung darüber aufzuklären, daß der Krieg mit Rußland überhaupt vermieden werden kann und daß unser Bündnißfall zu Gunsten Oesterreichs gegen Rußland selbst bei einem Handstreich des Zaren auf Konstantinopel noch nicht ohne Weiteres gegeben sein würde.

Ist denn nun aber eine positive Auseinandersetzung mit Rußland auf dem friedlichen Wege der Ueberzeugung und ist die Berufung von der schlecht unterrichteten an die besser zu unterrichtende öffentliche Meinung der mitteleuropäischen Völker überhaupt aussichtsvoll? Die Frage ist gleichbedeutend mit der anderen: Was kann von den Dreibundsmächten Rußland als Preis dauernder Verständigung geboten werden, ohne die Lebensinter-

essen Deutschlands, Oesterreich-Ungarns und Italiens zu
verletzen?

Eine weit verbreitete Meinung geht nun freilich dahin, daß
die praktische Bejahung dieser Frage überhaupt ein Ding der
Unmöglichkeit sei. Wir Aelteren, die wir vor, während und
nach dem Krimkriege geschrieben und gelesen haben, wissen jedoch,
daß in der orientalischen Frage eine Meinung noch nicht schon darum
richtig und standhaltend sein muß, weil sie eine weite Verbreitung
gefunden hat. Damals war durch die englische Zeitungs-, Flug-
schriften- und Reisebericht-Literatur fast die ganze Presse West- und
Mittel-Europas zu der Ansicht bethört worden, daß man die slavischen Völker der Türkei nicht weiter von den Osmanen sich emanzipiren
lassen dürfe, daß die Bildung selbständiger Balkanstaaten, daß die
Emanzipation Rumäniens, daß die politische Wiederauferstehung Bul-
gariens mit aller Gewalt verhindert, daß Rußland maritim im Käfig des
schwarzen Meeres eingesperrt bleiben und seine Kriegsmarine daselbst
verstümmelt werden müsse. Das geschah denn auch durch den Pariser
Kongreß und Frieden im Jahre 1856, unter arger Kontumazirung
Preußens. Heute ist die Emanzipation der Balkanstaaten weit fortgeschritten, der Pariser Vertrag mit seinen Nichtswürdigkeiten durch
Rußland seit 1871 in Fetzen zerrissen und — o Ironie der Geschichte
auch gegen dieses erste Hauptstück drittnapoleonischer Politik! das
Schwarze Meer ein russischer See geworden, wo keine andere Macht
mit Kriegsschiffen über ihre Interessen wachen kann. Diejenigen,
welche um 1854 am lautesten gegen die politische Individualisirung
der Balkanvölker und deren Selbständigkeit deklamirt haben, und
dazu gehörten auch leitende Staatsmänner Oesterreichs bis in eine
sehr nahe Vergangenheit hinein, haben sich seitdem in Paladine dieser
Verselbständigung umgehäutet. Ist es nicht denkbar, daß sie in
weiterer Durchschauung der Gefahren, die es hat, Englands Geschäfte im Orient gegen Rußland auf Deutschlands und Oesterreichs
Kosten zu besorgen, für eine Auseinandersetzung mit Rußland sich
gewinnen lassen, welche genügend wäre, den europäischen Frieden zu
sichern, indem man Rußland in seinen wirklich gerechten Ansprüchen
befriedigt, ohne Europa zu gefährden?!

Was wäre denn nun der Preis der friedlichen Auseinandersetzung? Und was sind die gerechten Ansprüche Rußlands im Orient?

Müßte man etwa die ganze westliche Türkei dem erobernden

Zaren preisgeben? Wenigstens Bulgarien, Konstantinopel, den Bosporus, die Dardanellen, Kleinasien und ein Stück von Mesopotamien? Die Bejahung dieser Frage entspricht in der That der üblichen Vorstellungsweise von nicht wenigen Politikern. Ja, man weist darauf hin, aus Bismarck's Warnungen gehe hervor, daß die Auslieferung der Türkei an Rußland für Deutschland kein eigentlicher Schaden sein würde. Allein die Warnungen Bismarck's gingen doch nicht weiter als dahin, daß Deutschland sich selbst hüte und seine Verbündeten davon abhalte, Hals über Kopf in einen Krieg mit Rußlands sich zu stürzen, bevor außer der Türkei, Rumänien, Bulgarien und Griechenland auch England sich einerseits mit der ganzen Wucht seiner Seemacht für die Abwehr der gefährlichen Forderungen Rußlands eingesetzt hätte, andererseits aber für die Einräumung der gerechten Forderungen Rußlands gewonnen wäre. Das aber ist kerngesunde, deutsche und nur deutsche, weder rußlandfreundliche noch englandfeindliche Realpolitik, die der hier vertretenen Auffassung keineswegs widerspricht. Bevor die erwähnten Voraussetzungen erfüllt wären, hätte nicht einmal Oesterreich, geschweige Deutschland, Veranlassung, kriegerisch einzuschreiten und für England die Haut zu Markt zu tragen. Beide könnten unter Protesten warten, bis die Engländer mithelfen, etwaigen für Europa wirklich unannehmbaren Forderungen Rußlands ihre ganze Widerstandskraft entgegenzusetzen. Gefahr wäre nicht im Verzuge, welcher so lange dauern müßte, bis das englische Volk auf seine Lebensinteressen sich gründlich besonnen haben würde. Deutschland hat am wenigsten Veranlassung, hier zuerst vorzugehen. Es hat vielmehr den Beruf, seine Verbündeten von jeder schädlichen Uebereilung in der Art der österreichischen Invasion Rumäniens während des Krimkrieges zurückzuhalten.

Daß jedoch Deutschland überhaupt kein Interesse an der Verhinderung der Eroberung der Türkei durch Rußland, kein Interesse an der Rekolonisation Kleinasiens von Italien, Griechenland, den Balkanstaaten, Oesterreich und Deutschland aus, kein Interesse an der Offenheit Kleinasiens, Mesopotamiens, Syriens für den Absatz Westeuropas, keines an der Erschließung und Neubevölkerung der kleinasiatischen Türkei vom Westen her, keines an der Eisenbahnentwickelung daselbst habe, war sicherlich nicht die Meinung des Fürsten Bismarck, wenn er gegen die Russenhetze immerfort sein stop! stop! in die deutsche und in die österreichische Welt hinausgerufen hat.

Entspräche die einfache Preisgebung der Türkei seiner letzten Ansicht, welchen Grund hätte er gehabt, 1878 gegen den Frieden von San Stefano überhaupt den Makler zu spielen? Und wie hätte, wenn er gegen Oesterreich in keinem Falle eine Eroberung der Türkei als den Fall eines Angriffskrieges zugeben wollte, Oesterreich von ihm dazu bewogen werden können, den Vertheidigungsbund gegen Frankreich zu Gunsten Deutschlands einzugehen?

Ist denn aber nur daran zu denken, daß Rußland bewogen werden könne, über seine gerechten Ansprüche im Orient nicht hinauszugehen? Da muß man sich natürlich erst darüber klar werden, worin diese gerechten Ansprüche bestehen.

Die gerechten Ansprüche Rußlands bestehen nun meines Dafürhaltens in zwei Forderungen. Die eine richtet sich auf die Oeffnung der Dardanellen und des Bosporus für die Ausfahrt der russischen Hauptflotten ins Mittelländische und Weltmeer zu jeder Jahreszeit, so daß Rußland aufhört, in sein bedeutendstes Küstenmeer wie in einen Käfig eingeschlossen zu sein, was keine andere Nation von der Größe und Zukunft Rußlands sich gefallen lassen würde. Die zweite, zwar weitergehende, aber gerechte Forderung besteht darin, für seine Kriegsschiffe am ägäischen Meer einen Kriegshafen mit zureichendem Vertheidigungshinterland zu erwerben, um im Mittelmeer auch stationiren zu können, wie dort England, Italien, Frankreich, Oesterreich ihre Kriegshäfen besitzen. Beide Forderungen sehe ich unter der Bedingung zweier Gegenforderungen als ungefährlich für Europa an. Die zwei Gegenforderungen beständen darin: einmal, daß die Dardanellen und der Bosporus neutralisirt, einer gegen jeden Ueberfall schützenden Durchfahrtordnung unterworfen, nach dieser Ordnung aber den Kriegsschiffen aller Nationen zur Einfahrt ins schwarze Meer eröffnet werden würden; sodann darin, daß in der Osthälfte des Mittelländischen Meeres, wie andererseits im schwarzen Meere, Kriegshafenterrains — England besitzt Manches davon schon jetzt — auch den anderen großen Nationen zugewiesen werden würden. So will mir die endgültige „Lösung der orientalischen Frage" auf einem für Deutschland, Oesterreich und Italien friedlichen Wege möglich erscheinen.

Vorläufig mangelt der Raum, die nähere völkerrechtliche Ausgestaltung neutralisirter Freigebung der Meerengen an die Kriegsflaggen aller Nationen schon durchzuführen. Ich behalte mir dies vor und berufe mich nur darauf, daß für den Suezkanal dieselbe Ausgestaltung bereits gelungen ist.

Eines näheren Nachweises bedarf es weiter kaum, daß bei solcher Lösung Europa in gar keiner Weise bedroht wäre. Für England freilich würde durch diese Erledigung eine größere Belastung als bisher entstehen; denn die Briten müßten eventuell im ägäischen und im schwarzen Meer eine stärkere Flottenwacht halten. Hierzu ist aber gerade England berufen, da es für den Schutz der Suezverbindung mit Süd- und Ostasien gegen Rußland weitaus der Hauptinteressent wäre; als solchen hat es sich dem Khedive gegenüber mindestens in der letzten Zeit stets benommen und wird es sich immer benehmen. England würde sich in diese Ordnung ganz sicherlich bald finden, sobald es wüßte, daß die Knochen der deutschen, österreichischen und italienischen Heere in gar keinem Falle mehr dafür zu haben sind, für England geopfert zu werden und auch solche Prätensionen dieser asiatischen Großmacht weiter aufrecht zu erhalten, welche gegen Rußland unbillig und unwürdig sind, und auf die Dauer gar nicht behauptet werden können.

Rußland aber würde ohne jedes weitere Opfer erreichen, was es mit Fug und Recht beanspruchen kann. Es könnte sich ganz nach seinem natürlichen und unermeßlichen Kolonisationsgebiet östlich des Ural und Kaukasus mit allen seinen Kräften hinwenden. Mir ist daher wenigstens denkbar, daß es bald oder allmälig lernen würde, auf weitergehende, für ganz Europa unannehmbare, für Rußland selbst dauernd nicht zu behauptende Eroberungsziele Verzicht zu leisten. Um so mehr, als ihm die gleichberechtigte Theilnahme an der Wiederbelebung der Civilisation innerhalb der asiatischen Türkei und die Verwendung seiner ganzen Flotte auf allen Meeren gesichert wäre. Weitere Früchte würden ihm, wie allen Bekennern der griechischen Kirche, in den Schooß fallen, sobald die Bulgaren an Stelle der Türken zur Obhut der Neutralität beider Meerengen bestellt würden, in welchem Falle der ganzen russischen und nicht-russischen Orthodoxie das Kreuz auf der Hagia Sofia leuchten würde. Rußland kann mit dieser Lösung zufrieden sein.

Wird es das aber auch jemals sein? Wird auf der hier vertretenen Grundlage die friedliche Lösung der orientalischen Frage auch wirklich stattfinden können? Es wäre vermessen, hierüber ein bestimmtes Urtheil voraus zu wagen.

Das mag ja sein, daß Rußland zur Zeit einen viel weiter zielenden Angriff plant, wie es weiter kommen kann, daß England den Krieg erklärt, um auch diejenigen Konzessionen zu verhindern, die hier als berechtigte Ansprüche Rußlands anerkannt worden sind. Allein auch dann, wenn das Eine oder das Andere oder wenn Beides stattfände, so wäre es für Deutschland, Oesterreich-Ungarn und Italien noch lange nicht nöthig, sofort und ohne Englands volles Engagement mit Geldern und Flotten ihrerseits zum Schwerte zu greifen. Der Dreibund wird auch dann noch zuwarten können, und so lange Rußland die orientalische Frage nicht selbst im Bunde mit Frankreich gewaltsam aufrollt, Gewehr bei Fuß seiner ganzen Rußlandgrenze entlang stehen bleiben, stets bereit, Rußlands berechtigte Forderungen zu vertreten, dagegen aber auch gar nichts einzuräumen, was über deren Grenze hinausreicht. Bei diesem Verhalten würde der Bündnißfall eines Angriffs-krieges von Frankreich auf Deutschland und ebenso der-jenige eines Angriffskrieges von Rußland auf Oesterreich-Ungarn sich frei von jeder Zweideutigkeit und Deutelei klar vollziehen, oder auch ganz vermieden werden. Wahrschein-lich würde England von allem Anfang in der gewaltsamen Abwehr eines muthwilligen Angriffskrieges von Rußland und Frankreich auch mit seiner ganzen Flotten- und Heeresmacht auf die Seite des Dreibundes sich stellen. Die Gewißheit hievon aber würde auch den vereinigten Friedensbruch von Frankreich und von Rußland zu-sammen fast sicher — verhüten. Das Wahrscheinlichste auch nach einem Handstreich auf Konstantinopel wäre ein Kongreß, der glück-licher, weil auf besser vorbereiteter Grundlage als derjenige von 1878, die orientalische Frage dauernd auf Grund dessen erledigen würde, was meines Dafürhaltens Rußlands unverzichtbaren, berech-tigten Anspruch ausmacht.

Selbstverständlich liegt es der hier vertretenen Auffassung fern, den dauernden Frieden mit Rußland im Orient aus dem Stegreif hergestellt und für die Lösung einen vorbeugenden Kongreß impro-visirt zu wünschen. Vorausgehen müßte die vertrauensvolle An-näherung und Verhandlung zwischen Rußland und den Dreibund-mächten, nicht weniger die Klärung der öffentlichen Meinung aller westeuropäischen Völker. Der erste Versuch ehrlichen Beieinander-Anklopfens der Kabinette würde die bestehende Spannung zwischen

Rußland und Mitteleuropa bedeutend mildern. Es würde nicht, wie im Jahre 1854 vor dem Krimkriege, wieder ein „untoward event" im Stile der Menzikoff'schen Paletot=Demonstration eintreten. Der Angriffskrieg in Koalition mit Frankreich hätte ja für Rußland den Reiz verloren, sobald nur die ersten Fäden positiver Verständigung gezogen, die allgemeinsten Umrisse friedlicher Lösung der Orientfrage gewonnen wären.

Gelänge es schließlich wirklich, dauernden Frieden mit Rußland im Orient zu erzielen, so könnte Mitteleuropa an die Lösung seiner zwei größten Zukunftaufgaben, an die handelspolitische und sonstige Zusammenfassung gegen außen in völkerrechtlichen Verträgen und an die positivste Durchführung aller praktischen Socialreform, mit ebenso großer und ungetheilter Kraft als unerschütterlicher Zuversicht herantreten. Selbst Frankreichs schließliche Versöhnung und sogar Mitwirkung wäre nicht mehr ein Ding der Unmöglichkeit.

Auch jene Leser gegenwärtiger Schrift, welche kühl bis ans Herz hinan alle derartige Vorbeugungsarbeit für Zukunftmusik erklären, wollen so billig sein, dem Verfasser dieses Abschnittes die Begeisterung für die Lösung der ersten deutschen und zugleich gesammteuropäischen Grundfrage für die Erhaltung des europäischen Friedens in billige Gegenrechnung zu stellen!

Die Kriegswolken für Europa hängen auch am außereuropäischen Himmel. Genau genommen hat dies schon die vorige Betrachtung über dauernden Frieden mit Rußland und über die Wiederaufpflanzung der Gesittung in der Türkei gezeigt. Außerhalb Europas kann nun der Friede unter den heutigen Verhältnissen des internationalen Daseinskampfes nur mit denselben Mitteln gewahrt werden, wie in Europa und vor den Thoren Europas im türkischen, einst klassischen Orient. Im Vordergrund steht die Anerkennung der gleichen Kolonisations= und Verkehrsfreiheit aller europäischen Völker in der noch nicht civilisirten Welt. Unsere Epoche ist nicht mehr die Epoche national ausschließlicher Eroberung, Besetzung und Vertheilung der Welt, sondern die Epoche internationaler Freiheit im Wettstreit der Weltbesiedelung und des Weltverkehrs. Durch diesen Grundzug steht unser Zeitalter weit über der jüngeren und früheren Vergangenheit, in welcher der Ausschließungs= und der Verdrängungskampf mit der Folge der Verkümmerung internationaler Arbeitstheilung und Arbeitsvereinigung als Signatur gegeben war. Praktisch wird solcher Fortschritt für die Berührung mit dem nun von der Pflanzungskolonisation ergriffenen „schwarzen Kontinent" und für die Berührung mit Hinterasien und Südasien. Die Freimachung und Freihaltung dieser von der Civilisation erstmals fest angefaßten Riesengebiete für den international gleichberechtigten Verkehr aller Kulturvölker ist das zweite große Problem der orientalischen Fragen. Das Interesse Englands und der mitteleuropäischen Staaten ist auch hierbei ein solidarisches.

Nun ist bereits eine völkerrechtliche Ordnung und Obhut der internationalen Kolonisations= und Verkehrsfreiheit unter der Führung Deutschlands zu Stande gekommen in der Berliner Generalakte vom 26. Februar 1885. Diese hat ein gewaltiges Gebiet von Naturvölkern, welche alle mehr oder weniger schon auf die höheren, ackerbaulichen Stufen des völkerschaftlichen Daseins emporgekommen waren (Bantuneger), theils von solchen Völkern, welche im ganzen Gebiet des Niger über die erste politische Verfassungsstufe hinaus schon in die Feudalorganisation hineinreichen, kolonial= und handelspolitisch zu gleichem Recht für alle alten Völker erschlossen und völkerrechtlich konstituirt.

Die Berliner Konferenz und ihre Generalakte sind eine in ihrer Art einzige Erscheinung. Theils durch den Gegenstand der Kolonial= ordnung eines halben Welttheils, der politisch für völkerrechtliche Abschlüsse noch fast individualitätslos war. Theils durch die bedachte Fürsorge für die Eingeborenen gegenüber alten (arabischen) und neuen (europäischen) Ausbeutern. Theils durch den Umfang des Gebietsobjektes und durch den Charakter der Völkerwelt, über welche die Konferenz verfügte. Theils durch den Umfang der Betheiligung, indem sie Westeuropa, Rußland, die Türkei und die Vereinigten Staaten umschloß. Theils durch die beispiellose Schöpfung internationaler Handelsfreigebiete, welche die nationalen Kolonialgebiete überall durchschneiden, statt sich mit deren Grenzen zu decken. Was letzteres betrifft, so durchschneidet nicht bloß das Aequatorialfreigebiet französische, portugiesische und deutsche Kolonialgebiete und Eingeborenenreiche, sondern auch das Nigerfreigebiet thut dies überall, wie die „Generalakte" ergibt.

Wie zielbewußt mit dieser ersten internationalen Kolonisations=

ordnung vorgegangen worden ist, das geht aus der lapidaren Charak=
teristik hervor, welche Fürst v. Bismarck am Schlusse der Berliner
Konferenz ausgesprochen hat: „Sie haben nach Mitteln gesucht, um
einen großen Theil des afrikanischen Kontinents den Wandlungen
der allgemeinen Politik zu entziehen, indem Sie daselbst die natio=
nalen Rivalitäten auf den friedlichen Wettstreit des Han=
dels und der Industrie einschränkten. Von demselben Gesichts=
punkte aus haben Sie sich angelegen sein lassen, den Mißverständ=
nissen und Streitigkeiten, zu denen neue Besitzergreifungen an den
Küsten Afrikas führen könnten, vorzubeugen. Die Erklärung be=
züglich der Förmlichkeiten, welche zu erfüllen sind, damit diese Besitz=
ergreifungen als effektive betrachtet werden, führt in das
öffentliche Recht eine neue Regel ein, welche dazu beitragen
wird, aus den internationalen Beziehungen Anlässe zu Meinungs=
verschiedenheiten und Reibungen zu entfernen. Der Geist gegen=
seitigen guten Einvernehmens, welcher Ihre Berathungen aus=
gezeichnet hat, hat auch bei den Verhandlungen vorgeherrscht, welche
außerhalb der Konferenz zu dem Zweck stattgefunden haben, die
schwierigen Grenzfragen zwischen den Mächten zu regeln, welche
Souveränitätsrechte im Becken des Kongo ausüben werden und die
nach der Natur ihrer Stellung berufen sind, die hauptsächlichsten
Wächter des Werks zu werden, das wir im Begriffe sind, zu
sanktioniren". Centralafrika ist inzwischen schon vertheilt worden.
Die „Wächter" sind da, und daß zu diesen Wächtern hauptsächlich
Deutschland und England, das letztere auch im ganzen großen Niger=
gebiet, aufgestellt sind, kann über das Gedeihen des Werkes, im
großen Ganzen, ziemlich beruhigen.

Dasselbe System internationaler Verkehrsbefreiung, wie in
Centralafrika, hat sich, wie für die Kolonisation der asiatischen Türkei
und für den Schutz der Verkehrsfreiheit in Egypten, so in Beziehung
auf das ungeheuer bevölkerungsreiche Hinterasien Anerkennung ver=
schafft. Es ist das System, aus welchem sogar die Berliner General=
akte geistig herausgewachsen ist. Fürst v. Bismarck hat diesfalls in
der Rede zur Eröffnung der Berliner Konferenz mit seinem ge=
waltigen Weitblick bemerkt: „Das seit einer Reihe von Jahren
in den Beziehungen der Westmächte zu den Ländern Ostasiens
beobachtete System hat bis jetzt die besten Ergebnisse geliefert,
indem es die Handelseifersucht zu einem legitimen Mitbewerb ein=

geschränkt hat. Die Regierung des deutschen Kaisers hat deshalb geglaubt, den Mächten empfehlen zu können, auch für Afrika in den diesem Kontinent angepaßten Formen dasselbe System zur Anwendung zu bringen, welches auf der Gleichheit der Rechte und der Gemeinsamkeit der Interessen aller handeltreibenden Nationen beruht."

Der Verkehr mit Naturvölkern und mit Halbkulturvölkern steht zwar vorläufig an Bedeutung weit zurück hinter dem Verkehr mit Hochkulturvölkern und mit den von diesen abgezweigten Kolonieen der gemäßigten Zonen. Eine letzteren Völkern und Kolonieen gegenüber glückliche Handelspolitik hat praktisch für eine absehbare Zeit die viel größere Bedeutung. Allein die Größe des Verkehrs von England mit Indien zeigt doch schon, welche gewaltige Entwicklung auch dieser Handel in einer ferneren Zeit erreichen kann. Die schwerste Beeinträchtigung der unserer Zeit nothwendigen Siedelungs- und Verkehrsfreiheit besteht in der Fortsetzung ausschließend nationaler Besitznahme auswärtiger Halbkulturgebiete. Diese Politik bildet den weitaus schwärzesten Punkt am außereuropäischen Friedenshorizont.

Die Gefahr ist keine kleine, und die Bewältigung umschließt eine der größten internationalen Kernfragen unseres Zeitalters.

Auf den ersten Blick scheint sich gegenwärtig das nationalausschließliche Okkupiren verallgemeinern zu wollen und die internationale Siedelungs- und Verkehrsfreiheit zum besonderen Nachtheil Mitteleuropas zu bedrohen. Die Vereinigten Staaten streben danach, sich auch das spanische Amerika mit Zurückdrängung der Europäer anzugliedern. — In Großbritannien verlangt eine große Partei den zollpolitischen Zusammenschluß des Mutterlandes mit allen Kolonieen zum Greater Britain. — Von Rußland befürchtet man noch immer die Eroberung der asiatischen Türkei ausschließlich für den Anschluß an Rußland, und nach der Ansicht Vieler droht das Zarenreich die ganze Grenze auf den Kammhöhen der asiatischen Hochgebirge erobernd zu überschreiten. Doch sind alle diese Gefahren immerhin erst kommende, und gewaltige Widerstände leben in den neuspanischen und in den neuenglischen Kolonialvölkern. In den hinter- wie in den vorderorientalischen Dingen steht das ungetheilte Interesse und daher wohl auch die Macht der ganzen übrigen civilisirten Welt gegen Rußland. Dieses kann sich auf seine

jetzigen weiten Gebiete, auf seine beneidenswerth große Ostkoloni=
sation beschränken, welcher gegenüber Deutschlands gewaltige einstige
Grenzkolonisationen im Osten Europas wie eine mittelalterliche
Kleinigkeit sich ausnehmen. — Dagegen ist es Frankreich, welches
durch die Fortsetzung der ausschließenden Länderbesitznahme außer=
halb Europas den europäischen Frieden so schwer bedroht, wie in
Europa durch Ermunterung Rußlands zur Eroberung der Türkei,
eine Ermunterung, welche stattfindet, obwohl auch die Interessen
Frankreichs hierbei den russischen stracks entgegenlaufen. Zu bevor=
zugtem, freiem Handel der Franzosen ist neben Algerien auch Tunis
in Besitz genommen worden. Nach Marokko und Tripolis bleiben
die Klauen ausgestreckt. Madagaskar ist oder soll werden ein großes
französisches Inselreich. Hinterindien ist von Osten her erobert
worden, und mit der in diesem Jahre vollzogenen Besitznahme eines
Theils von Siam schreitet ein großes hinterindisches Franzosenreich
seiner Vollendung entgegen; die Ausbreitung im Norden und Nord=
osten auf Kosten Chinas ist eine Verlockung, welcher Frankreich nicht
leicht widerstehen wird. Im strengen Gegensatz zu der größten Welt=
handelsmacht, welche ihren Schutzländern die Erhebung eigener Zölle
nicht verbietet und die selbständige Entwickelung nicht wehrt, die
Nichtbritten im Handel mit den englischen Kolonialreichen nirgends
zurücksetzt, ergreift Frankreich alle seine tropischen und subtropischen
Erwerbungen zu ausschließender, die anderen Nationen zurücksetzender
Handelsausbeutung und Machtausnützung. Das strenge Gegentheil
vom Fortschritt zu internationaler Siedelungs= und Verkehrsfreiheit,
wie solcher unserer Epoche zum unentbehrlichen Bedürfniß geworden
ist, ein gewaltiger Rückfall auf überlebte Eroberungs= und Handels=
politik findet statt. Jedes weitere Gebiet, welches so der inter=
nationalen Handelsfreiheit verloren geht, bedeutet für das übrige
Europa die wachsende Unmöglichkeit, den Bevölkerungsüberschüssen
durch Exportindustrie das nationale Dasein zu ermöglichen. Man
darf den Ernst dieser Thatsache nicht gering schätzen, obwohl Frank=
reich wegen seiner sinkenden Bevölkerung wohl viel Kapital, aber
nur wenig Menschen dafür einzusetzen vermag. Eine hinterorientalische
kann die vorderorientalische Frage kriegerisch entzünden. In der
einen wie in der anderen ist das mitteleuropäische Interesse identisch
mit dem englischen, allein der Hauptinteressent der Wahrung inter=
nationaler Siedelungs= und Verkehrsfreiheit ist und bleibt dennoch

England. Hienach haben sich auch in den hinterorientalischen Kernfragen die Mächte des Dreibundes einzurichten.

Berechtigung und Verpflichtung aller, der jungen und der alten
Völker, zum Verkehr, zum Siedeln und Besiedelnlassen, ist in der
Philosophie des Völkerrechtes bekanntlich viel erörtert. Ich beschränke mich darauf, es hier zu wiederholen, daß Recht und Pflicht
dieser Art nicht einem willkürlich irgendwoher geheischten Prinzip, sondern
der Bestimmung zum zeitgemäßen Fortschritt durch immer höhere
Arbeitstheilung und Arbeitsvereinigung entspringt und lediglich als
Forderung einer geschichtlich nothwendig gewordenen Vervollkommnung der socialen Auslese sich darstellt.

Wesen, Ursachen, Arten und Stufen der Kolonisation.

Das Wesen der Kolonisation. Auch die Kolonialtheorie
ist weit davon entfernt, ihren wissenschaftlichen Abschluß gefunden zu
haben. Daher sind auch einige kolonialwissenschaftlich neue Ausführungen zur Grundlegung der praktischen Kolonialfragen nicht zu umgehen. Zuerst über das Wesen der Kolonisation!

Unser erster Kolonialtheoretiker, W. Roscher, hat in seinen
„Kolonieen, Kolonialpolitik und Auswanderung" das Wesen der
Kolonisation in den zwei Eigenthümlichkeiten erkannt: „erstens, daß
ein mehr oder weniger altes Volk ein mehr oder weniger junges
Land in Besitz nimmt, und zweitens, daß ein Theil des Volkes sich
vom Ganzen ablöst." Diese Begriffsbestimmung ist gewiß von hohem
Werthe; denn sie hebt die Kolonisation als einen Thatsachenkreis
abgeleiteter Gesittung von den Vorgängen der völkischen Selbst-
wüchsigkeit (Autochthonie) ab und unterscheidet sie weiter von den
Erscheinungen anderer Arten abgeleiteter Gesittung, namentlich von
der Beeinflussung älterer durch jüngere, höherstehender durch minder
entwickelte Nationen, sowie von allen Arten der Wechselwirkung zwischen
gleich alten, kulturlich gleich hohen Völkern und Ländern in Verkehren jeder Art. Allein völlig befriedigend ist die Begriffsbestimmung doch nicht; denn, was ein „altes" Volk und ein „junges" Land
sei, überträgt sie noch nicht aus dem Bild in den festen Begriff, und
verschiedene Arten zweifelloser Kolonisationsvorgänge, z. B. die
unten sog. innere Kolonisation, die am Mutterland festhaltende und
mit diesem verwachsende Grenzkolonisation finden in der obigen

Wesensbestimmung keine Unterkunft. Dem Begriffe wird daher eine veränderte Fassung gegeben werden dürfen.

Unter Kolonisation begreift die gegenwärtige Schrift alle Vorgänge der Volksentwickelung von höherer auswärtiger Gesittung aus durch dauernde Niederlassung von Bevölkerungsbestandtheilen der höheren auswärtigen Gesittung.

Auswärtig ist hierbei nicht bloß, was über die feste oder verschwommene Grenze eines Volksgebietes weit hinausliegt, sondern auch, was innerhalb desselben Volksgebietes verschiedenen Gebietstheilen angehört oder unmittelbar vor der Grenze gelegen ist. Die im Anfange der Entwickelung so wichtige innere Kolonisation, wie sie in unserem Mittelalter im Innern überall in die Mark hinein stattfand und in den heutigen Ackerbaukolonieen ebenso noch stattfindet, sowie die Grenzkolonisation, die wir im Mittelalter zur Elbe und Oder hin trieben und die von Rußland aus noch gewaltiger gegen Nordasien hin im Zuge ist, — diese innere Kolonisation und diese Grenzkolonisation sind hiernach vom aufgestellten Begriffe der Kolonisation gedeckt. Politisch liegt außereinander, was entweder schon staats- und völkerrechtlich von einander abgegrenzt ist oder was ohne feste Grenze zwischen sich außereinander liegt; kulturell liegt außereinander, was nicht demselben Kulturterritorialkreis angehört. Politische einer- und kulturliche Territorialkreise andererseits können einander decken oder einander schneiden oder einander auswärtig sein. Zieht man sich das politische Außereinanderliegen näher an, so verwandelt sich gerade durch Kolonisation die Scenerie vollständig. Aus der Grenzlosigkeit geht durch erste Begrenzung die Urkolonie in einen völkerrechtlich nach außen wie staatsrechtlich nach innen mehr und mehr abgegrenzten Zustand über.

Höher ist diejenige Gesittung, welche auf einer der fünf Verfassungsstufen (Seite 79 ff.) und auf den Stufen des der Verfassungshöhe annähernd entsprechenden Kulturgrades höher steht. Hiermit ist der Begriff „altes“ und „junges“ Land oder Volk unbildlich bestimmt. Zu beachten ist, daß es innerhalb desselben Landes verschiedene Grade der Kulturintensität — in „Land“, Kleinstadt, mittlerer Stadt, Großstadt, Reichshauptstadt! giebt.

Außer dem Unterschied der Gesittungshöhe wird weiter vorausgesetzt, daß die tiefer stehenden Kreise weiterer Entwickelung noch fähig seien; nur so ist Kolonisation möglich. Das trifft nicht immer

zu, da vielmehr Theile da sind, welche absolut oder relativ nicht
mehr steigerungsfähig sind.

Die innere wie die äußere Kolonisation hört auf, wenn im
„Tochterland“ (der Kolonie) wie in ihren Mutterländern dieselbe
Höhe der Entwickelung erreicht ist. Die langsame weitere Er-
hebung findet dann weniger durch Kolonisation als durch bloßen
Verkehr statt.

Der stärkste Entwickelungsabstand zwischen „jungem“ Land und
„altem“ Volk ist dann gegeben, wenn die kolonisirenden Völker auf
der höchsten Entwickelungsstufe stehen, das zu kolonisirende Land aber
noch völlig unentwickelt, bevölkerungslos, bezw. von unkultivirbarer
Bevölkerung bewohnt oder „Unland“ ist. Die Kolonisation nach schon
entwickelungsfähig bevölkerten Ländern ist Pfropfkolonisation,
die andere Kolonisation heiße ich Urkolonisation. Die Vereinigten
Staaten haben Urkolonisation gehabt und haben sie theilweise noch
jetzt. Inneres Unland zu gewaltiger „innerer Urkolonisation“
hatten wir Deutsche im Mittelalter noch in Menge.

Das Wesen der Kolonisation nach obiger Bestimmung wird noch
klarer, wenn man die gegebene Definition den Definitionen der älteren
Kolonialtheoretiker gegenüberstellt. Ich sage nicht: „altes“ Volk und
„junges“ Land, sondern „höhere“ oder „niedrigere“ Entwickelungsstufe; denn jede bildliche Begriffsbestimmung ist bedenklich. Ich sage
nicht: „mehr oder weniger“ hohe Gesittung; denn diese Bezeichnung
ist an sich zu vag, sie drückt die ganz bestimmte Gradation der Kolonisation in jedem besonderen Falle nicht aus und schließt eigentlich
mehr oder weniger jene Kolonisation aus, welche schon von der ersten
Stufe der Entwickelung aus stattgefunden hat und heute im Hinterwald noch immer stattfindet. Ich sage ferner nicht: „eine Volks-
besitznahme“, da dies die politische Herrschaft des „alten Volkes“ als
wesentliches Merkmal der Kolonisation ein-, die innere Kolonisation
aber ausschließt. Ich sage nicht: „ein junges Land“; denn der
Kolonisationskreis kann schon Volk haben und schon einigermaßen
civilisirt sein; nicht nur ein ganzes Land, sondern jeder kleinere
innere wie ausländische Kreis kann kolonisationsbedürftig und koloni-
sationsfähig sein; Kolonisation ist ein Mittel, auch „alte Länder“,
selbst solche, welche früher kolonisirten, durch Re- oder Rückkoloni-
sation wieder zu heben. Ich sage nicht: die Kolonisation sei Landes-
besitznahme durch ein altes Volk, weil nicht völlige und staatliche Okku-

pation nothwendig ist und weil die Kolonisation mehr ist als Besitznahme, nämlich auch Erziehung und Kultivirung durch die Kolonisten.
Ich sage nicht: die Kolonisation sei bedingt durch „Ablösung“ vom
Ganzen; weder kulturell findet völlige Ablösung statt, noch immer
staatlich; so lange die Kolonie Dependenz des Mutterlandes ist und
so lange sie es bleibt, ist der Kolonist noch Glied des Reiches. Ich
sage dagegen: von auswärtiger höherer Gesittung aus, weil dies
die innere wie die äußere, die sociale wie die politische Kolonisation,
die Kolonisation nach auswärtigen Völkern wie Ländern, also die
Pfropf- wie die Urkolonisation, und weil es Kreise weitester, wie
engster Territorialerstreckung, und diese alle sowohl als Kultur- wie
als Staatskreise umfaßt. Ich sage ferner: Volksentwickelung, weil
dies die theilweise und lokale Kolonisation auswärtiger Gesittungskreise ebenso in sich schließt, wie die völlige Herstellung sittlicher
Gemeinschaft im nicht oder wenig gesitteten Gebiete. Ich sage
weiter: Volksentwickelung bedeutet ebenso Weiterentwickelung wie
Gründung, ebenso Wiederherstellung vom Verfall wie Steigerung von
bisheriger Blüthe aus; Volksentwickelungvorgang ist die Kolonisation von der Urkolonisation an. In dem Merkmal der „Volksentwickelung“ liegt auch schon, daß die koloniale Niederlassung groß
und häufig genug sein muß, um entweder ein ganz neues Kolonialvolk zu schaffen oder die eingeborene Bevölkerung in ihrer Entwickelung fort- und zugleich umbildend zu beeinflussen. In demselben
Merkmal liegt es auch schon, daß die Niederlassung von Kolonisten
eine dauernde sei. Niederlassung sage ich statt Landbesitznahme, weil
die Niederlassung wirklich das Mehr mitenthält, was über Landbesitznahme und Bodenankauf hinaus am Kolonisiren ist, und gleichwohl die Niederlassung staatlicher Kräfte des Mutterlandes nicht
ausschließt. Und so bemerke ich nochmals: Kolonisation ist Volksentwickelung von höherer auswärtiger Gesittung aus durch Niederlassung von Bevölkerungstheilen.

Ursachen der Kolonisation. Die Vorgänge, durch welche
Länder und Völker tieferer Entwickelung von Völkern höherer Stufe
der Entwickelung und höheren Grades der Kultur durch Abgabe von
Bevölkerungstheilen emporgehoben werden, sind äußerst unvollständig
erklärt, wenn man sie nur und hauptsächlich auf das Ueberschießen
der Volkszunahme und auf Kapitalüberfülle zurückführt. Bevölkerungsüberschüsse begünstigen Macht und Lust zur Ackerbaukolonisation,

die Kapitalüberschüsse die Macht und Lust zur Bergbau-, Pflanzungs-, Handels- und Transportkolonisation. Allein daß Kolonisation durch Bevölkerungs- und Kapitalüberschüsse allein und vorwiegend veranlaßt wäre, entspricht der Erfahrung nicht. Noch weniger, daß es der Hunger allein sei, welcher die darbenden Bevölkerungstheile nach Gebieten und zu Völkern tieferer Entwickelungsstufe und niedrigeren Entwickelungsgrades kolonisatorisch abdrängt. Nicht die ärmsten Leute wandern kolonisatorisch aus und nicht so sehr diejenigen, welche in der Heimath hungern, sondern jene, die es besser haben wollen als in der Heimath und einige Mittel in die neue Heimath mitzubringen vermögen. Das Mehr- und Besserhabenwollen, die demokratisch gewordene Königstugend der Alten, die „Pleonexie", ertheilt ebensoviel Antrieb zur Kolonisation, als der Hunger und das Elend es thun. Auch sind es keineswegs bloß wirthschaftliche Beweggründe, welche zum Kolonisiren drängen; ideale Motive aller Art: der Werth der Glaubensfreiheit, die Flucht vor dem Despotismus, die religiöse Propaganda, der Socialreformtrieb, wie er jetzt Hertzka's „Freiland" am Kilima-Ndscharo schafft, das sektirerische Fürsicheinwollen, das abenteuernde Verbesserungsstreben, alle diese Triebfedern liefern z. Th. die besten Kolonisten. Und wenn schon in der freien Privatkolonisation dem so ist, wie viel mehr in der anstaltlichen Kolonisation durch Staaten, Körperschaften, Kirchen, Orden und Vereine.

Arten der Kolonisation. Auch in der Klassifikation der kolonialen Erscheinungen läßt sich die Kolonialtheorie nicht als abgeschlossene Wissenschaft ansehen. Ich vervollständige die Arteintheilung für meine Zwecke nach verschiedenen Seiten hin, indem ich unterscheide:

Auswanderungskolonisation (Apökie der Griechen) und Loosungskolonisation (Kleruchie der Griechen, publico consilio c. der Römer); letztere kann man auch anstaltliche Kolonisation nennen. Diese erste Unterscheidung wurzelt in der Verschiedenheit der Veranlassung, indem der Kolonist entweder aus freiem Entschluß das Vaterland verläßt oder vom Staat, Vereinen und Anstalten zur Kolonisation veranlaßt wird. Die anstaltliche Kolonisation erfolgt theils durch den Staat, so namentlich die altklassische Militärkolonisation und jetzt noch die Kolonisation durch Militär- und Marinestationen, die Sträflingskolonisation. Theils wird sie betrieben

durch Körperschaften: mittelalterliche Ordenskolonisation, Missions=
kolonisation aller Zeit. Sie wird weiter betrieben durch Vereine
und Erwerbsgesellschaften, so in den Handels= und Pflanzungs=
kolonieen seit Beginn der Neuzeit.

Wirthschaftliche und nichtwirthschaftliche Kolonisation.
Die erstere ist theils Ackerbaukolonisation, theils Pflanzungs= oder
Kultivationskolonisation, theils Handelskolonisation. Diese Klassi=
fikation ist von der Kolonialtheorie bis jetzt am meisten beachtet.
Man kann weiter von Bergbau=, Jagd=, Fischerei=, Transport (Eisen=
bahnbau=) Kolonisation reden. Zur nichtwirthschaftlichen Kolonisation
gehört die Militär= bezw. Militärgrenzkolonisation, die Missions=
kolonisation, die Sträflingskolonisation.

Universalkolonisation oder Volkkolonisation und Spe=
zialkolonisation: bei der ersteren wird das junge Land und Volk
in allen Gebieten der Gesittung von dem kolonisirenden Volke durch=
drungen, bei der Partialkolonisation nur nach einzelnen Seiten hin.
Die Ackerbaukolonisation ist und wird in der Regel Volkkolonisation
und hierdurch zum Grund der Bildung von unabhängigem Jugend=
gemeinwesen.

Mit dem Unterschied der Universal= und der Specialkolonisation
nicht zu verwechseln ist der weitere Unterschied der

Ganz= (Total=, Gesammtgebiets=) Kolonisation und der
Theil= (Strich=, Stations= u. s. w.) Kolonisation. Special= und
Theilkolonisation findet namentlich gegenüber schon höher entwickelten
Völkern statt, gegenüber Japan, China, Indien.

Reine und gemischte Kolonisation: je nachdem die Ab=
senkung der höheren Gesittung nur von einem bestimmten Volke oder
von mehreren zusammen vor sich geht. Die gemischte Kolonisation
besonders erzeugt neue Nationalitäten mit dem Drang zur politischen
Unabhängigkeit.

Kapitalkolonisation (kapitalistische Kolonisation) — Ar=
beitskolonisation: je nachdem die Kolonisation mehr das Kapital
oder neben diesem hauptsächlich die Arbeitskraft einsetzt. Die
Kultivationskolonisation ist überwiegend kapitalistisch, doch kann
dies Seitens der Landerwerber — Landankäufe in Amerika und
Australien durch englische Grundrentenspekulanten! — auch die Acker=
baukolonisation werden. Die Eintheilung in

Urkolonisation — Pfropfkolonisation, in innere —
auswärtige Kolonisation, in

Grenzkolonisation — überseeische Kolonisation — sind bereits hervorgetreten. Es kommt hinzu der Unterschied von

Freikolonisation — Sklaverei= oder Hörigkeitskolonisation: noch vor hundert Jahren bildete die Freikolonisation die
Ausnahme, heute ist sie die Regel selbst für die Pflanzungskolonisation, indem z. B. für unsere Pfropfkolonisation in Ostafrika die
Sklavereikolonisation durch die Kongoakte ausgeschlossen ist. Weiter
ergiebt sich als wichtiger Unterschied

klimatisch und völkisch homogene — klimatisch und völklich heterogene Kolonisation. Die kolonisatorische Auswanderung der germanischen Völker nach Nordamerika und Australien,
der Russen nach Sibirien und Turkestan ergiebt homogene Kolonisation. Dagegen ist die Pflanzungskolonisation der Europäer in
tropischen und subtropischen Gegenden heterogen. Die klimatisch und
völkisch homogene Kolonisation ist es hauptsächlich, welche der Ausbreitung der Rassen und Völker dient, ohne jedoch Emancipationen
vom Mutterlande und Abschnürung zu selbständigen Staaten vereiteln zu können. Die klimatisch und völkisch heterogene Kolonisation,
meist Handels= und Pflanzungsorganisation, ist es, welche Völkermischungen herbeiführt und politische Kolonialherrschaft begünstigt.

Zu den obigen kommt weiter der Unterschied: souveräne
Kolonisation (Unabhängigkeits=Kolonisation) — souzeräne oder Abhängigkeits=Kolonisation, d. h. Kolonisation unter Beherrschung
durch das Mutterland. Die Ackerbaukolonisation geht früher oder
später durch Emancipation in souveräne Kolonisation, in Kolonialselbstregierung über. So die englische in Nordamerika, so vielleicht später die russische in Turkestan. Die Abhängigkeitskolonieen
oder K.=Dependenzen haben theils directe Regierung durch mutterländische Beamte, theils Regierung durch Gesellschaften, Missionsvereine u. s. w., welche von der mutterländischen Staatsgewalt beauftragt und concessionirt sind: Kronkolonieen — Charterkolonieen. Die Kronkolonieen sind theils Gouverneur=, theils
Residentialkolonieen. Der letztere Unterschied betrifft die politisch verschiedene Behandlung der völlig abhängigen und der nur
theilweise abhängigen Kolonieen und Kolonialbezirke, indem die
Kolonie je nach der Entwickelungshöhe, welche sie vor der Okkupation

erreicht hat, direct regiert oder nur controlirt wird. Die Franzosen nennen wenigstens in der Gegenwart Residenten die Gouverneure in Tunis und Tongkin; die Holländer in Java, die Engländer in Ostindien; einer ständigen staatlichen Eingeborenenregierung sind fest ansässige, quasidiplomatische Organe der heimischen Regierung beigegeben. Aehnlich die „Residencias" der altspanischen Kolonieen!

Der letzte und vielleicht bedeutendste Unterschied ist:

Kolonisation erster, zweiter, dritter, vierter und fünfter Stufe. Die große Bedeutung dieser Klassifikation wird aus dem, was unmittelbar folgt, deutlich hervorgehen.

Die Kolonisationsstufen und die Kolonisationsgrade. Die Welt-Kolonisationsgeschichte hat so viel Weltalter, die Volks-Kolonisationsgeschichte so viel Zeitalter gehabt, als Stufen der politischen und socialen, der Verfassungs- und der Kultur-Entwickelung durchlaufen worden sind. Moderne, vorneuzeitliche, klassisch-bürgerschaftliche, orientalisch-ständische, primitive Kolonisation — Ketten unermeßlicher Thatbestände sind einander gefolgt.

Jedes spätere Welt- und Volkszeitalter hat es mit dem Kolonisiren leichter gehabt und es großartiger anfangen können. Noch die Kolonisation der IV. Epoche (vergl. S. 79 ff.) hat unter den günstigsten Verhältnissen in Nordamerika eine unendlich schwierigere Kolonisation, fast Schnecken- und Liliput-Kolonisation gehabt, verglichen mit der heutigen Eisenbahnkolonisation der Stufe V im fernen Westen.

Ethnographisch liegen noch alle Entwickelungsstufen nebeneinander da: Naturvölker (Neger, Melanesier, Wüstenaraber, Indianer), kasten- und ämterstaatliche Völker (hinterasiatische Mongolen, zurückgekommene Mittelmeervölker, Malaien, einige halbfeudale Sudanreiche, zurückgekommene Kulturaraber u. s. w.), zuhöchst moderne Völker: romanische, germanische, slavische. Daher gab es nicht bloß welt- und volksgeschichtlich, sondern es gibt auch kolonialzeitgeschichtlich, d. h. kolonialpolitisch heute eine fünfstufige Kolonisation, zwei vier-, drei drei-, vier zwei- und fünf einstufige Kolonisationen.

Die eine fünfstufige Kolonisation ist die seit Anbruch der neuesten Zeit mit den Mitteln der Hochkultur von Europa getriebene Urkolonisation, hauptsächlich die in Nordamerika, in Australien und in der canadischen Dominion.

Die zwei vierstufigen Kolonisationen der Gegenwart sind:
erstens die Kolonisation in Kolonialgebieten, welche auf Stufe I
angekommen sind, theils zu solchen Naturvölkern, welche civilisirt
werden sollen oder nicht vernichtet werden dürfen, theils nach den
erst dünn besiedelten Theilen Nordamerikas, Australiens, Brasiliens,
die Steppenkolonisation der Russen, die Kolonisation Centralafrika's;
zweitens die innere Kolonisation von Gesittungskreisen iV. Stufe
nach innerem oder auswärtigem Unland.   Die drei dreistufigen
Kolonisationen finden heute statt: erstens von Europa aus nach den
Ländern halb- und ganzständestaatlicher Gesittung, Japan, China,
Hinterindien, Vorderindien, Tibet, Persien, Aegypten, Türkei, Tunis,
Algier und einem Theil des Sudan; zweitens: als äußere Kolonisation von Europa aus nach den auf Stufe II gekommenen Kreisen
der neueren Kolonialländer; drittens als eigene innere Kolonisation
von den wenigen auf Stufe IV etwa angekommenen Gebietstheilen
Nordamerikas nach dem Urwald und der volklosen Prairie. — Die
vier zweistufigen Kolonisationen sind zu erkennen: in der Kolonisation Europas nach den Stadtgesittungskreisen Nordamerikas und
von denjenigen Gesittungskreisen, welche in den modernen Kolonieen
selbst bezw. Stufe II, III und IV erreicht haben, nach bezw. dem
Urwald, nach dem Rande des Urwaldes und der Prairie und nach
den Gebieten von wahlänuerstaatlicher Gesittungshöhe (der Stufe II).
— Die fünf einstufigen Kolonisationen werden nicht bloß von den
höheren Gesittungskreisen alter Völker und Länder nach den Kreisen
je der nächst niedrigen Gesittung und innerhalb der modernen
Kolonieen selbst auf eben diese Weise, sondern auch von den Ländern
der stationären altständischen Gesittung zu Naturvölkern hin und
von diesen ins Unland hinein vollzogen.

Offenbar ist der bedeutendste Vorgang die fünfstufige Kolonisation Seitens der Europäer, zumal jene nach landgleichartigen Gebieten. Wo wir Deutsche nur immer noch jungfräuliches Land
finden, das unsere Ackerbauer besiedeln können, müssen wir es besiedeln (Moorkolonisation); da, wo schon andersprachige Völker zuvor-
gekommen sind, bei den mindest sprachfremden Ländern in der kom-
paktesten Weise. Die fünfstufige Kolonisation ist heute die fruchtbarste und lohnendste: sie hinterläßt dem Mutterland am meisten
nachhaltigen Verkehr. Die minderstufige Kolonisation kann jedoch
dann mehr Werth haben, wenn sie innere Kolonisation ist oder wenn

man nur wenig Kolonistenmaterial senden kann. Jede höherstufige Kolonisation wird die minderstufigen verdrängen und der letzteren, wo nicht den minderstufigen die Homogenität entgegenkommt, wie den Chinesen in Tongking, ohne viel Schwierigkeiten auch Herr werden. Schon die dreistufige Kolonisation zu heterogenen Kolonialländern ist heute überaus schwierig und kann nur beschränkt und kompakt, hauptsächlich als Handels= und Lehrkolonisation, wie sie gegenwärtig Deutschland in China und Japan, ganz Europa in Egypten, England im ganzen Orient treibt, mit Sicherheit durchgeführt werden. Also möglichst fünfstufige Kolonisation nach außen und überhaupt höherstufige Kolonisation zu möglichst homogenen Kolonialgebieten hin!

Von den Kolonisationsstufen sind verschieden die Kolonisations= grade. Darunter verstehe ich die Unterschiede, welche sich dadurch ergeben, daß die Kolonisation von Kolonisten getrieben wird, oder wenigstens versucht werden kann, welche von der Gesittung des Kolonialgebietes um nur eine oder um zwei oder um drei oder um vier oder um fünf Stufen der Kulturintensität abstehen.

Das Regelmäßige ist nicht die fünf=, vier=, drei= oder zwei= gradige, sondern die eingradige Kolonisation. Wie ist denn aber dies möglich, wenn die Kolonisation heute möglichst fünfstufig sein soll?! Hier erinnere ich den Leser daran, daß auch unter Hochkulturvölkern — nach dem ortschaftlich=städtischen Kulturgeneralmaße — fünf Höhenunterschiede der Kultur nebeneinander liegen bleiben: Land=, Kleinstadt=, Mittelstadt=, Provinzialstadt=, Hauptstadtkultur. Und zwar zunehmend und aufsteigend auch in den Kolonialländern selbst. Es kann sowohl im Innern einer alten Nation das Wenige, was es noch zu kolonisiren giebt, als in jungen Ländern das Viele, was noch zu kolonisiren ist, je von den kulturgleichartigen Kreisen nächst höherer Stufe zugleich durch fremde und durch eingeborene Kolonisten voll= zogen werden. In der That rodet den Urwald nicht der Pariser oder Newyorker, sondern der an seinem Rande siedelnde roheste Theil des Farmerthums und der Abenteurer. Zu den Farmern im fernen West und zu ihren Land= und Marktstädten zieht der europäische Bauer und Landstadtgewerke oder der Farmer und Werkmann der älteren Oststaaten. Dagegen in die Kreis=, Provinzial= und National= hauptstädte wird die Kultur je der nächst höheren Gesittungskreise des Aus= und des Inlandes begierig aufgesogen.

Die ein= und mit Rücksicht auf die Zwischenstufen die fünftel=,

viertel=, drittel= und halbgradige Kolonisation ist die eigentlich regel=
mäßige Kolonisation. Der hochgradigste Handelsbetrieb eines
Woerman muß bei den Naturvölkern mit extensivster Faktorei, die
höchste Religionsgesittung in der extensivsten Kirchenform der Missions=
station anfangen. Nicht Großhandelsherren, nicht Prälaten kolonisiren
selbst. Nicht gelehrte und hochfeine Technik macht sich im Anfang
der Kolonieen geltend. Eingradige Kolonisation ist in der That,
wenn man die pathologischen Erscheinungen beiseite läßt, die Regel
sowohl der Kolonisation von außen her als nach innen hin. Die
hochfeinen Kreise der Gesittung ergeben für die hochstufigen Koloni=
sationen erst zuletzt ein brauchbares Material. In den Vorhallen
des Kongostaates bewährt sich dies jetzt ebenso wie das ganze Jahr=
hundert hindurch im Hinterwald und auf den Savannen Nordamerikas.
Hochfeine, fünfstufige Kultur kann erst Kolonisten abgeben, wenn die
Kolonieen Weltstädte zu entwickeln begonnen haben.

Die eingradige Kolonisation! Sie ist klärlich die natürliche
und fruchtbarste Art der Kolonisation. Einmal, weil die nächst nie=
drige Stufe die nächst höhere, dann, weil diese jene am besten ver=
steht und fördert. Die Kolonisten sind selbst in der Regel die un=
gesuchten, abgestoßenen und verstoßenen, im Mutterland voraus nicht
ganz heimischen Existenzen; so sind sie den Kolonialkreisen der nächst
niedrigen Stufe zugleich am meisten gewachsen und am meisten
homogen; sie entstammen den kinderreichen, Ueberschüsse gebenden
Volksschichten und Familien. Daher wird die Kolonisation nur als
sehr stark pathologische Spaltungs= und Krisen=Kolonisation
von der Regel abweichen, daß durch die ganze Stufenleiter einerseits
der Mutterland=, andererseits der Tochterlandgesittung die nächsthöheren
Gebild= und Funktionsstufen des Mutter= zu den nächstniedrigen des
Tochtergebietes hingezogen werden.

Man könnte daher von einem „Gesetz" der möglichst hochstufigen
und der möglichst gradnahen Kolonisation reden.

Die Stellung der Kolonisation unter den übrigen Functionen der Völkerentwickelung.

Die Kolonisation ist weder der einzige Weg abgeleiteter Volksent=
wickelung, noch auch nur die einzige Art der Entwickelung von außen her.
Ihr Wesen wird daher weiter dadurch geklärt, daß man ihre Stellung im
Kreise der übrigen volklichen Entwickelungsfunctionen genau bezeichnet.

13*

Stelle man sie zuerst als eine der Arten abgeleiteter Entwickelung überhaupt der Selbstentwickelung gegenüber! Die letztere steht der Kolonisation wie aller übrigen von außen abgeleiteten Entwickelung entgegen.

Die Prähistoriker und die Theologen streiten, indem sie wechselseitig die Sprache des Gegners nicht verstehen, noch um die Entwickelung aus ein- oder mehrpaariger Menschenschöpfung. Die Gesellschaftswissenschaft interessirt nur die Frage, wann und wie der Mensch völkerschaftlich wurde, ob von einer Völkerschaft aus die Erde bevölkert wurde oder von mehreren. Welche Ansicht sollen wir voraussetzen? Die zweite Annahme erscheint offenbar als die der weltgeschichtlichen Bedeutung der Kolonisation ungünstigere Meinung und legen wir sie deshalb zu Grunde.

Aber auch so ist die Bedeutung der Kolonisation gegenüber der Selbstentwickelung noch gewaltig genug. Denn selbst eine mehrfältige, nicht von auswärts abgeleitete, im socialwissenschaftlichen Sinne „polygenistische" Völkerentstehung vermag die ungeheure weltgeschichtliche Bedeutung der Kolonisation nicht herabzusetzen. Die Masse heutigen Gesellschaftslebens der Menschheit kann doch nur durch die Ableitung und von Anfang auch in der Ableitungsform der Kolonisation — Schwärmkolonisation, Grenzkolonisation, kolonisatorischer Wanderung u. s. w. — entstanden gedacht werden. Ebenso wurden die einzelnen Kulturfortschritte, einmal von einem Volk selbstständig erzeugt, der Masse der übrigen Völker desselben Völkerkreises mitgetheilt, und diese Mittheilung wird nicht durch bloßen Verkehr erfolgt, sondern durch die praktische Lehre niedergelassener Kolonisten den minder entwickelten Völkern zugegangen sein.

Zählt man auch die Forterhaltung der Völker im Stoffwechsel der Generationen und der Vermögenserneuerungen zur Gesellschaftsbildung — conservatio continua creatio —, so ist dieselbe zwar unverkennbar selbständige Volksentwickelung von eigenen und eigengewordenen Wurzeln aus. Allein der Kolonisation ist daneben ein ungeheurer Spielraum noch immer gegeben. Wenigstens infolange, als die Gesittungsabstände noch sehr groß und das Holen der fremden Gesittung seitens der tieferen Stufe schwer ist. Nun sind aber die Abstände noch sehr groß und ist daher das sociale Wachsthum ganzer Welttheile und der bevölkerungsfähigsten Zonen der Erde noch in den letzten Jahrhunderten überwiegend durch Kolonisation erfolgt und wird dasselbe auch in den nächsten Jahrhunderten durch dieselbe weiter bewerkstelligt werden. Die Geschichte der Kolonisation hat extensiv, geschweige intensiv ihren Höhepunkt noch nicht erreicht. Allein auch dann, wenn dieser Höhepunkt in unabsehbarer Zeit einst überschritten sein wird, werden gewisse höhere Stufen der Koloni= sation eine gewaltige Bedeutung behalten; denn soweit auch die Mensch= heit fortschreiten wird, so wird es immer mehr und weniger ent= wickelte, an überschießenden Kräften reichere und ärmere, fortgeschrittene und zurückgebliebene Kulturzonen geben, zwischen welchen ergänzende und weiterführende Kolonisation wirksam sein wird. Selbst bei et= waiger endlicher Zurückbildung der menschlichen Gesellschaft könnte es aus denselben Gründen an wiederherstellender innerer und äußerer Kolonisation nicht fehlen.

Dagegen ist der Satz nicht zu bestreiten, daß die Kolonisation, obwohl sie die Urgesellschaftsbildung an Bedeutung überhaupt über= trifft, der selbständigen Forterhaltung und Fortbildung der Völker, desgleichen der bloßen Verkehrsfortentwickelung gegenüber verhält= nißmäßig an Bedeutung desto mehr verlieren wird, je vollständiger, gleichmäßiger und höher die Gesittung in allen Ländern und Länder= theilen geworden sein wird. Denn desto geringer sind die nach Aus= gleichung strebenden Niveauunterschiede der Gesittung und desto mehr wird die Ausgleichung der vorhandenen auch ohne ansiedelungs= mäßige Ableitung von außen — durch bloße Verkehre und Reisen, durch Holung der fremden Gesittung, durch Nachahmung und Selbst= erziehung — vollzogen werden können. Gerade die relativ schon höher entwickelten unter den niedrigeren Gesittungskreisen, zumal die im Binnenland gelegenen, werden ohne Uebersiedelung von Volks= theilen der höheren Gesittung sich selbst erheben und fördern können, Verkehre anziehen, aber Ansiedelungen als fremde Elemente abstoßen. Ableitung durch Uebersiedelung ist da minderes Bedürfniß und minder leicht.

Eine bestimmte Kolonisation wird also früher oder später all= mählich endigen, anderen Arten der Wechselwirkung volklicher und internationaler Gemeinschaft und in der Hauptsache erneuter Selbst= entwickelung — ohne fortdauernd starke Uebersiedelung von außen — weichen. Wie aber ist das Ende, welches in der inneren Koloni= sation des Kolonialkreises wohl immer später eintritt als in der äußeren Kolonisation, näher zu bestimmen? wie zu erkennen? Darauf läßt sich ganz genau antworten: Die Kolonisation ist zu Ende, wenn entweder die letzte Kolonistengeneration ausgestorben oder bei fortdauerndem Bevölkerungszufluß von außen der Gesittungsunterschied ausgeglichen ist. Nicht jedes Land, welches einmal Kolonisation erfahren hat, bleibt für immer eine Kolonie; die Theoretiker haben in der Beschreibung des Koloniallebens diese Grenze nicht immer genug beobachtet. Nur darf man nicht meinen, daß die äußere Kolonisation eines Landes und die innere Kolonisation der Kolonie selbst gleichzeitig in Selbstfortentwickelung und in bloßen Verkehr sich auflösen; das hieße der inneren Kolonisation fälschlich ein zu frühes Ende zuschreiben. Und noch weniger will in Abrede gestellt werden, daß empfangene starke Kolonisation fast für immer im Volksleben der kolonial erzogenen Völker fortwirke.

Die Kolonisation ist es nicht allein, welche im Gegensatz zur Selbstentwickelung steht. Es giebt noch andere Fälle abgeleiteter Entwickelung. Man muß daher weiter wissen, wie die Kolonisation zu diesen ihr verwandten Erscheinungen sich verhält.

Diese Erscheinungen sind theils bloße Functionserscheinungen oder Verkehre, theils Erscheinungen fester Verbindung sammt den zugehörigen inneren und äußeren Verkehren. Die Verkehre sind theils kriegerischer, theils friedlicher Natur und finden theils zwischen gleich hohen, theils zwischen verschieden hohen Gesittungskreisen statt.

Die Verkehrswechselwirkungen betreffend, so ist zwar Krieg ein oft gebrauchtes Mittel, Kolonieen zu gründen, zu erwerben und zu erhalten, aber er ist kein nothwendiges, noch ein nur koloniales Mittel. Es findet auch friedliche Okkupation statt. Kriegerische Invasion ist daher noch keine Kolonisation, obwohl sie dazu führen kann. Auch dauernde Eroberung ist Kolonisation nur dann, wenn Gesellschaftsentwickelung durch Niederlassung höher kultivirter Eroberer die Folge ist. Und Eroberungskolonisation ist nicht schon jede militärische Okkupation, sondern nur höhere Volksentwickelung ergebende Okkupation für Machtzwecke, zuhöchst für Eingliederung.

Die friedlichen Verkehre oder Verkehre im e. S. sind bekanntlich theils bloße Gedankenverkehre, theils durch Gedankenverkehr vermittelte Realverkehre: Zureisen und Handel. Alle zusammen sind deshalb nicht schlechtweg Kolonisation, weil sie auch zwischen gleich hoch entwickelten Ländern stattfinden. Verkehr kann der Kolonisation vorangehen und er ist schließlich der Lohn für die Kolonisation, die er überdauert. Kolonisation selbst ist jedoch der Verkehr an sich noch nicht. Er vermittelt sie nur in dem bestimmten Falle, wo von auswärtigen Kreisen höherer Gesittung her durch dauernde Niederlassung von Volkstheilen Volksentwickelung stattfindet.

Die Kolonisation gehört zu den Erscheinungen fester und dauernder Verbindungen auswärtiger Volkstheile mit dem Lande oder dem Lande und Volke. Ist sie etwa die einzige Art fester Verknüpfung zweier Länder, bezw. Völker? Auch dies nicht!

Andere Arten sind erstens die Verknüpfungen gleich hoher Gesittungskreise; dies ist ein allgemeinster Vorgang, welcher auch die Staatenbildung mittelst Koordination der gleich hohen Theile durchdringt und als politische Angliederung und Einverleibung Ende und Ergebniß auch der Kolonisation werden kann. Ferner zweitens: Verknüpfungen roherer Elemente mit höheren durch Eindringen der ersteren, entweder Einfalls= (Eroberungs=) oder Zuzugs= erscheinungen. Beiderlei Erscheinungen, in welchen der Prophet nicht zum Berge, sondern der Berg zum Propheten kommt, spielen in der Weltgeschichte eine gewaltige Rolle. Einfalls = Eroberung ist um= fassend Trägerin der ersten Erhebung zur ständischen Stufe, aber sie ist keine Kolonisation. Ebensowenig ist es der Zuzug roherer Ele= mente, z. B. immerfort vom Lande zur Stadt. Die höhere Gesittung giebt hierbei nicht ab, sondern nimmt veredelnd Niedrigeres von außen auf, um es sich einzugliedern oder in veredeltem Zustande zurückströmen zu lassen. Diese Vorgänge, der einfache bleibende Zuzug des Niedrigeren oder der Zuzug mit nachfolgender Rück= wanderung, überragen nach Erreichung höherer Stufen die innere und die äußere Kolonisation. Das Höhere kommt in beiden Fällen nicht zum Niedrigeren, sondern gerade umgekehrt. Die Folge ist daher nicht auswärtige Erziehung neuer Volksindividuen, sondern entweder eigenes Wachsthum oder Verfallen der höheren Gesittungs= individualität. Und so ist und bleibt Kolonisation nur jene Art fester Verknüpfung mehrerer Gesittungskreise, welche Volksbestand= theile eines höheren Gesittungskreises in ein Land oder (und) Volk niedriger Gesittung verpflanzt.

Die Kolonisation deckt sich hiernach auch nicht ganz mit der Aus= und Einwanderung (vergl. S. 67 ff.). Die Wanderungen, die freiwilligen und die unfreiwilligen, sind Mittel der Kolonisation; denn Ablösung und Wiedereinfügung von Volkstheilen ist anders nicht möglich). Aber nicht jede Auswanderung ist Kolonisation. Erstere kommt immerfort vor und findet auch nach gleich hohen und höheren Gesittungskreisen statt. Bloße Bereisung niedrigerer Länder ist keine Kolonisation; denn sie bringt keine feste Eingliederung auswärtiger Volkstheile. Auch das bloße vagabundirende Wandern, das Zigeunerleben inbegriffen, ist schon deshalb keine Kolonisation. Die heutige „Auswanderung" war nicht in allen Weltaltern die Grundform der Versetzung von Kolonisten. Die Zwangsversetzung spielt noch bei den Römern und bei den Griechen die erheblichste Rolle; sie zeigt sich schon in den Schwärm-„Monaten" (Monatalters-genossenschaften) der Italiker. Das Ausschwärmen in alter Zeit und heute die Sektenkolonisation sind abweichende Versetzungsvorgänge; man denke an alle Spaltungskolonisationen. Die sog. „Völkerwanderung" ist eine Einfalls-, keine Kolonisationserscheinung und sie ist ersteres in gewissem Sinne noch heute im Sudan und in Aequatorialafrika.

Die Kolonisation ist auch nicht nothwendig Völkerkreuzung. Letztere ist Blutmischung von Völkern bei jeglicher Entwickelungshöhe. Kolonisation kann ohne alle oder doch ohne nennenswerthe Kreuzung stattfinden. Die Yankees haben weite Indianergebiete ohne jede, andere ohne erhebliche Aufsaugung von Eingeborenenblut kolonisirt. Es giebt Kolonisation ohne jegliche Kreuzung zwischen Kolonisten und Eingeborenen.

Auch nicht jede Völkerzerstreuung ist oder bringt Kolonisation, sondern nur, wenn die Trümmer und Splitter in niedrigerem Lande sich niederlassen. Dies ist durchaus nicht immer der Fall. Hiernach ist die Verstreuung der Juden, vieler Griechen, der Armenier, der Parsen (in Ostindien), der Araber und Hindus an der ostafrikanischen Küste zu beurtheilen.

Wie verhält sich schließlich die Kolonisation zu den gesellschaftlichen Erscheinungen des Thierreiches? Nur bildweise, aber nicht nach strengem Begriff, kann von Thierkolonieen die Rede sein. Zwar giebt es Thiervölker, nämlich die Heerden der Affen, der Büffel, der Elephanten, Hundementen u. s. w. Und Theile derselben lösen sich ab und mengen sich unter andere Völkerschaften derselben Art. Allein nirgends findet Volksbildung von höherer Entwickelungsstufe aus statt. Und sie kann nicht stattfinden; denn das Verbleiben auf der ersten Stufe völkerschaftlichen Daseins, ja das Nichthinauskommen über die erste Unterstufe (Herde) der ersten Hauptstufe vollsicher Gemeinschaft ist eben das, was die Thiervölker charakterisirt. Auch das, was sie theils der Vernichtung durch die Menschenvölker, theils der Domestikation durch die letzteren !entgegenführt und schon entgegengeführt hat. Die Herde, selbst jene mit „Leitthieren" und mit „Patriarchen", wie die der Affen, ist weit niedriger als selbst die Horde, gewiß niedriger, als die Menschenhorde unmittelbar vor der Feuererfindung war. Domestikation aber ist Aufnahme niedrigerer und zugleich artverschiedener Individuen in die Gemeinschaft höherer Lebewesen, nicht umgekehrt, wie es die Kolonisation voraussetzt: so schon in der Domestikation der Blattläuse durch die Ameisen!

Schon diese aphoristische Feststellung des Verhältnisses der Kolonisation zu anderen Entwicklungserscheinungen zeigt, daß die Selbstentwickelung, jedoch nicht die rein autochthone (bodenwüchsige), sondern die durch Ideen- und Handelsverkehr von außen mitbestimmte Selbstentwickelung gegenüber der Entwickelung durch Volksverpflanzung vorwiegt. Es hat sich weiter ergeben, daß die Totaleinpflanzung ganzer Völker in andere ohne Mischung und Kreuzung den ältesten Zeiten und den Wechselwirkungen mit jungen Völkern angehört und daß selbst die kriegerische Occupation moderner Kolonieen ein ganz anderer Vorgang ist, als die Einfallsvereinigung roher mit höheren Völkern.

Ueber die gewaltthätige Totaleingliederung auswärtiger roher Gesittung erhebt sich — unter gleichzeitiger Steigerung des Verkehrs — die theilweise Volkseingliederung von höherer auswärtiger Gesittung aus, die äußere und die innere Kolonisation. Sie wird mit steigender Gesittung für die Beschleunigung der „Kindheits-" und „Jugend"-Entwickelung junger Länder immer wichtiger. Aber schon von den höheren Unterstufen der Verfassungshauptstufe II an beginnt die Kolonisation, vor allem die fremdartige, Widerständen zu begegnen; die Kolonisation geht theils in innere Zuzugs- und in Rückströmungs-Entwickelung, theils in gesteigerten Ideen- und Handelsaußenverkehr über. Die allseitige (Universal-)Kolonisation wird immer mehr Special-, namentlich Lehrkolonisation; die Totalkolonisation wird immer mehr Lokalkolonisation, zuletzt lokale Handelskolonisation, bis auch diese in seßhaften Außenhandel überläuft.

Der Verkehr, namentlich der Handel ist somit die weit allgemeinere, jedenfalls dauerndere Erscheinung der Gesittungsgeschichte,

und darum gilt es, ihn gerade von der Kolonisation zu unter=
scheiden.

In der Handelskolonisation berühren sich beide: Handel
und Kolonisation. Allein nicht jeder Handel ist Kolonisation, nicht
einmal jener, welcher mit Niederlassung verbunden ist; die deutschen
Kaufleute in London sind nicht äußere, die Kommanditen Hamburgs
in Frankfurt a. M. nicht innere Handels=Kolonisten. Damit wirkliche
Handelskolonisation stattfinde, muß der Kaufmann von höherer aus=
wärtiger Gesittung aus sich niederlassen und die Volksentwickelung
der Kolonieen fort= und umbilden helfen. Hienach haben wir heute
in Afrika, in Hinterindien, in Nord= und Südamerika, in Polynesien
gewiß bedeutende Handelskolonisation, aber unsere auswärts thätigen
Kaufleute sind durchaus nicht insgesammt Handelskolonisten. Auch
der Karawanenhandel wird erst dann Handelskolonisation, wenn eine
volkumbildende, z. B. die Naturvölker ständisch schichtende Nieder=
lassung zu Stande kommt, wie im Innern Afrikas, sehr pathologisch
z. B. durch die Araber in Udschidschi am Tanganikasee und zu Ny=
angwe am oberen Kongo.

Die welt= und volksgeschichtliche Rolle der Kolonisation, wie
diejenige aller ihr verwandten Entwickelungserscheinungen, wird erst
durch die Thatsache verständlich, daß die Schöpfung der mensch=
heitlichen Gesittung noch in vollem Laufe ist und ihrem Abschluß
noch unendlich ferne steht. Der Anfang war die Bildung der ersten
Menschenvölker. Zuvor war das gesellschaftliche Nichts auf Erden. Das
Ziel ist offenbar die Ueberziehung der ganzen Erde mit Völker= und
Menschheitsgesittung unter zunehmender Hereinbildung auch des
Bodens, der Flora und Fauna durch Kultivation, Akklimatisation,
Domestikation und Produktion in das Volks= und Menschheits=
Vermögen. Zwischen jenem Anfang und diesem Ziel stehen wir auf
der Entwickelungsstufe V (vergl. S. 79 ff.). Die Kolonisation dient
der Entwickelung zum Ziel in hervorragend beschleunigender Weise.
Sie ist Ausgestaltung und Höherbildung von Volksgemeinschaft: in
der Urkolonisation aus dem gesellschaftlichen Nichts, in der Pfropfungs=
kolonisation Höherbildung der volks= und weltgeschichtlich unvoll=
endeten in vollendetere und schließlich in vollendete Volks= und am Ende
vielleicht in geschlossene Menschheitsgesittung. Die Eigenthümlichkeit
des Vorganges besteht darin, daß die unentwickelten (volklosen)
Länder überhaupt Gesellschaft (Bevölkerung) und die bevölkerten und

daher schon irgendwie gesitteten Länder (Völker) Gesittungsfortschritt von schon höheren Volksgesittungen aus durch theilweise Bevölkerungs= abgabe erlangen. Das sehr ferne Ziel, bis zu dessen Erreichung die Kolonisation fortdauern wird und fortdauern muß, ist die überhaupt mögliche Vollbesiedelung jedes Landes und Staatsgebietes bis zur Fülle und Einheit der Menschheit auf Erden. Im Anfang war das sociale Nichts, die unbevölkerte Erde, social betrachtet das allgemeine Unland. Am unabsehbaren Ende steht die voll bevölkerte Erde mit der allgemeinen Erhebung zur höchst möglichen Staats= und Social= entwickelung. Dazwischen liegt vom Proceß der Urkolonisation der Erde an, welche das Material der Gesittung zugleich gegeben und zerstreut und ein politisch=sociales Chaos hergestellt hat, die stufen= und distriktweise Ausbildung immer höherer und immer weiterer Staats= und Staatensysteme, zugleich immer höherer Kulturintensität und immer weiterer Gesittungsausbreitung. Das Ziel scheint zu sein, daß das Völkerrecht von einem heute noch kaum denkbaren Staats= recht (vergl. S. 105 ff.) aufgesogen und daß die Gesittungsunter= schiede in allgemeine und vollkommene, aber mannigfaltigste Gesittung sich auflösen, kurz daß aus dem ursprünglichen socialen Nichts, welches mit dem Erscheinen der ersten Menschenvölker zu schwinden begann, und daß aus dem Völkerschaften=Chaos der menschheitlichen Urzeit die überhaupt erreichbare Höhe politischer und socialer Ge= sittung einer menschheitlichen Völkerwelt hervorgehe.

Im Gegensatz zur Individualisirung in der Thierwelt, welche mit den höchst organisirten, aber völkerschaftlich primitiven Lebe= wesen (Heerdenthier neben Hordenmensch) längst geschlossen wurde, ist die gesellschaftliche Schöpfung der Erde, die Weltgesittung, erst mitten in der Entwickelung. Noch giebt es zwischen den Staaten und im Innern der Staaten Punkte und Bereiche der Ungesittung oder Unbevölkerung und überall liegen noch Nebel und Massen des socialen Chaos, welche weder politisch noch social zu Staats= und Kulturvolk=Individualitäten höchst möglichen Grades geworden, ge= schweige politisch und social in die gegliederte Einheit einer Mensch= heits= und Weltgesittung eingegangen sind.

Wir haben jetzt noch, soweit auch die Gesittung schon gekommen ist, ungleiche Entwickelungshöhe der dem volklichen Nichts ent= rissenen Länder, der aus dem gesellschaftlichen Chaos hervor= gegangenen Gesittungskreise und Bevölkerungsgebiete. Der Abstand der politischen und der socialen Gesittung reicht von der Hochkultur oder der Civilisation durch die Mittellagen originaler und kolonialer Halbkultur zur Barbarei in — wie nachgewiesen ist — fünf Hauptstufen staatlicher und socialer Organisation und in fünf Hauptgraden der Kultur. Die Kolonisation ist ein Hauptvorgang ihrer Ausgleichung.

Die Kolonisationswiderstände.

Die Kolonisation erfährt in der Wirklichkeit Hemmungen durch die Kolonisationswiderstände. Deren giebt es verschiedene Arten. Obenan steht die Fremdartigkeit des Kolonialgebietes dem Muttergebiet gegenüber, sei es in klimatischer, sei es in oro- und hydrographischer, sei es in geologischer, botanischer, zoologischer Hinsicht. Schon im Innern des Landes begründet die geologische, orographische und hydrographische Verschiedenheit Klimaunterschiede, zugleich Höhenunterschiede der Kultur und der socialen Organisation und hiemit auch Antriebe zur Kolonisation. Centralafrika bietet namentlich den kolonial wichtigen Gegensatz des Küsten- und des Tafellandklimas allgemein dar.

Die wichtigste Frage ist, ob die Kolonisten sich überhaupt und für welche Berufe sie sich akklimatisiren können. Hiebei ergeben sich außerordentliche Gradunterschiede der Akklimatisationsfähigkeit. — Es giebt Länder, wo der Europäer sich so wenig zu akklimatisiren vermag, daß er in der Kolonie Familie gar nicht begründen und weiße Kinder nicht aufziehen kann, oder daß er mit Frau und Kind entweder bald wieder zurückkehren oder periodisch gesunden Höhengebieten der Kolonie zuziehen muß, was eine intermittirende oder periodische Wechselkolonisation ergiebt. Offenbar ist hier die innere Kolonisation unter bloßer Leitung der Europäer fast unumstößlich gegeben, und hiemit auch die bloß partielle Außenkolonisation der klimatisch gemäßigten Kolonialgebietstheile. — Anderswo erträgt der Weiße das Klima in ständigem Aufenthalt, aber nicht in strenger Arbeit, namentlich nicht in Feldarbeit. Er ist also nur zu spezieller Kolonisation fähig. Eine Universalkolonisation kann er so wenig zu Stande bringen, als er in dergleichen Ländern die Totalkolonisation durchführen kann. — Dritte Länder dagegen sind für die kolonisationsfähigen Völker klimatisch durchaus zusagend. Zu ihnen wird sich die Kolonisation am stärksten und leichtesten ergießen. Dazu gehören für Spanien Marokko, für Frankreich, Italien und Griechenland ganz Nordafrika, Syrien, Kleinasien, wohl auch die Euphratländer. Für Rußland das ganze nördliche Hinterasien bis zu den Scheidegebirgen Koreas, Chinas und beider Indien. Für die germanischen Völker Polen, Nordamerika, Kanada, Australien, Südbrasilien, Chili und noch fraglich einige der höchsten central-, ost- und südafrikanischen Bergländer, vielleicht mehr oder weniger auch Gebiete zwischen Abessynien und Kilima=Ndscharo. Für die Chinesen Hinterindien, vielleicht auch die Sundainseln, selbst das subtropische Tiefland=Amerika. Für die Hindus und für die Handels= araber Ostafrika. Für die höher gestiegene Negerwelt eignet sich ganz Centralafrika zu innerer Kolonisation.

Fast noch wichtiger als die Landgleichartigkeit ist die Volks= gleichartigkeit, d. h. die Nationalität, die physische nicht bloß, sondern auch und noch weit mehr die geistige. Die letztere strahlt in allen Radien der Gesittung: sprachlich, litterarisch=ästhetisch, gesellig, wissenschaftlich, religiös, politisch=kommunal, technisch, volkswirth= schaftlich u. s. w. Die Hauptsache ist die religiöse, die sprachliche und die politische Gleichartigkeit.

Auch national ist das Wechselverhältniß zwischen Mutter= und Tochtergebiet sehr verschieden. Am günstigsten für die innere Kolonisation im Nationalgebiet selbst. Ein Erklärungsgrund mehr für das Gesammtübergewicht der inneren Urkolonisation. Weiter kommt die äußere Urkolonisation: keine widerstandsfähigen Ein= geborenen sind da. Dann kommt die Kolonisation in sprachlich und religiös und politisch nächstverwandten Gebieten, wie jetzt im höchsten Grad zwischen England einer=, Nordamerika und Kanada und Australien andererseits. Nicht ebenso, aber noch sehr begünstigt ist die Kolonisation der anderen germanischen Völker, namentlich Deutschlands und Skandinaviens ebendaselbst. Schon weniger günstig liegen für die germanische Kolonisation die Dinge da, wo eine andere neuere Sprache, eine romanische oder eine slavische, ausschließend und unverdrängbar herrscht: der Reihe und dem Grad nach in den französischen, neuspanischen und portugiesischen Kolonialländern, soweit sie schon dichtere romanische Kolonialkultur haben. Am besten noch liegen die klimatisch verwandteren Gebiete, wie Chili: für die Italiener vielleicht Mexiko und die pazifischen subtropischen Länder.

Am ungünstigsten liegen die Dinge für germanische Kolonisa=
tion, wo die Rasse fremd und die religiöse, sprachliche und politische
Gesittung unumstößlich, d. h. ungermanisirbar, überdies die Eingebore=
nengesittung selbst ganz homogen ist. Dazu gehören vor allem China,
Hinterindien und Japan. Ihre Gesittung ist in sich selbst religiös
— trotz Spaltung in die Bekenntnisse zu Buddha, Konfutse und
Laotse — homogener als den Christen gegenüber. Sprachlich lassen
sich diese Länder ohnehin nicht germanisiren, politisch gewiß nur un=
vollständig und kurz beherrschen. Daher ist hier weder Universal=,
noch Total=Kolonisation, sondern nur sociale Spezial= und Partial=
kolonisation, hauptsächlich Lehr= und Handelskolonisation in Aussicht
zu nehmen.

Nicht ganz so ungünstig, aber doch sehr ungünstig oder schwierig
liegen die Dinge in der ganzen mohammedanischen Welt, namentlich
an den von mohammedanischen Nomaden beherrschten Küsten der
Sandmeere: zwischen Sahara und Mittelmeer, im ganzen Sudan, in
Aegypten, in Nordostafrika, wo arabisches stark in hamitisches Blut
eingeträufelt ist, dann in den Euphratländern. Der Mahdi hat den
Engländern die Schwierigkeiten dortiger Kolonisation gezeigt; am
Niger und Tschadsee werden es die Engländer und die Franzosen
weiter erfahren; wir Deutsche vielleicht in Nordostafrika gegen die
arabischen und indischen Elemente, auch im fernsten Hinterland von
Kamerun. Immerhin ist hier Ausrottung möglich, hinsichtlich deren die
Islamnomaden den Weißen eine Wahl gar nicht gestatten werden: ent=
weder mit oder ohne Beihilfe von Eingeborenen, welche volkswirthschaft=
lich gegen ihre Bedrücker solidarisches Interesse mit guten europäi=
schen Kolonialverwaltungen gemein haben werden.

Etwas günstiger, doch absolut noch immer sehr schwierig ist
germanische Kolonisation bei den rassenfremden Naturvölkern, nament=
lich wo diese zugleich landungleichartig sind und wo andere Nationali=
täten, wie die Portugiesen in Brasilien, — oder wo andere Rassen
— wie die Mongolen in Hinterindien, die Araber und Hamiten im
Sudan und in Ostafrika das koloniale praevenire gespielt haben.

Sollen diese Völker sich heben und heben sie sich, dann werfen
sie ihre Religion ab. Sie bequemen sich leicht, wie das „Neger=
englisch“ zeigt, einer mindestens kommerziellen Entsprachlichung und
sie bedürfen in erster Linie eine vormundschaftlich gute oberste Fremd=
regierung. Die kirchliche Kolonisation Neuspaniens durch die Spanier

giebt dafür einen   freilich nicht einfach nachzuahmenden — Er-
fahrungsmaßstab.

Dazu kommt, daß solche Völker — infolge der Landfremdartigkeit den Kolonisten gegenüber — durch die Kolonisation selbst ihr
Volksthum spalten. Es erwächst unter ihnen eine eigenthümliche
Bevölkerung durch die weißen Nachkommen der Weißen oder die
Kreolen, eine zweitoberste Schichte neben den Eingewanderten oder
den Schichtkolonisten. Dazu kommen die Mulatten, d. h. die Mischlinge der Weißen und der Farbigen. Weiter die Mischlinge zwischen
Mulatten und Eingeborenen. Endlich die Mischlinge aus den Kreu-
zungen der national und rassenmäßig verschiedenen Eingeborenen-
schichten. Die Mischung geht, wo die Sklaverei oder sonstige volkswirthschaftliche Fesselung der Arbeit der Eingeborenen statt hat, was
in tropisch-subtropischen Ländern vorläufig nicht ganz zu umgehen
sein wird, sehr stark und rasch von statten. Ostindien wäre ohne die
nationalen Gegensätze unter den Eingeborenen selbst unregierbar;
immerhin dürften auch da die kolonial emporgehobenen Zweige der
Indogermanen, sprachlich und religiös wieder einig und dann regie-
rungsfähig geworden, im Verband mit den Anglokreolen die politische
Emanzipation erstreben. Für Centralafrika ist überhaupt erst die
Erfahrung abzuwarten, ob es dort Anglo- und Deutschkreolen geben,
ob nicht bloß Mulatten und — bei Kolonialkonkurrenz von Kulis
gewiß! — noch niedrigere Mischungen entstehen werden. Sprach-
verwandtschaft haben die Bantuneger zwar weithin, aber allem Anschein nach bestehen doch überall Spaltungen in solcher Tiefe wie
zwischen deutsch und holländisch, deutsch und englisch. Die für die
Militär- und Handelskolonisation nöthige Emporhebung einzelner
Negervölker, der Haussa, der Kru, bald vielleicht der Fans, könnte
neue National- und Kastenspaltungen bringen. Alles zusammen wird
zwar die Negerwelt noch regierbarer sein, als es die Chinesenwelt
ist, allein an Germanisirung für politische Angliederung ist doch nicht
entfernt zu denken, auch nicht an Universal- und Totalkolonisation,
nicht an ewige Vormundschaft für den Fall, daß die Negergesittung
selbst allgemein um eine ganze Stufe emporkommen sollte.

Bis dahin haben wir die Hemmungen, welche die Kolonisation
durch die ursprünglichen Land- und Volkstypenunterschiede erfährt,
allein im Auge gehabt. Nun ist zu erwähnen, daß die Kolonisation
selbst da, wo Land- und ursprünglich auch Volksgleichartigkeit be-

stand, neue Nationaltypen herausarbeitet, am meisten, wenn
internationale Kolonisation stattfindet. Die Yankees haben es den
Engländern bewiesen; weniger werden das die Algierer, geschweige
die kleineren Kolonieen, der Mutter Frankreich beweisen, welches ohne
die schlechte Regierung im vorigen Jahrhundert, ohne die Revolutions-
und Kaiserreich-Kriege zu Hause heute wohl mit England an Kolonial-
entfaltung wetteifern würde.

Die homogene neue Nationalität emanzipirt sich politisch
spätestens dann, wenn sie auf zweiter Stufe der Entwickelung die
Mittel dafür erreicht hat. Dieselbe treibt dann innere Kolonisation
selbst desto stärker, und begünstigt nur den Zufluß socialer Kolonisation von außen her. Jedenfalls hinterläßt sie einen Großverkehr,
wie ihn Europa, obenan England und dann Deutschland, mit den Vereinigten Staaten haben.

Außer der typischen Fremdartigkeit leistet aber auch die Ent-
legenheit Widerstände, desto größere, je kostspieliger der Transport
ist. Die Grenzkolonisation steht daher mindestens allen Ueber-
land-Fernkolonisationen voran, die Dampftransport-Kolonisation und
Küsten- und Flußthal-Kolonisation der Axtransport-, noch mehr der
Tragthier- und Träger- (Karawanen-) Kolonisation. Centralafrika
hat bis in unsere Tage herein durch die vereinigte Wirkung der
Landfremdartigkeit, der Volksfremdartigkeit und der Unzugänglichkeit
aller Kolonisation außer der extensivsten Handelskolonisation der
Küstenfaktorei und der Karawanserei widerstanden. Transportkolonisation ist von den subventionirten Dampferlinien bis zu den Kolonial-
Eisenbahnen, deren Course auf unseren Börsenzetteln notirt sind,
der Anfang aller neueren — namentlich der fünfstufigen — Kolonisation.

Die bisher erwähnten Widerstände erschweren mehr den Anfang
der Kolonisation. Andere Hemmungen beschleunigen ihr Ende,
ihren Uebergang in bloßen Verkehr, ihren Umschlag in Zuströmungen
und Rückströmungen. Diese Hemmungen sind Folge der K.-Entwicke-
lung selbst. Je höher die Gesittung der Kolonie steigt, desto mehr
wird die eigene innere Kolonisation überwiegen, desto selbstbewußter
wird sie politisch, desto mehr kann sie allmählich auch social weiteren
Zufluß des Auslandes entbehren. Es erfolgt die Emanzipation.
Zuerst die politische, mehr und mehr auch die sociale und kulturelle.
Das Ende ist bloßer Verkehr, welcher desto gewaltiger bleibt, je ver-

wandter das Tochter= dem Muttervolk und je typisch eigenartiger und daher verkehrsbedürftiger das Tochterland dem Mutterland gegenüber ist.

Eine spätere Wiedervereinigung auf gleichem Fuße, aber auf höherer Stufe der Gesammtentwickelung ist zwischen relativ homogener Mutter= und Tochternation nicht ausgeschlossen. Und zwar desto weniger, je näher die Entwickelung der Kolonialnationalitäten derjenigen der Mutternationalitäten geblieben ist, je näher die einen oder anderen einander liegen, je mehr sie gemeinsame Feinde finden. Schon insofern ist es besser, wenn wir in der Kolonisation, soweit sie nationaldeutsch nicht sein und bleiben kann, uns näher an die anglo=amerikanische als an die romanische lieber an die romanische als an die slavische und — wären die Mongolen oder Neger schon eine Völkerwelt fünfter Stufe lieber an die slavische als an die mongolische oder malayische oder semitische oder schwarze Völkerwelt anlehnen.

Doch ist die Zeit, da die Menschheit nur noch wenige große Kreise — etwa einen germanischen, romanischen, slavischen, mongolischen, indischen, afrikanischen Kreis — neben Trümmervölkern und stationären Völkern darstellen wird, noch so unendlich fern, daß die Wissenschaft diese Aussicht der Phantasie überlassen muß.

Besonders starken Widerständen begegnet die Handelskolonisation Centralafrikas, an welcher Deutschland nun einen Antheil hat. Gegen früher zwar ist einiger Fortschritt zu erkennen gewesen. Man ist vom Stationssegelschiff (Hulk) — einer schwimmenden Faktorei, bei welcher Kapitän und Kaufmann Eine Person waren — fortgeschritten zur Faktorei=Landniederlassung der Küsten, in welcher die kaufmännischen Agenten der Faktoreifirmen die Hauptpersonen wurden. Hierauf hat man ins Land hinein, bis zum Ende der Schiffbarkeit der Flüsse, ein Faktoreiensystem mit vielen Zweigniederlassungen vorgeschoben; man verließ die Zufuhr aus Europa auf Segelschiffen und hat schon Dampferkurse von den Mutterländern zu den Faktoreien. Allein an der Natur des Handels als Tauschhandels ist in Westafrika und im Innern des ganzen Centralafrika noch nichts geändert; der Metallgeldverkehr ist in absehbarer Zeit allgemein nicht zu erwarten. Für den Verkehr mit den Produzenten sind eingeborene Händler und Karawanenbeschützer, meist die Häuptlinge oder Könige, nach innen nicht zu umgehen. Ins Innere des Welttheils geht noch immer die Karawane, d. h. der bewaffnete wandelnde Handels- und Transportstaat, in welchem Händler und Träger sich selbst zu schützen haben. Nur den schiffbaren Flüssen entlang wird dieser Binnenhandelstransport in baldiger Zeit ein Ende nehmen, indem jene Rechtssicherheit erlangt werden wird, welche den Karawanenbetrieb überflüssig macht. Es giebt keine einzige gute Chaussee um die Katarakte der Unterläufe der Ströme herum; denn selbst Stanleys Weganlage war allen Berichten nach ein ziemlich primitives Werk. Zufahrteisenbahnen um die Katarakte herum auf die Tafelländer sind erst zu bauen. An die Herstellung eines Systems von Abgaben der Eingeborenen für die Entwickelung ihres eigenen Handels und Transports kann noch kaum gedacht werden. Der Fortschritt vom jetzigen extensivsten zu einem künftig intensiveren Betrieb der Handelskolonisation besteht daher nach innen durchaus in Vorbereitungen: Feststellung der Schiffbarkeit der Flüsse; Durchforschung weiter, ganz unbekannter Flächen; Anlegung von Stationen; Beobachtung; Verhütung des Zwistes der Handels- und Kolonisations-Nationen, deren Eifersucht in Centralafrika sich begegnet, untereinander.

Die Land- und Volkfremdartigkeit von Centralafrika verursacht besondere Gestaltungen des Kolonialstaatsrechts im ungetheilten Interesse der Mutter- und der Tochterländer. Je fremdartiger die Pfropfkolonisation ist, desto weniger erträgt sie Kolonialselbstverwaltung, desto mehr ist absolute, nur vom Mutterland aus kontrolirte Regierung der Kolonieen, desto mehr Mitverwaltung durch die höheren Kasten, Klassen und Stände der Kolonie, desto mehr Trennung des mutter- und des tochterländischen Staatsorganismus erforderlich. Je gleichartiger, desto mehr ist koloniale Selbstverwaltung und Selbstgesetzgebung, koloniale Exekutive und Repräsentation zulässig.

Widerstände gegen die Kolonisation liegen auch im Mutterlande. Ein politisch schwaches Mutterland kann social aufs Ausgiebigste kolonisiren, aber keine politische Kolonie erwerben. Ein Volk, welches zu wenig Volks- und Kapitalüberschüsse erzeugt, weil es entweder unreif oder überreif ist, wird weniger kolonisiren als jene Völker, welche an Menschen oder an Kapital oder an beiden Ueberfluß haben. Doch gestattet der Raum nicht, auch nach dieser Seite auszugreifen.

Das Hauptergebniß der Untersuchungen dieses und des vorigen

Abschnittes ist folgendes „Kolonisationsgesetz", welches sowohl ethisch als Gesetz der Kolonialpolitik wie historisch als Gesetz der Kolonialgeschichte sich bewahrheitet: möglichst hochstufige, gradnahe, verwandte (homogene), nachbarschaftliche, und bei Fremd= und Fernkolonisation möglichst autokratische und aristokratische, aber bestens bevormundende Kolonisation!

Der Verlauf der Kolonisation.

Der rascheste Ablauf ergiebt sich da, wo die Widerstände der Kolonisation den Kolonisten gegenüber die geringsten sind. Es sind dies Ackerbaukolonisationen, welche im Unland oder im Lande völlig widerstandsunfähiger Naturvölker, wie in Nordamerika und in Australien stattfinden. Die vom Mutterlande ausgegangene Kolonisation wiederholt hier, nur in rascherem Laufe, mit größerer Intensität, in verstärkten Gebietsmaßstäben, durch den Einsatz der Mittel der Hochkultur gesteigert — den Entwickelungslauf der alten Civilisation über die fünf Verfassungs= und Gesittungsstufen hinweg und einer sechsten höheren (vergl. S. 79 ff.) entgegen. In der Kolonialentwickelung trifft das wirklich zu, daß embryologisch oder „ontogenetisch" (Häckel) die Volkzeugung den s. z. s. welt= und volksgeschichtlichen Entwickelungsgang, die „Phylogenese" der Civilisation abgekürzt wiederholt. Je später jedoch kolonisirt wird, je höher jene Gesittung ist, von welcher aus die Kolonisation stattfindet, desto rascher und energischer läuft die letztere ab. Verglichen mit unserer deutschen Kolonisation im Feudalvolkszeitalter oder mit den Kolonisationen des altorientalischen Feudalweltalters, verglichen mit den stadtstaatlichen Kolonisationen der altklassischen Zeit und der deutschen Städtezeit, verglichen mit den Kolonisationen des territorialstaatlichen Zeitalters nach Entdeckung der neuen Welt hat die Ackerbaukolonisation der neuesten Zeit einen unvergleichlich rascheren und großartigeren Verlauf genommen, die Mutterländer an Ausdehnung überragend und über sie weit hinaus strebend. Abgeschlossen wird diese neutzeitliche Ackerbaukolonisation erst dann sein, wenn die Zuflüsse von Menschen für innere und äußere Kolonisation aus den Ländern und Landestheilen höherer Entwickelung darum aufgehört haben werden, weil das Kolonialvolk im Ganzen und jedes seiner einzelnen Glieder selbst den jedem Landestheile überhaupt möglichen Höhepunkt der Entwickelung

14*

erreicht haben wird. Je in seiner besonderen Weise wird jedes frühere Kolonisationsweltalter und Kolonisationsvolksalter mit seiner Kolonisation ähnlich zum Abschluß gelangt sein.

Wird denn die Vermuthung, daß die Kolonisation jeder Zeit in abgekürzter Weise rationeller, mit dem Einsatz der ganzen Technik höherer Gesittung die Stufen der allgemeinen Verfassungs- und Kulturgeschichte eigenartig wiederhole und durchlaufe, durch die Thatsachen der unvergleich großartigen Ackerbaukolonisation der neuesten Zeit auch wirklich beseitigt? Ich glaube, dies kurz bescheinigen zu können, indem ich die Urkolonisation der Vereinigten Staaten ins Auge fasse.

Völkerschaftlich und stammstaatlich gegliedert im blutsverwandtschaftlichen Sinne sind die ersten Siedelungen des fernen Westens (I) allerdings nicht; aber nur die Ableitung der Bevölkerung von außen her schließt dies aus. Mit modernen Jägertrupps und Viehzuchtshorden, mit neupatriarchalen Farmeraggregaten beginnt die Siedelung dennoch. Jagende und abholzende Hinterwäldler- und Squatterhaufen, schweifende Viehzüchter, welche die Köpfe ihrer range-Viehheerden nach Hunderttausenden zählen, Farmermassen in weiter Zerstreuung: alles Unterstufen der Stufe I, aber alles großartiger, weiter angelegt, schon mit einigem Raffinement der Hochkultur geimpft. Territory, County, Section, Township, örtliche Niederlassung sind in neuer Auflage als altpatriarchale Ur- und Volldemokratie I. Stufe da, aber mit neukolonialem Typus. Die dortige politische Organisation ist wirklich wie die Horde und die Patriarchie Ur- und Volldemokratie, wo Alle fast alles selbst regieren, normiren und administriren, mit König Lynch an der Spitze, — die weiteren Territorialkreise mit Wahlämteransätzen. Noch sind weite Gebiete von dieser Kolonialstufe I kaum in Angriff genommen.

Die Entwickelung geht aber bald weiter mit der Arbeitstheilung und wird ämterstaatlich. Es giebt bald Geistliche, Lehrer, Viehzüchter, Ackerbauer, Handwerker, Händler, Bankiers, Schiffs- und Eisenbahnleute. Dieselben erlangen aber durch Wahlberufung einzelner ständiger Aemter die politische Organisation II. Stufe. In neuer, am Mutterland abgesehener Form entsteht innerhalb der Union, des weitesten Kreises, welcher seit hundert Jahren politisch erreicht ist, wie innerhalb der „Staaten“, der Grafschaften und der

Townships der Wahlämterstaat, im Gemenge mit fortdauernder Hufen=Urselbstverwaltung. In der Entartung ist es die Herrschaft der Professionspolitiker, der Advokaten, „Drahtzieher" und Aemter= jäger. — Die Union selbst ist nicht entfernt schon moderner Einheits=, sondern in Präsidentschaft, im Kongreß und den wenigen Central= und Lokalverwaltungszweigen ein rationeller, nicht altständischer, Wahlämterstaat, der den Hochkulturstaaten das Beste abgesehen hat, was für ihn schon anwendbar ist. Dieser weiteste Kreis als solcher steht nach dem schon dargelegten Gesetze politisch auf der II. Stufe.

Die Bürgerstaatsbildung kündigt sich schon in manchen Centren darin an, daß, wie denkende Amerikaner versichern, der Schwerpunkt des politischen Lebens der Union gegenwärtig immer mehr in die Städte zu fallen beginnt, von welchen her die allgemeine und volle Orts=, Bezirks= und Kreiskommunalisirung (Stufe III) allein ausgehen und vollendet werden kann.

Im nächsten Jahrhundert wird vielleicht die Territorial= staatsbildung der heutigen States der überragende Vorgang sein.

Der genauen Nachweisung steht allerdings die schon bemerkte innere Grenzlosigkeit oder Grenzunvollkommenheit der jungen Länder entgegen; wir wissen heute noch nicht, wie vicus, centena, pagus bei uns vor mehr als 1000 Jahren abgegrenzt waren; die innere Eintheilung von damals ist nicht die heutige Territorialeintheilung. So wird auch die jetzige Territorialeintheilung Amerikas einst wohl eine ganz andere sein. Möglicherweise: Ortsgemeinde (Township), Bezirksgemeinde, Kreis= und Stadtkorporation (Section), Grafschaft, Staat, Union, allerdings nicht mehr in quadratischer Kolonial= geometrie.

Hiermit glaube ich so viel bescheinigt zu haben, um sagen zu dürfen, daß auch der jüngste Großstaat der Welt dem gedachten Stufengesetz, welches zugleich das Haupt=Kulturgradmaß ergiebt, in der durch die Ableitung bestimmten eigenthümlichen Weise wirklich unterliegt.

Andere neuere Kolonieen durchlaufen ihre Entwickelung, obwohl andersartig, doch ebenfalls nach diesem Gesetz.

In Neuspanien und in Brasilien ist ein über erste romanische Ansiedlungen gestülpter und über Naturvölker gesetzter Aemter= und Wahlämterstaat wahrzunehmen. In den indisch=malaiisch=chinesischen Kasten= und Halbkulturstaaten stützen sich englische, niederländische und französische Beamte, Garnisonen, Geschäfte auf die heimische Volks-Organisation und die heimischen Herrscher. In China wäre durch Residenten zu regieren, aber zunächst nicht ohne die Mandarinen, solange bis von den Städten aus die Stufe III zum Durchbruch gekommen wäre. Am Kongo, am Niger, in Kamerun, in Ostafrika und in Neuguinea wird durch Gouverneure und Kompagnieen regiert, jedoch vorläufig mit Belassung der politischen Organisation I, 3. Theil der halbfeudalen Stufe II, auf welche Europa im Nigergebiet gestoßen ist.

Obwohl die Kolonialentwickelung daran gebunden ist, die Verfassungsstufen und Gesittungsgrade der alten Civilisation zu durchlaufen, so sind die Nationen der germanischen Ackerbaukolonisation dennoch Hochkulturvölker. Sie arbeiten mit dem Einsatz der ganzen Technik höchster Kulturstufen und steigern diese Technik. Die hellenischen Kolonieen des Alterthums und die germanischen Amerikaner in der Neuzeit kamen alsbald an die Spitze des technischen Fortschritts.

In der Kolonisation bei Halbkulturvölkern, welche mehr oder weniger stets eine beschränkte Spezial- und Theilkolonisation ist, kann sich das Gesetz des Kolonisationsverlaufes eben auch nur beschränkt geltend machen. Die „alte" mutterländische Gesittung kann sich hier unter diesen Voraussetzungen weder einfach wiederholen, noch überhaupt, geschweige rasch in ihrer vollen Höhe einstellen. Es entsteht eine eigenartige Mischgesittung, welche zwar die einheimische Entwickelung höher emporführt, aber bis jetzt noch nirgend auf die Stufe der Mutterländer ganz hinaufgehoben hat. Die Kolonisation ist hier meist nur theilweise Kolonisation von in neuerer Zeit überwiegend kapitalistischem Charakter, meist auf Handel, Plantagenwirthschaft, Jagd, Bergbau, Transportdienst gerichtet. Je weiter das Kolonialland durch Selbstentwickelung bereits emporgestiegen war, bevor die Kolonisten der Hochkulturländer kamen, desto weniger ist Raum für umfassende Um- und Fortbildung unter dem Prägestempel der höheren mutterländischen Kultur, desto nebensächlicher gestaltet sich neben der fortgehenden Eigenentwickelung die Kolonialentwickelung. Die letztere klingt mit der Zeit in bloßen Handelsverkehr aus.

Der kolonialpolitische Grundcharakter unseres Zeitalters.

Die gegenwärtige Kolonisation ist gradnahe, fünfstufige Ur=
kolonisation in der fortschreitenden äußeren und inneren Kolonisation
der anglo=amerikanischen Welt, und zwar für Deutschland nur eine
nahe=, nicht eine nächstverwandte Kolonisation.

Die Kolonisation in Central=Afrika und in Süd=Afrika ist zwar
relativ höchststufige, aber doch nur vierstufige und dazu land= wie
volksfremdartige, also durchaus heterogene Kolonisation.

Die Kolonisation im Orient, in Algier, in Indien, in China
ist relativ hochstufige, aber doch nur dreistufige und mehr oder weniger
heterogene Kolonisation.

Die innere Kolonisation der angloamerikanischen Welt ist in
jeder Hinsicht höchststufig, nachbarschaftlich und überdies, was sonst
keine andere Kolonisation ist, universell und total.

In unseren neuen Kolonialerwerbungen werden wir wahrschein=
lich nur sehr beschränkte Gebiete für inselartige fünfstufige, nächst=
verwandte, universelle und totale Kolonisation auffinden.

Unsere Grenzkolonisation, welche nur gegen den weniger ge=
sitteten Osten gehen könnte, ist augenblicklich sehr beschränkt und sie
ist in Folge der stärkeren Reaktion des slawischen Geistes viel
heterogener geworden, als sie eine Zeitlang war.

Die äußere Kolonisation wird von England und von Deutsch=
land weniger nationalausschließlich getrieben als von Frankreich, am
ausschließlichsten von Rußland.

Im Ganzen ist der charakteristische Zug unserer fünfstufigen
gegenüber der vierstufigen Kolonisation der letzten Jahrhunderte
international und freihändlerisch. Insonderheit die Engländer und
wir Deutsche entsenden die Kolonisten dahin, wohin auch andere
Völker Auswanderer schicken. Wir haben unsere Kolonieen in den
neuesten, hochinteressanten Kolonialmachtsphären = Verträgen allen
Völkern geöffnet, wie wir auch das riesige Kongo= und Niger=
Freihandelsgebiet, einschließlich des gebrechlichen Kongostaates —
unbekümmert um das 1879er Bekenntniß zum Schutzzoll — haben
stiften helfen.

Die Kolonisation unseres Zeitalters ist in Amerika, Australien
und Brasilien ganz entschieden Volksüberschuß=Kolonisation, in Afrika
z. B. in Hamburgs Faktoreien Kapitalüberschuß = Kolonisation. Die

Auswanderung vor dem „Militarismus" hat, was man auch sagen mag, nur geringen Antheil an unserer Kolonistenabgabe.

Durch unser politisches Mißgeschick, welches nicht am wenigsten durch den Verlust Nord=Belgiens und der Niederlande entschieden worden ist, sind wir Deutsche dazu gekommen, eigene Kolonieen nur noch in heißen, volksfremden Ländern zu finden, wo Bauernkolonisation in der Hauptsache unmöglich und die Ackerbaukolonisation nur in Form der Leitung und Beherrschung des Pflanzungsackerbaues der Eingeborenen ausführbar ist. Wir besitzen wohl Gebiete für überseeische Kolonisation vierten und fünften Grades, aber solche, wo nur die Arbeit der schon zu Pflanzern gewordenen Eingeborenen verwendet werden kann. Dies unterscheidet die Aequatorial=Afrika=, Ost=Afrika= und Neu=Guinea=Kolonisation gründlichst von der ersten Kolonisation Nord=Amerikas und des Südtheils von Australien.

Der politischen Kolonisation dritter Stufe zu den noch bestehenden Völkern altorientalischer Kultur, in Indien, Indochina (Hinterindien), China, Japan, dem Sunda=Archipel, haben wir Deutsche uns bis jetzt enthalten. In Ostindien hat England den kühnen Griff gethan und leichter thun können. In Indochina und China ist Kolonisation sehr gefährlich und treten wir dort nur in Lehr= und Handelskolonisation auf. Dort besteht unsere Aufgabe wesentlich darin, nicht große Gebiete der Handels= und Transportkolonisation durch die Engländer allein vorwegnehmen oder gar durch die Russen und Franzosen schließen zu lassen. Weit herum in der Kolonialwelt haben wir Frankreich und Rußland gegenüber Freihandels=Interessensolidarität mit England.

Unsere neueste Kolonisation, außer im nächsten Osten, ist ferner überseeische Kolonisation, welche nie zur Angliederung in der Verfassung und Vertretung führen kann. Im Gegensatz zu Frankreich, welches in Algerien und Tunis ein Neufrankreich, und namentlich zu Rußland, welches bis auf die Höhen der indochinesischen Grenzhochgebirge in russifizirender Grenzkolonisation ein Neurußland schaffen kann!

Ziehen wir die Klassifikation der Kolonialerscheinungen weiter heran, so wird in Kamerun, sowie am Kongo, wo wir völkerrechtlich festen Fuß haben, auch in einem großen Theile Ostafrikas unsere Kolonisation kaum zur Sprachkolonisation — kolonialen Germanisirung — werden können.

Unsere Kolonisation in den heißen Ländern kann sich nicht als Urkolonisation, sondern nur als Pfropfungskolonisation entfalten; vertilgt man unter den Tropen die Eingeborenen, so sind die Kolonieen entwickelungsunfähig. Lassen sich die äquatorialen Rassen heben, so werden sie sich vielleicht — allerdings in nicht absehbarer Zeit — emanzipiren, aber werthvollsten Verkehr fortsetzen.

Die centralafrikanische Kolonisation wird mehr Kapitals= als Arbeits=, mehr Arbeitleitungs= als Selbstanbau=Kolonisation, hauptsächlich Handelskolonisation werden.

Die Arbeit der Kolonisation in den neuentdeckten Ländern steht noch im Anfang des Erforschens, Bereisens, Vertragschließens, Stationengründens, noch nicht einmal in derjenigen der Vermessung. Die Transportkolonisation bis zur Höhe der Tafelländer ist ihre nächste Hauptaufgabe.

In Ostafrika haben wir durch deutsche Plantagengesellschaften den ersten Wurf einer Pflanzungskolonisation gewagt. Im Uebrigen ist dort immer noch alles primitive Handelskolonisation. Die Faktoreikolonisation ist das Höchste, was vorhanden ist, und mehr als ausgebildete Handels= und dirigirende Pflanzungskolonisation werden wir im weiten Gebiete der neuen Kolonialerwerbungen (immer Süd= westafrika ausgenommen) auch nicht erreichen.

Die heutige Kolonisation ist durchaus Freikolonisation geworden. Die Kongoakte schreibt schon vor, die Pflanzungskolonisation ohne Sklavenhandel durchzuführen. Das größte Problem ist, die Formen zu finden, um Neger und Papuas unter europäischer Führung arbeitsam zu machen und so zu erhalten, ohne sie zu Heloten herabzudrücken oder zu ihrem eigenen Nachtheil freiheitfaul zu machen.

Demgemäß darf die deutsche Kolonisation nicht überschwängliche Erwartungen erregen. Sie kann Amerika weder an Höhe, noch an Werth, weder an Umfang, noch an Vielseitigkeit erreichen. Man soll daher die bisherige germanische Kolonisation Deutschlands neben der neuesten „rein deutschen" nicht unterschätzen; sie überragt die Neger= und Papua=Kolonisation, was nachhaltige Fruchtbarkeit für den Handel, also für unsere fernste Zukunft, betrifft, ganz bedeutend. Auch auf die Grenzkolonisation muß deshalb unser Auge gerichtet bleiben. Zwar ist die einzige mögliche Grenzkolonisation „im Osten" dadurch erschwert, daß die Polen, viele Theile Oesterreichs und die Balkanländer viel volkfremdartiger, d. h. national=

bewußter uns gegenüberstehen als ehedem. Das Königreich Polen droht sogar der Russifikation zu verfallen, obwohl Rußland tiefer steht. Immerhin ist partielle und spezielle Grenzkolonisation fruchtbarster Art, theilweise in Form der Ackerbau= und namentlich der Bergbaukolonisation Bosniens, theils und namentlich in Form der Handelskolonisation, welche bedeutend erleichtert und im Wachsen ist, noch immer möglich. Die dauernde Allianz zwischen Deutschland und Oesterreich würde — vollends wenn sie nach einem Angriff Rußlands das Königreich Polen beherrschte, und wenn sie in Handelsannäherung mit erniedrigten Zwischenzollschranken zwischen den zwei Staaten ausliefe — der Kolonisation des Ostens ohne dessen Entnationalisirung, welcher die kleineren Völker widerstreben, immerhin gewaltigen Vorschub leisten. Roscher wenigstens sieht von diesem natürlichen Objekt der Grenzkolonisation noch immer nicht ab.

Immerhin ist es wünschenswerth, fünf= und vierstufige rein deutsche Kolonisationsgebiete zu finden und zu behaupten. Und vielleicht gelingt es, sogar Gebiete in den heißen Zonen abzugrenzen, welche wenigstens in ihren Höhenlagen einer kompakten deutschen Ackerbaukolonisation fünfter Stufe fähig sind. Vielleicht auf dem neuerworbenen Kolonialgebiet in Ostafrika am Kilima=Ndscharo, Kenia u. f. w.? Große Gebiete, wo rein deutsche Ackerbaukolonisation möglich wäre, werden jedoch dort kaum zu finden sein.

Das z. z. f. naturgemäße Feld germanischer Ackerbaukolonisation, Nordamerika, ist zwar Deutschland sprachlich verloren gegangen. Es ist anglisirt oder vielmehr yankeesirt, also nicht nächstverwandt. Doch ist es uns immer noch relativ am meisten land= und volkgleichartig für die Kolonisation und es wird noch lange das Hauptgebiet unserer überseeischen socialen, unserer unpolitischen Ackerbaukolonisation bleiben. Wenn es zuerst von Deutschen politisch okkupirt worden wäre, würde es politisch uns so sicher verloren gegangen sein, wie den Engländern. Es kann daher nicht danach gestrebt werden, Nordamerika zu germanisiren. Nur die dauernde Belohnung unserer starken Arbeitszusendung, die Belohnung durch Handelsverkehr, kann erstrebt werden. Das wird am meisten gelingen, wenn wir fortfahren, die Auswanderer, welche Amerika aufsuchen, ins Herz der Union, zu den Nordmittelstaaten zu senden, wo die Deutschen schon jetzt am liebsten hausen. Wenn der Staat die Auswanderung beeinflußt, kann er indirekt wohl bewirken, daß auch die amerikanische Kolonisation

weniger zerstreuend als bisher gegen die deutschen Siedler wirkt,
d. h. daß die Handelsverbindung mit Deutschland eine intimere wird
und bleibt. Die weitere Ackerbaukolonisation Amerikas von Deutsch=
land aus überhaupt hindern zu wollen, wäre unsinnig, da kein zweites
großes Gebiet landgleichartiger Ackerbaukolonisation zu finden ist.
Nur die Politik der gruppenhaft kompakten Kolonisation kann auch
in der Union gefördert werden.

Politische oder Dependenzkolonisation ist uns Deutschen in der
Hauptsache nur in Central=Afrika und zwar als Pflanzungs= und
Handelskolonisation zugefallen. Doch vereinigt vielleicht kein anderer
Theil der Erde so sehr die Elemente für Pflanzungskolonisation, wie
die jüngste Welt der Tafelländer Central=Afrikas. So weit diese
Welt bis jetzt bekannt ist, ist ihr beides, was Noth thut, reich ge=
geben: erstens die für den Welthandel verwerthbare tropische Flora
an Kaffee, Tabak, Baumwolle, Palmöl, Kautschuk, Farbwaaren,
Orseilleflechte, und zweitens eine zu diesem Anbau geschickte und
theilweise schon geneigte eingeborene Bevölkerung. Amerika hat wohl
ebenso viel geeigneten Boden für Pflanzungskolonisation, aber es
hat, da die Indianer noch als Jägervölker von der Kolonisation über=
rannt wurden, keine eingeborene Arbeiterbevölkerung gehabt. Diese
ist vielmehr dorthin viele Generationen hindurch aus dem schwarzen
Welttheil bezogen worden. Süd= und Ost=Asien besitzen zwar beides,
Pflanzungsboden und Pflanzungsarbeitskraft, aber die sociale Ent=
wickelung daselbst, namentlich in China, ist längst so weit ins zweite
— ständische — Hauptzeitalter der Völker fortgeschritten, daß die
Pflanzungskolonisation von Europa aus wohl schwerer auszu=
breiten und zu vertheidigen sein wird, als dies für die leitungs= und
kapitalbedürftige Bevölkerung auf dem Pflanzungsboden Central=
Afrikas zutreffen dürfte.

Auf den ersten Blick ist es eine merkwürdige Ironie der Ge=
schichte, daß eben jene alten Völker, welche daheim eine scharf schutz=
zöllnerische Richtung verfolgen, als Träger der internationalen
Handelskolonisationsfreiheit sich erwiesen haben: die Deutschen, die
Franzosen, die Amerikaner haben die großen Freihandelsgebiete und
Freischifffahrts= und Gleichberechtigungs=Zonen der Berliner Konferenz
sowie der Sonderverträge hauptsächlich zu Stande gebracht und sie
waren es, welche verhinderten, daß die Kolonisationspolitik in das
„Kolonialsystem", d. h. in national exklusive Besetzung und Aus=

beutung bestimmter Gebietstheile je durch eine einzelne Nation aus-
lief. Fragliche Ironie der Geschichte hat dennoch ihren zwingenden
Grund gehabt, und dieser läuft auf die Uranfänglichkeit der bisherigen Kolonisation Central=Afrikas — das Erzeugniß der Geo-
graphie, Ethnographie und Geschichte Afrikas — hinaus. Hätten
schon die Franzosen, Engländer und Portugiesen tiefer in das Nigergebiet, das Kongobecken und die Sambeseländer eindringen können,
hätten die Araber nicht bloß die Küste im Osten okkupirt, hätten
Natur, Ethnographie und Geschichte dieses Theiles der Welt einen
Kolonisationsfortschritt gestattet gehabt, hätte vorher im Innern eine
größere Volksverdichtung stattgefunden und wäre ausbeutungsfähige
Ständeschichtung aus dem Naturvolkdasein der Neger schon hervor-
gebrochen gewesen oder wäre das Innere von der See aus zugäng-
licher gewesen, wie dies insgesammt oder theilweise für Nordamerika
seit dem 15. Jahrhundert und neuestens für Hinter=Asien, Vorder-
und Hinter=Indien, Tunis, Madagaskar und Australasien zutraf, —
so wären nur afrikanische Brasilien, Ostindien und Tongkins, aber
keine internationalen Freihandelsgebiete entstanden. Da wo das
tiefere Eindringen leichter war, wie in Senegambien und an den
Küsten und schmalen Hinterländern der Guinea's, hat nationale Besetzung, selbst ohne völkerrechtliche Einräumung der Gleichberechtigung an dritte Völker — durch Franzosen, Engländer und Portugiesen wirklich stattgefunden. Nachdem aber sonst nur Küsten-
besetzung und diese im Durcheinander der nationalen Flaggen und
Faktoreien bis jetzt stattgefunden hatte, so konnte, als plötzlich die
großen kolonisationsfähigen Becken der Tafelländer durch die Forschung erschlossen wurden, eine friedliche Theilung der Welt nur
noch durch die völkerrechtliche Sicherstellung der internationalen Konkurrenz für die Handelskolonisation Central=Afrikas erreicht werden.

Dies führt zu den „Kern= und Zeitfragen der Handelspolitik"
hinüber.

———

Kern- und Zeitfragen der Handelspolitik.

Berechtigung und Begrenzung des Agrar- und des Industrieschutzes.

Nicht bloß blutig mittelst Pulver und Blei — mitten im Waffen-
frieden der Völker ist Friedlosigkeit des internationalen Verkehrs,
ist der Handelskrieg mit den scharfen Waffen der Tarife möglich.
Möglich? Nein, leidige Wirklichkeit und zwar in hohem Grade!
In dem Augenblicke, da die „Kern- und Zeitfragen" unter die Presse
gehen, lodert nun endlich auch ein Zollkrieg für Deutschland und
zwar ein solcher gegen Rußland hoch empor. Dieser Brand wird
gelöscht werden. Allein zum dauernd gesicherten Handelsfrieden der
europäischen Völker, zu einem internationalen Verkehrszustand, bei
welchem Industrie und Ackerbau zugleich gedeihen, wird es doch
erst kommen, wenn man über die wahren Aufgaben und über die
eigentlichen Schwierigkeiten einer gesunden mitteleuropäischen Handelspolitik für Gegenwart und Zukunft unter Befreiung von Partei-
schablone und Parteischlagworten sich allgemeiner und vorurtheils-
loser klar geworden sein wird. Diese Klärung soll hier in gemeinverständlicher, dennoch nur wissenschaftlicher Orientirung versucht werden.

Handelssperrung und Handelsfreiheit, Schutzzoll und Freihandel sind wieder in erster Linie als Erscheinungen der Socialauslese anzusehen und zu würdigen. Das Wünschenswerthe ist zwar
die möglichste Freiheit des Handelsverkehrs der Völker, und sie ist
berechtigt, da sie das höchste Maß anregenden Völkerwettstreites
darstellt. Wo und wann jedoch die Handelsfreiheit einzelne Völker
an der Entwickelung bestimmter Zweige der Volkswirthschaft
hemmt oder sie in besonderen Schwächezuständen vorfindet, wo
also der Wettstreit in Verkommen und Vernichtung durch Ueberlegenheit des Auslandes ausartet, ist auch jede Art der Konkurrenz-
hemmung gestattet, ja zur Erhaltung und Entwickelung des einzelnen
Volkes als kräftigen Gliedes der weltwirthschaftlichen Völkergemeinschaft sogar geboten. Und zwar gleichsehr als Agrar- wie als
Industrieschutz! Die Verkehrshemmung stellt unter den erwähnten
zwei Voraussetzungen erst gesunde Entwickelungsbedingungen her.
Dieselbe kommt dann für die Nationen vor dem Freihandel; das
Hemd liegt näher als der Rock. Die volkswirthschaftliche Eigen-

entwickelung aller Völker ist die Grundlage für die höchste Blüthe der Weltwirthschaft, für die fruchtbarste Ausnutzung der Natur durch die Menschheit. Daher ist es Recht und Pflicht jeder Nation, nach der für jede Zeit höchsten Eigenentwickelung ihrer Volkswirthschaft zu streben. Solche Entwickelung kann durch übermächtige Ausland= konkurrenz vereitelt und geschwächt werden, indem diese Konkurrenz die erst im Werden begriffenen Erwerbszweige am Erwachsen hindert oder die vorübergehend in einen besonderen Schwächezustand ver= fallenen Glieder und Zweige der nationalen Volkswirthschaft der Noth und selbst dem Untergang preisgiebt. Da erweist sich die weltwirthschaftliche Konkurrenz nicht mehr als wohlthuende An= regung, nicht mehr als vorwärtstreibender Sporn, sondern als wirthschaftlicher Vernichtungs=, Verdrängungs=, Unterdrückungs= und Ausbeutungskampf überlegener und voll erwachsener gegen geschwächte und halberwachsene Volkswirthschaften. Da ist theils als Erziehungs=, theils als Stärkungsmittel auch der Schutzzoll berechtigt, bis die Erziehung vollendet und der besondere Schwächezustand wieder auf= gehoben ist. Nur müssen genau jene besonderen Voraussetzungen auch wirklich zutreffen und darf der Zollschutz nicht den einen Zweig der Volkswirthschaft bedrohen und vernichten, um einen anderen zu heben und zu retten.

Thunlichst bald und unmittelbar müssen die schonungs= und schutzbedürftigen Schwächezustände gehoben werden, damit die Schutz= mauern ganz oder theilweise wieder abgetragen werden können. So= weit das Industrie= und das Landwirthschaftskapital nur immer fähig ist, die ungünstigen Konjunkturen des Weltmarktes auf sich zu nehmen, soll dies geschehen; denn das ist die große nationale Pflicht des Kapitals, des Privateigenthums an den volklichen Produktions= und Cirkulationsmitteln, wie es dagegen das große Recht desselben Kapitals ist, an den günstigen Konjunkturen durch wirthschaftliche Betriebsführung sich zu bereichern. Nun läßt sich nicht leugnen, daß es schutzbedürftige Schwächezustände giebt, und zwar ebenso für die Landwirthschaft wie für die Industrie. In einem solchen Schwächezustand befindet sich zur Zeit ein großer Theil der deutschen Landwirthschaft. Dieser Zustand besteht in dem, was ich unter der Bezeichnung unproduktive Ueberschuldung näher nachweisen werde. Dieses Massenleiden kann zwar durch einen „Agrarhochschutz" nicht gehoben, sondern nur vorübergehend gemildert werden, und der Zoll=

schutz zu Gunsten der nothleidenden Betriebe hat den gewaltigen Fehler, den nicht schutzbedürftigen, kapitalkräftigen Theil der Landeigenthümer, nicht auch ihre Pächter, auf Kosten aller Konsumenten in Gestalt hoher Getreidepreise zu begünstigen. Die Hilfe muß hauptsächlich in der Reform des bäuerlichen und namentlich Agrarkrebitrechtes gefunden werden. Bis dahin soll der Agrarschutz bleiben, nachher kann er abgebrochen werden.

Die deutsche Handelspolitik 1879 bis 1891 (alter Kurs).

Die Handelspolitik des Fürsten v. Bismarck im genannten Zeitraum ist entsprechend dem Temperament ihres großen Urhebers — eine Politik eisernster Energie gewesen. Der Zolltarif war nur einer ihrer Hebel. Der Eisenbahntarif wirkte ebenso kräftig mit und, was den Schutz der Thierzucht betrifft, fast noch energischer die Veterinärpolizei. Das Bismarck'sche Handelssystem ist national ausschließend auch insofern gewesen, als es engere Beziehungen zu anderen, namentlich nächstverbündeten Staaten hartnäckig ablehnte; selbst die Tarifbindungen gegenüber Oesterreich und Italien hat es nur sehr beschränkt eingegangen und gegen das verbündete Oesterreich hat es die Mittel der Veterinärprohibition mit wenig Schonung angewendet. Auch andere Staaten haben alsbald ebenso ausschließende und selbst noch ausschließendere Maßregeln zolltarifarischer, eisenbahntarifarischer und veterinärpolizeilicher Protektion und Prohibition ergriffen und ihren Handel dessen natürliches Transitgebiet Deutschland im Norden und im Süden umgehen zu lassen gewußt.

Im Jahre 1891 ist dieses System für Mitteleuropa gefallen oder richtiger einigermaßen gemildert worden. Man wird diesem System, welchem ich so wenig wie dem Freihandel „prinzipiell" gegenüber stehe, am ehesten gerecht werden, wenn man es in seiner Entstehung erklärt, und diese Erklärung soll das erste sein, was hier zur Handelspolitik gesagt wird. Es ist ja wohl auch für die Leser dieser Schrift ein Bedürfniß, das Handelssystem seit 1879 in seiner Entstehung und nach seinem Inhalt ruhig erklärt und dargestellt, nicht aber leidenschaftlich angeklagt zu finden.

Bei der geschichtlichen Erklärung des Handelssystems, welches ich weiterhin der Kritik unterziehen werde, ergiebt sich dann auch sofort, daß eine Kritik nicht auf persönliche Verkleinerung seines

Hauptschöpfers gerichtet sein kann. Ist doch der letztere beinahe zwei Jahrzehnte Schirmherr des Delbrück'schen Freihandelssystems ge= wesen. Wer mit den Hochschutzöllnern das letztere heute verurtheilt, würde ja den Fürsten Bismarck — seine Unfehlbarkeit angenommen — herabsetzen. Es ist sonnenklar, daß der große Name weder politisch, noch wissenschaftlich das Leitmotiv der ferneren handelspolitischen Entscheidungen bilden darf, und gerade die nächstfolgenden Unter= suchungen über die Entstehung des Systems führen zur Erkenntniß, daß seiner Zeit Fürst v. Bismarck bestgläubig für dasselbe eintreten konnte.

Bis zu Anfang der sechziger Jahre hatte bei wesentlich büreau= kratischer Vertragsverwaltung der Zollverein durch drei Jahrzehnte ein gemäßigt schutzöllnerisches, wenig schwankendes, doch langsam und behutsam dem freieren Verkehr zustrebendes Handelssystem gehabt. Mit Oesterreich war durch den Vertrag vom 17. Februar 1853 — vom 1. Januar 1854 an ein „engeres Verhältniß" mit Zollfreiheit für Urprodukte und mit ermäßigten Zwischenzöllen für Halb= und Ganzfabrikate erreicht gewesen. Im größten Theile Preußens, in den Hansestädten, in Hannover, hatte nicht bloß bei Kaufleuten, sondern auch bei den Großgrundbesitzern der Freihandel, im übrigen Deutsch= land, namentlich in Süddeutschland der Schutzoll eine überwiegende Anhängerschaft gehabt.

Der Februarvertrag mit Oesterreich, stets ein Zankapfel des politischen Hegemoniekampfes zwischen Preußen und Oesterreich, war nach seinem Ablauf nicht erneuert, geschweige fortgebildet worden. Bismarck hatte die Erneuerung voraus schon zu Anfang der sechziger Jahre (1862) durch den von Napoleon III. begünstigten Freihandels= vertrag mit Frankreich vereitelt. Der Süden Deutschlands hatte sich im Jahre 1865 dem freien Tarif und dem Abbruch des schon hoff= nungsvoll ersprossen gewesenen engeren Handelsverkehres mit Oester= reich endlich fügen müssen. Preußen hatte hiebei nicht bloß alle Schattirungen des Nationalliberalismus, sondern auch den des billigen Eisens wegen altfreihändlerischen Großgrundbesitz und manche heute hochagrarische Zeitung des letzteren für sich. Bismarck war da= mals der politische Verwerther und der politische Verehrte der Frei= handelspartei zugleich.

Heute möchte vielleicht mancher ehemalige Gegner des engeren Zollbundes mit Oesterreich, wenn er der politischen Phantasie sich

hingiebt, den Wunsch hegen, der „Februarvertrag" wäre 1865 viel=
mehr auf zwölf Jahre erneuert und im Prager Frieden durch eine
den nachmaligen Artikel elf des Frankfurter Friedens ausschließende
Abmachung stabilisirt worden. Die deutsche Handelspolitik hätte
vielleicht den maßvollen Mittelkurs zwischen überhastetem Freihandel
und Hochschutzzöllnerei beibehalten und den allzu hohen Agrarzöllen
sich überhaupt nicht hingegeben. Beide Reiche wären, ohne jede Gefahr
für die politische Unabhängigkeit des einen oder des anderen, zu
einem großen Zollgebiet mit niedrigen Zwischenzolltarifen bereits
verwachsen und unter Anziehung weiterer Staaten handelspolitisch
nach allen alten und jungen Handelsgroßreichen hin imponirend ein
Bund geworden. Praktisch ist indessen eine solche retro=prospektive
Betrachtung nicht, und mit der Anregung der eben berührten Er=
wägung soll unsererseits nicht der allergeringste Vorwurf gegen
irgendwelchen Politiker enthalten sein[1]. An die Möglichkeit, daß
Oesterreich aus Deutschland politisch ausscheiden würde und daß die
beiden Großmächte frei von politischen Hintergedanken dann erst
recht einen engeren Zoll= und Handelsbund fortsetzen und entwickeln
könnten, dachte damals überhaupt Niemand.

Nach der Auflösung des Februarvertrages durch die vereinte
Freihandelspolitik Napoleon's III. und Bismarck's kam das System
stark freihändlerischer Tarifverträge in ganz Mitteleuropa, auch in
Oesterreich, zur Geltung. Fachmännisch verkörpert war diese Rich=
tung für Deutschland in v. Delbrück, für Oesterreich in v. Hock, zwei
Kapacitäten allererſten Ranges. Man war zwar noch nicht bei einem
reinen Finanzzolltarif angekommen, etwa wie England, so daß Tarif=
verträge zwischen den Staaten überhaupt überflüssig gewesen wären;
jeder Staat hatte vielmehr noch seinen autonomen Tarif. Doch war
der letztere nicht mehr die Hauptsache, wie wieder seit 1879. Die
liberalen, viel umfassenden, wesentlich freihändlerischen Vertragstarife
waren praktisch maßgebend für den internationalen Verkehr des fest=
ländischen Mitteleuropa geworden. Jede besondere Verkehrserleichte=
rung zwischen zwei Staaten wurde durch die Meistbegünstigungs=
klausel aller Verträge allgemein. Mehr oder weniger freier Handel,
für jeden Staat gleichmäßig allen anderen Vertragsstaaten gegen=

---

[1] Aus den österreichischen und preußischen Archiven stammende Dar=
stellungen in den Werken von Beer und Zimmermann.

über, war die Signatur des von 1865 bis 1878 (1879) geltend ge=
wesenen Handelssystems.

Fast mit Einem Schlag sollte sich gegen den Ablauf der „Frei=
handels"=Verträge, etwa um 1876, die handelspolitische Sachlage
ändern. Aus dem vielleicht zu rasch angenommen gewesenen frei=
händlerischen System kam man fast unversehens wieder in ein hoch=
gradiges „Schutzsystem" — mit erstmals agrarischer Grund=
färbung freilich — hinüber. Die autonomen Tarife wurden gesteigert
und praktisch für den internationalen Verkehr maßgebend. Die
Vertragszolltarife verschrumpften mehr und mehr. Aus beiden, aus
den autonomen wie aus den konventionellen Tarifen, verschwand der
Geist der Handelsfreiheit immer stärker. Kein Staat ging im Agrar=
schutz und in der möglichsten Ablehnung freier Vertragstarife zuerst
so weit, wie Deutschland, wenn man von den für die ganze Epoche
bezeichnenden Kampftarifen zwischen Oesterreich und Rumänien, sowie
zwischen Frankreich und Italien absieht. Wie war dieser Umschwung
möglich?

Den ersten starken Stoß hatte die Politik der freihändlerischen
Tarifverträge durch den Zusammenbruch des Schwindels aller Art
im J. 1873 erlitten. Ueberall, auch in der Landwirthschaft und im
Güterverkehr, war Ueberspekulation gewesen. Ueberall waren die
Preise unnatürlich gesteigert. Die Krisis von 1873 machte dem ein
jähes Ende.

Die gewaltigen Kapitalinvestirungen hatten plötzlich aufgehört.
Die Preise, namentlich die Eisenpreise, mußten, wie immer unter
gleichen Umständen, start und für länger zurückgehen; die Eisen=
industrie jammerte. Die altdeutsche Baumwollindustrie war durch
den Eintritt von Elsaß=Lothringen in den Zollverein mehrfach in eine
unbehagliche Lage gerathen; aber obwohl die Folgezeit beweisen
sollte, daß diese Industrie schon start genug war, um sich dennoch
weiter zu entwickeln, wollte man jetzt doch alle übrige gefährliche
Außenkonkurrenz beschnitten wissen. Beide Großindustrieen schoben
dem Freihandelssystem in die Schuhe, was ganz andere Ursachen her=
beigeführt hatten, und zwar mit desto mehr Erfolg, als der letzte und
höchste Erfolg der Freihandelspartei, die Aufhebung der Eisenzölle
i. J. 1873, in keinen mißdeutbareren Zeitpunkt hätte fallen können.
Dem von geldstarken Interessen agitirten Rückgang auf Industrie=
schutz, namentlich Eisen= und Textilindustrieschutz, war also die auf

die Schwindelzeit folgende tiefe und anhaltende Depression ganz be=
sonders günstig geworden.

Dazu kam aber bald auch für die Landwirthschaft eine eigen=
thümliche Verkettung der Umstände, welche geeignet war, erstmals die
Grundbesitzinteressen dem Schutzsystem innig zu befreunden. Die
Getreide= und Holzpreise, mit ihnen die Grundrente, die Güterpreise,
die Pachtschillinge hatten — seit den fünfziger Jahren stets steigend
— gegen 1874 den Kulminationspunkt erreicht, wie ich alsbald zeigen
werde. Von jetzt an wurden sie flau und diese Werthe fielen bald
stark und anhaltend. Die Getreidepreise deshalb, weil infolge der
Frachtverbilligung durch Eisenbahnen und Dampfschiffe und Diffe=
rential=Frachttarife, durch Fortentwickelung der Handels= und Trans=
porttechnik, die Produkte Oesterreichs, Rußlands, mehr und mehr
Nordamerikas, später auch noch Indiens auf den westeuropäischen
Märkten erschienen und jedes Jahr stärker sich zudrängten. Die
Bau= und Nutzholzpreise außerdem aus demselben Grunde, wie die
Eisenpreise; nämlich deshalb, weil die Kapitalinvestirung in neuen
Anlagen mit 1873 stark und plötzlich dahinschwand.

Eigentlich hätte man jetzt durch veränderte Richtung des land=
wirthschaftlichen Betriebes die erreicht gewesene Höhe der Grund=
rente festzuhalten suchen, und soweit der Getreidebau nicht zu ver=
lassen war, intensiver wirthschaften, die Lieferung zum Markt besser
einrichten, und in den Güterpreisen und Pachtschillingen mit dem
vom Weltmarkt her diktirten Sinken der Getreidelandrente sich ins
Gleichgewicht setzen sollen. Allein das alles geschah nur in geringem
Maße oder gar nicht; die Güterpreise und Pachtrenten stiegen eher
weiter und behaupteten sich noch lange Jahre auf dem eben erst er=
reichten Gipfelpunkt. Die Anpassung an die neue Lage war ja auch
gar nicht leicht. Viele Güter waren seit Jahren zu hohen Kauf=
preisen und Erbanschlägen übernommen und hohe Pachte waren meist
auf 18 Jahre eingegangen. Die stattgehabte Volksvermehrung steigerte
fort und fort die Familiengründungen und hiemit das Haschen nach
Grundbesitz zu Eigenthum und zu Pacht. Sehr groß scheint auch,
worauf die nachmalige Gantstatistik hinweist, die Zahl der großen
und der ganz kleinen Grundbesitzer bereits gewesen zu sein, welche
infolge der Kauf=, Erb= und Pachtüberzahlung bei sinkendem Zins=
fuß sich unproduktiv für lange Zeit überschuldeten, hiedurch in die
Lage fortgesetzter Unterbilanzen sich brachten und des zu intensiverer

15*

Bodenwirthschaft erforderlichen Betriebs- und Investitionskapitals sich beraubten.

Somit war auch in der Landwirthschaft die veränderte Lage einem Haschen nach künstlicher Erhaltung der unhaltbar gewordenen Getreidepreise, Grundrenten, Güterpreise, Pachtschillinge und Betriebsweisen günstig. Wenigstens war es nur menschlich, wenn zuerst der größere Grundbesitz, der am meisten Getreideüberschüsse auf den Markt bringt, dann aber auch der übrige Grundbesitz dasselbe Rettungsseil des Schutzzolles, wie die Großindustriellen der Eisen- und Textilindustrie — gierig erfaßten, sobald der — Fiskalismus es ihnen darreichte. So entstand ein gepaartes industriell-agrarisches Schutzsystem.

Anfangs, in den Agrarzöllen vom Jahre 1879, war der Zugriff allerdings noch mäßig und bescheiden gewesen. Allein, als trotz der ersten Agrarzölle die Getreidepreise immer noch sanken, der Handel und der verbilligte Transport immer mehr ausländische Produkte der Landwirthschaft, der Viehzucht und der Forstwirthschaft zuführten, wurde über dem Verspeisen der ersten kleinen Schutzzollportionen der Appetit immer größer. So konnte es zu den Tariferhöhungen der Jahre 1885 und 1887 sowie zur Verstärkung ihrer Wirkungen durch eisenbahntarifarischen Protektionismus und veterinärpolizeilichen Prohibitionismus kommen.

Zu der auf kombinirten Industrie- und Agrarschutz hindrängenden Lage der Volkswirthschaft kamen andere Momente politischer, zunächst finanzpolitischer Art hinzu.

Zu den Reichs-, Landes- und Gemeindekassen stellte sich schon bald nach dem Kriegsmilliardenregen die finanzielle Dürre ein. Dem wachsenden Bedarf ließ sich, wenn das Reich nicht unpopulär werden sollte, durch Vermehrung der direkten Steuern für erhöhte Matrikularbeiträge, Landes- und Gemeindebedarfe viel schwerer die Deckung verschaffen, als durch die Vermehrung der indirekten Reichssteuern, der Branntwein-, Tabak- und Zolleinnahmen. Die Geschichte wird keinem der seit 1878 wirkenden Finanzminister und Schatzsekretäre einen besonders harten Vorwurf daraus machen, daß sie gerade die Quellen der indirekten Besteuerung stärker angebohrt, daß sie mit dem ungerechten Mammon eines fiskalischen Zollsystems sich befreundet haben. Man konnte, wenn man zumal ein so großes Stück vom Kuchen des erhöhten Zollertrages den Gemeinden zuwarf, wie

es 1879 geschah, auf diesem Wege die Ebbe in den öffentlichen Kassen
mit dem geringsten Widerstand in Fluth verwandeln. Daß der
Erfolg ein so starker und ein so hart fiskalischer werden würde, wie
er es den weiteren Nachweisungen zufolge geworden ist, das hat
man damals wohl auch an jenen leitenden Stellen nicht erwartet,
wo die eiteln Erwartungen ganzer Zuwälzung des Zolles auf das
Ausland und der Deckung des durchschnittlichen Getreidejahres-
bedarfes im Inland wirklich gehegt worden und sicherlich nicht auf
Täuschung berechnet gewesen sind. Der alsbald zu erwähnende Brief
Bismarck's aus Friedrichsruh ergiebt deutlich, daß letzterem die
Deckung des Reichsfinanzbedarfes ganz besonders am Herzen lag.

Zu dem finanziellen Momente kamen allgemein politische Umstände, welche den Durchbruch des Industrie- und namentlich des
Agrar-Schutzsystems begünstigten. Im Zollverein hatten die bureau-
kratische Verwaltung und die äußerst beschränkte Geltung der
Majoritätsbeschlußfassung Ueberstürzungen im Tarifwesen sehr erschwert gehabt. Jetzt beschloß der Reichstag! Und in diesem hatten
durch das allgemeine Stimmrecht der Bauernstand und durch die
Diätenlosigkeit der große Grundbesitz einen gewaltigen Einfluß
auf die Zollpolitik, namentlich auch auf die Einräumung von er-
giebigen Finanzzöllen gewonnen. Man kann die einstige bureau-
kratische Zollvereinsleitung in ihrer Unabhängigkeit vom Klasseninteresse zurückwünschen, vorhanden war eine solche Unabhängigkeit
seit dem diätenlosen Reichstag des allgemeinen Stimmrechtes nicht
mehr. Mit geschickter Bauernbearbeitung war nun viel zu erreichen,
namentlich wenn sie wirklichen Ueberzeugungen entsprang. Jetzt erst
konnte es politische Agrarier geben und mußte mit ihnen, sobald
die volkswirthschaftliche Konjunktur sie erzeugte, jede Reichsregierung rechnen.

Allein auch damit ist die politische Erklärung des Umschwunges
von 1879 nicht vollständig gegeben. Zuerst war der Freihandel nur
Mittel zum Siege des Hegemoniekampfes Preußens mit Oesterreich,
nicht Selbstzweck gewesen, und der Zeitgeist war auch in Deutschland
ehedem weit kosmopolitischer als nach der großen Zeit des National-
kampfes gegen Frankreich, in persona gegen den einstigen „Frei-
handelsprotektor Deutschlands", Napoleon III. Das war seit 1870
ganz anders geworden. Die „nationale" Strömung war stark, daher
beim Eintreten der Krisis von 1873 und des allgemeinen Preisrück-

ganges seitdem für „nationale" Handels=, d. h. Schutzzollpolitik weit
empfänglicher geworden. Für Deutschland war nationalpolitisch der
Freihandel inzwischen zum Mohren geworden, welcher seine Dienste
gethan. Daß jetzt Fürst Bismarck, als personifizirter Nationalismus,
dem „nationalen" Handelssystem nach seinen eigensten Trieben ganz
besonders zugänglich wurde, darf Niemanden verwundern. Auch für
Frankreich hatten die Freihandelsverträge den politischen Reiz ver=
loren, welchen sie für dasselbe unter Napoleon III. gehabt hatten.
Der Artikel elf des Frankfurter Friedens stachelte vielmehr das
nationale Selbstgefühl zur extremsten Tarifautonomie, um den Deut=
schen den völkerrechtlich für „ewig" eingeräumten Vortheil der Meist=
begünstigung gründlich zu versalzen.

Wenn unter allen diesen Umständen Fürst Bismarck gegen seine
alten handelspolitischen Rathgeber sich wendete, wenn er handels=
politisch seinen Tag von Damaskus erlebte und aus dem Saulus
der Freihandelsprotektion in den Paulus der Industrie= und Agrar=
protektion sich verwandelte, wenn er für die „Noth" von Industrie
und Landwirthschaft ein scharfes Ohr erhielt, wenn er die Kon=
junktur in erster Linie finanziell, — dem Erfolge nach sogar
fiskalisch[1] — für das Reich, seine eigenste Schöpfung, verwerthete,
wenn er, als die anderen Staaten der ablaufenden Freihandels=
verträge auch schon müde waren, mit dem handelspolitischen System
der anderthalb Jahrzehnte vor 1879 brach, wenn er dann das Schiff
der neuen Handelspolitik mit seiner Energie steuerte und dem Zoll=
auch noch den Eisenbahn= und Veterinärschutz der Landwirthschaft
hinzufügte. so darf ihm billiger Weise selbst der freihändlerische
Gegner keinen Stein nachwerfen. Der Uebergang vom Freihandel
zum Protektionismus beweist nur, daß selbst Fürst Bismarck nicht
zugleich ängstlicher Fachmann und gewaltiger Reichslenker sein konnte.
Ich darf dies um so rückhaltloser aussprechen, als ich 1879 gegen
seine Getreidezölle, 1878 gegen sein Sozialistengesetz und noch früher
gegen seine Katholikengesetze öffentlich Stellung genommen habe.

Den veränderten inneren Leitgründen der Handelspolitik ent=
sprach denn auch ganz der äußere Verlauf ihres Umschwunges.

Gegen Ablauf der freihändlerischen Tarifverträge, von 1874
an immer steigend, hatte sich nach obiger Darstellung die zunächst

---

[1] Vgl. unten über die Tarifwirkungen.

industrielle Schutzzollreaktion geltend gemacht. Gleichwohl erhielten die alten Paladine der preußischen Freihandelspolitik, die um den Zollverein und das Reich hochverdienten Fachmänner v. Delbrück und v. Philippsborn, erst am 1. Mai 1876 ihren Abschied. Jedoch im Frühjahr 1877, zehn Monate nach dem Weggange Delbrück's, hatte sichtbar Bismarck bereits persönlich die Zügel der Handelspolitik in die Hand genommen. Im Frühjar 1878 war die officiöse Presse bereits schutzzöllnerisch. Im Juni dieses Jahres beschloß der Bundesrath die zwei Enqueten über die Lage der deutschen Eisen- und der deutschen Baumwollindustrie. Schon am 12. November 1878 ergeht der preußische Antrag auf Tarifrevision an den Bundesrath. Dann erfloß ein Schreiben Bismarck's vom 15. Dezember desselben Jahres aus Friedrichsruh. Hierin wurden dem Bundesrath die Grundzüge dieser Reform vorgezeichnet. Als Ziele der „Revision" wurden aufgestellt: die Erhöhung der Zolleinnahmen, die Verallgemeinerung des Zolles für alle nicht besonders ausgenommenen Artikel — die frühere „allgemeine Eingangsabgabe" —, ein autonomes Zollsystem als Unterlage der zu erneuernden Verträge, dann die Aufrechterhaltung der bestehenden Schutzzölle, endlich im „Interesse besonders leidender Zweige der heimischen Industrie eine Wiederherstellung höherer oder Erhöhung der gegenwärtigen Zollsätze". Die Einnahmenerhöhung wird wiederholt und mit besonderem Nachdruck vorangestellt. Mit geschickter Umgehung alles theoretischen Streites über den Werth des Freihandels wird die allgemeine Aufwärtsbewegung der Tarife des Auslandes als maßgebend bezeichnet.

Die so bestechende als falsche Idee der finanziellen Belastung des importirenden Auslandes in Gestalt wesentlicher Abwälzung der Zölle wird stark betont. Auch die Revision der Eisenbahntarife wird bereits verlangt, damit nicht ferner die einzelnen Privat- und Staats-Bahnverwaltungen „der wirthschaftlichen Gesetzgebung des Reiches nach eigenem Ermessen Konkurrenz machen, die Handelspolitik nach Willkür neutralisiren und das wirthschaftliche Leben der Nation Schwankungen aussetzen, welche im Gefolge hoher und wechselnder Einfuhrprämien für einzelne Gegenstände nothwendig eintreten".

Es darf vielleicht angenommen werden, daß damals auch schon die Veterinär- und Gesundheitspolizei als Hebel des Agrarschutzes in Betracht gezogen und in Bereitschaft gesetzt wurden. Schon lange

klagte man über England, welches ungeheure Verluste an seinem edlen
Viehkapital erlitten und den Reigen scharfer Veterinärprohibition
eröffnet hatte.   Jetzt konnte man sich für die Schädigung der deut=
schen Viehausfuhr nach dem Westen durch Einfuhrverbote gegen den
Osten schützen, und gegen die Zufuhren der Produkte amerikanischer
Viehzucht war die Gesundheitspolizei ein brauchbares Mittel. Nicht
als ob der Viehstands= und der Gesundheitsschutz bloßer Vorwand
gewesen wären. Immerhin sollte in der Art der Handhabung beider
zugleich ein unverkennbar protektionistischer Grundtrieb sichtbar
werden. Und mehr als alle Vieh= und Fleischzölle sollten diese
Maßregeln wirken. Alsbald wurde die Einfuhr von Vieh und Vieh=
produkten — durch die zur Abwehr von Seuchen erlassenen Einfuhr=
verbote, sowie durch das am 6. März 1883 erlassene Verbot der
Einfuhr von Schweinen amerikanischen Ursprungs, durch die hiebei
erfolgte Einführung der Ursprungszeugnisse für die Schweineeinfuhr,
durch das mit den Verordnungen vom 25. Juni 1880 und 6. März 1883
erlassene Verbot von gehacktem und sonst bearbeitetem Schweine=
fleisch, von Speckseiten, Würsten aller Art amerikanischen Ursprunges
— mehr oder minder beeinflußt. Verlangt waren solche Maßregeln
plötzlich als Mittel des Agrarschutzes.

Als 1878 die politische Atmosphäre bis in die höchsten Kreise
mit dem energischen, rücksichtslos ausgreifenden Schutzzollgeist ge=
sättigt war, war die Agitation lawinenhaft angewachsen. Schon zu
Beginn des J. 1879 hatte eine lebhafte Agitation auch für Agrar=,
für Getreide=, Vieh= und Holzzölle begonnen, und diese Bestrebungen
— ermuntert, jedenfalls nicht abgewiesen vom einst freihändlerischen
Kanzler des Reiches   gewannen rasch die Oberhand. Eine ein=
drucksvolle, allgemein Delbrück zugeschriebene Berechnung, daß schon
ein geringer Getreidezoll die deutsche Nation mit 203 Mill. Mark
belasten und die Militärverpflegung um mehr als sein Finanzzoll=
erträgniß vertheuern würde, blieb völlig erfolglos. Auch der Klein=
bauern= und Winzerstand schwammen bald am Schlepptau des
agrarisch interessirten Mittel= und Großgrundbesitzes. Der große
Chor der öffentlichen Meinung war zweifellos für die neue Politik.

In der für Tarifrevision eingesetzten Kommission herrschten die
Schutzzöllner. Nachdem die Thronrede vom 12. Februar 1879 die
Freihandelspolitik seit 1865 als ganz erfolglos bezeichnet hatte, kam
dem Reichstag am 4. April der Entwurf eines erhöhten Finanz=

und Schutzzolltarifes zu, wofür ja die Enqueten ausgefallen waren. Der Reichstag nahm an diesem Entwurf manche, jedoch im Ganzen keine einschneidenden Aenderungen vor. Die Retorsionsvollmacht der Regierung (§ 5) wurde materiell eingeengt (50 statt 100% Zollzuschlag) und formell insofern beschränkt, als nur differentielle Zollbelastung deutscher Provenienzen (nicht schon „erheblich" höhere Belastung" überhaupt) zur Retorsion befugen sollte. Durch einen § 8 wurde jener Ertrag der Zölle und der Tabaksteuer, welcher die Summe von 130 Mill. Mark im Jahre übersteigt, den einzelnen Bundesstaaten nach Maßgabe der Matrikularbevölkerung für die Vertheilung an die Gemeinden zugewiesen. Am 15. Juli war der neue Tarif Gesetz und trat (auf Grund eines Sperrgesetzes) theils vom 1. Juni, theils vom 1., 7. und 8. Juli, theils vom 1. Oktober 1879, endlich voll und ganz vom 1. Januar 1880 ab in Kraft.

Die Erhöhungen waren jedoch hiemit noch nicht abgeschlossen. Zwar fiel der Flachszoll alsbald (1880) wieder. Dafür erreichten schon 1881 die Weinproduzenten einen Schutzzoll auf alle frischen Weinbeeren (Kelter= und Tafeltrauben) und die Wollwaarenfabrikanten eine bedeutende Zollerhöhung für Damenkleiderstoffe. Namentlich die Agrarzölle gingen in raschem Stufengang auf die unten bezifferte Weise in die Höhe.

Durch die Verträge mit Oesterreich, Italien, der Schweiz, Rumänien u. s. w. ließ man sich nur sehr beschränkt in Linderungen und Ermäßigungen des Tarifes ein. Die Klausel der Meistbegünstigung hatte hienach für das Ausland Deutschland gegenüber nicht mehr entfernt die hohe Bedeutung, die ihr von 1865 bis 1879 zugekommen war. Namentlich mit Oesterreich=Ungarn und mit Belgien kamen Tarifverträge nicht mehr zu Stande. Von Rumänien und Serbien dagegen erreichte man die Meistbegünstigung und Sondereinräumungen sogar ohne tarifarische Gegenkonzessionen. Italiens in Verträgen mit Oesterreich und Frankreich gebundene und ermäßigte Zollsätze erhielt Deutschland 1883 gegen Bindung und Ermäßigung verhältnißmäßig sehr weniger Tarifposten. Aehnliches gilt von den Verträgen Deutschlands mit Spanien (12. Juli 1883) und namentlich mit Griechenland (9. Juli 1884). Im Zusatzvertrag mit der Schweiz (11. November 1888) gewährte Deutschland 12 Ermäßigungen und band sich mit 19 Sätzen seines Tarifes, während die Schweiz 15 Sätze ermäßigte und 2 festlegte. Im Nachtragsvertrag mit Ru=

mänien vom 1. März 1887 wurde eine erhebliche Anzahl mehr oder weniger bedeutender Ermäßigungen gegen die bloße Einräumung der Meistbegünstigung erreicht und außerdem Rumänien handelspolitisch durch die Bestimmung an Deutschland gefesselt, daß, wenn Rumänien mit einer dritten Macht einen Vertrag oder ein Handelsabkommen irgend welcher Art abschließen oder erneuern sollte, die Konvention mit Deutschland von 1877 sammt den in obiger Nachtragskonvention festgesetzten Abänderungen als von selbst und für die gleiche Dauer verlängert gelten soll. Der Zolltarif des Deutschen Reiches ist also nach außen nur durch die Verträge mit der Schweiz, Griechenland, Italien und Spanien in einzelnen Positionen für Rohstoffe und Konsumartikel bis längstens 1892 gebunden und ermäßigt worden.

Dies ist die Lage, welche Graf v. Caprivi, der „neue Kurs" zu einer stabileren Handelspolitik für Mitteleuropa in Deutschland vorgefunden hat. Ein ähnlicher Prozeß hat sich — England, Belgien, die Niederlande ausgenommen — in den übrigen Staaten abgespielt. Ueberall ein ruhelos sich steigerndes System unmittelbar zolltarifarischer und mittelbar eisenbahntarifarischer sowie veterinärpolizeilicher Protektion und Prohibition. Selbst die Schweiz und Ungarn, geschweige Rußland und die Vereinigten Staaten entzogen sich dieser Bewegung nicht ganz. Letztere hat wohl ihren Kulminationspunkt mit dem Mac Kinley-Tarif 1890 in Nordamerika, dann mit der russischen Zolltarifnovelle vom Juli 1891, endlich mit den allerneuesten autonomen Negotiations-Schrecktarifen der Schweiz, Rumäniens, Frankreichs, der Vereinigten Staaten und zuletzt (1893) Rußlands erreicht.

Die Bewegung der Getreidepreise und der Güterpreise vor 1879 und bis 1890.

Die Schutzzollbewegung ergriff, wie erwähnt, zuerst die Industrie. Mit dem Zusammenbruch der Spekulation hatte eben der Zusammenbruch des Preishochstandes der meisten Industrieprodukte begonnen. Kein Wunder, daß die Industriezollerhöhungen von den Interessenten schon im ersten Anlauf durchgesetzt worden sind, in Deutschland 1879, in Oesterreich-Ungarn sogar schon 1878, namentlich aber 1882.

Der Niedergang der Preise fast aller Waaren dauerte in den achtziger Jahren fort und erreichte den tiefsten Stand zugleich mit den Getreidepreisen erst gegen Mitte der achtziger Jahre. Dies reicht vollauf zur Erklärung der Thatsache hin, daß die Industriellen mit den Agrariern auch dann noch im Hochschutzchorus einig blieben, als letztere den Agrarschutz 1885 und 1887 auf die Höhe trieben. Das in der ersten Hälfte der achtziger Jahre fortdauernde Sinken aller Preise erhellt aus den sorgfältigen Ermittelungen Soetbeer's[1]) über die Bewegung des Durchschnittswaarenpreises im auswärtigen Handel Deutschlands während des Zeitraumes 1881 bis 1889. — Hienach war das Niveau der Waarenpreise in den Jahren 1882 bis 1889, verglichen mit den Durchschnittspreisen im Jahre 1881, wie folgt:

im Jahre 1881 bei der Einfuhr 100,0 bei der Ausfuhr 100,0 überhaupt 100,0
„ 1882 „ 99,8 „ 100,7 „ 100,3
„ 1885 „ 85,8 „ 85,8 „ 85,8
„ 1887 „ 85,5 „ 83,5 „ 84,5
„ 1889 „ 88,6 „ 87,2 „ 87,9

Das allgemeine Waarenpreisniveau im Großhandel des deutschen auswärtigen Verkehrs zeigt so noch in den Jahren 1882 bis 1887 ein fortwährendes Sinken. Das Niveau im Jahre 1889 ist immer noch 12 Prozent niedriger gewesen als dasjenige vom Jahre 1881.

Etwas später vollzog sich der Preisfall der nothwendigen Lebensmittel, namentlich der Hauptgetreidearten. Die Preise in den J. 1875 bis 1878 mit M. 209 pro T. für Weizen, 220 für Roggen, 165 für Gerste und 164 für Hafer stellten sich unmittelbar vor Einführung der ersten mäßigen Agrarzölle von 1879 immerhin geringer, als die seit langer Zeit höchsten Preise von 1872 bis 1874, so daß der erste Schutzzollappetit auch bei den Getreideproduzenten sich regen konnte. Dieselben waren jedoch nicht viel geringer als 1871 und noch immer höher als im Durchschnitt des vorhergegangenen Jahrzehnts, in welchem z. B. die Jahre 1863 bis 1866 einen Durchschnittspreis gehabt hatten von 177 für Weizen, von 130 für Roggen, von 118 für Gerste, von 121 für Hafer.

Der stärkere Preisfall der Ackerbauprodukte vollzog sich erst nach 1879, wesentlich von 1881 bis 1886. Dies erklärt das stete Steigen des Verlangens nach Agrarzöllen, wie solches in den alsbald darzustellenden deutschen Tarifgesetzen von 1885 und 1887 mehr Befriedigung fand, als irgendwo sonst. Diese für die genetische

---

[1] In Conrad's Jahrb. 1890.

Erklärung – nicht Rechtfertigung — des Agrarhochschutzes hoch=
wichtige Thatsache erhellt klar aus den nachfolgenden Uebersichten.

Die Mittelpreise für den ganzen preußischen Staat betrugen:

(vergl. Bd. 30 der Zeitschr. des K. pr. stat. Bur.)

Mark pro 1000 kg

in den Jahren	Weizen	Roggen	Gerste	Hafer	Kartoffeln	Heu
1871—75	225	179	171	163	60	72
1881	220	202	166	159	57	74
1884	173	147	149	144	49	61,5
1885	162	143	143	143	46	54,5
1886	157	134	135	133	41	60
1887	154	125	128	113	46	60,5
1889	183	156	151	151	52,5	66,5

Der hauptsächliche Preissturz der landwirthschaftlichen Erzeugnisse
vollzog sich demnach von 1881 an, namentlich 1886 und 1887. Das=
selbe ergiebt sich für andere Länder. Die Preise von Weizen und
Roggen erreichten überall in den Jahren 1885 bis 1887 ihren tiefsten
Stand, ausgenommen England (1889), Niederlande (1888), Däne=
mark (1889), Wien und Budapest (1888), Odessa (1889). Diese preis=
statistischen Thatsachen des Zeitraumes von 1881 bis 1887 haben ihre
Einwirkung auf den Zolltarif nicht verfehlt. Der Preisfall hat das
Landrenteninteresse gewaltigst aufgerüttelt. Da das Wahl=
system und die handels=, namentlich aber finanzpolitische Richtung
der Reichsregierung den Interessenbestrebungen zu Hilfe kamen, so
mußte die Kornzollagitation siegen. Vor 1879 Eingangsfreiheit,
1879 mäßige Zölle, deren Tendenz vielleicht noch überwiegend eine
finanzielle war, dann aber 1885 und 1887 Steigerungen, wie sie
sonst nirgends stattfanden, weshalb für Deutschland mit Fug und
Recht von „Agrarhochschutz“ die Rede ist und die Rede sein darf!
Die Zölle für Roggen und Weizen waren erst 1879 um 1 Mark,
1885 3 Mark, d. h. ½ Mark niedriger als seit der Wiederherabsetzung
durch Caprivi, dann 1887 5 Mark; von 1865 bis 1879 hatte Zoll=
freiheit bestanden. Entsprechend kamen und stiegen die Zölle für Vieh
aller Art. Das freilich läßt sich nicht behaupten, daß die Land=
wirthschaft, wenn ihre Lage sonst eine gesunde war, diesen Druck
auf die Landrente ohne hohe Agrarzölle nicht hätte bestehen können;
zieht man die Durchschnitte längerer Jahre, so war die jüngste
Preisumwälzung so gar gewaltig nicht, und die Landrente, welche
gerade im Norden und Osten Deutschlands seit 100 Jahren theil=

weise um Hunderte von Prozenten (nach Domänenpachtregistern) ge=
stiegen ist, war nicht auf ruinöse Weise herabgedrückt. Die neueren
Preisstürze waren hienach wohl empfindlich, aber vergleichsweise
weniger stark als ehedem. Dieselben erklären den Drang zum Agrar=
schutz, sie rechtfertigen aber noch lange nicht den Anspruch des privaten
Grundeigenthums auf Entbindung vom Geschäftsrisiko, auf staatliche
Zollgarantie eines erreicht gewesenen Grundrentenhöchststandes.
Ein Preissturz, wie früher — in Preußen z. B. für Weizen von
290 im J. 1817 auf 83 im J. 1825, oder von 224 in den Jahren
1816 bis 1819 auf 89 in den Jahren 1820 bis 1822, übertrifft den
neuesten Preissturz um das Vielfache! Und wenn Mitte Mai 1891
Weizen in Berlin wieder auf 215 Mark steht, höher, wie in Preußen
alten Bestandes in 1851—1870 (207,7 M.), und beinahe so hoch wie
1871—1880 (223,2 M.), so werden auch die Vertreter der Agrarzölle
die Billigkeit haben müssen, die volksthümliche Aufwallung des
Jahres 1891 gegen den „Agrarhochschutz“ nicht unbegreiflich zu finden
(Mitte August fast 240 M. pro T. Weizen).

Zu dem Sinken der Getreidepreise waren andere Umstände
hinzugekommen, welche die Lage der Landwirthschaft wirklich unbe=
haglich machten.

Das ganz außerordentliche Steigen der Grundrente von
Mitte der fünfziger bis in die Mitte der siebenziger Jahre hatte
auch die Güterpreise und Pachtschillinge mächtig in die Höhe ge=
trieben. Wenn seitdem starke Rückfälle des Reinertrages eintraten,
so war die Anpassung an die durch die Auslandkonkurrenz geschaffene
neue Preislage keineswegs eine leichte Sache. Es lebte und lebt
eine ganze Generation von Grundeigenthümern, welche ihr Vermögen
unter der Voraussetzung höheren Reinertrages in die Güter gesteckt
und dafür Schulden aufgenommen haben. Es war eine Masse
Pächter vorhanden, deren 18jährige Pacht noch lange in die neuere
magere Zeit hinein fortlief und fortläuft.

Vor Allem — und hier weisen wir auf die Ziffern des Ab=
schnittes über Bevölkerungsspannung zurück — hatte der natür=
liche Bevölkerungszuwachs um 1873 kulminirt, ohne bis 1890 wesent=
lich zu sinken (vgl. S. 61 ff.). Die Bevölkerung hatte sich in den
1875 vorangegangenen günstigen Zeitläufen vermehrt; eine inzwischen
verstärkte Generation schreitet zur Familiengründung eben jetzt, da
längere Krisen, selbst Nothstände eintreten, sie überzahlt fort und

fort die Güter und die Pachte. Weite Schichten haben sich mehr oder weniger für den bloßen Besitzerwerb verschuldet, und jener stärkere Betriebsfond, welcher den Uebergang zu intensiveren Betriebsführungen und Kapitalinvestirungen zu ermöglichen hätte, fehlte eben jetzt; ja die Betriebsmittel wurden schwächer, weil nun Ertragsrückgänge, sogar Unterbilanzen Jahr um Jahr sich einstellten und einstellen, weil Verluste und Zinsen gar das Vermögen selbst aufzehren. Da wird der Rath zur sofortigen Anpassung an die neuen Verhältnisse Vielen gegenüber etwas wohlfeil. Alle, welche das Wasser sich schon an die Kehle kommen sehen, sind für denselben wenig empfänglich; lieber greifen sie gierig nach dem Rettungsseil augenblicklicher Aushilfsmittel, wenn ihnen solche geboten werden.

Wohl erschiene die Einräumung letzterer Mittel seitens der Gesetzgebung verwerflich oder gar gewissenlos, wenn das bestehende öffentliche und das private Recht bereits die Aufgabe gelöst hätten, die unproduktive Ueberschuldung für den bloßen Besitzerwerb zu verhindern und im Grundbesitzverkehr unter Lebenden und von Todeswegen den Preisen die elastische Regelung nach dem wechselnden wirklichen Reinertrag zu sichern. Allein dies ist, wir kommen auf diesen besten Ersatz des Agrarzollschutzes durch Grundbesitzverkehrs- und Ueberschuldungs-Schutz zurück — keineswegs der Fall. Thatsächlich ist die Bewegung der Güterpreise und der Pachtschillinge dem Preisfall der landwirthschaftlichen Erzeugnisse keineswegs nachgefolgt, und allem Anscheine nach wäre diese Anpassung mehr oder weniger auch dann nicht eingetreten, wenn die Agrarzölle gar nicht eingeführt worden wären. Die Sache ist zwar mit ziffermäßiger Genauigkeit nicht leicht festzustellen, da das statistische Material für die umfassende Entscheidung der Frage nicht entfernt zureicht. Einige quantitative Bestimmungen sind dennoch möglich. Fast alle Berichte stimmen darin überein, daß in Gebieten mit vorwiegend mittlerem und kleinem Grundbesitz bis zum Jahre 1890 die Güterpreise und Pachtschillinge nicht abgenommen haben; selbst in den östlichen Provinzen des preußischen Staates sind die Pachtschillinge bei Neuverpachtung erst gar nicht, dann langsam, erst zuletzt, in der bereits agrarhochschutzzöllnerischen Periode, dann freilich mit fast jähem Preissturz nachgefolgt.

Das statistische Jahrbuch für das Großherzogthum Baden, dessen vorzügliche Landwirthschaftsverwaltung fortgesetzt die schätz-

barsten Information liefert, theilt für 1868 bis 1888 die Verkaufs=
preise und Pachterträge mit. Diese Mittheilung ergiebt, daß in
diesem Zeitraum die Kaufpreise eher gestiegen als gefallen, die Pacht=
erträge nur mäßig gesunken sind. Für Preußen ergeben die Neu=
verpachtungen der Domänenverwaltungen einige Anhaltspunkte.
Conrad faßt die daraus zu unserer Frage belangreichen Aufschlüsse
in seiner Zeitschrift dahin zusammen: noch in der Periode von 1880
bis 1884 hatte bei den 158 Neuverpachtungen in den östlichen Pro=
vinzen eine Steigerung der Pachtsumme von 100 zu 123 stattgefunden;
erst in der Periode von 1885—89 ist ein Rückgang wie 100 : 97 zu
bemerken; in den westlichen Provinzen, wo von 1885—89 12 127 ha
für 940 325 Mark verpachtet wurden, war noch eine Steigerung von
100 : 112 zu verzeichnen, es sind aber allein die westlichen Gegenden
und die Provinz Sachsen, welche das Durchschnittsverhältniß so
günstig gestalteten, — in Schlesien blieb sich (1885—89) die Pacht
gleich, in Pommern sank sie auf 89,9, in Brandenburg auf 82,8, in
Posen auf 83,0, in Ostpreußen auf 98,1, in Westpreußen sogar auf
75,2 %. Die Landrentensteigerung hat demnach den Preissturz lange
überdauert. Nur ein Agrar=Grundbesitzverkehrs= und Bodenkredit=
Recht, welches den Grund= und Pachtbesitz betriebskräftig und daher
gegen Landrentenstürze widerstandsfähig machen würde, könnte
dazu angethan sein, dem „nationalen" Grundbesitz seine „nationale"
Pflicht der Tragung des „nationalen" Risikos von Landwirthschafts=
krisen möglich zu machen. Allein insolange, als ein solches Recht
nicht ausgebildet ist, vermag ich die beharrliche Gefahr schwerer Be=
drängung gerade des in seinen Kapitalrotationen langathmigen
Grundbesitzes durch Rentenstürze vollauf zu würdigen. daher auch
den Drang zum Zollschutz wenigstens zu begreifen und die regierungs=
seitige Behutsamkeit im Wiederabbruch einmal eingeräumt gewesener
Agrarzölle leidenschaftlos zu verstehen. Die soeben gepflogenen Er=
hebungen werden diesfalls den weiter folgenden Ausführungen nicht
verloren sein.

Die vergleichsweise Höhe des deutschen Schutztarifes.

Die Vereinigten Staaten, Rußland, Oesterreich=Ungarn, Frank=
reich hatten die Schutzzollbewegung mitgemacht, in mäßiger Weise
selbst die Schweiz. Nicht ebenso England, Belgien und Holland.
Hat nun das Deutsche Reich, verglichen mit ersteren Staaten,

etwa den höchsten Tarif? Diese Annahme wäre unrichtig. Nicht bloß ist es von Rußland und von den Vereinigten Staaten schon längst übertroffen. Es hatte den anderen Staaten gegenüber nur in den Getreidezöllen die höchste Sprosse der Schutzzollleiter besetzt und selbst hier haben ihm die Vereinigten Staaten und — mit seinem Tarif vom Sommer 1891 — Frankreich kaum mehr etwas vorzuwerfen. In den Industrieschutzzöllen und in den Finanzzöllen hat Deutschland im Ganzen eine gemäßigte Mittelstellung sich bewahrt.

Dennoch veranlaßt nicht bloß der Sinn für billige Auseinandersetzung mit dem „alten Kurs" zu der nachfolgenden kurzen Tarifvergleichung. Diese Vergleichung hat ein hohes Interesse für fast alle Hauptfragen der Tarifpolitik als thatsächliche Unterlage. Von der genaueren Kenntniß des Tarifes hängt das Urtheil über die Fragen ab: ob eine Rückkehr zu freierem Verkehre, ob der „neue Kurs" gerechtfertigt war, zwischen welchen Staaten und in welchen Artikeln eine Umkehr thunlich, inwieweit eine dauernde Zoll- und Handelsannäherung zwischen einzelnen Staaten etwa ausführbar wäre, von welchen Staaten der Anstoß zur fraglichen Umkehr zu geben sei. Die Tarifvergleichung, zu welcher Matlekovits fast alles Material an die Hand giebt[1]), liefert hiefür ganz sichere Leitlinien.

Wir halten auseinander die Schutzzölle und die Finanzzölle, dabei wohl wissend, daß die ersteren mehr oder weniger zugleich als Finanzzölle und die Finanzzölle als Schutzzölle wirken können. Bei den Schutzzöllen unterscheiden wir Agrar- und Industrieschutzzölle, wobei die Agrarzölle im weiteren Sinne gemeint sind, wonach sie Landwirthschafts- und Holzzölle, die Landwirthschaftszölle selbst wieder Getreide- und Viehzölle sind.

Agrarzölle. Wie schon erwähnt, waren 1887 die Getreidezölle in Deutschland am höchsten geworden: für Weizen und Roggen 6,25 Fr. (5 Mark). Zunächst kam Frankreich mit 5 Fr. für Weizen, Oesterreich-Ungarn mit 3,75, Schweiz 0,30 Fr. Zollfrei ist Getreide noch immer außer in England, Rußland und Rumänien, auch in Belgien und in den Niederlanden. —

---

[1]) Matlekovits, die Zollpolitik der österr.-ung. Monarchie seit 1868 und deren nächste Zukunft. Leipzig 1891. Die Angaben sind, soweit wir kontrolliren können, ganz zuverlässig. — Matlekovits hat die vergleichenden Tarifangaben einheitlich auf Franks-Währung reduzirt.

Für Mühlenfabrikate ergiebt sich Aehnliches: Deutschland mit 13,125 Fr. (10 M.), Rumänien 12 Fr., Oesterreich 9,32 Fr. (Retorsionszoll gegen Deutschlands Müllereischutzzoll), Italien 8,78, Frankreich 8, die Vereinigten Staaten im Mac Kinley=Tarif mit 25 % des Werthes für Weizenmehl.

In den 1891 aufrecht gebliebenen Viehzöllen war Deutschland schon unter dem alten Kurs nicht mehr unbedingt obenan. Für Ochsen betrug der Zoll per Stück: in Italien und in Frankreich 38 Fr.; dann folgten Deutschland und Oesterreich mit 37,5 Fr., Schweiz mit 25, Belgien mit 20 Fr. Sieht man von Italien ab, für welches der Zoll wesentlich Finanzzoll ist, und von Oesterreich, für welches er eine praktisch erhebliche Bedeutung nicht hat, so stehen Frankreich und Deutschland mit fast gleich hohem Zoll weitaus obenan. Bei Hämmeln ist dies anders: Frankreich hat (hatte bis 1891) 5, Italien 3, Belgien 2,5, Deutschland und Oesterreich 1,25, Serbien 0,80, Schweiz 0,50 Fr. Zoll per Stück.

Die Holzzölle fanden sich überhaupt nicht in Frankreich, den Niederlanden, Norwegen, Schweden und Oesterreich=Ungarn. Brennholz zahlt einen mäßigen Finanzzoll (0,02 Fr. per 100 K.) in der Schweiz. Bau= und Nutzholz sind in Deutschland niedrig belastet im unbearbeiteten Zustand, jedoch sehr hoch für die bearbeiteten, namentlich gesägten Hölzer.[1]

Was schließlich den Zoll für Wein anbelangt, so war der für den großen Handel maßgebende „Wein in Fässern" (Flaschenweine höher!) mit folgenden Zöllen belegt: in Rußland 85,40 Fr., Deutschland 30, Belgien 23, den Niederlanden 20, Italien 20, Schweiz 6 (vertragsmäßig 3,50), Frankreich 4,5 (vertragsmäßig 2) Fr. Das Gesammtergebniß ist, daß Deutschland, wenn man von Portugal absieht, in den wirklich auf Agrarschutz angelegten und hiefür praktisch wirksamen Zöllen obenan steht, namentlich was Getreide betrifft. Im Zollschutz der Viehzucht stehen ihm Belgien und Frankreich ganz nahe.

Industriezölle. Ich beschränke mich auf die zwei handelspolitisch wichtigsten Gruppen, nämlich die Zölle auf Erzeugnisse der Textil= und der Eisenindustrie. Die Angaben stammen aus Matlekovits.

---

[1] Genaueres bei Matlekovits a. a. O.

Textilzölle. Die niedrigsten Zollsätze und die höchsten Zollsätze auf Baumwollgarne betrugen in Francs (immer nach Matlekovits):

Rußland	. . 101	183	Oesterreich-Ungarn	. 15	40
Frankreich	. . 18,5 (15)[1]	372 (300)[1]	Italien	 18	60
Deutschland	15	45	Schweiz	 6	6

Hieraus geht hervor, daß in den gangbarsten Garnen Deutschland, Oesterreich-Ungarn, Italien, Frankreich mit immerhin mäßigen Schutz-zöllen einander sehr nahe stehen; Skandinavien, Schweiz, Rumänien haben noch niedrigere Sätze. Ein großer Unterschied ergiebt sich allerdings in der Abstufung als Folge der ganz verschiedenen Systeme der Tarifklassifikation. Am weitesten geht Frankreich, welches allein für Baumwollengarne 360 verschiedene Zölle hat gegen in der Haupt-sache 12 Sätze in Deutschland und in Oesterreich. — Die Leinengarne ergeben für die Tarifvergleichung nahebei dieselbe Gruppirung, wie die Baumwollgarne, mit dem Unterschied jedoch, daß der österreichische Tarif noch liberaler ist, als der gemäßigt schutzzöllnerische Tarif Deutschlands. — Die Wollengarne, roh, einfach (Kammgarn und Streichgarn), hatten auch, unter dem „alten Kurs" wenigstens in Deutschland, nur einen mäßigen Schutz.

Für Baumwollgewebe ist die Tarifvergleichung überaus schwer. Die Klassifikation der Zollsätze ist nämlich äußerst verschieden. Fast am einfachsten in Deutschland, welches hiedurch die groben Waaren allerdings verhältnißmäßig stark belastet. Matlekovits ver-sucht dennoch eine brauchbare Vergleichung, welche für die wichtig-sten Waaren, für gewöhnliche, bedruckte, dem gemeinen Volkskonsum dienende Baumwollenwaaren folgende Sätze in Francs ergiebt: Rußland 522, Frankreich 84,5 bis 370 und 72,5 bis 270, Italien 142 bis 180 und 132 bis 156, Oesterreich-Ungarn 175, Deutschland 150, Schweiz 35. Belgien hat einen Werthzoll von 15%, die Niederlande von 5%. Bei den Baumwollwaaren im Ganzen ist nach Matle-kovits „der österreich-ungarische Zolltarif jedenfalls sehr schutz-zöllnerisch und steht hinsichtlich der Hauptkonsumartikel obenan, so daß, wenn wir von den Prohibitivtarifen Rußlands und Portugals absehen, Oesterreich-Ungarn mit Frankreich hier an der Spitze der schutzzöllnerischen Staaten steht; Deutschland bleibt bei vielen Ar-tikeln zurück."

[1] Vertragsmäßig.

Auch für Leinenwaaren hatte schon vor 1891 Rußland durchgehends prohibitive Zölle: bei rohen und gebleichten Leinenwaaren
831 bis 1760. Italien und Frankreich erheben sich nach dem Fein-
heitsgrade höher als Deutschland: mit 15—30—45—75 Fr. bei rohen
und mit 75—80 150 bei gebleichten Leinenwaaren. Oesterreich hat
30—50—80—200 Fr.; die Schweiz hat für gebleichte Leinenwaaren
50 Fr. Für die Masse der Wollwaaren, d. h. „nicht besonders
benannte" Wollenwaaren — giebt Matlekovits folgende Tarif-
zusammenstellungen in Francs: Deutschland 168,75 bis 275, Oesterreich-Ungarn 125 bis 275, Rußland 108 bis 386, Italien: Streich-
garnstoffe 150 bis 240 und Kammgarnstoffe 190 bis 300, Schweden
242,9, Frankreich: reine Wollengewebe 106 bis 211, gemischte Wollengewebe 35 (vertragsmäßig) bis 211, Schweiz 25 (vertragsmäßig) bis
70 Fr. Mit Ausnahme von Spanien und Portugal, wo für Wollengewebe sowie denn überhaupt für die meisten Industrieartikel prohibitive Zölle herrschen, und noch Griechenland, haben die Zolltarife
des Deutschen Reiches und der österreichisch-ungarischen Monarchie
die höchsten Zölle; denn Italien, wo einige Zölle höher sind als in
den beiden genannten Staaten, hat doch für den größten Theil der
Wollwaaren bedeutend mäßigere Zölle und ist in dieser Richtung
weniger schutzzöllnerisch.

Eisen und Eisenwaaren. Rußland (Roheisen 12 Fr. per
100 Kilo) ist fast durchgehends prohibitiv. Für die anderen Haupt-
länder ergiebt sich: Oesterreich-Ungarn stand in jeder Beziehung an
der Spitze der Schutzzolltarife für Eisen und Eisenwaaren und zwar
nicht nur in Betreff der Höhe der Zölle, sondern auch in Bezug auf
die eingehende Klassifizirung und Unterscheidung der Waaren und
der Halbfabrikate je nach ihrer Bearbeitung. Deutschland reiht
sich in der Hauptsache an Belgien an, und weist nur mäßige Zölle
auf, allein in den feineren Waaren erhebt sich auch hier der Zoll
und übertrifft wiederholt die Zölle Italiens und Frankreichs. Die
Reihenfolge der vorgeführten Staaten ist für Eisenzölle folgende:
an der Spitze steht Oesterreich-Ungarn, dann folgen Italien, Frankreich
und Deutschland; Belgien schließt die Reihe und ist am meisten liberal.

Als Hauptergebniß einer Vergleichung aller Industriezölle
ergiebt sich nach Matlekovits das Folgende: Der deutsche und der
österreichische Tarif sind durch die Prohibitivtarife Rußlands und
Portugals überholt. Allein die Zolltarife der übrigen europäischen

16*

Staaten und namentlich diejenigen der industriell wichtigen Länder (wie Belgien, die Niederlande, Schweiz und Italien) sind entweder ganz handelsfreiheitlich oder doch theilweise weniger schutzzöllnerisch; die Zolltarife Belgiens, der Niederlande und der Schweiz sind nahebei handelsfreiheitlich, und haben nur ausnahmsweise irgend einen höheren Zollsatz. Frankreich ist im Großen und Ganzen mehr schutzzöllnerisch als Oesterreich-Ungarn, dann folgt Italien und endlich das Deutsche Reich.

Dabei darf nicht vergessen werden, daß auch die Textil- und Metallwaaren-, wie theilweise selbst die Agrarzölle, namentlich in ihren höheren Lagen, auch Finanzzoll-Charakter tragen und zwar für verschiedene Staaten in verschiedenem Maße.

Die Finanzzölle der verschiedenen Staaten. Die Finanzzölle sind gedoppelter Art. Einestheils sind sie Ergänzungsstücke der indirekten Inlandssteuern; mit Veränderung der letzteren ändern sich auch die zugehörigen Zölle, und für Tabak und Branntwein hat sich denn auch in Deutschland lediglich in Folge veränderter Verzehrungssteuern die bekannte Erhöhung vollzogen. Anderntheils sind die Finanzzölle Abgaben, welchen keine Inlandssteuern entsprechen, sei es, daß der Gegenstand der Verzollung im Inland nicht erzeugt wird, sei es, daß gleichartige Steuerobjekte im Inlande zwar produzirt werden, aber hier nicht besteuert werden wollen, oder daß sie hier steuertechnisch nicht leicht herangezogen werden, oder daß sie geschützt werden wollen, ohne daß doch die Einfuhr der gleichartigen fremden Produkte ganz verhindert werden soll.

Die große Mehrzahl der Zölle auf fremde Produkte, welche mit inländischen Erzeugnissen konkurriren, zumal jene auf Erzeugnisse der Landwirthschaft, der Forstwirthschaft und der Viehzucht, waren beim letzten Umschwung des Handelssystems sowohl als Finanz-, wie als Schutzzölle gedacht (vergl. S. 228). Und noch mehr als sie in diesem Sinne gedacht waren, sollten sich die bedeutendsten derselben, die Agrarzölle nämlich, zuoberst die Getreide- und die Holzzölle (mit rund 100 Mill. Mark Ertrag), als kräftige Finanzzölle erweisen. Sie sind auch als die höchsten Zölle ihrer Art schon nachgewiesen. Nicht ebenso steht Deutschland obenan mit den Sätzen der reinen primären Finanzzölle, als deren bedeutendste Erscheinung die Zölle auf Kolonialwaaren gelten können. Typen dieser Zölle sind diejenigen auf Kaffee und Thee.

Ein höheres Ausbringen aus diesen Artikeln, sowie aus Petroleum, war bei den Finanzleuten der leitende Gedanke der österreichisch-ungarischen Tariferhöhungen von 1878 an. Den deutschen Tariferhöhungen von 1879 war der Zweck höheren Ausbringens aus Kolonialwaaren ebenfalls nicht fremd. Deutschland hat jedoch gerade bei diesen „reinen" Finanzzöllen keineswegs auf die höchste Sprosse der Tarifleiter sich verstiegen. Das hat es Oesterreich-Ungarn, Frankreich, Italien, Rußland und Portugal überlassen. Nach Matlekovits beträgt per 100 Kilo in Franks der Zoll

in Oesterreich-Ungarn . . . Kaffee (roh) 100 (92,₃)[1] Thee 250 (225[1])

		Kaffee	Thee
„ Rußland	. . . . . .	73	512,₄
„ Frankreich	. . . . .	156	208
„ Deutschland	. . .	50	125
„ Italien	. . . . . .	146	200
„ Belgien	. . . . . .	10	90

Also die allergrößte Verschiedenheit und Deutschland so wenig obenan, wie in den Industriezöllen.

Die vorstehende Tarifvergleichung wird wohl dargethan haben, daß Deutschland zwar im Agrarschutz am frühesten die höchsten Tarifsätze sich gestattet hat; es ist darin durch die Handelsverträge von 1891 unter dem „neuen Kurs" um 30 Prozent (auf 3,5 Mark) zurückgegangen. Die zolltarifarische Vergleichung hat aber auch ergeben, daß in den Industriezöllen Deutschland noch ziemlich Maß gehalten hat, die Wollzölle etwa ausgenommen. Oesterreich hat hauptsächlich in den Eisenzöllen den Schutz übertrieben und mußte denn auch, was Roheisen betrifft, in dem Handelsvertrag mit Deutschland etwas nachgeben. In der Wollindustrie werden beide Staaten einander und dritten Staaten weitere Ermäßigungen machen können. Belgien zeigt, daß man im Eisen- und Wollzolltarife ohne große Gefahr freiere Bahnen wieder aufnehmen kann, ohne dem vollen Freihandel in die Arme zu sinken.

Frankreich ausgenommen stehen in den Industriezöllen die mitteleuropäischen Staaten einander nicht so ferne, um dieselben, soweit sie nicht für feine und hochfeine Waaren wesentlich Finanzzölle sind, nicht allmählich weiter und weiter zu nähern. Die so sehr verschiedenen Tarifklassifikationsweisen werden sich zwar nicht ohne große Schwierigkeiten ausgleichen lassen, stehen

[1] Beim Eingang zur See.

aber einem annähernd gerechten do ut des wechselseitig eigenthümlicher Konzessionen schwerlich im Wege. Am schroffsten steht das
französische Klassifikationssystem einer mitteleuropäischen Tarif-
ausgleichung gegenüber.

In den Finanzzöllen ist Deutschland weit davon entfernt,
obenan zu stehen; es hat vielmehr einen erheblichen Spielraum zur
Verfügung, um für Ermäßigung der Agrarzölle, wenn nöthig,
durch Erhöhung der Finanzzölle das finanzielle Aufkommen
wenigstens theilweise zu finden.

Im Uebrigen ist überall die Höhe der Finanzzölle vom Finanz-
und Steuer-Gesammtsystem jedes einzelnen Staates abhängig,
und an irgend welche Zollunion mit Finanzzollgemein-
schaft zwischen irgendwelchen Staaten ist gar nicht zu denken;
selbst die Industriezölle auf feine und hochfeine Waaren, welche
eben im Maße ihrer Höhe Finanzzölle werden, würden kaum in die
Zollgemeinschaft irgendwelcher Handelsunion gezogen werden können.

Ich lege alle diese ersten Einsichten, welche durch die Untersuchung über die verhältnißmäßige Höhe des deutschen Tarifes bezüglich der dreierlei Zollgattungen in den Schooß gefallen sind, für
die weiteren Untersuchungen fest. Vorläufig dürften die Grundlagen
einer in jeder Hinsicht sachlichen Auseinandersetzung mit dem Handelssystem von 1879/1891 geliefert sein.

Die Preiswirkung der Zölle. Wer zahlt den Zoll? insbesondere den Getreide-Differentialzoll?

Will man die stattgehabte Gesammtwirkung des Bismarck'schen
Schutzsystems mit einiger Sicherheit beurtheilen, so muß man zuerst
eine völlig klare Einsicht bezüglich des Einflusses der Zölle auf die
Bewegung der Preise, durch welche jene Gesammtwirkung ermittelt
und vollzogen wird, sich zu verschaffen suchen. Ueber die Preis-
wirkung der Zölle soll nun das Nächstfolgende parteilos aufklären.

Bei Finanzzöllen — wird der Zoll auf die Dauer und in
der Hauptsache nahezu ganz auf den Preis geschlagen und dem
Konsumenten zugewälzt sein, sobald die Uebergangsperiode beendigt
und die erste Oscillation der Preise zur Ruhe gekommen ist. Zwar
genau um den Betrag des Zolles wird der Inlandpreis von Finanz-
zollgegenständen nicht vertheuert werden; ein Minimum kann ja selbst

längere Zeit auch das Ausland übernehmen, indem es zur Erhaltung des Absatzes geringere Preise stellt. Soweit das Inland den Zoll trägt, braucht das auch nicht der Konsument allein zu thun; der Großhändler, der Spediteur, der Frachtführer, der Kleinhändler mögen unter Verzicht auf einen Theil bisheriger Zwischenhandelsgewinne einen Theil der Zollbelastung übernehmen.

Die Preiserhöhung annähernd um den Betrag der Finanzzölle gestattet dem Ertrag nach dennoch eine sehr verschiedene Wirkung. Der nachhaltige Ertrag der Finanzzölle hängt davon ab, ob der Zollsatz richtig auf die Konsumfähigkeit berechnet ist oder nicht. Ein in den Gewohnheiten befestigter Konsum wird sich durch mäßige und langsam auf einander folgende Erhöhungen der Finanzzölle nicht so rasch zusammenziehen und der Ertrag kann fast im Verhältniß der Zollerhöhung steigen. Die Macht der Trägheit, die Zähigkeit des Bedürfens kommt der Finanzpolitik zu Hilfe. Erst eine sehr starke und plötzliche Erhöhung wird, wenn die Kauffkraft auch bei Wahl ordinärer Sorten nicht mehr ausreicht, den finanziellen Erfolg bedrohen, namentlich wenn der Artikel in Gestalt von „Surrogaten" im Inland erzeugbar, bezw. ersetzbar ist. In Oesterreich fanden nach Erhöhung des Kaffeezolles theils wohlfeilere Brasilianer Sorten leichter Eingang, theils kamen Surrogate mehr auf. Am größten wird der finanzielle Erfolg sein, wenn mit der Finanzzollerhöhung eine ebenso große Entwerthung des Objekts Hand in Hand geht; am Kaffee und Petroleum ließ sich dieses seit 1878 für Oesterreich wahrnehmen.

Wie aber wirken für die Dauer Schutzzölle auf die Preise ein und wer trägt sie?

Die verschiedensten Wirkungen treten ein. Es kann sein, daß der Zoll die Preise gar nicht ändert, und es kann sein, daß er die Preise um seinen vollen Betrag steigert. Es kommt dabei auf drei Hauptumstände an, die bei jedem Artikel anders zusammentreffen mögen: erstens auf die Entbehrlichkeit oder Unentbehrlichkeit (Einschränkbarkeit oder Uneinschränkbarkeit) des fraglichen Bedarfs, zweitens auf die Möglichkeit, den ganzen Bedarf im Inland mit oder ohne Kostensteigerung hervorzubringen oder durch Surrogate zu decken, endlich drittens darauf, wie die internationale Konkurrenz nach Aufhebung oder Beschränkung der internationalen Konkurrenz sich gestaltet.

Bei Artikeln, welche im Inland zu nicht höherem Preis aus=
reichend erzeugt werden und über den Inlandbedarf hinaus sogar
ausgeführt werden können, wird der Schutzzoll die Preise der ent=
behrlichen und der unentbehrlichen Güter auf die Dauer gar nicht
oder nur vorübergehend beeinflussen, nämlich so lange, bis die Inland=
erzeugung eine von der Konkurrenz geregelte Ausdehnung erfahren
hat. Dies gilt bezüglich Deutschlands annähernd wohl von der
großen Masse ordinärer und mittelguter Gespinnste und Gewebe, von
der Erzeugung der meisten Halb= und Ganzfabrikate in Eisen, für
die Erzeugung von Bier, Branntwein und Zucker, mehr oder weniger
wohl auch für Mastviehzucht. Es gilt in Ländern und Gegenden
mit regelmäßigem Getreide= und Vieherport wohl annähernd auch
für Getreide und Vieh.

Nur darf man nicht vergessen, daß selten sämmtliche Artikel
großer Branchen ganz und gar und alsbald im Inland ohne wesent=
liche Kostenerhöhung in gleicher Qualität erzeugt werden können.
Deshalb wird für einzelne unentbehrliche Artikel der Branche der
Preis um den Zollbetrag sich erhöhen, wie z. B. für Deutschland
der Preis der feinen fremden Baumw.=Garnnummern für die Halb=
seidenindustrie oder der Preis der mährischen Braugerste für deutsche
Brauer. Das Inland wird in diesem Falle den Zoll für die Regel
tragen und zwar in der Hauptsache der Konsument.

Sind die im Inland nicht erzeugbaren Artikel und
Qualitäten entbehrlich, so wird der Import theils aufhören, theils
wird für den Bedarfrestbetrag der Schutzzoll als reiner Luxusfinanz=
zoll zu Lasten der Konsumenten wirken.

Sodann werden Surrogate und geringere Qualitäten,
welche im Inland erzeugbar sind, an Stelle der Auslandwaare treten;
der Zoll wirkt in diesem Fall als Schutzzoll ohne jegliche finanz=
zollmäßige Nebenwirkung; der Inlandkonsum wird verbilligt, wie
neuestens in deutschem Schaumwein; die im Inland erzeugbare ge=
ringere Qualität wird durch ihre Billigkeit sogar exportfähig, wie
neuestens deutscher Kognak. Immer muß dabei im Auge behalten
werden, daß das Ausland selbst, welches seinen Export verloren hat,
mit seinem Kapital, seiner Intelligenz, seiner Technik, seinen Materia=
lien ins Inland übersiedelt und dieses letztere in der Herstellung
mittlerer, bald vielleicht guter Qualitäten schult. Solches ist mit
der Schaumweinfabrikation in Deutschland, mit der Herstellung von

Kaffeesurrogaten in Italien und Oesterreich und auch sonst noch vorgekommen. In diesem Fall kann der Schutzzoll sogar zu nachhaltiger Preisverbilligung führen.

Bei jenen Artikeln, deren voller Inlandbedarf im Inland ohne wesentliche Kostenerhöhung erzeugbar ist oder bereits erzeugt wird, wird eine verschiedene Wirkung eintreten, je nachdem für sie im Inlande sich Monopole, Kartelle und Ringe bilden lassen, oder je nachdem eine starke Inlandkonkurrenz gesichert bleibt. Das erstere trifft leichter bei der Rohstoff- und Halbfabrikat-Erzeugung unter der Voraussetzung zu, daß die Produktion in wenigen Händen konzentrirt ist, namentlich wenn zugleich der Bedarf in wenigen der nationalen Beeinflussung zugänglichen Geschäften (Staatseisenbahnen) sich konzentrirt: der andere Fall wird in der Textilindustrie, überhaupt in der eigentlichen Fabrikproduktion sich mehr einstellen. In ersterer Beziehung kann man an die bekannten Stahlschienenkartelle, welche das Ausland billiger bedienen, als das Inland, in letzterer an die innere Ueberproduktion und Ueberbürdung in Gespinsten und Geweben der Baumwollindustrie denken. Wir halten die Ringe und Kartelle nicht für das alleinige Produkt des Schutzsystems, aber viel Richtiges wird doch daran sein, „daß nie und nirgends die Kartelle der Großindustriellen so zahlreich und die Großindustriellen im Festhalten ihrer Kartellversprechungen nie so gewissenhaft waren, als während der Zeit der Schutzzölle. Es werden die Absatzgebiete vertheilt, es werden künstliche Schranken errichtet, es werden die Preise festgesetzt nach dem vorhandenen und wahrscheinlichen Konsumtionsmaß: — und alles dies mit dem Bewußtsein, daß diese Feststellung des Preises und Absatzgebietes durch die ausländische Konkurrenz nicht beeinträchtigt werden kann, weil die Schutzzölle das Kartellgebiet vor dem unberufenen Eindringen der fremden Produktion genügend sichern" (Matlekovits).

Außer den drei Gesichtspunkten, welche soeben hervorgehoben worden sind, giebt es natürlich noch andere, welche für die Erklärung eigenthümlicher Preiswirkungen des Zolles von Bedeutung sind. Die merkwürdigsten anderen Fälle kommen vor und sind denkbar. Wir erwähnen den Fall einer Zollermäßigung für bessere Auslandqualitäten zur Ermöglichung des theureren Absatzes schlechter Inlandqualität durch Mischung; die schlechtesten Inlandqualitäten können nun stärker als bisher die besseren gesucht sein, und daher, wenn ihre Produktion sich nicht ausdehnt, wenn zugleich die bisherigen Surrogate in der Erzeugung eingeschränkt werden, im Preise absolut und relativ steigen. Dies ist unseren Winzern in dem Experiment des Verschnittweinzolles verbunden mit dem Verbot der Erzeugung gewisser Kunstweine in Aussicht gestellt worden; auf den Ausfall dieses Experiments im Laufe einer längeren Zeit kann man auch theoretisch begierig sein!

Die Agrarzölle insbesondere betreffend, ist die bekannte Frage, ob das Ausland die Getreidezölle trägt, möglichst exakt zu beantworten.

In der Hochfluth der Agitationsliteratur während der letzten 15 Jahre haben sich von Anfang an drei Ansichten, zwei extreme und eine mittlere, geltend gemacht. Die Einen haben behauptet: das Ausland zahlt den Zoll auf nothwendige Lebensmittel! Die Andern: der Zoll erhöht die Inlandpreise überall und voll genau um den Betrag des Zolles! Die dritte Ansicht ging von Anfang an dahin, daß auf die Dauer und im Durchschnitt des ganzen Landes, ungefähr, nicht aber genau, noch immerfort, noch in allen Landestheilen gleichmäßig die Inlandpreise der nothwendigsten Lebensmittel das Streben haben werden, verglichen mit den Auslandpreisen derselben Lebensmittel sich um den Betrag des Agrarzolles zu erhöhen. Letztere Ansicht hat nun für Deutschland und für Getreide durch die auf Grund der Statistik durchgeführten besten Untersuchungen von Lexis, Conrad und Matlekovits hinreichende Bestätigung erfahren, um sie den weiteren Schlußfolgerungen dieser Arbeit zu Grunde legen zu dürfen. Für Länder, welche regelmäßig nothwendige Lebensmittel exportiren, trifft nach den Ausführungen der vorletzten Seite selbstverständlich nicht dasselbe zu; denn so lange und in dem Maß als sie Ueberschüsse nach außen abgeben und für die Gegenden, wo dies der Fall ist, wird der Preis durch den Zoll nicht erhöht werden. Deutschland aber ist ein Getreideimportland geworden.

Also: wie wirken in Deutschland die Getreidezölle? wer trägt die deutschen Getreidezölle? Von der Beantwortung dieser zwei Fragen hängt für die weiterhin zu treffenden praktischen Entscheidungen der Handelspolitik des deutschen Reiches das Meiste ab.

Die Anhänger unserer hohen Getreidezölle sind es, welche die Behauptung vertreten, das Ausland, welches Getreide an uns abgebe, bezahle für die Regel den ganzen Zoll, so daß trotz des Getreide-

zolles der Inlandgetreidepreis sich doch nicht erhöhe und das Brod
nicht theurer werde, als es ohne den Zoll auch der Fall wäre.

Diese Behauptung wurde, als die Inlandpreise, verglichen mit
den Preisen getreidezollfreier Konkurrenzländer, sich dennoch erheblich
höher stellten, dahin geändert, daß diese vergleichsweise Erhöhung
nicht Wirkung des Zolles, sondern des Zwischenhandels und Detailhandels, der Kornspekulation, namentlich des Termingetreidehandels
sei. Beide Ansichten wird man abzulehnen haben.

Wie verhält es sich mit der ersteren Formulirung, mit der
Behauptung, daß das Ausland den Getreidezoll zahle, daß die
Inlandpreise durch den Zoll nicht erhöht werden, daß also das Volk
nicht nothleide, und daß trotz hoher Getreidezölle die deutsche Industrie mit der auswärtigen unbeeinträchtigt konkurriren könne?
Diese Behauptung erweist sich an der Hand exakter Beweisführung
aus den gemachten Erfahrungen entschieden als unhaltbar.

Allerdings haben sich nach Einführung der Getreidezölle die
Preise nicht überall in Deutschland gleichmäßig erhöht. Diese
Thatsache war jedoch nach Obigem zu erwarten.

Theils wirken andere Umstände preiszurückhaltend, wie z. B.
der Nachbarschaftsverkehr; bei Roggen war dem nach allem Anschein so; der Preis für Roggen, die Hauptfrucht für das östliche
Preußen und weniger als Weizen Welthandelsartikel, stieg weniger
als jener von Weizen, bis er in allerneuester Zeit beim Versagen der
russischen Zufuhr in Folge der russischen Roggenmißernte von 1891
sogar stärker stieg. — Bei Gerste ist die Erörterung überhaupt schwierig,
weil Brau- und Futtergerste nicht getrennt nachgewiesen werden.

Anderen Theiles lösen die Getreidezölle selbst Nebenwirkungen
aus, welche die Erwartung der Vollwirkung des Zolles sich nicht
verwirklichen lassen. In einem Land, welches mit seinen verschiedenen
Grenzstrichen zu verschiedenen Getreidemärkten des Auslandes
gravitirt, kann in allen Distrikten der Einfluß desselben Zollbetrags
auf die Preise nicht überall derselbe sein. Grenzgebiete, welche bisher
regelmäßig aus der Nachbarschaft importirten, können auf das bisherige Bezugsgebiet angewiesen bleiben und daher um den ganzen
Betrag des Zolles gegenüber den Nachbargrenzorten höher belastet
sein. Umgekehrt können Binnenbezirke, welche bisher ausländisches
Getreide bezogen, dadurch der Vollbelastung durch den Zollbetrag
entgehen, daß bisher exportirende Grenztheile des Gebietes, z. B. die

öſtlichen Provinzen des preußiſchen Staates, unter den inneren Preiswirkungen des Getreidezolles ſich veranlaßt ſehen, die bisher exportirten Ueberſchüſſe im Binnenlande abzuſetzen und in letzteren von innen heraus das Angebot zu erhöhen; wo ſie ihr Erzeugniß abſetzen, vermag ihre Binnenkonkurrenz örtlich dazu beizutragen, daß die Inlandpreiſe daſelbſt nicht um den vollen Zollbetrag ſteigen. Dieſe und bedeutende weitere durch die Zölle ſelbſt ausgelöſte Wirkungen und Störungen hindern es, daß der Zoll überall ganz und gleichmäßig auf den Inlandpreis von Getreide zu liegen kommt.

Wie verhält es ſich insbeſondere mit der Wirkung von Differentialzöllen auf nothwendige Lebensmittel, z. B. für Rußland und Deutſchland im gegenwärtigen Zollkrieg, in welchem Rußland 5 (7½) Mark für Weizen und Roggen bei der Einfuhr nach Deutſchland zu bezahlen hat, während die Einfuhr aus allen übrigen Ländern den Vertragszoll von nur 3,5 zu entrichten hat?

Es kommt hierbei weſentlich auf zwei Punkte an: auf die Höhe der Transportkoſten nach dritten Gebieten freier Einfuhr und auf die wechſelnde Fruchtbarkeit der Jahrgänge hüben und drüben. Hätten im J. 1893 Deutſchland und Rußland eine ſchwache Ernte gehabt, wie 1891, ſo hätte für die Zufuhren aus Rußland der Differentialzoll von deutſchen Konſumenten annähernd bezahlt werden müſſen; da aber für Deutſchland und Rußland zugleich 1893 als ein gutes Erntejahr ſich angelaſſen hat, ſo mag der ruſſiſche Produzent vorläufig den Differentialzoll mehr oder weniger tragen, ohne daß der deutſche Getreidepreis ſteigt. Aber auch nur vorläufig; unter der umgekehrten Vorausſetzung kann die umgekehrte Wirkung eintreten. — Es kommt weiter auf die Koſten der Verfrachtung aus dem beſonders belaſteten Land nach dritten Märkten an. Sind dieſe Koſten weniger beträchtlich, als der Differentialzuſchlag zum ſonſt allgemeinen Zoll, ſo wird das differentiell belaſtete, alſo im gegebenen Fall das ruſſiſche Getreide nach dritten Ländern verbracht werden und dort mehr oder weniger auf den Getreidepreis drücken, was rückwirkend auch auf die Preiſe des differentiell belaſtenden Landes einen Druck zu üben vermag, und die Schutzwirkung des Differentialzolles für die Landwirthſchaft mehr oder weniger beeinträchtigt. Das betreffende Getreide wird möglichſt nach denjenigen dritten Ländern ſtrömen, wohin der Transport der billigſte iſt, und von dieſen Ländern aus wird, wenn ſie dem differentiell belaſtenden

Lande naheliegen, eine Schiebung des eigenen Produktes zum niedrigeren allgemeinen Zoll nach dem belastenden Lande hin stattfinden, was die Steigerung der Getreidepreise in letzterem Lande, eben damit aber den Agrarschutz nur noch weiter beeinträchtigen muß. Man wird annehmen dürfen, daß der Differentialzoll auf Getreide in seiner Schutzwirkung an großer Unsicherheit leidet, zumal, wenn das besonders belastete Land beim Getreidebau beharrt, wenn es den Weltmarkt durch die zugeführte Quantität stets bedeutend beeinflußt, und wenn es zur See oder sonstwie dritte meistbegünstigte Länder, namentlich dem belastenden Lande nähergelegene Länder leicht zu erreichen vermag. Der Differentialzoll wird nur dann dem Inlandpreise voll zuwachsen, wenn der Jahrgang schlecht ist, also dann, wenn der Preisstand ohnehin ein besonders hoher und die künstliche Getreidevertheuerung für den Konsumenten außerordentlich empfindlich wird. Ich glaube daher nicht, daß die agrarischen Hoffnungen, welche man von der Aufrechterhaltung des Getreidedifferentialzolles gehegt hat, durch die Erfahrung auch nur annähernd werden gerechtfertigt werden. Sie werden der Landwirthschaft im Ganzen wohl weniger nützen, als sie der Industrie durch retorsionsweisen Ausschluß aus dem differentiell behandelten Lande jedenfalls schaden müssen. — Selbstverständlich ist die Sicherheit der Schutzwirkung des Differentialzolles noch mehr beeinträchtigt, wenn das Kontrolmittel der Ursprungszeugnisse nicht zuverlässig funktionirt.

Der allgemeine nicht differentielle Getreidezoll dagegen wird die Inlandpreise mehr oder weniger erhöhen, und zwar um nicht gar viel weniger als seinen vollen Betrag.

Nach umsichtig und tendenzlos geführten Untersuchungen von Matlekovits hat sich der Preis des Weizens in Deutschland gesteigert bei dem Zoll von 10 M. p. T. (1879) um 7, dann beim Zoll von 30 M. (1885) um 20 (näher 19,9) und bei dem Zoll von 50 M. um 40 M. verglichen mit Orten, wo Zollfreiheit besteht oder bei Ausfuhrerzeugung der Zoll nicht wirkt. Unser erster Handelsökonomist Lexis[1] hat dargethan, daß die Wirkungen des Zolles auf die verschiedenen Theile Deutschlands im selben Moment sehr ungleiche sein können; dennoch kommt er zum Ergebniß, daß die Vertheuerung des Getreides im Inlande zwar nicht ganz der Höhe des Zolles

---

[1] Die Wirkung der Getreidezölle, Tübingen 1889.

entsprach, im Durchschnitt aber — namentlich nach der Erhöhung auf 5 M. — sehr erheblich gewesen ist. Auch die tiefst eindringende Untersuchung einer ersten agrarökonomischen Autorität, diejenige Conrads[1]), ist zu demselben Ergebniß gelangt: im großen Ganzen entspricht zwar der höhere Stand der Preise in zollbelasteten Ländern nicht ganz dem Zollbetrage oder Zollmehrbetrage, bleibt aber nach Ablauf einiger Zeit nicht gar zu viel hinter letzterem zurück.

Was kosten denn nun die Agrarzölle dem Konsum des deutschen Volkes im Ganzen? Der absolute Betrag dieser Kosten ist aus naheliegenden Gründen nicht leicht zu beziffern. Matlekovits macht einen Schätzungsversuch von der doppelten Voraussetzung aus, daß nach amtlicher Statistik der Bedarf an Roggen und Weizen pro Kopf und Jahr 164 kg ausmache und daß der Zoll von 50 M. p. T. den Preis für beide nur um 35 M. gesteigert habe. Auf dieser Grundlage berechnet sich für 1889 eine Getreidekonsumtion von 7 861 176 T. (Weizen und Roggen) und eine Gesammtvertheuerung für Roggen und Weizen um 275 Mill. M., wovon nur 78 Mill. M. in die Zollkassen einflossen, während der Rest mit rund 200 Mill. M. in der Landrente aufgegangen erschien. Ich will jedoch berücksichtigen, daß ein großer Theil der Bevölkerung sein Getreideprodukt unmittelbar oder in einem Mehläquivalent seines theurer abgesetzten Getreides selbst verzehrt. Auch dann wird man doch allermindestens auf 100 Mill. M. nicht in die Zollkasse fließender Gesammtvertheuerung gelangen, und wenn man die Zölle für andere mehr oder weniger nothwendige Produkte (Gerste, Malz, Fleisch, Hafer, Vieh, Holz u. s. w.) hinzufügt, auf erheblich mehr. Als Finanzzölle kosten also die Agrarschutzzölle mehr als das, was sie eintragen.

Die finanzielle und allgemein volkswirthschaftliche Wirkung des Schutzsystems.

Der finanzielle Erfolg war ein glänzender, wenigstens unter rein fiskalischem Gesichtspunkt. Von 1878 bis 1890 hatte sich der Zollertrag von 111,5 auf 395,4 Mill. M. gehoben, also um 354 % gesteigert. Es hat sich aber auch die Ergiebigkeit der bedeutendsten Zollgegenstände vollständig, aber in volkswirthschaftlichem Be-

[1]) Zu dessen Jahrbuch, III. Folge, Bd. 4.

racht nicht unbedenklich verschoben. Im Jahre 1878 war Kaffee der ergiebigste Artikel mit 31,20% des Gesammtertrages, schon i. J. 1890 war dies Getreide mit 28,98% des Gesammtzollertrages, während Kaffee zwar absolut auch mehr einträgt als 1878 (40 statt 19 Mill. M.), aber relativ viel weniger, nämlich 11,97% der ganzen Zolleinnahme. Das Verhältniß von 1878, wo Kaffee und Tabak 48,66% des Ertrages, Getreide und Petroleum aber nichts, Vieh aller Art und Holz nur wenig abwarfen, ist auf den Kopf gestellt, wenn nun Getreide, Holz, Petroleum, Vieh zusammen 40% aller Zolleinnahmen ergeben. Diese Einnahmen sind in zweifacher Hinsicht die bedenklichsten unseres ganzen Steuersystems geworden: einmal deshalb, weil nun mehr oder weniger nothwendige Artikel steuerlich „bluten" müssen, sodann deshalb, weil nicht bloß fremdes, sondern auch heimisches Produkt vertheuert wird, so daß die Getreidesteuer-Einhebung das Volk mehr als den Zollertrag kosten muß.

Daß diese Last den Volksmassen mit der Wirkung auferlegt wird, dem größeren Grundbesitz, dem privaten wie dem öffentlichen, das Grundrenteneinkommen zu steigern, bezw. zu fristen, macht die Sache wirklich nicht besser, wenigstens nicht für denjenigen, welcher die Ueberzeugung hegt, daß dem wirklich nothleidenden und daher allein hilfsbedürftigen Grundbesitz nur auf anderem Wege geholfen werden kann. Ob der Getreidezoll finanziell binnen kurzer Frist wieder ganz entbehrt werden kann, ist freilich sehr fraglich; zu bemerken ist, daß auch die Schweiz einen allerdings sehr mäßigen Finanzzoll vom Getreide erhebt.

Dem finanziell oder fiskalisch so großen Erfolge des Schutzsystems ist die allgemein volkswirthschaftliche Wirkung desselben, namentlich sein Einfluß auf die s. g. Vertheilung des National-einkommens gegenüberzustellen.

Die Verkehrswirkungen. Zuerst was die Einwirkung auf den allgemeinen Verkehr betrifft, wo man den die bloße Waarendurch-fuhr mitenthaltenden „Generalhandel" vom „Spezialhandel" unterscheiden muß! Der Gesammtgeneralhandel ist ja auch unter dem Schutzsystem in der Einfuhr wie in der Ausfuhr gestiegen. Allein man darf dies dem System nicht ohne Weiteres, sei es als Verdienst, sei es als Vorwurf anrechnen. Der Handel steigerte sich im Verhältniß nicht minder in freihändlerisch gebliebenen Ländern und unter dem freieren System vor 1879. Letztere Thatsache ist um so beachtenswerther,

wenn man in Rechnung nimmt, daß das internationale Verkehrs-
wesen vor 1879 weit weniger entwickelt war.

In der Einfuhr sind gerade die Nahrungsmittel, hinsichtlich
deren man als Wirkung des Schutzsystems die volle Inlanderzeugung
versprochen hatte, der Menge und dem Werthe nach gestiegen. Im
Spezialhandel ist die Steigerung der Ausfuhr nicht größer als
diejenige der Einfuhr gewesen, und auch ohne den Schutztarif hätte
die Zunahme beider vielleicht ebenso stattfinden mögen. Aus den
rohen Ziffern des Gesammthandels für Ein- und Ausfuhr läßt sich
also weder Vortheilhaftes, noch Nachtheiliges ableiten.

Anders ist es mit der Durchfuhr. Der Tonnenunterschied
zwischen General- und Spezialhandel je mit ca. 3 Mill. Tonnen ist
fast stationär geblieben; theilweise auch der Werthunterschied. Man
wird dies dahin deuten dürfen, daß die vereinigte Wirkung des Zoll-
tarifs, der Bahntarife und der Fleischsperren die Entwickelung des
Durchfuhrhandels im Ganzen fast zum Stillstand gebracht
hat, wobei die ähnlichen Maßregeln der fremdländischen, der russischen, sowie der ungarischen Handelspolitik ihren starken Beitrag gegeben haben werden; zum „Herzen Europas" für den Durchfuhrverkehr von Natur angelegt, ist Deutschland in seinen natürlichen
Zwischenhandels- und Durchfuhrverkehrs-Funktionen zurückgeblieben.
Darunter hat nothwendig auch die Eisenbahnrente durch Entgehen von Gewinnen gelitten.

Diese Schrift gestattet bei ihren Raumverhältnissen den in alle
Einzelheiten durchgeführten Nachweis für die Thatsache der Verkümmerung des Durchfuhrhandels und des Durchfuhrtransportes
nicht. Doch soll dieselbe an einigen Artikeln besonders nachgewiesen
werden. Der früher so starke Zwischenhandel Deutschlands für
Oesterreich in Kolonialwaaren ist unter dem Einfluß der österreichischen Seehandelsschutzzölle fast vernichtet und deutsches
Handelskapital in Filialen nach Triest verdrängt worden. Es stieg
in Oesterreich die gesammte Einfuhr über Fiume und Triest von
146 Mill. Gulden im Jahre 1875 auf 218 im Jahre 1888 und die
Ausfuhr von 111 auf 225 Millionen. Das Verhältniß der österreichischen Land- zur österreichischen Seeeinfuhr hat sich seit 1882
absolut und relativ zum Nachtheil der Landeinfuhr, also wesentlich
auch zum Nachtheil des deutschen Zwischenhandels und Durchfuhr-
transports verändert. Matlekovits bemerkt hierüber: „Das ist

unstreitig den Bestrebungen zuzuschreiben, worin die Regierungen in jeder Hinsicht, namentlich durch die kräftige Anspannung des Eisenbahntarifwesens zu Gunsten des Seeverkehrs, durch die Verstaatlichung der Eisenbahnen, durch die Subventionirung der Seeschifffahrten, durch den Ausbau der Seehäfen und endlich auch durch die Zollbegünstigungen den Seeverkehr fördern wollten." Namentlich sind es in Oesterreich-Ungarn seit 1882 die durch Seedifferentialzölle begünstigten Artikel des Kolonialwaarenhandels gewesen, welche fast ganz von der Einfuhr über Deutschland (Hamburg u. s. w.) abgelenkt wurden. Es gingen nach Oesterreich-Ungarn ein:

		zu Land	zur See
in Kaffee	1882:	156 364	96 621
	1889:	51 556	294 522
in Thee	1882:	4 440	53
	1889:	1 160	4 013.

Diese gewaltige Wirkung des Handelsschutzes — es giebt eben nicht bloß Agrar- und Industrieschutz — ist allerdings nicht bloß Wirkung der Zölle, sondern aller erwähnten Maßregeln. Ganz andere Bilder würden sich für einzelne deutsche Seestädte, namentlich für die ostpreußischen Seestädte entrollen, wenn hierzu der Raum hier gegeben wäre. Die Thatsache selbst darf auch gar nicht überraschen. Nicht blos der Getreidezoll, sondern die Maßnahmen, welche der Vorgang Deutschlands in Rußland zeitigte, wirkten mit. Die Ausbauung des Eisenbahnnetzes zu Gunsten Rigas, Libaus, Petersburgs und Odessas, die Hebung ihrer Hafeneinrichtungen haben das Ihrige zur Ablenkung des Getreidehandels von den deutschen Ostseehäfen beigetragen.

Es ist namentlich die Aufhebung bisheriger Zollfreiheit, was den Durchfuhrverkehr und Zwischenhandel beeinträchtigt. „Solange — sagt Matlekovits treffend — die Getreidezollfreiheit herrscht, können die Getreide aller Länder aufgestapelt werden, es können hier die nöthigen Mischungen für verschiedene Anforderungen des Weltmarktes gemacht werden, es können Getreidesendungen, welche, vielleicht aus Mangel an Geld überstürzt, auf dem Weltmarkt erscheinen und hierdurch die Preise künstlich und ohne Grund drücken würden, für einige Zeit zurückgehalten und auf diese Weise die Preise auf ihrem richtigen Niveau erhalten werden. Durch diese freie Gebarung des Handels wird es dann möglich, auch die inländischen Getreidegattungen leichter an den Platz

zu bringen; denn je größer irgendwo der Handel ist, je umfang=
reicher sich derselbe entfaltet, desto sicherer kann derselbe der Nach=
frage sein. Die Vorzüge eines großen Marktes bestehen eben auch
darin, daß die Nachfrage sich hierher konzentrirt, die Nachfrage sich
hierher wendet, weil man die Ueberzeugung hat, daß sich hier ein
größeres, mehrseitiges, vielfältigeres Angebot findet. Wenn ein Ge=
treidehändler weiß, daß er auf ein und demselben Markte ungarischen,
russischen und rumänischen Weizen gleichzeitig haben kann, dann
wird er diesen Markt mit größerer Kauflust besuchen, als wenn er nur
ungarischen findet, und sehr oft wird selbst Derjenige, der russischen
oder rumänischen Weizen sucht und ihn auf ungarischem Markte
treffen kann, auf diesem letzteren Markt in Folge der Konjunkturen
ungarischen Weizen und nicht russischen oder rumänischen kaufen,
während er, wenn er direkt russische oder rumänische Märkte besucht,
gar nicht die Möglichkeit des Einkaufes von ungarischem Weizen
haben kann. Der Großhandel sucht eben verschiedene Sorten, und
findet er dieselben auf einem Markte, so wird der inländische Artikel
gewiß mehr Chancen des Verkaufes haben, als wenn nur inländische
Waare angeboten wird."

Es trachtet zwar die Zollgesetzgebung durch Einführung der so=
genannten Transitlager, den freien Verkehr mit der zu verzollenden aus=
ländischen Waare auch weiter aufrecht zu erhalten. "Allein der Handel,
der da weiß, daß, wenn er die Waare nicht ins Ausland führen kann,
der Zoll dann doch entrichtet werden muß, wird sich von nun an
nicht mehr mit der Leichtigkeit der freien Bewegung dazu entschließen,
fremdes Getreide zu importiren, zu lagern, aufzustapeln; es werden
Kosten erwachsen, welche die Handhabung der noch so liberal ge=
statteten Transitlager mit sich führt, und die großen Summen, über
die der Handel früher verfügte, die hören auf, die erscheinen nicht."

Ein Blick auf die Gesammteinfuhr und die Durchfuhr von Ge=
treide der österreichisch=ungarischen Monarchie zeigt die Wirkung
der Getreidezölle hinlänglich:

	Einfuhr (M.Z.) von Getreide	Durchfuhr (M.Z.) von Getreide= und Hülsenfrüchten
in den Jahren		
1880	7 862 000	632 000
1888	938 000	1 963 000."

Welcher Abfall für Ungarn als freien Getreidemarkt!

Alle bezüglich des Zwischenhandels und des Durchfuhrverkehrs

gemachten Erfahrungen lassen hienach unser neueres Schutzsystem in
günstigem Licht nicht erscheinen. Daß das diesem System entgegen=
tretende Handelshochschutzsystem seinen Zweck glänzend erreichen
kann, das haben dagegen zum Schaden Deutschlands die Fortschritte
des österreichisch=ungarischen und des russischen Seehandels erwiesen.

Beachtenswerth bleibt es dennoch, daß selbst Finanzzoll=
erhöhungen mit Erfolg als Schutzzölle auch zu Gunsten Deutschlands
gewirkt haben. So der erhöhte Zoll auf fabrizirte Flaschenweine, namentlich Schaumweine (Champagner). Die Einfuhr ging in Deutschland
seit 1880 (Zollsatz 48 M.) bis 1889 (Zollsatz seit 1885: 80 M.) von
25 429 auf 19 682 Meterzentner zurück, der Zollertrag aber stieg von
1,2 auf 1,5 Mill. Mark. Fast alle übrigen reinen Finanzzölle auf Kaffee,
Thee, Gewürze, Wein in Fässern, Käse haben ein bedeutend weiteres
Ansteigen der Einfuhr nicht gehindert, was darauf hinweist, daß
unsere Finanzzölle entwickelungsfähig sind.

Die Industriewirkungen. Die Industriezölle sind als
Finanzzölle im Ganzen erfolgreich gewesen. Als Schutzzölle haben
dieselben eine erhebliche Erhöhung der Einfuhr nicht gehindert und
an der Erhöhung der Ausfuhr kaum einen nachweisbar erheblichen
Antheil gehabt. Die Ein= und Ausfuhrbewegung hätte ohne die
Industriezölle von 1879 im Ganzen schwerlich eine andere Gestaltung
erlangt. Die meisten Erhöhungen waren vielleicht unnöthig, eine
gegen den Grundsatz restriktivster Anwendung des Schutzzolles sich
verfehlende Generalisirung, und daher im Ganzen auch wirkungslos.
Dieser Auffassung, zu deren Begründung der Raum hier nicht zureicht,
dürften Viele hegen, welche an die Zahlen der Handelsstatistik unbe=
fangen herantreten. Eine nähere Begründung dieser Ansicht habe ich
an anderer Stelle[1]) versucht. In den zwei bedeutendsten Industrie=
zweigen, der Textil= und der Eisenindustrie, haben sowohl Ein= und
Ausfuhrsteigerungen als Ein= und Ausfuhrminderungen stattgefunden.

Die land= und forstwirthschaftlichen Wirkungen des
Schutzsystems haben den gehegten Erwartungen im Allgemeinen nicht
entsprochen. Die eingeführten Gegenstände wurden zweifellos ver=
theuert. Ueber die Einflüsse auf den Ein= und Ausfuhrverkehr in
Bau= und Nutzholz, Faßdauben, Gerberlohe, Holzborke habe ich
mich am soeben angeführten Orte näher ausgesprochen. Desgleichen

---

[1]) „Tüb. Ztschr. für die ges. Staatsw." 1892, S. 324 ff.

17*

über die gewaltige Hemmung des Viehhandels durch die vereinte
Wirkung des zolltarifarischen, eisenbahntarifarischen und veterinär-
polizeilichen Schutzes, welcher vom Ausland kräftigst retorquirt
wurde. Die Viehzucht hat sich vielleicht unter dem Einfluß der hohen
Preise in einem gewissen, leider nicht nachweisbaren Maße gehoben,
wesentlich in der Richtung, welche bei der erreichten Höhe volkswirthschaftlicher Entwickelung uns ähnlich wie den Engländern und
Franzosen gewiesen ist, nämlich in der Richtung der Veredelung von
Zucht- und Arbeitsthieren, sowie der Verwandlung von Futter und
Getreide in gut bezahltes Mastvieh. Immerhin ist es fraglich, ob
der theilweise etwa erzielte Fortschritt ohne die Viehzölle und bei
Unterlassung der Futterzölle nicht ebenso sehr, vielleicht sogar kräftiger
vor sich gegangen wäre. Ein ziffermäßiger Beweis ist nicht zu
führen. Zölle, welche den Uebergang zu erhöhter Viehzucht in den
genannten Richtungen erleichtern, sind ja an sich nicht unbedingt abzulehnen, namentlich wenn sie zugleich als gesunde Finanzzölle wirken
würden. Andererseits sind sie auch nicht unbedingt als unentbehrlich
anzusehen; die Kosten und die Gewichtsverluste des Mastviehtrans-
portes bewirken mittelbar einen nicht unerheblichen Schutz. Eben
in Mastvieh und Mastfleisch waren wir ja mehr Konkurrenten Englands und Frankreichs, von der Viehzucht dieser beiden Länder, sowie
Oesterreich-Ungarns und Rußlands aber nicht besonders bedroht
gewesen. Die Nachahmung unserer Zölle und Veterinärmaßregeln
im Ausland hat uns wohl möglich weit mehr geschadet. Noch heute
ist übrigens nach unseren Seehäfen, Frankreich, Großbritannien
die Ausfuhr weit erheblicher als die Einfuhr; im J. 1888 betrug
nach Großbritannien die Einfuhr 23 336, die Einfuhr dorther nur
175 Tonnen, nach (von) Frankreich die Ausfuhr 24 268, die Einfuhr
13 032 Tonnen. Das Schutzsystem hat auch die Vieh- und Fleisch-
preise zweifellos erhöht. Pferde, Jungvieh, Kühe und Stiere sind
zu höheren Preisen eingegangen und die Vertheuerung von Schweine-
fleisch, Speck u. s. w., absolut und verglichen mit gleicher Waare in
Ländern, welche weder die Zölle erhöht, noch eine prohibitive Veterinärpolizei geübt haben, ist nicht ernstlich bestreitbar.

Getreide, Mühlenfabrikate, Oelsaaten, Malz, Mais,
Gerste betreffend verweise ich des Näheren auf die am a. O. ge-
gebenen zahlenmäßigen Darlegungen. Raps, Mais und Dari, Gerste,
Malz sind in der Einfuhr gewaltig gestiegen. Die Getreideeinfuhr

hat nicht ab=, der Getreidebau nicht in nennenswerther Weise zuge=
nommen.

Gewaltig ist jedoch die Verschiebung, welche nach den Herkunfts=
ländern in der Getreideeinfuhr stattgefunden hat. In Prozenten der
deutschen Gesammteinfuhr hatten Antheil (nach Matlekovits):

	Rußland		Oesterreich-Ungarn	
	1881	1889	1881	1889
in Weizen	22,76	58,24	25,02	26,06
„ Roggen	46,38	86,82	9,26	1,49
„ Hafer	43,56	91,31	41,59	3,62
„ Gerste	7,56	47,80	62,09	43,02

Rußland hat sich hienach immer mehr unserer Getreidezufuhr be=
mächtigt, nicht bloß in Weizen und Roggen, sondern auch in Gerste,
und das wird, bis sein inneres Eisenbahnnetz erst ganz ausgeflochten
und die nach neueren Forschungen gewaltige Getreidezone Sibiriens
unter den Pflug genommen sein wird, aller Wahrscheinlichkeit nach
— Mißjahre ausgenommen — fortdauern.

Im Ganzen ist beim Getreideschutz eingetreten, was jeder unbe=
fangene Fachmann sich voraussagen mußte: die Gesammtdeckung
des Bedarfs an Brodstoffen durch die inländische Produktion für ein
steigend industrielles Land läßt sich so wenig erreichen, als die
Stabilisirung der Preise und der Ackerbaurenten. Bei einem
Artikel, der so sehr Weltartikel, so unentbehrlich ist, im Ertrag so
sehr von der Laune des Wetters abhängt, war letztgenannte Stabili=
sirung eine völlig eitle Erwartung.

Man darf nur das Kind nicht mit dem Bade ausschütten, in=
dem man behauptet, die deutsche Landwirthschaft habe seit 1879 keine
Fortschritte gemacht. Erhebliche Fortschritte haben stattgefunden.
Nur liegen sie nicht hauptsächlich im Bereiche des Körnerbaues und
sie sind nicht wegen, wohl mehr trotz der Getreidezölle, wahrschein=
lich unter dem Zwang der trotz Getreideschutz sinkenden Getreide=
preise, im Bereiche der Viehzucht, der Mastung, der Molkerei,
der Käsebereitung, des Handelspflanzenbaues u. s. w. vor
sich gegangen.

Wirft man schließlich einen Hauptrückblick auf die Gesammt=
heit der Wirkungen, welche das Schutzsystem auf die Güterhervor=
bringungen ausgeübt hat, so wird zu sagen sein: daß die deutsche
Nationalproduktion unter diesem System weithin eine Ver=

kümmerung erfahren hätte, läßt sich den Ziffern nicht entnehmen; sie hat sich in fast allen Zweigen weiter entwickelt. Ob im Allgemeinen trotz, ob wegen der Schutzzölle, darüber ließe sich durch ganze Bände hindurch streiten. Soweit aber im Besonderen positive Nachweisungen möglich sind, läßt sich dem Schutzsystem für einzelne Zweige der Hervorbringung der Erfolg einer Hebung des Verkehrs und der Produktion nicht abstreiten; selbst die Freihandelskritik spricht hierüber gelegentlich wie Bileams Eselin. Wir hatten die Förderung des österreichischen Seehandels hervorzuheben; auch die Hebung des russischen Seehandels durch die zoll- und bahntarifarische Schutzpolitik steht außer Zweifel. In Deutschland hat der Weinzoll erzieherisch gewirkt und sogar Kapital aus Frankreich herübergezogen. Nach Oesterreich sind deutsche Handelskapitale im Kaffeehandel übersiedelt, ebenso haben sich, wie sich nachweisen ließe, in Filialen deutsche Fabrikationskapitale für Erzeugung von Kaffeesurrogaten und Eisenwaaren dorthin verpflanzt. Matlekovits sagt Oesterreich betreffend: „Wir sehen die Juteindustrie in Oesterreich-Ungarn nach Erhöhung des Zolles im Jahre 1882 in rascher Entwickelung, ohne daß die Preise der Packwaaren den Preisgang der ausländischen Märkte wesentlich übersteigen. Die Fabrikation von ordinären Flaschen, deren Bezug früher aus dem nächstnachbarlichen Deutschland erfolgte, wird mit der Einführung des Zolles auf ordinäres Hohlglas im Jahre 1878 nunmehr in Oesterreich-Ungarn in großen Dimensionen heimisch; der Unternehmer, der bis zu dem genannten Jahre seine Erzeugnisse vom Auslande her nach Oesterreich-Ungarn sandte, errichtet hart an der böhmischen Grenze in Oesterreich-Ungarn eine Flaschenfabrik und sichert sich hiemit den Absatz, den er früher bei der Einfuhr zollfreier Waare von Deutschland aus besorgen konnte. Die Begünstigung der Einfuhr rohen Reises gegenüber dem geschälten macht es möglich, daß Reisschälfabriken in Oesterreich-Ungarn entstehen und daß der einheimische Markt von nun an nicht aus den Schälfabriken Hamburgs versorgt werden muß." Man hat auch für Deutschland, wo die Schutzzölle nicht weniger gewirkt haben als in industriell hinter ihm zurückstehenden Ländern, wie Oesterreich und Italien, die Schutzzölle auf Mühlenfabrikate, Wollgarne und andere Waaren erfolgreich gesehen. Es fällt mir demnach nicht entfernt bei, aus der Handels- und Produktionsstatistik heraus gegen erziehende, kompensirende und krisenmildernde Schutzpolitik überhaupt, d. h. für den reinen Freihandel zu argumentiren. Dagegen für die restriktive Anwendung des Schutzes im Sinne der früheren Theorie und Praxis, d. h. im Ausmaß des schlechthin nachgewiesenen Bedürfnisses habe ich heute ebenso, wie es von mir schon 1863 in der „Tüb. Ztschr." geschah, entschieden einzutreten; denn etwas ganz anderes ergiebt sich, wenn wir die Wirkung des seit 1879 hereingebrochenen Generalschutzes (aller Zweige der nationalen Produktion und des nationalen Verkehrs), wenn wir die Generalstaatsgarantie der Industrie- und Landrente ins Auge fassen.

Das Beste, was zur Erscheinung kam, ist dies, daß der auswärtige Gesammtverkehr — auch jener der Fabrikate — in der Einfuhr sowohl als in der Ausfuhr nicht stehen geblieben ist; aber zu Gunsten des Hochschutzsystems läßt sich diese Thatsache nicht ohne Weiteres, m. E. überhaupt nicht verwerthen. Der Durchfuhrverkehr und der Zwischenhandel Deutschlands in Getreide, Holz, Kolonialwaaren haben zweifellos und z. Th. auf unheilbare Weise gelitten, mit ihnen die Eisenbahnrenten. Die Industrie ist im Ganzen erfreulich aufgeblüht, aber das geschah auch in der 14 jährigen Epoche eines freien Handelssystems vor 1879. Einzelne Textilschutzzölle, namentlich für die feine Baumwoll- und Linnenspinnerei, haben Fiasko gemacht. Die Eigenversorgung in Getreide und Holz ist so wenig erreicht worden, als die Stabilisirung der Preise und der Bodenrente, welche vom Generalschutzsystem erwartet und in Aussicht gestellt wurde. Der Gersten- und Malzschutzzoll sind völlig fehlgeschlagen. Die Landwirthschaft hat, worauf ich nochmals zurückkomme, unter dem System sich mehr verschuldet als je. Die Ein-, aber auch die Ausfuhr von Vieh ist gewaltig zurückgegangen; theilweise und vielleicht zum Vortheil intensiverer Viehzucht und der Mastwirthschaft, aber theilweise und gewiß auch zum Nachtheil selbst der Landwirthschaft. Ich werde noch besonders zu bescheinigen suchen, daß das Schutzsystem nicht bloß, was die Hebung der inneren Produktion, die Beschränkung der Einfuhr, die Vermehrung der Ausfuhr, sondern auch was die Gewährleistung und Stabilisirung einer bestimmten Rente betrifft, die erwarteten Hoffnungen getäuscht hat.

Man sieht sich hienach schon unter dem Gesichtspunkt der Förderung der Inlandproduktion auf den Standpunkt der früheren Praxis und Theorie zurückgeworfen: Schutzzölle nur im restriktivsten Ausmaß eines wirklich nachgewiesenen Bedürfnisses für die erzie-

rische, kompensatorische und krisenmildernde Förderung lebens=
fähiger Produktionszweige einzuräumen und das · Handelssystem
besonnen zwar, aber konsequent auf freieren Verkehr wieder zurück=
zubilden.]

Die Wirkung auf die Vertheilung des Nationaleinkommens.
Ein abschließendes Urtheil über das Schutzsystem setzt schließlich
noch voraus, daß man die Wirkung sich klar mache, welche es auf
die s. g. Vertheilung des Nationaleinkommens ausgeübt hat.

Der Reinertrag der Nationalproduktion zerfließt, wenn man
die Unteraustheilung, welche aus den Einkommen durch Freigebig=
keit stattfindet, ganz bei Seite läßt, in die öffentlichen und in die
privaten Einkünfte. Die privaten Einkünfte umfassen den Lohn, den
Unternehmergewinn, die Grundrente (Pacht= und Miethrente), endlich
die Geldzinsen. Diese Vertheilung des Nationaleinkommens ist durch
das herrschende Handelssystem stark, jedoch im Ganzen nicht günstig
beeinflußt worden.

Was die öffentlichen Einkünfte betrifft, so sind die Staats=
und die Körperschaftseinnahmen auseinander zu halten. Der Staat
hat, was von Anfang ein Hauptzweck des Systems gewesen ist, die
schon namhaft gemachten Erfolge gewaltiger Steigerung der Zoll=
einnahmen erreicht. Ob jedoch der fiskalisch große Erfolg auch
steuerpolitisch als ein Fortschritt sich ansehen läßt, das hat be=
reits in Zweifel gezogen werden müssen; ich halte mich hiebei nicht
weiter auf. Es fehlt auch nicht an Abzugsposten dem Fiskalerfolg
gegenüber; ich erwähne nur die Vertheuerung des staatlichen Per=
sonal= und Realbedarfs und den Ausfall an der Eisenbahnrente.
Der Durchfuhrtransport hat gelitten, was auf die deutschen Staats=
bahnen als ein lucrum cessans zurückgefallen sein wird. Die künst=
liche Regulirung der Tarife zu Gunsten der heimischen und zur
Abhaltung der fremden Produkte wird sich zwar kaum vom obersten
Tariffachmann der Staatsbahnverwaltungen genau beziffern lassen,
so dankenswerth eine solche Bezifferung wäre; allein gesteigert kann
die Bahnrente hiedurch nicht sein, und auch da, wo die Staatsbahnen
nicht passiv sind, wird jede protektionistische Einbrockung eines Theils
der Eisenbahnrente für das Ganze nachtheilig gewesen sein; was
den Interessenten der begünstigten Verkehre zu gute kam, hat nicht
einer gleichmäßigen Verbilligung aller Verkehre zu gute kommen
können.

Die privatwirthschaftliche Vertheilung des Nationaleinkommens in Unternehmergewinne, Renten und Löhne hat durch das
herrschende Handelssystem zwar eine starke Beeinflussung erfahren,
aber kaum eine günstige.

Am besten ist ohne Zweifel der Großgrundbesitz gefahren.

Was seine Forstrente betrifft, so haben die Holzzölle dieselbe
vor stärkerem Sinken höchst wahrscheinlich bewahrt. Volkswirthschaftlich ist dies aber ein sehr fragwürdiger Erfolg. Auf unserer hohen
Stufe der Volkswirthschaft ist die künstliche Steigerung der Wald-
rente zweifelsohne als Verschlechterung des Prozesses der Ein-
kommensvertheilung, als eine nachtheilige Steigerung der Kosten
aller übrigen Produktion einschließlich der bäuerlichen Landwirthschaft anzusehen.

Die Steigerung des Einkommens des Großgrundbesitzes aus der
Landwirthschaft geht vor sich theils als Erhöhung der Pachtrenten, theils als Vergrößerung des landwirthschaftlichen Unter-
nehmergewinnes. Nun haben, wie sich dies bereits erwiesen hat, die
Agrarzölle erst mehr oder weniger dazu beigetragen, die Pachtschillinge längere Jahre auf einer nicht mehr natürlichen Höhe festzuhalten; dies geschah unter Ueberlastung der Pächter auf längere
Zeit. Schließlich ist die Hinhaltung der Pachtrenten doch nicht
überall mehr gelungen, wie aus den früheren Mittheilungen über
das Ergebniß der neueren Domanial-Neuverpachtungen in Preußen
hervorgeht.

Die Grundrente in Gestalt des landwirthschaftlichen Unter-
nehmergewinnes aus Selbstbewirthschaftung von Großgütern ist
zweifellos durch die Getreidezölle vor weiterem Sinken bewahrt
worden: denn der Zoll hat sämmtliche Getreidepreise mehr oder
weniger gesteigert, bezw. vor weiterer Verbilligung geschützt. Näher
betrachtet ist aber hierbei selbst der große Besitz auf keinen grünen
Zweig mehr gekommen. Die Zölle haben das weitere Sinken der
Getreidepreise überhaupt nicht aufgehalten und nicht aufhalten
können. Wer Grund und Boden noch zu hohen Preisen erworben
hatte, kam Jahr um Jahr in größere Verlegenheiten; der Agrarschutz
verlangsamte wahrscheinlich die Anpassung der Güter- an die Getreidepreise. Aber selbst der glückliche Großgrundbesitzer, welcher das
Gut etwa als Fideikommiß schuldenfrei überkommen hatte, büßte
dennoch an der Grundrente ein, und konnte in wachsende Schulden

unproduktiver Art gerathen, wenn er beim unrentablen Betrieb ver-
harrte und nöthige Meliorationen und Betriebsänderungen unterließ.
Der Mangel an landwirthschaftlichen Arbeitskräften, das Steigen
der Löhne konnten Bedrängniß schaffen, wenn man nicht mit mehr
Maschinen und mit verstärktem Kapital an Arbeits- und Nutzvieh)
arbeitete. Nicht die ganze Getreidefläche hätte zwar anderen Kul-
turen von höherem Reinertrag zugeführt werden können, aber einigermaßen konnte es geschehen; so aber unterließ man dies wahrscheinlich
mehr, als es ohne Agrarzölle der Fall gewesen wäre. Die Grundrente wird wegen der Agrarzölle gesunken sein, sofern diese den
Fortschritt zu intensiverem Betrieb vereitelten oder verlangsamten.
Hätte man einen Theil des Grundbesitzes veräußert, mit dem Erlös
Schulden getilgt und intensiver gewirthschaftet, so schuf man einen
besser situirten Kleinbauern- und Taglöhnerstand, welcher auch dem
Großgrundbesitzer Arbeitskräfte sicherte und im Lande erhielt. Dieses
Vorgehen wurde durch das Beharren bei der alten Wirthschaftsweise
auf Grund des Vertrauens zu den Wirkungen der Agrarzölle jedenfalls
nicht gefördert. Die höheren beziehungsweise weniger verbilligten
Preise für Eisen und Maschinen, für Arbeitsvieh u. s. w. konnten
mindestens nicht günstig wirken. Einer Grundforderung der neuen
Lage: Einschränkung der persönlichen Bedürfnisse auf dem Lande und
in der Stadtresidenz wurde man auch weniger oder später gerecht,
als wenn man der ganzen Wirkung der sinkenden Getreidepreise ausgesetzt gewesen wäre. Und so ist es sehr leicht erklärlich, daß nicht
blos das ganze übrige Volk mit den Agrarzöllen unzufrieden ist,
sondern daß selbst der Großgrundbesitz, wenigstens der zu theuer bezahlte, mit Schulden übernommene, vielfach in fataler Lage sich befindet; ich halte auch seine Klagen nicht für geheuchelt. Die aus
der Statistik der Agrargantungen in Preußen festgestellte Thatsache,
daß die Zwangsverkäufe in demselben Maße zunehmen, je mehr das
Arbeitseinkommen des Besitzers gegenüber dem Renteneinkommen
zurücktritt, d. h. je weniger der Besitz bäuerlicher Besitz ist, wird
kaum anders gedeutet werden können, als daß gerade der Großgrundbesitz trotz der Agrarzölle im Ganzen auf keinen grünen Zweig
zu sitzen gekommen ist. Nur die allerunterste Besitzklasse, diejenige,
welche bei der Parzellenübernahme sich am meisten durch Ueberzahlung verschuldet, ist stärker den Gantungen verfallen, als der
größere Grundbesitz.

Hat nun etwa der mittlere Grundbesitz vom weichenden Handelsystem besonderen Nutzen gehabt? Man behauptet es. Mir will es aber ein grundloser Glaube erscheinen. Wahrscheinlich hätte dieser Besitz durch energischen, individuell und genossenschaftlich vollzogenen Fortschritt zu lohnenderem Betriebe, durch zeitgemäße Anpassung an die Lage in Molkerei, in Viehzucht, im Obst- und Gartenbau, in der Auswahl von Saatgut, in handelsmäßiger Zurüstung der Waare u. s. w. höheren Reinertrag erzielt. Die Verlangsamung des Fortschrittes war begünstigt; sie konnte nicht günstig wirken. Den Kaufs- und Erb-Ueberzahlungen der Güter- bezw. der Pachtnutzungen wäre dieser Besitz ohne Agrarzölle wohl früher und stärker entgangen. Es ist daher sehr fraglich, ob selbst derjenige bäuerliche Besitz, welcher erheblichere Mengen von Getreide zu Markte bringt, durch den Agrarschutz mehr gewonnen als verloren hat. Man darf dabei nicht vergessen, daß die Holz-, Eisen- und anderen Zölle seine Produktionskosten jedenfalls eher gesteigert als gemindert haben.

Der kleinere Grundbesitz, welcher nur wenig Getreide und Vieh an den Markt abgiebt, hat nicht gewinnen, und der Parzellenbesitz, welcher mehr Brot und Fleisch benöthigt, als er erzeugt, hat bei der Zollvertheuerung der nothwendigen Nahrungsmittel nur verlieren können.

Im Ganzen werden schuldenfreie Großgrundbesitzer, Groß- und Mittelbauern am ehesten gewonnen haben: jedoch ohne gleichzeitigen Vortheil aller verschuldeten Besitzer überzahlter Groß-, Mittel- und Kleingüter, oder der Zwerggüter, welche ihren Brodbedarf nicht ganz erzeugen, jedenfalls aber auf Kosten aller übrigen Volksklassen. Und gerade die erstgedachten Großgrundbesitzer und Bauern wären am ehesten in der Lage gewesen, zu intensiverem Betrieb fortzuschreiten und der Thatsache gesunkener Getreidepreise durch Betriebsänderungen bei Ermäßigung der Getreidepreise sich anzubequemen.

Der industrielle Unternehmergewinn im Ganzen wird durch die Agrarzölle eher gedrückt worden sein. Im Allgemeinen klagte man in fünfzehn Jahren allgemeinen Preisfalles über ein Sinken der industriellen Gewinnrate. Durch die Preissteigerungen besonders geschützter Industriezweige hat die Masse der Industrie nicht gewinnen, durch die Rückwirkung höherer Vieh- und Nutzholzpreise, sowie durch geringere Verbilligung der Getreidepreise im In-

land verglichen mit dem Ausland hat dieselbe nur beeinträchtigt
werden können.

Die Löhne haben in Deutschland nach allgemeiner Annahme
seit 1879 eine Steigerung erfahren. Genaues läßt sich darüber im
Ganzen nicht sagen, namentlich nicht darüber, ob der Reallohn, d. h.
der Löhne Kaufkraft, für gleich leistungsfähige Arbeiter in Deutsch=
land verglichen mit dem Ausland gefallen ist. Nicht ohne Sorge
kann man aber bezüglich der Löhne einer längeren Fortdauer höherer
Nahrungsmittelpreise in Deutschland entgegensehen. Wenn die
Engländer Weizen auf die Dauer um 40 Mark pro Tonne, um 20
bis 30 Prozent des Preises wohlfeiler haben sollten, als wir, so
kann es nicht fehlen, daß entweder die Industrie nothleidet, oder
daß ein unwiderstehlicher Druck auf die Löhne sich einstellt, oder daß
von Beidem mehr oder weniger sich ereignet. Dann würden allen
Theilen: dem Lohnarbeiter, dem Industrieunternehmer, dem Land=
wirthe die wachsenden Kosten der Arbeiterversicherung schwer fallen
und der Agrarschutz würde der Socialdemokratie das fröhliche Ge=
deihen gewaltig erleichtern.

Noch bleibt die Rückwirkung auf den Zinsfuß, die Rente vom
beweglichen Kapital zu erörtern. Der Zinsfuß ist vor wie nach 1870
abwärts gegangen. Das Zollsystem hat damit ursächlich gewiß
wenig zu thun gehabt. Umgekehrt ließe sich mit Sicherheit bejahend
die Frage erledigen, ob nicht der niedrige Zinsfuß die nachtheiligen
Wirkungen der Agrarzölle und deren längere Aufrechterhaltung be=
günstigt hat. Ohne die fortschreitende Ermäßigung des Zinsfußes
hätten die alten Bodenpreise nicht so lange sich erhalten können und
wäre das Beharren bei Betrieben mit sinkenden und negativen Er=
trägen nicht so lange möglich gewesen. Inzwischen ist die abwärts
gehende Bewegung des Zinsfußes zum Stillstand gekommen und eine
entgegengesetzte Bewegung ist durch etwaiges weiteres Sinken der
Industrie= und Grundrenten, durch etwaige weitere Grundbesitzver=
schuldung begünstigt. Bei außerordentlichem Staatsaufwand für
einen nicht glücklichen Krieg wäre ein rasches Steigen des Zinsfußes
höchst wahrscheinlich. Dann käme eine in ihrem Umfang nicht abzu=
sehende Gantkatastrophe über allen verschuldeten Grundbesitz, den
größten wie den kleinsten. Eine Masse Grundbesitz aller Größen
fiele dem Mobilkapital in Stadt und Land — der stärkste Grund=
besitz ist in der Regel auch als Mobilkapital stark — in die Hände.

Der Versuch, eine kulminirende Grundrente durch Agrarzölle künstlich festzuhalten, den Grundbesitz gegen das mobile Kapital zu schützen,
würde dann mit der reichsten Gantaufkaufsernte des — beweglichen
Kapitals enden. Dieser Sarkasmus der Wirthschaftsgeschichte gegen
einseitigen Agrarismus wird uns hoffentlich erspart bleiben, er ist
aber zweifellos - möglich.

Nach der Gesammtwirkung des Schutzsystems auf die öffentliche und private Vertheilung des Nationaleinkommens vermag ich
demnach der Politik seit 1879 eine günstige Beurtheilung nicht abzuge-
winnen. Von den politischen Verhetzungen innerhalb der Nation
infolge künstlich geschaffener Klassengegensätze soll gar nicht geredet
werden; Jedermann kennt und versteht sie!

Dennoch kann m. E. aus der verfahrenen Lage nicht durch eine
sprunghafte Beseitigung der Agrarzölle herausgekommen werden. Zu
meiner persönlichen Verwahrung aber habe ich schließlich zwei
Worte zu sagen. Ich bin mir bewußt, heute über das ganze Schutzsystem seit 1879 nicht anders zu urtheilen, als ich 1862 über das damals von den Herren Mohl, Kerstorf, v. Varnbüler befürwortete
Generalhochschutzsystem geurtheilt habe[1]), und nicht anders, als ich
über dieses System, als es 1879, 1885 und 1887 zur Geltung kam,
schon bei dessen Einführung in meinen „Grundsätzen der Steuerpolitik" und sonst geurtheilt habe. Zur Verwahrung gegen den der
socialpolitischen Schule gemachten Vorwurf handelspolitischer „Häu-
tung" in neuester Zeit könnte sich der Verfasser für seine Person
durch Abdruck der betreffenden Stellen seiner 1879 geschriebenen
„Grundsätze der Steuerpolitik" und seiner 1884 gegen das Agrar-
hochschutzsystem gerichteten Diagnose der Landwirthschaftsnoth[2]) vollständig rechtfertigen. Es ziemt sich nur nicht, dem Leser persönlich
lästig zu fallen.

Das System der Handelsverträge von 1891 oder der „neue Kurs".

Veranlassung und Richtung. Zwölf Jahre nach der ersten
Einleitung des „alten Kurses" hatte sich nicht bloß des Handels,
sondern auch eines großen Theiles der Industrie das lebhafteste Gefühl
handelspolitischer Unsicherheit des internationalen Verkehrs bemächtigt.
Der „alte Kurs" in seiner Strenge mußte einlenken. Es geschah

[1]) Tüb. Zeitschrift, 1862.
[2]) Inkorporation des Hypothekarkredits.

durch die Verträge vom Dezember 1891 mit Oesterreich=Ungarn, Italien, der Schweiz und Belgien.

Mit Februar 1892 liefen die meisten Verträge ab, mit ihnen die wenigen vertragsmäßigen Zollerleichterungen und Tarifbindungen (vergl. S. 233 ff.). Von überall her waren Kampf= und Ausschließungs= tarife in Sicht, wenn man nicht einlenkte. Ein „Krieg Aller gegen Alle", wie Reichskanzler v. Caprivi sich ausdrückte und der Staats= sekretär des Auswärtigen v. Marschall es immer wieder drastisch ausführte, stand unmittelbar bevor. Nachdem Nordamerika und Ruß= land, theilweise in Retorsion der europäischen, namentlich deutschen Handelspolitik, theils und namentlich im Streben des inneren Ab= schlusses ihrer Riesengebiete zu volkswirthschaftlichem Sichselbst= genügen einer prohibitionsartigen Tarifpolitik sich ergeben hatten, drohte nun auch der Verlust der Reste des wechselseitigen Verkehrs zwischen den mitteleuropäischen Staaten. Selbst von England aus winkte, wenn auch noch in der Ferne, das Gespenst des Greater Britain, die Agitation für Zusammenschluß Großbritanniens mit allen seinen Kolonieen zu einem geschlossenen Zollverein. Die handels= politische Unsicherheit des Weltverkehrs hatte wirklich einen beängsti= genden Grad erreicht. Unter den Stacheln und Sporen nationaler Ausschließungspolitik konnte es immer noch schlimmer kommen. Diese Erfahrungen hatten in weitesten Kreisen das Bedürfniß nach Stabilität im Zolltarif, nach Sicherheit in der eisenbahntarifarischen Behandlung der wechselseitigen Provenienzen, nach loyaler Veterinär= polizei für den Verkehr in Vieh und Viehprodukten hervorgetrieben. So erfolgte die Umkehr vom Hochschutz= vorläufig nur zu einem mäßigeren, vor allem aber zu einem stabileren Handels= und Verkehrssystem im deutschen Reichstag im Dezember 1891, mit übergroßer Mehrheit der Stimmen, in erster Linie wegen jener handelspolitischen Unsicherheit des ganzen auswärtigen Verkehrs, wie sie sich nach einer Erfahrung von 12 Jahren nicht bloß dem Handel, sondern auch dem größten Theile der Industrie äußerst empfindlich gemacht hatte. Mit jedem Tage weiterer Annäherung an den verhängnißvollen Endtermin der Verträge, an den 1. Februar 1892 legte sich diese Unsicherheit nur desto schärfer auf die Nerven der nicht= agrarischen Welt. Die zuletzt allerseits auftauchenden Kampftarife (Marimaltarife) verschärften und verallgemeinerten das Verlangen vor allem nach Stabilität, sowie nach Befreiung von eisenbahn=

tarifarischen Zurücksetzungen und gesundheitspolizeilich verkleideten Prohibitionen.

Es bedurfte zwar auch der hohen Getreidepreise, wie sie in Folge der Ernteaussichten vom Frühjahr 1891 in Europa sich einstellten, um die Citadelle in der Festung des Hochschutzsystems, die Positionen der Getreidezölle zu erschüttern und zu einem ersten Einsinken zu bringen. Niedrige Getreidepreise hatten dem agrarischen Hochschutzsystem seinen Schwung verschafft, jetzt thaten unerwartet hohe Getreidepreise die gegentheilige Wirkung. Die Hauptursache der Umwandlung in der Handelspolitik war aber dennoch die Sehnsucht nach Beseitigung der allgemein eingetreten gewesenen handelspolitischen Unsicherheit, die Furcht vor einem handelspolitischen Krieg Aller gegen Alle. Das beweisen auch die Denkschriften zu den Verträgen und die Reden der leitenden Staatsmänner. „Darin“ — so sagte der Reichskanzler v. Caprivi in der vornehmen und tief eindringenden Rede, womit er am 10. Dezember 1891 die Reichstagsdebatte über die neuesten Handelsverträge einleitete „stimmt alles überein, was über Industrie geschrieben hat, von den wissenschaftlichen Werken bis zu den Berichten der Handelskammern: die erste Forderung für jede Industrie ist, daß sie mit längeren Zeiten rechnen kann, daß sie weiß, worauf sie sich einzurichten hat.“ Sind nun die bis jetzt in Verträgen gewonnenen Zollerleichterungen des neuesten Handelssystems im Ganzen nur mäßig ausgefallen, so sind sie doch darum schon werthvoll genug, weil sie die Wiedererhöhung für volle zwölf Jahre unmöglich machen. Und nicht minder sind es die zahlreichen Bindungen von Zollsätzen, indem dieselben wenigstens weitere Erhöhungen bisheriger Sätze auf 12 Jahre ausschließen. Die vertragsmäßige Regelung eisenbahntarifarischer Gleichbehandlung und die Einschränkung gesundheitspolizeilicher Vorkehrungen auf ihren stritten Zweck sind ebenfalls auf Stabilität, auf Verhinderung unberechenbarer und selbst unerkennbarer Verkehrsstörungen einer z. Th. verdeckt wirkenden Hochschutzpolitik gerichtet.

Die Beseitigung der veterinär= und sanitätspolizeilich verkleideten Prohibition.

Letztere war hauptsächlich gegen Oesterreich=Ungarn trotz der seit 1880 guten Veterinärpolizei des letzteren Reichs und gegen die Vereinigten Staaten wirksam gewesen und hatte nicht wenig dazu

beigetragen, diese Staaten zum schärfsten handelspolitischen „Herüber=
schießen" zu bewegen. Jetzt ist diese Form mittelbaren und ver=
steckten Agrarschutzes aufgegeben. Die angebliche Veterinärpolizei
als Prohibitionsmittel ist verlassen und auf wirkliche Veterinär=
polizei zurückgeführt im Vertrage mit Oesterreich. Die Vereinigten
Staaten haben die Aufhebung des deutschen Verbotes der Schweine=
und Fleischwaaren=Einfuhr aus Amerika (Kais. V.=O. vom 6. März
1883) durch die Gewährleistung einer verbesserten Exportfleischschau,
deren Mängel durch unsere Importfleischschau wohl ausreichend
werden bekämpft werden können, erreicht. Die Nachgiebigkeit der
deutschen Regierung in beiden Richtungen wird diplomatisch und
handelspolitisch als ein ganz weises Verhalten anzuerkennen sein:
das Beharren hätte zum schärfsten Handelskrieg und bald vielleicht
zu noch Schlimmerem geführt.

Von besonderem Interesse ist die Bedeutung der Sache gegen
Oesterreich=Ungarn, eventuell gegen Serbien. Die als positive Lö=
sung einer sehr schwierigen Aufgabe internationaler Wirthschafts=
polizei höchst beachtenswerthen Bestimmungen des „Viehseuchen=
Uebereinkommens" (großentheils übereinstimmend mit den Be=
stimmungen in den Verträgen Oesterreich=Ungarns mit Italien und
mit der Schweiz) schützen die heimische Viehzucht ausreichend gegen
Ansteckung, ohne dem Mißbrauch der veterinärpolizeilichen Abhaltung
für die agrarschutzzöllnerische Prohibition noch ferner viel Raum zu
lassen. An Stelle der Ungebundenheit in brutalen Verboten werden
eingeführt: die Beschränkung der Einfuhr auf bestimmte Grenz=
stationen mit veterinärpolizeilich befähigtem Personal, ferner die
scharfe Ordnung der durch ein veterinärpolizeilich vertrauenswürdiges
Personal ausgestellten Ursprungszeugnisse, die wechselseitige
Beschickung der beiderseitigen Gebiete durch veterinärpolizeiliche
Kommissäre, die Beschränkung des Verbotes auf Einfuhr aus
den wirklich mit Rinderpest und Lungenseuche verseuchten Theilen
des anderen Gebietes. Der Werth dieses Uebereinkommens für
Oesterreich=Ungarn erhellt schon daraus, daß unter dem alten Kurs
die Viehausfuhr Oesterreichs nach Deutschland von 100 Mill. M.
(Jahr 1877) auf 39 Mill. M. sich verringert hatte.

Bezüglich der Aufhebung der Kais. V.=O. vom 6. März 1883
Amerika gegenüber hat Graf v. Caprivi die veterinärpolizeiliche Heuche=
lei des Prohibitionismus in einer Reichstagsrede wie folgt ironisirt:

„Der Herr Vorredner kam von dem Gold und dem Silber auf die Schweine und wirft uns vor, in Bezug auf den Vertrag mit Amerika — wenn man das einen Vertrag nennen will — nicht das erreicht zu haben, was wir hätten erreichen können. Wenn man plus und minus in Bezug auf diesen Vertrag gegenüberstellt, so muß ich bitten, von vornherein außer Rechnung zu lassen die Zulassung des amerikanischen Schweinefleisches in Deutschland. Die Nichtzulassung war Amerika und der Welt gegenüber motivirt worden pure und ausschließlich immer nur aus veterinären Rücksichten. Wie konnten wir da, wenn nun die amerikanische Regierung sagt: wir sind jetzt im Stande, Anstalten zu treffen, um die Gefahren zu beseitigen, einwenden: „„nein, jetzt wollen wir doch bei unserem Verbote stehen bleiben, denn die Aufhebung desselben paßt unserer Landwirthschaft nicht!"" Das war unmöglich. Jetzt mußten wir das Motiv, auf dem wir Jahre lang geritten haben, weiter reiten und mußten anerkennen, daß es nicht mehr stichhaltig sei."

Vertragsmäßige Gegenseitigkeit im Eisenbahnverkehr.

Zu den älteren Bestimmungen der früheren Verträge mit Oesterreich-Ungarn in Beziehung auf den Eisenbahnverkehr ist folgende Bestimmung (Schlußprotokoll zum neuesten Vertrage Artikel 15) hinzugekommen: „die Frachttarife und alle Frachtermäßigungen oder sonstigen Begünstigungen, welche, sei es durch die Tarife, sei es durch besondere Anordnungen oder Vereinbarungen für Erzeugnisse der eigenen Landesgebiete gewährt werden, sind, soweit es sich nicht um Transporte zu milden oder öffentlichen Zwecken handelt, den gleichartigen, aus dem Gebiete des einen Theiles in das Gebiet des anderen Theiles übergehenden oder das letztere transitirenden Transporten bei der Beförderung auf derselben Bahnstrecke und in derselben Verkehrsrichtung in gleichem Umfang zu bewilligen."

Die Tarifermäßigungen und Tarifbindungen der Dezemberverträge.

Die Vertragsländer Deutschland, Oesterreich-Ungarn, Italien, Belgien (diese vier in den Verträgen vom 6. Dezember 1891) und Schweiz (Vertrag mit Deutschland vom 10. Dezember 1891) haben eine sehr belangreiche Umkehr im Zolltarifwesen — durch Ermäßigungen und Bindungen unter umfassendster Zulassung der Meistbegünstigung je gegen die Vertragsstaaten — zu Stande gebracht.

Trotz der großen Vorsicht in der Stärke der Ermäßigungen erreichen diese sammt den Bindungen gegenständlich dennoch einen recht erheblichen Umfang. Nach den Reichstagspapieren führe ich diesfalls folgende seitens des Bundesraths gegebene Nachweisungen an: 1. Von dem 300 bis 340 Millionen Mark betragenden jährlichen Durchschnittswerth der Waarenausfuhr Deutschlands nach Oester-reich-Ungarn sind für einen Exportwerth von 63 Millionen Mark die Zollsätze ermäßigt und für einen Werth von 198 Millionen Mark die Zölle gebunden worden. Bei den Zollermäßigungen sind die Sätze gegenüber dem zur Zeit geltenden Meistbegünstigungstarife durch-schnittlich um 25 % herabgesetzt. — 2. Gegenüber Italien sind von dem 80 bis 100 Millionen Mark betragenden jährlichen Gesammt-werthe der Waarenausfuhr Deutschlands für einen Werth von etwa 33 Millionen Mark die Zollsätze ermäßigt und für einen Ausfuhr-werth von etwa 60 Millionen Mark die Zölle gebunden. — 3. Gegen-über der Schweiz stellen von dem 180 bis 200 Millionen Mark be-tragenden jährlichen Gesammtwerth der Waarenausfuhr Deutschlands die zollermäßigten Artikel einen Werth von 86 Millionen Mark dar, während für einen Exportwerth von 66 Millionen Mark die Zollsätze im Vertragstarife gebunden worden sind; die gegenüber dem neuen allgemeinen schweizerischen Tarif von 1891 erzielten Zollermäßigungen betragen im großen Durchschnitt etwa 35 %, obwohl auch dieser neue Zolltarif der Schweiz als Schutz- und als Finanztarif noch immer weit hinter den Sätzen der deutschen, österreichi-schen und italienischen General- und Vertragstarife zurück-bleibt. Sohin erreichen die Ermäßigungen und Bindungen gegen-ständlich wirklich einen recht erheblichen Umfang.

Dieser große Umfang der Ermäßigungen und Bindungen will um so mehr besagen, als auch das Gebiet, für welches auf zwölf Jahre ein liberaleres und ein sehr stabiles Zollsystem festgelegt worden ist, kaum weniger als hundertdreiunddreißig Mil-lionen gebildeter und wohlhabender Bevölkerung, vorläufig also weit mehr Menschen birgt, denn je für sich die amerikanische Union und das europäische Rußland umspannen. Ganz abgesehen davon, daß die Gewährung der Meistbegünstigung auch an Länder, die uns noch keinen Konventionaltarif bieten, mittelbar gegen die Versuche zu weiteren Einfuhrerschwerungen daselbst einen bedeutenden Damm bilden wird.

Der mitteleuropäische Zolltarifzustand aus der Zeit von 1865 bis 1879 ist allerdings bei Weitem noch nicht wieder erreicht; denn die Ermäßigungen und Bindungen verstehen sich den neueren, seit 1879 bedeutend erhöhten, nicht den älteren viel liberaleren General= tarifen gegenüber. Eine ruhige Prüfung alles Einzelnen hat dem Verfasser dieses die weiterhin kurz an den Hauptzollgruppen er= wiesene Ueberzeugung beigebracht, daß die v. Caprivi'sche Handels= politik erreicht hat, was bei der nicht durch sie verfahrenen Lage überhaupt zu erreichen war. Die Zugeständnisse, welche deutscher= seits in den Verträgen haben gemacht werden müssen, sind in ihrer Gesammtheit zwar nicht unerheblich. Allein auch die drei anderen Vertragsstaaten haben sich zu Gegenbewilligungen verstanden, welche — die amtliche Denkschrift hat mich davon überzeugt — der deut= schen Volkswirthschaft ein volles Aequivalent gewähren. Diese Gegenbewilligungen enthalten zahlreiche und für die deutsche Aus= fuhr werthvolle Ermäßigungen der allenthalben sehr hohen autonomen Zolltarife dieser Länder, daneben die Bindung zahlreicher Zoll= befreiungen, beziehungsweise die Bindung sehr niedriger oder doch den Mitbewerb des Auslandes nicht unbedingt ausschließender Zölle, und damit den Verzicht auf etwaige künftige Zollerhöhungen.

Zwar wird behauptet, die Dezemberverträge von 1891 seien Löwenverträge gegen Deutschland. — Da sollen einmal der Schweiz gegenüber zu starke Einräumungen gemacht worden sein. Ein Blick in die neuen Vertragstarife bezw. Generaltarife beweist jedoch das Gegentheil. Die Schweiz ist auch heute noch im General= und im neuesten Vertragstarif unvergleichlich liberaler als Deutsch= land. Wenn ihr Vertragstarif von 1881 nebst Zusatz von 1887 nicht durchaus aufrecht bleibt, so beruht dies nur darauf, daß die Schweiz — durch den Vertragstarif mit Frankreich bis 1892 gebunden — mit den Erhöhungen ihres neuesten Generaltarifes und Vertragstarifes hatte warten müssen, nachdem die Staaten ringsum damit längst und in viel höherem Maße vorangegangen waren. Und ein sehr er= heblicher Theil der relativen Erhöhung ist überdies ein finanzpolitisch wohl zu rechtfertigender Akt unumgänglicher Befriedigung des er= heblich gestiegenen Finanzbedarfs auch der Schweiz.

Das Deutsche Reich soll sodann im Vergleich mit Oesterreich= Ungarn, Italien und Belgien besonders viele Ermäßigungen und Bindungen eingeräumt haben. Das war eben auch eine noth=

18*

wendige Nachholung der gerechtfertigten Ausgleichung wegen. Oesterreich und Italien hatten auch unter der zwölfjährigen Herrschaft des Hochschutzsystems sich mehr durch Verträge gebunden erhalten, als Deutschland, dessen Tarifvertragsscheue zu dieser Zeit in unserem ersten Abschnitt bereits nachgewiesen ist. Die ausgleichende Nachholung war auch ihnen gegenüber unvermeiblich und sie umschließt keine einseitige Mehreinräumung. Erreicht ist gegen Belgien die Herabsetzung des Zolles auf Schafe von 2,50 auf 2 Fr. pr. Stück, was praktisch von erheblichem Belange ist. — Ein dritter Vorwurf gegen die neuen Verträge ging dahin, daß die Tarife von je zwei vertragschließenden Staaten nicht eine völlige Gleichheit („Parität") darstellen. Allein diese von anderer Seite sog. „mechanische Gleichstellung", welche übrigens bei einzelnen Positionen gar nicht mangelt, wäre gerade unter hochschutzzöllnerischem ebenso, wie unter finanzpolitischem Gesichtspunkt etwas völlig Unmögliches, ja sogar etwas höchst Verwerfliches. Aus der Forderung allwechselseitiger „mechanischer Gleichstellung" ergäbe sich ein für alle Länder völlig gleichartiger Tarif, so verschieden auch die Verhältnisse der Produktion, der Konkurrenzfähigkeit, des Schutzbedürfnisses und des Finanzzustandes liegen. Diese „mechanische Parität" ist schlechterdings unmöglich, so lange nicht völlige Weltzolleinigung erreicht ist, diese aber würde vielmehr die Aufhebung aller Zollerhebung, die völlige Verneinung des Zollwesens überhaupt bedeuten.

Nicht die möglichste Verallgemeinerung „mechanischer Tarifgleichheit" kann verständiger Weise gefordert werden. Leitend sind ganz andere Grundsätze, deren es hauptsächlich vier sein dürften: 1. Aufrechterhaltung einer gesunden Finanzpolitik innerhalb der dem Auslande gemachten Einräumungen; 2. Erleichterung der Einfuhr von Artikeln, welche das Ausland allein oder für immer überlegen produzirt, zur Aneignung der volkswirthschaftlichen Vortheile des Auslandes; 3. Schonung jedoch für bestehende lebensfähige oder entwickelungsfähige Produktionszweige; endlich 4. Anwendung der Grundsätze 1 bis 3 in der Weise, daß im Ganzen die wechselseitigen Vertragseinräumungen annähernd gleichwerthig ausfallen. Diese Forderungen sind nun meines Dafürhaltens in den neuen Verträgen zu ganz genügender Geltung gelangt.

Trauben- und Weinzölle.

Besondere Erwähnung heischen unter den ermäßigten Finanzzöllen nur die Zölle auf Weintrauben und Wein. Diese Zölle
sind für Deutschland gemischte Zölle, Finanzzölle und Schutzzölle
zugleich. Hier besonders bestand die Aufgabe darin, das Finanz-
und das Schutzinteresse in Einklang zu bringen, und diese Aufgabe
war — das politische Dreibundinteresse zu Gunsten Oesterreichs und
Italiens sprach überdies gewichtig mit — nicht leicht zu lösen. Ob
der gemachte Versuch gelingen wird, ist eine Frage, welche erst nach
einer neuen Reihe schlechter Weinherbste in Deutschland sich wird
beantworten lassen. An sich bleibe dies dahingestellt, obwohl mir
der Glaube dafür vorläufig nicht mangelt. Der Thatbestand der
neuen Verträge ist der folgende: Für frische Weinbeeren bleiben die
bisherigen Vertragssätze von 4 M. (Postwaare) und von 10 M. aufrecht. Für gestampfte in Fässern oder Kesselwagen eingehende Weinbeeren zur Weinbereitung in Deutschland geht jedoch der bisherige
Vertragszoll von 10 auf 4 M. herunter. Der Zoll für Wein in
Flaschen ändert sich nicht. Der Faßwein wird nur von 24 auf 20 M.
ermäßigt. Dagegen rother Naturwein und Most zu solchem von
mindestens 12 Procent Alkoholgehalt und einem gewissen Extraktgehalt wird zum Verschneiden unter Kontrolle und unter Vorschrift
von Zumengungshöchstbeträgen zu 10 statt zu bisher 24 M. zugelassen;
solche Verschnittrothweine liefert Frankreich aus eigenem Gewächs
fast gar nicht. Zu denselben Sätzen wie Verschnittrothwein geht der
Wein für Kognakbereitung ein. Zu diesen Zollmaßregeln kommen
ergänzend die Bestimmungen des neuesten Zusatzgesetzes (1892)
zum älteren deutschen Nahrungsmittelgesetze hinzu, welche den
Verschnittwein vom Deklarationszwang freilassen, seinen Verkauf
gleich dem Naturwein demnach nicht hindern, wohl aber den bloßen
Kunstwein (Tresterwein, Zuckeraufgußwein u. s. w.) der Kunstwein-
deklaration beim Verkauf unterwerfen.

Ob wirklich der Zweck, das Weinverschnittgeschäft von Frankreich nach Deutschland zu ziehen, soweit es sich um den deutschen
Konsum handelt, annähernd erreicht werden wird, kann nur die Zeit
lehren. Gelingt die Absicht, so darf auch die Anomalie nicht stören,
daß nun die alkoholreichen Verschnittrothweine des tieferen Südens
billiger eingehen, als alle weißen und als alle nicht stark alkoholischen
rothen Weine.

Die Erleichterung der Einfuhr von eingestampften Trauben und von rothem Verschnittwein und Most wird, sagt die Denkschrift, die Folge haben, daß dadurch der Kunstweinfabrikation in Deutschland einigermaßen der Boden entzogen und der im gewissen Umfange bereits vorhandene, auf der Vermischung geeigneter in= und ausländischer Weine beruhende Weinhandel der wünschenswerthen weiteren Entwickelung zugeführt wird. Deutschland ist wegen der geringen eigenen Produktion an Rothwein auf ausländisches Erzeugniß angewiesen. Vielfach sind auch die deutschen Rothweine von blasser Farbe und arm an Alkohol und Extraktgehalt, mitunter auch zu säurereich. Um eine den Anforderungen der deutschen Konsumenten entsprechende Waare herzustellen, bedarf es der Vermischung dieser Weine mit entsprechenden Mengen geeigneter ausländischer Rothweine von großer Farbendichte. Eine derartige Vermischung findet in Deutschland schon jetzt statt, jedoch nur in einem verhältnißmäßig geringen Umfange, da der jetzige Zollsatz für ausländischen Wein das Verschnittgeschäft in Deutschland weniger lohnend macht, als in anderen Ländern. Der Weinhandel Frankreichs verdankt die Erhaltung seiner Weltstellung während der größten, durch die Phylloxera angerichteten Verheerungen überwiegend der nur einem Zoll von zwei Franken für das Hektoliter unterliegenden Einfuhr ausländischer Weine und der Zollfreiheit der Keltertrauben. Im Jahre 1889 wurden mehr als 14 Millionen Hektoliter Wein und Most und außerdem noch sehr beträchtliche Mengen von Keltertrauben nach Frankreich eingeführt. Es wäre für Deutschland von großer wirthschaftlicher Bedeutung, wenn es gelänge, an Stelle des Bezuges fertiger, großentheils vermischter und fabrizirter ausländischer Weine mehr den Bezug von Roh= und Verschnittmaterial zu setzen.

Die Schutzzölle in den neuesten Verträgen sind immer noch recht erheblich.

Die Getreide= und Mehlzölle betragen nach den neuesten Verträgen für Deutschland:

Weizen	3,50 M.	(5 M. bis jetzt),
Roggen	3,50 „	(5 „ „ „),
Hafer	2,80 „	(4 „ „ „),
Hülsenfrüchte	1,50 „	(2 „ „ „),
Gerste	2 „	(2,25 „ „ „),
Mais	1,60 „	(2 „ „ „),
Malz	3,60 „	(4 „ „ „),
Mühlenfabrikate	7,30 „	(10,50 „ „ „).

Oesterreich-Ungarn behält seine Zölle, welche nicht höher sind, als die neuen Deutschlands. Die Schweiz erhebt auf Getreide, Mais und Hülsenfrüchte nicht geschält, nicht geschrotet nur 0.30 — geschält, geschrotet nur 2 Fr., Malz nur 1 Fr. per 100 Kilo. Die stattgehabte Ermäßigung der Getreide- und Mehlzölle ist hienach ziemlich geringfügig. England und Belgien gegenüber wird der Getreidepreis um 25 bis 30 M., der Schweiz gegenüber um nicht viel weniger gesteigert bleiben.

Die Holzschutzzölle sind nur wenig ermäßigt. Es entrichten in Mark

	nach den neuen Verträgen:	bisher:
Holzborke und Gerberlohe	0	0,50
Bau- und Nutzholz . . .	0,30	0,40
bezw.	0,80	1,00

Die Viehzölle haben durch die neuesten Verträge nur eine sehr unerhebliche Ermäßigung erfahren. Sie betragen nun per Stück bei der Einfuhr nach)

	Deutschland		Oesterreich-Ungarn
für Pferde (bis zu 2 Jahren)	10 M.	(bisher 20)	10 M.
„ Ochsen	25,50 „	(„ 30)	25,50 „
„ Jungvieh (bis zu 2½ Jahren)	5 „	(„ 6)	5 „
„ Schweine	5 „	(„ 6)	3 „

Die „mechanische Parität" trifft hier annähernd zu.

Auch die Industriezölle haben in dem Vertrage nur wenige und mäßige Herabsetzungen erfahren. So der Schweiz gegenüber Baumwoll-Feingarn. Nicht zum Nachtheile unserer Industrie.[1])

Deutschlands Eisenindustrie ist von der Roheisenherstellung an aufwärts im Export weit überlegen. Der bisherige Zolltarif ist für die meisten Positionen verhältnißmäßig liberal, aber entfernt nicht so liberal, als er selbst der belgischen und englischen Konkurrenz gegenüber sein könnte. Dennoch sind auch hier nur sehr geringe Ermäßigungen durch die neuesten Verträge eingetreten, nämlich für schmiedbares Eisen in Stäben nicht über 12 cm zum Umschmelzen (von 2,50 auf 1,50 M. p. 100 Kilo), für Eisenbahnradreifen, Eisenbahnräder und Eisenbahnachsen (von 3 auf 2,50 M.), für grobes, emaillirtes Kochgeschirr (von 10 auf 7,50 M.), für Gewehrfedern (von 60 auf 6 M., abgeschliffen 10 M.). Von einer „Erschütterung"

[1]) Vergl. Tüb. Zeitschr. 1892, S. 626 ff.

der deutschen Eisenindustrie kann gar keine Rede sein. Die Herabsetzung des Zolles auf schmiedbares Eisen in kleinen Stäben zum
Umschmelzen lag im Interesse der deutschen Gußstahlfabrikation,
welche hiedurch für den benöthigten steyrischen Gußstahl eine Ein-
fuhrerleichterung erhielt. Die übrigen wenigen Eisenzoll-Ermäßigungen
mußten Belgien geboten werden.

Viel bedeutsamer sind die Ermäßigungen in den österreichisch-
ungarischen Eisenzöllen. Sie sind zahlreich. Zwar nicht sprung-
haft, greifen sie doch zum früheren freieren Tarif mehr oder weniger
zurück. Hier war es unumgänglich nothwendig, in den Hochschutz
Bresche zu legen; denn die österreichisch-ungarischen Eisenzölle
fanden sich im Früheren besonders hoch. Die Grundfrage war die
Herabsetzung des österreichischen Roheisenzolles, wovon die Möglichkeit der Herabsetzung der Halbfabrikat- und Fabrikatzölle abhängig
war. Eine Herabsetzung von 80 auf 65 Kr. Gold ist wirklich erreicht worden.

Die weiteren Aufgaben und das Endziel der deutschen Handels-politik.

**Agrarrechtliche Schuldentlastung des Bauernstandes als Vor-
aussetzung. Die weiteren Aufgaben.** In den Dezemberverträgen
von 1891 ist erreicht, was vorläufig erreicht werden konnte. Vor
Ablauf dieser auf 12 Jahre geschlossenen Verträge wird auch Be-
deutenderes weiter nicht erlangt werden können; Stabilität für
einige Zeit ist ja der allgemeine Wunsch und die gegebene Zusage.
Dennoch darf nicht außer Acht bleiben, daß man damit nicht schon
am Ziele ist. Immer weitere Annäherung und dauernde Verknüpfung der mitteleuropäischen Staaten auf Grund der nachgewiesen möglichen Annäherung ihrer Tarife ist es, was bis
zum Ablauf der Verträge im Jahre 1903 so viel wie nur immer
möglich vorbereitet sein sollte.

Diese Vorbereitung muß hauptsächlich in jenen Maßregeln gesucht werden, welche der deutschen Landwirthschaft die Einsicht, den
Willen und die Kraft verleihen, auch bei weiter ermäßigtem Agrarschutz der ausländischen Konkurrenz die Stirne zu bieten.

Die weitaus bedeutendste unter diesen Maßregeln ist, wie bereits angedeutet, die Beseitigung der weitverbreiteten Ueberschuldung durch Reformen im Agrarrecht, insbesondere im

Agrarkreditrecht. Ueber die durchgreifenden Mittel hiezu wird eingehend die erste der Ausführungen des nächsten Abschnittes der „Kern= und Zeitfragen" eindringenden Aufschluß zu ertheilen suchen. Daselbst wird sich zeigen, daß die unwirthschaftliche Verschuldung zahlreicher Landwirthe in der Ueberzahlung der Güter, im Mangel an Betriebskredit und im Mangel geregelter Tilgung der Hypothekar= und der Personalschulden wurzelt. Diese Grundursachen des Uebels werden durch körperschaftlich=genossen= schaftliche Standesorganisation des landwirthschaftlichen Kredites mit vollkommenem Erfolg und für immer beseitigt werden können. Stellt man diese Organisation erst her, so wird man auch dem Grundbesitzerstande die weitere Ermäßigung der Agrarzölle erträglich gemacht haben. Die Landwirthe selbst werden dann nur noch nach einem Zollschutz verlangen, welcher sie über vorübergehende Entwickelungshemmnisse und Schwächezustände hinwegführt, aber nicht mehr nach dauernder Zoll=Staatsgarantie eines grundbesitz= lichen Rentenminimums im Ausmaße des höchsten, je erreicht ge= wesenen Grundrentenstandes. Und damit wäre das Schlimmste be= seitigt.

Die Zollgarantie des erreicht gewesenen Grundrentenmaximums als Minimalsatzes künftiger Reinerträge des größeren und größten Grundbesitzes ist innerlich ebensowenig berechtigt, als sie politisch haltbar ist. Dieselbe kann keinen Bestand haben.

Vor Allem verstößt sie gegen eine vielleicht die oberste Grundpflicht des Privateigenthums der ganzen Nation gegen= über. Das produktive Privateigenthum, das agrarische wie das ge= werbliche, hat auf der Kehrseite der ihm gewährleisteten Rechte die oberste Pflicht, auf eigene Gefahr auch die Risiken der wechselnden Konjunkturen der Nationalproduktion zu tragen, wie es deren Gunst einzuheimsen, die rechtliche Sicherheit hat. Auf eine erreicht ge= wesene Höchstrente als Minimalrente der Zukunft hat es keinen Anspruch.

Hat man, als die Leihkapitalsrente, als der Zinsfuß so mächtig sank, den früheren Zinsfuß künstlich zu erhalten gesucht, obwohl unter den Kleinrentnern nicht minder Bedrängniß entstand, wie unter dem mittleren und großen Grundbesitz durch das Sinken der Getreidepreise? Garantirt man dem Kaufmann, dem nicht oder wenig geschützten Industriellen, der Industrieaktie und der Bergwerks=

tuge, dem Eisenbahnaktionär die erreichte Kulminationsrente? Ganz und gar nicht, außer in gewissen vertheuernden Schutzzöllen, welche übrigens wie z. B. die Eisenzölle gerade von der Landwirthschaft Jahrzehnte lang und nicht mit Unrecht als eine ungerechte Garantie einzelner Industrierentenzweige angesehen worden sind. Ueberall sonst trägt das Privateigenthum die Verlustgefahren, wie es die Gewinnchancen für sich hat, damit im Wechsel der schlimmen und guten Jahre die Volkswirthschaft ihre naturgemäße Entwickelung einhalte. Durch Einschränkung der Bedürfnisse einerseits, durch Zusatz der in guter Zeit gebildeten Ersparnisse und Reserven andererseits, kann jeder normal bewirthschaftete Besitz diese Grundpflicht alles Privateigenthums an den Produktionsmitteln bis zu erfolgter Anpassung an neue Konjunkturen erfüllen. Sogar der Lohnarbeiter ist mit derselben Pflicht [beladen; Niemand garantirt eine Arbeitminimalrente, und das Verlangen eines Minimallohnes wird von allen Besitzenden schlechthin verworfen. Warum soll der Grundbesitz, der große und größte zumal, allein die Minimal-Reinertragsgarantie auf Kosten aller anderen Klassen vom Staate zugewiesen erhalten?! Etwa, weil der Grundbesitz das Risiko weniger ertragen kann, als anderer Besitz? Der öffentliche und der private Großgrundbesitz, desgleichen der bäuerliche Grundbesitz, sind vielmehr ganz besonders tragfähig, wenn sie nicht unproduktiv verschuldet sind, und an die Ausgleichung der Rente zwischen guten und mageren Jahren ist kein anderer Unternehmer- und Besitzerstand ebenso gewöhnt.
Oder waren erst in jüngster Zeit die Schwankungen der Getreidepreise so stark, daß der Grundbesitz der Eigenthumspflicht des Reinertragsrisikos enthoben werden muß? Nicht entfernt, wie gezeigt wurde. Die Bildung von Weltmärkten und Weltmarktpreisen für fast alle Produkte der Landwirthschaft, der Viehzucht und der Forstwirthschaft hat die Preisschwankungen vielmehr eingeengt und das Besitzrisiko vermindert. Auch waren die Preisrückgänge in der Zeit vor der Einführung der Agrarzölle, verglichen mit früheren Epochen, keineswegs von außerordentlicher Stärke: die auf Seite 235 nachgewiesenen Zahlen ergeben es.

Der größere und der größte Grundbesitz haben durch die in der Zeit der fünfziger bis zu Anfang der siebenziger Jahre aufsteigenden Richtung der Volkswirthschaft, ja in dem ganzen Jahrhundert 1770 bis nach 1870 die größte Werthsteigerung erfahren. Nach Conrad's

unwiderlegter Aufstellung war der durchschnittliche Kaufpreis der
mecklenburgischen Lehens- und Allodialgüter seit 1770 bis auf das
Achtfache gestiegen und die Domänenpachte in Altpreußen haben sich
von 1849 bis 1891 beinahe verdreifacht. Hat das Privateigenthum
agrarischer Art so Gutes empfangen von der bestehenden Gesellschaftsordnung der wirthschaftlichen Dinge in einer aufsteigenden Periode
weltwirthschaftlicher Entwickelung, so muß es auch seiner Grundpflicht
gerecht werden, neuen, wahrscheinlich noch viel höher führenden
welt- und volkswirthschaftlichen Konjunkturen sich anzupassen und
dem Zwang sich unterwerfen, der ihm auferlegt ist, dem Zwange, die
alte Rente auf neuen Wegen intensiverer Bewirthschaftung mit
Uebergangsopfern sich zu erhalten und zu erhöhen.

Das liegt auch in seinem eigensten Interesse! Denn der gemachte Versuch, die Kulminationsrente zu Anfang der siebenziger
Jahre mittelst Zollgarantie unter Beibehaltung weltwirthschaftlich
nicht weiter mehr haltbarer Betriebsweisen aufrecht zu erhalten, muß
schließlich und auf die Dauer dem größeren und größten Grundbesitz
selbst am meisten schaden; theils unmittelbar, da er die Anpassung
an eine höhere Betriebsintensität versäumt oder doch verlangsamt,
wobei aller Vortheil des Zollschutzes in die Brüche fallen und die
Verschuldung durch Betriebsausfälle steigen muß, theils mittelbar,
weil die übrige Nation, namentlich die industrielle Arbeit bei hohen
Lebensmittelpreisen in der Konsumfähigkeit für Ackerbauerzeugnisse
verliert, wenigstens nicht fortschreitet.

Die Ausführungen über die Bevölkerungsspannung haben gezeigt, daß die Landwirthe zwar den zahlreichsten Berufsstand ausmachen. Allein am Agrarschutz hat die Mehrheit der Nation doch
kein Interesse. Gegen denselben wird in nicht zu langer Zeit der
größere Theil der Nation in den Reichstagswahlen geschlossen sich
auflehnen. Dagegen werden alle nicht produzirenden Klassen der
Nation stimmen, welchen das Brod vertheuert wird. Dagegen der
ganze, nicht bloß der socialdemokratische Arbeiterstand außerhalb und
theilweise selbst innerhalb der Landwirthschaft. Dagegen die große
Masse des deutschen Industriekapitals, welches nothleiden muß, wenn
seinen in England, Belgien und der Schweiz befindlichen Hauptkon-
kurrenten gegenüber die Arbeiterernährung um rund 35 Mark per
Tonne Weizen und sonst entsprechend vertheuert wird. Unter dem
Agrarhochschutz leidet sogar ein großer Theil der landwirthschaft-

lichen, namentlich der kleinen landwirthschaftlichen Unternehmer selbst. Einmal alle jene Kleingrundbesitzer, welche weniger Cerealien auf den Markt bringen, als sie für sich, ihre Familien und Arbeiter nöthig haben, oder überhaupt nicht dem Körnerbau sich widmen; deren werden es aber immer mehrere. Unter den Agrarzöllen leidet sodann unmittelbar und mittelbar auch ein erheblicher Theil des Bauernstandes, welcher wenigstens keinen erheblichen Nutzen von den Zöllen hat, soweit er über den eigenen Hausbedarf hinaus wenig, nicht in Mehlform wieder zurückkehrendes Getreide auf den Markt bringt und indem er den Gewinn aus diesem geringen Ueberschuß durch die Vertheuerung des Bedarfs an Industrieprodukten, Eisen, Wertholz u. s. w. sich zwischen den Fingern versickern lassen muß. Und so ist es nicht wahrscheinlich, daß die Mehrzahl auch nur des mittleren, geschweige des kleineren Bauernstandes, außer insoweit der erstere durch Boden und Klima absolut auf Getreidebau verwiesen ist, der Fahne des Agrarierthums für immer treu bleiben wird.

Der größere und der größte Grundbesitz haben aber auch wenig Aussicht, am Fiskalismus des Reiches, der Einzelstaaten und der Kommunalkörperschaften eine feste Stütze zu behalten. Die jetzige Stellung der Lebensmittelzölle in unserem Finanzgesammtsystem ist ein Zustand, welcher nicht Bestand haben kann. Das Zollsystem, welches durch Mitvertheuerung aller Produkte der ganzen inländischen Land- und Forstwirthschaft das Volk mindestens mehr kostet, als es einträgt, ist unhaltbar. Dasselbe System hat finanziell, nämlich für die Bestreitung der Staatsverwaltung eine dunkle Kehrseite. Führt es doch durch in ganz irrationellem Maßstab stattfindende Abfuhr von Zolleinnahmen an die Gemeinden zur Mißwirthschaft in letzteren, wie es mittelbar zur Bevortheilung des größeren Besitzes im Kommunalsteuerwesen beiträgt. Es nimmt ferner dem Reich, den Staaten und den Gemeinden das, was es ihnen mit der einen Hand giebt, zu einem erheblichen Theile mit der anderen wieder weg; unmittelbar, indem es ihre Naturalbedarfe — namentlich im Militärhaushalt und zumal bei steigender Friedenspräsenz — gewaltig vertheuert, und mittelbar, indem es einen immer stärkeren Antrieb der endlosen Schraube der Besoldungserhöhungen herbeiführt.

Ist so dasselbe steuerpolitisch und staatshaushaltlich unhaltbar, so ist es selbst dann nicht für immer unentbehrlich, wenn die Reichsausgaben für allgemeine Einstellung in gesetzlich zweijähriger Dienst-

zeit nach der gesteigerten Bevölkerungszahl und die Ausgaben für
Arbeiterversicherung, die einen wahrscheinlich, die anderen sicher
steigen werden. Es bedarf auch dann nicht der Aufrechterhaltung
der Lebensmittelzölle in ihrer bisherigen Höhe. Erbschafts=
besteuerung, Vermögenssteuer, Luxusbesteuerung, Tabak= und Brannt=
weinbesteuerung, Börsensteuer versprechen, wie sich unter den „Kern=
und Zeitfragen der Finanzpolitik" zeigen wird, ausreichenden oder
nahezu ausreichenden Ersatz. Ich wünsche nicht die bedeutende
Steigerung der deutschen Kolonialwaarenzölle auf jene Höhe des
Finanzzolltarifs, welche oben bei anderen Staaten entgegengetreten
ist. Aber als ein bedeutendes Mittel der Beseitigung der Lebens=
mittelzölle stünde sie zur Verfügung und sie hätte steuerpolitisch
immerhin etwas für sich.

Der Grundbesitzerstand poche also nicht zu stark auf die Zahl
der Landwirthe, welche durch das allgemeine Stimmrecht wenigstens
in Deutschland das Heft in der Hand hat. Die große Zahl der
kleinen Grundbesitzer, welche weniger Getreide erzeugt, als sie kon=
sumirt, kann von den Bauernkönigen auch abfallen und im Jahre
1903 spätestens weitere Kornzollermäßigungen durchsetzen helfen.

Der größere und größte Grundbesitz haben keine Aussicht, mit
Hilfe der für die übrige Nation unerträglichen Kornzollsätze den zu
Anfang der siebenziger Jahre erreichten Stand der Grundrente
ohne Uebergang zu neuen, intensiveren Betriebssystemen
aufrecht zu erhalten. An Letzteres wäre nur dann mit einiger
Sicherheit zu denken, wenn die fremde Getreidekonkurrenz als eine
vorübergehende Thatsache sich ansehen ließe. Wahrscheinlich, ge=
schweige sicher ist dies aber nicht. Wiederholt hat man seit 12 bis
15 Jahren die baldige Abnahme der überseeischen Getreide=, Vieh=
und Fleischkonkurrenz in Aussicht gestellt. Auf kurze Ebbe ist aber
immer wieder Fluth eingetreten. Indiens Weizenkonkurrenz be=
treffend ist überhaupt eine auf sichere Thatsachen gestützte Vorhersage
kaum zu stellen. Ebensowenig bezüglich der Vereinigten Staaten.
Zwar ist hier der erst zu urbarende gute Boden nur noch wenig
ausgedehnt und die Bevölkerung, hiermit der innere Bedarf in
raschem Wachsthum begriffen, aber es ist auch nicht entfernt sicher
zu bestimmen, ob nicht und wie lange noch die amerikanische Kon=
kurrenz fortdauert. Von der Schwarzerde des europäischen und
immer mehr auch des sibirischen Rußland steht eher erhöhte Kon=

kurrenz für absehbare Zeit in Aussicht. Daher wird die Anpassung an die neuen und wahrscheinlich länger andauernden Konjunkturen des Getreide-Weltmarktes doch nicht zu vermeiden sein.

Anderwärts ist diese Anpassung ohne Agrarschutz bereits vollzogen. So im cisleithanischen Oesterreich gegenüber der ungarischen Getreidekonkurrenz. So und namentlich in Großbritannien. Hier ist weder der kleine, noch der mittlere, noch der große Grundbesitz am Mangel von Schutzzöllen gegenüber der überseeischen Getreide- und Fleischzufuhr, Getreide- und Fleisch-„Ueberschwemmung" zu Grunde gegangen. Der Uebergang zu neuen, meist intensiveren Betriebssystemen ist in Großbritannien vollzogen. Zeitweilige Opfer hierfür sind nicht zu leugnen. Allein der Uebergang bewerkstelligte theils und vor Allem einen kapitalsintensiveren, theils einen arbeitsintensiveren Betrieb, und das Endergebniß auf die Dauer wird, kann wenigstens im Großen und Ganzen nur die Wiedererreichung, vielleicht die weitere Steigerung der Kulminations-Landrente vom Anfange der siebziger Jahre sein. Ein Rückfall auf extensive Weidewirthschaft hat hierbei, trotzdem der Getreidebau in den letzten Jahrzehnten nicht unerheblich zurückgegangen ist, selbst in Großbritannien dennoch nicht stattgefunden. Der landwirthschaftliche Betrieb hat in den Farmen bei kapitals- und arbeitsreicherer Viehzucht, Molkereiwirthschaft und dergl. an Intensität im Ganzen eher gewonnen. Und die Zahl der kleinen und mittleren Betriebe hat nicht ab-, sondern zugenommen. Eine „Verödung des Landes" zu extensiveren Betrieben, zu roher Weide- und Waldnutzung, hat nicht entfernt stattgefunden. Die Vertheilung des Landes zwischen Groß-, Mittel- und Kleinbesitz ist nun am Ende der Uebergangsperiode eine volkswirthschaftlich entschieden günstigere. Gerade das Gegentheil eines weiteren Einschwindens des kleineren Grundbesitzer- und Pächterstandes ist eingetreten. Von einer entvölkernden Latifundienbildung kann überall nicht die Rede sein.

Allerdings ist die Steigerung der Betriebsintensität in England mehr eine Kapitals- als Arbeitssättigung der Landwirthschaft durch Uebergang zu intensiver Weidewirthschaft gewesen, und der übrig gebliebene Körnerbau ist heute wohl eher extensiver als vor 20 Jahren. Die unter großem Kapitalaufwand für Meliorationen, Entwässerung, Düngung stattgehabte Ueberführung von Ackerland in

intensiv bewirthschaftetes Weideland hat sich nicht in ganz Groß=
britannien gleichmäßig vollzogen. Sie ist aber im Ganzen dennoch
sehr bedeutend zu nennen; denn der Bestand an Grasländereien und
Wiesen stieg im Vereinigten Königreich von 12 Mill. Acr. (1870)
auf 16 Mill. Acr. (1890). Der Rindviehbestand erhob sich hiebei
von 5 auf 6¹/₂ Mill. Stück, und außer der Fleischzucht sind die Milch=
wirthschaft und die rationelle Aufzucht von Milchthieren in großem
Aufschwung. Der mittlere Weide=Farmer auf dem Lande und der
stark zunehmende kleine Farmer in der Nähe größerer Städte, welche
für Milch sehr viel höhere Preise als in Deutschland zahlen, nehmen
zu. Beide aber arbeiten notorisch mit mehr Betriebskapital
als die Getreidefarmer. Den ganzen Uebergangsprozeß schildert der
landwirthfreundliche Paasche in einer die englische Landwirthschafts=
Statistik gründlich verwerthenden Abhandlung (in Conrads Jahrb.)
abschließend wie folgt: „Sicherlich ist bei dem ersten Verlassen der
Kornfelder nicht sogleich und nicht überall der kostspielige Weg der
Anlage vorzüglichster Weideländereien eingeschlagen worden, sondern
viele Aecker sind einfach als Brache, als Weide und wildes Grasland
liegen geblieben, das der Pächter nicht bestellen wollte, für das der
Grundherr die großen Geldopfer nicht bringen konnte. Mit gerin=
gem Viehstand besetzt, werden dann diese Ländereien wenig Nutzen
gebracht haben. Erst im Laufe der jüngsten Zeit scheint nach den
vorliegenden Berichten der Wandel in rationeller Weise zum Ab=
schluß zu kommen, und schnellwachsende Viehheerden finden heute auf
den ausgedehnten Grasländereien reichliche Nahrung. So wenig ein
vollgültiger Beweis zu erbringen ist, das Eine wird nicht zweifelhaft
sein: Englands Landwirthschaft hat sich, wenn auch langsam
und mit schweren Opfern, in die durch die Ausdehnung des Markt=
gebietes veränderten Verhältnisse hineingefunden, und bessere
Zeiten sind über der Landwirthschaft des Inselreiches angebrochen.
Von einer Verödung der Fluren, von einem Verdrängen der kleinen
Farmer zu Gunsten großer extensiver Weidewirthschaften — wie
diese ganze Entwickelung von einzelnen Schutzzöllnern als Folge der
Freihandelspolitik geschildert worden ist, kann absolut keine Rede
sein. Englands Landwirthe haben — durch Klima und Lebens=
gewohnheiten des Volkes begünstigt, sich kapitalintensiver Viehwirth=
schaft zugewendet, haben den Anbau der Brotfrucht vermindert und,
wenn der eigentliche Ackerbau einen Rückschritt zu extensiveren Formen

gemacht hat, so ist anderseits eine angemessene Verwerthung des Grundkapitals durch die heutige Betriebsweise gesichert. Nur ein gewisser Theil des eigentlichen England, die corncounties des Ostens, sind durch den Wechsel schwerer geschädigt worden und suchen mit Erfolg Ersatz zu schaffen durch Anbau anderer Früchte oder Milch= wirthschaft. Von einem Wüst= und Brachliegen der Felder ist auch hier nichts zu spüren, und der Uebergang zu gesunderen Zuständen scheint sich bereits vollzogen zu haben." So hat die britische Land= wirthschaft die auswärtige Konkurrenz bestanden.

Sollte allein der größere und mittlere Grundbesitz des Deut= schen Reichs außer Stande sein, ohne hohe Agrarzölle sich aufrecht zu erhalten und selbst die Kulminationslandrenten von 1872 wieder einzuholen, mit erreichter intensiverer Wirthschaft sogar weiter zu steigern?! Nach den Erfahrungen der erwähnten anderen Länder ist dies nicht anzunehmen. Nicht als ob ich der Umbildung in Deutsch= land Englands Uebergang zur intensiven Viehwirthschaft zum Vor= bild geben möchte! Nicht als ob ich der Meinung wäre, die deutsche Landwirthschaft habe ein Klima, einen Boden, einen Kapitalreichthum des Eigenthümer= und Pächterstandes, so günstig zur Ergreifung der intensiven Weidewirthschaft, wie England! Deutschland hat viel „absoluten" Getreide= und Kartoffelboden. Allein auf der anderen Seite hat es in seiner Weise günstigere Klima= und Bodenverhält= nisse für sonstige Zweige intensiver Verwerthung des Bodens durch Handelspflanzenkultur, Gartenbau, Obstkultur und anderes. Die größere Zahl bäuerlicher Eigenthumswirthschaften ist im Vergleich zur Pachtwirthschaft Englands (nur ein Siebentel des Bodens Eigen= thumswirthschaft!) keine Erschwerung eigenthümlich deutscher An= passung an die von Rußland und der überseeischen Kolonialwelt neu= geschaffene Weltmarktlage, wie man behaupten hört. Der Groß= grundbesitz, soweit er nicht überschuldet ist, hat in Deutschland so gut wie in Oesterreich und England die erforderliche Tragkraft für die Opfer des Ueberganges. Unter derselben Voraussetzung nicht minder der kleinere, bäuerliche Besitz. Der letztere arbeitet über= wiegend mit Familienarbeitskräften; er konsumirt sein Getreidepro= dukt oder dessen Gegenwerth in Mehl großentheils selbst, was ihn gegen Preisstürze unempfindlicher macht; er ist mehr als der englische Farmer im Stande, neben der Milch= und Molkereiwirthschaft Han= delsgewächse zu pflanzen und vom Getreidebau so weit abzugehen, um für den Geldbedarf zur Anschaffung seiner nicht in Eigenproduktion beschafften Konsumartikel aufzukommen. Auch ist er nicht so arm, um nicht da, wo er bei Getreidebau in weniger intensivem Betrieb zu verharren genöthigt ist, wo er also zu kapitals- und arbeitsintensiveren Betrieben anderer Art überzugehen nicht die Gelegenheit hat, ein mäßiges Einschwinden der Kulminationsgrundrente des Getreidebaues verschmerzen zu können. Aeußersten Falles kann die arbeitsintensivere Bewirthschaftung von kleineren Getreide- und Kartoffelgütern weiter helfen, eine Richtung, die keineswegs in Zwergwirthschaft da auszulaufen braucht, wo solche in Deutschland bis jetzt nicht besteht. Der Großgrundbesitz aber in allen Theilen Deutschlands, namentlich derjenige im Osten, hat eine ganz besondere Veranlassung, einen mit Eigenthum angesessenen Stand kleiner Bauern durch Veräußerung unrentabler Großgutstheile zu Kleingütern zu schaffen.

Das Zerschlagen mancher Domänen und Rittergüter hätte nichts Schlimmes zu bedeuten. Conrad sagt: „Manches Rittergut wird nach Beseitigung der Zölle zerschlagen und eine noch größere Zahl verkleinert werden. Wir erwarten von einem weiteren Rückgang der Preise nicht ein Verschwinden des Bauernstandes, der im großen Ganzen eine genügende Widerstandskraft bewährt hat. Wo das nicht der Fall war, wird ausdrücklich bezeugt, daß sein Wirthschaftsbetrieb nicht mit der Zeit fortgeschritten war. So nothwendig dem Staate nun auch größere Güter sind, so haben wir in Preußen deren noch genug, um eine Anzahl den Zeitverhältnissen opfern zu können, und keinen Grund, sie mit erheblichen Opfern zu erhalten. Der landwirthschaftliche Betrieb gestattet noch eine bedeutende Vervollkommnung, und gerade der Bauer hat, wie gesagt, einen erfolgreichen Anlauf dazu genommen, den ein Druck auf die Preise eher fördern als hemmen dürfte". Die arbeitsintensivere Bewirthschaftung absoluten Getreide- und Kartoffellandes unter Verkleinerung des Großbesitzes und Vermehrung der Kleingüter wird eine Hauptaufgabe der Anpassung deutscher Landwirthschaft an die weltwirthschaftliche Fortentwickelung zu bilden haben. Wie das im Einzelnen zu geschehen hat, ist hier nicht weiter zu verfolgen. Daß es durch Verbesserung des Saatgutes, auch durch Fortschritte im Sortiren, durch Kreditreformen, durch genossenschaftliches Zusammenstehen dem Leih- und Handelskapital gegenüber möglich ist, geben die besten

Kenner und Freunde deutscher Landwirthschaft, z. B. Conrad und Paasche zu[1]). Paasche, welcher die im Vergleich mit England größeren Schwierigkeiten der Anpassung Deutschlands an die neue Weltmarkt=lage nachdrücklich hervorhebt, hält dennoch nur vorübergehenden Getreideschutz für gerechtfertigt und ermahnt die Landwirthschaft zur Vorbereitung auf sinkende Getreidezölle.

Alle bisherigen Erörterungen dieser Ausführung ergeben: Vom Standpunkt einer wissenschaftlichen Auffassung kann nur die fort=schreitende Verringerung wenigstens der Getreidezölle, der Zölle auf Mastfutter, der Zölle auf Jungvieh und Zugvieh, aus dem gelegentlich dargelegten Grund auch auf Nutz= und Bauholz, und zwar bis zu dem finanzpolitisch nur immer möglichen Mindestmaße empfohlen werden. Jedoch schonend, was die Ausdehnung und was das Tempo der Ermäßigungen betrifft.

Was weiter das Mindestmaß der Ermäßigungen im Agrar=zollwesen betrifft, so könnte die völlige Abschaffung der Getreidezölle, — nicht bloß der Mastfutterzölle in Frage kommen. Bei näherem Betracht wird man gleichwohl dazu kommen können, die allmähliche Herabsetzung auf 1 bis 1½ Mark per 100 Kilo Weizen (und ent=sprechend auf andere Getreidearten) für zulässig zu erklären. Auf der deutschen Landwirthschaft lasten zweifellos besondere Schwierig=keiten der Anpassung an die neue Weltmarktlage. Auch bestehen die besonderen Lasten der Arbeiterversicherung, welche bei der „land=wirthschaftlichen Arbeiternoth" wohl ganz überwiegend auf den Arbeitgeber fallen. Endlich ist es sehr fraglich, ob finanzpolitisch die völlige Wiederbeseitigung der Agrarzölle in naher Zeit durch=führbar sein wird. Mit der weiteren Herabsetzung von 3½ auf nur 1 bis 1½ Mark per 100 Kilo werden auch die Industrie und der industrielle Arbeiterstand erforderlichen Falles bis auf weiteres sich zufrieden geben können.

Es fragt sich nur noch, wann die weitere Ermäßigung durch=geführt werden und in welchem Tempo — auf einmal oder in kleinen Schritten — dieselbe stattfinden soll. Nachdem soeben für die Haupt=getreidearten die Ermäßigung von 5 auf 3½ M. stattgefunden hat und der Landwirthschaft eine längere Ruhe vor weiterer Zollrück=

---

[1]) Wörtliche Aeußerungen dieser agrarpolitischen Autoritäten f. Ztschr. für die ges. Staatsw. 1893. S. 114 ff.

bildung verheißen worden ist, wird ein stürmisches Weiterdrängen ohne Aussicht sein. Das neueste Wiederherabgehen der Getreide-preise ist dem Erfolg solchen Drängens kaum günstig. Das Tempo der weiteren Ermäßigungen betreffend, denke ich mir nicht einen plötzlichen Rückgang von 3½ auf 1 M. Getreidezoll. Zur Schonung der Landwirthschaft und zur Vermeidung der mit jeder Tarif-umwälzung verbundenen Handelsstörungen empfiehlt sich eine all-mähliche Rückbildung in Beträgen von 5 bis 10 Pfennigen per Monat oder, was sich für die Zollverwaltung vielleicht mehr empfehlen wird, von 15 bis 30 Pfennigen für jedes weitere Vierteljahr fortschreitend.

Die Schonung in der Zurückbildung der genannten Agrarzölle ist jedoch nicht das Einzige, was man der Landwirthschaft schuldig ist. Unvergleichlich wichtiger ist — ich betone es nochmals — die thunlichst baldige Reform des ganzen Agrarverkehrsrechtes und des Agrarkreditrechtes, ist die standesgemeinschaftliche Ausge-staltung dieses Rechtes in der Richtung der Regelung der Güterpreise nach dem wirklichen Durchschnittsertragswerthe, in der Richtung ge-regelter Schuldtilgung, in der Richtung voller wirthschaftlicher Aus-gleichung zwischen fetten und mageren Jahren, in der Richtung voll-ständiger Emanzipation des Bauernstandes von der Ausbeutung durch das Leih- und Handelskapital. Ich werde hierauf unter den „Kernfragen der Agrarpolitik" eindringend zurückkommen. Vor-läufig bemerke ich nur noch das Eine, daß auch Agrarpolitiker von dem Range Buchenberger's und Conrad's in der unwirthschaft-lichen Verschuldung des Grundbesitzes eine der Hauptursachen oder die Hauptursache der Noth deutscher Landwirthe erkennen. Conrad beklagt es tief, „daß die Preise des Grund und Bodens immer noch auf einer übertriebenen Höhe gehalten und eine Menge Grundbesitzer durch die Zölle in der Hoffnung erhalten werden, daß die Preise einmal wieder nachhaltig auf das Niveau der 70er Jahre sich stellen, wodurch sie allein auf eine angemessene Verzinsung des angelegten Kapitals rechnen können. Sie wirthschaften deshalb jahrelang mit einer Unterbilanz fort, welche mit der Zeit auch den letzten Rest ihres Kapitals aufzehrt. Immer noch lassen sich junge Leute zum Gebot von Kauf- und Pachtpreisen veranlassen, welche durch die Ver-hältnisse nicht gerechtfertigt sind, allein in der Hoffnung auf eine all-mählich noch günstigere Wirkung der Zölle, während auf der anderen Seite eine Menge Landwirthe in der gleichen Hoffnung bei dem bis-

herigen Wirthschaftssystem verharren, welches den Zeitverhältnissen
nicht mehr entspricht". Der Versuch künstlicher Aufrechterhaltung
einer Kulminations=Grundrente hat — das ist meine Ueberzeugung —
die Lage der Landwirthschaft eher verschlimmert und wird sie immer
mehr verschlimmern. Nur muß man den Landwirthen aus diesem
Versuche mit untauglichen Mitteln durch die tauglichen Mittel her=
aus helfen.

Das Endziel der Handelspolitik. Die nunmehr begründete
weitere Rückbildung des Agrar= und Industrie=Schutzsystems wird
auch ganz besonders geeignet sein, der handelspolitischen Zusammen=
fassung der alten, zunächst der mitteleuropäischen Welt (sammt ihren
dauernd möglichen Kolonieen), gegenüber einer gigantisch drohenden
Uebermacht Nordamerikas und Rußlands, deren die Panamerikaner
und Panslavisten trunkenen Zukunftsmuthes schon voll sind, so er=
folgreich als sicher und nüchtern Vorschub zu leisten. Für die Samm=
lung Europas in diesem Sinne könnte selbst Frankreich gewonnen werden,
wenn dies auch, wie zu erwarten ist, noch sehr geraume Zeit dauern
mag; nur im Falle der kriegerischen Selbstzerfleischung West= und
Mitteleuropas ist die jeder neuweltlichen Konkurrenz= und Macht=
bildung gewachsene Sammlung Europas nicht wahrscheinlich, dieser
Selbstzerfleischung wird aber neben der allgemeinen auswärtigen
Politik (S. 168 ff.) eine in unserem Sinne international liberalere
Handelspolitik so stark, wie sonst kaum möglich, entgegenwirken.

Man wird in etwa zwölfjährigen, gleichmäßig terminirten
Tarifverträgen, mit allgemeiner wechselseitiger Einräumung der
Meistbegünstigung, weithin Stabilität erreichen. Kein Vertragsstaat
würde genöthigt sein, in den Verträgen seine volkswirthschaftlich=
finanzielle Individualität aufzugeben. Jedes Land braucht nur am
System möglichst entgegenkommender Verträge unter allgemeiner
Meistbegünstigung nach seiner zwölfjährig periodischen Lage theil=
zunehmen.

Man käme hiermit auch vor Allem England entgegen, ohne
sich ihm völlig schutzollos bloßzustellen. Großbritannien kann keine
Tarifbegünstigungsverträge schließen, weil es Schutzzölle überhaupt
nicht mehr besitzt. Allein die Meistbegünstigung, die es selbst durch
seinen absoluten Freihandel allen gewährt, kann man ihm einräumen,
um es bei seiner uns in England und in dessen ganzer Kolonialwelt
günstigen Handelspolitik festzuhalten. Großbritannien widerstrebt

bis jetzt der Bildung eines britischen Weltzollvereins (Greater Britain) im richtigen Instinkt, daß seine eigenen Ackerbaukolonieen hierfür dauernd nicht zu haben sein würden, was der ganze Gang der Kolonialtarifentwickelung des letzten Jahrzehnts bestätigt. Großbritannien gehört der alten Welt an und es ist dazu berufen, an sich und mit seinem riesigen Besitz von nicht abfallenden halb- und ganztropischen Kolonieen einem Handelssystem der alten gegenüber der jungen Welt einen unermeßlich breiten Rückhalt zu bieten. Ein liberales mitteleuropäisches Handelssystem wird dieser Gestaltung den größten Vorschub leisten.

Dasselbe System wird in konsequenter Festhaltung sicher in Europa Propaganda machen. Es ist geeignet, nicht bloß Deutschland, Oesterreich-Ungarn, die Schweiz, Italien, Belgien beieinander zu erhalten und einander immer mehr zu nähern, sondern später auch Rumänien, Bulgarien, Serbien, Spanien und Portugal, Niederlande, Dänemark, Schweden und Norwegen zu gewinnen. Es bietet allen Theilnehmern Vortheile und schadet keinem an seiner volkswirthschaftlichen Individualität, welche ja nur auf mäßig lange Perioden gebunden bleiben würde. Darauf aber kommt alles an. Einzeln sind auch die größten Staaten Mittel- und Südeuropas bedroht, zu verzwergen gegenüber Rußland, Amerika und einem etwaigen Greater Britain. Nur der periodisch und in Vertragsform sich immer mehr befestigende Zusammenschluß Mitteleuropas in freundschaftlicher Fühlung mit England kann Westeuropa auf der Höhe halten, kann ihm geben, was es stärksten Zukunftsrivalen gegenüber bedarf, — den dauernden Frieden.

Nicht ausgeschlossen, vielmehr ziemlich wahrscheinlich wäre es, daß selbst Frankreich allmählich zu demselben System sich bekehren würde, was zu seinem und Europas Frommen und Frieden von unschätzbarem Nutzen wäre.

Zur Zeit freilich schwelgt Frankreich im Genuß des Artikels 11 des Frankfurter Friedens, worin Deutschland und Frankreich „für ewige Zeiten" sich wechselseitig die Meistbegünstigung eingeräumt haben. Diese Bestimmung ist geeignet, das v. Caprivi'sche Handelssystem in seiner Weiterentwickelung zu beengen; zu letzterem System gehört die Einräumung der Meistbegünstigung nur auf bestimmte, allen Kontrahenten gegenüber gleich terminirte Zeitfristen. Fürst v. Bismarck ist, wie Onken in der Revue d'Econ. pol. (B. V) nachgewiesen hat, am jetzigen Art. 11 des Frankfurter Friedens gänzlich unschuldig. Er wollte nur Meistbegünstigung auf längere Zeit. Die hochschutzöllnerischen französischen Unterhändler Thiers und Pouyer Quertier waren es, welche mitten im tiefen Unglück ihrer Nation für die Schutzollinteressen fischten. Sie boten lieber die Bindung Frankreichs an die Meistbegünstigung für ewige Zeiten Deutschland gegenüber, als die Fortsetzung eines liberalen Handelsvertrages auf längere Zeit mit Meistbegünstigung. So demüthigend in einem Friedensvertrage für die besiegte Nation diese „ewige" Bindung gewesen ist, haben sie dieselbe dennoch herbeigeführt, meinend, das französische Tarifsystem selbst für die Ewigkeit so gestalten zu können, daß es nach keiner Seite Einräumungen mache. Sie reichten Deutschland in diesem Sinne, wie sie sich ausdrückten, das „leere Glas" der Meistbegünstigung für ewige Zeiten. Augenblicklich, aber nicht schon 1871, hat sich die französische Tarifpolitik wirklich so verrannt, daß auch bei Meistbegünstigung das französische Glas „leer" ist, aber so wird es kaum zu lange bleiben. Schon deutet manches auf eine Zeit, wo Frankreich ein durch seine Unterhändler herbeigeführtes Handelssystem gerne verlassen wird, um die ewige Bindung zu beseitigen. Eine schönere Befreiung vom einzig demüthigenden Artikel des Frankfurter Vertrages kann man ihm, sobald es will, nicht gewähren.

Gelingt es, das festländische West- und Mitteleuropa mit oder ohne Frankreich immer mehr in einem gemäßigt liberalen, bezw. gemäßigt schutzöllnerischen System vertragsweise zusammenzuführen und mit England die Rückendeckung in der Kolonialwelt zu bewahren, so darf uns auch vor der künftigen „Riesengröße" der Vereinigten Staaten und Rußlands, wenigstens wenn die alte Kultur nicht von innen heraus entartet, für Jahrhunderte nicht bange sein.

Man wird durch Zusammenwirken Englands, Deutschlands, Italiens, Oesterreich-Ungarns, der Donauländer, die Wiederverjüngung der europäischen, asiatischen und afrikanischen Türkei sichern können, ohne doch Frankreich in Afrika irgendwie zu bedrohen und dasselbe vom Anschluß abzuhalten. Das wäre eine mächtige Erweiterung der alten Welt! Man wird es gerade dann verhindern können, daß Rußland oder eine andere Macht den chinesisch-japanischen Riesenmarkt der Zukunft monopolisire. Man wird es aushalten, bis auch

Rußland und Amerika unserer Stufe intensiver Wirthschaft sich genähert haben werden.

Geschieht das Alles, so wird das alte Europa mit seinen ihm dauernd gesicherten tropischen und subtropischen „Dependenzen" vor weltgeschichtlicher Verzwergung sich bewahren — können.

Gerade in der Fortsetzung einer thunlichst liberalen, planmäßigen, periodisch sich gleichmäßig fortentwickelnden Zolltarif=, wie andererseits Eisenbahutarif= und Veterinärpolitik wird man zum Endziel gelangen.

Nicht ebenso, wenn man jetzt schon eine staatsrechtliche Zolleinigung, deren technische Ausführbarkeit übrigens in den Grundzügen von v. Hock bei der Frage der deutschen Zolleinigung im 6. und 7. Jahrzehnt dieses Jahrhunderts mit so großem praktischen Geschick als genialem Gestaltungsvermögen nachgewiesen wurde, versuchen wollte. Es handelt sich, lange bevor das westliche und mittlere Europa im staatsrechtlichen Sinne Zollunionen eingehen können, darum, in periodischen Verträgen auf gleiche Termine hin, ohne Verletzung der Selbständigkeit auch nur des kleinsten Staates, zunächst völkerrechtlich einen großen Zusammenhang der Nationen alter Kultur, sowie ihrer jetzigen und künftigen Dependenzen zu Stande zu bringen. Die Zollunion können wir dann unseren Enkeln, Ur= oder Ururenkeln, wenn wir es ihnen erst leicht gemacht haben, überlassen.

Zum Schlusse noch eine Bemerkung. Die Handelspolitik hat zur Zeit große parlamentarische Schwierigkeiten. Diese Schwierigkeiten wurzeln wesentlich darin, daß die Volksvertretung unvollständig ist, daß im Reichstag das Sonderinteresse der Volksschichten sich zu breit machen kann. Wie viel leichter wäre die Handelspolitik, wenn die Nationalvertretung einmal eine im früheren Sinn (S. 111 ff.) vollständige und verhältnißmäßige geworden wäre und die mäßigenden Zusatzelemente besäße. Alle großen „Kern= und Zeitfragen" haben eben einen tiefen Zusammenhang!

Kern- und Zeitfragen der Agrarpolitik.

Ein agrarpolitisches Programm.

Die „agrarischen" Fragen sind in den Vordergrund der volkswirthschaftlichen Bewegung Deutschlands getreten und werden diese
Vordergrundsstellung wohl noch längere Zeit behaupten, bis der
„Noth" des landwirthschaftlichen Grundbesitzes die richtige gründliche
Abhilfe zutheil geworden sein wird. Diese Abhilfe positiv zu formuliren, macht den eigentlichen Inhalt endgültiger Feststellung des noch
nicht fixirten Programms für die Agrarpolitik der Gegenwart und
Zukunft aus. Wie sehr von der glücklichen Lösung dieser Aufgabe
auch der handelspolitische Frieden der Nation abhängig ist, das hat
im Vorigen bereits erwiesen werden können.

Der Agrarnoth ist man mit drastischen Kuren nahe getreten:
von Seite der socialdemokratischen Agitation mit der lebhaft auf
das Land hinausgetragenen Forderung kollektivistischer Bodenproduk-
tion, von Seite einer anderen radikalen Reformrichtung mit der
Forderung der Bodenverstaatlichung. Ich glaube, im Folgenden
zeigen zu können und wirklich zu zeigen, daß ohne die eine und ohne
die andere Radikalkur gründlichst und weit sicherer, auch ganz auf
dem Boden der bestehenden Gesellschafts= und Eigenthumsordnung,
geholfen werden kann.

Die „Futternoth" des Sommers 1893 hat mich veranlaßt, das
nachfolgende Agrarreformprogramm zu formuliren. Die Grundgedanken des letzteren sind zwar schon vor bald zehn Jahren in
meiner „Inkorporation des Hypothekarkredites" aufgestellt und begründet worden. Mehrfachen, freilich kaum begreiflichen Mißver-
ständnissen und mißverständlichen Einwendungen gegenüber habe ich
nun geglaubt, meinen agrarpolitischen Vorschlag nicht bloß in neuer,
für einen weiteren Leserkreis berechneter Darstellung, sondern auch in
einer gedanklich mehr durchgearbeiteten und praktisch greifbareren
Bearbeitung der Oeffentlichkeit wieder vorlegen zu sollen. Das
Folgende wird wohl zeigen, daß mein praktischer Gedanke der Agrarnoth jeder Art, nicht bloß derjenigen, welche aus Futtermangel und
aus amerikanisch=russischer Konkurrenz hervorgeht, die Art an die
Wurzel legen will und wirklich legt.

1. Das Manchesterthum in der Agrarpolitik.

Nicht so eigentlich der Futtermangel, sondern der chronische Zustand wirthschaftlicher Widerstandsunfähigkeit, worin sich zahllose kleine und große Oekonomen befinden, bildet den Sitz der Nothstände, ob solche aus zu viel Sonnenschein oder aus zu viel Regen, aus dem Hagelschlag oder aus dem Preisdruck der Auslandskonkurrenz hervorbrechen. Das ultraliberale Bauernrecht ist es m. E., aus welchem ein allgemeiner Schwächezustand immerfort aufs Neue hervorgeht.

Der Agrarismus schmält so gern über das Manchesterthum. Meine Ansicht ist, daß der Zopf des Manchesterthums der deutschen Landwirthschaft selbst ellenlang vom Kopf bis zur Ferse am Leibe hängt. Das uneingedämmt und unorganisirt liberale Agrarrecht giebt mit seiner unbeschränkten Ueberschuldungsfreiheit die Bauern immerfort der Ausbeutung und dem Wucher preis, das eine Mal beim Viehverkauf, das andere Mal beim Vieheinkauf, jetzt bei der Vergantung und dann wieder bei der Güterschlächterei. Ja, diese Freiheit ohne Ordnung und ohne standesgenossenschaftliche Organisation der Freiheit ist es, die den Bauernstand den Wucherern und Zwischenhändlern in immer neuem Kreislauf zur Beute werden läßt und ihn in allerlei Formen darniederdrückt. Das bestehende ultraliberale, ultraindividualistische Bauernrecht ist von allem Manchesterthum meines Erachtens das weitaus verhängnißvollste Stück. Es hat verschuldet, daß der bedeutendste Arbeiterstand der Nation, der Stand der ländlichen Eigenthumsbearbeiter, im Kreditnehmen, im Viehhandel und im Güterhandel um den „Mehrwerth" seiner Arbeit gebracht wird, so zwar, daß er aus den Nothlagen — wenige Zeitläufe ausgenommen — eigentlich gar nicht herauskommen kann. Auch dieses Manchesterthum sollte fallen, freilich so, daß man die Freiheit des Güterverkehrs und die Freitheilbarkeit der Güter, diese großen Errungenschaften der liberalen Epoche, dabei nicht antastet.

Bei der großen Futternoth des Sommers 1893 fehlte der Landwirthschaft weithin die Fähigkeit der Selbsthilfe und kam die „Nothstandshilfe" von dritter Seite buchstäblich erst, nachdem die Kuh aus dem Stall, nachdem sie zum Schleuderpreise weggegeben war. Die Nothstandsorganisation darf nicht erst in der Noth geschaffen werden, sie muß vorher da sein, sie kann nur darin liegen, daß der Bauer, wenn ihn Noth trifft, nicht schon bis über die Ohren verschuldet ist, daß er noch einigen Nothkredit ohne Auswucherung findet. Dann wird und kann er bei Zeiten Futter kaufen, einzeln oder genossenschaftlich, kann er dem Nothverkauf des Viehs zu Schleuderpreisen und dem späteren An= kauf zu Wucherpreisen sich entziehen, kann er den Krallen des Händ= lers und Viehverstellers, den Kontributionen des seine Noth aus= beutenden Kauf=, Leih= und Kreditwuchers sich entwinden. Der extreme Individualismus, welcher im Agrarwesen schrankenlose Kontrakt=, hiemit auch schrankenlose Ueberschuldungfreiheit einräumt und die Einschränkung dieser Freiheit durch Solidarität bisher verhindert hat, ist der eigentliche Grund der bäuerlichen Agrarmißstände. Dieser agrarmanchesterliche Ultraliberalismus und Ultraindividualismus, dieses laissez faire, laissez passer, schlägt, sobald seine Folge, die Noth, da ist, in sein Gegentheil, in den Kommunismus einer staatlich=kommunalen Nothstandshilfe um, deren Zeche auch alle Nichtlandwirthe mitzubezahlen haben und deren Wirkung, weil sie nur verspätet kommen kann, nicht entfernt dem Bedürfniß der Wiedererholung zu genügen ver= mag. Besäße man eine positive sachgemäße Ordnung der Kreditfrei= heit für die Landwirthschaft, hätte man ein zeitgemäßes Bauernrecht, wäre auf dieser Grundlage in Gutstandszeiten der Apparat für Noth= standshilfe voraus und völlig schlagfertig hergestellt und schon vor= handen, dann könnte jeder ordentliche Bauer sich immer selbst helfen, einzeln und im genossenschaftlichen Zusammenstehen, dann würde die Selbsthilfe zur rechten Zeit eintreten, bevor die Kuh aus dem Stall ist, dann wäre Staats= und Gemeindehilfe nur bei ganz außerordent= licher Noth erforderlich, fände aber in solchen Fällen an der Organi= sation des Bauernstandes den breitesten und sichersten Stützpunkt für die Durchführung öffentlicher Beistandsleistungen und ebenso für die sachgemäße Tilgung der öffentlichen Nothstandschulden. Der Indi= vidualismus wäre gestärkt durch Solidarität und nicht genöthigt, nach dem praktischen Kommunismus einer unvergoltenen Staats= unterstützung zu rufen.

Worin hätte denn nun die Ausgestaltung eines positiven und modernen Bauernrechtes zu bestehen? Hierauf läßt sich leicht eine ganz bestimmte Antwort finden. Man braucht nur den allgemeinen Thatbestand der Noth ursächlich in die einzelnen besonderen

Vorgänge aufzulösen, durch die alles bäuerliche Massenleiden sich vollzieht.

Wie ergeben sich denn bezüglich der Futternoth diese besonderen Vorgänge? Einmal und zuoberst gebricht es dem einzelnen Landwirth an freiem Vermögen und ordentlichem Kredit, um Futtermittel zu kaufen; er ist schon vorher überschuldet, er kann nicht rechtzeitig und genug Futter kaufen, er muß sein Vieh weit unter dem Ankaufs- und Aufzuchtwerth losschlagen. Er befindet sich in einer Nothlage gegenüber Demjenigen, welcher das Vieh zur Durchfütterung auf Wiederverkauf zu Seltenheitpreisen erwirbt, ferner gegenüber dem Fleischer, der das Vieh zu Schleuderpreisen übernimmt, aber über dem Ankaufspreise ausschrotet, endlich gegenüber dem konsumirenden Publikum, das nun, jedoch nur um den Preis baldiger und längerer Fleischtheuerung, auf kurze Zeit billiges Fleisch ißt. — Ist die Futternoth vorüber, so hat längst die Düngernoth, die Noth des Mangels an Milch-, Zucht- und Zugvieh begonnen. Wucherische Vieh- und Viehleihpreise sind da, und jeder von der Noth im Zustand der Ueberschuldung angetroffene Landwirth, der nicht schon vorher im ersten Stadium des Nothstandes zu Grunde gegangen ist, muß diese Kaufnothpreise wirklich annehmen, wie er zuvor die niedrigen Verkaufsnothpreise bewilligen mußte. Er hat jedoch nur noch beim Wucherer Kredit, der ihm Stellvieh in den Stall giebt oder für Gelddarlehen Zinsen abfordert, die auf die Dauer vom Schuldner nicht zu erschwingen sind. — Das Ende ist der Verkauf der Grund-stücke sammt Inventar zu den Nothpreisen der Zwangsverkäufe, die Aufsaugung des Bauernbesitzes durch das bewegliche Kapital mit der Verwandlung des Eigenthumbebauers in den Zeitpächter, oder die Aufsaugung des bäuerlichen Besitzes in den Großgrundbesitz unter stückweiser Vernichtung des Bauernstandes, oder die Aufsaugung durch die Spekulationen der Güterschlächterei, welche die zu Gant-preisen erworbenen Güter parzellenweise zu Preisen ausschrotet, die den kapitalisirten Ertragswerth wieder weit übersteigen, und somit den Keim neuen Verderbens bei nächsten Nothständen unaustilgbar in sich bergen. — Diese ganze Kette verderblicher Ursachen und Wirkungen läuft analog auch dann ab, wenn nicht Futtermangel, sondern Körnermißwachs oder Seuchenverlust oder Hagelschlag oder dauernder Preisfall durch auswärtige Konkurrenz oder außerordent-liches Familienunglück über den kreditlosen, weil schon vor dem Eintreten des Unglücks überschuldeten Grundbesitzer hereinbrechen und ihn, sei es sofort dem Zwangsverkauf oder vorläufig doch dem ausbeutenden wuchernden Händler oder Gläubiger, preisgeben. Mit der Futternoth haben alle übrigen Arten bäuerlichen Massenleidens die Hauptzüge des Krankheitsverlaufes gemein.

Vergegenwärtigt man sich das soeben in den Grundstrichen gezeichnete volkswirthschaftliche Krankheitbild aller bäuerlichen Massenleiden, so leuchtet es sofort ein, daß und warum man im Nothstande nur wenig helfen kann. Das Unglück trifft bereits eine Masse von Existenzen an, die sich nicht mehr erholen, die Vorschüsse nicht mehr heimzahlen, die gestundete Grundsteuer nicht nachentrichten können. Die Nothstandshilfe für diese unrettbaren Existenzen ist, genau betrachtet, hinausgeworfenes Geld, das zuletzt nur dem Gläubiger in den Schoß fällt, der den Bauer wucherisch umstrickte, aber zuvor schon aussaugte; sie ist Crispinusarbeit, ein Kommunismus, dessen Zeche dem nichtüberschuldeten Gemeindegenossen und der Gesammtheit aller Steuerträger des Staates zur Last fällt.

Es sind nun zwei allgemeine Grundursachen, wie der Futternoth, so der übrigen bäuerlichen Massenleiden, wahrzunehmen. Und zwar sind es Ursachen, die man agrarpolitisch aufheben kann, ohne auch nur im Geringsten die grundbesitzliche Freitheilbarkeit und die Freiheit der Veräußerung anzutasten. Da ist einmal der Mangel an so viel freiem Vermögen und ordentlichem, nicht ruinösem Kredit, als freies Vermögen und ordentlicher Kredit nöthig wären, um die außerordentlichen Einbußen schlechter Zeiten durch die Einnahmen guter Perioden auszugleichen, also der Mangel an Vermögens- und Kredit-Nothreserven! Da ist zweitens der Mangel an jener theils körperschaftlichen, theils genossenschaftlichen Organisation des mittleren und kleinen Grundbesitzes, die im Stande wäre, den Verlust jenes freien Vermögens und der Kreditreserven, die Ueberschuldung zu verhüten, Nothverkaufs- und Nothankaufspreise der Güter und des Inventars durch solidarisches Dazwischentreten der Grundbesitzer selbst auszuschließen, solchen Genossen, welche ihren Besitz nicht behaupten können, diesen zu einem dem Reinertragswerthe sich nähernden Preise endgiltig oder auf Zurückgabe im Falle der Wiedererholung abzunehmen, den bewuchernden Privatkredit, die wucherische Viehleihe, die Güterschlächterei thatsächlich oder auch rechtlich völlig auszutreiben und jedem mit oder ohne Staatsgarantie zu den billigsten Bedingungen die volle Befriedigung des wirthschaftlichen Kreditbedürfnisses zu verschaffen. Auf der Basis eines der Ueberschuldung wehrenden Erb=, Güterverkehrs=, Pacht= und Kreditrechts ausgestaltet, vermöchte diese Organisation die Widerstandsfähigkeit der kleinen und mittleren Landwirthschaft gegen jede Art landwirthschaftlicher Nothstände fast vollständig sicher zu stellen, und in verschiedenster Form ließe sich daran die umfassende Versicherung gegen Hagelschaden, Viehschaden u. s. w. anknüpfen. Auf solche Organisation, welche fähig und veranlaßt sein würde, so bedeutende Reservefonds zu bilden, um in schlimmer Zeit selbst Errettungwagnisse zu gestatten, ließe sich in ganz außerordentlichen Nothstandsfällen ein großartiges, rechtzeitiges und dabei einfaches Helfen des Staates stützen, sei es in der Form von anfangs unverzinslichen oder doch niedrig zinsenden Vorschüssen mit sachgemäßer Terminirung der Heimzahlungraten, sei es in Form der Staatsgarantie für bauerschaftliche Kreditaufnahmen jeder Art. Man hätte die fruchtbarste Solidarität ohne jeglichen Kommunismus verwerflicher Art. Und streng neuzeitlich, ohne Beeinträchtigung der Freitheilbarkeit, ohne neue Privilegien der Geburt im Erbrecht, ohne Beschränkung der Freiheit der Veräußerung, müßte diese Reform des Bauernrechtes und die vielgliedrig hierauf gestützte, theils körperschaftliche, theils genossenschaftliche Neuorganisation des Standes ausgestaltet werden. Der Bewegung jeder Spanne Landes zu jenem Besitzkomplex, für welchen sie den höchsten Gebrauchs= und Tauschwerth hat, der Bewegung der Güter und Parzellen zum zahlungsfähigsten und daher betriebkräftigsten Bewirthschafter, also, wenn dies keines der Kinder des Besitzers ist, zu einem Dritten, dürfte hierbei keinerlei Eintrag gethan werden. Das ganze liberale Grundbesitzrecht soll anrecht bleiben. Es gilt lediglich zur Freiheit die Solidarität des Bauernstandes hinzuzufügen, kurz, den Manchesterzopf auch im Interesse der Eigenthumsarbeiter, nicht bloß der industriellen Lohnarbeiter, abzuschneiden, indem man der Ueberschuldungfreiheit Schranken setzt. Es würde dadurch geschehen, daß man im Erb=, Liegenschaftverkehr=, Pacht= und Kreditrecht, endlich im Zwangenteignungwesen, die einzig gerechtfertigte, einzig sachgemäße Werthbildung für die Güter und das Gutinventar, für Normirung der Erbanschläge, der Güterpreise, der Pachtschillinge und der Zwangs=

verkaufpreise nach dem jeweiligen Ertragswerthe zu möglichst voller Geltung bringt, Verkaufsschleuder= und Ankaufsnothpreise aber abschneidet. Ich glaube, daß dies Alles durch körperschaftliche Organisation des Kredites und Güterhandels möglich ist, wenn der organisirte Agrarismus, wenn der Bund der deutschen Landwirthe sich nur entschließen wollte, auch seinerseits das Manchesterthum, das Bekenntniß zum schrankenlos freien, solidaritätfeindlichen Agrarliberalismus, abzuschwören, wenn man die Freiheiten der Neuzeit zwar eifersüchtig hüten, jedoch ordnen würde, wenn man der im landwirthschaftlichen Genossenschaftwesen nur erst begonnenen Organisation solidarischer Selbsthilfe mittelst besseren Agrarrechtes mit und ohne materielle Staatshilfe zu sicherem Durchbruche verhelfen wollte.

Die erste der zwei Grundursachen bäuerlichen Massenleidens, der weit verbreitete Mangel an Vermögens= und an Kredit=Nothreserven, ein Mangel, ohne dessen Hebung auch die standesgenossenschaftliche Selbsthilfe eben nur den wohlhabenderen Oekonomen gelingen kann, ist die sogenannte Besitzüberschuldung. Unter „Besitzüberschuldung" oder „unproduktiver Verschuldung" verstehe ich die aus Ueberzahlung der Güter, aus dem bloßen Besitzerwerb entstehende Verschuldung. Diese Ueberzahlung der Güter, und ähnlich die Ueberzahlung der Pachtnutzungen ist überall da, wo kein Anerbenrecht besteht, in weiter Ausdehnung wahrzunehmen und zweifellos eine Hauptquelle der bäuerlichen Massenleiden. Die Ueberzahlung besteht darin, daß man Güter und Pachtnutzungen auf Kredit zu einem Preise erwirbt, welcher über den allein natürlichen Satz, den Kapitalwerth des jeweils erzielbaren Durchschnittreinertrages mehr oder weniger hinausgeht. Solche Besitzüberzahlung drängt zu Schulden, deren Verzinsung und Tilgung aus dem Gutsertrage nicht bestritten werden kann, zur unproduktiven Besitzverschuldung, und diese zum Untergang, jedenfalls zur Nothausbeutung seitens des beweglichen Kapitals in Handel und Kredit, ganz besonders aber zur wirthschaftlichen Widerstandsunfähigkeit bei Krisen, bei Betriebs= und Familienunglück jeder Art. Die Folge der Ueberzahlungen kann ja nur die sein, daß immer mehr Schulden für Unglücksfälle und für die Verzinsung gemacht werden müssen, daß eine schließlich zum unvermeidlichen Untergang führende Verschuldung eintritt, daß die Güter mit einer unproduktiven Besitzschuldenlast überzogen werden, welche keinen Spielraum für ordentlichen produktiven Betriebs-, Meliorations- und Nothstandskredit mehr übrig läßt. Wenn die unproduktive Besitzüberschuldung einmal vorhanden ist, so giebt es keine Möglichkeit, Krisen zu bestehen, so muß der Bauer Vieh und Boden zu Schleuder- und Gantpreisen verkaufen, so ist er dem Handels-, Kredit- und Viehverstellungwucher rettunglos preisgegeben, so ist innerhalb des bäuerlichen Vermögens keinerlei Stützpunkt für Kreditgewährungen und heimzahlbare Nothstandsanlehen mehr vorhanden, so kann einfach weder Selbsthilfe noch Staatshilfe rechtzeitig und ausreichend geleistet werden, so ist aktuelle Betheiligung an Betriebs- und Betriebskredit-, an Ankaufs- und Verkaufs-Genossenschaften ausgeschlossen, so ist standesgenossenschaftliche Organisation nicht in dem Umfange möglich, um den Zwischenhandel, die Viehverstellung, die Güterschlächterei, die Gantspekulation und andere Parasiten aus dem Pelz des Bauernstandes hinauszuklopfen.

Die im letzten Jahrzehnt stattgehabten Enquêten über die Ursachen der Zwangsversteigerung des Grundbesitzes haben überall die Thatsache ergeben, daß wirklich Erb- und Kaufüberzahlung, daß die hypothekarische Belastung der Güter für Erbabfindungs- und Kaufgelds-Reste, nächst der chronischen Kreditnoth, die wie ein Mühlstein sich daran anhängt, weitaus den ursächlichen Hauptantheil an den Zwangsversteigerungen hat. Allein nicht bloß den letzten Akt des Unterganges bewirkt die unproduktive Besitzverschuldung hauptsächlich. Viel größer wird der Verlust sein, den der Bauernstand jahraus, jahrein durch Auswucherung, durch Verkaufsschleuderpreise und Ankaufsnothpreise zu tragen hat. Das noch größere Folgeübel ist die völlige wirthschaftliche Abhängigkeit vom privaten Zwischenhandel und Leihkapital, von denen der Bauer fortgesetzt abgeschröpft wird. Auch ohne außerordentliche Unglücksfälle, auch ohne den Ueberfall durch die Auslandskonkurrenz ist der Bauernstand stets ausgebeutet, und kommt eines der sieben mageren Jahre, so zieht es, wenn auch der Bauer der Zwangsversteigerung noch entgeht, selbst für die nächsten sieben fetten Jahre die fortgesetzte Ausbeutung nach sich, da der Bauer im Kredit, im Kauf und im Verkauf immerfort den Kürzeren zieht. Daher ist es, wenigstens in Deutschland, meines Dafürhaltens die erste Grundaufgabe eines verbesserten Bauernrechtes: die unproduktive Verschuldung, die Besitzüberzahlung so allgemein, als es nur immer geschehen kann, zur Unmöglichkeit zu machen.

Ich sage wohlbedacht: wenigstens in Deutschland! Denn es giebt Länder, wo der Bauernstand gegen den Pächterstand sehr zurücktritt, und ich kann es dahin gestellt sein lassen, ob im Auslande auch bei vorwiegend bauerschaftlicher Landwirthschaft zur unproduktiven Besitzschuldung eine eben so starke und beharrliche Tendenz stattfindet. In Deutschland ist sie vorhanden, und daß sie „von selbst" bald aufhören werde, ist nicht abzusehen. Lange, nachdem um die Mitte der siebenziger Jahre die überseeische Konkurrenz die deutsche Landrente zu drücken begonnen hatte, stiegen Güterpreise und Pachtschillinge noch immerfort bis gegen Ende der achtziger Jahre. Man kann den sogenannten „Landhunger" der kleinen Leute in verschiedener Weise erklären. Meines Erachtens wirken dabei verschiedene Ursachen, und zwar zu verschiedenen Zeiten und an verschiedenen Orten in verschiedener Weise zusammen. Einmal die Liebe zum Eigenthum auf den heimathlichen Gefilden. Dann das Streben nach unabhängiger Existenz auf Grund der Bearbeitung des Eigenthums, mag dieses noch so klein und die Arbeit noch so mühselig sein. Dazu kommt die Steigerung der Güterpreise durch das in sicheren Grundbesitz sich steckende Kapital. Endlich wird die starke Volkszunahme (vergl. S. 53) hereinspielen, aus welcher eine steigende Nachfrage nach Grundstücken zu Eigenthum und Pacht nothwendig hervorgeht. In Deutschland, wo das Zweikindersystem nicht herrscht, wo aber auf den Quadratkilometer 91 Menschen gegen 71 in Frankreich kommen, würde die Bevölkerungzunahme allein schon den Landhunger, die Güter- und Pachtüberzahlung erklären. Die Thatsache der unproduktiven Verschuldung ist für Deutschland jedenfalls vorhanden, sie ist unter den Erscheinungen des Kampfes ums sociale Dasein in unserer Zeit eine der allerverhängnißvollsten. Man kann den aus dieser Thatsache hervorgehenden Ausbeutungs- und Vernichtungskrieg des beweglichen Kapitals gegen die produktive Arbeit im unverbesserlichen Manchesterglauben an das ultraliberale Recht hinnehmen, wegläugnen kann man das daher rührende bäuerliche Massenleiden für Deutschland wenigstens nicht. Und der deutsche Bauernstand scheint mir augenblicklich in der Stimmung zu sein, positive Hilfe zu verlangen. Ihm ist bei seiner „Freiheit" eben so wenig wohl als vor 1848 bei seiner „Unfreiheit". Die Ausbeutung seiner einstigen Unfreiheit

durch die adligen „fruges consumere nati" ist der Bauer los
geworden, die Ausbeutung seiner nunmehrigen Freiheit ist keine
geringere. Diese neue bürgerliche Ausbeutung durch das bewegliche Kapital muß er entweder ertragen oder aber einige Ordnung in
seiner Freiheit, eine die unproduktive Verschuldung ausschließende
Schuldrechtsgestaltung auf sich nehmen. Agrar=Manchesterthum oder
nicht! Das ist meines nunmaßgeblichen Dafürhaltens das Entweder—
Oder für den Bund der deutschen Landwirthe.

Welche positiven Wege sind nun aber gewiesen?

2. Leitende Grundsätze der Agrarreform.

Um in den folgenden Ausführungen dem Leser völlig klar zu
werden, muß ich mir gestatten, im Voraus mit einigen Worten den
Sinn festzulegen, den ich mit den zu unterscheidenden besonderen
Arten von bäuerlichem Kredit verbinde. Ich stelle einmal den
Realkredit dem Personalkredit gegenüber; unter dem ersten
verstehe ich allen Pfandkredit, theils den Hypothekar (Unterpfand)=,
theils den Faustpfandkredit, unter dem Personalkredit dagegen jenen
Kredit, der aus bloßem Vertrauen zur Person und ihrer wirthschaftlichen Zukunft ohne Sicherstellung durch Unterpfänder und Faust-
pfänder gegeben wird.

Ich unterscheide ferner zwischen Anlage= und Betriebskredit.
Unter Anlagekredit verstehe ich den für die Erwerbung des
Gutseigenthums und für die Verbesserung des Gutes (Meliorationen: Bauten, Drainagen u. s. w.) in Anwendung gebrachten
Kredit. Dagegen unter Betriebskredit alle für die Betriebsführung aufgenommenen Kredite, die nach heutigen Verhältnissen
bäuerlicher Betriebsführung als Geldaufnahmen theils für die geschlossene Eigenwirthschaft des Oekonomen, theils für die Betheiligung an allerlei bäuerlichen Genossenschaften sich darstellen, so daß
man zwischen Eigenwirthschafts= und Betheiligung=Betriebs-
kredit zu unterscheiden hat. Unter dem Eigenbetriebskredit verstehe ich
nicht bloß den Kredit für Anschaffung von Vieh, Futter, Saatgut,
Geräthen u. s. w., sondern auch für Vieh=, Hagel=, Feuerversicherung.

Ich unterscheide ferner den unmittelbar vom Bauern bei seiner
Körperschaftbank genommenen oder direkten Kredit von dem durch
eine Kreditgenossenschaft, etwa durch eine Raiffeisensche Darlehnskasse
vermittelten oder genossenschaftlichen Kredit.

Sämmtliche Arten des Anlage= und des Betriebskredites zu=
sammen heiße ich den landwirthschaftlichen Kredit, gegenüber dem
übrigen nicht landwirthschaftlichen Kredit, welcher für die Erfüllung
von Familienpflichten, von Staatsbürgerleistungen, von Zwangs=
versicherungsverbindlichkeiten u. s. w. zur Verfügung gehalten
werden muß.

Ich bediene mich ferner des Ausdruckes Nothkredit oder
außerordentlicher Kredit für allen zur Deckung von Betriebs=,
Familien= und anderem außerordentlichen Unglück erforderlichen
Kredit; für diesen Nothkredit ist in der Organisation des bäuerlichen
Realkredits ein Spielraum aufrechtzuerhalten, bezw. immer wieder
herzustellen, wenn die bäuerlichen Nothstände aller Art ohne Aus=
lieferung des Bauernstandes an die Kredit= und Handelsausbeutung
möglichst aus eigener Kraft, ohne Staats= und Kommunalbeihilfe
sollen überwunden werden können.

Endlich scheide ich den Freikredit, welcher ohne Nachweisung
der Verwendung gegeben wird, vom gebundenen Kredit, der für
bestimmte Zwecke verwendet werden muß.

Offenbar besteht die Erlösung von der Bauernnoth durch den
Bauernkredit lediglich darin, in bauerschaftlichen Standesorgani=
sationen dafür zu sorgen, daß der landwirthschaftliche und der nicht=
landwirthschaftliche, der Anlage= und der Betriebskredit, der freie
und der gebundene Kredit verhältnißmäßig und auf eine Weise aus=
gestaltet werden, welche für landwirthschaftliche und nichtland=
wirthschaftliche Noth= und Unglücksfälle ausreichende Nothkredit=
reserven sichert. Zum Zweck der thunlichsten Verhinderung un=
produktiver Verschuldung muß der Anlagekredit, d. h. der Eigen=
thumerwerbungs= und der Meliorationkredit, dem Betriebskredit und
dem nichtlandwirthschaftlichen Kreditbedürfnisse des Oekonomenstandes,
sowie den Nothreserven den erforderlichen Spielraum belassen. Die
bauerschaftliche Kreditorganisation wird dann den unwirthschaft=
lichen Kreditgebrauch jeder Form möglichst ausschließen.

Die Hauptzielpunkte für durchgreifende Hebung der Bauern=
noth durch bauerschaftliche Kreditorganisation will ich sogleich auf=
führen, um sie hernach Punkt für Punkt näher zu bestimmen und zu
begründen. Die Forderungen sind:

Erstens: aller Realkredit, sowohl der faust= als der unter=
pfändliche, ist, was die Beschaffung der Geldmittel betrifft, aus=

schließend durch bäuerliche Körperschaften, mit oder ohne Staats=
garantie für die Bauernpfandbriefe auszugestalten.

Zweitens: der Anlage=, wenigstens der Besitzerwerbungskredit
ist auf einen bestimmten Prozentsatz des beleihbaren Güterwerthes
einzuschränken, zu dem Zweck, die Bildung der Güterpreise zu dem
natürlichen Schwerpunkt des kapitalisirten durchschnittlichen Rein=
ertragswerthes hinzudrängen, und zu dem weiteren Zweck, für allen
übrigen bäuerlichen Kreditbedarf den erforderlichen Raum übrig zu
lassen.

Drittens: der übrige Realkredit, welcher dem Betriebs= und
dem nichtlandwirthschaftlichen Bedarfe der Oekonomen dient, ist nur
für bestimmte nachgewiesene Zwecke der bäuerlichen Wirthschaft
gegen bestimmte Tilgungverpflichtungen, d. h. als gebundener Kredit,
einzuräumen; die wirkliche Verwendung dieser Kredite ist zu kon=
troliren, bezw. durch Vermittelung bäuerlicher Genossenschaften,
welche die erforderliche Sicherheit gewähren, kontroliren zu lassen.

Viertens: der Spielraum des hienach von der Körperschaft
zu gewährenden Betriebs= und übrigen Kredites ist bis zum höchsten
möglichen Bruchtheil des jeweiligen Durchschnittsreinertrag=Kapital=
werths, etwa bis auf 80 bis 90 Prozent dieses Werthes auszu=
dehnen, indem für den Fall des Zusammenbruches, die bis zu dieser
Höhe belasteten Güter in öffentliches Eigenthum auf Pachtverwerthung
und Wiederveräußerung übernommen werden, wenn der Erlös im
Zwangsverkauf diesen Prozentsatz nicht ergiebt.

Fünftens: auch die Forderungen eingeschriebener bäuerlicher
Genossenschaften sind hypothekarisch eintragbar, dagegen sind die
Privatforderungen uneintragbar mit Ausnahme der Miterben=
ansprüche und der Kaufschillingreste, die jedoch nur innerhalb der
für den Anlagekredit bestimmten Grenzen gedeckt werden dürfen.

Sechstens: die Zwangsvollstreckung ist für alle Personal=
kreditforderungen bis zur nächsten Verlassenschaftheilung oder bis
zum sonstigen nächsten Besitzwechsel aufzuschieben, unter Aufhebung
aller Vorzugsrechte der Wechselforderungen.

Siebentens: die körperschaftliche Organisation ist möglichst
nach den besonderen und wechselnden Verhältnissen der einzelnen
Bundesstaaten, Provinzen und Kreise auszugestalten.

Achtens: die Organisation ist auch darauf anzulegen, die

Aufsaugung von Bauernland durch das bewegliche Kapital, durch neue Latifundien und alten Großgrundbesitz zu verhindern.

Neuntens: der Einfluß der staatlichen Bureaukratie ist möglichst auf die Ordnungaufsicht der körperschaftlichen Land- und Kreisverwaltung zu beschränken.

Zehntens: die erforderlichen Sicherheitschätze (Reservefonds, Nothfonds u. s. w.) zu untheilbarem Eigenthum der Körperschaft sind herzustellen.

Elftens: das Pacht-, namentlich Kleinpachtrecht ist erforderlichen Falles in der Richtung der sog. drei f (fair rent, free sale, fixty of tenure) der neueren irischen Pachtgesetzgebung auszubilden.

Zwölftens: der bäuerliche Besitz ist behutsam in die neue körperschaftliche Organisation des Kreditrechtes durch die Liquidationen aus Anlaß der Erbgänge, der freihändigen Verkäufe und der Zwangsveräußerungen, überzuführen.

Bevor ich diese zwölf Kardinalpunkte einer zeitgemäßen Grundorganisation des bäuerlichen Agrarrechtes einzeln anfasse, wird es zweckmäßig sein, das private Leihkapital zu beruhigen. Nicht die verzinsliche Anlegung der Gelder im Realkredit überhaupt soll ausgeschlossen werden, sondern nur die Individualhypothek, die unmittelbare Ausleihung mit Umgehung der Realkredit-Körperschaften. Die Pfandbriefe der bauerschaftlichen Realkreditanstalten und die Schuldverschreibungen der genossenschaftlichen Darlehnskassen bleiben dem Privatkapital zur ebenso sicheren wie einfachen und bequemen Realkreditanlage zur Verfügung gestellt. Nur dies wäre künftighin schlechtweg ausgeschlossen, daß der Leihkapitalist dem Bauern direkt an den Leib gehen, daß er in die Versuchung und in die Gesellschaft von Wucherern gerathen könne. Durch Vermittelung seiner Körperschaft wird der Bauer zwar wohlfeileren Kredit allgemein finden, doch darf hierüber das Leihkapital sich nicht beklagen; denn einen Anspruch auf höheren Zins, als ihn die Bauernschaft als wirthschaftlich organisirter Stand sich verschaffen kann, hat das Leihkapital nicht. Zwar bin ich gewiß, daß man von dort aus, wo man dem Bauern an den Leib zu gehen und ihn auszubeuten gewöhnt ist, mich wieder als unzurechnungsfähig und nicht ernsthaft zu nehmen in Verruf bringen wird; darum bleibt es aber doch wahr, daß nur der parasitische Theil des mit dem Bauernstand verkehrenden Leih- und

Handelskapitals durch die fragliche Organisation beeinträchtigt werden würde. Dieser Theil des beweglichen Kapitals, der keineswegs bloß jüdisch ist, hat aber kein Recht darauf, daß er vom Bauernstand nicht aus dessen Pelz endlich und gründlich herausgeschüttelt werde. Mögen also Hochzinsler jeder Art, die Wucherer und die es werden wollen, immerhin Zetermordio schreien, der zur praktischen Einsicht gekommene Bauernstand wird diese Wechsler ohne Federlesen zum Tempel hinausjagen.

3. Der körperschaftliche Realkredit überhaupt.

Meine erste Forderung habe ich dahin formulirt: aller Realkredit, sowohl der faust- als der unterpfandliche, ist, was die Aufbringung der Geldmittel betrifft, ausschließlich durch bäuerliche Körperschaften, mit oder ohne Staatsgarantie für die Körperschaftpfandbriefe zu befriedigen.

Die Durchführung dieser ersten Grundforderung ist bedingt: einmal durch die entsprechende körperschaftliche Bankorganisation mit Pfandbriefinstitut; weiter durch strenge Regelung der Gütereinschätzung nach dem Ertragswerthprinzip; ferner durch statutarische Feststellung der Beleihunggrenze, d. h. des Realkredithöchstanspruches; endlich durch die Regelung der Grundbestimmungen für Tilgung und Verzinsung. Vorläufig darf ich wohl behaupten, daß eine körperschaftlich geschlossene, auf Kapitalgewinn verzichtende Organisation des bäuerlichen Realkredites allermindestens so leicht, wohlfeil und einfach muß durchgeführt werden können, wie irgendwelche der kapitalistischen Organisationen des Realkredites, die bis jetzt dagewesen und noch vorhanden sind. Es gäbe ja nun nur noch Einen Gläubiger für alle Schuldner, nämlich die Kreditkörperschaft jedes Landes bezw. Kreises. Auch die standeskörperschaftliche Bank wird allen beliehenen Grundbesitz als Unterpfand nehmen; das Taxationwesen wäre konzentrirt und besonderen Organen übertragen; die körperschaftlichen Pfandbriefe wären daher eine sehr niedrig zinsende Sicherheit ersten Ranges, auch ohne daß der Staat sie garantiren wird, noch mehr aber, wenn das geschähe. Das Alles müßte der Wohlfeilheit, Einfachheit und Pfandbrieffähigkeit des standeskörperschaftlichen Instituts gewaltigen Vorschub leisten.

Ich will jedoch schon hier die hauptsächlichen Eigenthüm-

lichkeiten der körperschaftlichen Realkreditgewährung einzeln her=
vorheben.

Einmal eine große Vereinfachung: es gäbe innerhalb
des ordentlichen Beleihungspielraumes keine zweiten, dritten,
vierten Hypotheken mehr. Es gäbe nur eine einzige, auf einmal
oder ratenweise aufgenommene Hypothek, da jeder Realkreditschuldner
immer dem selben einzig zulässigen Gläubiger, der körperschaftlichen
Kreditanstalt, gegenüber stände. Innerhalb des ordentlichen Belei=
hungspielraumes, welcher vielleicht bis zu 80 und 90% des Rein=
ertraganschlages gehen könnte, gäbe es nur noch einen und den selben
niedrigen Zinssatz. Offenbar zwei große Vortheile, die lediglich dem
Bruch mit dem ultraindividualistisch liberalen Kreditrecht, lediglich
der einheitlich standesgenossenschaftlichen Zusammenfassung des bäuer=
lichen Realkredites entspringen würden.

Einen zweiten Kardinalpunkt bildet die Beleihung streng nach
dem jeweiligen durchschnittlichen Ertragswerthe. Diese Beleihung
wäre das oberste Gebot der Geschäftsführung für körperschaftliche
Realkreditbanken. Daß dieser Beleihunggrundsatz durch Schätzungen,
welche von besonderen körperschaftlich=staatlichen Taxationorganen
vorgenommen werden, einheitlicher, gleichmäßiger und gerechter durch=
geführt werden könnte, als es jetzt bei der individualistischen Zer=
rissenheit des bäuerlichen Kredits der Fall ist, leuchtet ohne Weiteres
ein. Nur das Eine sei hier bemerkt, das die Einschätzung eine be=
wegliche sein müßte, daß sowohl der Kreditnehmer, wenn inzwischen
der beliehene Grundbesitz durch Meliorationen und andere Ursachen
nachhaltig im Ertrage zugenommen hätte, für diese Ertragssteigerung
bei der Inanspruchnahme neuer Kredite einen höheren Anschlag
müßte verlangen dürfen, als daß umgekehrt das körperschaftliche
Kreditinstitut befugt und verpflichtet sein müßte, bei nachhaltigem
Rückgang der landwirthschaftlichen Rente fortan niedrigere Anschläge
der Beleihung zu Grunde zu legen. Dieser Punkt ist sehr wichtig,
um den Realkredit elastisch dem Steigen und Fallen der Landrente
folgen zu lassen, was sich bezüglich der Banksicherheit als sehr be=
deutsam erweist.

Einen dritten wichtigen Punkt körperschaftlicher Bankführung
würde die Beleihunggrenze, die Feststellung des Beleihung=
höchstbetrages, bilden. Bei der jetzigen ultraindividualistischen
Zerstückung des Realkreditwesens ist es so, daß mangels jeglicher

Einheit in der Darlehengebung bei verschiedenen Geldinstituten und Geldleuten Kredit genommen wird, erste, zweite, dritte, vierte u. s. w. Hypothek nacheinander, jede folgende höher verzinslich als die frühere. Die letzten Unterpfandeintragungen verschwimmen schon mehr oder weniger in den Personalkredit oder sie sind gar reine Täuschungen und Selbsttäuschungen im Realkredit, da zuletzt noch solche Forderungen eingetragen werden, die theilweise oder ihrem ganzen Betrage nach im muthmaßlichen Gütererlöse eine Deckung nicht mehr haben. Die körperschaftliche Bank müßte jeden illusionären Realkredit meiden. Sie dürfte höchstens bis zum vollen Reinertrags-Werthanschlag Darlehen geben und wird der Sicherheit wegen wenigstens bis zur Sammlung hinreichender Erfahrung immer etwas weniger, etwa 80 bis 90%, geben dürfen und den Rest von 10 bis 20% einem besonders gestalteten Nachhypothekenwesen vorbehalten müssen. Jenen Betrag aber von 80 bis 90% würde sie ganz als erste Hypothek geben, so daß die übrigen 20 bezw. 10% des Güterwerthes für ganz bestimmte Kredite, namentlich Nothkredite, unter Nachhypothek zu etwas höherem Zins, übrig bleiben würden.

Achtzig bis neunzig Prozent auf erste Hypothek zu den denkbar günstigsten Bedingungen — wie sie nur eine solche Körperschaft gewähren kann und Jedem auf Verlangen geben muß — würden eine ganz gewaltige Erweiterung und Sicherstellung des bäuerlichen Realkredits bedeuten. Man müßte diese Erweiterung sogar eine verführerische nennen, wenn nicht die hier vertretene Organisation die Verschuldung für den Eigenthumserwerb begrenzen und den Kredit für andere Zwecke binden, allen Kredit aber angelegentlich tilgen würde. Dagegen aber verwahre ich mich schon hier nochmals, daß ich einer allgemeinen Dauerverschuldung bis zu 80% auch nur den geringsten Vorschub leisten wolle. Ich will zwar, wie sich sofort zeigen wird, möglichst den ganzen vollen Gutswerth realkreditfähig machen, damit der Bauernstand in die Lage komme, sich in allen Nothfällen bis zum Aeußersten selbst helfen zu können. Ich will dies aber nur unter der Bedingung einer gebundenen Verwendung, welche die thunlichst rasche Tilgung auch wirklich sichert.

Die Frage ist, ob eine so starke Beleihung auf erste Hypothek nicht die Gefahr großer Konkursverluste in sich bergen würde. Ich glaube das nicht. Die Schätzung fände ja streng nach dem Ertragswerthe durch zuverlässige Taxorgane statt. Minderungen in der

Landrente kommen nicht plötzlich, und der abnehmenden Landrente
würde sich bei allen Neubeleihungen der Taxanschlag anschmiegen.
Ueberdies hätte die Körperschaft in dem Maße, wie sie in der Beleihung weiter oder weniger weit geht, mehr oder weniger große
Sicherheitfonds angesammelt und es könnte, bis die Ansammlung erfolgt ist, der Staat an dem Risiko sich betheiligen. Allerdings könnte
die Körperschaft allein die Gefahr übernehmen und alle jene Güter,
welche bei Gantkrisen oder Erbgängen zum Beleihungwerthe nicht
absetzbar wären, selbst erwerben und so lange auf Zeitpacht vergeben,
bis sie im Preise wieder steigen und dann sogar Gewinn ergeben
würden. Zur Pachtverwaltung und zur Wiederveräußerung heim-
fälliger Güter würde ja die körperschaftliche Bank als einen ihr
ganzes Gebiet durchziehenden sicheren Verwaltungapparat sich darbieten. Dennoch möchte ich nicht unbedingt und ausschließlich nur
diesen Weg empfehlen, und eine niedrigere Beleihungziffer, wenn die
Sicherheit dies gebietet, nicht ablehnen. Jene Körperschaftmitglieder,
welche schuldenfrei sind, würden Bedenken tragen, daß die Körperschaft das Risiko übernehme. Man wird jedoch das Risiko auch zwischen Staat (Land) und Körperschaft theilen oder ganz auf den Staat
(Land) abwälzen können. Diejenigen Güter, deren Beleihung zu 80
bis 90 % Verlust bei der späteren Zwangsenteignung ergeben würden,
wären dann für Rechnung des Staats zu erwerben und durch die
körperschaftlichen Organe für den Staat in Pachtverwaltung zu
nehmen, später zu veräußern. Eine sehr mäßige, für kein Körperschaftmitglied gefährliche Belastung der Körperschaft an endgültigem
Verlust aus solchen Gütern würde die sichere Gewähr bieten, daß die
stellvertretende Verwaltung der Körperschaft für den Staat auf
wirthschaftliche Weise durchgeführt werden würde. Diese Einrichtung,
welche allen Körperschaftgliedern einen gewaltigen Kredit ohne
nennenswerthes Risiko sichern würde, darf weiterhin auch als Mittel
bauernschaftlichen Selbsteingriffs in den Güterhandel und als Mittel
zur Verhütung der Auskaufung des Bauernstandes durch das Kapital,
sowie als Mittel zur Verhütung der Gantpreisschleudereien und der
auf diese folgenden Güterschlächtereien betrachtet werden.

Offenbar wäre die allgemeine Sicherstellung einer so starken
Realwerthsumme für erste Hypothek eine eben so große Wohlthat,
wie es die für alle wirthschaftlichen Erwägungen im Voraus fest-
stehende Bestimmtheit der Beleihunggrenze für alle Oekonomen sein

würde. Um dieser Wohlthat willen darf auch Etwas gewagt oder vielmehr ein so starker Reservefonds angesammelt werden, um jedes Wagniß für den Staat auszuschließen. Dabei will ich nur noch eine Lichtseite der fraglichen Einrichtung hervorheben: die dem Staat zum ordentlichen Beleihunghöchstbetrag heimfallenden Güter könnten an den verunglückten Landwirth selbst verpachtet, es könnte diesem ein Rückkaufsrecht zum Uebernahmepreis vorbehalten werden, falls das Gut nicht schon früher veräußert ist, kurz es könnte das vollständig erreicht werden, was der Vorschlag der Einführung s. g. Zwangsverwaltung in das Zwangsenteignungrecht erreichen will.

Noch einige weitere wichtige Grundsätze bauerschaftlicher Bankführung sind voraus etwas genauer festzustellen. Ich meine die Grundsätze betr. Kündigung, Tilgung und Verzinsung.

Die Unaufkündbarkeit der Darlehen wäre dem Darlehennehmer gegenüber ausnahmslos einzuführen, während der Kreditnehmer nach Belieben den körperschaftlichen Kredit ganz oder theilweise zu kündigen und heimzuzahlen befugt wäre. Offenbar ein großer, beim heutigen Privathypotekenwesen nicht so vollständig erreichbarer Vortheil. Nur bei Nichterfüllung der übernommenen Verpflichtungen hätte die Körperschaft das Recht zu kündigen. Daß sie übrigens in der Lage wäre, für Rechnung des Reservefonds oder unter Garantie von dritter Seite in Fällen großen Nothstands die fälligen Forderungen zu stunden, ist einleuchtend. — Weiter die Tilgung und die Verzinsung! Die Tilgung ist schlechterdings gefordert; denn das Ziel ist die fortgesetzte Wiederbefreiung von der Schuld, damit der Bauernstand von einer Generation in die andere ein frohes, nothfreies Dasein soll leben können. Dazu ist erforderlich, daß die Tilgungweise, das Tilgungtempo, den besonderen Verwendungweisen der Kredite genau angepaßt werde; daß und wie dies von einer Realkreditkörperschaft und nur von einer solchen erreicht werden kann, wird sich alsbald zeigen. Was die Verzinsung betrifft, so wird sie bei dem großen Kredit einer Körperschaft ganz niedrig gestellt werden können. Die Körperschaft würde keinerlei Gewinn beabsichtigen und so wenig wie die Raiffeisenschen Darlehenkassen verzinsliche Geschäftsantheile der Mitglieder zulassen; sie hat solchen kapitalistischen Zusatz ja auch gar nicht nöthig. Was die Körperschaft an sich nimmt, ist allein ein kleiner Beitrag zur Ansammlung jener Sicherheitfonds, die den ausgiebigen Kredit ohne

Wagniß für die Mitglieder und Garanten der Körperschaft erst er=
möglichen; man würde so in eigener Art zur Erleichterung kommen=
der Geschlechter den „Stiftungfonds" der Raiffeisen'schen Genossen=
schaften allgemein herstellen. Zins müßte natürlich gegeben
werden, um die Pfandbriefverbindlichkeiten und die Verwal=
tungskosten zu decken. Allein mehr als hierzu und zur Bildung
der Reservefonds nöthig ist, müßte an Zins nicht verlangt werden.
Immer wäre für alle Kreditgewährungen der Körperschaft von
jedem Kreditnehmer eine und die selbe mittlere Zinsrate zu ent=
richten.

Und nun, bevor zum zweiten Kardinalpunkt der Organisation
übergegangen wird, wolle der Leser einen Augenblick innehalten, um
die völlig veränderte Stellung des Bauernstandes beim Kreditnehmen
sich tiefer einzuprägen. Was hätte der Bauer eingebüßt? Außer
der Freiheit, sich auswuchern zu lassen, und der Gefahr, ausgewuchert
zu werden, hätte er gar nichts verloren. Privatgläubiger könnten
im Realkredit zwar nicht mehr an ihn herankommen, dafür hätte er
an seinem eigenen Stande und unmittelbar einen nie versagenden
Kreditgeber, bei dem er ein Anrecht an die umfassendste, billigste,
auf vollkommenere Taxation gestützte, den Gefahren der Gantver=
schleuderung entrückte Beleihung zu den Bedingungen erster Hypothek,
unaufkündbar, in der Tilgung positiv organisirt, unverweigerlich be=
säße. Ein solches Recht hat der Bauer bisher nirgends. Er hätte
es nun durchaus nicht durch die Gunst Dritter, er hätte es nicht
einmal durch Zwang zur Mithaftung seitens der schuldenfreien Ge=
nossen. Er erhielte es lediglich durch den Segen standesgemein=
schaftlicher Zusammenfassung zur Realkreditorganisation, nur durch
den kreditrechtlichen Bruch mit dem ultraliberalen — Agrar=
Manchesterthum. Nirgends wäre die Freiheit der Veräußerung, Ver=
erbung, Theilung der Güter angetastet. Die Ausnutzung auch des
letzten Restes von Realkreditwerth (10 bis 20%) für echt wirth=
schaftlichen Nachhypothekarkredit wird sich weiterhin als ausführbar
erweisen, so daß sich der ganze Realwerth als dem Realkreditbe=
dürfniß dienstbar gemacht darstellt. Nur Eines könnte sich der Bauer
bei solcher Realkreditorganisation allerdings nicht erlauben: die
illusionäre Einkleidung des Personalkredits in den Realkredit; über
den Ertragswerthanschlag hinaus würde kein Kredit gewährt werden.
Dem gesunden Personalkredit aber würde diese Zerstörung der

Realkreditlügen ganz bedeutenden Vorschub leisten, wie sich alsbald zeigen wird.

4. Freier und gebundener Realkredit.

Die Verwandlung des privaten Realkredits in körperschaftlichen Realkredit kann gleichwohl noch nicht als die vollständige Lösung der Aufgaben bauerschaftlicher Realkreditorganisation angesehen werden. Diese Organisation hätte weiter zwei große Aufgaben in zugleich einfacher und freiheitlicher Weise zu lösen: sie hätte einmal die weitere Aufgabe, alle Arten bäuerlichen Kreditbedarfes verhält= nißmäßig sicherzustellen, also den Besitzkredit mit den übrigen Kreditbedürfnissen ins Gleichgewicht zu setzen; sie hätte zweitens die bedeutende Aufgabe, jeder besonderen Art von Realkreditgewährungen nach Maßgabe des Wiederhereinkommens der besonderen Veraus= gabung, hiermit aber der Gesammtheit der bäuerlichen Kreditauf= nahmen die geforderte streng wirthschaftliche Tilgung zu verschaffen. Hiermit aber befinde ich mich bei der zweiten und dritten der An= fangs aufgestellten Grundforderungen körperschaftlicher Organisation des bäuerlichen Realkredits. Beiden Forderungen vermag das jetzige Privathypothekenwesen nur sehr unvollständig zu genügen. Die körperschaftliche Organisation vermag es ganz durch zwei einfache Einrichtungen: nämlich durch die Abgrenzung eines Freikredit= Höchstbetrages (etwa bis zu 40 % des Gutsanschlages) und durch Bindung der ganzen Resthälfte des Kredites, bezüglich der vom Kreditnehmer bestimmten, statutarisch zulässigen Verwendungs= zwecke. Ohne diese weiteren, positiven Ausgestaltungen des Real= kredites wäre der Bauernstand nicht in der Lage, für die ganze Wirthschaftführung, nicht blos für den Besitzerwerb, stets den er= forderlichen Realkredit zur Verfügung zu haben und immer wieder von der Grenze der Verschuldung zurück zu kommen, also Kredit= reserven für neuen ordentlichen und außerordentlichen Bedarf der Zukunft sich zu verschaffen. Ohne diese weiteren Einrichtungen würde er sich noch immer durch Besitzüberzahlung und Lässigkeit der Tilgung massenhaft ruiniren können und nach der leider allgemeinen Erfahrung Deutschlands auch wirklich ruiniren; es würden auf Kredit für die Güter immerfort Preise gezahlt, welche für den Betriebs= und für den übrigen, d. h. nichtlandwirthschaftlichen Kredit keinen beleihbaren Unterpfandwerth mehr übrig lassen. Mangels organi=

firter, nach den einzelnen Verwendungzwecken terminirter Tilgung würde man auch künftig massenhaft und rasch in eine Verschuldung sich festrennen können, welche für die unausbleiblichen, weiter kommenden Kreditbedarfe keinen Beleihungraum mehr übrig ließe. Ein großer Theil jener Unordnung und jener Ohnmacht zur Selbsthilfe, die jetzt dem ultraliberalen Geschehenlassen im Realkredit entspringt, würde fortdauern, und eine positive, vollständige Organisation des Realkredites wäre auch auf dem Wege körperschaftlicher Ausgestaltung noch nicht erreicht. Und doch ist die Abgrenzung eines Freikredit = Höchstbetrages vom übrigen Theil des Kreditgesammtanspruches, ist die Bindung dieses weiteren Kreditanspruches für die bei der Verleihung angegebenen Zwecke, ist endlich die sachgemäße Tilgung des Freikredites und jeder besonderen Art des gebundenen Kredits so leicht wie freiheitlich durchführbar.

Der Leser wolle sich durch ein Beispiel die erste Vorstellung von dieser Ordnung geben lassen. Angenommen: ein Gut oder Grundstück hätte einen Ertragskapitalwerth von 20 000 Mark, so wäre bei achtzigprozentiger Beleihung ein Gesammtkredit von 16 000 Mark bei der Körperschaft auf erste Hypothek gesichert. Weiter angenommen, daß die körperschaftliche Bank für die Besitzverschuldung (Zahlung des Kaufschillings, Sicherstellung der Kaufrestgelder, Abfindung der Miterben) nur bis zur Hälfte des Beleihunghöchstbetrages darleihen dürfte, so würden zur freien Verfügung für den Besitzerwerb 8000 Mark Freikredit verfügbar sein, welche langfristig zu tilgen wären. Die übrigen 8000 Mark könnten für alle übrigen wirthschaftlichen Kreditbedarfe in Anspruch genommen werden, doch so, daß der Kreditnehmer nur für die statutarisch zulässigen Zwecke (Melioration, Vieh= und Futterkauf, Betheiligung an Genossenschaften, Erholung von Hagel=, Vieh= und Brandschaden, Familienunglück u. s. w.) Kredite erhält, und diese Kredite sich zur Heimzahlung sachgemäß terminiren läßt, sei es zur Heimzahlung in einem Zuge, nach der nächsten, übernächsten u. s. w. Ernte oder in Jahresraten während eines längeren Zeitraums. — Das Dazwischentreten der freien Kreditgenossenschaften von der Beschaffenheit der vorzüglichen Raiffeisenschen Darlehnskassen oder anderer sicherer Betriebskreditvereine jeder ordentlichen Art wäre nicht nur nicht auszuschließen, sondern in jeder Weise zu begünstigen. Die betreffenden Genossenschaften würden den Kreditanspruch ihrer

Genossen bei der Körperschaftbank abgetreten erhalten, und würden dafür die Ausleihungen, Zinszahlungen und Heimzahlungen auf sich nehmen, was die größte Einfachheit der körperschaftlichen Bankverwaltung ermöglichen würde.

Zuerst sei nun auf den Besitzkredit-Höchstbetrag, welchen die Körperschaft durchzuführen hätte, etwas näher eingegangen. Richtiger wäre er als Freikredit-Höchstbetrag zu bezeichnen. Die Körperschaft würde einen Theil der leihbaren Summe — sagen wir vorläufig die Hälfte — zur völlig freien Verfügung stellen und nur die andere Hälfte in der Verwendung binden. Mit der Valuta des gewährten Freikredits würde der Darlehnsnehmer schalten und walten können, wie er will. Kann er das Gut ohne Verschuldung oder mit geringer Verschuldung übernehmen, indem er den Uebernahme- oder Kaufpreis erspart, oder ererbt, oder verbürgt erhalten hat, so kann er mit dem Betrag des Freikredites anfangen, was er will, und selbst in dulci jubilo leben. Zeitlebens stände ihm der Freikredit bei der Körperschaft ohne jede Pflicht zur Angabe des Verwendungszwecks und ohne Kontrole der wirklichen Verwendung zur freien Verfügung. Was er am Freikreditdarlehen in Folge von guten Geschäften, Erbschaften, statutarischen Tilgungen herabzumindern vermag, würde immer wieder für ungebundene Verfügung zu Gebote stehen. Bedarf er jedoch zur Eigenthumserwerbung Kredit, so könnte er Realkredit hierfür nur bis zum Freikredit-Höchstbetrag finden, denn darüber hinaus begänne zur verhältnißmäßigen Sicherstellung aller übrigen Kreditbedürfnisse bäuerlicher Wirthschaftführung der Verwendungsnachweis und die Unzulässigkeit der Beleihung für weitere Besitzverschuldung. Der bäuerliche Grunderwerb auf Kredit würde also durch die Begrenzung des Freikredits auf einen Theil des Realkredit-Gesammtanspruches gehindert werden, Güterpreise zu bezahlen, bei welchen der Erwerber nicht bestehen kann, weil ihm zur Betriebsführung und Familienwirthschaft keine Vermögen- und Kreditreserven übrig bleiben.

In die Regelung der Güterpreise würde sich die Körperschaft nicht einmengen. Sie hindert mittelbar nur die unwirthschaftliche Besitzverschuldung durch Begrenzung des körperschaftlichen Freikredits. Verfügt also der Käufer des Gutes über freie Mittel, so kann er auch über den Ertragswerth hinaus zahlen. Jedes Grundstück würde nach wie vor an den Eigenthümer kommen können, für den es den höchsten, sei es realen, sei es liebhabereimäßigen Gebrauchswerth hat, an den Eigenthümer, der schon durch sein freies Vermögen ohne Kredit besonders betriebskräftig ist.

Eine mittelbare Rückwirkung auf den Güterpreis würde die Begrenzung des Freikredits allerdings haben; denn diese Begrenzung schließt das Kaufmitangebot jener Liebhaber aus, welche, obwohl sie sich nicht behaupten könnten, dennoch durch Uebertreibung des Besitzkredits nach dem Eigenthum des Gutes trachten. Der Güterpreis wird jedoch auf diese Weise mittelbar zum natürlichen Preisschwerpunkt zurückgedrängt, aber, sofern der Freikredit-Höchstbetrag nach den wirthschaftlich richtigen Grundsätzen bemessen worden sein wird, nicht unter diesen Punkt herabgedrückt. Diese Wirkung wäre nur wünschenswerth; denn sie schlösse die ruinöse Ueberschuldungsfreiheit aus und würde jenem Schwanken der Güterpreise, woran der Wucher sich mästet, dem Schwanken zwischen den Schlenderpreisen der Zwangsversteigerung und den Ueberzahlungpreisen an „Hofmetzger", begegnen und den aus dem ultraliberalen Agrarkreditrecht hervorgehenden Bauernleiden einen für den Wucher unübersteigbaren Damm entgegensetzen.

Eine auch für den unbemittelten Liebhaber des Grundbesitzes wohlthätige Wirkung wäre es, daß ihn die Freikreditbegrenzung dazu antreiben würde, freies Vermögen zu ersparen, um Grundstücke erwerben und sich darauf verheirathen zu können. Denn je mehr freies Eigenvermögen zum Freikredit hinzukommt, desto gesicherter ist die Möglichkeit des Besitzerwerbes. Aus dem selben Grunde wird etwa ein Vater, der sein Gut ungetheilt oder getheilt seinen Kindern vererben will, sich von Verschuldung freimachen und im Wege der Ersparung und Lebensversicherung Mittel herstellen, um die Miterben des Anerben zu gerechter Abfindung zu bringen. Eben deshalb wird auch dort, wo das fakultative Anerbenrecht besteht, eher von der Eintragung in die Höferolle Gebrauch gemacht, oder, wo es nicht besteht, zur testamentarischen Verfügung in der Richtung der Erhaltung des Gutes in der Familie Anlaß gegeben werden. Allen diesen mittelbaren Wirkungen der Freikredit-Höchstbegrenzung wird man wohl ebenfalls nur eine günstige Beurtheilung abgewinnen können.

Ließe sich denn aber der Freikredit-Höchstbetrag auf eine grundsätzlich richtige und eine praktisch ausführbare Weise von dem gebundenen übrigen Leihbetrag auch wirklich abgrenzen? Ich glaube, daß diese Frage mit vollem Grunde bejaht werden darf.

Die einzige bedeutsame Einwendung, welche mir seit meiner früheren, weniger durchgebildeten Vertretung des Gedankens der „Inkorporation des Hypothekarkredites" entgegengetreten ist, bestand darin, daß die Abgrenzung des für Besitzverschuldung verfügbaren Kredits zu schematisch und willkürlich ausfallen müsse. Ich glaube jetzt darthun zu können, daß dies keineswegs der Fall sein würde, daß eine grundsätzlich und praktisch richtige, beweglich gehaltene, dem Charakter und der Betriebsintensität der einzelnen Grundstücke angepaßte Grenzziehung zwischen freiem und gebundenem Kredit wirklich zu finden sein würde. Der Grundgedanke der körperschaftlichen Ausgestaltung des Realkredites besteht nun dem Bisherigen zufolge in der Verhütung unwirthschaftlicher Besitzverschuldung und in der Freihaltung des genügenden Realkredit-Spielraumes für den Betriebs-, den Familien- und den Nothkredit. Hiermit ist die Abgrenzung negativ und positiv gegeben. Der Freikredit ist so weit als möglich einzuräumen, aber doch auch nur so weit, daß, indem aller Kredit — der freie wie der gebundene — jeder in seiner Art angemessener Tilgung unterliegt, hinreichender Raum für alle im Freikredit nicht gedeckten Kreditbedarfe übrig bleibt. Es handelt sich um verhältnißmäßige Deckung aller Theile des gesammten Realkreditbedürfnisses jedes Oekonomen. Das geringste Maß für den Freikredit ist daher so anzulegen, daß die kaufkräftige Nachfrage nach Gütern immer noch stark genug bleibt, so daß die dem Ertragswerth entsprechenden Güterpreise mit Hilfe des Freikredits noch zu Stande kommen können. Es darf jedoch über dieses Mindestmaß des Freikredites noch hinausgegangen werden, wenn nur der gebundene Rest des Kredites, durch seine relative Größe und durch seine im Ganzen raschere Tilgung, den erforderlichen Spielraum für die Betriebs-, Familien- und Noth-Kreditbedürfnisse noch übrig läßt. An der Hand dieser leitenden Grundsätze läßt sich der Höchstbetrag nach den Verhältnissen jedes Körperschaftsprengels sehr wohl bestimmen, sei es für den gesammten Grundbesitz eines Kreditnehmers, sei es für die Bestandtheile (Aecker, Wiesen, Weinberge u. s. w.), sofern diese aus irgend welchen Gründen einzeln in den Verkehr gelangen. Die Abgrenzung kann sogar nach den besonderen Verhältnissen jedes Amtsbezirks auf die diesen Verhältnissen angemessene Weise stattfinden. Wenn für den Anfang die Grenze nicht sogleich richtig getroffen wird, so kann die Korrektur auf Grund der gemachten Erfahrungen stattfinden; die Abgrenzung wäre ja periodisch zu revidiren.

Für den Anfang müßte man den Freikreditbetrag eher zu liberal als zu beschränkend ansetzen. Auf die Dauer wird das Absehen darauf gerichtet sein müssen, den Freikredit auf jenes Maß einzuschränken, bei welchem der Grundbesitz ohne Herabsinken der Güterpreise unter den Kapitalwerth des durchschnittlichen Reinertrages in die betriebskräftigsten, schuldenfreiesten Hände gelangt. Von „Schematisiren" und von Willkür, auch nur in dem Sinne und Maße, wie es beim heutigen Hypothekarkredit im Begriff der doppelten Sicherheit sich findet, wäre also nirgends die Rede. Hienach läßt sich der Freikredit-Höchstbetrag in grundsätzlich richtiger und praktisch ausführbarer Weise periodisch, örtlich, und nach Bedarf auch nach Grundstückskategorieen, wirklich festlegen. Es handelt sich, wie überall im Rechte, um praktisch aus der Natur der Sache heraus zu bestimmende mittlere Maße.

Ist denn aber, so ist zuletzt doch noch zu fragen, die Eindämmung der Besitzüberschuldung ein Bedürfniß für den ganzen Bauernstand?

Die Erhebungen, welche in Preußen und sonst über die Ursachen der Zwangsenteignung gemacht worden sind, haben ergeben, daß die Zwangsenteignungen an Häufigkeit abnehmen, je mehr der Wirthschaftreinertrag als Arbeiteinkommen und je weniger er als Besitzeinkommen sich darstellt. Die „Zeitschrift des Königlich Preußischen statistischen Bureaus" hat dieses als Hauptergebniß der genannten Erhebungen angegeben. Ist nun daraus etwa zu schließen, daß die bäuerliche Landwirthschaft, je kleiner sie wird, bessere Kreditverhältnisse habe, daß sie der Freihaltung von Raum für anderen als Besitzkredit, daß sie der Bindung dieses übrigen Kredites und der geordneten Tilgung des Freikredits und des gebundenen Kredits weniger bedürftig sei? Wer das bäuerliche Leben in vielen Theilen West- und Süddeutschlands beobachtet hat, wird hierauf nur eine verneinende Antwort geben können. Der Klein- und Zwerggütler setzt, um Grundbesitz zu erwerben und zu behaupten, immerfort von seinem Arbeiteinkommen zu und kommt aus der Schuldennoth und Ausbeutung gar nimmer heraus; nur sehr wenig erlangt er für sich und die Seinen zu einem vielfach kümmerlichen Dasein. Diese

Leute haben in der Regel ihre Grundbesitzetzen überzahlt und haben Einbuße an ihren Gütern, wenn man ihre in den Landbau gesteckte Arbeit in Rechnung stellt: die badische Agrarenquête hat ergeben, daß viele Zwerggüter und Zwergpächter ihren Besitz nur durch Zuschuß aus dem Tagelohn behaupten. Diese Leute kämpfen durch ihren „Landhunger" einen schweren Daseinskampf und sind der Ausbeutung und Auswucherung ihres Nothstandes in jeder Form besonders stark ausgesetzt. Der Freikredit-Höchstbetrag wird eben ihnen gegenüber günstig wirken, während das Anerbenrecht in diesem Kreise von Landbauern überhaupt unanwendbar ist.

Möglich, daß die Leute, welche zu keinem Landbesitz gelangen können, vielfach und früher in die Städte oder ins Ausland sich verziehen. Andere werden mehr sparen, später heirathen, vorsichtiger kaufen, um Grundbesitz dennoch zu erlangen. In beiden Fällen würde der Besitzkredit-Höchstbetrag wohlthätig wirken. In den Gegenden mit Klein- und Zwergwirthschaft ist die „Schollenkleberei", das Verharren im Heimathort auch bei kümmerlichster Existenz, das bisher nicht ausgerottete Uebel, während in den Gegenden mit Großgrundbesitz umgekehrt die Flucht des Tagelöhners von der Heimath weg mit der Folge des „Arbeitermangels" für den Großbetrieb das hauptsächliche Leiden der Landwirthschaft ausmacht, worauf ich zurückkomme. Wenn dort die Schollenkleberei ab- und der Wegzug zunehmen, hier aber die Möglichkeit der Erwerbung von Gütern auf mäßige Rentenverschuldung Betriebskräfte anziehen und festhalten wird, so würden diese günstigen Wirkungen wesentlich der Besitzkreditregelung, welche mittelbar auch im Institut der Rentengüter verwirklicht wird, zu verdanken sein.

Freikredit wäre derjenige Theil des bei der Körperschaft zur Verfügung stehenden Realgesammtkredites, über dessen Verwendung das Körperschaftmitglied keine Bestimmung voraus anzugeben und keine Kontrole zu erleiden hätte. Aber nur aus diesem Freikredit und bis zu dessen Höchstbetrag könnten zum Zweck der Besitzerwerbung Schulden und zwar nur tilgbare Schulden gemacht werden. Eine Besitzverschuldung darüber hinaus und hiemit eine Besitzüberzahlung im Erbgang und Kauf mit allen ihren bösen Folgen könnte nicht mehr stattfinden; eine Hauptquelle der Bauernnoth wäre verstopft. Soll denn nun etwa über einen angemessenen

Freikredit hinaus weiterer Realkredit gar nicht oder nur sehr beschränkt gegeben werden?

Gerade das Gegentheil soll stattfinden. Auch allem anderen
lands- und familienwirthschaftlichen Bedarf soll eben durch die Frei-
kreditabgrenzung ein verhältnißmäßiger Kreditspielraum zur
Haupt- und Nachhypothek offen gehalten und die Einrichtung weiter
dahin getroffen werden, daß auch der Personalkredit auf freigenossen-
schaftliche Weise nach streng wirthschaftlichen Grundsätzen erst zur
vollen Entwickelung gebracht werde. Nicht eingeengt, sondern reich-
stens entfaltet soll auf standesgemeinschaftlichem Wege aller bäuerliche Kredit werden. Das kann aber nur dann den vollen Segen
bringen, wenn der Mißbrauch des also erweiterten Kredites abge-
schnitten wird, d. h. nur dann, wenn die Inanspruchnahme dieses
weiteren Real- und des Personalkredites nur für bestimmte Zwecke
wirthschaftlicher Art stattfinden darf und wenn der Kreditnehmer
einer Kontrole wirklicher Verwendung für diese Zwecke, sowie der
Verpflichtung zur möglichst raschen Schuldtilgung sich unterwirft.
Ohne diese zwei Voraussetzungen würde das Recht auf körperschaftlichen Real- und auf genossenschaftlichen Personalkredit lediglich der
unwirthschaftlichen Verschuldung größten Vorschub leisten. Alle
Kredite über den Freikredit hinaus: hypothekarische, nachhypothekarische
und personelle, wären also zu binden.

Unter gebundenem Körperschaft-Realkredit verstehe ich die
Summe jener weiteren Realkredite, die für bestimmte Verwendungs-
zwecke nachgesucht und für diese benannten Zwecke auch wirklich verwendet werden müssen. Je nach der Art der Verwendung wäre auch
die Tilgung zu regeln; je rascher das Geld, das in den Betrieb gesteckt ist, durch den Absatz wieder hereinkommt, desto kürzer ist die
Tilgungfrist zu bemessen, und Darlehen, die zur Anschaffung verbrauchlicher Betriebsmittel verwendet werden, müßten bald, möglichst
nach der ersten guten Ernte, zurückgezahlt werden. Durch diese
Tilgung, welche sich genau dem Tempo des Wiederhereinkommens
der Verausgabungen anschmiegt, würde es bewirkt werden, daß
immer aufs Neue freie Vermögens- und Kreditreserven für jede
Wirthschaft sich bilden.

Auf die Zweckentfremdung gebundener Kreditgewährungen wäre
die nachtheilige Folge zu setzen, daß die Körperschaft das Recht
hätte, ausnahmsweise das Kapital zu kündigen, unter Freihaltung

eines einfachen Beschwerdeweges an ein unparteiisches Schiedsorgan.
Die Entfremdung von gebundenem Kredit zum Zweck heimlicher
Güterüberzahlung über das im Freikredit gesetzte Maß hinaus
könnte sogar mit Strafen belegt werden.

Die Kreditbindung ist nun in verschiedener Weise denkbar.
Entweder wird der gebundene Gesammtkredit, etwa 40 Prozent des
Gutsanschlages, gefächert, so daß etwa 10 Prozent für Melioration,
8 Prozent für Material- und Vieherwerbung, 8 Prozent für Betheiligung an Genossenschaften u. s. w. vorbehalten werden, oder es
steht dem Kreditnehmer frei, das Verhältniß selbst zu bestimmen, in
welchem er den gebundenen Gesammtkredit auf die verschiedenen
statthaften Zwecke vertheilen will. In diesem Falle könnte er den
verfügbaren Gesammtkredit auch auf einmal beheben; nur die Ver-
wendungzwecke müßte er auch dann angeben, damit die Tilgung danach geregelt werden kann.

Das Fächerungverfahren wäre „schematisch" und mit der
wünschenswerthen Freiheit guts- und familienwirthschaftlicher Bewegung wohl kaum verträglich. Darum wird sich das zweite,
freiere Verfahren, möglichst unter Dazwischentreten geeigneter Genossenschaften empfehlen; lediglich für einzelne Arten gebundener
Kredite, z. B. für Geldaufnahme zu Meliorationzwecken, könnte die
Absonderung oder Fächerung in Frage kommen. Gegen das freiere
und viel einfachere Verfahren läßt sich auch das nicht einwenden, daß
der Darlehensnehmer sich dabei durch ungeschickte Wirthschaft leichter
und rascher ruiniren könne. Diese Möglichkeit ist allerdings gegeben,
aber gegen den Untergang aus eigener individueller Schuld giebt
es überhaupt eine Sicherstellung nicht. Diese Möglichkeit begründet
es noch lange nicht, die individuelle Betriebsfreiheit in spanische
Stiefel zu schnüren, jeden Oekonomen am „schematischen" Gängel-
band zu führen, auch die Körperschaft-Bankverwaltung sehr bedeutend zu erschweren und zu vertheuern.

Für zulässige, aber gebundene Kredite würden nun hauptsächlich folgende Arten von Darlehensverwendungen in Frage kommen:
Kredite für Gutsverbesserungen, Bauten und Reparaturen (Meliorationen); Kredite für die Anschaffung von lebenden und nichtlebenden
Betriebsmitteln gebräuchlicher Art wie Vieh, Maschinen, Geräthe
u. s. w.; weitere Kredite für die Anschaffung verbrauchlicher Betriebsmittel: für Lohnzahlung, Futter-, Saatgut-, Düngeraukauf u.s.w.;

21*

ferner Krebite für Kinderausstattungen und andere, Familienbedarf u. s. w.; sodann Krebite für Realversicherung jeder Art, bezw. für die Erholung von Seuchen=, Brand=, Hagel= und Ueberschwemmung= schaden; endlich Krebite für persönlichen Unterhalt und für Be= hauptung der Wirthschaft bei außerordentlichen Nothständen, wie sie aus Futtermißwachs, Körnermißwachs, Mißrathen von Handels= pflanzen hervorgehen. Es sollten nicht allzu viele Kategorieen sein; für jede aber müßte die Tilgung auf eine jede Willkür ausschließende Weise bestimmt werden nach Maßgabe der durchschnittlichen Zeit, binnen welcher die Verausgabung erfahrungmäßig wieder herein= kommt oder die Erholung stattfindet.

Die Vollziehung jeder Gattung gebundenen Krebites könnte verschieden ausgestaltet werden. Der Krebitnehmer kann sich ent= weder unmittelbar an die Körperschaft wenden und von ihr auch unmittelbar sich kontroliren lassen. Oder er kann durch Vermitte= lung einer Genossenschaft, welche die gesetzlichen Bedingungen er= füllt, — ich will sie die „eingeschriebene landwirthschaftliche Genossen= schaft" nennen — seinen Krebit nehmen und der Kontrole dieser Ge= nossenschaft sich unterwerfen. Meines Dafürhaltens wäre dieser zweiten Art der Krebitvollziehung, soweit sie nur immer anzuwenden ist, der Vorzug zu geben. Auf diesem Wege wird die Kontrole von der Körperschaft ab= und auf eine kontrolfähigere engere Verbindung (möglichst von der Art der hierin so bewährten Raiffeisenschen Dar= lehenskassen) übergewälzt werden; der Krebitnehmer selbst wäre den Indiskretionen der mehr öffentlichen körperschaftlichen Kontrole ent= rückt. Besonders für alle gebundenen Krebite mit mehr oder weniger kurzfristiger Tilgung wird genossenschaftlicher Krebitvollzug wünschens= werth sein. Allein erzwingen läßt sich der Beitritt zu Genossen= schaften nicht, und für Krebite, deren Verwendung sich selbst kontrolirt, wie diejenigen für Feldmelioration, Wirthschaftbauten, Steuer= zahlung, Zwangsversicherungbeiträge, für die Krebite zur Kinder= ausstattung u. s. w., ist die Abbrängung von der unmittelbaren, individuellen zur genossenschaftlich vermittelten Vollziehung der körperschaftlichen Krebitgewährung auch nicht erforderlich. Man wird daher beide Wege offen halten müssen und mehr durch gewisse Vor= theile, durch Gebührenersparung, durch die größere Einfachheit und Kontrolverschwiegenheit des genossenschaftlich vermittelten, mit dem genossenschaftlichen Personalkreditwesen sich verschmelzenden Real=

kredites es versuchen, die Körperschaftmitglieder zur Genossenschaftbetheiligung hinzudrängen.

Auf die einzelnen Arten gebundenen Kredites ist hier nicht weiter einzugehen. Ich beschränke mich auf zwei Bemerkungen. Die eine dieser Bemerkungen bezieht sich auf den Meliorationkredit; seine Tilgung würde langfristiger zu terminiren und beim nächsten Besitzwechsel würde der Rest der Schuld aus dem Freikredit zur Tilgung zu bringen sein. Die Kredite für zwangsweise und freiwillige Versicherung gegen Viehschaden, Brandschaden, Hagelschaden u. s. w. würden so kurz, als es mit der Erholung von Schaden verträglich ist, zu terminiren sein.

Noch ist nicht von der Möglichkeit der Bestellung von Nachhypotheken innerhalb der körperschaftlichen Realkreditorganisation die Rede gewesen. Raum für diese Bestellung ist innerhalb des Ertragswerthanschlages der Güter ja wirklich noch vorhanden. Denn nur bis 80, höchstens 90 pCt. dieses Anschlages soll bisheriger Annahme zufolge die ordentliche Beleihung theils für Freikredit, theils für gebundenen Kredit erster (einziger) Hypothek gehen. Es erübrigen also mindestens 10 bis 20 Prozent Realwerth für nachhypothekarischen Realkredit, und sogar noch mehr, wenn der wirkliche Erlös aus versteigerten Gütern den Ertragswerthanschlag auch künftig mehr oder weniger übersteigen würde. Es ist kein Grund, diesen Realwerthspielraum für nachhypothekarische Beleihung unbenutzt liegen zu lassen. Nur darauf kommt es an, auch den außerordentlichen, nachhypothekarischen Realkredit positiv in derselben Richtung zu organisiren, in welcher nach den gemachten Vorschlägen der ordentliche Realkredit ausgestaltet sein würde. Daraus ergeben sich einfach ganz bestimmte Forderungen für die Behandlung des nachhypothekarischen Realkredites.

Einmal wäre auch der nachhypothekarische Realkredit ein gebundener Kredit, welcher nur für bestimmte Zwecke zur körperschaftlich oder genossenschaftlich kontrolirten Verwendung gegeben werden dürfte. Andere Privatschulden als diejenigen von anerkannten eingeschriebenen Landwirthschaftgenossenschaften dürften auch nachhypothekarisch nicht eingetragen werden. Vor Allem wären es bestimmte Nothstandskredite, welche insoweit, als innerhalb der 80 Prozent des ordentlichen Körperschaftkredites Deckung für Nothvorschüsse nicht mehr vorhanden wäre, auf Nachhypothek erster Priorität anzuweisen wären. Für die Selbstversicherung gegen Hagelschaden, Seuchen-schaden, Mobiliarbrandschaden, Futter- und Körnermißwachs wäre hiemit die Nachhypothek erster Ordnung verfügbar; die Tilgung würde so zu terminiren sein, wie es durch die zur Erholung erforder-liche durchschnittliche Zeit gewiesen ist; sehr lange würde diese Til-gungfrist, da magere und fette Jahre in raschem Schwanken durch-einander laufen, nicht ausfallen. Die erste und wichtigere Organi-sation des Nothkredites läge freilich darin, daß die ganze Einrichtung des ordentlichen Hypothekarkredites darauf abzielen müßte, immer wieder ordentliche Kreditnothreserven durch die Tilgung frei zu stellen.

Auch für die Gewährung nachhypothekarischen Kredits hätte die Körperschaft die Geldmittel zu beschaffen. Nur müßten dem körperschaftlichen Realkreditinstitut dafür auch besondere Sicherheiten gestellt werden; denn ungedeckten Kredit über 80 bis 90 Prozent des muthmaßlichen Guterlöses hinaus kann die Körperschaft schlechter-dings nicht gewähren. Die besonderen Sicherheiten beständen theils in bestimmten außerordentlichen Nothstands-Reservefonds, welche von der körperschaftlichen Bank selbst anzusammeln wären, theils in Gewährleistungen von dritter Seite: in Staatsgarantie, in Gemeinde-garantie, in Genossenschaftgarantie, in Bürgschaften und Werthhinter-legungen, in Beiträgen privater Wohlthätigkeit.

Bei diesen aphoristischen Bemerkungen über den nachhypotheka-rischen Kredit mag es sein Bewenden haben. Ich habe den nach-hypothekarischen Realkredit körperschaftlicher Art nur deshalb er-wähnt, um zu zeigen, daß bauerschaftliche Realkreditorganisation den letzten Pfennig beleihungwürdigen Grundbesitzwerthes für jeden wirth-schaftlich begründeten Realkredit zu verwerthen vermag. Für so außerordentliche Fälle, wie es die Futternoth i. J. 1893 war, würden auch die außerordentlichen Nothreserven in Zukunft völlig bereit vor-liegen. Zuerst und hauptsächlich im ordentlichen hypothekarischen Realkredit, aber auch im außerordentlichen nachhypothekarischen Realkredit körperschaftlicher Art wäre hienach ein vollständig schlag-fertiger Apparat, ein völlig zuverlässiger Stützpunkt für die Staats- und andere Nothstandshilfe offen ersichtlich und auf nichtkommu-nistische Weise geschaffen.

Die Grundlinien einer ausführbaren standesförperschaftlichen Organisation des bäuerlichen Realkredits sind nun wohl mit hin-

reichender Schärfe gezogen. Allein von der Rückwirkung auf den
bäuerlichen Personalkredit und von der fruchtbaren organischen Verbindung zwischen Real= und Personalkredit, zwischen körperschaftlicher
und freigenossenschaftlicher Solidarität des Bauernstandes ist noch
zu reden.

5. Der genossenschaftliche Personalkredit.

Demnach geht die erste der weiter zu beantwortenden Fragen
dahin: Würde denn die vorgeschlagene Ausgestaltung des bäuerlichen Realkredites nicht dem bäuerlichen Personalkredit, d. h. der
Möglichkeit, rein aus der persönlichen wirthschaftlichen Vertrauens-
würdigkeit heraus ohne Einsetzung von Unterpfändern und von Faust-
pfändern Kredit zu finden, auf bedenkliche Weise Abbruch thun?
Diese Frage läßt sich unbedingt verneinen. Vielmehr eine Förderung
des Personalkredites müßte die Folge sein.

Es ist einleuchtend, daß der Bauernstand, wenn er vor der
Besitzüberzahlung und deren ruinösen Folgen völlig bewahrt wäre,
wenn ferner alle über den Freikredit hinaus genommenen Kredite an
die Verwendung für wirklich wirthschaftliche Zwecke gebunden sein
würden, wenn der Bauernstand allen freien und allen gebundenen
Kredit sachgemäß zu tilgen hätte, wenn er hierdurch für jeden Per-
sonalgläubiger in seiner wirthschaftlichen Lage viel durchsichtiger geworden wäre, wenn kein dritter Privatgläubiger mit nachträglicher
Hypothekareintragung den anderen Personalgläubigern zuvorkommen
könnte, es ist einleuchtend, daß, wenn das Alles nun zuträfe, der
Bauernstand in solcher Lage, welche ihm die bauerschaftliche Realkreditorganisation wirklich und vollständig verschafft, auch zur Personalverschuldung weit kreditwürdiger für Verwandte und für dritte
Nahestehende geworden sein würde. Hieran würde auch dadurch nichts
geändert werden, daß Personalschulden künftig eine Zwangsvollstreckung in den Grundbesitz nur beim Besitzwechsel finden könnten.
Zwar jener Personalkredit, der jetzt in die Illusionen des Realkredites
sich einwiegt, wäre ausgeschlossen; aber dieser Kredit ist kein reiner
Personalkredit, sondern ein vorbehaltener, ungeordneter Realkredit.
Den gesunden Realkredit aber bringt ja die körperschaftliche Organisation voll und geordnet zur Befriedigung, und das ganze Kredit-
bedürfniß, das jetzt auf illusionären Realkredit dieser Art sich stützt,
wäre fortan im wirklichen Realkredit gedeckt. Ausgeschlossen wäre

lediglich derjenige Perſonalkredit, welcher ins Verderben ſtürzt, jener Perſonalkredit, wie er namentlich beim bäuerlichen Landwirth vor=
kommt. Ausgeſchloſſen wäre die Freiheit, Forderungen aus ſolchem verderbenden Kredit durch nachträgliche Eintragung und durch will=
kürliche Herbeiführung des Konkurſes wucheriſch auszunützen und damit den Schuldner zu ruiniren, ſowie die nichtwucheriſchen Per=
ſonalkreditgläubiger zu ſchädigen. Dies könnte jedoch nur als eine poſitive Reinigung des Perſonalkreditweſens durch gute Organiſation
des Realkredites willkommen geheißen werden. Die Rückwirkung des bauerſchaftlichen Realkredites auf den bauerſchaftlichen Perſonalkredit
wäre ſchon hiernach eine höchſt günſtige. Beim nichtwucheriſchen Leihkapital wäre mehr wohlbegründetes Vertrauen zur Perſon ge=
ſchaffen und beim bäuerlichen Grundbeſitzer mehr Drang, wirthſchaft=
liches Vertrauen zu verdienen, möglichſt viel vom Realkredit für kommenden Kreditbedarf ſich freizuhalten, möglichſt auf Grund un=
bezogenen Realkredites das Vertrauen von Perſonalkredit=Gläubigern zu finden. Die Wucherfreiheit wäre auch aus dem ganzen bäuer=
lichen Perſonalkreditweſen gründlich und vollſtändig hinausgeſchafft. Die verderbende anarchiſche Freiheit der Iſolirung wäre zugleich im
Perſonal= wie im Realkredit beſeitigt, und durch fruchtbarſte Soli=
darität erſetzt. Der Perſonalkredit tritt beim Immobiliarbeſitz zwar überhaupt zurück; die Motive zum Miquelſchen Ergänzungſteuer=
geſetz ſchätzen die hypothekariſche Geſammtverſchuldung des ſtädtiſchen und ländlichen Grundbeſitzes Preußens auf 16 Milliarden, die Per=
ſonalkreditverſchuldung auf nur 500 Millionen Mark. Immerhin wird allgemein angenommen, daß beim bäuerlichen Beſitz die Per=
ſonalverſchuldung verhältnißmäßig ſtärker iſt. Die Wirkung, daß dem geſunden bäuerlichen Perſonalkredit durch körperſchaftlichen
Realkredit die Bahn freier gemacht werden würde, darf deshalb nicht gering angeſchlagen werden.

Immerhin müßte die bauerſchaftliche Organiſation des Per=
ſonalkredites unmittelbar eine freigenoſſenſchaftliche bleiben, ſie ſelbſt dürfte nicht zwangskörperſchaftlich werden. Dies führt zu der
Frage: Welche Rückwirkung würde die körperſchaftliche Organiſation des Realkredites auf das Genoſſenſchaftweſen des Bauernſtandes
überhaupt ausüben? Nur eine überaus günſtige! Man erkennt dies ſofort, wenn man die Kredit= und die Betriebs=Genoſſenſchaften des
Bauernſtandes auseinander hält.

Also zuerst das Verhältniß zu den Kreditgenossenschaften, als deren anerkannt hervorragendste Erscheinung die Raiffeisensche Darlehenskasse sich darstellt.

Sie ist eine freie Kreditgenossenschaft. Sie giebt hauptsächlich Betriebskredit, theils realen, gedeckt durch Bürgschaft, Werthpapiere u. s. w., theils personellen, ohne Unter= und Faustpfand. Sie nimmt nur Bauern als Mitglieder auf, und zwar nur Bauern in der Zahl bis etwa 300 Mitglieder höchstens, und nur Bauern, die ortsansässig sind. Durch die örtliche Beschränkung erreicht sie es, daß die Mit= glieder, die durch Solidarhaft sehr verantwortlich aneinander gekettet sind, einander in der wirthschaftlichen Verwendung der Kredite voll= ständig kontroliren können. Die Raiffeisensche Kredit=Genossenschaft giebt nämlich eben Das, was ich den gebundenen Kredit genannt habe. Verzinsliche Geschäftsantheile giebt es dort nicht; lediglich für die Bildung des Reservefonds, bezw. der „Stiftungfonds", sowie für den bezahlten Rechner werden Theile des Jahresüberschusses zu= rückbehalten. Die Verwaltung ist unentgeltlich und die Leitung liegt thatsächlich oder formell vielfach in der Hand des Ortspfarrers und des Lehrers. Die sittliche Hebung der Mitglieder bildet einen Grundzweck dieser Darlehenkasse. Aus den Jahresüberschüssen wird allmählich der untheilbare „Stiftungfonds" angesammelt, der bestimmt ist, kommenden Generationen billigen, möglichst unentgeltlichen Kredit zu gewähren. Die einzelnen Darlehenskassen sind zu größeren Ver= bänden vereinigt. Eine Centralisation der bankmäßigen Geldverwal= tung und der geordneten Kassenrevision sowie der Rathertheilung ist theils organisirt, theils erstrebt. Diese Darlehenskassen haben sich rasch und weit verbreitet, namentlich am Rhein und am Main, in Südwestdeutschland, Thüringen, Schlesien; sie sind jedoch noch lange nicht eine allgemeine Einrichtung des deutschen Bauernstandes.

Es leuchtet nun sofort ein, daß bäuerliche Kreditgenossenschaften jeder Art, zwar nicht blos die Raiffeisenschen Darlehenskassen, aber doch gerade auch diese, durch die bauernschaftliche Realkreditorgani= sation nur gewinnen könnten und einer allgemeinen Ausbreitung zu= geführt werden würden. Jeder Bauer hätte bei seiner Realkredit= körperschaft für die Regel noch mehr oder weniger Verfügung über freien und gebundenen Realkredit. Diesen kann er ganz oder theil= weise — das Genossenschaftstatut kann einen bestimmten Theil obli= gatorisch festsetzen — seiner Genossenschaft abtreten, die ihrem eigenen

Personalkredit damit eine starke Sicherheit gäbe und selbst in die Lage käme, in dem von ihren Genossen abgetretenen Gesamtausmaße unkündbare, ordentlich tilgbare Kredite bei der Körperschaftkasse zu erheben. Der Personalkredit wird hierdurch mächtig gesteigert, die Geldnoth, welche in Krisen durch Kündigungen der Genossenschaftgläubiger jedenfalls möglich ist, wäre so gut wie ausgeschlossen, der Genossenschaftkredit unumstößlich gesichert. Für etwaige Garantie- und Vorschußhilfe in außerordentlichen Zeiten wäre ein sicherer Ausführungapparat gewonnen. Der Umstand, daß die Genossenschaft namentlich die kurzfristigen Realkredite vermitteln und die Kontrole der Verwendung an Stelle der Körperschaft übernehmen würde, wie schon der vorige Abschnitt es vorläufig angedeutet hat, würde es bewirken, daß die Genossenschaft auch den personellen Betriebskredit individuell richtiger beurtheilen und leichter gewähren kann. In der Genossenschaft kann das Ineinanderfließen von Real- und Personalkredit, das sonst so störend ist und der Wucherverstrickung Vorschub leistet, auf vollkommen gesunde Weise aufrechterhalten werden. Der Genosse hätte, so weit er bei der Körperschaft Deckung durch Realkredit giebt und geben kann, unkündbaren Kredit auch bei der Genossenschaft. Und kaum zweifelhaft ist es, daß die Genossenschaften in die Lage kämen, für allen Kredit, auch für denjenigen, welchen sie rein personell gewähren, durch unkündbare Schuldverschreibungen (Genossenschaftbriefe) Deckung zu finden; solche Schuldbriefe könnten solidarisch von allen Genossenschaften auf den Inhaber oder den Namen ausgegeben werden. Ferner könnte die an den körperschaftlichen Kredit angelehnte Kreditgenossenschaft jedes kapitalistischen Beisatzes entledigt werden; zur Einführung des Institutes der Geschäftsantheile auf Dividende wäre kein Anlaß gegeben. Wohl aber wäre der „Stiftungfonds" der Raiffeisenschen Kassen in Gestalt der Ansammlung untheilbarer Fonds, die in Nothstandszeiten außerordentliche Vorschüsse, Zins- und Tilgungstundungen gestatten, allgemein nachahmbar. Hiernach bildet eine körperschaftliche Organisation des bäuerlichen Realkredites wirklich die sichere Grundlage für die Verallgemeinerung der Personalkredit-Genossenschaft.

Umgekehrt würde diese wiederum allgemein zum Stützpunkt des Realkredites werden, sobald die Kreditgenossenschaften allgemein geworden wären. Diese würden auch den gebundenen Realkredit, namentlich den Betriebskredit vermitteln und zu Gunsten der Realkreditkörperschaft kontroliren. Die Körperschaft käme vielleicht selbst in die Lage, eine besondere örtliche Verwaltungverzweigung ganz entbehren zu können; die eingeschriebene Kreditgenossenschaft wäre ihr Lokalorgan geworden. Und ebenso wäre das Netz der Kreditgenossenschaften der stets bereite Apparat für die orts- und personalkundige Nothstandsselbsthilfe und für die Nothstandsaußenhilfe bis in das letzte Dorf hinaus.

Nun wäre die Kreditgenossenschaft zu einer allgemeinen Einrichtung geworden, was die Raiffeisensche Darlehenskasse nicht ist und nie ganz werden kann. Die allgemeine Ausbreitung der bäuerlichen Kreditgenossenschaft würde auch ohne Beitrittszwang stattfinden; denn wenn die unmittelbare Beleihung und Kontrole durch die Körperschaft umständlicher, unbequemer, kostspieliger wäre, so würde jedes Körperschaftmitglied, das in die Lage käme, über den Freikredit hinaus gebundenen Kredit in Anspruch zu nehmen, veranlaßt sein, einer Kreditgenossenschaft beizutreten. Es käme nur darauf an, hierfür eine Auswahl kreditgenossenschaftlicher Organisationformen zur Verfügung zu stellen. Auch das kann geschehen. Ich gehöre zu den wärmsten Freunden der Raiffeisenschen Darlehenskassen. Als die allein richtige Form des genossenschaftlichen Bauernkredites vermag ich sie dennoch nicht anzusehen.

Da ist es die Solidarhaftung, welche wohlhabendere Oekonomen von der Theilnahme an Genossenschaftskassen bis jetzt abhält und die Ausbreitung über den mittleren Bauernstand beeinträchtigt. Nun ist aber Solidarhaftung nur insolange erforderlich, als die Kreditgenossenschaft keinen körperschaftlichen Realkredit zum Stützpunkt hat; ist dieser vorhanden, so kann auch die beschränkte Haftbarkeit unbedenklich Platz greifen, was den wohlhabenderen Oekonomen den Entschluß zum Beitritt leicht macht. Unter der selben Voraussetzung werden die Kreditgenossenschaft = Unterbezirke auch etwas größer angelegt werden dürfen, was gestatten würde, auch außerhalb des Kreises der Landpfarrer und der Landlehrer die nicht auf sittenpolizeiliche Einmischung ausgehenden Vorstände zu suchen; es ist eben nicht Jedermanns Sache, in eine Kreditgenossenschaft, welche sich zum Sittenzuchtvereine ausgewachsen hat, einzutreten. Gebe man also in einem Gesetz über eingeschriebene bäuerliche Kreditgenossenschaften den Beitritt zu und die Wahl unter verschiedenen Kassenformationen nur immer frei, so wird sich die allgemeine Be=

theilung der Oeconomen auch an der freien Kreditgenossenschaft schon einstellen.

An die Kreditgenossenschaft lehnt sich jetzt schon sehr umfassend ein nicht für den Kredit berechnetes Genossenschaftwesen an. Auf die Raiffeisenschen Darlehenskassen stützen sich in Gestalt der „Untergenossenschaft" bäuerliche Vereinigungen zu gemeinsamer Betriebsführung für die verschiedensten Zwecke an: für gemeinsame Buttererzeugung und Käsebereitung, Milchabsatz (Moltereigenossenschaften), für gemeinsame Anschaffung von Maschinen, Geräthen, Vieh, Saatgut, Dünger, für gemeinsamen Absatz und für Zubereitung zum Absatz nach Sorten und im Großen. Dieses Genossenschaftwesen ist ganz dazu geschaffen, den Bauernstand von der Ausbeutung auch durch das Handelskapital in jeder Hinsicht frei zu machen. Nur muß die Möglichkeit der Betheiligung für den ganzen Stand hergestellt werden. Diese Möglichkeit wird jedoch durch die allgemeine körperschaftlich = genossenschaftliche Kreditorganisation des Standes wirklich geschaffen. Wäre diese einmal gegeben, so ist der Bauernstand befähigt, die Viehbestände auch bei Futternoth zu behaupten, dem Händler gegenüber als gewachsener Gegner überall im Preiskampf aufzutreten, wirthschaftlich zu kaufen und zu verkaufen, nur mit soliden Händlern und mit dem Großhandel in Verkehr zu treten. Wenn der Bauer dies jetzt nicht vermag, so trägt lediglich die hyperindividualistische Isolirung, der Mangel an standesgemeinschaftlicher Kredit= und Handelsorganisation die Schuld. Den rechtzeitigen Kauf und Verkauf im Großen und nach Sorten zu wucherfreien Preisen ermöglicht nur eine solche Organisation.

Genossenschaftlich oder in Eigenwirthschaft würden weiter die Mittel aufgebracht werden können, um Waagen zum Schutz gegen Gewichtbetrug, um Dresch= und Putzmaschinen anzuschaffen, um Einrichtungen für gemeinsame Sortirung, Lagerung, Verpackung zu treffen und schon die gelagerte Waare beleihbar und marktgängig zu machen.

Hiernach könnte das ganze bäuerliche Genossenschaftwesen nur gewaltig gewinnen.

6. Einige Ausführungsbestimmungen.

Der hier vertretene Vorschlag ist als beschränkt bäuerliche Agrarreform gedacht. Die Ausführung desselben verlangt daher eine praktische Abgrenzung zwischen dem bäuerlichen und nichtbäuerlichen Grundbesitz, des Eigenthumsbebauers gegen den Pachtbebauer. Zu der Körperschaft würden, da diese den auf dem Privateigenthum beruhenden Realkredit zu gewähren hat, selbstverständlich nur die Eigenthumsbauern zuständig sein; zu den Kreditgenossenschaften müßte auch den Pachtbauern der Zutritt eröffnet werden, was keinen Schwierigkeiten begegnen kann. Wie wäre die Grenzlinie zwischen bäuerlichem und nichtbäuerlichem Grundbesitz auf praktische Weise zu ziehen? Der maßgebende Grundsatz für diese Abgrenzung ist zweifelfrei gegeben. Wer selbst ohne angestellte Direktoren, Verwalter u. s. w. baut, ist Bauer; jeder Grundbesitzer, der durch Verwaltungsbeamte bebauen läßt, ist es nicht. Von dieser Auffassung aus wird man für jedes deutsche Land, für jede Provinz, für jeden Kreis der größeren Bundesstaaten leicht bestimmte Maße des Grundbesitzes festsetzen können, über welche hinaus die Landwirthschaft aufhört, bäuerlicher Art zu sein. Diese Maße brauchen nicht einmal für das ganze Land gleichmäßig festgestellt zu werden. Die Körperschaft kann sie in ihrem Statut für jeden Kreis des Landes besonders normiren und periodisch auch ändern. Volle Rechtsbestimmtheit über die Mitgliedschaftpflicht ließe sich also mit den besonderen örtlichen Verhältnissen durchaus in Einklang bringen.

Die Beitrittpflicht als eine blos bäuerliche angenommen, ergiebt sich für eine bauernschaftliche Organisation weiter die Frage: Soll die bauernschaftliche Kreditgestaltung eine allgemeine Reichs- oder eine besondere Landessache sein? Ich vermöchte mich nicht für eine allgemeine und zwingende Reichseinrichtung zu erwärmen. Die agrarischen Verhältnisse Deutschlands sind viel zu verschiedenartig, als daß sie nach einer Schablone zu behandeln wären. Jedes Land müßte die Sache nach seinen besonderen Verhältnissen ordnen. Das Bedürfniß nach den Wohlthaten bauernschaftlicher Kreditgestaltung ist länderweise ein viel zu ungleiches, als daß man warten sollte, bis von allen Seiten her eine Reichsorganisation verlangt wird. Jedes Land müßte für sich anfangen, wann es ihm beliebt. Auch die etwaige Garantie für körperschaftliche und genossenschaftliche Schuldbriefe wäre von den Ländern, nicht vom Reiche zu leisten; doch könnte ich einer Reichsgewährleistung im Allgemeinen aus den selben Gründen und unter den selben Bedingungen, nach welchen ich anderswo für eine Reichsgewährleistung der Pfandbriefe zum

Zweck nationaler Wohnungreform mich ausgesprochen habe, zu=
stimmen.

Von erheblich größerem Gewicht ist etwas Anderes: Die Reichs=
gesetzgebung hätte die Aufgabe, im Civilrecht die Bahn für eine
landesgesetzliche Regelung des körperschaftlichen Real=
kredites frei zu halten und die erforderlichen Normativbestim=
mungen für die eingeschriebenen Kreditgenossenschaften zu Stande
kommen zu lassen. Ich halte es für eine der obersten Aufgaben des
„Bundes der Landwirthe“, dafür zu sorgen, daß schon die Vorlage
des Bürgerlichen Gesetzbuches und des Einführungsgesetzes zu diesem
für die landesgesetzliche Normirung des agrarischen Kreditrechtes im
Sinne standeskörperschaftlicher und standesgenossenschaftlicher Aus=
gestaltung die Bahn freilasse. Auch was die dazu gehörigen Ein=
richtungen des Vollstreckungrechtes betrifft, wird die deutsche Land=
wirthschaft sich von jenen Fesseln frei zu machen und frei zu erhalten
suchen müssen, die im gemeinen Privat=, Prozeß= und Konkursrecht
der fraglichen Ausgestaltung des bäuerlichen Kreditrechtes jetzt ent=
gegenstehen und künftig nach Verabschiedung des Bürgerlichen Gesetz=
buches weiter entgegenzutreten drohen. Der erste Entwurf des
Bürgerlichen Gesetzbuches ist in der Kritik als zu romanistisch, als
zu wenig deutschprivatrechtlich, als zu wenig „germanistisch“ vielfach
angegriffen worden. Soweit ich als Nichtjurist ein Urtheil über
diese Angriffe mir zu bilden im Stande gewesen bin, habe ich in der
Hauptsache diesen Angriffen nicht beizupflichten vermocht. Nicht
darum handelt es sich, altes römisches oder altes ger=
manisches Privatrecht wieder von den Todten zu erwecken, welches
aus dem Schoße vergangener Geschichtepochen emporgewachsen ist,
vielmehr darum, für die Gegenwart und Zukunft nach eigenem Rechts=
bedürfniß, welches über jenes der römischen Kaiserzeit, geschweige
über dasjenige des deutschen Mittelalters so weit hinausgewachsen
ist, ein Recht zu schaffen, das der ganzen Landwirthschaft der Neuzeit
gerecht wird.

Neben der Freihaltung offenen Raumes für die bauerschaft=
liche Kreditorganisation innerhalb des bestehenden und kommenden
Civil= und Civilprozeßrechtes wäre ein Normativgesetz des Reiches
über eingeschriebene bäuerliche Kreditgenossenschaften wohl
nicht zu umgehen. In einem solchen Gesetze würden die bewährten
Grundsätze der Raiffeisenschen Darlehenskassen für die eingeschriebenen

landwirthschaftlichen Kreditgenossenschaften thunlichst festzulegen sein, jedoch mit Zulassung auch der beschränkten Haftbarkeit, welche zur Zeit nur deshalb für die Raiffeisenschen Darlehenskassen nicht zu empfehlen ist, weil diese Kassen den breiten Unterbau eines körperschaftlich organisirten Realkredites noch nicht besitzen.

Da die Organisation des ganzen bäuerlichen Kredites nicht reichseinheitlich zu gestalten wäre, so hätte jedes Land (jede Provinz) mindestens eine besondere Landes-Realkreditkörperschaft seines Bauernstandes, eine Realkreditbank mit Pfandbriefinstitut unabhängig zu errichten. Die Verfassung dieser Körperschaft würde vorzusehen haben: eine Generalversammlung, einen Verwaltungrath und einen Aufsichtrath. Die Bestätigung der Vorsitzenden des Verwaltungrathes durch die Regierung, auch die Ernennung einiger Mitglieder des Verwaltung- und Aufsichtrathes durch den Staat, die Bestätigung der Taxbeamten könnte wenigstens dann nicht beanstandet werden, wenn der Staat wirklich die Pflichten übernehmen soll, welche in den früheren Abschnitten als zulässig anerkannt worden sind. Im Uebrigen stände die Wahl der Aufsicht- und der Verwaltungräthe in periodischer Theilerneuerung den Generalversammlungen der Landeskörperschaft zu. Die Generalversammlung aber wäre aus den Generalversammlungen der körperschaftlichen Kreisräthe zu beschicken. Diese Kreisräthe gingen entweder aus direkter Wahl der bezirksangehörigen Körperschaftmitglieder oder aus der Entsendung seitens jener Ortskreditgenossenschaften hervor, denen nach der Begründung im vorstehenden Abschnitte die Lokalverwaltung des körperschaftlichen Realkredites, namentlich des gebundenen, so viel wie nur immer möglich zu übertragen sein würde. Diese können theils unmittelbar, theils mittelbar bestellt, durch die kreisangehörigen Bauern gewählt oder von den bäuerlichen Kreditgenossenschaften entsendet werden. Die Kreis-Bankverwaltung wäre so einfach und wohlfeil wie nur immer möglich einzurichten. — So ergiebt sich in verschiedentlich denkbarer Gestaltung der einheitliche Aufbau von der örtlichen eingeschriebenen Darlehenskasse aus bis zum Landesinstitut. Diesem ganzen Organismus wäre möglichst viel Selbstbestimmung, unbeschadet der Aufsicht des Staates über statutengemäße Geschäftsführung, einzuräumen. Möglichst viel wäre der praktischen Autonomie nach gemachten Erfahrungen zu überlassen. Möglichst wenig wäre reichs- und landesgesetzgeberisch festzulegen, desto mehr aber dem

Statutarbelieben der körperschaftlichen Landesorgane unter bloßer
Regierungsbestätigung zu überlassen.

7. Weitere Aufgaben der Agrarpolitik.

Hätte denn nun hiemit die Landwirthschaft hinsichtlich aller
ihrer Anliegen und gerechten Ansprüche wirklich eine vollständige
Organisation erlangt? Mit nichten! Es handelt sich weiter um
eine geregelte Vertretung der Landwirthschaft den Regierungen
gegenüber durch Landwirthschaftkammern, zweitens um Schutz des
bäuerlichen Eigenthums gegen Aufsaugung durch den Großgrundbesitz und durch das städtische Kapital, endlich drittens um den
Schutz auch der Pachtbauern gegen Ausbeutung. Es läßt sich jedoch
zeigen, daß auch in diesen drei Richtungen eine vollständige wirthschaftliche Organisation des Bauernstandes an dessen körperschaftlich-
genossenschaftliche Kreditverfassung sich anlehnen lassen würde.

Landwirthschaftkammern! Ich habe sie schon vor bald
zehn Jahren zusammen mit der körperschaftlichen Organisation des
bäuerlichen Realkredites öffentlich gefordert. Nachdem längst
Handels- und Gewerbe- oder vielmehr Industriekammern bestehen,
kann ja Niemand der Landwirthschaft ihre Kammern verweigern.
Es handelt sich nur darum, wie solche Kammern aufzubauen wären.
Etwa vom landwirthschaftlichen Vereinswesen und dessen Gau-
verbänden aus? Man wird wenig gegen eine solche Ausgestaltung
einwenden können. Oder durch unmittelbare Wahl aller bäuerlichen
und nichtbäuerlichen Landwirthe zusammen? Auch das ist möglich.
Oder theilweise von den körperschaftlichen und genossenschaftlichen
Kreditvereinigungen aus? Ich sage theilweise, da ja auch die nicht
bäuerliche Landwirthschaft unmittelbar eine Mitvertretung zu finden
hätte. Man würde einige Verwaltungräthe der Kreditorganisationen
sehr wohl zu den Kammern herbeiziehen und diesen hiedurch ein
festes körperschaftliches Rückgrat geben können. Doch muß ich es
mir versagen, auf diese Frage hier näher einzugehen.

Eine weitere Lücke läßt mein Vorschlag bezüglich der Pacht-
bauernschaft. Die vollständigste Realkreditorganisation schützt immer
noch nicht die Pächter gegen Ausbeutung. Denn der Pachtbauer kann,
da er sein Land nicht als Eigenthum bebaut, zur Kreditorganisation überhaupt nicht herbeigezogen werden. Er besitzt keinen Realkredit. Anscheinend wirkt nun der Mangel des Eigenthums wie ein Schutz, und man

hat ja auch, um der Hypothekennoth zu steuern, die allgemeine
Ueberführung des Grundeigenthums in Staatseigenthum zur Ver=
gebung an Zeitpächter empfohlen. Allein gerade in den Ländern
mit weit verbreitetem oder fast allgemeinem Zeitpachtbau sind die
agrarischen Zustände keineswegs beneidenswerth. Man beneidet da=
selbst vielmehr Deutschland, Belgien, die Schweiz, Nord= und Mittel=
frankreich um ihren so kräftigen Bestand von Eigenthumsbauern.
Und mit Recht! Denn wenn bei Zeitpacht die Ausbeutung der pro=
duktiven Arbeit im Realkreditverhältniß ausgeschlossen ist, so kann
dafür die Ausbeutung im Pachtverhältniß durch den Pachtherrn desto
schlimmer sein. Jene Ausbeutung, welcher namentlich bei kurzer
Zeitpacht der Pächterstand unterliegen kann und welcher er nament=
lich in Irland, bevor zu Anfang der achtziger Jahre die Gesetzgebung
daselbst eingriff, wirklich unterlag, ist dreifacher Art. Einmal ist sie
Pachtüberzahlung, weil ja die Konkurrenz der Pachtlustigen die
Pachtschillinge weit über den natürlichen Schwerpunkt des Pachtrein=
ertragwerthes hinauftreibt. Zweitens kommt sie aus der Unbe=
ständigkeit des Pachtverhältnisses, so daß der Pachtbauer,
wenn er sich nicht bis zur äußersten Grenze bei der Pachterneuerung
steigern lassen will, wie der Vogel auf dem Zweige sitzt. Drittens
besteht sie im unentschädigten Anfall der vom Pächter vorge=
nommenen Gutsmeliorationen an den Verpächter bei erfolgender
Pachtaustreibung. In Irland ist die Abstellung aller drei Au=
zapfungweisen verlangt und ist sie auch bis zu einem gewissen Maße
zu Stande gekommen. Dort findet sich die gerichtliche Zumessung
einer anständigen Pachtrente, bei welcher der Pächter bestehen kann,
sog. fair rent, sodann die Beständigkeit des Pachtverhältnisses durch
die Pachterneuerung zu Bedingungen, bei welchen der Pächter be=
stehen kann, sog. fixity of tenure, drittens die Entschädigung des
abtretenden Pächters für die durch ihn bewerkstelligte nachhaltige
Gutsverbesserung, sog. free sale. Das sind die drei f der neuen
Pachtreformpolitik Großbritanniens. Ob es für deutsche Verhält=
nisse passend wäre und zur Zeit schon gefordert ist, die gerichtliche
Erstreitung dieser drei f gesetzlich zu organisiren, lasse ich dahin ge=
stellt. Zwar wird die Thatsache, daß auch in Deutschland die Aus=
beutung mittelst Zeitpacht, namentlich Zeitzwergpacht, in leidig
scharfer und ausgedehnter Weise vorkommt, nicht wohl in Abrede
gestellt werden können. Auf der anderen Seite ist aber auch nicht zu

leugnen, daß in Deutschland bei dem großen Umfang von Staats-,
Gemeinde- und Stiftung-Domanialland auf mittelbare Weise viel
geschehen kann, um der Ausbeutung des Bauernstandes im Zeitpacht-
verhältniß entgegenzuwirken. Wenn in der Staatsfinanz-, in der
Gemeinde- und in der Stiftungverwaltung darauf gesehen wird,
solche Pachtschillinge einzuräumen, bei denen der Pächter bestehen
kann, und wenn im Uebrigen mehr auf die Qualität des Pächters
resp. auf die Instanderhaltung des Gutes durch Generationen guter
Pächterfamilien gehalten werden würde, so würde dem ganzen Pacht-
wesen die Richtung auf die drei f der neueren irischen Pachtgesetzgebung, auch ohne direkten gerichtlichen Eingriff, verschafft werden
können. Ich kenne manchen Fall, wo der Pachtherr jetzt schon bei
mehreren Pächtern, die einander steigern, nicht auf das höchste Pacht-
angebot, sondern auf die beste Hand sieht, wo er bei der Pachterneuerung der Pächterfamilie die Frucht ihrer auf das Gut verwendeten Sorgfalt nicht entzieht. Ich mußte aber andeuten, daß da, wo
die Zeitpacht zum höchsten Grade der Ausbeutung des Pachtland-
baues geführt hat, d. h. im Land der größten Verkehrsfreiheit, auch
die unmittelbare Abwehr der Ausbeutung sich Anerkennung verschafft
und sich nicht gerade als unausführbar erwiesen hat. Wenn das
Bedürfniß auch in Deutschland eintreten oder als jetzt schon vorhanden erwiesen werden sollte, so steht nichts im Wege, ebenfalls
für den unmittelbaren Eingriff, für fair rent, fixity of tenure und
free sale sich zu entscheiden. Für das agrarpolitische Programm,
welches angesichts der deutschen Bauernbundbewegung nicht vollständig genug aufgestellt werden kann, war wenigstens in Andeutungen
die Lücke auszufüllen. Offenbar würden die Organe bauernschaftlicher Kreditorganisation sehr wirksam zur Handhabung des Pächter-
schutzes herangezogen werden können. Die Taxatoren und Verwaltungräthe der Real- und der Personalkreditverbände würden das
geeignete vorzügliche Material für die Bestellung von Schutzorganen,
etwa von der Art der Kommissionen der irischen Landakte, abgeben.

Eine dritte Lücke wäre noch zu füllen. Eine weitere Schutz-
forderung zu Gunsten des Bauernstandes kann nämlich auf die Verhinderung der Auskaufung der Eigenthumsbauernschaft
durch den Großgrundbesitz und durch das städtische Kapital gerichtet
sein. Dieser Gefahr kann die Kreditorganisation unmittelbar nicht
vorbeugen; nur mittelbar, durch die Verhinderung massenhafter

Zwangsenteignungen zu Schleuderpreisen, würde die fragliche Kreditorganisation auch der Aufsaugung des bäuerlichen Eigenthums immer
und kräftig entgegenwirken. Besteht denn aber in Deutschland jetzt
schon die Gefahr solcher Auskaufung und damit die Gefahr der
Verwandlung der Eigenthumsbauern in Pachtbauern? Ganz unbedingt läßt sich diese Frage nicht verneinen. Es ist Thatsache, daß
die Gelder aus der Feudallastenablösung gerade vom fideikommissa-
rischen Großgrundbesitz in verschiedenen Theilen Deutschlands
dazu verwendet worden sind, bäuerlichen Grundbesitz aufzukaufen,
welcher dem Großbetrieb zuwuchs oder auf Pacht rentabel wieder
ausgethan wurde. Der deutsche Bauer steht gewissen Bauernkönigen da und dort mit einem mißtrauischen Trau! schau! wem?
gegenüber. Der steigende Kapitalreichthum in Handels- und In-
dustriekreisen kann sehr leicht dazu führen, daß ein noch viel stärkeres
Auskaufen des Bauernstandes auch künftighin stattfindet. Denkt
man daran, wie eine ähnliche Auskaufung im römischen Alterthum
Italien ins Verderben stürzte (latifundia perdidere Italiam!),
wie dann wieder in Italien zu Ende des Mittelalters, noch später in
England im 17. und 18. Jahrhundert, eine solche Aufsaugung stattgefunden, welche Italien und England die tiefsten agrarischen Mißstände bis zum heutigen Tag hinterlassen hat, so wird man auch in
Deutschland nicht ängstlich genug die Ausschau nach solcher Gefahr
halten können, obwohl sie zur Zeit nicht in dem Maße vorhanden
sein dürfte, um jetzt schon eine eingreifende Gesetzgebung zu erfordern. Das aber durfte hier nicht unangedeutet bleiben, daß auch
gegen die Auskaufung des heutigen bäuerlichen Besitzes im Bedürf-
nißfalle es an Mitteln nicht fehlen würde.

Diese Mittel bestünden in der Verpflichtung zum Rücken-
besitze (Bebauung und Verwaltung durch den Eigenthümer), in der
Erschwerung oder dem Verbot weiterer fideikommissarischer Anhäufung von Familiengroßgrundbesitz, endlich in der körperschaftlichen Verhinderung des weiteren Ueberganges von Bauernbesitz an
den der Körperschaft nicht angehörigen Großbesitz. Dieses Ueber-
gehen ließe sich wieder durch körperschaftliches Eingreifen in den
Güterhandel immer da, wo für ausgebotene Güter körperschaft-
pflichtige Käufer sich nicht finden würden, wohl erreichen. Die Körperschaft könnte derartige Güter unter beschränkter eigener und
hauptsächlicher staatlicher Haftung zu öffentlichem Eigenthum auf

22*

Verpachtung und baldigste Wiederveräußerung übernehmen, wie das für einen anderen Zweck, für die Ermöglichung thunlichst hoher Beleihung im Realkredit, bereits in Frage gekommen ist. Hierdurch würde nicht blos der dauernden Aufsaugung des Bauernstandes durch das städtische Kapital und durch den Großgrundbesitz selbst, sondern auch der vorübergehenden Aufsaugung durch Güterschlächter und „Hofmetzger", eine starke Schranke entgegengesetzt werden.

Die Körperschaft oder durch sie der Staat, der die zu bäuerlichem Eigenthumsbetrieb nicht anzubringenden Güter vorübergehend ins Eigenthum zu übernehmen hätte, liefe bei solcher Ausdehnung des Bauernschutzes sicherlich keine Gefahr. Die übernommenen Güter könnten zu Rentengütern gestaltet werden und die Pachtvergebung könnte planmäßig darauf eingerichtet sein, daß die Pachtbauern mit der Zeit zu Eigenthumsbauern sich auswachsen. Selbstverständlich wäre es hierbei nicht nöthig, die Bewegung des Grundbesitzes zum besten Wirth zu hindern. Bisher bäuerliche Grundstücke können durch Vermittelung der Körperschaft gegen nichtbäuerliche Grundstücke zu wechselseitigem Vortheil ausgewechselt werden, der Schutz des Bauernlandes gegen Auskaufung durch den ländlichen und städtischen Großbesitz ließe sich also ohne Beeinträchtigung der freien Bewegung jedes Grundstückes zum besten Wirthe durchführen. Da aber, wo schon jetzt der nicht bäuerliche Grundbesitz unverhältnißmäßig stark entwickelt und die Vermehrung des bäuerlichen Besitzes wünschenswerth ist, könnte umgekehrt aller bankerotte größere Grundbesitz aufgekauft und auf dem bezeichneten Wege in bäuerliche Renten- und Eigenthumsgüter verwandelt werden. Ich will diese weitere Einlassung der Bauernkörperschaften und des Staates wiederum nicht geradezu empfehlen; für riskant hielte ich sie nicht. Daß sie möglich ist, daß 'sie besonders mit Verwaltungbeihilfe des körperschaftlichen Realkredites leicht ausführbar wäre, daran wird kaum zu zweifeln sein. Je mehr in den Güterhandel regulirend eingegriffen werden könnte, desto weniger würden die Güterpreise in stärkerem Maße unter den Kapitalswerth des jeweiligen Bodenreinertrages sinken können. Wie die Beschränkung des Freikredites der Ueberzahlung, so würde die Uebernahme preisgedrückter Güter der Verschleuderung entgegenwirken, die Güterpreise würden eine größere Stetigkeit nach unten wie nach oben erlangen, was äußerst wünschenswerth wäre. Doch sei dies Alles nur angedeutet gegenüber

etwaigen weitergehenden Anforderungen an ein vollständiges Pro=
gramm praktischer Agrarpolitik.

8. Die großen Nebenwirkungen der Reform des bäuerlichen Agrarrechtes.

Die bauernschaftliche Kreditverfassung läßt scheinbar weitere
agrarpolitische Lücken offen. Sie bringt keine Anstalten zur Ver=
sicherung gegen allerlei Wirthschafts= und Familienunglück, sie geht
ferner dem Wucher nicht unmittelbar zu Leib, und sie hilft drittens
nicht auch dem nichtbäuerlichen größeren Grundbesitzer. Bei näherer
Betrachtung füllen sich jedoch auch diese Lücken sofort und von selbst.

Zuerst, was die Versicherung betrifft! Die ganze hier ver=
tretene Kreditorganisation körperschaftlich = genossenschaftlicher Art
würde sich als eine allumfassende Selbstversicherung gegen
Schaden jeder Art erweisen und bewähren. Nicht nur vom
Viehschaden, Hagelschaden und Mobiliarbrandschaden könnten sich die
Betroffenen mit dem ihnen hypothekarisch und nachhypothekarisch auf
angemessene Tilgung gewährten Kredit allgemein erholen. Auch
gegen den Verkauf von Vieh zu Schleuderpreisen und gegen dessen
Wiederankauf zu Seltenheitpreisen wäre die Sicherheit gegeben, da
bei Futtermangel, wenn auch zu etwas höheren Preisen, das
Futter rechtzeitig angekauft und das Vieh durch die Zeit der
Futternoth ohne Verkauf größtentheils würde durchgebracht werden
können; der körperschaftlich=genossenschaftliche Kredit würde hierzu
ausreichen und genossenschaftlich könnten die Anschaffungen zu Groß=
handelspreisen gemacht werden. Allein nicht blos Futtermißwachs,
sondern auch der Mißwachs jeder Art an Körnern, Obst, Wein, Tabak,
Hopfen fände in der körperschaftlich=genossenschaftlichen Kredit=
organisation die umfassende Selbstversicherung; mittelst seines Betriebs=
kredites würde jeder Oekonom unter raschen Tilgungen die fetten
und die mageren Jahre selbst ineinander ausgleichen. Die Wein=
und andere Handelspflanzengelände wären den hauptsächlichen Mühl=
stein, welcher beim Hauptschaden, dem Mißwachs, die Besitzer in die
Tiefe zieht und in böse Schulden verwickelt, nämlich die Besitzüber=
zahlung, vorweg los geworden. Die Selbstversicherung auf dem an=
gegebenen Wege wäre offenbar die einfachste und am Weitesten
reichende Sicherstellung gegen bäuerliches Betriebsunglück und nur
sie kann der allgemeinsten und häufigsten bäuerlichen Noth, der Noth

durch Mißwachs jeder Art, begegnen. Besondere Mißwachsver=
sicherungsanstalten sind kaum denkbar, jedenfalls nirgends versucht.

Körperschaftlich = genossenschaftliche Kreditorganisation könnte
aber auch der Anstaltversicherung, den Viehschaden=, Brandschaden=,
Hagelschaden= und dergleichen Kassen nur Vorschub leisten. Denn
durch die standesgemeinschaftliche Kreditorganisation würde es allen
Oekonomen leichter gemacht werden, an freiwilliger oder zwangs=
verbindlicher Unglücksversicherung theilzunehmen und weiter auch die
Prämien für jede Art von Personalversicherung, für Lebensversiche=
rung, Rentenversicherung, Ausstattungversicherung aufzubringen.
Das ganze anstaltliche Versicherungwesen würde also durch eine
solche Kreditorganisation den breitesten Stützpunkt erhalten.

Eine weitere gewaltige Sicherstellung, an welche kein anstalt=
liches Versicherungwesen herantreten kann, und zu welcher bisher
keine noch so wohlwollende Prozeßgesetzgebung hat gelangen können,
würde sich bezüglich der Gefahr der Zwangsenteignungen ergeben.
Zu den ganz sicheren Wirkungen der bauerschaftlichen Kreditorgani=
tion würde die stärfste Verminderung und eine große Milderung
der Zwangsenteignungen gehören. Zwar würde nicht alle Zwangs=
enteignung gegen den bäuerlichen Grundbesitz verschwinden; denn ein=
zelne Landwirthe, die den von Körperschaft und Genossenschaft ge=
währten Kredit unwirthschaftlich verwenden, die faul und ungeschickt
wirthschaften und daher den Verbindlichkeiten gegen Körperschaft und
Genossenschaft nicht nachkommen können, würde es immer geben.
Allein die Zahlungsunfähigkeit in Folge jener persönlichen Verbrauchs=
und anderer Leichtsinnsschulden, mit denen der Wucher jetzt umfassend
operirt, wäre zu Lebzeiten des Schuldners ausgeschlossen. Die große
Masse aller unmittelbar oder mittelbar aus Besitzüberzahlung ent=
stehenden Ueberschuldungen würde weggefallen sein. Die an die
Wohlthaten des körperschaftlich=genossenschaftlichen Kreditanspruches
geknüpfte, allgemeine und nach dem Tempo der Kapitalrotation be=
messene Tilgung sämmtlicher Kredite würde dem sorglosen Wirth=
schaften ganz allgemein einen starken Zügel anlegen. Es könnte also
nicht fehlen, daß die Zahl der Zwangsenteignungen sich ganz gewaltig
vermindern würde. — Zur Minderung käme aber auch die Milderung
in der Zwangsenteignung. Nur noch Körperschaft und Genossen=
schaft könnten die Zwangsenteignung herbeiführen; sie wären in
der Lage, solchen Schuldnern, welche es verdienen, die fälligen Ver=

bindlichkeiten zu stunden. Den Körperschaften und Genossenschaften wäre jeder Antrieb zur gewinnsüchtigen Herbeiführung von Zwangs= enteignungen fremd.

Wäre denn aber, und damit berühre ich eine weitere scheinbare Lücke, der Wucher bekämpft? Eine unmittelbare Verfolgung des Wuchers läge allerdings in der vorgeschlagenen Organisation nicht. Dagegen wäre dem Wucher mächtig vorgebeugt und das Wucher= treiben erkennbarer gemacht. Die Bekämpfung des Wuchers durch die Gerichte würde größtentheils gegenstandslos werden, weil den Wucherern die Pfiffe und Schliche mittelbar fast ganz gelegt wären, und weil der Rest fortbetriebenen Wuchers weit weniger sich ver= schleiern könnte. Ohne weitschweifige Wuchergesetzgebung kämen die gerechten Beschwerden, welche jetzt den bekannten Agrar=Antisemitismus erzeugen, von selbst in Wegfall. Was ist nicht Alles zur Wucher= gesetzgebung vorgeschlagen?! Das Verbot der Viehleihe, die Ab= schaffung der Wechselfähigkeit der Bauern, die Entschädigung des Bewucherten durch den Wucherer, das allgemeine Verbot des sog. Weinkaufes beim Güterhandel (Reuefrist für den betrunken gemachten bäuerlichen Käufer und Verkäufer), das Dazwischentreten öffentlicher Beamten bei allen Geschäften, welche erfahrungsmäßig zum Wuchern benutzt werden, sowie schriftliche Niederlegung der betreffenden Ver= träge, Verfolgung der Güterschlächterei u. s. w. Nun, alle diese Maßregeln unmittelbarer Wucherbekämpfung würden nach Durch= führung der körperschaftlich = genossenschaftlichen Kreditorganisation so gut wie überflüssig und gegenstandslos werden, und jene Vorschläge des Antisemitismus würden von selbst hinfällig geworden sein.

Eine letzte Lücke scheint mein Vorschlag dadurch übrig zu lassen, daß er nur den bäuerlichen Grundbesitz zur standesgemeinschaftlichen Selbsthilfe heranzieht, nicht auch den größeren Grundbesitz. Diese Lücke erscheint auf den ersten Blick um so bedenklicher, als wenigstens nach den Hypothekenbüchern der größere Grundbesitz stärker verschuldet erscheint als der mittlere, und der mittlere stärker als der kleinbürgerliche Grundbesitz. Gewißheit über den verschiedenen Verschuldungsgrad des großen, mittleren und kleinen Grundbesitzes besitzt man nun freilich immer noch nicht; wenn die Realverschuldung des Kleinbesitzes eine geringere ist, wird seine Personalverschuldung wohl eine erheblich größere sein. Allein wie dem auch sein möge, so wird die bauerschaftliche Kreditorgani=

sation dennoch selbständig auszugestalten sein; schon die genossen=
schaftliche Kontrole des gebundenen Kredites würde dem Großgrund=
besitz gegenüber erhebliche Schwierigkeit darbieten. Man wird auf
die Beitrittspflicht der Großgrundbesitzer Verzicht leisten müssen.
Den freien Beitritt zu den bäuerschaftlichen Krediteinrichtungen kann
man ihnen jedoch gestatten, allerdings unter der Bedingung, daß der
Wiederaustritt nur nach erfolgter Tilgung aller bei den bäuerlichen
Kreditkassen genommenen Kredite erfolgen dürfe.

9. Der Uebergang zum vorgeschlagenen Agrarrecht.

Schließlich bliebe nur noch eine große praktische Grundfrage
der zu schaffenden körperschaftlichen Realkreditorganisation zur Er=
ledigung übrig: die Möglichkeit des schonenden Ueberganges
in den neuen Rechtszustand.

Schonung gegen das ordentliche Leihkapital ist nun glück=
licherweise gar nicht erforderlich; denn die Privaten, die Stiftungs=
fonds, die Kapitalansammlungen der Versicherunganstalten, die
Sparkassen u. s. w. würden in den Körperschaftpfandbriefen min=
destens vollständigen Ersatz der jetzigen Ausleihungen finden. Die
Hypothekenbanken behielten das Feld der Beleihung des städtischen
Grundbesitzes und des ländlichen Großgrundbesitzes nach wie vor zur
Besetzung frei. Es müßte also keineswegs eine allgemeine Auflösung
der jetzigen Realkreditinstitute erfolgen. Soweit aber die Liqui=
dation nothwendig werden würde — dies wäre wohl mehr für
mittlere und kleinere Realkreditinstitute der Fall —, wäre ja zur
Unterbringung des Personals in gesicherter Stellung bei den neuen
körperschaftlich=genossenschaftlichen Verwaltungen Raum genug vor=
handen; das geschulte Personal würde für diese Verwaltungen sogar
äußerst willkommen sein. Das Kapital der liquidirenden Kassen und
der sonstigen nicht wuchernden Privatgläubiger wäre nicht nur nicht
gefährdet, sondern mehr gesichert, sofern die beliehenen Güter,
welche achtzig Prozent des Ertragswerthanschlages bei der Liqui=
dation nicht erlösen, zeitweilig zu diesem Werthe in öffentliches
Eigenthum übernommen werden würden; nur wenige Unterpfand=
gläubiger werden in erster und zweiter Hypothek so viel gegeben
haben. Verlieren würden sie mindestens nicht mehr, als sie auch
unter dem jetzigen Kreditrecht zu verlieren jederzeit bedroht sind.
Ein künstlicher Druck auf die Güterpreise würde von der Einführung

der Institution wegen der sofort zu erörternden Schonung der aus dem alten Recht überschuldeten Grundbesitzer nicht ausgehen.

In der That würde die Schonung der Landwirthe, die unter dem jetzigen Kreditrecht sich überschuldet haben, eine große Behutsamkeit des Ueberganges erfordern. Würde man nämlich den ganzen bäuerlichen Grundbesitz plötzlich und auf einmal unter das neue Recht stellen, so würden alle jetzt überschuldeten Grundbesitzer bei der Liquidation Bankerott machen; ihr jetzt schon latenter Bankerottzustand würde plötzlich gerichtsfällig werden. Und zwar in verschärfter Weise; denn bei der großen Zahl überschuldeter Existenzen, deren Güter auf einmal unter den Hammer kämen, würde ein Druck auf die Güterpreise für längere Zeit stattfinden, und bedeutender Verlust an dem gutgläubig der Kreditgebung zu Grunde gelegt gewesenen vollen Ertragwerthanschlage würde sich ergeben. Für diese Güterentwerthung müßte der Staat aufkommen, wenn die Gesetzgebung den Uebergang überhasten würde, was dann aber zur Folge hätte, daß der Wucher= und der Leichtsinnskredit mit abzulösen wären. Man muß daher einen Weg des Ueberganges aufsuchen, welcher einen zeitweisen allgemeinen Druck auf die Güterpreise nicht bewirken kann. Ein solcher Weg ist unschwer zu finden.

Der Uebergang fände so sicher wie schonend statt, wenn zwei Uebergangsbestimmungen getroffen werden würden. Die eine Bestimmung hätte dahin zu gehen, daß Güter und Gutstheile, welche bisher nicht über den Freikredit, d. h. etwa über 40% des Ertragwerthanschlages hinaus, verschuldet sind, dem neuen Kreditrecht sofort unterstehen. Durch die andere Bestimmung wäre die Verfügung zu treffen, daß erst aus Anlaß des Besitzwechsels unter Lebenden und von Todeswegen die Güter und Gutstheile unter das neue Kreditrecht durch Liquidation zu stehen kommen. Die allgemeine Einführung der neuen Realkreditorganisation würde hiernach gleichmäßig fortschreitend binnen einer Generation, ohne jegliche Gefahr einer allgemeinen Erschütterung der Güterpreise, sich vollziehen.

Die weitere Frage wäre jedoch die, ob der Bauernstand von den Grundursachen seiner Einzeln= und Masseneleiden nicht rascher befreit werden kann. Daß er davon so rasch wie möglich befreit werden soll, damit er gesunde und damit alles zum Haß Berechtigte wie selbst Gehässige, was in agrarischer und antisemitischer Agitation die Gegenwart bewegt und erregt, aus unserem politischen und wirth=

schaftlichen Nationalleben verschwinde, darüber kann ein Zweifel nicht wohl bestehen.

Ueber die Maßregeln eines beschleunigten Ueberganges läßt sich nun freilich erst dann etwas Bestimmtes und Positives sagen, wenn man den Grad, die Art und den Umfang der heutigen Verschuldung auf dem Lande genau kennt. Bis jetzt ist hierüber, wie schon bemerkt, Genaues nicht bekannt und nur mit allem Vorbehalt läßt sich daher über die fraglichen Maßregeln reden. Nehme man vor Allem die Statistik der Realkreditverschuldung des ländlichen Grundbesitzes nach Prozenten des Ertragwerthanschlages auf, damit auf sicheren Grundlagen die Entscheidung getroffen werden kann!

Diese Maßnahmen an sich liegen dann nahe. Es handelt sich wahrscheinlich um eine neue Ablösungsgesetzgebung. Nachdem die Statistik der Realkreditverschuldung aufgenommen wäre, würde sich überblicken lassen, welche Garantieopfer es den Staat kosten würde, um auch den über den Freikredit hinaus bereits verschuldeten Grundbesitz der Wohlthaten des neuen Kreditrechts, sei es fakultativ, sei es obligatorisch, alsbald theilhaftig zu machen. Man braucht dann nur auch jenen Grundbesitz, der bis an die Grenze des künftigen ordentlichen Realkredits, d. h. bis zu etwa 80 Prozent des Ertragwerthanschlages, jetzt schon verschuldet ist, dadurch unter das neue Kreditrecht zu stellen, daß man unter Garantie des Staates ihm nachhypothekarischen Kredit bei der Körperschaft mit der Bedingung der allmählichen Tilgung des Gesammtkredits eröffnen würde. Das Opfer wäre vielleicht nicht zu groß. Jene außerordentlichen Aufwendungen, welche der Staat in der Ablösungsgesetzgebung von 1848 für die Befreiung des Bauernstandes von der alten Unfreiheit gebracht hat, sind wohl weit bedeutender gewesen, als aller Wahrscheinlichkeit nach die Opfer sein würden, die jetzt nöthig wären, um die Ueberschuldung aufzuheben.

10. Andere Programme der Agrarpolitik.

Es fragt sich nur noch, wie die hier vertretenen Vorschläge zu den übrigen agrarpolitischen Forderungen der deutschen Gegenwart sich stellen. Diese Forderungen gehen hauptsächlich: auf die Schaffung von Rentengütern im Osten, auf fakultatives, und wie in Deutsch-Oesterreich, auf obligatorisches Anerbenrecht, auf die Errichtung von Heimstätten, auf die Entwickelung der landwirthschaftlichen Versicherung, auf die Seuchengesetzgebung, endlich auf Wiederherstellung des zolltarifarischen und eisenbahntarifarischen Agrarhochschutzes, wie er im Zeitraum der Jahre 1879 bis 1891 entwickelt und geübt worden ist. Nun hat sich mit Ausnahme des Agrarzollschutzes bereits ergeben, daß die hier vertretene agrarpolitische Grundmaßregel mit allen gedachten Forderungen grundsätzlich auf einem und dem selben Boden steht und daß sie deshalb die gedachten Maßregeln theils verstärkt, theils überflüssig macht, ohne doch irgendwie zu bevorzugendem altem Erb= und Agrarrecht zurückzukehren und ohne die Freiheit des Güterverkehrs oder die Freitheilbarkeit zu beeinträchtigen. Mit dem Anerbenrecht, mit der Rentengüterbildung, mit der Schaffung von Heimstätten hat sie den Grundzweck gemein, der Ueberzahlung und unproduktiven Verschuldung der Eigenthums= und der Pachtbauern vorzubeugen. Nur erreicht die fragliche Maßregel allgemein und dennoch ohne Zwang diesen Zweck auch vollständig. Sie fügt eine reiche Entfaltung des gebundenen Kredits neben dem freien Kredit, sowie die ununterbrochene allgemeine Schuldentilgung hinzu. Hätte man schon die körperschaftlich=genossenschaftliche Kreditorganisation, so könnte man das fakultative und obligatorische Anerbenrecht, dessen Schattenseiten ich bereits angedeutet habe und dessen Unanwendbarkeit für ganz Süd= und Mitteldeutschland wohl außer Frage steht, im Nothfall auch ganz entbehren. Welche gewaltige Förderung und Ausdehnung für die Selbstversicherung im allerweitesten Umfang sowie für Anstaltversicherung erreicht werden könnte, welche Vereinfachung für die Wuchergesetzgebung und für die Wucherjustiz sich ergeben würde, welche Minderung und Milderung des heutigen Zwangsenteignungswesens eintreten müßte, das ist des Näheren bereits nachgewiesen. Aber auch die tiefe Spaltung, welche durch den Agrarhochschutz in unser nationales Leben gekommen ist, läßt sich auf diesem Wege, und ich glaube, nur auf diesem Wege, in Versöhnung und Frieden auflösen, zum Frommen nicht weniger der Landwirthschaft als der Industrie und des Brot essenden nichtlandwirthschaftlichen Publikums.

Ich lasse hier die Aufhebung des Identitätnachweises für die Wiederausfuhr des Getreides, sowie die Staffeltarife der Eisenbahnen bei Seite. Beide Einrichtungen bilden den Zankapfel zwischen unseren eigenen Landwirthen im Osten und jenen im Westen; die west= und südwestdeutsche Landwirthschaft könnte diese Maßregeln meines Erachtens ertragen, sobald sie sonst in günstigerer Lage sich befände, und den Seestädten des Nordostens möchte ich beide Vortheile gönnen. Allein der Zollhochschutz gegen die russische und gegen die überseeische Konkurrenz ist es, was zum Agrarhochschutz gedrängt hat und zum Festhalten daran antreibt. Und in dem Zustande der Ueberschuldung, in welchem die deutsche Landwirthschaft den Ueberfall durch amerikanisches, russisches und indisches Getreide erlitten hat, ist dieser Drang zum Agrarhochschutz begreiflich. Angesichts der verstärkten Verschuldung, die seitdem eingetreten ist, darf an die weitere Herabsetzung der Agrarzölle nicht so bald gedacht werden. Eine dauernde Hilfe kann aber der Zollhochschutz demjenigen Theil der Landwirthe, welcher seiner bedarf, dennoch nicht bringen; bei der fortdauernden Pacht-, Erb- und Kaufüberzahlung der Güter steigern sich die Schulden vielmehr noch weiter um den Kapitalwerth jenes Reinertrages, welchen die durch den Zollschutz gesteigerten Inlandspreise bewirken. Schutz kann doch nur darin gefunden werden, daß der Grundbesitz die nöthigen freien Kreditreserven sich verschaffe und wieder verschaffe, die es ihm dann gestatten, theils durch intensiveren, kapitalreicheren Betrieb den alten Stand der Rente mindestens zu behaupten, theils bei unveränderten und unveränderbaren Betrieben verharrend, das Sinken der Landrente ertragen und die Güterpreise sofort den neuen Konjunkturen anpassen zu können. Diese positive und negative Anpassungsfähigkeit muß die Landwirthschaft erlangen, um die dem Recht auf Einheimsung der guten Konjunktur gegenüberstehende Pflicht alles produktiven Besitzes, auch die nachtheilige Konjunktur auf sich zu nehmen und die Nation davon zu entlasten, wirklich erfüllen zu können.

Das ist die widerstandsfähige Ausrüstung, die auch ohne hohen Schutzzoll den Wechselfällen der Weltmarktkonjunkturen immerfort gewachsen bleibt und keine Blöße läßt! Diese Rüstung kann nur durch unaufhörliche Wiederherstellung freier Vermögens- und Kreditreserven erlangt und bewahrt werden. Die Grundmaßregel hiefür aber ist und bleibt eine vollständige, allgemeine körperschaftlich-genossenschaftliche Organisation des Kredites, eine Organisation, welche den Besitzerwerbungskredit einschränkt, die übrigen Kredite in der Verwendung bindet, allen Kredit aber nach Maßgabe des Wiederhereinkommens jeder Verausgabungsweise angelegentlich tilgt. In dieser Rüstung vermag der Grundbesitz selbst ohne jeglichen Schutz-

zoll ungünstige Konjunkturen zu ertragen und die beharrliche Anpassung der Güterpreise an die abnehmende wie an die steigende
Landrente durchzuführen. Daher wäre nach meinem Dafürhalten
gerade die allgemeine körperschaftlich=genossenschaftliche Kreditorganisation geeignet, die handelspolitisch jetzt so sehr gespaltene Nation
in der Zeit bis zum Ablauf der neuesten Handelsverträge wieder
einig werden zu lassen.

Das Hauptergebniß der angestellten Erwägungen wird dieses
sein: die ewige Abhängigkeit der Landwirthschaft von der Gunst und
Ungunst der Natur, von der Weltmarktkonjunktur, von dem Futtermangel, dem Körnermißwachs, dem Hagel= und dem Viehschaden, der
Auslandskonkurrenz kann kein Mensch aufheben. Aber die Noth aus
solchem Schaden kann man durch kreditmäßige Ausgleichung
zwischen den Erträgen der fetten und der mageren Jahre
vollständig ausschließen. Man kann es erreichen, daß die körper-
schaftlich=genossenschaftliche Rüstung des Bauernstandes keine Oeffnung mehr hat, an welcher der Leih= und Handelswucher sich an-
saugen könnte. Die Nothstandszeiten wären nun wirklich schon durch
die Gutstandszeiten überwunden, die Ungunst der Natur wäre durch
die Wirthschaftkunst des solidarisch verbundenen Bauernstandes
matt gesetzt. Es geschähe dies lediglich durch den endlichen Bruch
mit dem ultraliberalen, den Bauer isolirenden, daher der Noth und
der Nothausbeutung preisgebenden Laissez faire, laissez aller, durch
den Bruch mit dem agrarrechtlichen — Manchesterthum.

Kern- und Zeitfragen der Socialpolitik.

Begriff der Socialpolitik.

Socialpolitik? Eines der gebrauchtesten, aber auch mißbrauch-
testen Worte im gemeinen Sprachschatz unseres Zeitalters. Was
besagt es? An sich umfaßt Socialpolitik alles Einwirken des Staates
auf den Gesellschaftskörper, also alle, wenigstens alle innere Politik.
So meint es der Sprachgebrauch mit seinem elastischen Worte Socialpolitik gleichwohl nicht. Wo von letzterer die Rede ist, denkt man

stets daran, den Massen der „kleinen Leute" den Daseinskampf zu erleichtern, diese Massen namentlich im Kampfe mit der neuzeit= lichen Besitzübermacht gegen Verkümmerung und Ausbeutung zu schützen. Zu schützen — wodurch? In erster Linie dadurch, daß man diesen einzeln schwächeren Kräften das Recht der Vereinigung zu einer der Besitzübermacht gegenüber ebenbürtigen Gesammtmacht ver= schafft und wahrt, was weitaus das Bedeutsamere ist; in zweiter Linie dadurch, daß man dieselben zur vereinten Selbstfürsorge thun= lichst nur aus eigener Kraft ermuntert und, soweit nöthig, sogar zwingt.

Die Socialpolitik in diesem Sinne ist Nichts, was erst unserer Zeit angehören würde. Jede Zeit hatte ihre Socialpolitik, unsere Zeit hat sie in ihrer besonderen Weise. Doch sollen hier die Reformen an der älteren Socialpolitik zur Seite liegen bleiben und Kernfragen der neuesten Socialpolitik sollen auch nur insoweit, als sie ihre Lösung nicht schon gefunden haben, ins Auge gefaßt werden: dem Arbeiter= schutz, der Arbeiterversicherung, der Arbeitervertretung gebührt hier= bei besondere Beachtung. Bezüglich der Möglichkeit umfassender Ab= hilfe gegen die Wohnungsnoth der kleinen Leute in rasch wach= senden Städten und anderen Bevölkerungscentren verweise ich auf meine in der „Zukunft" 1893 erschienene „Nationale Wohnungsreform unter Reichsgarantie".

Der Arbeiterschutz.

1. Berechtigung und Umfang des Arbeiterschutzes.

Unter Kaiser Wilhelm I. und Fürst Bismarck stand eine Epoche machende, an Großartigkeit alles Bisherige übertreffende Social= politik im Zeichen der allgemeinen, zwangsweisen Arbeiterversiche= rung. Durch Kaiser Wilhelm II. ist sie unter Mitwirkung des Papstes Leo XIII. auf der denkwürdigen Berliner Konferenz in das Zeichen des Arbeiterschutzes übergeleitet worden. Beim Scenenwechsel ist keine geringere Erscheinung als Fürst Bismarck, welcher mit dem Arbeiterschutz so ängstlich als mit der Arbeiterversicherung kühn ge= wesen ist, in der Versenkung verschwunden. Diese Wendung der Socialpolitik läßt an die Wissenschaft vor Allem die Anfrage er= gehen: ist es wahr, daß die Staatskunst sich hiemit auf eine Bahn gefährlicher Abenteuer und gewagter Experimente begeben, oder daß sie ein Problem angefaßt hat, gegen welches die Arbeiterversicherung des Fürsten v. Bismarck ganz unbedeutend wäre? Der Parteigeist, der das Strahlende zu schwärzen liebt, gibt sich zur Zeit noch theilweise einer Darstellung hin, welche die Bedeutung der Arbeiterversicherung verglichen mit derjenigen des Arbeiterschutzes verkleinert. Solches geschieht unseres Erachtens mit Unrecht. Das Werk, in Deutschland im Arbeiterschutz das nachzuholen, womit andere Nationen vorausgegangen sind, und im Interesse des internationalen Konkurrenzgleichgewichtes einen international gleichmäßigen Arbeiterschutz herbeizuführen, dieses Werk kann gar nicht genug anerkannt werden, und zur „Arbeiterversicherung" bildet der „Arbeiterschutz" das sachgemäße Seitenstück. Hochbedeutsam sind beide. Zur Aufregung aber über ein angebliches Spielen mit dem Feuer der socialen Revolution ist auch in Hinsicht auf den Arbeiterschutz keinerlei Anlaß gegeben. Was Kaiser Wilhem II. auf der Berliner Konferenz im März 1890 und in der Gewerbeordnungsnovelle des Handelsministers von Berlepsch zur Geltung zu bringen suchte und sucht, das steht vereinzelt in England, in Oesterreich, in der Schweiz mehr oder weniger schon in Geltung. Die Verallgemeinerung von schon Bewährtem ist es hauptsächlich, was in Frage kommt, und die neuen Zuthaten sind weit davon entfernt, etwas darzustellen, was wie Socialrevolution von oben aussieht. Die Politik der Kaiserlichen Erlasse vom 4. Februar 1890 und der v. Berlepsch'schen Novelle hat sich in keiner Weise dem Radikalismus verschrieben. Eine ruhige Würdigung aller Thatsachen wird die Nichtigkeit auch dieser Ansicht unwiderleglich erweisen.

Der Arbeiterschutz ist nicht überhaupt neu, sondern wird seit alter Zeit geübt, was alsbald näher bescheinigt werden wird. Die besonderen Maßnahmen unserer Zeit im Arbeiterschutz sind nur die Fortsetzung und Weiterbildung des Arbeiterschutzes nach den besonderen Schutzbedürfnissen unserer kapitalistischen, großindustriellen Epoche. Im Wesen ist dieser neueste, theilweise durch besondere Organe (Gewerbeinspektorate) geübte Schutz dasselbe, was aller bisherige Arbeiterschutz war und ist, nämlich Herstellung und Handhabung einer Rechtsordnung, welche es hindert, daß die Uebermacht des Besitzes in gewisse Vernichtungen, Unterdrückungen, Verkümmerungen und Ausbeutungen der dienenden Arbeit auslaufe. Die Gefahr, daß dieses geschehe, und die Art, wie es geschehen kann, ist in jeder Zeit, in jedem Erwerbszweig, bei jeder Betriebsweise eine verschiedene. Deshalb können auch Ziele, Mittel und Organe des Arbeiterschutzes nicht immer und überall und durchaus dieselben sein.

Der Arbeiterschutz unserer Zeit ist hauptsächlich der Arbeit im kapitalistischen Theil des Gewerbe- und Handelsgroßbetriebes zugewendet und betrifft theils die Zulässigkeit, Zeitausdehnung, Ruhegewährung in der Verwendung von Arbeitskräften (Verwendungsschutz), theils die Sicherstellung von Leben, Gesundheit, Sittlichkeit, Jugendunterricht gegen die Betriebsausbeutung der Arbeitskräfte (Betriebsschutz), theils die Sicherstellung gegen Ausbeutung im Zahlungs- und Lieferungsverkehr des Arbeitgebers mit dem Arbeitnehmer (Verkehrsschutz, Truckschutz).

Der Arbeiterschutz richtet sich nach dem besonderen Grade der Schutzbedürftigkeit für die verschiedenen Arbeiterkategorieen. Er ist daher in erster Linie Arbeitsschutz für die Kinder, jugendlichen Arbeiter und Frauen, welchen dann freilich, soweit ihre Verwendung überhaupt zulässig ist, aller den erwachsenen Männern gewährte Schutz weiter zuwächst.

Die Begriffe Kinderarbeit, Jugendarbeit, Frauenarbeit haben in der neueren Arbeiterschutzgesetzgebung eine schärfere Ausprägung erfahren, welche man kennen muß. — Die „jugendliche Arbeit" erlaubt, aber beschränkt — liegt zwischen der in gewissen Gewerbszweigen unerlaubten Kindheitsarbeit und der erlaubten, entweder nicht oder in geringerem Grade beschränkten Erwachsenenarbeit in der Mitte und ist innerhalb der Altersunter- und der Altersobergrenze theils „Kinderarbeit", theils Arbeit der „jungen Personen".

Die Altersuntergrenze, welche die unerlaubte Kindheitsarbeit von der ersten der zwei Stufen erlaubter aber beschränkter Jugendarbeit, nämlich von der Kinderarbeit trennt, ist in südlichen und nördlichen Industrieländern verschieden normirt. In Italien fällt sie bis jetzt auf das zurückgelegte neunte Lebensjahr; in England, in Frankreich (für Textil-, Papier- und Glasindustrie), in Dänemark, in Spanien, in Rußland und in den meisten industriellen Staaten der nordamerikanischen Union auf das zurückgelegte zehnte Jahr; in Deutschland bis jetzt, in Frankreich (für den allgemeinen Fabrikbetrieb, für Werkstätten-, Hüttenwerks-, Bauhofbetrieb), in

Oesterreich, Schweden, Holland, Belgien (Gesetz von 1889) auf das
zurückgelegte zwölfte, in Deutschland künftig (nach seinem Vorgang
anscheinend bald auch in Frankreich), auf das zurückgelegte drei=
zehnte, in der Schweiz auf das zurückgelegte vierzehnte Lebens=
jahr. Das allgemeine Fabrikarbeits=Minimalalter von 14 Jahren,
nach dem Wunsche der Schweiz, ist auf der Berliner Konferenz nicht
durchgedrungen. In Deutschland scheitert es bis jetzt, wie es scheint,
wesentlich daran, daß in Sachsen und sonst die Schulpflicht nicht
voll bis zum Alter von 14 Jahren reicht. Die Berliner Konferenz
(März 1890) hat für das zurückgelegte zwölfte Lebensjahr votirt,
mit Zulassung von zehn Jahren für die klimatisch frühreife Jugend
südlicher Länder. Für besonders benannte schädliche Betriebe reicht
der Minimalaltersschutz beträchtlich höher hinauf: auf das 14. Jahr
für Knaben in der Kohlenindustrie nach den Beschlüssen der Berliner
Konferenz. Die Altersobergrenze der Fabrikjugend bildet theils das
Alter von 14 Jahren in den südlichen Ländern (für diese auf der
Berliner Konferenz anerkannt), theils das Alter von 16 Jahren in
Deutschland und Oesterreich, auch in Frankreich (bezüglich der
Maximalarbeitsdauer), theils das Alter von 18 Jahren: in Groß=
britannien, in der Schweiz, in Dänemark, anscheinend bald auch in
Frankreich. Bezüglich der Nachtarbeit und der schädlichen Arbeit
geht — namentlich für Arbeiterinnen die Obergrenze noch höher
(21 Jahre). Alle Arbeitsgehilfen zwischen der Altersunter= und der
Altersobergrenze zulässiger Beschäftigung heißen, wie schon bemerkt,
„jugendliche" Arbeiter. Dieselben zerfallen in einer Reihe von
Staaten in „Kinder" und in „junge Personen", indem sich zwischen
der Unter= und der Obergrenze eine Scheidelinie gezogen findet.
Diese Scheidelinie ist in Deutschland, Oesterreich, Schweden, Däne=
mark, künftig wohl für alle auf der Berliner Konferenz vertreten
gewesene Staaten das Alter von 14, für südliche Länder von 12 Jahren.
„Kinder" im Sinne des Arbeiterschutzes sind hienach die „Kinder"
von 12 (Deutschland künftig 13, Großbritannien bisher 10) bis
14 Jahren; „junge Leute" sind die jugendlichen Arbeiter von 14 bis
16, in England von 14 bis 18 Jahren. Für die Schweiz fallen die
jugendlichen Arbeiter mit den jungen Leuten (14 bis 18 Jahren) zu=
sammen, da jugendliche Arbeiter unter 14 Jahren (im Fabrikbetrieb)
nicht beschäftigt werden dürfen. Frauen im Sinne des Arbeiter=
schutzrechtes sind alle Arbeiterinnen, welche nicht bloß als jugend=

liche Personen, sondern wegen der ihrem Geschlecht und Familien-
beruf schuldigen Rücksichten überhaupt oder in höherem Ausmaße geschützt sind. Das Verlangen nach Beschränkungen der Fabrikbeschäfti-
gung verheiratheter Frauen — für die ganze Dauer der Ehe oder
bis zur Erreichung des Alters von 14 Jahren seitens des jüngsten
Kindes —, das Verbot der Nachtarbeit und das Verbot der Beschäftigung von Wöchnerinnen (in gewissen Betrieben auch von
Schwangeren) machen diesen Begriff bedeutsam. — Bedeutet die
Frauenarbeit nicht die weibliche Arbeit schlechthin, so die Männerarbeit nicht alle Arbeit männlicher Personen, sondern nur die Arbeit der männlichen Personen, soferne dieselbe nicht mit Rücksicht
auf das jugendliche Alter geschützt ist. Bisher hatte die Männerarbeit im Schutzrechte nur negativ einen praktischen Sinn, den
Sinn der nichtgeschützten Arbeit, der Arbeit erwachsener Männer.
Mit der Forderung des Maximalarbeitstages auch für alle männlichen Arbeiter — wenigstens in Fabriken — und mit der Gewährung
dieser Forderung erlangt die Männerarbeit schutzrechtlich auch eine
positive Bedeutung.

Der Arbeiterschutz reicht über den Industrie-Arbeiterschutz hinaus, indem er auch die Arbeit im Bergwerksbetrieb und im Handel
erstrebt und weiteren allerdings erst zu lösenden, aber bereits bestimmt gestellten Aufgaben, dem vorhandenen Schutzbedürfniß entsprechend, sich zuzuwenden haben wird. Der gewerbliche Arbeiterschutz ist sodann keineswegs Fabrikschutz allein, sondern darüber hinaus auch Werkstättenschutz, namentlich aber, was seine Weiterentwickelung betrifft, auch Hausindustrie-, vielleicht selbst mehr oder
weniger Familien-Arbeiterschutz; die Hausgewerbearbeit zumal gestattet und erleidet vom sächsischen Erzgebirge bis zu den Höhlen
des Londoner Sweating-Betriebes eine Bedrückung, welche den
Arbeiterschutz ganz besonders herausfordert.

Der neuere Arbeiterschutz kommt, wie weiter oben bereits angedeutet, nur zu einem uralten und im Ganzen wohl für immer
bedeutsameren Arbeiterschutz im w. S. d. W. hinzu. Derselbe hebt
diesen Arbeiterschutz im w. S., nämlich den Selbstschutz, sowie den
Hilfsschutz Dritter nicht nur nicht auf, sondern setzt diesen Arbeiterschutz voraus, verstärkt, sichert und ergänzt ihn, soweit die
neuere Entwickelung der Volkswirthschaft dies als ein Bedürfniß
erscheinen läßt. Der eigentliche Arbeiterschutz greift eben nicht Platz,

soweit der Selbst= und der Hilfsschutz ausreichen, oder der Staats=
schutz, sei es überhaupt, sei es zur Zeit und nach Umständen, dem
Schutzergänzungsbedürfniß gegenüber machtlos dasteht.

Der Arbeiterschutz im umfänglicheren Sinne war immer und
muß in erster Linie bleiben Selbstschutz durch die Arbeiter selbst.
Dieser Arbeiter=Selbstschutz ist theils individuelle Abwehr der Ge=
fährdungen aus dem Dienst, individueller Selbstschutz, theils
Vereins=Selbstschutz durch die Standesorganisation der Arbeiter=
verbände. Neben diesem Selbstschutz besteht seit ältester Zeit ein
unerzwungener Schutz durch Dritte, ein umfassender Arbeiter=
Hilfsschutz. Der letztere ist einmal Familienschutz: durch die Ver=
wandten und Vormünder gegen dritte Arbeitgeber und durch den
Vater, Bruder u. s. w. als Arbeitgeber im Familienbetrieb. So=
dann ist er familienähnlicher Schutz durch den Arbeitgeber gegen
seine Dienstzugehörigen, d. h. patriarchale Behandlung und
Schonung. Ferner ist er Schutz durch die Macht, welche bürgerliche
und religiöse Moral und die öffentliche Meinung auf das Gewissen
des Arbeitgebers ausüben. Diese dritte Richtung des freien Hilfs=
schutzes hat theils private Organe an der Presse, den Vereinen, allen
Trägern der öffentlichen Meinung, theils an nichtstaatlichen Anstalten
und Körperschaften von öffentlicher Bedeutung, vor Allem und un=
mittelbar an der Kirche, aber auch und mittelbar an der Schule.
Ohne Familien= und Patriarchalhilfsschutz, ohne den Schutz durch
die bürgerliche Moral und durch die religiöse Gesinnung würde der
Arbeiterschutz i. e. S. bloß durch den Staat nur Untergeordnetes
auszurichten vermögen. Der Familien= und Patriarchalschutz allein
überwog früher allen heutigen Arbeiterschutz an Bedeutung und bleibt
für immer von größtem Belang. Der Schutz durch die Kirche leistet
seit uralter Zeit Gewaltiges.

Selbstschutz und Hilfsschutz, moralischer und religiöser, leisten
sogar Vieles, was der Staatsschutz überhaupt nicht leisten könnte,
und darf man deshalb in keiner Weise der Meinung Raum geben,
daß der Selbst= und der Hilfsschutz zu entbehren seien. Allein zu
demjenigen, was heute als Arbeiterschutz i. e. S. zählt, gehören beide
nicht. Dazu gehört nur der staatliche Arbeiterschutz, und zwar nur
ein bestimmter Theil des letzteren.

Zum Arbeiterschutz zählt nämlich nicht aller den Arbeitsgehilfen
gewährte Gerichts= und Verwaltungsschutz des Staates, sondern nur

der besondere oder außerordentliche, auf Abwehr der Gefähr=
dungen im Arbeitsdienstverhältniß gerichtete, immer mehr auch durch
besondere, außerordentliche Gerichts=, Verwaltungs= und Vertretungs=
organe gehandhabte Staatsschutz. Dieser besondere Schutz wurde
umfänglicher erst zum Bedürfniß seit der Entwickelung des die Lohn=
arbeit schonungslos ausbeutenden Fabrikbetriebes und seit der
Schwächung des Patriarchalverhältnisses im Werkstätten= und Hand=
werksbetrieb. Insofern ist der Arbeiterschutz der neuzeitlich
außerordentliche Theil des Arbeiter=Staatsschutzes.

Das ordentliche, allen Bürgern gleichmäßig zugewendete, sagen
wir gemeinbürgerliche Schutzrecht und Schutzverfahren der Polizei
und der Justiz gewährt dem Arbeiter, und zwar auch dem Arbeits=
herrn gegenüber umfassendsten Schutz für Leben, Gesundheit, Sitt=
lichkeit, Freiheit, Erziehung, Bildung u. s. w. Lange bevor vom
Arbeiterschutz im neuzeitlichen Sinne des Wortes die Rede war, gab
es solche staatliche Beschützung der Lohnarbeit dem Arbeitgeber
gegenüber. Aber im e. S. gehören zum Arbeiterschutz doch nur die
über diesen ordentlichen Schutz hinausgehenden außerordentlichen,
dem Arbeitsgehilfenschutz besonders zugewendeten Aeußerungen der
Staatsthätigkeit. Dieser außerordentliche oder besondere Arbeiter=
schutz ist jedenfalls dadurch gekennzeichnet, daß er auch insoweit und
insolange, als die ordentlichen Verwaltungs= und Gerichtsstellen zu
seiner Handhabung berufen sind, durch besondere, ausschließend oder
vorwiegend auf Dienstschutz der Gehilfenarbeit gerichtete Normen
privat=, straf= und verwaltungsrechtlicher Art vorgeschrieben wird.
Mindestens in diesem Umfang hat er einen außerordentlichen
Charakter. Umfassend legen die Gewerbeordnungen, z. B. die G.=O.
des Deutschen Reiches solchen außerordentlichen Schutz in die Hand
der ordentlichen Verwaltungs= und Gerichtsstellen; ein Theil des
außerordentlichen Schutzes wird den letzteren für absehbare Zeit
übertragen bleiben.

Der Schwerpunkt der Handhabung des eigentlichen Arbeiter=
schutzes rückt jedoch immer mehr auch auf besondere, außerordent=
liche Organe hinüber. Diese Organe sind theils Vollzugsorgane,
bis jetzt die Fabrik= und Staatsregie=Inspektorate und die Gewerbe=
schiedsgerichte, theils Vertretungsorgane; die letzteren können aus=
schließend oder zugleich für andere Aufgaben der Arbeiterfürsorge
und der Volkswirthschaftspflege vom Staate verordnet sein und

tragen in ihrer Organisation oder wenigstens in einem Theile ihrer Befugnisse den Charakter öffentlichrechtlicher Einrichtungen an sich.

Der Arbeiterschutz bedeutet wesentlich Schutz der gewerblichen Gehilfenarbeit mit Ausschluß einerseits des Schutzes der land= und forstwirthschaftlichen Lohnarbeit sowie des Hausgesindes, andererseits des Schutzes der Staatsbeamten und öffentlichen Diener. Besonderer Schutz kann zwar auch für die außergewerbliche Gehilfenarbeit und für das Gesinde ein Bedürfniß sein. Allein das materielle Recht, die Organisation und das Verfahren dieser weiteren Zweige des Arbeiterschutzes würden eine besondere Ausgestaltung erfordern. Die Gesindeordnungen und die Staatsdiener=Gesetze enthalten in der That auch Arbeiterschutz, allerdings nicht sehr vollkommenen, aber mit dem übrigen Arbeiterschutz kann derselbe nicht verschmolzen werden. Selbst dann, wenn beim Fortschritt der socialdemokratischen Bewegung auf das Land der von der Sozialdemokratie schon jetzt geforderte großlandwirthschaftliche Arbeiterschutz bald auf der Bildfläche der praktischen Socialpolitik erscheinen sollte, so würde, was die den Schutzgegenstand bildenden Gefährdungsweisen, was die Schutzbehörden, was das Schutzverfahren und was die Schutzmittel betrifft, auch dann noch der land= und forstwirthschaftliche Arbeiterschutz eine ganz eigenthümliche Ausgestaltung erfahren müssen. Man kann also zwar anerkennen, daß vielleicht im Zusammenhang mit dem Gesindeschutz ein weitergehender ländlicher Arbeiterschutz im eigentlichen Sinne des Wortes auch Platz greifen kann, aber von demjenigen, was jetzt unter Arbeiterschutz begriffen wird, würde er in der wissenschaftlichen, gesetzgeberischen und verwaltungsmäßigen Behandlung dennoch abzuheben sein.

Aus allen im Vorstehenden gepflogenen Erörterungen ergiebt sich als Arbeiterschutz: der außerordentliche, d. h. durch besondere Bestimmungen privat=, straf= und verwaltungsrechtlicher Art angeordnete, theils durch die ordentlichen, theils und namentlich durch außerordentliche Verwaltungs=, Gerichts= und Vertretungsorgane geübte Schutz der als schutzbedürftig anerkannten gewerblichen Hilfsarbeit gegen Gefährdungen aus dem Dienstverhältniß zu bestimmten Arbeitgebern. Die Beschlüsse der Berliner Konferenz und die seitdem erlassenen Schutzgesetze haben sich strenge innerhalb dieser die Uebertreibung des Arbeiterschutzes grundsätzlich ausschließenden Bestimmung gehalten. Wenn man den ganzen Thatbestand des Arbeiterschutzes und der Arbeiterschutzbestrebungen unserer Tage überblickt, so drängt sich der Eindruck auf, daß der Arbeiterschutz nach Inhalt und Organisation lediglich den Charakter und die Bestimmung hat, außerordentlicher Weise den von lange her bestehenden ordentlichen Arbeiterstaatsschutz (i. w. S.) und den noch älteren außerstaatlichen Arbeiterschutz (i. w. S.) zu ergänzen und zu unterstützen, soweit eben die neuzeitliche Entwickelung der Volkswirthschaft weitere und außerordentliche Schutzeingriffe des Staates zum Bedürfniß gemacht hat. Es verhält sich in dieser Beziehung mit dem Arbeiterschutz in der That nicht anders als mit dem Versicherungszwang, welcher weit davon entfernt ist, die freien Leistungen über das gesetzliche Mindestmaß hinaus auszuschließen oder die Versorgung durch Spar= kasse, durch Freigebigkeit, durch die Verwandtschaft, durch die Wohl= thätigkeit, durch Staats= und Gemeinde=Pflegeanstalten zu verdrän= gen, oder die Thätigkeit der ordentlichen Verwaltung und die Mit= wirkung der letzteren zur Durchführung der Versicherung zu be= seitigen.

Ich habe die Vorkehrungen des Arbeiterschutzes geschieden: 1) in solche des Verwendungsschutzes, welcher das Verbot der Kind= heitsarbeit, die Beschränkung der jugendlichen und weiblichen Arbeit, den Schutz der Erholungszeiten (Pausenruhe, Nachtruhe, Sonntags= ruhe), endlich den Schutz gegen Tagesüberarbeitung durch Festsetzung einer täglichen Arbeitshöchstzeit (Maximalarbeitstag) umfaßt; 2) in solche des Betriebsschutzes, welcher die Gefährdung von Leben, Gesundheit, Sittlichkeit in der Betriebsführung bekämpft; 3) in solche des Verkehrsschutzes (Kontraktsschutzes), welcher gegen Bein= trächtigung im Verkehr und im Vertragsschluß zwischen Arbeitgebern und Arbeitnehmern gerichtet sind.

Vergleicht man diese drei Hauptzweige des Arbeiterschutzes mit einander, so stellen sie sich zwar als unerläßlich zusammengehörige Glieder eines Systems dar; denn kein Zweig darf fehlen. Allein sie verhalten sich doch verschieden, und ihre Bedeutung ist keine völlig gleiche.

Der Verkehrs=, Truck= und andere Kontraktsschutz ist früher zur Entwickelung gekommen. Derselbe hat auch eine fast allgemeine Ausdehnung gefunden. Er eignet sich zum Vollzug schon für die ordentlichen Verwaltungs= und für allgemeine Bagatellgerichtsstellen. Die gesetzliche Präzisirung ohne viele Ausführungsverordnungen und

ohne großen Spielraum für das anlegende und ausdehnende Ver-
waltungsbelieben entspricht im Ganzen seiner Natur. Der Verkehrs-
und der Kontraktsschutz liegen unmittelbar weniger im Interesse des
ganzen Staates als im Interesse des Einzelnen. Schon der Betriebsschutz trägt nicht mehr denselben Charakter. Der Verwendungsschutz, welcher den Mittelpunkt der neuesten Schutzbewegung
bildet, befindet sich nach allen gedachten Richtungen mehr oder weniger
im Gegensatz zum Verkehrs- und Kontraktschutze. Er bedarf der allgemeinen Ausdehnung nicht. Er fordert außerordentliche Organe,
besonderes Verfahren, technisch vielgestaltige Anpassung an die Be-
sonderheiten des Betriebes. Seine Entwickelung heischt allgemeine
gesetzliche Bestimmungen, ein zentrales Verordnen und eine einheitliche Verwaltungspraxis; er hat den ganzen Stand, ja die ganze
bürgerliche Gesellschaft, das ideale wie leiblich-materielle Arbeiter-
und Volksleben zum Gegenstand, indem er immerfort ganze Massen
von Arbeitern schützt.

Daß irgend ein Glied des Verwendungsschutzes selbst die vorwiegende Bedeutung besitze, läßt sich jedoch nicht behaupten. Nicht
der Feiertagsschutz allein, nicht der Maximalarbeitstag allein geben
den Arbeiter sich selbst, der allgemeinen Menschenbestimmung, dem bürgerlichen Leben, der Familie, der Beschäftigung mit Gott zurück,
alle Verwendungsverbote und Verwendungsbeschränkungen zusammen
bewirken dies. Der Verwendungsschutz im Ganzen bringt jenen
Segen, welchen das schöne Wort der Motive zum eidgenössischen
Fabrikgesetz betont: „davon, ob dem Arbeiter auch noch Zeit und
Stimmung bleibt, den Kindern ein Erzieher, der Familie Haupt und
Stütze zu sein, hängt größtentheils auch der Segen ab, welchen die
Fabriken dem Lande bringen." Der Maximalarbeitstag thut dies,
indem er allen, den Vätern, den Müttern, den Kindern und den jungen
Leuten den Feierabend sichert. Der Feiertagsschutz bewirkt dasselbe,
indem er alle Familienmitglieder mindestens jeden siebenten Tag sich
selbst, einander, dem Verkehr mit den Mitbürgern, der Erhebung zu
Gott leben läßt. Das Verbot der Nachtarbeit thut zu demselben
Ziele das Seinige. Ohne den Verwendungsschutz im Ganzen verliert der Familienvater die Familie, das Familienkind die Erziehung
und Pflege, die Mutter und Gattin ihre Kinder und den Gatten, alle
zusammen den bürgerlichen und geselligen Zusammenhang als Glieder
des Volkes und der Religionsgemeinschaft.

Dem Verwendungsschutz im Ganzen kommt hiernach wirklich die überragende Bedeutung zu, welche die Arbeiterschutzbestrebungen der Gegenwart ihm beilegen.

Der Arbeiterschutz — zumal der Verwendungs= und der Betriebsschutz — ist zuoberst und zuvörderst die gesellschaftliche Sicherstellung der Gegenwart und aller künftigen Generationen der Nation, ihres geistigen, physischen und Familienlebens gegen Ver=wahrlosung durch raubbauartige Verwendung der gewerblichen Lohn=arbeit. Der Arbeiterschutz ist also mittelbar auch Schutz des Kapita=listenstandes der Zukunft und daher nicht blos kein Unrecht gegen, sondern ein hohes Interesse für jene besitzenden Klassen der Nation, welche besonderen Arbeiterschutzes nicht bedürfen.

Der Arbeiterschutz geht seinem Zwecke nach sogar über die Erhaltung und Kräftigung der Nationalarbeit hinaus, indem ein international gleichmäßiger Arbeiterschutz, wie jüngst auf der Berliner Konferenz, erstrebt ist und künftig wohl immer mehr und immer stärker erstrebt werden wird. Dieser internationale Arbeiterschutz ist ein allgemeines Postulat der Humanität, der Moral und der Religion, besonders auf dem Standpunkt der Kirche, ähnlich dem internationalen Schutze aller Völker gegen die Sklaverei, aber allerdings auch eine Forderung des internationalen Konkurrenzgleichgewichts.

Der Zweck des Arbeiterschutzes für das Arbeiterindividuum geht weit über den wirthschaftlichen Schutz hinaus. Der Arbeiter=schutz dient zugleich der Person und der Freiheit der einzelnen Arbeiter in Beziehung auf die religiöse Bildung, den Unterricht, das Lernen und die Lehre, die Geselligkeit, die Sittlichkeit und die Gesundheit, namentlich aber der Sicherstellung des Familienlebens für Jeden.

Aus allen bisherigen Darlegungen geht dies klar hervor: der Arbeiterschutz, wie er gegenwärtig von der deutschen Regierung erstrebt ist, kann nur als völlig berechtigt anerkannt werden. Bei dieser Schutzpolitik ist nirgends das Absehen darauf gerichtet, den freien Selbst= und Hilfsschutz oder den ordentlichen gemeinbürgerlichen Staatsschutz zu verdrängen und zu ersetzen. Nirgends will Zusatz an Arbeiterschutz gewährt werden, wo kein besonderes Bedürfniß vor=liegt. Nirgends soll der Schutz in höherem Maße Platz greifen, als es nöthig ist. Es ist nicht davon die Rede, die schutzrechtlich ver=schiedenen Klassen der gewerblichen Hilfsarbeit überall und in allem über denselben Raum zu scheren. Vielmehr ist diesfalls die in der Ungleichmäßigkeit des Schutzbedürfnisses und in der Ungleichheit der Ausführungsschwierigkeiten tief begründete und daher ganz normale Mannigfaltigkeit der Behandlung, also die Außerordentlichkeit des Schutzeingriffes nach Inhalt, Recht und Organisation vollständig gewahrt.

Der Arbeiterschutz stellt nicht einmal eine bisher nicht dagewesene Staatseinmischung dar. Längst besteht ein ordentlicher Verwaltungs- und Gerichtsschutz des Staates für die Arbeit des gewerblichen Lohndienstes, und selbst außerordentliche Eingriffe für minder, Jünglinge, Jungfrauen und erwachsene Frauen und für erwachsene Männer giebt es schon länger im Verwendungsschutz, im Druckschutz, im Betriebsschutz, im gewerbeordnungsmäßigen Kontraktschutz der nichtfabrikmäßigen, wie der fabrikmäßigen Arbeit. Der Verwendungsschutz ist also weit entfernt, die Staatseinmischung einer bisher schrankenlosen Vertragsfreiheit gegenüber erst zu beginnen. Mit den im Zuge befindlichen Weiterbildungen will Nichts geschaffen werden, was nicht anderswo - zumal in England, Oesterreich, der Schweiz - meist schon länger versucht und bewährt wäre.

Die volkswirthschaftliche Belastung durch den Arbeiterschutz wird, verglichen mit derjenigen durch die Arbeiterversicherung, eher die weit geringere sein. Diejenigen Schutzmaßnahmen, welche am meisten Opfer heischen -- der Schutz der verheiratheten Frau und der Fabrik-Zehnstundenarbeitstag — sind allseitig international gleichmäßiger Regelung empfohlen.

Die Vertragsfreiheit leidet nicht Noth, da auch die Erwachsenen, soweit sie unter den Arbeiterschutz fallen sollen, thatsächlich besonders schutzbedürftig und zur Selbstvertheidigung so unfähig sind, wie im Privatrecht die Minderjährigen. Gewiß wird man dies auch in England und Belgien, deren Vertreter auf der Berliner Konferenz die Vertragsfreiheit der Erwachsenen so sehr betont haben, bald allgemein anerkennen.

Die völkerrechtliche, creanirbare Festlegung des Arbeiterschutzes ist strenge vermieden.

Der erhöhte Arbeiterschutz der Berliner Konferenz und der deutschen Gewerbeordnungsnovelle erscheint daher als ein so berechtigtes wie ungefährliches Seiten- und Ergänzungsstück zur Sozialpolitik des Kaisers Wilhelm I. und des Fürsten v. Bismarck. Auf

Pfaden wandelnd, welche von einzelnen Staaten theils längst, theils seit einiger Zeit ohne Mißerfolg betreten, also bis zu einem gewissen Grade erprobt sind, wird diese Politik wohl zu wenigeren Aenderungen genöthigt sein, als die auf ganz neuen Pfaden doch so mächtig und großartig, nur vielfach viel zu unpraktisch ausgreifende Politik der Arbeiterversicherung.

Der Maximalarbeitstag insbesondere.

Das Vorige hat ergeben, daß die Gesetzgebung über Arbeiterschutz ihren Abschluß noch nicht gefunden hat, wie viel auch im Einzelnen durch ältere und namentlich durch die neueren Gesetze seit der Berliner Konferenz von 1890 bereits geschehen ist. Am weitesten stehen die Forderungen der Arbeiterwelt ab von den Gewährungen der Arbeiterschutzgesetze hinsichtlich der täglichen Arbeitshöchstzeit, welche zulässig sein soll. Die Frage des Maximalarbeitstages bewegt alle civilisirten Länder und wird sie noch lange bewegen. Dem Maximalarbeitstag sei deshalb in den „Kern= und Zeitfragen" eine besondere Ausführung gewidmet!

1. Die verschiedenen Begriffe des Normalarbeitstages.

Die Erörterung des Normalarbeitstages muß von völliger Klarheit über den Begriff des Maximalarbeitstages getragen sein. Im positiven Arbeiterschutzrecht und in den schwebenden Arbeiterschutzforderungen tritt nun der Maximalarbeitstag in verschiedener Durchsetzungsweise, Festsetzungsweise und Ausdehnung auf. Man muß sich deshalb, um klar zu bleiben, zuerst mit dem verschiedenen Sinne des Arbeitstages im Sprachgebrauch abfinden.

Der Maximalarbeitstag wird in verschiedener Weise durchgesetzt!

Es geschieht nämlich entweder durch Vertrag und Gewohnheit oder durch Gesetz und Verordnung. Hiernach sind der Vertragsmaximalarbeitstag und der gesetzliche (bezw. verordnungsmäßige) Maximalarbeitstag zu unterscheiden. Nach dem zur Zeit herrschenden Sprachgebrauche wird man, wenn vom Maximalarbeitstag schlechthin die Rede ist, nur an den gesetzlichen Arbeitstag zu denken haben. Man wird aber hierbei nicht vergessen dürfen, daß für ganze Erwerbszweige auch durch Gewohnheit und Vertrag eine Maximalarbeitsdauer längst geregelt war und daß für die geschichtlich

fortschreitende Verkürzung des gesetzlichen Marimalarbeits=
tages der Vertragsmarimalarbeitstag den sachgemäßen
Durchgang bildet.

Verschieden ist nicht bloß die Durchsetzungs=, sondern auch die
Festsetzungsweise! Der Marimalarbeitstag wird entweder für
alle geschützte Arbeit gleichmäßig, nationaleinheitlich, als ordent=
licher Arbeitstag festgesetzt, oder wird er für jedes Gewerbe, in
welchem die Gehilfenarbeit den Arbeitszeitschutz finden soll, be=
sonders normirt, oder wird ein ordentlicher Marimalarbeitstag auf=
gestellt, welcher für die Regel gilt, neben besonderen Festsetzungen
für einzelne Gewerbsarten und Betriebsweisen. Hiernach erhält man
entweder den ordentlichen nationalen Arbeitstag oder ein System
von Sondermarimalarbeitstagen oder den ordentlichen General=
arbeitstag mit Zumischung von Sonder=M.=Arbeitstagen. Durch Ge=
wohnheit und Vertrag ist längst, wenn auch mehr oder weniger be=
schränkt, das System der Sonderarbeitstage zur Geltung gekommen.
Auch der vorletzte Absatz von § 120e der Gew.=Ordn.=Novelle hält
- allerdings nur hygieinisch — demselben System das Thor weit
offen mit der Bestimmung: „durch Beschluß des Bundesrathes kann
für solche Gewerbe, in welchen durch übermäßige Dauer der täg=
lichen Arbeitszeit die Gesundheit der Arbeiter gefährdet wird, die
Dauer der zulässigen täglichen Arbeitszeit und der zu gewährenden
Pausen vorgeschrieben werden." Das gemischte System würde sich wohl
geltend machen, nachdem der ordentliche Arbeitstag in voller Aus=
dehnung erreicht wäre. Wird es doch immer Gewerbe geben, in
welchen ein besonders kurzer Arbeitstag Bedürfniß ist. Den ordent=
lichen gesetzlichen Arbeitstag neben der Freiheit des Vertragsarbeits=
tages verlangen die Arbeiterparteien der Gegenwart. Wo vom
Marimalarbeitstag schlechthin die Rede ist, wird darunter für die
Regel der national oder international gleiche gesetzliche Marimal=
arbeitstag verstanden.

Der Marimalarbeitstag hat drittens ein sehr verschiedenes An=
sehen je nach der Ausdehnung, welche ihm gegeben ist oder gegeben
werden will! Es handelt sich darum, ob der Schutz auf alle Zweige,
Betriebstypen und Gefahrengrade der schutzrechtlich gewerblichen Ar=
beit ausgedehnt wird oder nicht, sodann darum, ob er, wie weit
immer ausgedehnt, innerhalb der geschützten gewerblichen Arbeits=
gattungen auf das ganze Gehilfenpersonal oder nur auf Frauen und

jugendliche Arbeiter eines Betriebes sich erstrecken soll. Der Maximal=
arbeitstag ist hiernach der „allgemeine Arbeitstag", wenn er
auf alle Gewerbe ohne Ausnahme ausgedehnt ist. Ist dies nicht der
Fall, so steht der beschränkte Arbeitstag in Frage, welchen man auch als
Fabrikmaximalarbeitstag bezeichnen kann, da er sich im Wesent=
lichen nur auf den Fabrikbetrieb erstreckt. Der Fabrikarbeitstag
engt sich begrifflich noch weiter ein, wenn auch in den Fabriken nicht
alle Arbeiter, sondern nur Frauen und jugendliche Arbeiter,
oder gar nur die einen oder die andern von beiden den Schutz des
gesetzlichen Fabriktages finden. Hiernach ist der Fabrikarbeitstag
der Frauen und Kinder von dem auch auf die Männer sich erstrecken=
den Fabrikmaximalarbeitstag zu unterscheiden. Man wird denselben
als den Frauen= und Jugendarbeitstag bezeichnen dürfen und dem
dermaligen Sprachgebrauch keine Gewalt anthun, wenn man unter
dem Fabrikarbeitstag den allen Arbeitern einer Fabrik oder fabrik=
ähnlichen Unternehmung zugesprochenen Arbeitstag versteht.

Im Sinn der weitest gehenden und daher meist umstrittenen
Zeitschutzforderungen ist unter dem Maximalarbeitstag der gesetzliche,
national und sogar international gleichmäßige — allgemeine Maximal=
arbeitstag, also nicht der bloße Fabrik= oder bloße Frauen= und
Kinder=Fabrikmaximalarbeitstag zu verstehen.

Der Begriff des allgemeinen Maximalarbeitstages bleibt schwan=
kend, wenn man zwei bedeutsame Momente nicht genau berücksichtigt.
Das eine betrifft den Unterschied der ununterbrochen fortlau=
fenden effektiven Arbeitsleistung von der stärker oder schwächer
mit bloßer Arbeitsbereitschaft durchsetzten Arbeitszeit. Das andere
betrifft die Zurechnung oder Nichtzurechnung von Nebenarbeit in
dritten Unternehmungen, von Hausarbeit, von nichtgewerblicher Ar=
beit, zu der in einer bestimmten gewerblichen Unternehmung geleiste=
ten Tagesarbeit. Es ist eine wohl aufzuwerfende Frage, ob in Ge=
werben mit durchschnittlich starkem Zusatz unbeschäftigter Warte=
und Präsenzzeit der Maximalarbeitstag ebenso niedrig zu bemessen
sei wie in Gewerben mit ununterbrochen fortlaufender effektiver Ar=
beitsleistung. Und schon für die praktische Durchführbarkeit des
Maximalarbeitstages ist es von sehr erheblicher Bedeutung, ob Neben=
arbeit zu Hause oder in einer zweiten Unternehmung oder in Kunden=
häusern oder in nichtgewerblicher Erwerbsbeschäftigung in den Nor=
malarbeitstag einzurechnen sei oder nicht.

Das bisherige Arbeiterschutzrecht konnte allerdings beide Momente vernachlässigen: denn es erfaßte, wenn man von der englischen Shop Regulations Act (1886) absieht, kaum andere Betriebe als solche mit kontinuirlicher effektiver Arbeitsleistung. Nicht dasselbe ist zulässig, sobald der allgemeine Maximalarbeitstag für alle gewerblich-kommerzielle Arbeit oder für alle Lohnerwerbsthätigkeit überhaupt in Frage kommt. Eine beachtenswerthe Frage ist es: soll der Maximalarbeitstag nur dem Arbeitgeber auferlegt sein, so daß dieser nicht länger als acht oder zehn Stunden arbeiten lassen darf, oder auch dem Arbeitnehmer, so daß letzterer, selbst wenn er nebenher mehr arbeiten will, dem Nebenerwerb nicht nachgehen darf; je kürzer der allgemeine Arbeitstag bemessen werden will, desto größer wird die praktische Bedeutung der Zeitbeschränkung nicht bloß des Arbeitgebers, sondern auch jener des Arbeitnehmers, da dieser anderen Arbeitern verstärkte Konkurrenz durch Nebenerwerb bereiten kann.

Schließlich darf bei Feststellung des Begriffes Maximalarbeitstag nicht übersehen werden, daß der Maximalarbeitstag, sei es seinem Zwecke, sei es seiner Wirkung nach nicht bloß auf den Arbeiterschutz sich beschränkt. Er ist kein ausschließend schutzrechtlicher Begriff. Zwar sind der hygieinisch geforderte, weiter der Frauen- und Jugend-, endlich der Männer-Fabrikarbeitstag rein oder erstlinig schutzpolitische Maximalarbeitstage, aber auch anderen Zwecken kann der Maximalarbeitstag ausschließend oder zugleich dienen. Im allgemeinen Achtstundentag z. B. tritt die lohnpolitische neben der schutzpolitischen Tendenz mindestens gleichgewichtig hervor. In einer socialistischen Volkswirthschaft, wo es zu schützende Dienstverhältnisse gar nicht mehr geben soll, könnte der Maximalarbeitstag, neben welchem ein Minimalarbeitstag gegen die Faulen als das weitaus Wichtigere denkbar wäre, hauptsächlich anderen Zwecken, der Freimachung von möglichst viel Zeit für die „allgemeine Volksbildung" und der Verhinderung neuer Ungleichheit dienstbar gemacht werden wollen.

Was hier unter Maximalarbeitstag verstanden wird, - die schutzpolitische oder schutz- und lohnpolitische Beschränkung der höchstens erlaubten Gesammtarbeit innerhalb des astronomischen Tages auf eine Anzahl von Stunden — heißt wohl und hieß früher noch weit mehr Normalarbeitstag. Man läßt diese andere Bezeichnung besser unbenützt. Soweit der Normalarbeitstag einen be-

stimmten Sinn beigelegt erhalten kann, bedeutet er etwas ganz
anderes, als den einen oder anderen Maximalarbeitstag; denn er ist
ein gesellschaftliches Idealmaß für einheitliche Reduktion der
gewerblich und persönlich so sehr verschiedenartigen individuellen
Arbeitsleistungen aufeinander zum Zweck „gesellschaftlich normaler"
Anschreibung der Guthaben aus den Arbeitsleistungen und zum
Zweck „gesellschaftlich normaler" Feststellung des Werthes der
Produkte. Er ist künstlicher Generalnenner für eine Lohn= und
Preisnormirung, etwa schon im kapitalistischen, nothwendig aber in
einem etwaigen socialistischen Gemeinwesen. Der schutzrechtliche
Maximalarbeitstag könnte neben der Einrichtung eines „Normalzeit=
tages" bestehen, hat aber mit diesem an sich nichts zu schaffen. Der
Normalarbeitstag im präzisen Sinne von Robbertus oder irgend
einem rationellen Socialisten bedeutet weder eine schutzrechtliche
Regelung der erlaubten Arbeitshöchstdauer innerhalb jedes astrono=
mischen Tages, noch die Beeinflussung kapitalistischer Lohnbildung
durch einen gesetzlichen Maximalarbeitstag kürzester Dauer. Wie ein
Normalarbeitstag könnte auch eine Normalarbeitsstunde als General=
nenner der einheitlichen Reduktion verschiedenartiger Arbeit auf Ein
Zeit= und Werknormalmaß zur Bewerthung der Produkte und der
Arbeitsleistungen angewendet werden.

2. Der schutzpolitische Maximalarbeitstag.

Deutschland hat schon länger durch die Gewerbeordnung für
alle jugendlichen Arbeiter den Fabriktag mit 6 Stunden für „Kinder"
und mit 10 Stunden für „junge Leute". Die Ausdehnung auf alle
Arbeiterinnen gehört zu den bedeutendsten Fortschritten, welche von
der v. Berlepsch'schen G.=O.=Novelle durchgesetzt worden sind. Dieser
Vorschlag geht allerdings zur Zeit nur auf 11 Stunden. Die Be=
schlüsse der Berliner Konferenz gingen auf 6, bezw. 10 Stunden für
jugendliche Arbeiter und auf 11 Stunden für alle Arbeiterinnen.
Dieselben fordern weiter, daß auch „jungen Männern von 16 bis 18
Jahren Schutz gewährt werde inbetreff eines Maximalarbeitstages."

Der Frauen= und Jugend=Arbeitstag ist bis jetzt wesentlich
Fabrik= und (vgl. Novelle § 154) Quasifabrik=Maximalarbeitstag.
England hat jedoch in der Shop Hours Regulation Act vom
25. Juni 1886 den Schutz auch auf Verkaufsläden, allerdings nur zu
Gunsten der jugendlichen Arbeiter (unter 18 J.), aber mit strenger

Rücksichtnahme auf Nebenbeschäftigung, ausgedehnt. Dieser Arbeits=
tag des offenen Handelsgeschäftes beträgt durchschnittlich 12 Stunden
(74 in der Woche mit Einschluß der Mahlzeiten). Hat die geschützte
Person am selben Tag schon x Stunden Fabrik= oder Werkstätten=
arbeit gethan, so ist nur 12 weniger x St. Ladenarbeit zulässig; so=
ferne die Nebenbeschäftigung die volle Fabrik= und Werkstättenmaximal=
arbeitszeit beträgt, ist hinzukommende Ladenbeschäftigung unzulässig.
Das Gesetz findet keine Anwendung auf Läden, in welchen die einzig
beschäftigten Personen Glieder der im Haus wohnenden Familie
oder Familienangehörige des Unternehmers sind.

Ausdehnungen auf die Hausindustrie haben begonnen, sind
aber noch nicht weit gediehen. Die allgemeine Ausdehnung des
Frauen= und Jugendmaximalarbeitstages auf alle Gewerbe, also auch
für alle Familiengewerbe, ist verlangt, aber nirgends gewährt.

Die Ausdehnung des Arbeitszeitschutzes auch auf Erwachsene
im Fabrik= und fabrikähnlichen Betrieb, der Fabrikarbeitstag i. e. S.
hat sich in einzelnen Ländern schon Bahn gebrochen. In Frankreich
brachte ihn — allerdings mit noch zwölfstündiger Dauer — schon
das Gesetz vom 9. September 1848 (Artikel 1). In elfstündiger
Ausdehnung haben ihn die Schweiz seit dem Jahre 1877 durch
Artikel 11 des eidgenössischen Fabrikgesetzes und Oesterreich durch
Gesetz vom 8. März 1885. Andere Staaten sind bis jetzt nicht ge=
folgt. Großbritannien und Belgien finden den Männerfabrikarbeits=
tag vom Standpunkt der Vertragsfreiheit Erwachsener noch immer
bedenklich. Die Schweiz dagegen ist bereit, von 11 auf 10 Stunden
herabzugehen. Deutschland hat auch in der v. Berlepsch'schen Novelle
vom ausgedehnten Fabrikarbeitstag Abstand genommen; derselbe ist
übrigens auch da stark gefordert, theils als Elf=, theils als Zehn=
stundentag, immer „effektive Arbeit", ohne Einrechnung der Pausen
verstanden. Schon bei Berathung der Reichs=G.=O. im J. 1869 hatte
Brauchitsch Namens der Konservativen den Fabrikzwölfstundentag,
Schweizer für alle Großbetriebe den Zehnstundentag (zwölfstündige
Arbeitsschicht mit im ganzen zwei Stunden Pausen) verlangt.

Die Beschränkung der Tagesarbeit auch der erwachsenen männ=
lichen Arbeiter auf 11 oder 10 Stunden hat schon einen Theil der
Gründe für sich, welche für den Frauen= und Jugendarbeitstag
sprechen. Auch die Männer haben außer der Nachtruhe Stunden für
ein menschenwürdiges Dasein nöthig. Vor Allem sollen sie jeden

Tag einige Stunden der Familie, auch der Geselligkeit, der Bildung und den bürgerlichen Pflichten leben können.

Die volkswirthschaftliche Zulässigkeit kann als durch die Erfahrung erwiesen gelten. Nicht bloß hat der Zehnstundentag für Frauen und jugendliche Arbeiter die Leistungsfähigkeit der Fabriken nicht gemindert. In England hat man auch insoweit, als der Zehn- und Elfstundentag ohne Gesetz für Männer zur Geltung gekommen ist, gute Erfahrungen gemacht; desgleichen in der elsässischen Baumwollspinnerei. Die Fabrikinspektoren der Schweiz berichten übereinstimmend die in Beziehung auf Werkleistung günstige Wirkung des Elfstundentages; von Oesterreich darf im ganzen dasselbe behauptet werden. Auch aus Sachsen wird von der wachsenden Einsicht in die Vortheilhaftigkeit des Maximalarbeitstages berichtet.

Dafür allerdings liegt keine Erfahrung vor, daß für die Masse des Fabrikbetriebes auch bei weiterer Kürzung unter zehn Stunden herab ebensoviel oder mehr geleistet werden würde, als bisher in mehr als zehn oder elf Stunden. Die Steigerung der Leistungsfähigkeit der Maschinen und der Handarbeit, auch der akkordmäßigen, hat eine Grenze. Der Arbeiterschutz hat auch weder die Bestimmung, noch die Berechtigung, dem Arbeiter das nicht zu lange, sittlich und physisch noch zulässige Arbeiten zu verbieten. Nur der Elf- oder Zehnstundentag als Regel, mit besonderen hygieinischen Arbeitstagen unter zehn Stunden und neben der unbeschränkten Freiheit des Vertrags-Arbeitstages, erscheint bis auf Weiteres schutzrechtlich begründet.

Ueber zehn oder elf Stunden hinaus scheint die Leistung mit der Zeitdauer eher ab- als zuzunehmen, und erklärt es sich hieraus, daß auch ohne staatlichen Zwang der Elf- und Zehnstundentag durch Vertrag und Sitte so umfassende Geltung bewahrt und wieder erreicht hat.

Der gesetzliche Elf- und Zehnstundentag wäre gleichwohl nicht gerechtfertigt, wenn Sitte und Vertragsfreiheit hinreichen würden, das richtige Arbeitszeitmaß durchgreifend herzustellen. Dies ist jedoch nicht der Fall und der gesetzliche Fabrikarbeitstag daher erforderlich, um die Wirkung des freien Selbstschutzes zu ergänzen.

Gegen die Einführung des ausgedehnten Fabrikarbeitstages reicht auch die Behauptung nicht aus, der Frauen- und Jugend-Arbeitstag ziehe den Männer-Arbeitstag „von selbst" nach sich, da

man die Männer nicht über die bestimmte Stundenzahl hinaus beschäftigen könne, wenn dies bezüglich der Frauen und der jugendlichen Arbeiter desselben Geschäftes verboten sei. In Wirklichkeit
kommt der Geschäftsbetrieb mit rein oder mit weit überwiegend
männlichem Personal, mit oder ohne Schichtenzusatz jugendlicher und
weiblicher Arbeiter sehr umfassend vor. Der beschränkte Fabrik-
Maximalarbeitstag zieht daher den unbeschränkten keineswegs nothwendig und allgemein nach sich. Auch in England hat dies nicht
allgemein stattgefunden, und wenn daselbst über den Kinder-Frauen-
Arbeitszeitschutz hinaus ohne Gesetz eine Maximalarbeitszeit auch
für Männer vielfach zur Geltung gekommen ist, so war dies nicht
die Wirkung des gesetzlichen Frauen- und Jugend-Arbeitstages,
sondern des ganz gesunden Kampfes der Gewerkvereine für den
Vertrags-Maximalarbeitstag.

3. Der schutz- und lohnpolitische Maximalarbeitstag oder „allgemeine Maximalarbeitstag" (Achtstundentag).

Der „allgemeine Maximalarbeitstag", wie er seit 1. Mai 1890
Seitens der mittel- und nordwest-europäischen Lohnarbeiter gefordert
ist, verfolgt eingestandenermaßen nicht bloß schutzpolitische, sondern
zugleich andere, namentlich lohnpolitische Zwecke.

Soweit derselbe ein schutzpolitisches Postulat ist, würde er besondere Bemerkungen nur in geringem Maße erheischen. Es käme
darauf an, die wahrscheinlich zu verneinende Frage zu erledigen, ob
schutzpolitisch der Maximalarbeitstag ein gleichmäßiges Bedürfniß
aller gewerblichen Arbeit sei und ob diesem Bedürfniß wirklich erst
mit acht-, nicht schon mit elf- oder zehnstündiger Tagesarbeit Genüge
geleistet sei.

Das Neue und Besondere, was mit dem allgemeinen Achtstundentag hervortritt, ist dies, daß damit neben dem schutzpolitischen
ein lohnpolitischer Druck zu Gunsten der Lohnarbeit ausgeübt werden
soll. Durch die Allgemeinheit wie durch die Kürze des Maximalarbeitstages soll eine künstliche Verringerung des Arbeitsangebotes
erreicht werden.

Es gilt, durch eindringende Besprechung und Beurtheilung des
allgemeinen Achtstundentages den gewaltigen Schritt über den
Fabrik-Zehnstundentag hinaus, welcher mit dem ersteren erzwungen
werden will, zu vollkommen klarer Anschauung zu bringen und zu

Schäffle, Kern- und Zeitfragen.   24

zeigen, daß die rein schutzpolitische Zuneigung, welche dem Fabrik=
Zehnstundentag nach dem Vorigen zugewendet sein darf, nicht ohne
Weiteres auch auf den allgemeinen Achtstundentag zu übertragen ist;
man kann jenen vertheidigen und diesen verwerfen, mit jenem ver=
schreibt sich die Arbeitsschutzpolitik nicht auch diesem.

Die schärfste Formulirung der Forderung findet sich im An=
trage der Socialdemokratie (Auer u. Gen.) zur deutschen G.=O.=
Novelle. Hiernach bedeutet der „allgemeine Arbeitstag" die Acht=
stundenarbeit für die ganze gewerbliche Arbeitsgehilfenschaft, unbe=
schadet der besonders zu regelnden Ausdehnung auf die land= und
forstwirthschaftliche Arbeit. Er bedeutet die Achtstundenzeit gleich=
mäßig für alle civilisirten Nationen. Er bedeutet sie ohne Rücksicht
auf die Unterschiede der Arbeitsenergie und Arbeitsstrenge ver=
schiedener Betriebe und Bevölkerungen. Er bedeutet sie ohne Zu=
lassung von Ueberzeit für den Fall außerordentlicher - - sei es regel=
mäßiger (saisonmäßiger), sei es unregelmäßiger — Geschäfts=
anhäufung. Derselbe bedeutet wohl auch die Achtstundenhöchstdauer
ohne Rücksicht darauf, ob die Arbeitsleistung eine kontinuirliche ist
oder nicht, also selbst ohne Ausschließung der so überaus kontrolle=
schwierigen, nichtkontinuirlichen Betriebe. Man will allem Anschein
nach die bloße Arbeitsbereitschaft, welche in den Dienstleistungs=
gewerben, im Handel, im Verkehrs= und Transportbetrieb eine be=
deutende Rolle spielt, wie fortlaufende effektive Arbeit behandeln.
Wenigstens fand ich keine maßgebende Aeußerung darüber, wie die
Arbeitsbereitschaft im Verhältniß zur effektiven Arbeit behandelt
werden soll.

Ueber den Zweck dieses allgemeinen Arbeitstages ist voll=
ständige Klarheit gegeben. Nicht bloß der Ruheschutz für wenigstens
acht Stunden täglich, auch nicht bloß der Erholungs= (Vergnügungs=,
Geselligkeits=, Erbauungs=, Bildungsschutz) auf andere acht Stunden,
bildet den Zweck. Der Achtstundentag soll auch höheren Lohn für
die Stunde des Achtstundentages ermöglichen, jedenfalls aber die
Unterbringung von mehr Arbeitern in vollen Tagesschichten durch
Verminderung des Arbeitsangebotes herbeiführen.

Bei Beurtheilung dieses Achtstundentages muß man nun vorab
alle Vorurtheile und Mißverständnisse beseitigen. Ich sage daher,
daß der hygieinische Arbeitstag zulässig sein kann, auch wenn er
unter acht Stunden herabgeht. Ich sage ferner, daß der vertrags=

mäßige Maximalarbeitstag nicht anzufechten ist, auch wenn er auf
acht und unter acht Stunden zuerst theilweise, allmählich aber all=
gemeiner sänke. Ich bemerke auch, es nicht für ausgeschlossen zu
halten, daß einzelne oder alle civilisirten Völker einen Grad der
Energie und Vergeistigung der Massenarbeit erreichen könnten, für
welchen die Achtstundendauer fast allgemein so berechtigt und öko=
nomisch zulässig wäre, wie dies jetzt schon für einzelne Arten von
Arbeit der Fall ist. Ich habe es aber hier nur zu thun mit dem
allgemeinen gesetzlichen Achtstundentag: einzuräumen und gesetzlich zu
diktiren auf den 1. Januar 1898 oder irgend einen anderen, schon
absehbaren Termin.

Man stellt nun dem Achtstundentag gegenüber gerne einige
Einwendungen in den Vordergrund, welchen ich das entscheidende
Gewicht nicht beizulegen vermag.

Man kommt gegen den allgemeinen Achtstundentag durchgreifend
nicht mit der Behauptung auf, daß niemals sämmtliche Nationen,
oder auch nur deren Arbeiterschaften über die Sache einig werden
würden. Zwar ist dies möglich, sogar sehr wahrscheinlich, allein die
Probe bleibt doch erst abzuwarten, was die internationale Arbeiter=
agitation im Zeitalter des allgemeinen Stimmrechtes und der Welt=
kongresse auszurichten vermag, zumal in dem der Demokratisirung
stark verfallenen England, dessen Vorgang für einen denkbaren Ver=
such entscheidend wäre. Die Möglichkeit annähernder, aber aus=
reichender Gleichheit eines gekürzten internationalen Arbeitstages
wird immerhin denkbar sein. Außerdem läge auch der Schutzzoll
als socialpolitisches Ausgleichungsmittel gegen die abweisenden
Völker in der Reserve, und mit der Abwehr gegen die Zuwanderung
fremder Arbeitermassen, weißer wie dunkler, hat die angelsächsische
Demokratie Nordamerikas und Australiens bereits einen scharfen
Anfang gemacht.

Bedeutsamer sind schon die Einwürfe, welche den Achtstunden=
tag nicht seiner Kürze, sondern seiner Allgemeinheit wegen und zwar
schutzpolitisch anfechten. Er sei — wäre zu sagen — nicht Bedürf=
niß und ohne unerträgliche Chikanen nicht durchführbar.

Ueber den Fabrik= und fabrikähnlichen Betrieb hinaus scheint
auch mir das schutzpolitische Bedürfniß eines Maximalarbeitstages
nicht weit sich zu erstrecken; viele Arbeitsgehilfen haben hinreichen=
den Schutz durch die bürgerliche Moral, durch Sitte und Gewohnheit.

Die schlechthinige Verallgemeinerung steigert – auch dies wird zuzugeben sein — die praktischen Ausführungsschwierigkeiten namentlich dem nichtkontinuirlichen Betriebe, dem Nebenerwerbe und dem zusammengesetzten Erwerbe gegenüber — im höchsten Grade. Ohne ein gerüttelt Maß von Spionage und Kontroll-Pedanterie, — unerträglich vielleicht für das individuelle Freiheitsgefühl gerade der strebsamsten Arbeiter selbst — ginge es schwerlich ab. Die Anhänger des allgemeinen Achtstundentages können dieses Bedenken auch dadurch nicht beseitigen, daß sie erwidern, im „Volksstaat" sei die ganze Forderung einfach durchführbar und selbstverständlich; denn diese Erwiderung operirt mit einer Beweisführung, welche für ihre zur Zeit noch auf dem Boden der bestehenden Gesellschaftsordnung stehende Politik keine Geltung hat und die Durchführbarkeit des demokratischen Volksstaates als schon erwiesen voraussetzt.

Dagegen wird der Anhänger des allgemeinen gesetzlichen Achtstundentages mit besserem Erfolg gegen obige Bedenken aufkommen, wenn er behauptet, daß der lohnpolitische Hauptzweck einer so vollständigen Verallgemeinerung und einer so gewaltigen Verkürzung des gesetzlichen Maximalarbeitstages schwer, ja entscheidend gegen die Zweifel an der schutzpolitischen Nothwendigkeit und an der praktischen Durchführbarkeit der Maßregel ins Gewicht falle. Hienach liegt die Entscheidung für oder wider den allgemeinen gesetzlichen Achtstundentag in der Beantwortung der zwei Fragen: ob die gehegten lohnpolitischen Hoffnungen auch sicher begründet seien und ob der Staat zu einem so tiefen Eingriff im einseitigen Klasseninteresse der jetzigen Arbeitergeneration berechtigt sei.

Die erste Frage betreffend ist nun nicht einmal eine sehr starke Wahrscheinlichkeit, geschweige die Gewißheit des lohnpolitischen Gelingens nachzuweisen.

Man vergegenwärtige sich nur, um was es sich praktisch handelt: durch das gesetzliche Gebot plötzlicher und allgemeiner Kürzung der gewerblichen Nationalarbeit um 20 bis 30 Prozent der bisherigen Arbeitszeit soll dennoch für kürzere Arbeit mehr Lohn erreicht oder wenigstens für die wirkliche Beschäftigung aller Arbeitskräfte zum jetzigen Lohn der Raum geschaffen werden!

Wie wäre denn ein Steigen oder auch nur Gleichbleiben des Lohnes — und zwar ein dauerndes – durch die plötzliche starke und allgemeine Herabsetzung der Arbeitszeit um 20 bis 30 Prozent denkbar? Doch wohl nur entweder durch entsprechende Kürzung der besitzenden Klassen am Gewinn und Renteneinkommen bei steigenden Löhnen, oder durch Steigerung der Produktivität der Nationalwirthschaft in Folge von Fortschritten der Technik, des Arbeitsgeschickes und der Arbeitsintensität oder durch beides zusammen!

Nun weiß doch Niemand bestimmt zu sagen, wie viel die gewerblichen Besitzklassen im Ganzen an Gewinn und Rente im Verhältniß zum Lohneinkommen ihrer Arbeiter beziehen; zieht man das ab, was die Masse kleiner und mittlerer Unternehmer mehr aus ihrem Mitarbeiten als aus ihrem Kapital erlangen, so stellt die gewerbliche Rente — trotz einer Anzahl Rieseneinkommen — dem Gewerbelohn gegenüber wahrscheinlich die große Summe nicht dar, als welche man sich dieselbe vorstellt. Dann aber wäre ein Aufkommen aus der Rente denn doch sehr fragwürdig.

Wenn dieses Aufkommen auch möglich wäre, so ist es noch keineswegs sicher, daß der Lohnkampf der Arbeit mit dem Kapital eine so starke Kürzung gewerblicher Gewinne und Zinsen überhaupt, geschweige auf einen bestimmten und schon nahen Kalendertag hin erreicht wird. Das Kapital kann theilweise auch feiern. Es kann theilweise aus Europa auswandern. Es kann durch Koalition weithin siegen. Es kann durch Einschränkung der Produktion die Pistole des Maximalarbeitstages, die man ihm auf die Brust setzt, auch von sich schlagen, indem es nicht mehr Arbeiter beschäftigt als bisher. Es kann Waarenpreiserhöhungen durchsetzen, welche den Reallohn (die Lohnkaufkraft) mindern, statt ihn zu erhöhen oder auch nur ungeschmälert fortbestehen zu lassen.

Wenn aber auch das Kapital beim gesetzlichen Achtstundentag eine größere Anzahl von Arbeitern nöthig hätte, so könnte es solche theils aus dem Ausland des Nichtachtstundentages, theils aus der Land- und Forstwirthschaft, nach einer halben Generation aus der Zunahme der gewerblichen Arbeiterbevölkerung selbst möglicherweise decken. Das Kapital wird auch Alles thun, um durch strengere Beschäftigung, strengere Kontrolle, verbesserte und vermehrte Maschinen in kürzerer Zeit mehr zu leisten als bisher.

Der Achtstundentag wird nach allen diesen Möglichkeiten nicht nothwendig die Arbeitsnachfrage plötzlich und auf die Dauer so verstärken, daß der Besitz genöthigt wäre, aus seinen Gewinnen, Zinsen und Grundrenten für eine starke und allgemeine Erhöhung oder die

Belassung des bisherigen Lohnes aufzukommen. Mindestens ebenso denkbar und vielleicht sogar wahrscheinlich ist das Gegentheil.

Dies namentlich in jenem Falle, als nicht eine dauernde Verlangsamung der Volkszunahme eintreten würde. Diese Verlangsamung wäre aber gerade dann, wenn in der ersten Zeit die allgemeine Erhöhung des Reallohnes, damit die Erleichterung der Familienernährung gelänge, nicht einmal wahrscheinlich.

Die Annahme, daß der Achtstundentag dauernd eine Steigerung oder ein Beharren der Lohnsätze auf Kosten der Gewinn- und Zinsrente herbeiführen werde, ist sonach nicht erweisbar, kaum wahrscheinlich, geschweige gewiß. Auf diese Annahme läßt sich ein so starker Eingriff des Staates, wie es der allgemein gesetzliche Achtstundentag per 1. Januar 1898 sein würde, nicht stützen; dieser Eingriff könnte gerade der Arbeiterwelt eine furchtbare Enttäuschung bringen.

Ebensowenig auf die Annahme, daß alsbald bei kürzerem Arbeitstage durch Steigerung der Technik und der Arbeitsenergie so viel produzirt und so hoch ausgelohnt werden könnte, wie beim Zehn- oder Elfstundentage! Die Steigerung der Produktivität wäre mit Gewißheit nicht allgemein und gleichmäßig und plötzlich zu erwarten. Die guten Erfahrungen, die man mit dem Elfstundentag gemacht hat, welcher wirklicher, nicht mehr produktiver Ueberarbeitung wehrt, müssen nicht auch weiter herunter eintreten, etwa in dem Sinne, daß die Produktivität der Arbeit im umgekehrten Verhältniß zur Dauer zunehme. Nur für den rein schutzrechtlichen Zehn- oder Elfstundentag, nicht auch für den erstlinig lohnpolitischen Achtstundentag ist der fragliche Ersatz wahrscheinlich, da nur der erstere sicher bei jenem Kürzungssatze einhält, über welchem die Tagesgesammtarbeit leistungsunfähiger zu werden beginnt.

Die Steigerung der Produktivität wäre besonders fragwürdig, wenn die Abschaffung des Akkordlohnes durch den ausschließlichen Zeitlohn, wie dies von einer Richtung erstrebt ist, der Ausgleichung durch intensivere Arbeit und wenn ein Sinken der Gewinne der Steigerung der Betriebsamkeit Eintrag thun würde.

Wäre aber auch eine die starke Kürzung ausgleichende Steigerung der Produktivität so gewiß, als sie es nicht ist, so würde es noch immer fraglich sein, ob der gesteigerte Mehrertrag lediglich in der Steigerung und Erhaltung der Lohnsätze, nicht vielmehr in derjenigen der Gewinne und der Zinsen aufgehen würde. Gerade im Falle des Fortschrittes der Maschinenarbeit, vollends wenn solcher mit starker Volkszunahme zusammenträfe, wäre die Arbeitsnachfrage nicht wesentlich erhöht, also das Kapital auf dem „Arbeitsmarkt" in günstiger Lage. Von der Gewißheit der Vortheile des Achtstunden= tages für das Lohneinkommen ist also auch in der zweiten Richtung nicht die Rede.

Käme nun weder durch Druck auf die Gewinn= und Zinsrente, noch durch Steigerung der Produktivität eine volle Ausgleichung wirklich zu Stande, so müßte der Arbeitslohn durch Kürzung des Arbeitstages um 20 bis 30 % — sinken. Und diese Wirkung ist durchaus nicht ausgeschlossen, da beide soeben erörterten Voraus= setzungen zusammen fehlschlagen können.

Nicht minder ungewiß ist die gehoffte Wirkung der Geschäfts= aufsaugung aller unbeschäftigten Arbeitskräfte, der s. g. „industriellen Reservearmee" durch den Achtstundentag. Nicht ein= mal für die erste Generation würde diese Wirkung nothwendig ein= treten, da ja die Produktion Einschränkungen erleiden kann und, wenn die Hoffnung auf erhöhte Produktivität nicht ganz eitel ist, wohl mehr Maschinen aufgestellt, aber nicht wesentlich mehr Arbeits= kräfte unvermeidlich werden angestellt werden. — Noch weniger ist auf die Dauer die fragliche Wirkung des Achtstundentages gesichert. Die weitere Volkszunahme — und gerade bei der behaupteten Steigerung des Stundenlohnes durch den allgemeinen Arbeitstag wäre eine solche das Wahrscheinlichere — kann neue überzählige Arbeiterschichten schaffen. Etwaiges Sinken des Lohnes aber infolge eines Rückganges in der Produktivität der nationalen Arbeit würde die „industrielle Reservearmee" nothwendig vermehren, wegen der Konsumtionsabnahme und der durch diese bewirkten Einschränkungen in der Beschäftigung für entbehrliche Bedürfnisse.

Käme es durch den Achtstundentag wirklich zu einer Schwächung des Ertrages der Nationalproduktion, so wären gerade die für ent= behrliche Bedarfe arbeitenden und die weniger leistungsfähigen Ar= beiterschaften bedroht; denn für entbehrliche Bedarfe sinkt die Nach= frage zuerst und zumeist und die weniger leistungsfähigen Arbeiter werden, weil sie in acht Stunden weniger zu Stande bringen, schließ= lich auch schlechter bezahlt werden. In dieser Beziehung bedeutet der uniforme Welt= und National=Achtstundentag keineswegs dasselbe

für die Arbeiterschaften jeder Nation oder für die miteinander kon=
kurrirenden Arbeiterschaften der einzelnen Industriereviere einer
Nation. Auch die nationale und internationale Uniformität des
lohnpolitischen Maximalarbeitstages begegnet daher erheblichen Be=
denken.

Selbst das völlige Verbot der Ueberzeitarbeit für Bewäl=
tigung der Geschäftsüberhäufung stellt weder höheren Stundenlohn,
noch dauernde Beseitigung und Beschränkung überzähliger Hände in
irgendwie sichere Aussicht. Das Gegentheil kann die Folge sein,
wenigstens für alle jene Industriezweige, welche bezüglich der Nach=
fragen, für welche sie arbeiten, unvermeidlich periodischen Stauungen
und Rückfällen unterliegen.

Wenn sohin die erstrebte lohnpolitische Wirkung des gesetzlichen
Achtstundentages höchst zweifelhaft und die Zweckmäßigkeit der Maß=
regel mehr als anfechtbar ist, so kommt schließlich die Berechtigung
des Staates zur Anordnung eines nicht mehr bloß schutzrechtlichen
Arbeitstages sehr in Frage.

Der Staat darf ohne Zweifel auf ein die menschenwürdige
Existenz sicherndes Minimaleinkommen durch Socialpolitik mittelbar
einwirken und er thut es z. B. in der Arbeiterversicherung. Er kann
äußersten Falls im Geiste von Rodbertus den verhältnißmäßigen
oder „gerechten" Lohn, so vergeblich dessen idealer Maßstab seit
v. Thünen gesucht worden ist, praktisch zu beeinflussen suchen, ob=
wohl die Ausführbarkeit erst zu erweisen wäre und vielleicht nicht
zu erweisen ist. Er darf aber den in seinen Wirkungen völlig un=
absehbaren Versuch der plötzlichen und allgemeinen Kürzung des
Arbeitstages um zwanzig bis dreißig Prozente sich nicht erlauben.
Der Staat hat dieses Recht nicht bloß dem Besitze, sondern auch den
Arbeitern gegenüber nicht. Der Arbeiterstand überhaupt könnte
ja im Lohneinkommen auch zurückgeworfen werden; mindestens die
Arbeitsgehilfenschaft in aller Produktion nicht nothwendiger Lebens=
bedürfnisse. Eben die Arbeiter könnten theilweise die Zeche bezahlen
müssen; sie kämen im Lohn zurück, wenn ein Sinken des Ertrages
der Nationalproduktion ohne Aufkommen aus der Erniedrigung der
Gewinn= und Zinsraten durch die Maßnahme herbeigeführt werden
würde. Selbst dem einzelnen Arbeitsgehilfen gegenüber, welcher
innerhalb der schutzrechtlichen Maximalarbeitszeit lieber länger
arbeiten als weniger verdienen will, ist der Staat zum lohnpolitischen

Experiment des Achtstundentages schwerlich berechtigt; es läge darin eine nicht zu unterschätzende Freiheitsbeschränkung vieler und nicht der schlechtesten Arbeiter selbst. Doch bleibe diese Seite der Sache hier unentschieden!

Ob das Experiment dennoch erzwungen werden wird? Wer vermag dies bei der zur Zeit noch widerstandslos zunehmenden Demokratisirung des Verfassungsrechtes in allen Ländern unbedingt zu verneinen!? Wird es gemacht, so kann es und wird es ziemlich wahrscheinlich mit großen Enttäuschungen innerhalb der Arbeiterwelt selbst enden.

Die Hauptentscheidung liegt offenbar in der Hand Englands. Wenn dieses Land nicht vorangeht, wenn es die Bedenken wegen der amerikanischen, asiatischen, bald vielleicht auch afrikanischen Arbeitskonkurrenz sich nicht aus dem Sinne schlägt, so ist an einen Versuch mit dem allgemeinen Achtstundentage im übrigen Westeuropa überhaupt nicht zu denken. In England aber ist gerade der aristokratischere, altgewerkvereinliche Theil des Arbeiterstandes, die skilled labour dem gesetzlichen Achtstundentag noch nicht gewonnen und es fragt sich, ob diese Arbeiterschaft den Führern der unskilled labour sich ergeben wird.

Der Grundirrthum des alsbaldigen allgemeinen gesetzlichen Achtstundentages wird nicht in der Annahme liegen, daß der Arbeitstag allmählich weiter sich werde kürzen lassen, sondern darin, daß der gesetzliche Maximalarbeitstag plötzlich, allgemein, schablonenmäßig das bringen soll, was bei weiterem Aufsteigen der volkswirthschaftlichen Entwickelung nur der vertragsmäßige Maximalarbeitstag allmählich, theilweise, ungleichmäßig, veränderlich bringen kann.

Wenn überhaupt eine so bedeutende Kürzung des Maximalarbeitstages allgemein erreicht werden würde, so wird sich diese nur im Durchgang durch eine in kleinen Schritten und nicht überall gleichmäßig vor sich gehende, nur allmählich sich befestigende Kürzung der Vertrags-Maximalarbeitstage innerhalb jedes Geschäftszweiges und Landes erreichen lassen, und zwar außerhalb wie innerhalb des Fabrik- und Quasi-Fabrikbetriebes. Nicht der allgemeine gesetzliche Achtstundentag an Stelle eines Fabrik-Maximalarbeitstages von zehn oder elf Stunden ist das Nächste, sondern neben dem letzteren der aus dem beiderseits standesmäßigen Lohn-

kampf hervorgehende, nach Ort, Zeit und Erwerbsgattungen, un=
gleiche und bewegliche „Vertrags=Maximalarbeitstag".

Dem Zustandekommen dieser Kürzungsweise ist auch nicht das
Geringste in den Weg zu legen. Man hätte hiezu weder ein Recht,
noch irgend einen Grund. Niemand braucht dieses thatsächliche
Kommen eines allgemein kürzeren Arbeitstages, welches in gesez=
lichen Maximalarbeitstagen unter zehn Stunden perio=
dische Abschlüsse finden könnte, zu fürchten.

Zu solcher Furcht ist um so weniger Anlaß gegeben, als der
Arbeiterstand selbst das höchste Interesse hat, jeden Sprung, welcher
zurückgethan werden müßte, zu vermeiden; er wird in seiner großen
Mehrheit unterhalb der Ueberarbeitungsgrenze ein lohnreicheres
Mehr an erträglicher Arbeitszeit einem einkommensärmeren Mehr
an Erholungszeit vorziehen.

Dem einst vielleicht möglichen, allmählich kommenden, aus einer
Summe vertragsmäßiger Kürzungen sich niederschlagenden Acht=
stundentag, welcher im Schoße der Zukunft liegen mag, m. a. W.
einer auf hohem Fortschritt der Technik und auf gesunder Bewegung
der Volkszunahme beruhenden weiteren Steigerung der Löhne und
weiteren Kürzung der Maximalarbeitszeit, wird am wenigsten das
Kapital mit Neid und Sorge entgegenzusehen haben. Denn je früher
Etwas, wie der zuerst vertragsmäßige, schließlich gesetzliche Acht=
stundentag seinen dauernden Einzug halten könnte, desto glänzender
würde der technische Fortschritt, desto normaler würde die Bevölke=
rungsbewegung, desto ruhiger und gesetzlicher würde das Staats=
leben unserer nächsten Zukunft gewesen sein müssen.

So wird man meines Erachtens gegenüber der Achtstunden=
bewegung mit ruhigem Blut in unbefangener Erörterung Stellung
nehmen können unter der Voraussetzung allerdings, daß man die
Arbeiterdemokratie nicht alle verfassungsmäßigen Schranken ihrer
Alleinherrschaft niederreißen lassen wird.

Davon, daß der Staat mit dem Schutzarbeitstag sich dem
Socialismus verschriebe, ist nach der obigen Erörterung vollends
keine Rede. Ist doch selbst auf dem Standpunkt der Socialdemo=
kratie der Achtstundentag, wie er zur Zeit verlangt ist, eine eigentlich
socialistische Forderung nicht. Es mag ja sein, daß einzelne Führer
die kapitalistische Produktionsweise damit schwächen und untergraben
wollen, aber das Privateigenthum an den Produktionsmitteln ist

durch die Forderung grundsätzlich nicht verneint. Der allgemeine Achtstundentag ist eine lohnpolitische Bestrebung auf dem Boden der kapitalistischen Produktionsweise. Nicht bloß im Elf- oder Zehn-, sondern auch im Achtstundentag käme der Socialismus immer noch nicht zur Herrschaft.

Der Achtstundentag ist bis jetzt selbst von der Socialdemokratie nie im Sinne des Rodbertus'schen Normalarbeitstages gedacht und gefordert worden. Da dieselbe in ihrem kommunistischen Programm Jedem „Arbeit nach Verhältniß seiner Arbeitskraft und Genuß nach seinem vernünftigem Bedürfen" zuspricht, so hat sie einen Anschlag der astronomischen Arbeitszeit auf wirthschaftliche Normalzeit behufs einer dem Werth der Leistung entsprechenden Bemessung der Arbeitsvergeltungen und der Preise auch gar nicht nöthig; die Reduktion gleicher Arbeitszeitmassen verschiedener Individuen in verschiedenen Gewerken auf ungleiche Mengen Normalzeit, bezw. die ungleiche Vergeltung astronomisch gleicher Arbeitsmassen liefe dem demokratischen Massenwillen sicher auch wider den Strich. Hitze, welcher an allen Schutzrechts-Verhandlungen des deutschen Reichstages theilgenommen hat, bestätigt aus seiner Erfahrung, daß die parlamentarische Socialdemokratie immer nur den Maximal-, nie den Normalarbeitstag im Auge gehabt hat. Er sagt im „Schutz der deutschen Arbeit": „An die Einführung des „„Normalarbeitstages"" gar im Sinne des socialistischen Zukunftsstaates oder von Rodbertus, hat auch keiner der Antragsteller im deutschen Reichstage je gedacht — auch nicht die Socialdemokraten —, sondern immer war nur der Maximalarbeitstag, die Festsetzung einer Obergrenze der zulässigen täglichen Arbeitszeit gemeint, wenn auch der weniger präzise Ausdruck „„Normalarbeitstag"" vielfach üblich war."

Die Arbeiterversicherung.

Gleich dem Arbeiterschutz, welcher wesentlich nur der gewerblichen Gehilfenarbeit zugewendet ist, erweist sich auch die Arbeiterversicherung, welche zwangsweise die ganze Arbeiterklasse — bis jetzt allerdings nur in Deutschland erfaßt hat, als ein socialpolitischer Eingriff nicht für die schutzbedürftigen kleinen Leute überhaupt, sondern nur für die Lohnarbeiter. Wenigstens ist dem bis jetzt so; in England bestehen dagegen schon Bestrebungen allgemeiner alle

Klassen ergreifender Zwangsversicherung gegen die Folgen der Erwerbsunfähigkeit und der Erwerbslosigkeit.

Die Arbeiterversicherung zeigt, auf ihr eigenstes Wesen zurückgeführt, ebenfalls die zwei Seiten, welche an den übrigen großen
Inhalten positiver Socialpolitik wahrzunehmen waren: Zwang zu
solidarischer Selbstversorgung und Beeinflussung der Ordnung des
wirthschaftlichen Daseinskampfes zu Gunsten der wirthschaftlich
schwachen Massen, welchen eben der Versicherungszwang selbst das
zur Versicherung auskömmliche Einkommen erst gewährleistet.

Die allgemeine Arbeiterversicherung ist in Deutschland durch
die Gesetze über Kranken-, Unfalls-, Invaliditäts- und Altersversicherung in der Zeit von 1883 bis 1889 zu einem gewissen Abschluß gebracht
worden. Dennoch nur zu einem vorläufigen Abschluß! Weder die
Versicherung gegen Erwerbsunfähigkeit ist eine vollständige, sofern
neben der Kranken-, Unfalls-, Invaliditäts- und Altersversicherung
die Wittwen- und Waisenversicherung der Arbeiterklasse noch aussteht.
Noch ist die Versicherung gegen unfreiwillige Erwerbslosigkeit in Angriff
genommen. Noch hat die Organisation der Kranken-, Unfalls- und Invali-
ditätsversicherung jene Einfachheit und Wohlfeilheit im Verfassungs-
aufbau und in der Verwaltungsführung erreicht, welche an sich möglich wäre. Noch ist dasjenige, was an die Arbeiterzwangsversiche-
rung in Hinsicht auf freiwilliges Sparen sich organisch anschließen
ließe, schon ins Leben gerufen. Die Uebernahme eines Theiles der
Versicherungslast auf das Reich zu ewiger Steuerbelastung der
ganzen Zukunft ist angefochten und anfechtbar. Das Verständniß
für die große socialpolitische Schöpfung ist auch für die gebildeten
Kreise keineswegs in der wünschenswerthen Klarheit und Sicherheit
vorhanden. Die Arbeiterversicherung ist daher in allen gedachten
Hinsichten immer noch und noch für lange eine der bedeutendsten
socialpolitischen „Kernfragen" unseres Zeitalters.

1. Wesen, Entstehung und Berechtigung der Arbeiterversicherung.

Nach der dermaligen Einengung des Begriffes im wissenschaftlichen und im gesetzgeberischen Sprachgebrauch ist die Arbeiterversicherung wirthschaftliche Versorgung der Lohnarbeiter und
der diesen nach Versicherungsbedürfniß und Versicherungsfähigkeit
nächststehenden Bevölkerungstheile für den Fall der Erwerbsunfähigkeit durch zwangsweise Versicherung bis zum standesmäßig

nothwendigen Unterhaltsbedarf als Höchstbetrag. Sie ist hienach zunächst und hauptsächlich Nothversicherung gegen die Störungen des Arbeiterhaushaltes durch Arbeitsunfähigkeit, nicht gegen Störung durch Arbeitsmangel (Erwerblosigkeit), und sie ist wesentlich der zwangsweise allgemeine Theil der Arbeiterversicherung im weiteren — die freie und die volle Versicherung mit umfassenden — Sinne des Wortes.

Ihre Ausdehnung auf Versicherung gegen unfreiwillige Erwerbslosigkeit ("Krisenversicherung") ist nicht ausgeschlossen. Ebensowenig ist es die Ausgestaltung der Zwangskassen für den Nebendienst freiwilliger Zusatzversicherung in abgesonderten "Rentensparkassen". Ausgeschlossen ist auch nicht der Anschluß von Organisationen fakultativer Unterstützung besonderer Noth (Unterstützungskassen) und von Organisationen der Verhütung der Erwerbsunfähigkeit und der Erwerbslosigkeit.

Der Selbstversorgung durch Ersparung, dann dem Pflegewesen durch Asyle, Spitäler ꝛc., ferner der Mitversicherung aus den Mitteln der Verwandten, Arbeitgeber ꝛc. thut die Arbeiterversicherung nicht nur keinen Abbruch, vielmehr bietet sie diesen anderen Zweigen der Arbeiterversorgung organisatorisch und versicherungstechnisch verstärkten Rückhalt.

Ihrem wirthschaftlichen Wesen nach ist die Arbeiterversicherung Ersatz der unzuverlässigen, unregelmäßigen und vereinzelten Versorgung des nöthigsten Bedarfes für die Nothlagen der Arbeitsunfähigkeit durch eine vollkommen zuverlässige und allgemeine Nothversicherung. Der Versicherungsbeitrag ist demzufolge keine Steuer, sondern ein in der Form von Versicherungsprämien mittelst Zwangsersparung allgemein und regelmäßig festgelegter Theil des Nationaleinkommens und des Arbeitereinkommens insbesondere. Diese Festlegung wäre selbst dann berechtigt, wenn der Beitrag ganz aus dem Lohneinkommen der Arbeiter geschöpft würde; lediglich ein dringendster Nothbedarf würde allgemein und fortlaufend — unter den Erleichterungen der Gegenseitigkeit — den weniger nothwendigen Bedürfnissen aller Arbeiterhaushalte abgewonnen werden.

In diesem ihrem volkswirthschaftlichen Wesen, wonach sie eine Erscheinung fortschreitender Differenziirung an der Organisation des Haushaltes aller Arbeiter ist, beruht auch der eigentliche Werth der Arbeiterversicherung. Der letztere bleibt aufrecht, auch wenn der politische Zweck der Gewinnung der Arbeitermassen nur sehr langsam erreicht werden wird.

Die Arbeiterversicherung beschränkt sich nach der gegebenen Begriffsbestimmung auf die Gewährung des nothwendigsten Unterhaltes, sie ist Nothversicherung. Diese Beschränkung hat drei zwingende Gründe: einmal die Begrenzung des Zwanges auf das Mindestmaß, um die Regel der freien Selbstversorgung nicht weiter aufzuheben, als absolut nothwendig ist. Dann die Einschränkung des Prämienbedarfes auf das andere Bedürfnisse nicht antastende erschwingliche Maß. Endlich die Verhütung des Mißbrauches; die Vollversicherung für jeden Fall der Arbeitsunfähigkeit, trete diese auch in den frühesten Jahren und nach kürzester Beitragszeit ein, würde einen schwer zu bewältigenden Drang zur Erschleichung des Versicherungsgenusses durch Erheuchelung der Arbeitsunfähigkeit und durch künstliche Herbeiführung der letzteren erzeugen; die Einschränkung auf die Nothversicherung ist eine der unentbehrlichen Schutzwehren des ganzen Institutes gegenüber der Gewissenlosigkeit der Versicherten.

Die gegebene Begriffsbestimmung schließt die Zwangsversicherung gegen Erwerbslosigkeit vorläufig aus. Das Versicherungsbedürfniß gegen letztere ist indessen nicht minder groß als dasjenige gegen Erwerbsunfähigkeit, vielleicht das größere. Doch ist weitere Zwangsversicherung höchstens als Versicherung gegen unwillkürliche Erwerbslosigkeit, als sog. „Krisenversicherung" praktisch denkbar, nimmer als Versicherung gegen Unterhaltslosigkeit aus willkürlicher Erwerbsunterbrechung. Die „Streikversicherung" kann nur freie Gegenseitigkeitsversicherung der Arbeiter sein, der Arbeitgeber kann nicht gezwungen werden, gegen sich selbst den Arbeitern Beiträge zum Lohnkampf zu geben. Anders bei der Versicherung gegen unfreiwillige Erwerbslosigkeit, die eine Folge des ganzen Produktionssystems ist. Zwei Aufgaben liegen hier vor. Einmal Verhütung und Wiederbeseitigung der Erwerbslosigkeit: durch allgemeine Nationalorganisation der Arbeitsnachweisung und des Lohnschiedswesens, durch unmittelbare Beeinflussung der Berufswahl mittelst Ordnung der Lehrlingsaufnahme und mittelst Kundgebung der Aussichten jedes Faches für die Berufswahl, endlich durch Belastung der wilden Ausdehnungen und Einschränkungen der industriellen Produktion (vielleicht durch Ein- und Austrittsbeiträge der Arbeitgeber, so daß die wild produzirenden Arbeitgeber so häufig getroffen werden, als

sie das Geschäft unterbrechen). Sodann: Nothunterhalt bei un=
vermeidlicher Erwerbslosigkeit, auf ein Mindestmaß und eine Mindest=
zeit bemessen, nebst Organisation freier Krisen=Zusatzversicherung.

Die Versicherung ist mittelbare Ersparung, aber „gesperrte“,
für einen bestimmten Versorgungszweck ausschließlich vorbehaltene
Ersparung. Daher wär es ungereimt, die „Rentensparkassen“, welche
die Bestimmung hätten, Zusatzversicherung zu geben (Art. 119 f der
2. Lesung des deutschen Reichsgesetzes über J.= u. A.=V.), deshalb
anzufechten, weil sie die Einlagen sperren. Als Anstalten zusätzlicher
freier Versicherung könnten sie reine Sparkassen gar nicht sein. Als
Versicherungsanstalten würden sie — unbeschadet abgesonderter
Rechnungsführung — am besten an die Zwangsversicherungsorgani=
sation angeknüpft werden, um die Zusatzversicherung für die Einleger
bequemer und die Verwaltung wohlfeiler zu machen.

Die Beschränkung der Arbeiterversicherung auf Nothversiche=
rung macht es wünschenswerth, bei den Zwangskassen selbst einen
der Beitragsfähigkeit der Arbeiter bestangepaßten Nebendienst für
freiwillige Zusatzversicherung zu schaffen. Diese in meinem
„korpor. Hilfskassenzwang“[1] nachdrücklich erhobene Forderung hatte
durch die Kommission des deutschen Reichstages unter dem Namen Alters=,
dann „Rentensparkassen“ Anklang gefunden. (Versicherung gegen Ein=
lagen von 1 M. in Münze oder in Sparkarten.) Leider ist der be=
treffende Antrag (Oechelhäuser) in 3. Lesung gefallen.

Um die Mindestversorgung aller Lohnarbeiter für die Fälle der
Erwerbsunfähigkeit im Wege der gegenseitigen Selbsthilfe und der
Arbeitgeberbeihilfe sicherzustellen, ist der Versicherungszwang
unumgänglich. Ist dies in der That der Fall, so ist derselbe auch
gerechtfertigt, wenn zugleich nachgewiesen ist, daß die Arbeiterver=
sicherung nicht nur keine Antastung, sondern eine bedeutende Fort=
bildung der geschichtlich gegebenen Gesellschafts=, Wirthschafts= und
Staatsordnung darstellt.

Unumgänglich ist nun der Versicherungszwang vor allem des=
halb, weil nur unter seiner Voraussetzung die Vertheilung des Na=
tionaleinkommens sich so regelt, daß Versicherte und Arbeitgeber all=
gemein beitragsfähig werden. Der Versicherungszwang ist ferner
deshalb unerläßlich, weil ohne denselben die Massen, obwohl sie

---

[1] Tübingen 1881, 1884.

durchgehends versicherungsbedürftig sind, die moralische Versicherungs=
fähigkeit, den Versicherungswillen nicht besitzen. Auch wenn der
Lohnstand schon ohne Versicherungszwang allen die wirthschaftliche
Beitragsfähigkeit gewähren würde, so gebräche es doch am Willen.
Da die wirthschaftliche Versorgung der Arbeitsunfähigkeit gleichwohl
eines der obersten Bedürfnisse aller ist, so muß unumgänglich der
Zwang verfügt werden. Unter einem dritten Gesichtspunkte ist der
Versicherungszwang unumgänglich, indem nur durch ihn allgemein
die Beitragsleistung von Jugend an, welche den „höchsten Versicherungs=
werth" hat, erreicht und hiermit erst die Versicherungslast erschwing=
lich wird. Damit berührt sich ein vierter Grund. Die Arbeiterver=
sicherung verlangt für alle Altersklassen der Versicherten einen und
denselben Bruchtheil des Lohnes als Beitrag; außerdem würden die
alten Arbeiter nur schwer Arbeit finden, indem der Arbeitgeber für
alte Arbeiter entsprechend mehr zu zahlen hätte; diese Schonung
der Alten kann nur durch allgemeinverbindliche Versicherung von
Jugend an finanziell ermöglicht werden. Ein fünfter zwingender
Grund ist die Nothwendigkeit einfachster Verwaltung, die Erzielung
geringster Kosten und höchster Leistungsfähigkeit bei voller Sicherheit.

Weßhalb war die Arbeiterversicherung früher entbehrlich?
Die Antwort liegt nahe. Vor der massenhaften und immer noch
fortschreitenden Auflösung der Mittelstände in Proletariat und Groß=
kapital war Besitz allgemeiner und beständiger vorhanden, die Fa=
milien= und Gemeindezugehörigkeit fester, bindender, persönlich inniger,
die Wohlthätigkeit gegen Alter und Invalidität ausreichender. Ein
gegen Bettel= und Armenunterstützung sich auflehnendes Gefühl der
arbeitenden Klasse war noch nicht vorhanden und die Zunft gab
Hilfe, wo die Familie nicht sorgte. Das Alles ist rasch anders ge=
worden. Der Mittelstand hat verhältnißmäßig abgenommen, die Be=
ständigkeit auch im Besitz der Reichen hat sich eher verringert. Das
Verwandtschaftsband hat sich gelockert. Der Orts= und Berufs=
wechsel hat die Familien= und Heimathsangehörigkeit verflüssigt.
Das Selbstgefühl des Individuums ist stärker geworden und wider=
strebt schon bei den Massen der gelernten Lohnarbeit mehr und mehr
dem Heimfallen an Bettel= und Armenhaus. Auf die Hilfe, welche
durch Wohlthätigkeit Anderer wird, will sich auch das Massengefühl
nicht mehr stützen, es ist darauf auch in geringerem Grade Verlaß.
Dazu liegen die Aufgaben der freien Wohlthätigkeit für die Zukunft

in der Richtung individualisirender persönlicher Pflegeweisen und außerordentlicher Hilfeleistungen. Endlich die Versorgung durch die gemeindliche Armenpflege giebt weder ausreichende noch sichere Versorgung im Alter und bei Invalidität; die öffentliche Armenpflege mit dem kommunistischen Merkmal, das ihr breit auf die Stirne aufgedrückt ist, wird von den Besitzenden als Last empfunden, sie ist nur der letzte Ausweg in Beschränkung auf die Reichung der äußersten Nothdurft. So füllt denn die Arbeiterversicherung ein starkes eigenartiges Bedürfniß unserer Zeit aus.

Gleichwohl ist sie als kommunistisch-socialistisch angefochten worden. Mit Unrecht. Vielmehr das Gegentheil entspricht der Wahrheit. Die Arbeiterversicherung bedeutet eine Fortbildung im Sinne der bestehenden Gesellschaftsordnung. Was ist in der That ihr eigenster Inhalt? Das Versicherungsbedürfniß ist allgemein geworden, ihm war die Befriedigung erst zu schaffen. Die Versicherung thut dies aber nicht, indem sie alten Kommunismus durch neuen ersetzt, sondern durch gegenseitige Selbstfürsorge der Versicherten und durch Mitleistung jener nächstverpflichteten Arbeitgeber, durch welche allein die Versicherungslast auf die nationalen Produktionskosten allgemein übergewälzt werden kann. Sie ist organisirte, dem Kommunismus der Armenpflege gegenüber mehr individualistisch ausgestaltete Versorgung. Niemand wird heute die Privatversicherung für eine Ausgeburt des Kommunismus ansehen, obwohl sie ebenfalls als Organisation der Gegenseitigkeit zur Deckung der ungünstigen durch die günstigen Fälle sich darstellt. Das Mehr in der Massenversicherung gegenüber der Lebensversicherung ist nur dies, daß jene Massen, deren Versicherungsbedürfniß sachlich am stärksten, aber subjektiv am wenigsten empfunden ist, und deren Versicherungsfähigkeit nur bei allgemeiner Versicherungspflicht erreicht werden kann, gezwungen werden, die mögliche Selbstfürsorge im Wege der Versicherung auch wirklich zu üben. Der Massenversicherungszwang ist also nicht Ausfluß des Strebens nach socialistisch-kommunistischer Umkehrung der bisherigen Gesellschafts- und Wirthschaftsordnung, sondern das einzig mögliche Mittel, große Reste von altem Kommunismus durch Organisation der Selbst- und Arbeitgeberfürsorge auch für die Bevölkerungsmassen fortzuschaffen.

Selbst die Beiträge von dritter Hand für die Arbeiterversicherung ändern grundsätzlich an diesem Sachverhalt nichts. Sofern die

Arbeitgeber zur Beitragsleistung herangezogen werden, leisten sie einen Beitrag zum nothwendigen Unterhalt ihrer Arbeitskräfte. Derselbe ist ein sachgemäßer Bestandtheil der Produktionskosten. Auch wenn sie vom Beitrag ganz freigelassen werden würden, hätten sie entsprechend höheren Lohn zu zahlen. Immer hat die Versicherungslast auf die Produktionskosten zu fallen, immer ist der Versicherungszwang das Mittel, den Lohn thunlichst so zu regeln, daß er auch den Arbeitern die wirthschaftliche Selbstfürsorge für den Fall der Krankheit, des Unfalles, des Alters und der Invalidität ermöglicht.

Sohin ist die Versicherung der Massen nicht bloß keine Umkehrung, sondern eine der großartigsten Fortbildungen der bisherigen Gesellschafts=, insbesondere Wirthschafts= und Staatsordnung, welche die Geschichte auf dem Gebiete wirthschaftlicher Versorgung aufzuweisen hat.

2. Prämienbedarf und Reichszuschuß.

Den Prämienbedarf, wie er durch die gesetzlich gegebene Organisation der Arbeiterversicherung bedingt ist, heiße ich den organisationsmäßigen Prämienbedarf. Dieser Bedarf zerfällt in zwei Theile, den ordentlichen oder versicherungstechnisch normalen und in den außerordentlichen oder versicherungstechnisch anormalen Prämienbedarf. Auf die Dauer ist nur der ordentliche Bedarf gerechtfertigt und der außerordentliche, soweit er sich nicht ganz verhüten läßt, durch Amortisation — möglichst seitens jener Versicherungsgeneration, welche denselben gesetzgeberisch herbeigeführt hat, wieder zu beseitigen; denn die Zwangsversicherung unterscheidet sich von der Privatversicherung nicht dadurch, daß sie das allgemeine Versicherungsprinzip verletzen dürfte, sondern nur darin, daß sie dasselbe nicht in individualisirenden, sondern in gesammtheitlichen Formen der Prämienzurücklegung und der Deckungskapitalrechnung — dem Wesen der Massenzwangsversicherung entsprechend — durchzuführen hat.

Der ordentliche Prämienbedarf ist jener Betrag, welcher ausreicht, um die gegen die Prämienzahlung übernommenen erwartungsmäßigen (wahrscheinlichen) Verbindlichkeiten voll zu decken. Das Anstaltsvermögen muß hienach den um seine erwartungsmäßigen Zinsen und Zinseszinsen gekürzten (estomptirten) Werth der schon erwachsenen zukünftigen Ansprüche jederzeit als vollen Gegenwartswerth bereit haben. Dies wird dadurch erreicht, daß weder einzelne

Klassen von Versicherten, noch ganze Versicherungsgenerationen mehr Versicherungsgenuß empfangen, als die von ihnen entrichteten Prämien zu reichen gestatten. Das zu diesem Ziele führende Verfahren ist die Vollprämienerhebung von allen Versicherten und von Anfang an mit der Folge der ausreichenden Prämienzurücklegung.

Die Privatversicherung weicht von diesem Grundsatz nicht ab, da sie sonst unfehlbar der Zahlungsunfähigkeit verfällt; nur schlechte Rechnung oder unredliche Konkurrenz können da Abweichungen hervorrufen. Bei der Zwangsversicherung liegt die Versuchung zur Mißachtung des obersten Versicherungsgrundsatzes viel stärker vor; denn die Zwangsversicherung der ganzen Arbeiterwelt erscheint so lange, als die Nation nicht sehr zurück- oder ganz vergeht, auf Kosten künftiger Geschlechter unbedingt zahlungsfähig zu bleiben, die Gegenwart aber ist geneigt, ihre Lasten der ganzen Zukunft zuzuwälzen. So entsteht der außerordentliche Prämienbedarf. Er ist stets die Wirkung der Abweichungen vom strengen Versicherungsprinzip, indem Verbindlichkeiten übernommen werden, welche in den ordentlichen Prämien keine volle Deckung finden. Will man die durch diese Uebernahme nothwendig entstehende Zahlungsunfähigkeit vermeiden, so müssen die Prämienausfälle entweder anderswie (durch den Staat, durch Stiftungen 2c.) übernommen, oder durch außerordentliche Prämien, spätere Prämienzuschläge gedeckt werden.

Die Abweichungen vom streng versicherungsmäßigen Deckungsprinzip werden entweder vorübergehend oder dauernd sein.

Dauernd sind z. B. folgende zwei Begünstigungen bei der deutschen Invaliditäts- und Altersversicherung: 1. Die Einrechnung von Krankheiten bis zu 1 Jahr Dauer in die pensionsfähige Beitragszeit, obwohl für diese Krankheitszeit keine Beiträge gezahlt werden, und 2. der Verzicht auf die Abstufung der Beiträge nach dem Beitrittsalter, das für Einzelne immer ein höheres sein wird. Diese dauernden Vernachlässigungen des strengen Versicherungsprinzips belasten für immer die gesunden und früh beitretenden Mitglieder höher zum Vortheile der weniger gesunden oder später beitretenden Versicherten. Die Folge ist eine dauernde Beitragserhöhung im Ganzen für einen dauernd verursachten außerordentlichen Bedarf.

Im e. S. habe ich unter dem Namen des außerordentlichen Bedarfes hier jene Prämienzuschläge im Auge, welche aus anfäng-

lichen (vorübergehenden) Prämien= und Bezugsbegünstigungen her=
vorgehen. Besonders zwei Abweichungen vom Versicherungsprinzip
sind für diese Erhöhung des Prämienbedarfes belangreich: die
„Altenbegünstigung" und das „Umlageverfahren" je während
der Einführungszeit der Versicherung. Die so erwachsenden, außer=
ordentlich zu deckenden Ausfälle sind höchst belangreich. Die Alten=
begünstigung besteht darin, daß alle bei Beginn der Versicherung
über 17 Jahre alten Personen ohne Prämienzuschlag in den vollen
Genuß eintreten, obwohl sie nicht von Jugend auf Prämien ent=
richtet, also nicht versicherungsgemäß voll beigetragen haben. Das
Umlageverfahren dagegen ist Beitragsbegünstigung während der
Einführungszeit, indem nicht von Anfang sogleich der zur Volldeckung
der Versicherungslast erforderliche Prämienbedarf erhoben, sondern
nur der vor Erreichung des Beharrungszustandes geringere, dann
steigende Betrag der Rentenlast einfach oder dem Kapitalwerthe nach
periodisch „umgelegt" wird.

Die zwei organisationsmäßigen Hauptursachen außerordent=
lichen Prämienbedarfes, deren wir gedachten, — „Altenbegünstigung"
und „Umlageverfahren" in der Einführungszeit — treten nicht in
allen vier Hauptzweigen der Arbeiterversicherung gleichmäßig und
vereint auf. In der Krankenversicherung erzeugt schon das erste Jahr
mehr oder weniger die volle Wirkung der Altenbegünstigung durch
Steigerung des Prämienbedarfes um wohl 30, vielleicht 50 %:
das Umlageverfahren aber kann in der Krankenversicherung, da
mit dem ersten Jahre der ganze Umfang der Gefahr eintritt,
Steigerungen der nachhaltigen Versicherungslast nicht herbei=
führen. Umgekehrt kann in der Unfallversicherung, wo für alle
Jahrgänge der Versicherten durchschnittlich die gleiche Gefahr zu
übernehmen ist, ein Gründungsausfall nicht aus der Altenbegünsti=
gung, sondern nur aus dem verfügten Umlageverfahren hervor=
gehen. Dagegen bei der Alters= und Invaliditäts=, sowie bei der
Wittwen= und Waisenversicherung können beide Gründungsausfälle
sich ergeben.

Beiderlei Gründungsfehlbeträge können vermieden werden, sind
jedoch aus „socialpolitischen" Gründen in Deutschland ganz oder
theilweise gewagt worden. Wären sie vermieden worden, wie es
versicherungstechnisch möglich war, so wäre außerordentlicher Bedarf
nahezu nicht entstanden, jeglicher Reichszuschuß wäre überflüssig und

die Arbeiterversicherung nach ihrem ganzen Umfang finanziell sofort ausführbar geworden.

Die dauernde Vermehrung der Versicherungslast der Invaliditäts- und Altersversicherung beträgt allein in Folge der Altenbegünstigung und des Umlageverfahrens 80 Millionen Mark, je ungefähr die Hälfte dieser Summe durch Altenbegünstigung und durch das versicherungswidrige Umlageverfahren. Die wirkliche Versicherungslast wird hierdurch auf die Dauer ungefähr um die Hälfte größer, als es der ordentliche Prämienbedarf erfordert hätte. Dafür mußte dann das Reich mit einem Rentenzuschuß aufkommen, welcher schließlich auf 50 Mark für jeden Invaliden bemessen worden ist.

3. Die Amortisation des Reichszuschusses der außerordentlichen Prämienlast.

Die Amortisation aller Fehlbetragsposten wäre in hohem Grade wünschenswerth. Einmal, um die ewige Ueberbürdung der Zukunft und die darin liegende Erschwerung der internationalen Konkurrenzfähigkeit zu beseitigen. Sodann, um die Finanzen von der Arbeiterversicherung und diese von jenen ganz unabhängig zu machen. Weiter, um die Arbeiterversicherung baldmöglichst ganz auf eigene Füße zu stellen und Reichszuschüsse nur vorübergehend nöthig werden zu lassen. Die fragliche Organisation wäre auch keine außerordentliche Maßnahme, sondern die nachträgliche Verwirklichung der obersten Forderung des Versicherungswesens. Sie wäre endlich vollständig durchführbar, volkswirthschafts- und finanzpolitisch. Volkswirthschaftspolitisch, da sie das Deckungsgesamtkapital nur langsam und schließlich nur um wenige Milliarden erhöhen würde ohne schädlichen Druck auf den Zinsfuß. Finanzpolitisch, indem sie vom Reich, von den Einzelstaaten und den Beitragspflichtigen allmählich bestritten werden und außerordentliche Veranstaltungen nicht nöthig machen würde.

Der der Gründungsübernahme der höheren Altersklassen entspringende Ausfall ließe sich vom Reich für Alle oder von jedem Staat für seine Versicherungsanstalt dadurch begleichen, daß jeder Anstalt außer dem Antheil am Reichszuschuß besondere Dotationen für ihren Amortisationsfonds in Reichs-, bezw. Staatsobligationen zugingen. Diese Dotationen könnten theils in einem mäßigen ordentlichen Jahresbetrag, theils durch außerordentliche Beträge in Jahren

großer Ergiebigkeit der Steuern zugeführt werden, bis der Amorti=
fationsfonds durch sein Zinsenerträgniß volle Deckung des Grün=
bungsausfalles ergeben würde. Die Beseitigung der aus dem Um=
lageverfahren entspringenden Verdoppelung des Normalbeitrages
würde auf dieselbe Weise und zwar binnen der ersten 80 Ein=
führungsjahre vollzogen werden. Die mäßigen Ausfälle aus dem
dauernden Zugang schon älterer Versicherten und aus der Einrech=
nung der altersnormalen Krankheitszeit in die Beitragszeit wären
durch kleine Dotationen aus dem Beitrag der Arbeiter, der Arbeit=
geber und des Reiches (Staates) ganz allmählich mittelst Prämien=
zuschlages fortzuschaffen.

Jede Landesversicherungsanstalt würde ihren Amortisations=
fonds einfach herstellen und verwalten. Durch sie kann auch der
einzelne Staat unabhängig vom Reich die zwei großen Fehlbeträge
für seine Finanzen fortschaffen, indem er seinen Antheil am Reichs=
zuschuß durch den Zinsenertrag des Amortisationsfonds seiner Landes=
versicherungsanstalt ausgleichen würde. Gewiß eine sehr rationelle
Finanzpolitik und große Stärkung des Staatskredites!

Der Dotationsbedarf könnte, soweit das Reich (der Staat) die
Dotationen in einzelnen Jahren nicht den laufenden Einnahmen zu
entnehmen vermöchte, durch Ausgabe von ordentlich und außer=
ordentlich tilgbaren Reichs= oder Staatsversicherungsobligationen
beschafft und so auch die vorzeitige Belastung schon der ersten Ver=
sicherungsjahre mit der vollen Prämiennormaleinnahme umgangen
werden.

Die Dotation der Amortisationskasse jeder Landesanstalt könnte
stets in Reichs= oder Staatsobligationen geleistet werden, indem
auch dann, wenn die Dotation aus laufenden Mitteln verfügbar ist,
entsprechend mehr von der anderen öffentlichen Schuld zur Tilgung
eingerufen wird. Hierdurch würde die Verwaltung der Amorti=
sationskasse ein überaus einfaches Nebengeschäft jeder Landesanstalt.

Der ganze Vorgang gliche der Amortisation, wie sie in Privat=
geschäften zur Beseitigung der Gründungs= und anderer Unkosten
durchgeführt wird. Das „Versicherungsprinzip" würde langsam zu
seiner vollen Geltung gelangen.

Leider ist die Frage der Amortisation versicherungswidriger,
wenn auch für den Anfang unvermeidlicher Ueberschreitungen des
Normalprämienbedarfs bei den (im Juni 1889) abgeschlossenen) Ver=

handlungen über Alters= und Invaliditäts=Arbeiterversicherung un=
beachtet geblieben. Sie wird sich mit der Zeit stark in den Vorder=
grund drängen.

4. Die Wittwen= und Waisenversicherung.

Die Versorgung der Hinterlassenen bildet anerkannt einen der
angelegentlichsten Wünsche des Arbeiterstandes, eine der wohlthätigsten
Wirkungen des bisherigen Hilfskassenwesens und eine der bedeutendsten
Erleichterungen der öffentlicher Armenpflege. Sie ist auch verwaltungs=
mäßig besonders leicht zu lösen, da der Versicherungsfall und seine
Dauer mit vollständiger Zuverlässigkeit sich feststellen lassen. Die
Einführung auch der Wittwen= und Waisenversicherung ist lediglich
eine Frage der Prämienerschwingung.

Die organisationsmäßige Prämienlast für Wittwen= und
Waisenversicherung beträgt nun eher weniger als mehr verglichen mit
der A.= u. J.=V. Wenn sie aber auch dem Prämienbedarf der letzteren
gleich gesetzt wird, so beträgt ihr Aufwand zufolge der Mittheilungen
des Bundesraths im Reichstage organisationsmäßig 120 Mill. Mark
bei ⅔ Verzicht auf das Umlageverfahren und normal höchstens
80 Mill. Mark jährlich. Da jedoch für Wittwen und Waisen jetzt
schon, namentlich durch Armenpflege erheblicher Aufwand gemacht
wird, so dürfte der organisationsmäßige Mehrbedarf kaum 80, der
normale etwa 50—60 Mill. Mark, jener wohl 1⅓, dieser kaum 1%
des Lohneinkommens betragen. Aeußersten Falles kann so viel der
Arbeiter für einen so hohen Zweck den entbehrlicheren Posten seines
Haushaltes weiter abgewinnen. Das eine Prozent könnte auch das
Reich übernehmen, wenn der außerordentliche Bedarf für A.= u. J.=V.
entweder vermieden oder bald amortisirt werden würde. Auch für
Wittwen= und Waisenversicherung erscheint daher die Prämienlast
als erschwinglich, sobald die ersten Jahre A.= u. J.=V. die Bedarfs=
grundrechnung der Regierung des Deutschen Reiches annähernd be=
stätigt haben werden. Die volle Einführung wird wesentlich eine
Frage der Ersparungsreformen und der amortisationsweisen Fort=
schaffung der außerordentlichen Bedarfe aus der ganzen Arbeiter=
versicherung werden.

5. Der Aufbau der Arbeiterversicherung.

Die Arbeiterversicherung ist bei Versicherungszwang nur in Ge=
stalt öffentlicher Verbände und Versicherungsanstalten durchführbar.

Die Versicherung gegen vorübergehende und jene gegen dauernde Arbeitsunfähigkeit sind jedoch hiebei in der Hauptsache abgesondert durchzuführen. Für die letztere Gefahr sind nur weitere Landes- oder Reichskörperschaften tragfähig genug, umgekehrt kleinere (örtliche) Verbände für Krankenversicherung nicht bloß tragfähig, sondern auch zur Fernhaltung groben Mißbrauches allein geeignet.

Die strenge Trennung der Gefahrengemeinschaft zwischen der Krankheits- und der übrigen Arbeiterversicherung schließt nicht aus, daß die Gefahr des Mittelzustandes zwischen Krankheit und Invalidität, d. h. der 13 Wochen überdauernden erwerbsunfähigen Erkrankung, zwischen beiden Gemeinschaften getheilt und die Krankenversorgung hierdurch eine lückenlose werde.

Die Trennung der Gefahrengemeinschaft für die nach der Verursachungsweise sich ergebenden drei Arten dauernder Erwerbsunfähigkeit (aus Krankheit, Unfällen, Invalidität) ist nicht geboten, nicht einmal sachgemäß. Die Trennung zieht nicht bloß drei Sonderapparate der Verwaltung und dreifache Verwaltungsarbeit nach sich und verursacht damit höhere Kosten, sie widerspricht auch der Einheit und der Gleichartigkeit des Risikos und der Verwaltungsansprüche. Wie sie auch verursacht sei, ob durch Betriebsunfall oder durch andere Invalidität oder durch Vorableben des Familienvaters, immer ist die Unversorgtheit mehr oder weniger dauernd und verlangt denselben Grad der Tragfähigkeit, also denselben Umfang des Versicherungskörpers, sowie dieselbe Gestaltung der Beiträge und der Leistungen. Dieselben Verwaltungsorgane können meist in einem Zug für alle ursächlich verschiedenen drei Arten dauernder Erwerbsunfähigkeit das Geschäft besorgen.

Wenn es zur Wittwen- und Waisenversicherung kommt, so wird sie wohl mit der A.- u. J.-V. verbunden werden. Die Durchführung auch der Unfallversicherung durch denselben Verband ist zweifellos möglich und erspart nahezu die großen Kosten der deutschen Unfallversicherung. Versicherungstechnisch hat die Unfallversicherung die einfacheren Verwaltungsaufgaben. Die Feststellung und Bemessung der Unfallsinvalidität sind leichter als jene der sonstigen Invalidität. Die andersartige Bemessung der Beiträge und der Genüsse ist zwar nicht begründet, aber, wenn beliebt, auch durch den allgemeinen Invaliditätsverband und seine Elementarorgane unschwer durchzuführen. Desgleichen das Invalidisirungsverfahren

und die Erhebung von Gefahrenzuschlägen nach den an sich richtigen
Grundsätzen des d. Unfallversicherungsgesetzes. Was der Rückbildung
entgegensteht, ist die Scheu, einen trotz mehrfacher Warnung ge=
machten Fehler der Gesetzgebung sofort einzugestehen und einen kaum
geschaffenen berufsgenossenschaftlichen Apparat mit seinen vielen und
kostspieligen Angestellten wieder abzubrechen. Diese Scheu ist nicht
begründet; der Fehler ist klein gegenüber dem großen, was dem
Gesetzgeber gelungen ist, und die angestellten Beamten könnten im
Apparat der A.= u. J.=V. Verwendung finden. Diese Ersparung
wie die baldigste Einführung der vollen Kapitaldeckung auch
für die Unfallversicherung ist höchst wünschenswerth. Der in der
Unfallversicherung erstrebte „berufsgenossenschaftliche" Aufbau ist,
soweit er überhaupt möglich, von der Krankenversicherung aus,
wo er im Ganzen sachgemäß getroffen ist, vollkommen und für
alle drei Zweige der Versicherung dauernder Arbeitsunfähigkeit
durchführbar.

**6. Die Systeme des Aufbaues: Territorialsystem, Berufsgenossenschafts=
system, gemischtes territorial=berufsgenossenschaftliches System.**

Das reine Territorialsystem: Die Zusammenfassung er=
folgt nach der politischen, namentlich armenpolitischen Reichs= und
Landeseintheilung, sei es zu einem einzigen Nationalverband, sei
es zu einem System von Provinzial= (Landes=), Kreis= (Bezirks=)
und Ortsverbänden, theils in Koordination, theils in Ueber= und
Unterordnung. Der Territorialaufbau überhaupt ist bei allge=
meiner Zwangsversicherung die architektonisch=naturgemäße Grund=
gliederung. Er ist ein Gebot der Einfachheit, der Ordnung und
der Ersparung.

Sehr anfechtbar ist jedoch die reine, d. h. ausschließliche An=
wendung des Territorialprinzips (gar in partikularistischer Abart
mit Ausschluß aller Nationaleinheit der Organisation). Die Be=
denken hiegegen sind versicherungstechnisch dadurch begründet, daß
die Vortheile der standesgenossenschaftlichen Gliederung für die
Arbeiterversicherung, namentlich für deren Weiterentwickelung und
Weiterverwerthung unentbehrlich sind (vergl. gemischtes System).
Im Rückschlag gegen den einseitig „berufsgenossenschaftlichen"
Aufbau der Unfallversicherung ist die A.= u. J.=V. des deutschen
R. G. v. 22. VI. 1889 — gegen den Widerstand der kgl. preuß.

Regierung — einseitig territorialistisch, sogar etwas partikularistisch geworden.

Das rein berufsgenossenschaftliche System: Diese in der deutschen Unfallversicherung einseitig verfolgte Art des Verfassungsaufbaues sieht von der ortschaftlich-gebietlichen Gliederung thunlichst ab und sucht die berufsgleichartigen Versicherten ohne Rücksicht auf Lohnart und Landsmannschaft zusammenzufassen. Dieses Streben kann sein Ziel nicht erreichen, wenn es die Berufsverwandtschaft im technischen Sinne faßt, statt volkswirthschaftlich die Zusammengehörigkeit erst zum selben Unternehmen, dann zum selben Produktionshauptzweig und Produktionsnebenzweig, dann zur selben Arbeiterklasse derselben Wohnortsgattung zu Grunde zu legen. Ohne letztere Gliederungsweise ist standesgenossenschaftliche Beiziehung der ganzen Arbeiterwelt überhaupt nicht möglich, ganz abgesehen davon, daß die Verwaltung verwickelt und kostspielig wird, weil für jeden der vielen Verbände ein besonderer Verwaltungsapparat geschaffen und das Ganze ungleichmäßig werden muß.

Daher waren die Vertreter des einseitig „berufsgenossenschaftlichen" Aufbaues beim Fortgang zur A.- u. I.-V. genöthigt, für die auf den ganzen Arbeiterstand angelegte A.- u. I.-V. neben den Unfallversicherungsgenossenschaften „Kommunalverbände" aufzustellen, also dem berechtigten Territorialismus eine Gasse zu öffnen, durch welche dann der reine, erneute Territorialismus siegreich hereindrang.

Die von aller Territorialgliederung absehende, auch einseitig technische Gliederungsweise hat dazu geführt, daß der „Schornsteinfegerverband des Deutschen Reiches" in der Unfallversicherung eine Genossenschaft von 5452 Versicherten ergab gegen 174995 in der Ziegelei- und 343707 in der Knappschafts-Unfallversicherung (für 1886).

Während die im technischen Sinn berufsgenossenschaftliche Gliederung an der technischen Mannigfaltigkeit in der Zusammensetzung neuzeitlicher Geschäftskörper scheitern muß, ist die im volkswirthschaftlichen Sinn standesgenossenschaftliche Gliederung vollständig durchführbar. Alle Schlosser, Tischler rc. zusammenzufassen, ist verwaltungsmäßig undurchführbar. Dagegen ist die Zusammenfassung der volkswirthschaftlich gleichartigen Massen nach der Geschäfts- (Unternehmungs-) und Dienstzugehörigkeit vollständig und so durch-

führbar, daß gleichartige Massen in demselben Versicherungsverband,
für alle Zweige der Arbeiterversicherung, zusammengerathen. Hier=
nach kämen zusammen: 1. die Angehörigen desselben Geschäftes, mit
oder ohne Gefahrenzuschläge für einzelne Mitglieder, wie in den
„Betriebskassen" der Krankenversicherung; 2. sodann die Angehörigen
aller Geschäfte desselben Produktionszweiges (Fachverbände) oder
mehrerer verwandter Produktionszweige, und zwar nach ganzen
Erwerbszweigen (Urproduktion, Gewerbe und Industrie, Handel,
Transport und Kommunikation), oder nach Unterabtheilungen: Acker=
bau=, Bergbau=, Eisen=, Maschinen=, Textilfabrik=, Eisenbahn=, Binnen=
schiffahrts=, Seeschiffahrtsverbände rc.); 3. soweit die Gliederungen
1 und 2 nicht anwendbar sind, unter Scheidung nach Stadt und Land:
gemischte Verbände (wie in den Ortskrankenkassen); endlich 4. für die
unter 1–3 nicht unterzubringenden Versicherungspflichtigen eine
Sammelschicht der gemeinen Taglohnarbeit, also wesentlich des
Standes der ungelernten Arbeit, etwa mit weiterer Scheidung der
Dienstboten und der Taglöhner.

Das gemischte oder territorial=standesgenossenschaft=
liche System: Die Vortheile standesgenossenschaftlicher Gliederung
sind an sich groß. Wenn man von der verwaltungsrechtlichen Ver=
werthung dieser Gliederung für eine gleichmäßige standesgenossen=
schaftliche Vertretung aller Zweige und Schichten der Produktion,
des Handels und des Verkehrs im Sinne der neuzeitlichen Handels=,
Industrie= und Gewerbekammern, geschweige von der verfassungs=
politischen Verwerthung für etwaige standesgenossenschaftliche all=
gemeine und gleichmäßige Zusätze zur Gemeinde=, Provinzial= und
Nationalvertretung absieht, so ergeben sich für die Arbeiterversiche=
rung selbst die folgenden Vorzüge: die Brauchbarkeit für eine die
Erwerblosigkeit hindernde vollständige Nationalorganisation des
Lohnschiedswesens, der Arbeitsnachweisung, der Produktionsstatistik
und der Statistik der Berufswahl; die Verwerthung für die Mit=
wirkung auch zur Verhütung der Arbeitsunfähigkeit; die Pflege und
Belebung des berufs=, geschäfts= und standesgenossenschaftlichen Ehr=
und Gemeingefühls zur Befriedigung des idealen Standesbedürfnisses
der Arbeiter; die Verwerthung dieses Gefühls für die Kontrolle
wirthschaftlicher Kassenverwaltung; die Zusammenfassung der im
Risiko gleichartigen Geschäfte unbeschadet der inneren Gefahren=
klassifikation jedes Verbandes; die fortgesetzte Berührung der zu=

sammengehörigen Arbeiter und Arbeitgebermassen in gemeinsamem
Interesse; endlich die Möglichkeit thunlichster Unabhängigkeit von der
Büreaukratie und ihren politischen Maßregelungen.

Daher ist es wünschenswerth, in die territoriale Grundgliede=
rung selbst die berufsgenossenschaftliche Zusammenfassung hineinzu=
legen und die Vortheile beider Systeme zusammen zu erlangen. Diese
Gestaltung ist nicht bloß möglich, sie war sogleich durch das deutsche
Krankenversicherungsgesetz für gewerbliche Arbeiter, welches maßvoll
beide Extreme vermieden hat, auf eine im Ganzen wohlgelungene
Weise zu praktischer Geltung gelangt.

Von der Grundlage territorial=berufsgenossenschaftlicher Orga=
nisation der Krankenversicherung aus kann auch der Aufbau der Un=
fall=, der Alters= und Invaliditäts=, der Wittwen= und Waisenver=
sicherung, und zwar gleichmäßig und einheitlich für die drei Zweige
der Versicherung gegen dauernde Erwerbsunfähigkeit erfolgen. Die
Grundgliederung bliebe territorial. Jedes Land (Provinz) würde
für die Regel alle seine Versicherten in einen Landesverband ver=
einigen und dessen versicherungstechnische Verwaltungsaufgaben einer
Landesversicherungsanstalt übergeben. Innerhalb jedes Territorial=
verbandes könnte jedoch die berufsgenossenschaftliche Gliederung von
den Verbänden der Krankenversicherung aus so stattfinden, daß je die
Angehörigen aller Betriebs=, aller Orts= und aller Gemeindekranken=
kassen des Landes zusammengefaßt würden, während die Angehörigen
der Innungskrankenkassen zu den Ortskrankenkassen beigezogen und
die landesrechtlichen Krankenverbände zu einer besonderen Landes=
gruppe vereint wären. Wo eine Industrie massig vertreten ist, würde
die Betriebskassenzusammenfassung in reine und in gemischte Fach=
Landesverbände auseinander treten; es wäre nur immer auf leistungs=
fähigen Umfang des reinen Fachverbandes zu sehen, bevor er sich
vom gemischten (allgemeinen) Fabrikkassen=Landesverbande absondern
dürfte. Desgleichen könnten möglichst gleichartige Gruppen von
Landesverbänden der Ortskrankenkassen — nach Land und Stadt
getrennt — gebildet werden. Man erhielte dann die Massen der
Großindustrie, jene der kleineren Gewerbebetriebe, weiter diejenigen
des Handwerks, des Handels und Verkehrs, der Land= und der Forst=
wirthschaft, endlich die gemeine Arbeit nach Land und Stadt, Dienst=
boten und Tagelöhnern in gruppenweiser Absonderung. Würde über=
all die Gemeindekrankenversicherung auf die in den andern Gruppen

nicht unterzubringenden, meist der gemeinen Arbeit angehörigen Versicherten gerichtet werden, so hätte jedes Land (Provinz) für andere Versicherungslandesgruppen ausreichend tragfähige Untergemeinschaften (Sektionen), Abtheilungen standesgenossenschaftlicher Art innerhalb des allgemeinen Landesverbandes.

Die Vortheile der berufsgenossenschaftlichen Abtheilungen innerhalb des Landesverbandes wären die oben angegebenen. Das Risiko betreffend trügen sie innerhalb bestimmter, aus der Erfahrung auf den Kopf berechneter Belastungsgrenzen die Versicherungslast allein; erst der darüber hinausgehende Theil fiele ansteigend auf den Landesgesammtverband. Die Anstalt des letzteren hätte die Geldverwaltung auch aller seiner Sektionen. Die Beiträge für die Sonderlast und für die Mitbestreitung der gesammten Ergänzungslast des Landesverbandes würden zusammen in periodisch normirten, festen Beträgen eingehoben. In der Vorstandschaft des Landesgesammtverbandes wäre jede Sektion vertreten. Die Verwaltungsgemeinschaft wäre insofern eine allgemeine, als die Krankenkassen, bezw. deren vereinigtes Centralbureau, auch für die Versicherung gegen dauernde Erwerbsunfähigkeit die Einhebungen, Beurkundungen und Urkundenverwahrungen besorgen, umgekehrt aber die Verwaltungsorgane der weiteren Verbände allen Centralaufgaben und gemeinsamen Interessen der Krankenversicherung dienen würden.

Ausnahmsweise könnten reine Fabrikkassen-Landessektionen zu Fach-Reichsverbänden zusammengefaßt werden; der weitere Verband hätte den einen bestimmten Betrag übersteigenden Theil der Gesammtlast zu übernehmen. Dies könnte auch bezüglich der Knappschaftskassen verfügt werden.

Ein allgemeiner Reichsverband aller Landesverbände theils für Rückversicherung, theils für Unterstützung nothleidender Verbände — mit Hilfe mäßiger Beiträge pro Kopf der Landesversicherten — ist nicht ausgeschlossen.

Die Bildung eines Centralrathes der deutschen Arbeiterversicherung für Berathung und Vertretung gemeinsamer Interessen und für Statistik wäre die äußerliche Krönung des Aufbaues.[1]

---

[1] Obige — neuestens weithin gewünschte — Organisation ist von mir vorgeschlagen, 1882, 1884 s. „korp. H. R. Z." (Tübingen, Laupp.)

7. Die Rückwirkungen auf die Volkswirthschaft.

Die Arbeiterversicherung erreicht unter nicht ungünstigen Ver=
teilungen der Wirthschaftsgeschichte einen größeren Antheil der Lohn=
arbeiter am Nationaleinkommen, indem sie allgemein dazu drängt, die
Kosten wirthschaftlicher Nothversicherung jeder Art von Arbeitsun=
fähigkeit zu einem Faktor des nothwendigen Lohnes und zu
einem Posten der Produktionskosten zu machen. Mit Sicherheit läßt
sich jedoch nicht behaupten, daß dieses Ziel ganz und unfehlbar werde
erreicht werden; denn wenn die Zukunft eine dem Arbeiterstand
durchaus ungünstige Konstellation des Lohnkampfes zwischen Kapital
und Lohnarbeit herbeiführen, wenn der anscheinend eingetretene Zu=
stand der Verlangsamung in der volkswirthschaftlichen Weiterent=
wickelung anhalten würde, so wäre es denkbar, daß der Arbeitgeber
die Hälfte der Versicherungskosten, die ihm aufzuerlegen sind, durch
Lohnherabsetzungen auf die Lohnarbeiter abwälzen wollte und könnte.
Selbst diese schlimmste Möglichkeit raubt der Arbeiterversicherung
ihren Werth nicht; denn wenn alle Kosten der letzteren zeitweise auf
die Versicherten selbst zurückfallen würden, so hätte dies doch nur die
Wirkung, daß entbehrlichere Bedürfnisse des Arbeiterhaushaltes all=
gemein vor dem viel Unentbehrlicheren zurücktreten müßten. Die
Rückwirkung auf den allgemeinen Arbeiterhaushalt muß daher für
alle Fälle günstig sein.

Die Wahrscheinlichkeit spricht übrigens dafür, daß der Ver=
sicherungsbedarf ganz oder zu einem erheblichen Theil zu den Pro=
duktionskosten geschlagen, im Preis dem Konsumenten zugewälzt,
oder dem unternehmenden und leihenden Kapital durch die verkehrs=
mäßig vollzogene Aenderung in der Vertheilung des Nationalein=
kommens zu Lasten fallen oder durch technischen Fortschritt herein=
gebracht werde. Wenn die Zukunft einen weiter aufsteigenden Gang
der Volkswirthschaft bringt, so kann dies gar nicht ausbleiben. Der
Griff der Gesetzgebung, nicht den Arbeiter ganz mit der Aufgabe der
Zuwälzung an den Arbeitgeber und an die nicht aus Lohnarbeitern
bestehenden Konsumenten zu belasten, sondern dem Arbeitgeber direkt
die Zuwälzung an die Konsumenten zu übertragen, kann diesfalls
nur günstig wirken; der Arbeitgeberbeitrag ist kein Almosen, sondern
das Mittel möglichster Erhöhung des Antheils der Arbeiter am
Nationaleinkommen.

Wäre das Versicherungsprinzip strenger zur Geltung gekommen und wären dadurch noch einige Milliarden mehr an Kapitalansammlung vorgesehen worden, so würde mit einiger Sicherheit zu erwarten sein, daß die Rentner des beweglichen Leihkapitals einen Theil der Lasten der Arbeiterversicherung mittelbar zu übernehmen hätten. Die Milliarden des Bankkapitals der Arbeiterversicherung würden wohl auf den allgemeinen Zinsfuß dauernd einigen Druck ausgeübt haben; dieser Druck wäre übrigens nur allmählich und nicht stark eingetreten; der Rentnerstand hätte in unempfindlicher Weise seinen Antheil am Nationaleinkommen mehr oder weniger gekürzt erhalten. Auch nützt die Rückwirkung auf den Zinsfuß den aufstrebenden Arbeitern und dem auf Kredit unternehmenden Theil der Arbeitgeber, welche so einen Theil der Last der Arbeitgeberbeiträge dem beweglichen Leihkapital zuwälzen. Diese Wirkung erleichtert mittelbar auch den Lohnkampf der Arbeiter und deren Streben, den Arbeitgebern im Lohn und durch diese im Absatzpreis den Konsumenten die zweite Hälfte der Versicherungslast zuzuwälzen.

Die Grundrente vom unvermehrbaren Theil des unbeweglichen Kapitals würde eher etwas sich erhöhen, sobald ein Theil der großen Kapitalansammlungen in Grundbesitz überginge; der Werth des Grundbesitzes würde steigen. Allein für diesen Fall wird doch wieder eine dem Arbeiterstande und den „kleinen Leuten" günstige Reform des Wohnungs=, Werkstätten= und Geschäftsmiethwesens erzielt und der Besitz für das entschädigt werden können, was er am Geldzins geschädigt wird.

Der Unternehmergewinn wird nur bei einer den Lohnarbeitern und zugleich den Arbeitgebern günstigen Konjunktur des Marktes und Lohnkampfes bei gutem Geschäftsgang relativ geschmälert. Jedoch nicht so, daß die internationale Konkurrenzfähigkeit darunter nachhaltig leiden muß. Der Gewinnausfall drängt theils zum Abbruch an entbehrlichen Bedürfnissen des Unternehmers, theils zum technischen Fortschritt, theils vermittelt er eine Massenkapitalbildung des Arbeiterstandes durch Prämienzurücklegung und Prämienamortisation, welche der Volkswirthschaft im ganzen und dem bedrängtesten, auf Kredit arbeitenden Theil des Unternehmerstandes insbesondere — wegen des Druckes auf den Zinsfuß — eine mittelbare Entschädigung geben kann.

Die internationale Konkurrenzfähigkeit erscheint so auf die Dauer durch Arbeiterversicherung nicht bedroht, selbst dann nicht, wenn hohe

Schutzzölle nicht bestehen und andere Völker die Arbeiterversicherung nicht nachahmen würden.

Der „sociale Schutzzoll" erleichtert übrigens den internationalen Konkurrenzkampf durch Abwälzung eines Theiles der Versicherungslast auf die in den internationalen Konkurrenzkampf nicht verflochtenen Zweige der nationalen Produktion und Konsumtion. Die ausländische Ausbreitung der Arbeiterversicherung bleibt selbstverständlich höchst wünschenswerth auch unter dem Gesichtspunkt der Erleichterung internationaler Konkurrenzfähigkeit.

Die Rückwirkung auf die Finanzen kann nur eine günstige sein; Milliarden neuer Kapitale drücken den Zinsfuß. Die dauernde Ersparniß an der Verzinsung der Staatsschuld wird mehr oder weniger das hereinbringen, was für die Tragung und Tilgung der Gründungskosten der Arbeiterversicherung dauernd oder zeitweise vom Staate zugeschossen werden muß.

Arbeitsämter und Arbeitskammern.

Die socialpolitische Verwaltung hat einen Umfang anzunehmen begonnen, welcher es nahe legt und wahrscheinlich macht, daß ihr ein besonderer Verwaltungsdienst zu Theil werde, welchem eine besondere Vertretung aller Schützlingsklassen der Socialpolitik an die Seite treten würde. Der Gedanke besonderer Arbeitsämter und Arbeitskammern ist schon länger hervorgetreten.

Die deutsche Socialdemokratie hat in dem Antrag „Auer und Genossen" schon zweimal, 1885 und 1890, beide Forderungen in einem Gesetzesentwurf vor den deutschen Reichstag gebracht. Nach diesem Entwurf sollen ins Leben treten: 1) ein Reichsarbeitsamt mit einem „Arbeitskammerntag" genannten besonderen Arbeitsparlament zur Seite, 2) für je 200 000 bis 400 000 Einwohner durch das ganze Deutsche Reich bezirksweise A.-Aemter mit je einer Arbeitskammer und einem Arbeitsschiedsgericht, zur Seite. Lokale Organe innerhalb jedes Arbeitsamtsbezirkes werden dagegen bis jetzt nicht gefordert. Dem Reichsarbeitsamt und den Bezirksarbeitsämtern wird eine über den Arbeiterschutz weit hinausgehende Aufgabe gestellt, indem die letztere umfassen soll: alle „Maßregeln und Untersuchungen, welche das Wohl der in Betrieben irgend welcher Art beschäftigten Hilfspersonen einschließlich der Lehrlinge erfordern"; über das Verhältniß zur Reichs- und Länderverwaltung des Arbeiterversicherungswesens enthält der Vorschlag Auer und Genossen Nichts. Jedes der Arbeitsämter wäre zu bilden aus einem „Arbeitsrath" und mindestens zwei „Hilfsbeamten" zu kollegialischer Beschlußfassung und Entscheidung; der „Arbeitsrath", d. h. der Arbeitsamtsvorstand würde vom Reichsarbeitsamt aus zwei Seitens der Arbeitskammer vorge= schlagenen Bewerbern ernannt, die Hilfsbeamten aber von der Arbeits= kammer je hälftig aus der Kurie der Unternehmer und jener der Ar= beitnehmer gewählt werden; auch Frauen wären wählbar. Jede Arbeitskammer hätte aus 24 bis 36 Vertretern zu bestehen, welche zu gleichen Theilen von den großjährigen Unternehmern und Arbei= tern im allgemeinen Stimmrecht beider Geschlechter auf 2 Jahre zu wählen wären. Die Vertreter würden Diäten und Anslagenentschä= digung aus der Reichskasse beziehen. Den Vorsitz der Arbeitskammer hätte der Arbeitsamtsvorstand zu führen, welcher seine Kammer des Monats mindestens einmal, auf Verlangen von mindestens einem Drittel der Kammermitglieder, jeder Zeit zu einer Sitzung zu berufen hätte. Der Wirkungskreis der Arbeitskammer ist im Antrag Auer und G. sehr weit dahin bestimmt: „sie sollen die Arbeitsämter mit Rath und That unterstützen und Untersuchungen pflegen über die Wirkung von Handels= und Schiffahrtsverträgen, Zöllen, Steuern, Abgaben, über die Lohnhöhe, Lebensmittel= und Miethpreise, Konkurrenzverhältnisse, Fortbildungsschulen und gewerbliche Anstalten, Modell= und Muster= sammlungen, Wohnungszustände, Gesundheits= und Sterblichkeits= verhältnisse der arbeitenden Bevölkerung. Sie haben ferner Be= schwerden über Mißstände im gewerblichen Leben zur Kenntniß der bezüglichen Behörden zu bringen, Gutachten über Maßregeln und Gesetzentwürfe abzugeben, welche das wirthschaftliche Leben ihres Bezirks berühren. Endlich sind sie Berufungsinstanz wider die Ur= theile der Gew.=Schiedsgerichte." Das Gewerbeschiedsgericht wäre je zur Hälfte von den Unternehmer= und der Gehilfenkurie zu wählen; zu jeder Urtheilsfällung wären gleich viel Vertreter beider Klassen beizuziehen.

Der Antrag Auer u. G. hat die Beachtung nicht gefunden, welche er verdient. Beachtung verdient er nach zwei Seiten. Ein= mal als Aufschluß über die Art, wie die Socialdemokratie zur Zer= trümmerung der kapitalistischen Gesellschaftsordnung zu gelangen hofft, sodann als Hinweis auf eine wirkliche und große Aufgabe in der Organisation der Socialpolitik.

Die Arbeitskammern der Socialdemokratie wären vortrefflich
geeignet, mit ihrer ebenso weit als unscharf bestimmten Zuständigkeit
in bewegter Zeit den ordentlichen Vertretungskörpern über den Kopf
zu wachsen. Die Arbeiterklasse würde vorläufig einmal vollkommen
gleichberechtigt neben die Unternehmerklasse hingestellt sein; am
„Tage der Erfüllung" würde ein Stoß gegen die kapitalistische
Hälfte der Vertretungskörper genügen, um den Schmetterling der
rein kollektivistischen Gesellschaftsordnung ausfliegen zu lassen. Die
ganze Organisation wäre vorzüglich geeignet, auch die berechtigtsten
Widerstände des Kapitals, auch das ganz unparteiische Wirken der
Orts=, Bezirks=, wohl auch der Reichsbehörden so gut wie lahm=
zulegen. Die anscheinend gleiche Abpaarung des Einflusses beider
Klassen würde dazu führen, daß jene Klasse, welche die rührigere
Vertretung und das geringere Interesse an den „Arbeitsordnungen"
hätte, jeden Augenblick und auf jedem Punkte des nationalen Ge=
werbslebens alles zum Stillstand zu bringen vermöchte. Der Arbeits=
rath wäre ja von der Arbeitskammer, diese völlig von den Arbeiter=
führern abhängig. Durch die Bestimmung, daß der Vorsitzende kein
Stimmrecht hat, Stimmengleichheit aber bei der Beschlußfassung als
Ablehnung zu gelten hat, hätte die Arbeiterkurie der Arbeitskammer
die beliebige Sperre aller Beschlüsse, insbesondere die Sperre gegen
den Erlaß der Arbeitsordnung in jedem beliebigen Geschäft (da ja
die Arbeitsordnung der Kammergenehmigung unterliegen soll), voll=
ständig in der Hand. Es ist hieran nicht genug. Bei solcher Or=
ganisation wäre eine förmliche Besoldung des Agitationsstabes der
Arbeiterparteien gesichert; denn die Vertreter erhielten Tagegelder
und Reisediäten, und zwar aus der Reichskasse. Das Parlamenteln
und der Diätenbezug könnten fast ununterbrochen stattfinden; an
Stoff für die häufige Einberufung würde es bei der maßlosen Be=
rathungskompetenz keinen Augenblick fehlen. Es ist somit klar, daß
ein wirksamerer Apparat zur „gesetzlichen" Vorbereitung der Gesell=
schaftsumwälzung   bis unmittelbar an die Schwelle des „Volks=
staates" hin   gar nicht gedacht werden kann. Der Versuch eines
Ueberganges vom vorläufigen kapitalistisch = socialistischen Zwitter=
zustande zur reinen Volksstaatswirthschaft wäre für das Reich, für
die Kreise, für die Ortsbezirke eine ganz einfache Sache, sobald man
der Socialdemokratie ein oder zwei Jahrzehnte Ausnutzung dieser
klassenpaarigen Organisation gestattet hätte. Bei einem einzigen

glücklichen Revolutionsakt in der Reichshauptstadt oder in den Haupt-
städten mehrerer Reiche zugleich könnte die Vertretung des Kapitals
aus den Arbeitsbehörden und aus den Arbeitsvertretungen über
Bord geworfen werden und der „Volksstaat" wäre fertig; das reine
Wirthschafts-Volksparlament könnte den Einzug halten und die allgemeine Volksvertretung, welche alle Klassen umfaßt und den
geistigen wie den materiellen Nationalinteressen zugewendet ist,
könnte im Reich, in den Ländern, in den Kreisen und in den
Gemeinden ohne große Schwierigkeit abgetakelt werden. Die Kadres
für die volle Einführung der Kollektivproduktion ständen ausgebildet,
handlungsbereit, fertig von der Basis bis zur Spitze, völlig geschult
auf dem Plane.

Nur muß man nicht den Grundgedanken des Arbeitsamtes und
der Arbeitskammer überhaupt verwerfen. Eine ausreichend besetzte,
selbständige, gegliederte, die ganze Nation einheitlich und gleichmäßig durchdringende, die Zersplitterung der Arbeitergesammtfürsorge
vermeidende, die gewerbliche Vertretung belebende, die Kompetenzzersplitterung zwischen vielerlei Behörden ausschließende Organisation — bildet den Grundgedanken des Vorschlages, und dieser
Gedanke ist richtig, so unannehmbar die Art seiner Ausgestaltung
durch den Antrag Auer u. G. erscheinen muß. Nur die erforderliche
berufliche Gliederung innerhalb der Territorial-Vertretungskörper
und die lokale Elementarorganisation sind auch im Antrag Auer
u. G. zu vermissen.

Was die Vollzugsorgane betrifft, so hat in Deutschland
und anderwärts die Gewerbeinspektion nicht die zureichende Zahl
von Ober- und Unter- bezw. Hilfsinspektoren. Sie zieht aus dem
Arbeiterstand hervorgegangene Unterinspektoren, deren England
mehrere hat, kaum heran. Sie ermangelt mehrfach der gleichmäßigen
Ausbreitung über das ganze Reich, sowie des geregelten Zusammen-
tritts aller Inspektorate jedes Landes untereinander sowie der
Landesinspektorate aus dem ganzen Reiche mit einer Centralstelle
der Arbeiterfürsorge einschließlich des Arbeiterschutzes (selbstverständlich unbeschadet der reichsverfassungsmäßigen Verwaltungsselbst-
ständigkeit der Bundesstaaten). Wäre das einzelne Inspektorat
überall richtig gestaltet, so könnte die Zusammenziehung aller Inspektorate zur Berathung mit Landes- und Reichscentralstellen des
Arbeiterschutzes dem vollen und gleichmäßigen Walten des Arbeiter-

schutzes und der Arbeiterfürsorge nur nützen, aber nach keiner Seite schaden. Dies ist der berechtigte Kern der Idee des „Reichs-Arbeits-amtes". Ein etwaiges Landes-Arbeitsamt könnte in derselben Rich-tung nur Gutes stiften. Anfänge einheitlicher Gestaltung fehlen übrigens nicht; England hat einen General-, Oesterreich einen Centralinspektor; in der Schweiz haben die Inspektoren regelmäßige Konferenzen; in Frankreich ist eine weitergehende Zusammenfassung im Jahre 1892 gesetzlich vorgesehen worden.

Die so wichtige Personenwahl bei Besetzung der Ober- und der Unterinspektorate könnte an Vorschläge des vereinigten Landes-inspektorates angeknüpft werden, mit der Weisung, auf praktisch er-fahrene, social unparteiische, technisch und hygieinisch wohl vorbereitete Personen nach dem besonderen Bedürfniß der einzelnen Stelle haupt-sächlich das Augenmerk zu richten.

Allein mit der bloßen Weiterbildung des Inspektorats erschöpft sich der Fortschritt in der Organisation des Arbeiterschutzes nicht! Man wird weiter gehen dürfen. Das vereinte Interesse der Wohl-feilheit, der Einfachheit, der Energie und der Sicherheit des Dienstes weist weiter darauf hin, die ordentlichen Staatsstellen vom Reich und Land bis zum Kreis und der Großgemeinde herab vom be-sonderen Arbeiterschutz und von der ganzen sonstigen außerordent-lichen Arbeiterfürsorge, gerichtlich und polizeilich, möglichst zu ent-lasten und besondere dafür besser organisirte zusammenfassende „Arbeitsämter", ein Reichsamt, Landesämter, Kreis- und Stadt-ämter allmählich zur Entwickelung zu bringen. Man würde die jetzige Kompetenzzersplitterung los werden, ohne den formellen und materiellen Arbeiterschutz der Mitwirkung der ordentlichen Verwal-tungsstellen ganz entziehen zu müssen.

Etwas ganz Richtiges und Etwas, was sehr praktisch ist, liegt sodann auch in dem Gedanken, dem Reichs-Arbeitsamte und den Kreis-Arbeitsämtern einen den Arbeiterschutz weit übersteigenden, die ganze Arbeiterfürsorge umfassenden Wirkungskreis zu geben. Man beklagt es, daß bei der Organisation der Arbeiter-versicherung trotz aller Warnungen mehrfach eine unpraktische und kostspielige Zerstückung eingetreten ist. Läge es denn nicht nahe, für die Zwecke der Arbeiterversicherung und des Arbeiterschutzes, später auch für jene der Wohnungsreform, der Arbeitsnachweisung u. s. w. Stadt-, Kreis-, Landesämter mit der Spitze einer großen Reichs-

centralstelle zu schaffen? Man müßte nur darauf sehen, jedem be=
sonderen Zweige dieser Fürsorge gerecht zu werden, das technische,
juristische, polizeiliche, hygieinische, statistische Element in der Be=
setzung des Gesammtorganes zur Geltung zu bringen und Sektionen
zu bilden, soweit sie mit der Einheit des Dienstes verträglich sind.
An Stoff wird es nicht fehlen und an einem guten, vollbeschäf=
tigten, wohlfeiler arbeitenden Personal wird es alsdann auch nicht
gebrechen.

Der Gedanke einer vom Aeltestenkollegium oder Fabrikaus=
schuß des einzelnen Großgeschäftes an zum Bezirks=, Landes= und
Reichsarbeitsrath aufsteigenden Vertretung beider Klassen ist nicht
minder berechtigt. Man kann dem Antrag Auer u. G. eher die
Unvollständigkeit, den Mangel an Lokal=Arbeiträthen und Arbeits=
kammern zum Vorwurf machen. Nur hätten auch die Vertretungs=
körper — nach dem Vorgang der Schweiz hat die v. Berlepsch'sche
Novelle dem Fabrik=Arbeiterausschuß in Sachen der Fabrik=Arbeits=
ordnungen Raum geschaffen — eine über den Arbeiterschutz weit
hinausliegende Bedeutung: für Arbeiterfürsorge, für den socialen
Frieden, für Sittlichkeitsschutz, für Streitschlichtung, für Ordnung
in der Fabrik, für Lehrlingserziehung und Disziplin, für die Kon=
trolle der Ausführung der Schutzgesetze, für die Löhne, kurz für die
Milderung harter Autokratie der Arbeitgeber und ihrer Beamten
durch den Beirath und die Beihilfe der Arbeitnehmer.

Die demokratisch=parlamentarische Majoritätsregie=
rung des Antrags Auer u. G. braucht der Freund auch der durch=
greifendsten Arbeitervertretung darum doch nicht anzunehmen. Die
Stellung und Aufgabe von „Arbeiträthen" und der „Arbeitskammern"
denke ich mir ganz anders. Die regelmäßige, nicht bloß zufällige
und gelegentliche Berührung der Inspektoren mit den Arbeiterschaften
und Arbeitgeberschaften ist ein anerkannt praktisches Bedürfniß; ein
„weniger bureaukratisches" Walten der Gewerberäthe ist von vielen
Seiten verlangt. Der geregelte ordentliche und außerordentliche
Zusammentritt mit „Arbeitskammern" würde hier Wandel schaffen.
Der Inspektor müßte den Wünschen, den Rathschlägen und Be=
schwerden zugänglich sein: er wird aber den Entscheidungen und
Weisungen solcher Organe nicht blindlings gehorchen sollen. Der
Gewerbeinspektor muß ein handlungsfähiges, von beiden Klassen
unabhängiges, von den Regierungen berufenes, in Anstellung, Be=

joldung und Amtsthätigkeit mit allen Gewähren unabhängiger
Richterstellung ausgestattetes Staatsorgan sein und bleiben, da er
nur so seines Amtes kräftig und unparteiisch zu walten vermag.
Hiemit ist jedoch die Berührung mit berathenden, informirenden und
beschwerdeleitenden Vertretungen sehr wohl verträglich. Arbeitet
der Inspektor regelmäßig mit solchen, so wird er auf seinen Gängen
und auf seinem Amtszimmer ein mehr besuchter Mann werden. Den
Arbeitskammern kann namentlich die Befugniß zur Weiterleitung
von Beschwerden an die höheren Stellen eingeräumt werden.

Wie aber wären Vertretungskörper dieser Art zu bilden? Bei
Beantwortung dieser Frage muß man sich vor allem vor der Vermengung solcher öffentlicher Arbeitskammern mit den freien Ver-
bandsausschüssen beider Klassen hüten. Das eine und das andere
Vertretungsorgan bedarf je einer eigenartigen Verfassung. Das Ver-
bandsorgan vertritt nur seine Klasse. Bei den Arbeitskammern würde
es sich um Ausgleichungen zwischen beiden Klassen und um gleich
gerechte Vertretung beider Klassen dem Staat und den Aemtern der
Socialpolitik gegenüber handeln. Diese Aufgabe verlangt ein
ständiges öffentliches Organ mit wesentlich nur berathender, be-
antragender und beschwerdeführender Befugniß, aber mit Mehrheits-
beschlußfassung bei unparteiischer Zusammensetzung. Die unparteiische
Bestellung wird nach der in gegenwärtiger Schrift gegebenen Begründung der Vertretungsgrundsätze nur dann zu erreichen sein,
wenn die Mitglieder der Arbeitskammern nicht bloß aus direkter
Wahl beider Klassen, sondern auch aus den Vertretungskörpern der
Lokalorgane aller verschiedenen Zweige der Arbeiterfürsorge hervorgehen würden, was freilich nur gelingen kann, wenn schon in den engeren
Gebietskreisen und größeren Städten Elementarvertretungen
für jeden bedeutenderen dieser Zweige zu planmäßiger Entwickelung
gelangen würden. Alsdann aber wären die Arbeitskammern zugleich
vorzügliche Wahlkörper für die Entsendung einiger Landtags- und
Reichstagsabgeordneter auf die Bänke des körperschaftlichen Theils
dieser Vertretungen.

Die vorstehende Auffassung über exekutive und repräsentative
Weiterbildung der Organisation der Socialpolitik in der Richtung
einheitlicher, einfacher, gleichmäßiger Spezialorgani-
sation für den Gesammtumfang der Arbeiterfürsorge dürfte
wenigstens der Erwägung werth sein.

Dauert überhaupt die aufsteigende Bewegung unserer Gesittung fort, so würde diese ganz neuzeitliche, bisher nie dagewesene Aemter- und Vertretungsbildung u. E. zwar nur stückweise kommen können, aber doch im Ganzen unabweisbar sein und weithin in Staat und Gesellschaft wirken und verwerthbar werden. Auf die Entwickelung in dieser Richtung deuten schon das „Arbeitersekretariat" der Schweiz, die boards of labour in den Vereinigten Staaten, namentlich aber der Behörden- und Kommissionen-Organismus des franz. Schutzgesetzes vom 2. Nov. 1892.

Socialismus und Socialpsychologie.

Das Bisherige hat die Möglichkeit ergeben, daß die eingreifendste positive Socialpolitik streng auf dem Boden der bestehenden Gesellschaftsordnung und sogar ohne jegliche, jedenfalls ohne bedeutende finanzielle Opfer der Gesammtheit für einzelne Stände und Klassen, lediglich mittelst Ergänzung der Freiheit durch solidarische Selbsthilfe und durch zeitgemäße Fortbildung der allgemeinen Rechtsordnung für die wirthschaftlichen Daseinskämpfe mit Erfolg ausgeübt werden kann. Ist es wirklich gelungen hiervon zu überzeugen, so wird der Glaube an die Nothwendigkeit, Zweckmäßigkeit und Erfolgsfähigkeit des socialistischen und kommunistischen Kollektivismus, d. h. an die allgemeine und plötzliche Ueberführung des Privateigenthums an den Produktionsmitteln ins Volksgesammteigenthum, der kapitalistisch privaten in die unmittelbar volksgemeinschaftliche Durchführung der Volkswirthschaft kaum Bestand gewinnen und Stand halten können. Ich wenigstens vermag den Glauben an eine kommunistische Volkswirthschaft der Zukunft, in welcher überhaupt aller Kampf der Sonderinteressen ausgeschlossen, der Prozeß der volkswirthschaftlichen Socialauslese, statt bloß veredelt zu werden vielmehr ganz aufgehoben werden würde, nicht entfernt zu theilen und habe die Gründe hierfür in meiner „Aussichtslosigkeit der Socialdemokratie" eingehend nachgewiesen.

Eine ganz andere Frage aber ist es, ob die kapitalistische Organisation der Produktion und des Umsatzes der Güter als das letzte Wort der Volkswirthschaftsgeschichte anzusehen, ob eine theilweise öffentlichrechtliche Ausgestaltung überhaupt als undenkbar zu erachten sei. Dieses vermöchte ich nicht zu bejahen.

Der Kollektivismus ist dem Kapitalismus gegenüber eine Frage

der Socialpsychologie. Die letztere wird die Antwort geben
müssen, daß wenigstens theilweise auf Grund des Kollektiveigenthums
an den Produktionsmitteln eine mit dem kapitalistischen Gewinntrieb
verglichene wirksamere und allgemeinere Belebung aller Triebfedern
wirthschaftlichen Produzirens und Umsetzens der materiellen Güter,
eine höhere, edlere, ökonomisch fruchtbarere Gestaltung der volkswirth=
schaftlichen Socialauslese wenigstens denkbar ist. Ich werde da=
her zum Schluß der „Kern= und Zeitfragen der Socialpolitik" den
Leser dem Kollektivismus und der Socialdemokratie gegenüber auf
den Standpunkt der m. E. entscheidenden socialpsychologischen Be=
trachtung zu führen suchen.

Zu diesem Zweck ist zuerst zu fragen: welche seelischen Trieb=
federn bedingen überhaupt den Grunderfolg aller Wirthschaft, d. h.
des Hervorbringens von möglichst viel Gebrauchswerthen
mit möglichst wenig Kosten, und einer für Volkswohl und
Volksentwickelung günstigsten Vertheilung der Güter auf
sämmtlichen privaten und öffentlichen Volksbedarf?

Die Erfahrung ergiebt sofort, daß die Antriebe zu einem in
diesem Sinn wirthschaftlichen Handeln sehr verschiedener Art sind.
Man wird diese Antriebe in zwei großen Klassen, in derjenigen der
idealistischen und in derjenigen der selbstischen (egoistischen) Beweg=
gründe unterzubringen haben.

Zu den idealistischen Motiven der Wirthschaftlichkeit, welche
sich als Beweggründe selbstloser Hingebung in der Produktion und
selbstloser Beschränkung auf das bloß vernünftige Konsumiren dar=
stellen, zählen: die Nächstenliebe, die Brüderlichkeit, die Freude an
der Berufsarbeit, das moralische und religiöse Pflichtgefühl u. a.

Die Beweggründe der Selbstsucht sind mancherlei Art. Die=
selben lassen sich in zwei Unterklassen unterbringen, in der Klasse
des wirthschaftlichen (materiellen) und in jener des immateriellen
Egoismus. Auf immaterielle Güter gerichtet sind: das Streben
nach Unabhängigkeit, auch Macht und Einfluß aller Art, nach Ruhm
und Ehre, nach Befreiung von Arbeit für die Zukunft, nach Vermei=
dung von persönlicher Strafpein. Der materielle oder wirthschaft=
liche Egoismus kann gerichtet sein: auf möglichst großes Einkommen
an materiellen Gütern, auf Erlangung von materiellen Prämien, auf
Vermeidung von Geldstrafen u. s. w.

Mittelbar wird das Streben nach möglichst viel Einkommen

zum Streben nach immateriellem Lebensgenuß (Bildung, Geselligkeit, Kunstgenuß u. s. w.), ja selbst zum Streben nach Mitteln zur Aufopferung, Liebe, Hingebung. Eine materiell interessirte Wirthschaftsführung braucht also mittelbar weder materialistisch, noch antiidealistisch zu sein, am allerwenigsten im Kollektivismus, aber auch nicht durchaus im Kapitalismus.

Der Zug zum Kollektivismus unter den Arbeitermassen von heute ist nun einseitig idealistisch in dem Sinne, daß er nur die Motive der Hingebung und Moral für Bau und Leben des volkswirthschaftlichen Körpers ins Spiel setzen, dagegen die eigentlich egoistischen Motive als Quelle der Unfreiheit und Ungleichheit beseitigt wissen will. „Jedem Arbeit nach seiner Arbeitskraft und jedem Genuß nach seinem vernünftigen Bedürfen!" Dieser Grundsatz im neuesten Programm der ganz zum Marx'schen Kommunismus übergegangenen Socialdemokratie Deutschlands, welche nun auch gar ohne Staat auskommen will, läßt nur noch die Deutung eines vollständig desinteressirten, rein idealistischen Kommunismus zu.

Das soeben erwähnte Grundprinzip: „Jedem Arbeit nach seiner Arbeitskraft, aber Gütergenuß nach seinem vernünftigen Bedürfen!" — ist nun an sich die ideale Norm für jede gute Ordnung der Volkswirthschaft, auch für die kapitalistische und die sozialistische Socialökonomie. Das Charakteristische des idealistischen Kollektivismus besteht nur darin, daß er dieses Ziel wie ohne Zwang und Strafe, so ohne jedes wirthschaftliche und sonstige Selbstinteresse der Einzelnen am fleißigsten Arbeiten nach der Arbeitskraft und am bescheidenen Konsumiren erreichen will und erreichen zu können glaubt.

Dieser idealistische Kommunismus wird unpraktisch sein. Die Vermuthung spricht auf den ersten Blick dafür, daß jenes System der Socialökonomie dem obersten Ziel: „Fleißiges Arbeiten eines jeden nach seiner Arbeitskraft im Dienste der Gesammtheit und vernünftigstes Konsumiren aller nach ihren besonderen Bedürfnissen" — am nächsten kommen wird, welches alle genannten Motive fleißigsten Produzirens und vernünftigsten Konsumirens nebeneinander und miteinander ins Spiel setzt. Hienach wird ein hyperidealistischer Kommunismus in Wirklichkeit ebenso starke Enttäuschungen bringen, wie eine hypermaterialistische Gesellschaftsordnung, welche von egoistischer Profit- und Lohnsucht alles und das Höchste erwartet. Allein der

Kollektivismus vermag — und dies thut der Proportional-Kollektivis-
mus oder „Socialismus" im Gegensatz zum Kommunismus —
ebenfalls die Hebel des materiellen und immateriellen Selbstinteresses
neben allen idealen Motiven in Bewegung zu setzen, wie auf der
anderen Seite auch die kapitalistische Gesellschaft ihre Wirthschaft,
namentlich die Zutheilung und Verwendung der Güter mit idealistischen Antrieben zu durchdringen und zu erfüllen vermag. Mit der
Zurückweisung des hyperidealistischen, kommunistischen Kollektivismus
ist hienach nicht aller Kollektivismus zurückgewiesen.

Aller Kollektivismus ist dem Kapitalismus darin überlegen,
daß der erstere die idealistischen Motive stärker, unmittelbarer und
allgemeiner wirken läßt. Er kann aber auch die materiellen und immateriellen Motive der Selbsterhaltung (Interessen) ebenso stark,
unmittelbarer und allgemeiner bei aller Arbeit wirken lassen. Nur
in der unmittelbar materiellen Interessirung der die Volkswirthschaft
leitenden Kräfte ist und bleibt vorläufig wohl noch in weitem Umfang der Kapitalismus überlegen. Die führenden und leitenden Individuen einer kollektivistischen Volkswirthschaft trügen weder ausschließlich die Gefahr des Verlustes, noch würden sie ausschließlich
allen über den standesmäßigen Bedarf der übrigen Arbeiter hinausgehenden Ertrag der nationalen Produktion ernten, wie jetzt die
Unternehmer. Als die Grundeigenschaft des Kapitalismus stellt sich
auf dem Standpunkt der socialen Psychologie dies dar, daß er für
Produktion und Umsatz der Güter mit größter Schärfe, aber auch
mit großer Einseitigkeit den materiellen Egoismus in Bewegung setzt und zwar so, daß nur für die Kapitalisten und ihre Angehörigen der Gelderwerb auch als Mittel reicher Versorgung mit immateriellen Lebensgütern dienen soll, während die Lohnarbeiter unter
dem Hungerzwang zur Erlangung wesentlich nur der materiellen
Lebensnothdurft stehen und in ihrer Abhängigkeit vom geldgebenden
Kapital auf den Genuß der Selbständigkeit, auf die Befriedigung
der mitbestimmenden Theilnahme an der Geschäftslenkung und auf
andere immaterielle Genüsse voraus verzichten müssen.

Die Einseitigkeit des idealistischen Kollektivismus als Gegen-
füßlers der kapitalistischen Gesellschaft erklärt sich hieraus. Nur
darf die Kritik auch die Kehrseite der Medaille nie übersehen. Auf
dieser Seite stehen zwei Dinge. Einmal die Möglichkeit, innerhalb
des Kapitalismus selbst durch Recht und Moral allgemein und

mittelbar sämmtliche Triebfedern guter Socialökonomie in stärkerem Maße wirken zu lassen. Sodann die unvergleichliche Stärke wirthschaftlichen Interessirtseins der socialen Produktionsleitung bei der (dem Kapital übertragenen) Führung des socialen Produktions= und Umlaufsprozesses. Die Kritik wird wohl dahin führen, daß der extrem idealistische Kommunismus nicht durchaus im Stande sein dürfte, diesen letzteren Vortheil auf kollektivistische Weise auch nur aufzuwiegen, geschweige zu steigern. Auch der Socialismus wird dazu nicht für den ganzen Umkreis volkswirthschaftlicher Thätigkeit sich befähigt erweisen.

Der Socialismus i. e. S. im Gegensatz zum Kommunismus setzt nicht bloß die idealistischen und die immateriell selbstischen Motive stärker in Bewegung, als der Kapitalismus, sondern er operirt auch unmittelbar mit wirthschaftlicher Interessirung am fleißigen und geschickten Arbeiten und am vernunftbescheidenen Konsumiren. Und zwar bei allen Produzenten ohne Unterschied von Kapitalisten und Lohnarbeitern auf dieselbe Weise. Der Kapitalismus aber verläßt sich wenigstens, was die Kapitalisten, die Leiter der nationalen Produktion anbelangt, nahezu ganz auf die Wirkung des wirthschaftlichen Eigeninteresses, auf das Streben nach Erlangung von Profit und nach Vermeidung von materiellem Verlust bei den Unternehmern, welche auch den mitproduzirenden Nichtkapitalisten im Verhältniß ihrer Leistungen nur Lohn geben, soweit dies im Interesse des Kapitals liegt. Der Socialismus fordert die Wirksamkeit aller, auch der idealistischen und der immateriell egoistischen Motive auf Grund des Kollektiveigenthums an den Produktionsmitteln. Allein der Socialismus will daneben auch in jedem kollektivistisch beschäftigten Arbeiter den wirthschaftlichen Selbsterhaltungstrieb, das berechtigte Eigeninteresse voll und allgemein zur Entfaltung bringen. Das soll dadurch erreicht werden, daß das Einkommen eines Jeden im Verhältniß zu Menge und Werth seiner socialen Leistungen bemessen wird, wodurch auch für die Vernünftigkeit des Bedürfens eine allgemeine Garantie gegeben wäre. Die Verwendung eines Theils der kollektivistisch erzeugten Güter zu dem Zweck, Mißverhältnisse zwischen Arbeitsfähigkeit und Bedürftigkeit auszugleichen, kollektivistische Wohlthätigkeit im vollsten Maße und in allgemeiner Ausdehnung würde auch der Socialismus mittelbar üben können, wie sie direkt der Kommunismus übt und indirekt selbst

die kapitalistische Gesellschaft üben kann. Der Socialismus ist grund=
sätzlich nicht atomistisch.

Der „Socialismus" würde hienach der Leitung der Gesammt=
produktion zwar nicht die scharfen Sporen der Wirthschaftlichkeit
sichern, welche der Kapitalismus durch Gewinnaussicht und durch
Verlustgefahr dem Privateigenthum in die Weichen drückt. Dagegen
gäbe er allgemein auch der ausführenden Arbeit materielle Interessirt=
heit an wirthschaftlichstem Produziren, denn er weist unmittelbar
jedem Arbeiter das Einkommen verhältnißmäßig zu, was im Kapitalis=
mus von den Unternehmern überhaupt nicht erstrebt und von den
Arbeitern im Lohnkampf nur sehr unvollständig erreicht wird.

Die wirthschaftliche Interessirtheit durch Einkommen
nach Verdienst will der Socialismus nicht durch eine mittelst der
Macht des Privateigenthums führende und herrschende Klasse er=
reichen, sondern unmittelbar für alle im unmittelbaren öffentlichen
Volksdienst arbeitenden Personen, unter Aufhebung des Privat=
dienstes („Salariates"). Und alle würden überdies bei socialistischer
Organisation an der Regierung der Volkswirthschaft im Ganzen und
an der Leitung aller einzelnen Geschäftsabtheilungen persönlichen An=
theil nach dem Maße ihrer Befähigung erhalten, wofern nur die
Wirthschaftsverfassung des socialistischen Staates der Berufung der
Befähigten in die Arbeitsämter irgend günstig wäre. Freiheit
und Gleichheit wären im Sinne der Verhältnißmäßigkeit auch des
Antheils am immateriellen Genuß der Gesellschaftslenkung für Alle
hergestellt. Hienach würde der Socialismus   und je nach der Art
seiner Ausgestaltung auch der Kommunismus   den wirthschaft=
lichen Antrieben in der Volkswirthschaft allgemein etwas hinzu=
setzen, was der Kapitalismus überhaupt nicht aufzubringen vermag.
Dem Kommunismus aber bliebe der Socialismus dadurch überlegen,
daß er den idealistischen Motiven auch den Antrieb der verhältniß=
mäßigen materiellen Interessirung Aller hinzufügen würde.

Die Bedenken gegen den Socialismus wurzeln einerseits in
den Schwierigkeiten wirthschaftlicher, von Pöbelherrschaft freier
Lenkung der Güterhervorbringung, praktisch ausgedrückt in den
Schwierigkeiten, welche der Gewinnung und Erhaltung der besten
Kräfte für sämmtliche Abtheilungen des kollektivistischen Gesammt=
organismus der Produktion entgegentreten würden, anderseits in
den Schwierigkeiten, welche der praktischen Durchführung indivi=

dueller Verhältnißmäßigkeit zwischen Arbeitsleistung und Arbeits=
einkommen sich in den Weg stellen würden.

Ob die Ueberwindung der Schwierigkeiten ersterer Art gelingen
würde, gelingen könnte? Hierauf wird heute Niemand eine zuver=
lässige Antwort geben können. Das könnte sich erst entscheiden,
wenn einmal ein ernüchterter Idealismus der Arbeiterparteien größere
Versuche mit Hilfe verzinslicher und tilgbarer Staatsvorschüsse,
vielleicht zuerst auf dem Gebiet der Lebensmittel= und Bekleidungs=
industrie gemacht haben würde. Allein bis zu dieser praktischen Er=
nüchterung würden erst weite Parteiumwege führen. Vorläufig läßt
sich nur sagen, daß der Socialdemokratismus, wenn er überhaupt
Regierung und Obrigkeit ablehnt und wenn er den Produktions=
prozeß nicht scharf und reinlich von den übrigen Kreisen des Volks=
lebens trennen will, ein Gelingen nicht erwarten darf. Allein das
Andere, daß der Socialismus für alle Fälle der Pöbelherrschaft und
der centralistischen Organisationsverwirrung verfallen müßte, wird
sich mit Bestimmtheit nicht behaupten lassen.

Die öffentliche Ausgestaltung der Volkswirthschaft auf Grund=
lage des Kollektiveigenthums an den Produktions= und Cirkulations=
mitteln kann, was die Stellung der Kollektivwirthschaft zu Staat
und Gemeinde diesen Einheitsorganen socialen Wollens und
Machens — betrifft, in verschiedener Weise gedacht werden und ist
wirklich verschieden gedacht worden. Entweder übernehmen die
territorialeinheitlichen Korporationen in der dreiinstanzlichen Ab=
stufung von Gemeinde, Provinz und Staat — die Organisation und
Verwaltung der volklichen Gesammtwirthschaft. Oder die Kollektiv=
wirthschaft findet selbständige Organisation unter bloßer Aufsicht
und Beschützung durch den Staat analog der Stellung, welche
Schule, Kirche, öffentliche Kunst, Universitätswissenschaft innerhalb
des Staates (der Provinz, Gemeinde) innehaben. Die eine Ge=
staltung möchte ich den centralistischen (politischen, kommunalen),
die andere aber den nichtpolitischen oder decentralistischen Kol=
lektivismus nennen. Der erstere ist mit dem s. g. Staatssocia=
lismus der öffentlichen Einzelunternehmungen, welcher als
Kollektivismus überhaupt nicht anerkannt werden darf und von der
Socialdemokratie als „Staats=Lohnsklaverei" charakterisirt wird,
nicht zu verwechseln.

Bis jetzt hat der Kollektivismus in seinen Gedanken über den

„Volksstaat", „Zukunftsstaat" u. s. w. wiederholt eine Neigung zur centralistischen, rein politisch-kommunalen Ausgestaltung gezeigt. Hiernach würde der Staat — in tieferer Instanz die Provinz und die Gemeinde — die ganze Volkswirthschaft unmittelbar in sich aufnehmen. Die Volkswirthschaft wäre eine Staatsfunktion, wie Justiz, Polizei- und Militärverwaltung es sind. Nun kann aber nicht scharf genug betont werden, daß die praktische Ausgestaltung des Kollektivismus eine ganz oder in der Hauptsache centralistische nicht zu sein braucht, noch so werden soll. Wenn man die Analogie der Organisation thierischer Ernährung, als deren höheres ethisch-sociales Gegenbild die Volkswirthschaft sich darstellt, zur Veranschaulichung heranzieht, so ist der stoffliche Unterhalt, je höher die thierische Organisation steigt, desto weniger centralistisch gestaltet. Im menschlichen Körper beeinflußt zwar auch die bewußte Nerventhätigkeit des Gehirnes und die Muskelthätigkeit der Organe animaler Bewegung regulirend, schützend, ergänzend den Ernährungsprozeß. In der Hauptsache aber verläuft die thierische Stoffmetamorphose unabhängig von der cerebrospinalen Organisation und Lebensthätigkeit, selbständig durch besondere Organe der Stoffzurüstung, der Stoff- (Blut-) Circulation, der Stoffaneignung und der Stoffausscheidung, im gastrischen Nerven- und Muskelsystem. Die ungeheure Masse der Stoffwechselvorgänge verläuft außerhalb der centralen Bewußtseins- und Bewegungssphäre des höheren thierischen Organismus. In der bisherigen Entwickelung des socialen Körpers nimmt man von der Urzeit der Menschheit her bis jetzt dasselbe wahr. Die Volkswirthschaft hat zwar ihre Wechselwirkung mit Staat, Kunst, Wissenschaft, Erziehung u. s. w. in Förderungen und Abgrenzungen aller Art immer reicher entfaltet, sie ist aber auch immer mehr ein selbständiger, nicht centraler Bereich des socialen Lebens geworden.

Diese Selbständigkeit ist im Kapitalismus zum höchsten bis jetzt erreichten Grade der Entfaltung gelangt. Es ist zu vermuthen, daß der praktische Kollektivismus, wenn er wirklichen Fortschritt bedeuten soll, dem socialen Stoffwechsel seine relative Selbständigkeit mindestens ebensosehr würde wahren müssen, als dies der kapitalistische Gesellschaftszustand vollzieht. Der Kollektivismus wird — abgesehen von einzelnen der Centralisation ausnahmsweise bedürftigen Geschäften, abgesehen von Geschäften, welche dem Staatszweck als Mittel dienen nicht von den Organen der Willens- und

Machteinheit der Gesellschaft, nicht von den universellen Territorial=
korporationen des Staates, der Provinz und der Gemeinde zu voll=
ziehen sein. Der Kollektivismus kann wenigstens auch decentra=
listisch außerhalb des Staates und der Kommunen durchgeführt
werden. Der Kollektivismus würde so die übrigen Kultursphären
des Volkes am wenigsten stören, von ihnen am ehesten ertragen und
unterstützt werden. Decentralistisch mag seine praktische Durchfüh=
rung am ehesten möglich sein.

Diese Durchführung wäre etwa so zu denken: nach allgemeinen
Gesetzen über die sociale Wirthschaftsführung und unter Ueber=
wachung des Staates würde jeder Zweig der Volkswirthschaft einem
System territorial gegliederter Geschäfte mit Centralstellen für die
Leitung der Produktion und der Zutheilung der Güter übergeben
werden. Diese einzelnen Zweige würden durch örtliche und nationale
Organe der Hervorbringung und Distribution zwar zu Einem Ver=
band planmäßiger Erzeugung und Distribution der Güter, sowie
rationeller Tarirung der Arbeitsleistungen und der Gütervorräthe
zusammengefaßt werden. Von Regierung und Parlament wäre aber
diese sociale Ernährungsorganisation um so mehr unabhängig, je
rationeller die Koordination und Superordination der Geschäfte und
Geschäftsleitungen durchgeführt sein würde. Nur jene Geschäfte,
welche dem Staate selbst als Mittel dienen, wie die fiskalischen Be=
triebe, oder welche nach ihrer Technik und Oekonomik der Centrali=
sation bedürftig sind, würden vom Staat, beziehungsweise von den
kommunalen Körperschaften selbst vollzogen werden, und auch sie alle
so, daß sie innerhalb des ordentlichen Staatshaushaltes selbständige
Budgetirung finden würden. Im Uebrigen würde der Staat auch in
der Volkswirthschaft nur überwachend und schützend, in außerordent=
lichen Fällen unterstützend auftreten, wie er es gegenüber dem öffent=
lich organisirten Theil der Schule, der Erziehung, der Wissenschaft, der
Kunst, des Religionslebens thut. Die kollektivistische Volkswirth=
schaft könnte also — und ich glaube, sie müßte ebenso decentralistisch
organisirt werden, wie dies für die kapitalistische Volkswirthschaft
und wie es für den Stoffwechsel der höheren thierischen Orga=
nismen zutrifft. Die Finanzen des Staates und der kommunalen
Körperschaften würden zwar aus den Erträgen der Kollektivproduktion
unmittelbar schöpfen, aber sie würden nicht in der kollektivistischen
Volkswirthschaft selbst aufgehen. Das Finanzgesetz hätte periodisch

zu bestimmen, was und wieviel aus dem Ertrage der Kollektiv-produktion an den Staat und an die kommunalen Körperschaften ab-zuliefern wäre. Im Uebrigen würde auch in einem kollektivistischen Gesellschaftszustand das Leben der Volkswirthschaft einen völlig selbständigen Verlauf außerhalb der centralen Willens- und Bewe-gungssphäre nehmen können und ich glaube nehmen müssen.

Der Socialismus darf auch nicht bloß ochlokratisch gedacht werden. Ebenso wie eine nichtcentralistische Ausführung, ist auch und gerade innerhalb eines decentralistischen Kollektivismus eine Art der Verwirklichung denkbar, welche nicht pöbelherrschaftlich wäre.

Die kollektivistische Volkswirthschaft würde zwar die durch das private Recht geordnete Herrschaft des Kapitals abwerfen. Eine durch das öffentliche Recht geordnete Direktion würde sie aber nicht entbehren können. Diese Direktion würde wohl auf jene Weise, welche dem idealistischen und anarchistischen Kollektivismus vor-schwebt, d. h. ohne Zwang, ohne Ueber- und Unterordnung, ohne Regierung höchst wahrscheinlich nicht gelingen. Es müßten obrig-keitlich anordnende Autoritäten (Aemter) sein, welche nach den durch das öffentliche Recht aufgestellten Ordnungen dirigiren.

Diese „Volksobrigkeiten", Aemter und Ordnungen für Produktion, Zirkulation, Ablieferung und Tarirung der wirthschaftlichen Güter und Dienstleistungen können entweder in autokratischer oder in demo-kratischer Ausgestaltung gedacht werden.

Autokratisch wäre der Kollektivismus dann, wenn ein Mon-arch oder wenn eine Minderheit aus eigenem Recht, nicht nach dem Willen des in Staat und Volkswirthschaft sich selbst bestimmenden Volkes durch ernannte oder erbliche Aemter die Volkswirthschaft auf Grund des Kollektiveigenthums beherrschen würde. Dieser auto-kratische Kollektivismus wäre dem Geiste des vorchristlichen Pharao-nismus und des mittelalterlich christlichen Feudalismus jedenfalls mehr kongenial, als dem Geiste der Neuzeit. Als eine der kapita-listischen Volkswirthschaft überlegene Formation der Socialökonomie ist er nicht möglich; er ist auch nicht gefordert. Derselbe ist nur denkbar als Nothorganisation, als kollektivistischer Cäsarismus, welcher den von den Massen verlangten Kollektivismus nur noch despotisch aufrecht erhalten oder erstmals als „Diktatur des Prole-tariats" durchführen würde. Der autokratische Kollektivismus kann nur als revolutionäre Anfangs- oder als despotische Enderscheinung

des Kollektivismus für die Zukunft gedacht werden. Ich lasse den=
selben vorläufig bei Seite.

Nach dem Geiste, welcher das Proletariat bewegt, muß der
Kollektivismus als eine demokratische Organisation der Volks=
wirthschaft gedacht werden. Nur müßte diese demokratische Organi=
sation nicht als Ochlokratie, sie könnte auch als gemäßigte, nicht
radikale Leitung der Volkswirthschaft auftreten.

Man muß sich bezüglich des demokratischen Kollektivismus vor
dem weit verbreiteten Vorurtheil hüten, daß nur eine ochlokratische,
gänzlich auf Massenmehrheitsentscheidungen gebaute Organisation des
Kollektivismus denkbar und der letztere schon deshalb völlig unaus=
führbar sei. Es ist auch ein gemäßigter Demokratismus ohne jegliche
Verletzung echt socialer Freiheit und Gleichheit volkswirthschaftlich
ebenso denkbar, wie er im Staate da ist und da gewesen ist.

Die ökonomische Verfassung des demokratischen Kollektivismus
läßt sich als eine selbständig außerhalb des Staates und der Ge=
meinde errichtete, aber dennoch zu einem nationalen Ganzen zusam=
mengeschlossene Gliederung von Körperschaften und Aemtern denken.
Diese hätten einerseits wie die übrigen, nicht wirthschaftlichen Glie=
derungen im Staate und in der Gemeinde ihre Vertretung, ständen
aber auch unter der Oberaufsicht und dem Schutz des Staates.
Aber nicht bloß von oben herab würden sie ordnenden Eingriffen,
Hemmungen und Förderungen unterliegen, sondern auch von unten
herauf müßten sie nicht bloß durch das rohe Massenstimmrecht be=
stimmt sein. Auf dem Untergrund des allgemeinen Stimmrechtes
könnte ein ganz demokratischer, aber dennoch fest gegliederter Auf=
bau von Obrigkeiten und von Ordnungen der kollektivistischen Volks=
wirthschaft stattfinden. Gewiß könnte innerhalb jedes Geschäfts=
körpers Vieles der Zustimmung der Geschäftsgenossen unterworfen
bleiben, namentlich was die Ordnung des Zusammenarbeitens, die
Disziplin, die Arbeits= und die Materialkontrolle anbelangt; selbst
der Geringste unter den Geschäftsgenossen hätte Antheil an der Lei=
tung derjenigen Geschäfte, welche er selbst mit verrichtet. Allein die
kollektivistische Volkswirthschaft würde nach Abschaffung „des Kapitals“,
welches mit seinem Interesse die wirthschaftliche Geschäftsleitung
jetzt garantirt, darauf Bedacht nehmen müssen, daß die fähigsten und
bewährtesten, die technisch und wirthschaftlich tüchtigsten Individuen
zur Leitung berufen würden. Jedem müßte zwar jede Stellung zu=

gänglich sein, wofern er die Befähigung hat, und im Zweifelsfall müßte innerhalb jedes Geschäftskörpers allgemeine Wahl stattfinden. Allein die Entscheidung über die wirkliche Befähigung könnte der Ernennung, der Bestätigung und der Wahl von speziellen Wahlkörperschaften und gewisser von den Unterabtheilungen aus aufgebauter, übergeordneter Wirthschaftsämter übertragen gedacht werden. Und gewisse Wahlen, Ernennungen, Entscheidungen würden der Bestätigung und Genehmigung der Aufsicht führenden und volkswirthschaftliches Recht gebenden Staats= und Kommunalgewalten vorbehalten sein.

Der Demokratismus wäre hierdurch nicht aufgehoben, sondern nur gemäßigt und gesund ausgestaltet. Es wären alle Gliederungen, wie alle Individuen zu dem ihrer Befähigung entsprechenden Einfluß gebracht. Das allgemeine Rohstimmrecht, unter welchem die Civilisation zu Grunde gehen zu müssen scheint, wäre durch gegliederte Aeußerung des Volkswillens ergänzt, wie ich dies schon vor 20 Jahren in „Bau und Leben des socialen Körpers“ als möglich erwiesen habe.

Allerdings ist diese Ausgestaltung der „Demokratie“, die körperschaftliche Gliederung der Volksobrigkeit vom Boden des allgemeinen Stimmrechtes aus, erst zu gewinnen, allein unmöglich ist dieselbe nicht. Auch für das Staats= und für das Gemeindeleben ist das allgemeine Stimmrecht als Grundlage der Gliederung in der Vertretung und in den Gewalten erst zur Entwickelung zu bringen. Diese Aufgabe wird die gewaltigsten verfassungspolitischen Kämpfe herbeiführen. Allein der Verfall der Civilisation ist als Strafe gesetzt, wenn dieselbe nicht gelöst wird. Man darf daher an der Möglichkeit gemäßigter Demokratie in einem kollektivistischen Zukunftsstaate nicht voraus verzweifeln. Es gehört dazu nur die Selbstbefreiung der Demokratie vom Köhlerglauben, daß die Bestellung aller Aemter und Ordnungen ausschließlich durch die Massenmehrheit den Gipfel demokratischer Verfassung darstelle. Dieser Aberglauben wird sich kaum behaupten. Und gerade der Kollektivismus müßte bei Gefahr der Volksverarmung zuerst damit brechen; in der Volkswirthschaft heißt es ja ganz besonders: primum vivere, deinde philosophari!

Der Socialismus müßte auch nicht antimonarchistisch sein. Viel eher läßt sich die Frage aufwerfen, ob nicht der Kapitalismus,

wenn er dieselbe Mäßigung seiner schroffen Eigenmacht erfahren
würde, wie die alte Monarchie solche schon erfahren hat, den berechtigten Wünschen des heute kollektivistisch gesinnten Proletariats
hinreichend entgegenkommen und hiermit die kollektivistische Revolution bannen könnte. Auf dem Wege hierzu befindet sich ja bereits
ganz Westeuropa, indem man durch Gesetze über Arbeiterschutz, durch
Zwang zur Versicherung gegen Krankheit und Invalidität, durch Ge-
währenlassen der Lohnkoalitionen und Gewerkvereine, durch die Entwickelung der gewerblichen Schiedsgerichte u. a. den Lohnarbeitern
die Ansprüche auf gerechten Antheil am Arbeitsertrag und die Ansprüche auf Unabhängigkeit im Vertragsverhältniß zu sichern strebt.

Der Kollektivismus ist ferner nicht nothwendig internatio-
nalistisch. Zwar wird behauptet, der Kollektivismus sei insolange
unausführbar, als nicht alle Völker politisch unter einen und
denselben Hut gebracht seien, daß er nur internationale Realisirung
zulasse. Ich halte diese Behauptung für unhaltbar. Wenn der
Kollektivismus überhaupt einen volkswirthschaftlichen Fortschritt bedeutet, so könnte er auch national organisirt werden. Die Centralämter der nationalen Kollektivproduktion eines Volks würden mit
denselben Centralämtern aller anderen Nationen und mit dem kapitalistischen Aus- und Einfuhrhandel der anderen Nationen in den
Güteraustausch eintreten, indem sie für die kollektivistische Nation
den kapitalistischen Handel verdrängen. Und auch der Staat hätte
mit diesem kollektivistischen Außenverkehr nur oberaufsehend, ordnend
und schützend sich zu befassen; die Aufsaugung des Außenhandels in
den Staat wäre keineswegs geboten. Mehrere kollektivische Nationen
vermöchten es sogar, einen kollektivistischen Verband internationaler
Art durch völkerrechtliche oder staatsrechtliche Verschmelzung ihrer
kollektivistischen Centralämter herzustellen. Diesem internationalen
Kollektivismus würden die nationalen Unterinstanzen der Organisation ebenso wenig fehlen, als einem nationalen Kollektivismus
die provinziellen und lokalen Aemter fehlen könnten. Die „Kritik“
des Kollektivismus hat dies zu beachten.

Erscheinen die Schwierigkeiten wirthschaftlicher Lenkbarkeit und
Ordnung bei socialistischer Kollektivproduktion nicht unter allen Umständen unüberwindlich, so gilt dasselbe auch von den Schwierigkeiten
verhältnißmäßiger Vergeltung der Leistungen.

Der praktische Socialismus hätte sämmtliche Arbeitsleistungen

nach Menge und Werth jedem einzelnen gutzuschreiben und die Produkte der Kollektivarbeit nach mittleren Kosten und nach jeweiliger
Nachfrage zu bewerthen. Er hätte für die Arbeits= und für die
Produktbewerthung ein ausgebildetes öffentliches Taxwesen nothwendig.

Ein solches Taxwesen ist an sich nicht undenkbar. Für jeden Zweig
der kollektivistischen Produktion wäre eine mittlere (normale) Zeit-
masse täglicher Arbeit festzustellen. Harte und anstrengende Arbeit
würde entsprechend in einem Mehrfachen der mittleren Arbeitszeit,
leichte und wenig konsumirende Arbeit aber nur mit einem Bruchtheil dieses Socialarbeitstages, bezw. der Socialarbeitsstunde angesetzt
werden. Die Arbeitsleistungen würden sich so zwischen allen einzelnen
nach dem Quantum der Leistung ins Verhältniß setzen lassen.

Sodann auch nach der Qualität; denn es ließe sich für jeden
Zweig der Produktion und für jede Abtheilung des Gesammtgeschäftes
eine mittlere Ablieferung für die Arbeitszeitstunde feststellen, — sogar mit Berücksichtigung der günstigeren und der ungünstigeren
Produktionsbedingungen des einen und anderen Geschäftes. Wer
mehr als das mittlere Produkt abliefern, also fleißiger arbeiten
würde, erhielte entsprechend mehr angeschrieben und umgekehrt.

Endlich ließen sich auf Grund aller dieser Aufschreibungen für
jede Güterart die mittleren Kosten an socialer Arbeitszeit ermitteln,
welche für eine bestimmte Gütereinheit (Gewicht oder Stück) gut-
geschrieben werden müßten und den Produzenten durch Zuweisung zu
vergüten wären. Die Produkte würden im Verhältniß ihrer socialen
Arbeitszeitkosten taxirt und zu dieser Socialtaxe den Arbeitszeit-
guthaben aller einzelnen in Gegenrechnung gestellt werden. In der
Liquidation zwischen den Arbeits= und den Güterchecks müßten beide
Hauptsummen sich genau decken.

Die mittleren Arbeitskosten könnten auch nur den allgemeinen
Anhaltspunkt für die Taxirung der Güter als Grundtaxe bilden.
Die gefundene Grundtaxe nach Arbeitskosten könnte bei steigendem
Bedarf oder abnehmendem Vorrath einen Zuschlag, im umgekehrten
Fall einen Abschlag erfahren. Mit dem Sinken und Steigen des
Gebrauchswerthes der Güter würden die Taxen ebenso steigen und
fallen, wie es in der kapitalistischen Gesellschaft die Preise thun, und
damit würde dieselbe äußerst vortheilhafte Wirkung für die wirth-
schaftliche Regelung von Produktion und Konsumtion zu erreichen

sein, wie sie der kapitalistischen Marktpreisbildung zuerkannt werden muß.

Der Socialismus erscheint hienach mit seinem charakteristischen Grundgedanken nicht überhaupt unausführbar. Die Frage für die Kritik dieses Systems des Kollektivismus wird vielmehr die sein, ob sein Taxmechanismus überhaupt oder jetzt schon auch über die Bereiche rechtlicher und faktischer Monopole hinaus der kapitalistischen Marktpreisbildung vorzuziehen wäre. Immerhin würde das sozialistische Taxwesen großen Schwierigkeiten begegnen, welche im Kapitalismus durch die private Preisbildung auf den Waaren- und Arbeitsmärkten „leicht" überwunden werden. Eine nur unvollkommene Lösung des Problems könnte jedoch so viele Disharmonie zwischen Leistung und Einkommen herbeiführen, als solche in der kapitalistischen Gesellschaft sich einstellt. Dasselbe würde dem Kommunismus begegnen, wenn für seine Grundschwierigkeit - die Anfeuerung zu Fleiß und Bescheidenheit - die Brüderlichkeit den Dienst versagen würde.

Ueberlegen wäre der Socialismus dem Kapitalismus darin, daß er den dem demokratischen Geist unserer Zeit wenigstens in der Großindustrie widerstrebenden Privatdienst zwar abschaffen, aber die wirthschaftliche Interessiertheit eines jeden aufrechterhalten, ja erst allgemein herstellen würde. Von dem Zeitpunkte an, da die Massen die Freiheit vom Gehorsam gegen Geldherren als eines der höchsten idealen Glücksgüter ansehen und unmittelbare Volksdiener in öffentlichem Berufsdienst sein wollen, hätte jedes der zwei Systeme des Kollektivismus beim Vergleich mit dem Kapitalismus das Recht, selbst einen etwaigen Fehlbetrag bezüglich der Produktivität durch das entschiedene Uebergewicht des idealen Genusses bei der Arbeit und der besseren Vertheilung der Güter aufgewogen zu finden. Die Kritik des Kollektivismus wird dies nicht mißachten dürfen.

Nach alledem läßt sich über die Zukunft eines nichtkommunistischen Kollektivismus nicht voraus absprechen. Es kommt darauf an, ob er in praktischer Socialpsychologie eine edlere, vollkommenere Form der Socialauslese auf dem Gebiete der Volkswirthschaft zu Stande bringen wird. Ob und wann die hiezu erforderliche sittliche und geistige Bildung der Massen gegeben sein wird?!

Kann der Kollektivismus auf Grundlage des öffentlichen Eigenthums an den Produktionsmitteln überhaupt zum Durchbruch ge-

langen, so würde dies vermuthlich doch nicht für die ganze Volks=
wirthschaft, geschweige plötzlich geschehen. Allein die Möglichkeit
einer nur theilweisen Einführung mit Ausschließung der Landwirth=
schaft und mit theilweiser Belassung kapitalistischen Betriebs in
Industrie und Handel ist nicht ausgeschlossen. Allerdings tritt der
Kollektivismus bis jetzt im wesentlichen ausschließend auf. Die ganze
Socialökonomie soll auf die Grundlage des Kollektiveigenthums an
den Produktions= und Cirkulationsmitteln gestellt werden. Diese
Ausschließlichkeit hat die Vermuthung künftiger Verwirklichung gegen
sich; denn nach der Erfahrung aller Geschichte, auch der Geschichte
der volkswirthschaftlichen Evolution, pflegte jede neue Formation
nicht allgemein zu werden und ablebende Formationen nicht ganz zu
verdrängen. Dem Kollektivismus möchte es ebenso ergehen, wenn er
überhaupt die Bestimmung hätte, die Grundform einer Volkswirth=
schaft der Zukunft zu werden. Die Kritik des Kollektivismus darf
jedoch aus der Ausschließlichkeit, womit der doktrinäre Kollektivismus
sich trägt, nicht ohne weiteres die Unmöglichkeit der Realisirung ab=
leiten. Sie muß zuvor untersuchen, ob der Kollektivismus nicht auch
bloß theilweise neben den älteren Systemen der Organisation der
Volkswirthschaft, neben und mit einem größeren oder kleineren Rest
kapitalistischer Socialökonomie denkbar wäre.

Ich will daher noch feststellen, daß der Kollektivismus auch als
Zumischung zum Kapitalismus denkbar ist und daher für ganze
Hauptzweige der Güterhervorbringung (Landwirthschaft u. s. w.) auch
unterbleiben könnte, für welche er etwa weniger taugt, als die kapi=
talistische Socialökonomie. Der Kollektivismus würde in diesem
Falle sich nur theilweise ausbreiten, nur dort und solange bestehen,
als er die mehr ökonomische und aus anderen Gründen wünschens=
werthere Form der socialen Hervorbringung und Zutheilung der
Güter darstellen würde. Zum Unterschied von der kapitalistischen
Volkswirthschaft würde sich nur dies ergeben, daß neben dem kapita=
listischen Marktverkehr mit Privatpreisen und Privatlöhnen ein öffent=
liches Tarwesen für Arbeitsleistungen und Sachgüter nach kollekti=
vistischen Grundsätzen sich einstellen würde. Wie heute der Beamte
mit seiner Besoldung Güter erwirbt, welche kapitalistisch erzeugt
sind, und wie umgekehrt die Kapitalisten und Lohnarbeiter heute schon
Steuern und Taxen zahlen, um öffentlicher Güter und Dienste theil=
haftig zu werden, so würden die Produzenten der kollektivistischen

Hemisphäre der Volkswirthschaften mit ihrem Einkommen an Arbeits=
tagen auch die kapitalistisch erzeugten Arten von Gütern erwerben,
und umgekehrt würden die Kapitalisten und die Lohnarbeiter ihre
Profite und Löhne theilweise verwenden, um zur kollektivistischen
Taxe einen Theil der kollektivistisch erzeugten Güter zu erlangen.

Somit ist nicht zu leugnen, daß Kapitalismus und Kollektivis=
mus neben, mit und für einander bestehen könnten, sei es für immer,
sei es vorübergehend in einer Epoche langsamer Einführung eines
schließlich überwiegenden Kollektivismus. Mir ist es voraus wahr=
scheinlich, daß ein großer Theil der Volkswirthschaft, vor allem die
landwirthschaftliche Stoffhervorbringung, die Leistung persönlicher
Dienste, die Stoffverarbeitung im kleinen auf wirthschaftlichere Weise
der kapitalistischen und der altfamiliären Produktion vorbehalten
bleiben. Und es ist mir nicht minder wahrscheinlich, daß der Kollek=
tivismus auch sonst nur langsam und nur theilweise seinen Sieges=
einzug in die Geschichte der Volkswirthschaft würde bewerkstelligen
können, falls er überhaupt einigermaßen siegen würde.

Kern- und Zeitfragen der Finanzpolitik.

Umriß der Aufgaben.

Die wirthschaftliche Grundlage nationaler Sicherheit gegen
außen und gedeihlicher Entwickelung im Innern bildet ein gesunder
Staatshaushalt. Von allen Gebieten des so besonders streitvollen
Staatslebens ist aber auch kaum ein anderes so von Kämpfen, oft
von einem „Kriege Aller gegen Alle" bewegt, wie dasjenige der
Finanzen, keines so klippenreich für die Staatskunst.

Da ist der Kampf zwischen den privaten und den öffentlichen
Bedarfen um den Antheil am National= und Privateinkommen. Da
ist der Streit der Klassen gegeneinander in Zuschiebung und Ab=
lehnung der Steuerlast. Da ist der Kampf der Hinterziehung,
welchen die Steuerkräfte gegen die Steuerkasse führen. Da ist ein
tausendfältiges Ringen um das Zu= und Abwälzen der Steuern

zwischen sämmtlichen Steuerträgern und Steuerkräften. Da ist
weiter der Kampf um die Verwendung der Staatsmittel zum Vortheil einzelner Klassen, Stände, Interessen und Personen.

Auch hier geht jedoch nur aus dem Streit und aus der verfassungsrechtlich guten Ordnung des Streites die Entwickelung und
der Fortschritt hervor. Die Finanzwissenschaft selbst ist zum guten
Theil der wissenschaftliche Niederschlag aus der Führung und Erfahrung der Staatshaushaltskämpfe. Die unparteiische Einsicht,
welche durch diese Wissenschaft erlangt wird, unterstützt jedoch mächtig
das Auslaufen des auch den geringsten Bürger ergreifenden und be-
wegenden Staatshaushaltskampfes in wirklichen, die materielle Zukunft der Nation sichernden Fortschritt des Finanzwesens.

An dieser Stelle besteht nun keineswegs die Aufgabe, das
streitvolle Gebiet des Staatshaushaltslebens zur Darstellung zu
bringen oder über die ordentlichen und außerordentlichen Staats-
bedarfe, ordentlichen und außerordentlichen Deckungsmittel, wie sie
am Horizont der Finanzpolitik rasch auf- und untergehen, im Einzelnen eine Erörterung zu pflegen. Diese Darstellung und Erörterung ist von mir an anderer Stelle gegeben, ohne daß ich etwas
Wesentliches zurückzunehmen oder hinzuzufügen hätte. Vielmehr
liegt mir daran, die großen praktischen Aufgaben, welche der
Finanz- und Steuerpolitik der Gegenwart und Zukunft, namentlich
im Deutschen Reiche gesteckt sind, im Abriß zu bezeichnen, namentlich aber die meines Erachtens größte Lücke aller bestehenden
Steuersysteme aufzudecken und durch eine auch in der Finanzwissenschaft völlig neue Ausführung auszufüllen.

Die großen praktischen Aufgaben der deutschen Finanzpolitik sind die folgenden:

1. Die Erhaltung und Wiederherstellung des Finanzgleichgewichtes:

erstens durch Endigung und Tilgung der Schulden für
Militärausgaben im Frieden,

zweitens durch Fortschaffung der zu gewärtigenden großen
Ausgaben für Arbeiterversicherung aus dem Staatshaushalte
der Zukunft,

drittens durch selbständige Haushaltsführung bezüglich der
staatswirthschaftlichen Geschäfte (Eisenbahnwesen, öffentliches

Versicherungswesen u. s. w.), insbesondere durch Loslösung der aus diesen Geschäften sich ergebenden Verwaltungsschulden und Jahresfehlbetrage vom allgemeinen Staatshaushalt;

2. die gleichmäßige und verhältnißmäßige Ausbildung des Reichs-, Staats- und Gemeinde-Gesammtsteuersystems:

erstens durch Rückbildung gewisser Verbrauchszölle und Verbrauchssteuern auf nothwendige Lebensmittel,

zweitens durch Fortbildung der Verkehrs- und der fast noch ganz fehlenden Gebrauchs- oder Luxussteuern, jedoch mit der Beschränkung auf die eine besondere Steuerfähigkeit anzeigenden Verkehrs- und Gebrauchshandlungen,

drittens durch weitere in allen Bundesstaaten möglichst gleichmäßige Ausbildung der allgemeinen Einkommens-, der ergänzenden allgemeinen Vermögens- und der allgemeinen Erbschaftssteuer,

viertens durch sachgemäße Vertheilung der verschiedenen Steuerquellen zwischen dem Reichs-, dem Länder- und dem Gemeindehaushalt;

3. die Sicherstellung der Leistungsfähigkeit für große außerordentliche Auf- und Ausgaben der Zukunft, namentlich die Herstellung und Aufrechterhaltung dessen, was ich längst als „finanzielle Kriegsbereitschaft im Frieden" bezeichnet habe:

erstens durch Vermeidung der Schulden für unrentable Staatsverwendungen,

zweitens durch verfassungsmäßige Nöthigung zur außerordentlichen Schuldentilgung in Zeiten der Ueberschüsse,

drittens durch vorsichtige Bereithaltung des Papiergeldwesens als finanziellen Kriegsmittels.

Diese großen Aufgaben der Finanzpolitik der Gegenwart und Zukunft habe ich in meinen „Grundsätzen der Steuerpolitik" (1878) und in meinen Abhandlungen über die „Theorie der Deckung des Staatsbedarfs"[1]) eingehend begründet und behandelt. Die fraglichen „Kern- und Zeitfragen der Finanzpolitik" sind inzwischen großentheils ins öffentliche Bewußtsein übergegangen, theilweise sind sie in der Lösung begriffen. Indem ich daher jene Leser, welche meine Auffassung näher kennen zu lernen wünschen, auf die soeben genannten Schriften

---

[1]) Tüb. Zeitschr. für die gesammte Staatsw. Jahrg. 1883, 1884.

verweise, widme ich nur einigen Grundfragen der Finanzpolitik, welche auch für die gebildeten politischen Kreise noch mehr oder weniger im Dunkeln liegen, aber von nachhaltigem Interesse sind, im Folgenden genauere Ausführungen. Die erste dieser Ausführungen, jene über eine allgemeine Gebrauchs= oder Luxussteuer, fehlt noch in meinen genannten finanzpolitischen Arbeiten.

Die allgemeine Gebrauchs= oder Luxusbesteuerung.

1. Berechtigung und Bedeutung der allgemeinen Gebrauchs= besteuerung.

Man kann bezüglich der weiteren Entwickelung der Ver= brauchs= und der Verkehrs(Umsatz)steuern die Entscheidung nicht treffen, das Maß nicht bestimmen, die Auswahl nicht richtig voll= ziehen, wenn man sich nicht klar darüber ist, wie man zu jenen großen Hauptsteuern Stellung nehmen will, welche theils auf dem Gebiet des direkten, theils auf demjenigen des indirekten Abgaben= wesens weiter möglich sind. Das ist einerseits die allgemeine ergänzende Vermögens= und die allgemeine Erbschaftssteuer, anderer= seits eine ergiebig geregelte Gebrauchs= oder Luxusbesteuerung. Der letzteren will ich mich zuerst zuwenden.

Hiebei soll der Grundgedanke, mit welchem ich an die große Frage „allgemeiner Luxusbesteuerung" herantrete, sogleich scharf markirt werden.

Unter Luxus verstehe ich nicht bloß den geradezu verschwende= rischen üppigen Gütergenuß, nicht die Konsumtion der schlechthin überflüssigen Güter, sondern die Benutzung von bestimmten Kategorieen der mehr oder weniger entbehrlichen Güter. Der mehr oder weniger entbehrliche Gütergenuß ist nämlich theils Verbrauchsluxus, voll= zogen durch Güter, deren Werth in der einmaligen Konsumtions= handlung, im Essen, Trinken u. s. w. daraufgeht, theils Gebrauch= oder Nutzungsluxus, vollzogen durch Güter, die nur durch wiederholte oder fortdauernde Nutzung ihren Gebrauchswerth abgeben, wie Kleider, Möbel, Wohnungen, Pretiosen, Dienerleistungen u. s. w. So luxu= riös auch ein großer Theil des Verbrauches sein kann, so sicher ein umfassender Verbrauchsgenuß mehr oder weniger entbehrlicher Art, also Verbrauchsluxus im weiteren Sinn stattfindet, so lasse ich diesen, da er durch ganze Systeme von Zöllen und Verbrauchssteuern bereits getroffen wird, dennoch bei Seite und verstehe unter allgemeiner Luxusbesteuerung nur die Besteuerung des Gebrauchsluxus, der zwar durch die Zölle schon ziemlich umfassend, aber durch Inlandsteuern nur erst ganz unbedeutend, eigentlich so gut wie gar nicht angefaßt ist.

Meiner Ansicht nach kann die Gebrauchsbesteuerung der Zukunft auf eine Ergiebigkeit gebracht werden, die heute noch gar nicht gedacht noch begriffen wird. Großen Erfolg kann man allerdings durch das Stückwerk der bisherigen sogenannten „Luxussteuern", durch Steuern auf Pferde, Wagen, Bediente, Klaviere, Billards und was sonst dergleichen aus irgend welchem polizeilichen Seelenschmerz heraus jetzt vorgeschlagen wird — man hat ja auch an Katzen- und Papageiensteuern gedacht — nicht erreichen. Solche Abgaben tragen nur einen Pappenstiel ein. Und zwar nothwendig, wie sich zeigen wird, da die Veranlagungsweise dieser Art Luxusbesteuerung, welche das Steuerobjekt erst im Konsum erfaßt, eine allgemeine und hiemit einträgliche Regulirung schlechterdings ausschließt. Ich denke vielmehr an die steuerliche Erfassung aller mehr oder weniger luxuriösen Gebrauchsgegenstände schon beim Abgange aus den Stätten der Halb- und der Ganzfabrikation und beim Durchgange durch die Zurüstungs-, Konfektion- und Montiranstalten, bezw. durch die Magazine, Bazars und anders benannte Verkaufstätten. Es wäre eine Gebrauchsbesteuerung vor dem Uebergang in den Gebrauch, vor der Zerstreuung in jene häuslichen Möbel- und Kleidermagazine der Salons und der Spinden, eine Besteuerung, die so den ganzen gewaltigen Umfang des Gebrauchsluxus aller Art erfassen und dennoch für den Konsumenten nicht wahrnehmbar sein würde. Das wäre im Bereiche der Gebrauchsbesteuerung, was in der Verbrauchsbesteuerung die Zölle und Steuern auf Bier, Wein, Branntwein, gewisse Gewürze, Tabak u. s. w. darstellen. Der Gebrauchsluxus ist außer den in der direkten Verwandtschaftslinie vererbenden Vermögensmassen das einzige große Steuerobjekt, welches durch die Besteuerung zu wenig angefaßt ist. Seine Ertragfähigkeit ist zwar genau nicht vorauszubestimmen, doch wird die Erhebung der Thatbestände des Gebrauchsluxus wohl Jedermann die Ueberzeugung aufdrängen, daß da ein großer Steuerschatz begraben liegt. Ich füge sogleich auch das Weitere an, daß eine allgemeine Luxussteuer dieser Art nur als Reichssteuer denkbar ist, und zwar aus den selben zwingenden Gründen, aus welchen Tabak=, Branntwein= und andere Verbrauchs= steuern Reichssteuern und nur Reichssteuern sein können oder doch sein sollten.

Dieser Vorandeutung über die allgemeine Luxusbesteuerung schließe ich weiter eine kurze Verwahrung an. Die allgemeine Luxus= steuer hat bis jetzt noch keine Ausgestaltung in der Steuerpraxis ge= funden. Auch die Steuerwissenschaft ist ihr noch nicht bis auf den Grund nachgegangen. Steuerkunst und Steuertheorie haben vor dem großen Steuerobjekt, so verlockend es auf den ersten Blick auch er= schienen ist, dennoch immer wieder Halt gemacht. Was die Steuer= theorie betrifft, nehme ich mich selbst nicht aus, denn ich habe in meinen „Grundsätzen der Steuerpolitik" die Möglichkeit einer allge= meinen Luxussteuer durch Fabrik= und Magazin=Buchkontrolle mehr nur angedeutet. Die steuertechnischen Schwierigkeiten sind in der That keine geringen. Größer noch sind die zu erwartenden Wider= stände der Fabrikanten und Magazine, welche zu Steuererhebung= Organen des Reiches und Staates gemacht werden müßten, wie dazu die Brauer, Brenner, Zuckerfabrikanten längst gemacht sind; diese gewaltigen Widerstände werden nur gebrochen werden können, wenn der Widerwille der viel größeren Zahl mit alten und neuen Steuern belasteter Steuerkräfte noch gewaltiger und die Entlastung der Volksmassen von drückenden Steuern zu einer politischen Noth= wendigkeit geworden sein wird. Ich bin also — und darin besteht meine persönliche Verwahrung — nicht der anmaßlichen Hoffnung, daß im Folgenden durchaus und sogleich das Richtige überall ge= troffen und der Gegenstand durch die erste Abhandlung für die praktische Ausführung werde reif gemacht werden können. Das Bewußtsein, durch mehr als fünfzehn Jahre diesen heikelsten Gegenstand der Steuerpolitik gewissenhaft durchdacht zu haben, und die Ueber= zeugung, daß der Zeitpunkt ergiebiger Anfassung des Gebrauchs= luxus schon nahe herbeigekommen ist, daß die allgemeine Luxussteuer zusammen mit der ergänzenden allgemeinen Vermögensteuer und zu= sammen mit allgemeiner Erbbesteuerung ein gewaltiges, wenn auch nicht das einzige Mittel werden könnte, um die weniger steuerfähigen Klassen in der längst so ausgebildeten Verbrauchsbesteuerung zu schützen, wenigstens vor Steuermehrbelastungen zu bewahren, dennoch den Mehraufwand des Reiches für Arbeiterversicherung, Schulden=

tilgung, Armeereform u. s. w. sicher zu stellen, — nur dieses Be=
wußtsein und diese Ueberzeugung geben mir den Muth, das überaus
schwierige Thema anzufassen. Mißlingt mir der Versuch, vielleicht
gelingt er früher oder später einem Anderen — und immerhin könnte
er dazu beitragen, den Gesammthorizont für die Entschließungen
einer weiter blickenden, planmäßig vorsorgenden Steuerpolitik positiv
oder negativ zu erweitern und zu klären.

Wenn ich nun an den Gegenstand selbst herantrete, befinde ich
mich in der unabweisbaren Nothwendigkeit, zuerst die Stellung
und Unentbehrlichkeit, welche der allgemeinen Gebrauchsbe=
steuerung im Gesammtsystem der Besteuerung zukommt, scharf
zu bestimmen. Diese Grundlegung ist nicht theoretisch, sondern mit
Rücksicht auf die zur Zeit einmal gegebenen und dauernden steuer=
politischen Strömungen, d. h. politisch praktisch durchzuführen. Die
allgemeine Luxusbesteuerung wird z. B. allen Antisemiten zuwider
sein, welche eben nur die Börse, die Umsätze, den Terminhandel, im
weiteren Umfang die Besitzwechsel= oder „Verkehrs“=Besteuerung des
„mobilen Kapitals“ einseitig mit den Hebeln und Schrauben der
Steuertechnik angefaßt sehen wollen. Es wird Andere geben, welche
die allgemeine Gebrauchsbesteuerung, sofern sie den Luxusverbrauch
auch der Lohnarbeiter treffen wird, gleich der Verbrauchsbesteuerung
ganz ausgeschlossen wissen und nur die allgemeine Einkommen=, Ver=
mögen= und Erbschaftsteuer der Wohlhabenden, für die Zeit bis zur
Entpuppung des kommunistischen Zukunftstaates zugeben wollen.
Wieder Andere werden einer allgemeinen Luxussteuer lau gegenüber=
stehen, weil sie noch nicht erkennen, daß sie ein hauptsächliches Mittel
sein würde, um die Uebertreibung der Einkommens= und Vermögens=,
wie diejenige der Verbrauchsbesteuerung hintanzuhalten oder, soweit
sie schon da ist, zu mildern. Wieder Anderen — den Agrariern —
muß klar gemacht werden, daß die allgemeine Luxussteuer sammt der
allgemeinen Erbschaftsteuer ein hauptsächliches Mittel sein würde,
das sonst viel zu sehr durchschlüpfende bewegliche Vermögen aus=
gleichend heranzuziehen. Die glückliche Auseinandersetzung der all=
gemeinen Luxussteuer mit allen diesen sozialistischen, antisemitischen,
agrarischen und anderen Zeitströmungen der Steuerpolitik wird
freilich völlig unmöglich sein.

Obenan möchte ich nun einen Satz stellen, aus welchem in der
weiteren Folge hervorgehen wird, daß auch für die Lohnarbeiter

die Einfügung der Luxusbesteuerung ins Steuersystem verglichen mit der ausschließlichen direkten Besteuerung in der kapitalistischen Gegenwart- und mit der verdeckten mittelbaren Besteuerung in der kollektivistischen Zukunftgesellschaft nur von Vortheil sein könnte. In der bestehenden kapitalistischen Gesellschaft muß der öffentliche Bedarf, soweit er nicht durch eigenen Sondererwerb des Staates und der öffentlichen Körperschaften gedeckt ist, den Einkommen und den Vermögensstämmen der Einzelnen entnommen werden. Das Einkommen gliedert sich heute in Arbeiteinkommen (Lohn, Besoldung, Verdienst, Honorar u. s. w.) und in Einkommen aus der Gesammt-heit der Vermögensbestände (Gewinn, Leihrente, Grundrente, Haus-rente); das Vermögeneinkommen heißt man neuestens fundirtes Ein-kommen. Der socialistisch-demotratische Zug der Zeit geht nun dahin, das Arbeiteinkommen der Besteuerung möglichst zu entziehen, vor Allem neuen Steuern nicht auch noch zu unterwerfen. So sehr ich nun alle leistungunfähigen und weniger leistungfähigen Einkommen beiderlei Art, auch die kleinen Gewinn- und Zinseinkünfte, zur Steuerfreiheit und Steuerschonung berechtigt glaube, so halte ich doch dafür, daß die erwähnte Zeitrichtung von der allgemeinen Luxussteuer nicht abhalten kann, insoweit diese den mehr oder weniger entbehrlichen Gütergebrauch auch der Lohnarbeiter und der kleineren Leute ebenfalls treffen müßte. Vielmehr ist gerade vom Standpunkt der geringeren Steuerkräfte die allgemeine Besteuerung auch des Gebrauchsluxus erforderlich, damit die schwächeren Kräfte in der direkten Besteuerung mehr geschont und im Konsum der noth-wendigen Güter von ungerechtfertigten oder ungerechtfertigt hohen Verbrauchssteuern entlastet werden können. Es fragt sich nur, ob die allgemeine Luxussteuer als Ergänzung der indirekten Besteuerung, welche bis jetzt einseitige Verbrauchs- und unvollständige Verkehrs-besteuerung ist, sich wirklich als nothwendig erweisen läßt. Das oberste Prinzip selbst, die Allgemeinheit jeder guten Steuer, darf aber bei der Einführung einer allgemeinen Luxussteuer nicht ver-leugnet werden.

. Bei dieser Gelegenheit wird es wohl erlaubt sein, zu bemerken, daß im etwaigen Kommunistenstaat das Steuern der Arbeiter — Alle wären Arbeiter — für öffentliche Zwecke nicht überhaupt ver-schwinden, sondern nur eine andere Gestaltung, die Gestaltung zur allgemeinen und ausschließlichen Arbeitbesteuerung annehmen würde. Nicht aus dem Einkommen der Einzelnen in Geld, sondern vor der öffentlichen Zutheilung der Produkte kollektivistischer Güterhervorbringung an die Einzelnen, die zusammen die Güter geschaffen hätten und den öffentlichen Magazinen zur öffentlichen Zutheilung an die Bedürfnisse aller Einzelnen überlassen müßten, würde durch Anweisung des öffentlichen Bedarfes auf die öffentlichen Magazine von allen Arbeitenden kollektivistisch die Steuer entrichtet werden. An die Stelle kapitalistischer Besteuerung wäre lediglich eine kommunistische Besteuerung der Arbeit und bloß der Arbeit getreten. Der Einzelne und jeder Einzelne, welcher für die Gesammtheit arbeitet, erhielte nicht den ganzen Ertrag seiner Arbeit, sondern diesen Ertrag gekürzt um jene aus den öffentlichen Magazinen vorweggenommenen Beträge des ganzen öffentlichen Bedarfes, welche nur in anderen Sinne als in demjenigen des steuerwissenschaftlichen Sprachgebrauches der kapitalistischen Epoche „direkte" Steuern, nämlich Kollektiv-Naturalsteuern, sein würden. Diese könnten aber sehr groß ausfallen, wofern das souveräne Volk sich einen größeren öffentlichen Aufwand und Luxus gestatten würde. Was also die Seligkeit des Nichtsteuerzahlens betrifft, welche übrigens, psychologisch betrachtet, mehr Reize hat, als die schon erwähnte Pastoral-Seligkeit des Steuerzahlens, lasse man nur alle Hoffnung fahren! Am Eingangsthor aller öffentlichen Wirthschaftführung der Zukunft, wie über demjenigen der Vergangenheit und der Gegenwart wird der Höllenspruch: Lasciate ogni speranze unauslöschlich stehen bleiben. Bis auf Weiteres haben übrigens auch die jetzigen Lohnarbeiter damit zu rechnen, daß eine Besteuerung aus Einkommen und Vermögen statthaben muß. Ihr berechtigtes Streben kann nur darauf gerichtet sein, daß sich die Steuerlast der kapitalistischen Gesellschaftepoche nach der steuerlichen Leistungfähigkeit vertheilt, und daß sie, insoweit sie keine direkte Besteuerung sein kann, aus denjenigen Einkommen- und Vermögenstheilen geschöpft werde, welche dem mehr oder weniger entbehrlichen Lebensgenuß zu Gebote stehen. Gerade eine allgemeine Luxusbesteuerung hätte das größte Interesse auch für die Arbeiterklasse, — wie sich zeigen wird.

Um die relative Bedeutung und die Unentbehrlichkeit allgemeiner Luxusbesteuerung, um die Berechtigung, die solche gemeinsam mit der Verbrauchs- und der Umsatzbesteuerung gegenüber der Ertrag-, Einkommen-, Vermögen- und Erbschaftsteuer hat, und die

Berechtigung, die sie wieder gegenüber der Verbrauchs= und der Verkehrsbesteuerung, als einer der drei großen Hauptzweige indirekter Besteuerung besitzt, vollständig zum Bewußtsein zu bringen, muß ich nun den das ganze Steuersystem beherrschenden Hauptgrundsatz klarstellen, welcher die immer vollständigere und verhältnißmäßigere Gliederung des Steuersystems in die direkte Besteuerung (Ertrag=, Einkommen=, Vermögen=, Erbschaftsteuer) und in die indirekte Besteuerung nach sich gezogen hat und immer ausgebildeter nach sich ziehen wird.

Es ist der Satz, welcher es von selbst einleuchtend macht, daß eine ausschließend direkte Besteuerung mit Ausschluß aller indirekten Besteuerung überhaupt unzulässig, aber auch praktisch gerade für den Arbeiterstand unvortheilhaft sein würde. Es ist die steuerpolitische Doppelforderung: Belastung aller überhaupt steuerfähigen Personen nach ihrem ganzen reinen Einkommen bezw. nach dem ganzen reinen Vermögen, welches sie besitzen und hinterlassen, und die Belastung jedes einzelnen Personal=Einkommens bezw. Vermögens nach der besonderen individuellen Steuerleistungsfähigkeit, welche sich daraus unter den persönlichen Verhältnissen des Individuums ergiebt. Um die erste Seite dieser Doppelforderung durchzuführen, ist die direkte Besteuerung des reinen Einkommens und ergänzend des Vermögens unumgänglich; denn nur so trifft man die ganze Durchschnittsteuerkraft Aller. Aber auch nur die Durchschnittsteuerkraft! Zur Verwirklichung der anderen Seite obiger Doppelforderung ist eine Besteuerung erforderlich, welche aus der Art der Verwendung der einzelnen Einkommen= und Vermögenstheile auf besondere individuelle Leistungfähigkeit schließt. Diese besondere Steuerfähigkeit offenbart sich nun theils in der Art der Verwendung, welche den Einkommentheilen und Vermögensbeständen in gewissen Richtungen des Verkehrs unter Lebenden, in den Umsätzen gegeben wird, theils in der Art der Verwendung, welche den Einkommentheilen in der Konsumtion mehr oder weniger entbehrlicher Sachgüter und Dienste zu Theil wird. Diese mittelbare Belastung der einzelnen Einkommentheile und Vermögensbestände durch Verkehrs= und durch Konsumtionbesteuerung, mit Verzweigung der letzteren in die zwei großen Hauptäste der Verbrauchs= und der Gebrauchs= bezw. allgemeinen Luxusbesteuerung vollzieht sich durch die indirekte Besteuerung. Beiderlei Steuern, direkte und indirekte,

und wieder jedes Glied beider Hemisphären des Gesammtsteuer=
systems setzen allesammt einander voraus. Zu einem guten und voll=
ständigen Steuersystem gehört als integrirender Bestandtheil auch
die allgemeine Gebrauchs= bezw. Luxussteuer.

Die Steuerreform besteht nicht darin, eines der Glieder des
Steuersystems einseitig, sondern darin, bis in die unterste Ver=
ästelung hinaus alle verhältnißmäßig zur Entwickelung zu bringen
und zwischen Reich, Staat und Gemeinde zweckmäßig zu vertheilen.
Vielmehr besteht wahre Steuerreform darin, aus beiden Haupt=
bereichen des Steuersystems und deren Unterbereichen das Veraltete
und Ungleichmäßige hinauszuschaffen, bezw. zurückzubilden. So in
der direkten Besteuerung die alten Ertragsteuern, die Belastung der
leistungunfähigen Kleineinkommen und Kleinvermögen und die unver=
hältnißmäßig geringere Belastung des nichtlandwirthschaftlichen Ein=
kommens und Vermögens! So aber auch in der indirekten Be=
steuerung die Anfassung des mehr oder weniger unentbehrlichen Be=
darfes, und die bisherige Freilassung fast des ganzen Gebrauchsluxus
und eines großen Theiles der auf besondere Steuerfähigkeit deuten=
den Vermögensumschläge (Verkehre, Umsätze). Zum Vortheil aller
Theile, besonders auch des armen Mannes und des Lohnarbeiters,
welcher ein nur zum Nothwendigen ausreichendes Einkommen bezieht
und nur geringes Vermögen besitzt! Auf diesem Boden allein können
alle Parteien: Agrarier, Antisemiten, Socialdemokraten, Kapitalisten
in voller gegenseitiger Gerechtigkeit zu steuerpolitischem Frieden mit
einander gelangen.

Es ist nicht möglich, die individuelle Steuerfähigkeit überhaupt
aus der Größe des Einkommens bezw. Vermögens zu erkennen. Das
Gesammteinkommen und das Gesammtvermögen jeder Person ist nur
ein Maßstab der Durchschnittssteuerkraft. Man kann wohl
sagen und legt die direkte Besteuerung ganz richtig neuestens darauf
an, daß gewisse Mindestsummen von Einkommen und Vermögen über=
haupt auf Steuerfähigkeit nicht schließen lassen, und daß die durch=
schnittliche Steuerkraft mit der Größe des Einkommens und Ver=
mögens anwachse. Allein das ist noch immer nur Staffelung der
durchschnittlichen, nicht durchgreifend konkrete Erfassung der indi=
viduellen Steuerkraft. Diese kann nur nach der Art der Anwendung
der Einkommen= und Vermögenstheile im Verkehr und im Konsum be=
messen werden. Die Beseitigung aller Verbrauchsbesteuerung und den

fortdauernden Verzicht auf die allgemeine Luxusbesteuerung, die Aus=
schließlichkeit direkter Besteuerung kann man durch die neuzeitlichen
Schonungen und Staffelungen der direkten Besteuerung nicht be=
gründen. Vielmehr beruht auf dem Gebot individualifirender Belastung
der Steuerkräfte, einer Belastung, welcher die bloß direkte Besteue=
rung überhaupt nicht oder doch nur sehr wenig gerecht werden kann,
die Nothwendigkeit der Verkehrsbesteuerung, namentlich aber der Kon=
sumbesteuerung. Was nun diese betrifft, so werden in der Regel die=
jenigen Steuerträger, welche von einem gegebenen Einkommenbetrag
dringendere und entbehrlichere Bedürfnisse zu bestreiten haben, zu=
nächst die unentbehrlichen Bestandtheile ihres Bedarfes befriedigen.
Wenn also der erforderliche Gesammtbedarf von Reich, Staat und
Gemeinde nicht bloß direkt auf das Einkommen und Vermögen ge=
legt werden darf, wenn er vielmehr und mindestens zur Hälfte durch
eine planmäßig auf alle Arten des entbehrlichen Konsums berechnete
Kombination von Konsumtionabgaben, von Verbrauch= und Ge=
brauchsteuern, aufzubringen ist, so wird eben allgemein auch nach der
konkreten, individuellen Steuerfähigkeit, nicht bloß nach der nie
streng die wirkliche Steuerfähigkeit ausdrückenden Einkommen= und
Vermögensgröße gesteuert. Dann wird die stärkere Steuerkraft
stärker, die schwächere schwächer belastet und der öffentliche Bedarf
auf die schonendere Weise aufgebracht. Immer vorausgesetzt, daß,
soweit das Steuerkunst überhaupt zu erreichen vermag, eben nur der
entbehrlichere Konsum überhaupt und der entbehrlichste am Meisten
getroffen werden. Soweit die arbeitenden Klassen am sog. entbehr=
lichen Konsum theilnehmen, unterstützen auch sie, indem sie z. B.
rauchen, über Bedarf trinken, oder Kleiderluxus zu treiben vermögen,
— also etwa die jüngeren Arbeiter, die anderen Arbeiter, welche auf
diese Genüsse verzichten müssen, aber dafür eine geringere Steuer=
belastung sich verschaffen, als wenn derselbe Gesammtbedarf auch
von ihnen unter geringeren Schonungen in der direkten Steuerver=
anlagung mitaufgebracht werden müßte.

Die ausschließend direkte Besteuerung ist aber auch praktisch
ausgeschlossen. Die Sätze der direkten Steuern können nicht sehr
hoch gesteigert werden, und daher bei Freilassung und Schonung
der kleinen Leute den Vollbetrag des öffentlichen Bedarfes nicht
liefern. Bei allzu starker Anspannung der direkten Steuerbelastung
wächst die Gefahr der Hinterziehungen und diese gelingen einseitig

dem beweglichen Vermögen und dem Einkommen aus solchem. Die
Uebertreibungen in den Sätzen der Einkommen= und der Vermögens=
besteuerung schwächen die Unternehmungslust. Die Vermögen= und
Erbschaftsteuer gefährden bei harter Anlegung theils direkt durch
Einzug aus dem Vermögen der Lebenden und aus der Verlassenschaft
der Todten, theils mittelbar durch Abschwächung des Spartriebes
und der Kapitalbildung, den Stamm des Nationalvermögens, was
auch auf die Klasse der Lohnarbeiter nur höchst nachtheilig zurück=
wirken kann. Für die ausschließend direkte Besteuerung kann nur
Derjenige eingenommen sein, welcher die Zertrümmerung der Gesell=
schaft des Privateigenthums erstrebt; denn mit hohen, progressiven
Einkommen= und namentlich Vermögensteuern kann man den Umsturz
des Privateigenthums mittelbar zu erreichen hoffen. Allein solange,
als die kapitalistische Gesellschaftsordnung und mit dieser die indivi=
dualistische Besteuerung besteht, kann ein hoher Staatsbedarf auf
diesem Wege allein nicht aufgebracht werden. Mittelbar würden
harte Folgen, härtere als aus den indirekten Steuern, auch auf die
Lohnarbeiterklasse zurückfallen. Man könnte bei den direkten Steuern
in der Schonung der kleinen und kleinsten Einkommen — in der Ein=
räumung steuerfreier Einkommen= und Vermögen=Mindestbeträge, in
der Niedrigkeit der ersten Treppen der Skala des Steuerfußes, end=
lich in der Berücksichtigung bedrängter Umstände nicht so weit gehen,
wie man beim Fortbestand ergiebiger indirekter Besteuerung gehen
kann und wie die Miquelsche Steuerreform in der anerkennenswerthe=
sten Weise wirklich gegangen ist.

Und nun, nachdem für die volle Würdigung der Stellung und
der Unentbehrlichkeit einer allgemeinen Luxussteuer der Grund ge=
legt worden ist, wird es die erste weitere Aufgabe sein, sich eine
richtige Vorstellung zu bilden von dem gewaltigen Umfang des bis
jetzt der indirekten Besteuerung sich fast ganz entziehenden Nutz=
vermögens der Nation.

Hierbei verschweige ich einige Kategorieen von Gebrauchsgegen=
ständen vollständig. So die Kunstsachen, Bücher u. s. w. Diese
wären, wie vom Zoll, auch von der allgemeinen Luxussteuer freizu=
lassen, obwohl sie nach Form und Inhalt vielfach luxuriöse Gestalt
annehmen und bei der buch= und kunsthändlerischen Konzentration
ihrer Herstellung und ihres Absatzes sehr wohl faßbar sein würden.

Dagegen erwähne ich zuerst die luxuriös hergestellten Wohn=

28*

räume der Stadt= und der Landhäuſer. Wo eine allgemeine Ver=
mögenſteuer, die auch ſie erfaßt, noch nicht eingeführt iſt, da gehen
ſie ganz ſteuerfrei aus. Auch wo eine ſolche beſteht, zahlt nur der
Eigenthümer die Vermögenſteuer vom Wohnungeigenthum. Die in
der Wohnung Luxus treibenden Miether, deren es in den Städten
Hunderte und Tauſende giebt, gehen frei aus, ſoweit nicht ſchon in
einzelnen Städten jene beſondere Miethſteuer beſteht, die aber weit
mehr als indirekte Stadt=Einkommenſteuer denn als Luxusſteuer
regulirt iſt. Da und dort, z. B. in Württemberg, beſteht wohl ſchon
eine allgemeine Wohnſteuer (4 Mark für die ſelbſtändig wohnende
Perſon), ſie iſt jedoch das Gegentheil einer Luxusſteuer, vielmehr
eine die unteren Klaſſen ungerecht bedrückende Kopfſteuer, die ſich
durch Regulirung zur progreſſiven, aber auch in den höchſten Sätzen
noch mäßigen Luxusſteuer beſeitigen laſſen wird.

Jn den Wohnräumen, gleich ſehr in den „Wohn"= und „Schlaf"=
zimmern wie in den „Salons", die der Ehemann ſchon lange das
„Möbelmagazin" der beſſeren Ehehälfte nennt und wohl täglich mit
mehr Recht ſo heißt, befindet ſich überall herum und beſtändig an=
wachſend eine mehr oder weniger luxuriöſe Zimmerausſtattung, in
welcher jährlich ungezählte Millionen daraufgehen: Tiſche, Sophas
und Fauteuils, Schränke und Spinden, Stand= und Wanduhren,
Teppiche, Spiegel und Nippesſachen im Ueberfluß, Goldrahmen und
Goldleiſten, Luſtres und Kronleuchter, Stukkatur, Plafonds und
Tapeten, Luxuseinbände nicht geleſener Schaubücher und Schau=
bibliotheken, Vorhänge und Portieren in Tüll, Wolle, Seide und
Sammet, den Flügel, das Pianino, das Harmonium nicht zu ver=
geſſen, welche obendrein noch, namentlich im Sommer, Tauſende
arbeitender, nichtluxuriöſer Menſchen beinahe zur Verzweiflung
bringen.

Jm Silberſchrank findet ſich koſtbarſter Tafelſchmuck und
luxuriöſes Speiſegeräthe, in Edelmetall und Gläſern, im Schlaf=
zimmer und Boudoir ein mehr oder weniger verſchwenderiſcher Bettens=,
Bettbezugs=, Bettſtellen= und Toilettenluxus.

Nebenan ſtehen in der Stallung und in der Remiſe Luxus=
pferde und Luxuswagen, von dem wandelnden Luxus der Be=
dienten, Kutſcher und Zofen gar nicht zu reden. Man könnte auch
in die Luſtgärten gehen, und die Sammlungen von Bildern, Waffen,
Antiquitäten ſich anſehen, um auf allerlei Luxus zu ſtoßen.

Dieser ganze Gebrauchsluxus des Hauses, der in seiner Ausdehnung auf meist unbewohnte, aber mit Luxus überfüllte Wohn-
räume zum überraffinirteren Nichtgebrauchs-Luxus sich verkehrt
und welcher am Meisten von den Glücklichen des beweglichen Kapitals
getrieben wird, ist bis jetzt vollständig steuerfrei; die kleinen Leute
dagegen, welche in ihrer Stube den Hering, das Salz und das
Petroleum verbrauchen, werden einer verfehlten Verbrauchsbesteuerung unterzogen.

Nicht gering zu schätzen ist auch der Luxus, welchen man außerhalb des Hauses auf der Straße, in Ball, Konzert, Theater, Korjos,
Badepromenade überall und in steigendem Maße wahrnimmt.

Der Schmuck- und Putz-, der Kleider- und Weißzeug-
luxus ist in einem unermeßlichen Umfang anzutreffen. Keineswegs
bloß der raffinirte der Perlen und der Diamanten, der echten, kostspieligen Spitzen, der Pariser Hüte und der Pariser Roben. Ein
wirklicher Kleider-, Schmuck- und Putzluxus geht bis in die breiten
Massen der sogenannten unteren Volksschichten herunter. Alles klagt
über Zunahme namentlich des Kleiderluxus und der gefräßigen,
immer rascher kreisenden Modesucht. Man sagt, daß selbst auf dem
Lande derjenige Theil des Einkommens, welcher bei Herren, Frauen
und Dienstboten dem Kleiderluxus und dem Modeteufel geopfert
wird, ein immer größerer werde. Für die Städte wird diese Behauptung wohl richtig sein. Dem Kleiderluxus wird viel von Demjenigen hingegeben, was besserem Wohnen zugewendet werden sollte.
Es kann ja nur das Herz erfreuen, wenn auch die Arbeiter und Arbeiterinnen sich und ihre Kinder besser kleiden; allein soweit sie damit
Luxus treiben, bekunden auch sie mehr als im Konsum von Zucker,
Kaffee, Thee, Salz, Gewürzen, Obst eine gewisse Steuerfähigkeit,
die sehr wohl zur Entlastung in der Verbrauchsbesteuerung herangezogen werden könnte. Daß die mit funkelnden Edelsteinen und in
verschwenderischen Toiletten einhergehenden und einherfahrenden, in
Sammet und Seide strotzenden Personen der mittleren und höheren
Stände mit ihrem Luxus ganz steuerfrei ausgehen sollen, daß neben
der Verbrauchs- keine Gebrauchs-Luxusbesteuerung stattfindet, ist
überhaupt, jedenfalls aber insolange empörend, als noch selbst unentbehrliche Artikel der Massenverzehrung der Verbrauchsbesteuerung
unterliegen.

Ich könnte noch manche Kategorieen von mehr oder weniger

luxuriösen Gebrauchsgegenständen aufzählen. 3. B. die Taschenuhren. Diese werden ja jetzt auch in Deutschland in vorzüglicher Qualität hervorgebracht. Die große Mehrzahl der Taschenuhren freilich, welche aus dem Auslande, namentlich aus der Schweiz, im Gesammtwerthe von beinahe 20 Mill. Mark jährlich eingeführt werden, zahlen zwar im Zoll schon eine Gebrauchsteuer, aber wegen der großen Schmuggelgefahr nur eine sehr geringe; beim Uhrenhändler könnte die Taschenuhr und sollte, wenigstens die goldene, ohne wesentliche Hinterziehungsgefahr von der allgemeinen Luxussteuer ergänzend getroffen werden. Doch soll das Register des Gebrauchsluxus, des steuerfähigen Nutzvermögens, hiermit geschlossen sein, und die Taschenuhr könnte ja auch steuerfrei bleiben.

Wirft man einen Rückblick auf die Bestände obigen Registers, so findet man, daß es wesentlich der Luxus des weiblichen Geschlechtes ist, welcher dem mehr oder weniger entbehrlichen Gebrauchskonsum absolut und vielleicht, ja wahrscheinlich relativ steigende Beträge zugleich des Weiber= und des Männereinkommens zuführt, während der männliche Luxus im Rauchen und Trinken mehr dem Verbrauchsluxus fröhnt. Zwar treiben auch die Männer, namentlich in der Kleidung, mehr und mehr Luxus. Doch ist der Kleider= und Putz=Luxus, der Wohnungs=, Zimmerausstattung= und ähnlicher Luxus zweifellos weit mehr die schöne Sucht und das Werk der Frauen. Ich bin weit entfernt, ihnen das beau superflu, nach welchem sie nach dem Wort eines französischen Nationalökonomen haschen und jagen, zu mißgönnen und einen Vorwurf zu machen, den sie mit dem Rauchen und Trinken dem anderen Geschlecht so leicht heimzubezahlen vermögen. Die allgemeine Luxussteuer soll keine Strafbesteuerung gegen das weibliche Geschlecht sein. Zwar flechten und weben die Frauen mit ihrem Gebrauchsluxus nicht durchaus Rosen ins irdische Leben der Männer, aber ihr Luxus, welchen ich immer nicht vom Standpunkt des Sittenrichters und des Aesthetikers, sondern von demjenigen der Socialwissenschaft angesehen habe, für welchen er nur als die besondere „ewig weibliche" Erscheinung des Kampfes ums Dasein und ums bevorzugte Dasein, des Kampfes um das Gelten im Geschäft, im Haus und in der Geselligkeit, um das Gefallen bei den Männern, um das Hervorragen in der Gesellschaft anderen Frauen gegenüber, um das Hervorheben der eigenen Familie und der eigenen Nachkommenschaft, um das Unterbringen der Töchter sich

darstellt — dieser echt weibliche Luxus ist an sich ebenso berechtigt
wie derjenige der Männer. Allein er ist als weiblicher Luxus auch
nicht mehr berechtigt. Er hat als solcher vor Allem keinen Anspruch
auf die bestehende fast vollständige Steuerfreiheit, welche er dem
wesentlich männlichen Verbrauchsluxus gegenüber gegenwärtig noch
immer genießt.

Die Berechtigung einer allgemeinen Luxussteuer wird nach
Allem, was bisher gesagt ist, wohl ebenso wenig bestritten werden
können, wie die Größe ihres im Nutzvermögen sich darstellenden, noch
unangegriffenen Steuerobjektes. Die allgemeine Gebrauchsbesteuerung
ist als der dritte Hauptzweig der die direkten Steuern ergänzenden,
die Personalsteuerkraft individualisirend anfassenden indirekten Be=
steuerung anzusehen — und zur Entwickelung zu bringen. Alle Hebel
der Steuerkunst dürfen, wie dem steuerfähigen Verbrauch gegenüber
im selben Maß und mit demselben Recht auch einem so großen steuer=
fähigen Gebrauch gegenüber in Bewegung gesetzt werden, um ein
vollständiges rationelles Gesammtsteuersystem endlich zu Stande zu
bringen. Das ist nöthig, um die ganze Steuerkraft der Nation dem
wachsenden Bedarfe bereit zu stellen.

Auf diese Vervollständigung und Fortentwickelung des Gesammt=
steuersystems wäre nur dann zu verzichten, wenn drei Voraussetzungen
zutreffen würden: wenn entweder auch der Luxusgebrauch durch die
anderen bestehenden oder in Einführung begriffenen Steuern bereits
hinlänglich, vollständig und rationell getroffen wäre; oder wenn die
allgemeine Luxussteuer trotz dem großen Umfang des steuerfähigen
Gebrauchsluxus dennoch eine nur geringe Einträglichkeit erwarten
ließe; oder wenn die Regulirung dieser Steuer mit den zulässigen
Mitteln und zu den Kosten der beiden anderen Zweige indirekter Be=
steuerung als unausführbar sich erweisen würde. Ich glaube jedoch
zeigen zu können, daß keine dieser drei Voraussetzungen zutrifft.

Der Gebrauchsluxus läßt sich mit den Mitteln der direkten Be=
steuerung nicht, wenigstens nicht vollständig treffen. Es könnte da=
bei nur an die in Einführung begriffene ergänzende allgemeine Ver=
mögensteuer und an die in Sicht gestellte allgemeine Erbschaftsteuer
gedacht werden. Der allgemeinen Vermögensteuer entziehen sich jedoch
außer dem Immobiliarvermögen der Gärten, Parke, Wohngebäude,
alle übrigen beweglichen Gebrauchsgegenstände. Diese spotten aller
Versuche, sie wohlfeil und sicher zu ermitteln, und die Vermögensteuer=

gesetzgebung giebt die Hoffnung auf, das Mobiliar-Nutzvermögen zu erfassen. Eben so entzieht sich das bewegliche Vermögen, namentlich sein konzentrirtester Werth an Pretiosen aller Art, der Besitzwechsel=besteuerung und den Schenk= und Erbschaftgebühren in hohem Maße. Die Masse aller Gegenstände des Gebrauchsluxus an Kleidern, an Zimmerausstattungen, an Putz, kommt gar nicht oder doch mehr oder weniger entwerthet in den Erbgang, um so mehr, je rascher die Ab=nutzung sich vollzieht, je länger die Gebraucher leben, je rascher die Mode wechselt. Auch bei allgemeiner Einführung der Vermögensteuer in ganz Deutschland, auch beim Kommen der allgemeinen Erbschaft=steuer ist eine irgendwie vollständige, geschweige eine im Steuerfuß dem Entbehrlichkeitgrade sich anschmiegende Besteuerung der mobilen Gebrauchsgegenstände durchaus nicht zu erwarten. Ohne Einführung der allgemeinen Luxusbesteuerung bleibt der Mobiliarbesitz vor dem Immobiliarbesitz bevorzugt. Die Einführung der ergänzenden all=gemeinen Vermögensteuer und der allgemeinen Erbschaftsteuer machen also die allgemeine Luxussteuer nicht entbehrlich; diese wird dadurch vielmehr erst recht gefordert, da es kein anderes Mittel giebt, die einseitige Mehrbelastung, welche die beiden ersten Steuern für die Klassen des immobilen Besitzes unvermeidlich mit sich bringen, aus=zugleichen und zu mildern. Man braucht kein Agrarier zu sein und kann dennoch die allgemeine Luxussteuer als gerechte Forderung des Agrarismus und des Antisemitismus, wenn ich unter diesem in der Steuerpolitik das Streben nach verhältnißmäßiger Heranziehung des beweglichen Vermögens verstehen darf, vollauf anerkennen.

Wäre denn aber zweitens von der allgemeinen Luxusbesteuerung auch ein lohnender Ertrag zu erwarten? Die Frage ist gleich=bedeutend mit der anderen, ob die allgemeine Luxussteuer gestatten würde, die weiteren großen Lasten unserer finanziellen Zukunft zu bestreiten, oder falls solche Lasten ferngehalten werden können und sollen, andere drückende Steuern zu ermäßigen, also dem Gesammt=steuersystem größere Leistungfähigkeit und größeres Ebenmaß zu ver=schaffen. Ich meine nun, daß man diese Frage unbedingt bejahen darf. Eine allgemeine Luxussteuer verspricht einen hohen Ertrag, auch wenn sie strenger als die bestehende Verbrauchsbesteuerung auf mehr oder weniger entbehrliche Vermögensbestände begrenzt wird und ganz innerhalb der Schranken der berechtigten indirekten Besteuerung zur Ausführung gelangt.

Eine genaue Schätzung des Ertrages ist freilich voraus unmöglich. Hiefür fehlen fast alle erforderlichen Anhaltpunkte. So viel wie den Gesammtbetrag der Verbrauchsteuern, namentlich so lange, als darunter der große Posten der Lebensmittelzölle figurirt, wird man allerdings nicht erwarten dürfen. Man wird vorsichtiger Weise annehmen, daß derjenige Theil des Nationaleinkommens, welcher in der mehr oder weniger entbehrlichen Verzehrung von Getränken, Zucker, Kolonialwaaren aufgeht, erheblich größer ist als derjenige, welcher alljährlich für den Abnutzungersatz und für die Vermehrung des mehr oder weniger entbehrlichen Nutzvermögens aufgeht. Allein gewaltig sind doch die Summen, welche in der Konsumtion dem Gebrauchsluxus bei dessen nachgewiesenem gewaltigen Umfang zugeführt werden. Auf ein Drittel des Werthes der zur Besteuerung gezogenen Verbrauchsgüter wird man das Steuerobjekt dennoch annehmen dürfen und ebenso den Steuerertrag, da, wie sich zeigen wird, der Gebrauchsteuertarif genau so wie der Verbrauchsteuertarif dem Grad der Entbehrlichkeit und dem Werthe der Gegenstände wird angepaßt werden dürfen, können und sollen. Ich will jedoch in der Ungefährschätzung noch vorsichtiger sein. Ich will den Ertrag einer allgemeinen Luxussteuer nur auf den vierten Theil Desjenigen der inneren Verbrauchsabgaben und Desjenigen der auf eingeführte Verbrauchsgegenstände gelegten Zölle veranschlagen. Dann finde ich für Kaffee und Kaffeesurrogate 50, Tabak und Tabakfabrikate 44, Wein und Obstwaaren 19, Südfrüchte, Reis, Heringe 13, Gewürze und Thee 6, Rohtabaksteuern 12, Salzsteuer 43, Zucker (Zoll und Steuer) 80, Branntwein 154, Bier 80: zusammen 500 Mill. Mark Steuerertrag. Man gelangt so bei der Annahme einer Gebrauchsbesteuerung, die den faßbaren Theil des Gebrauchskonsums nur mäßig mit nur einem Viertel des schon erfaßten Verbrauchskonsums annimmt, zu einem Mindestertrag von 125 Mill. Mark. Gewißheit kann die Schätzung nicht in Anspruch nehmen, wohl aber eine nicht geringe Minimal-Wahrscheinlichkeit. Es kommt eben darauf an, ob und wie die allgemeine Luxusbesteuerung ergiebig regulirt werden kann.

2. Die Regulirung einer allgemeinen Gebrauchsluxussteuer.

Ich habe die Regulirung einer allgemeinen Luxussteuer als des großen Seitenstückes einer Gebrauchs- zur Verbrauchsbesteuerung in Aussicht genommen. Bei der Ausführung könnte man nun daran denken, innerhalb der schon bestehenden Besteuerung auf mittelbare, aber weitaus einfachere Weise die allgemeine Luxus=besteuerung zu reguliren, und so den steuertechnisch immerhin nicht einfachen Apparat einer selbständigen Luxusbesteuerung zu ersparen.

Bisher hat die Steuerkunst einen so einfachen Ausweg nicht ein=geschlagen. An und für sich scheint ein solcher auch nur innerhalb des Systems der direkten Besteuerung denkbar, und auch da scheint nur die allgemeine Vermögensteuer, wie solche gegenwärtig in Preußen eingeführt wird, den Anknüpfungspunkt für die mittelbare Regulirung einer allgemeinen Steuer auf den Luxus in unserem Sinne, d. h. auf den eine besondere individuelle Steuerfähigkeit offenbarenden Gebrauch aller mehr oder weniger entbehrlichen Güter bieten zu können. Denn nur sie umfaßt die Güterbestände des Ver=mögens, nicht das Einkommen jedes Steuerträgers. Allein bis jetzt wenigstens hat man bei dieser Steuer darauf verzichtet, auch nur in Bausch und Bogen alle Arten von Gebrauchsgegenständen anzufassen. Die beweglichen Gebrauchsgüter entgehen der allgemeinen Vermögen=steuer fast vollständig, und mit vollem Rechte wird dieser Besteuerung vorgeworfen, daß sie nur das für den Fiskus sichtbare und durch die Ausfüllungen im Schema der Einkommensteuerselbstbekenntnisse kontrolirbare unbewegliche Vermögen, also nur den Gebrauchsluxus an Schlössern, Villen, Gärten, Parks u. s. w., nicht aber auch die großen Bestände an beweglichem Gebrauchsvermögen, als Kleider, Zimmerausstattungen, Möbel, Instrumente, Sammlungen, Pretiosen u. s. w. erfasse. Die großen beweglichen Vermögen der Städter, welche eine verhältnißmäßig viel stärkere Quote ihres Vermögens in beweglichem Gebrauchsvermögen stecken haben, seien hierdurch bevorzugt.

Ich bestreite nicht, daß hier eine Ungerechtigkeit vorliegt, und begreife es vollkommen, daß die Großgrundbesitzer, wenn sie ihre Parks und dergleichen versteuern sollen, auch die großen und kleinen Rothschilde mit ihren Sammlungen, ihren Luxusgeräthen, ihrem Mobiliarluxus, ihren Pretiosen als zur Ergänzungsteuer fähig behandelt sehen wollen. Ich glaube auch nicht, daß dies nicht aus=führbar wäre. Zwar direkt und im Einzelnen läßt sich der tausend=fältige Bestand beweglicher Luxusgegenstände nicht ermitteln; das wäre nicht bloß weit kostspieliger, weit lästiger, weit umständlicher, als jede andere Besteuerungsweise, das wäre auch unausführbar.

Denn wie soll es je gelingen, den Jahresnutzungswerth aller einzelnen Arten von Gebrauchsgegenständen direkt zu ermitteln und dann nach klassifizirtem Steuerfuß einer allgemeinen Vermögensteuer zu unterwerfen! Diesen Werth kann der Staat auch nicht durch Selbstbekenntniß der Besitzer sich angeben lassen, da die Selbstinventarisation und Selbstschätzung des Werthes dieser in allen Graden der Abnutzung begriffenen mannichfaltigsten Güterbestände über Dasjenige weit hinausgeht, was der Staat an Zwang zur kontrolirenden Besteuerungsmithilfe dem Bürger auferlegen darf. Dennoch wäre die Herbeiziehung auch des beweglichen wie des unbeweglichen Nutzungvermögens zur ergänzenden allgemeinen Vermögensteuer nicht unmöglich. Sie könnte etwa so geschehen, daß die Steuerkommissionen dem ermittelten Gesammtvermögen, weil darin die beweglichen Gebrauchsbestände gar nicht oder doch nicht vollständig inbegriffen sind, innerhalb einer gewissen, auf Grund von Probeerhebungen gesetzlich festgesetzten Ober- und Untergrenze Zuschlagprozente hinzufügen. Kein Steuerträger wäre dadurch behelligt, und die Durchführung eben so wohlfeil wie einfach. Eine vollständige Regulirung der allgemeinen Vermögensteuer erscheint also an sich nicht ausgeschlossen! Allein das wäre eben doch nur eine Vervollständigung der ergänzenden allgemeinen Vermögensteuer, aber durchaus nicht Das, was die allgemeine Gebrauch-(Luxus)-Steuer als Seitenstück der schon ausgebildeten Verbrauchsbesteuerung herbeizuführen hätte. Die allgemeine Luxussteuer soll individualisirend an denjenigen Vermögen- und Einkommentheilen, deren Verwendungart besondere Steuerkraft des Gebrauchers offenbart, diese besondere Steuerkraft erfassen, während auch die vollständigste und allgemeine Vermögensteuer immer nur — ob sie in Einem Posten oder ob sie nach Beständen gegliedert eingehoben wird — den Vermögensgesammtwerth, das Maß der durchschnittlichen Steuerkraft jedes überhaupt steuerfähigen Staatsbürgers ermittelt. Unter keinen Umständen kann also die allgemeine Luxussteuer durch Vervollständigung der Vermögenbesteuerung mittelbar regulirt, sie muß vielmehr als selbständiges Abgabesystem ausgestaltet werden.

Aber das schwierige Wie?! Ich verzage nicht an der Möglichkeit, es auf praktische Weise zu finden!

Die allgemeine Luxusbesteuerung hat im Gegensatz zur Verkehrs- und zur Verbrauchsbesteuerung die persönliche Befriedigung

durch alle Arten von mehr oder weniger entbehrlichen Gebrauchs=
nutzungen selbständig zur indirekten Besteuerung zu ziehen. Für
diese Besteuerung der Gebrauchsnutzungen kann nur an zwei Arten
der Regulirung gedacht werden. Entweder werden ihre Tarifsätze
periodisch erst bei den Gebrauchern eingehoben, welche die mehr oder
weniger häufigen oder andauernden Nutzungen genießen; — ich will
dies Konsumentenbesteuerung nennen, da das Wort direkte Besteue=
rung als Bezeichnung für die Ertrags=, Vermögens= und Einkommen=
besteuerung bereits verbraucht ist. Oder die Abgaben der allge=
meinen Luxusbesteuerung werden, genau so wie es beim ganzen
Verbrauchsabgabensystem unumgänglich ist, auf die Gebrauchsgüter
gelegt, bevor diese in den Gebrauch übergehen; das kann so ge=
schehen, daß die Fertigunggeschäfte der Fabrikation und der Kon=
fektion und daß die Detail=, Laden=, Magazingeschäfte die Steuer
bezahlen, um sie auf den schließlichen Benutzer jeder Art luxuriöser
Gebrauchsgegenstände abzuwälzen; — ich will dies Vorschußbesteue=
rung nennen.

Als die denkbaren Grundformen dieser zweiten Erhebungweise,
als mögliche Arten der Vorschußbesteuerung, erweisen sich die Roh=
stoff=, die Fabrikation= und die Handelsteuern, sei es ohne Monopole
als Einhebungen beim freihändigen Gewerbe=, Fabrikation= und
Handelsbetrieb, sei es mittelst des Monopols. Man könnte die
Konsumenten=Luxussteuern auch die Luxuspersonal=, die anderen
die Luxussachsteuern nennen.

Mit der denkbaren Rohstoff=, Fabrikat= und Absatzregu=
lirung einer allgemeinen Luxusbesteuerung kommt man bei steuer=
technischen Einrichtungen an, die in der Verbrauchsbesteuerung längst
zu vollständiger praktischer Entwickelung gelangt sind. Sollte es in
der Gebrauchsbesteuerung, die es mit dem dauerhaften Theil der
Objekte persönlicher Befriedigung zu thun hat, schwieriger sein, eine
Steuertechnik durchzuführen, deren Aufgaben dort zu einer immer
vollkommeneren Lösung bereits gelangt sind?! Man wird viel eher
der Vermuthung sich hingeben dürfen, daß die Organe und Ver=
waltungsmittel der Gebrauchsbesteuerung häufig mit denjenigen der
allgemeinen Luxusbesteuerung werden verschmolzen werden können.

Immerhin müssen in der Gebrauchsbesteuerung Unterschiede und
eigenthümliche Ausgestaltungen hervortreten, welche aus dem Gegen=
satz zwischen Gebrauchs= und Verbrauchsanwendung der hier und der

dort das Steuerobjekt bildenden Güter sich ergeben. In der That bestehen solche Unterschiede und Eigenthümlichkeiten. Da ist vor Allem die Möglichkeit zu erwähnen, die Gebrauchsbesteuerung zugleich als unmittelbare, als oben sogenannte Konsumentenbesteuerung, als z. z. f. direkte „indirekte" Besteuerung zu regeln, was bei der Verbrauchsbesteuerung ausgeschlossen ist; die einzelnen Verbrauchs= nutzungen, z. B. jedes Glas Bier oder Wein, das getrunken wird, kann man nicht vom Trinker versteuern lassen, aber sehr wohl jahr= weise die Wohnungnutzung. Die „alten" Luxussteuern sind bis jetzt sogar nur als Konsumentensteuern, als direkt beim Gebraucher er= hobene Abgaben vorhanden, und ein Theil der Gebrauchsnutzungen, z. B. die Bedientenhaltung, der gesellschaftliche Sport mancher Art, kann nur durch Konsumentenbesteuerung erfaßt werden. — Ein zweiter Unterschied, dessen Grund alsbald hervortreten wird, besteht darin, daß die Luxusbesteuerung viel stärker zur Belastung der letzten Zu= rüstung und des Absatzes, zur Konfektion= und zur Laden= (Magazin=) Besteuerung als zur Rohstoff= und Fabrikatbesteuerung drängt, als dies bei den bekannten großen Objekten der Verzehrung= abgaben der Fall ist. Ist doch erst die letzte Formgebung, nicht so sehr der Materialwerth, das für die Steuerfähigkeit maßgebendste Moment.

Ein dritter Unterschied ist, daß nicht bloß das Verkaufs= geschäft, sondern auch das Mieth=, Pacht= und Leihgeschäft als Anknüpfungpunkt für die Absatzbesteuerung der Gebrauchsnutzungen sich darbieten, was bei der Verbrauchsbesteuerung nach der Natur der Verbrauchsnutzung ausgeschlossen ist. — Eine vierte Eigenthümlich= keit müßte sich dahin ergeben, daß schon mehr oder weniger ge= brauchte Gegenstände, da sie von Vielen nacheinander zur Nutzung in Besitz genommen werden können, ein zweites Mal der Besteuerung zu unterziehen wären: im Antiquitätenhandel, in den Verlassen= schaft=, Konkurs= und anderen Auktionen. Bei Verbrauchsgegen= ständen ist dies ausgeschlossen. — Ein fünftes charakteristisches Merk= mal besteht darin, daß die gleichzeitige oder reihenweise Benutzung durch viele Personen zum Gegenstand der Besteuerung werden kann: Theater=, Cirkus=, Schaustellungs=, Transport=, Droschken=, Billardnutzung und dergleichen. Noch sei sechstens erwähnt: es werden auch Dienste, sogar wechselseitige, geistige und gemüthliche Bewährungen persönlicher Art, wie in den neuesten französischen Ge=

felligkeitfteuern für größere Gefelligkeitvereine (20 % der Beitrags=
einnahmen!) zum Luxusfteuerobjekt. Hierzu kann ein Seitenftück
innerhalb der Verbrauchsbefteuerung nicht vorkommen, da Menfchen
von Menfchen benutzt, aber nur bei den Kannibalen verbraucht werden.

Zuerft wende ich nun das Augenmerk den Konfumenten= oder
Perfonal=L.=Steuern zu, zu welchen faft alle bisherigen Luxussteuern
zu zählen find. Die unmittelbare Konfumentenbesteuerung für die
mehr oder weniger entbehrlichen Gebrauchsnutzungen wäre an fich
allgemein wohl wünschenswerth. Doch ift fie aus praktifchen Gründen
nicht zu verwirklichen. Auf den erften Blick erfcheint es unausführ=
bar, die einzelnen Nutzungen aller zahllofen, namentlich der beweg=
lichen Gegenftände, täglich, wöchentlich, jährlich zu faffen und zu
treffen. Nur die gleichmäßig fortgehenden Nutzungen Einzelner
können zufammen für längere Perioden, unmittelbar bei jedem Be=
fitzer, zur Versteuerung gebracht werden; niemals aber jede einzelne
Nutzung jedes Gegenftandes. Die Gleichzeitigkeit= und Zeitfolge=
Kollektivnutzungen durch Viele neben= und nacheinander, z. B.
die Nutzungen von Theateraufführungen, Schauftellungen, Bällen,
Luxusfahrten, Billards, können gar nicht bei den Theater=, Ball=
befuchern u. f. w. eingefteuert werden, fondern nur beim Unternehmer
und Eigenthümer zu feften Stück= und Paufchalfätzen oder in Pro=
zenten der Kaffeneinnahmen. Die Konfumentenbefteuerung der fteuer=
fähigen Nutzungen ift hiernach, was die Maffe aller Nutzungen be=
trifft, überhaupt unausführbar und fie wäre, was den Reft der an
fich unmittelbar faßbaren Gebrauchsgegenftände angeht, faft durchaus
nur unter indiskretem Eindringen in die Privatverhältniffe und
gegen enorme Erhebungkoften denkbar. Genau betrachtet, erfcheint
nur für das luxuriöfe Wohnen des Eigenthümers, für das private
Bedienten=, Pferde=, Wagen=, Billard=, Fahrrad=Halten und dergl.
die unmittelbare Konfumbefteuerung angebracht. Bereits für das
umfaffende Miethwohnen fteuerfähiger Art wäre die für den Miether
unfichtbare Einhebung beim Vermiether aus mehreren Gründen
praktifcher Steuerpolitik vorzuziehen.

Drei Momente: erftens die geringe Eignung der fteuerfähigen
Gebrauchsgegenftände für die Konfumentenbefteuerung, zweitens das
Zurückfchrecken der Theorie und Praxis vor den Schwierigkeiten der
Vorfchußbefteuerung, drittens das Hängenbleiben an der irrigen Vor=
ftellung, daß nur der üppige Luxus zur Gebrauchsbefteuerung ge=

zogen werden solle, — haben es bewirkt, daß die bisherige Luxus=
besteuerung nur einzelne wenige Splitter der gewaltigen Masse des
so steuerfähigen Gebrauchsluxus erfaßte. Das war völlig ungerecht
und hat finanziell nur wenig eingetragen. Selbst in England liefern
die zwei ergiebigsten alten Luxushauptsteuern, jene von männlichen
Dienstboten und von Wagen, kaum 1% der übrigen Staatsein=
nahmen. Diese geringe Einträglichkeit spricht jedoch nicht gegen die
Konsumentensteuern überhaupt, sobald diese einmal als Glieder einer
viel allgemeineren Luxusbesteuerung auftreten würden; als solche
könnten sie unbedingt geboten sein.

Die Konsumentensteuern einschließlich der Steuer auf das
Mieth= und das Eigenthumwohnen, auf öffentliche Lustbarkeiten, auf
Spielveranstaltungen u. s. w., sind den Gemeinden, namentlich den
Stadtgemeinden, innerhalb landesgesetzlicher Abgrenzungen zu über=
lassen, und in verschiedenen Ländern ist dies auch bereits geschehen.
Die Gründe dieser Ueberlassung der Konsumentensteuern an die Kom=
munalsteuergewalt liegen sehr nahe. Einmal sind gewisse polizeiliche
Zwecke, welche bei solchen Steuern neben der Steuerpolitik mit
unterlaufen, nicht überall, jedenfalls nicht überall in demselben Maße
gewiesen. Sodann sind die Konsumenten für lokale Steuergewalten
leichter zu ermitteln. Weiter deutet der Luxusbesitz an verschiedenen
Orten nicht auf gleichen Grad besonderer Steuerkraft; auf dem
Lande z. B. läuft der Luxus= und der Wirthschaftgebrauch von
Pferden und Arbeitkräften durcheinander. Das Alles weist die Kon=
sumenten=Luxussteuern ebenso entschieden auf die Regulirung
durch die Gemeinden, wie die anderen und bedeutenderen Glieder
allgemeiner Luxusbesteuerung als gegebene Objekte der Reichsbe=
steuerung sich darstellen werden. Als Staatssteuern sind die alten
Luxussteuern, wie andererseits innerhalb der direkten Besteuerung
die Ertragsteuern, theils schon beseitigt, theils zu abfallreichen
Rückbildungsresten der Steuerentwickelung geworden.

Die alten Luxussteuern sind geschichtlich von dem zuerst reichen
Lande Italien ausgegangen und auf die hernach sich bereichernden
Länder: Holland, England, Frankreich übergegangen. Wenn sie nun
wesentlich auf Stadt= und namentlich Großstadt=Steuern zurück=
gebildet wären, würden sie immer noch den Plätzen starken Luxus=
gebrauches nachfolgen und jedem dieser Plätze nach dessen besonderen
Verhältnissen sich anpassen lassen.

Bevor ich von den Konsumentensteuern Abschied nehme, habe ich nur noch hinzuzufügen, daß zu der Gemeindebesteuerung fortlaufender Nutzungen sehr wohl eine Reichs-Absatzsteuer, z. B. für den Kauf und Wiederverkauf von Wagen, Musikinstrumenten, Pretiosen, Möbeln u. s. w., hinzugefügt werden könnte. Ob das geschehen soll, mag jedoch hier dahingestellt bleiben.

Ich gehe nun über zu derjenigen Regulirung einer allgemeinen Luxusbesteuerung, die den steuerfähigen Gebrauchsgegenstand nicht in der Hand der nutzenden Personen belastet, also nicht als Konsumentenbesteuerung, sondern als eine mittelbare, in einem zweiten Sinne des Wortes „indirekte" Besteuerung sich darstellt. Ich nenne diese andere, praktisch unvergleichlich bedeutsamere Erhebungweise, obwohl die Bezeichnung nicht auf das Haar genau zutrifft, die Vorschuß= oder mittelbare Luxusbesteuerung.

Bekanntlich ist der Begriff der direkten und der indirekten Besteuerung im Sprachgebrauch ein schwankender. Ich habe als indirekte Besteuerung diejenige bezeichnet, welche die Quellen aller Besteuerung, Einkommen und Vermögen nicht unmittelbar, nicht als Maß der ganzen Durchschnittssteuerkraft erfaßt, sondern die auf besondere individuelle Steuerkraft hinweisenden Verkehr= und Konsumanwendungen der einzelnen Vermögen= und Einkommentheile belastet, kurz die Verkehr=, sowie die Verbrauch= und Gebrauchsteuern im Gegensatz zu den Ertrag=, den Einkommen= und, wozu auch die Erbbesteuerung gehört, den Vermögensteuern. Es giebt aber auch eine andere Auffassung; diese sieht als direkte Steuern solche an, die Derjenige, welcher sie tragen soll, selbst entrichtet, und als indirekte diejenigen, welche in der Voraussetzung der Ueberwälzbarkeit vorschußweise von Dritten zu bezahlen sind. Zu den indirekten Steuern im zuerst genannten Sinne gehören alle Verkehrs= und Konsum= (Gebrauch= und Verbrauch=) Steuern. Zu den indirekten Steuern im zweiten Sinne gehören zwar alle Verbrauchsteuern, aber nur ein Theil, allerdings der weitaus bedeutendste Theil, aller Gebrauchsteuern. Wenn nur „direkte" Gebrauchsteuern im zweiten Sinne des Wortes, nämlich nur Konsumentensteuern möglich wären, dann müßte auf eine allgemeine Luxusbesteuerung verzichtet werden, wie auf eine allgemeine Verbrauchsbesteuerung hätte verzichtet werden müssen, wenn nicht eine vorschußweise Vorerhebung der Verbrauchsteuern durch Rohstofferzeuger, Fabrikanten, Groß= und Kleinhändler möglich

sein würde. Allein die Gebrauchsabgaben von Wohnungen, Lokalen
Kleidern, Putzsachen und allerlei anderen Gegenständen des Gebrauchsluxus lassen sich vorschußweise vorerheben, im Ganzen wohl
leichter als die Verbrauchsteuern. Die im zweiten Wortsinn indirekte,
die Vorschußbesteuerung ist es, mit deren Möglichkeit die Gebrauchs-
wie die Verbrauchsbesteuerung steht und fällt. Im Gegensatz zur
Verbrauchsbesteuerung kann nun die Gebrauchsbesteuerung ihre Vor-
schußsteuern in doppelter Weise ausgestalten.

Sie kann die einzelnen Nutzungen und sie kann den ganzen
Nutzunggegenstand, den ganzen in diesem aufgehäuften Vorrath von
Nutzungen, den Gebrauchsgegenstand als Nutzungquelle durch eine
dritte steuerzahlende Hand anfassen. Das Eine ist der Fall, wenn
der Theaterunternehmer die Theatersteuer, der Gastwirth die Billard-
steuer, der Vermiether die Wohnungsteuer zu entrichten hat. Das
Andere tritt ein, wenn schon der Rohstofferzeuger, der Produzent des
Halbfabrikates und des Ganzfabrikates, der Magazininhaber, das
Konfektiongeschäft die Steuern ein für alle Mal vorschußweise entrichten. Beide Methoden setzen die Ueberwälzbarkeit auf den Konsumenten der Nutzungen voraus, eine Voraussetzung, deren Richtigkeit
freilich erst zu prüfen sein wird. Die erste dieser beiden Methoden
ist der Gebrauchsbesteuerung eigen, die andere ist analog in der Verbrauchsbesteuerung längst und sogar ausschließend angewendet.

Die Erhebung der Abgaben bei Denjenigen, welche nicht die
Nutzungquelle, sondern die einzelnen Nutzungen daraus veräußern,
ist theilweise unumgänglich. Nämlich in allen jenen Fällen, wo entweder die Nutzung gleichzeitig von Vielen genossen wird, wie im
Theater, im Ball-, Spiel- und Konzertsaal (sofern Kunstleistungen
nicht besser freigelassen werden), in anderen öffentlichen Aufführungen,
in Schaubuden, Panoramen u. dergl. oder da, wo die auf Steuerfähigkeit hinweisenden Nutzungen aus dem selben Nutzungsgegenstand
von verschiedenen Personen nach einander gezogen werden, wie bei
Billards, Lohnkutschen, Maskenartikeln, Gasthauszimmern. Theilweise ist diese Art der stellvertretenden Steuerzahlung zweckmäßig,
wie z. B. die Erhebung einer Luxussteuer auf Miethwohnungen,
welche am Einfachsten und Unempfindlichsten beim Vermiether ein-
gezogen wird.

Diese theils unumgängliche, theils zweckmäßige Art der Steuererhebung kann allein in der Gebrauchsbesteuerung eine bedeutende

Rolle spielen. Man kann sie neben der unmittelbaren Konsumenten-Luxussteuer als den zweiten, im Ganzen wohl schon ergiebigeren Zweig der allgemeinen Luxusbesteuerung ansehen. Ihre Regulirung ist zweifellos auf leichte und einfache Weise möglich, und zwar in verschiedenen Gestalten: als Lustbarkeitenaccise von den wirklich ge= machten Einnahmen der Unternehmer und Eigenthümer, als Woh= nungmiethsteuer und Saalmiethtaxe, als Taxe auf die Lokale, abge= stuft nach dem Raum und der Art der Ausstattung u. s. w. Man kann diesen größeren oder kleineren Komplex von Bestandtheilen der Luxusbesteuerung auch die Miethluxussteuern heißen. Daß auch sie, einschließlich der Wohnmieth=Luxussteuer, die als das be= deutendste unter diesen Steuerobjekten anzusehen sein wird, inner= halb allgemeiner gesetzlicher Normen den Gemeinden, namentlich den Großstadtgemeinden, zu überlassen wären, liegt nahe. Nur ein Grund= satz der Steuergerechtigkeit wäre besonders zu betonen: daß, inso= fern bei diesen Luxussteuern der Luxuskonsum der kleineren Leute getroffen wird, z. B. die Schau=, Tanz=, Geselligkeit= und Musiklust der Volksmassen, die selben Neigungen auch der mittleren und höheren Klassen, vom Renn= bis zum Fahrradsport, ebenfalls, und eher mit höheren Belastungprozenten, angefaßt werden müssen, selbst wenn das nur durch die unmittelbare Konsumentenbesteuerung der Privat= bälle, der Privathaltung von musikalischen Instrumenten, Billards u. s. w. sollte geschehen können.

Unter allen Konsumenten= und Mieth=Luxussteuern ist es nur eine einzige, die Wohnluxussteuer, deren Regulirung einige Worte auch an dieser Stelle heischt. Sie ist als Kommunal= oder Kreis= steuer auszugestalten, und ihre Erhebung innerhalb landesrechtlicher Schranken den Kommunalkörperschaften zu überlassen. Sie ist zu= lässig auch neben der Wohngebäudesteuer, welche in der Ertrags= besteuerung und in der ergänzenden allgemeinen Vermögensteuer nur den Eigenthümer trifft. Die Wohnluxussteuer soll aber nur die auf besondere Steuerfähigkeit hinweisende Art des Wohnens, insbeson= dere auch das Luxuswohnen der Miether, erfassen. Freilich kann darüber geredet werden, ob nicht Wohnungen, die vom Eigenthümer bewohnt sind, mit Rücksicht auf die Belastung durch die Vermögen= und Gebäudesteuer freizulassen wären; eine prinzipielle Nothwendig= keit wäre diese Freilassung, wenigstens für die Städte, nicht. In keinem Falle darf die Besteuerung das gute Wohnen der kleinen

Leute vertheuern; sie wäre daher erst von einem gewissen steuerfreien
Miethmindestbetrag an, der nach den besonderen Ortsverhältnissen
aufzustellen wäre, in progressiver Staffelung aufzuerlegen. Auch der
höchste Satz müßte ein mäßiger bleiben und dürfte nicht zu acht,
zehn, zwölf Prozent der Jahresmiethe aufsteigen; denn es handelt
sich nicht darum, in Form einer Miethsteuer eine verdeckte allgemeine
Stadteinkommensteuer herzustellen, die überhaupt ihre Berechtigung
eingebüßt haben wird, sobald allen Gemeinden der Zuschlag zur all=
gemeinen Einkommensteuer des Staates zu Gebot gestellt sein wird.
Bei mäßigem Ansatz und bei mittelbarer Erhebung durch die Hand
des Vermiethers wird die Wohnsteuer nirgends austreibend auf
fremde und inländische Rentner wirken, welche in der Stadt Woh=
nungmiethluxus treiben.

Der andere, viel stärkere Haupttast der Vorschußerhebung eines
Systems allgemeiner Luxusbesteuerung ist nicht Vorschußbesteuerung
abgetretener Nutzungen, sondern die Vorschußbesteuerung der -
ganzen Nutzungsvorräthe, als welche Kleider, Möbel, Pretiosen,
Schmuck und Putzsachen sich erweisen. Erst durch diese Vorschuß=
besteuerung wird das große Gebrauchssteuer=Seitenstück zur Ver=
brauchsbesteuerung in Gestalt der Fabrikat= und der Absatzbesteue=
rung gewonnen werden. Wenn die einmalige Vorschußbesteuerung
des Gesammtwerthes der in einem Gebrauchsgegenstande vorräthigen
Nutzungen nicht möglich sein würde, so ließe sich eine allgemeine
Luxusbesteuerung praktisch und gerecht nicht durchführen. Diese
Vorschußbesteuerung ist jedoch möglich und, wie ich glaube und zu
zeigen hoffe, sogar leichter durchzuführen, als die Vorschußbesteuerung
des Verbrauches. Und zwar gleich den großen Verbrauchssteuern
nur in Gestalt von Reichssteuern.

Bei aller Aehnlichkeit, die zwischen Gebrauchs= und Verbrauchs=
besteuerung bezüglich der Nothwendigkeit vorwiegender Vorschuß=
besteuerung obwaltet, ergiebt sich in der Art der Durchführung
zwischen den beiden Steuerzweigen doch sogleich ein großer Unterschied.
Die vorschußweise mittelbare Erhebung der Luxussteuern ist nach
der Natur der Sache mehr als die ähnliche Regulirung der Ver=
brauchssteuern genöthigt, als Endfabrikation=(Konfektion=) und als
Detailhandels=(Magazin=)Besteuerung aufzutreten. Die Rohstoff=
und die Halbfabrikat=Besteuerung können im System der allgemeinen
Gebrauchs= oder Luxusbesteuerung nur eine untergeordnete Rolle

spielen. An sich ist nun das nach allgemeinen Grundsätzen der Steuerpolitik ein überaus günstiges Moment; denn je mehr die Steuervorschüsse möglichst erst vor dem Uebergang an den kaufenden Konsumenten erhoben werden, desto weniger ist der Steuervorschuß drückend, desto sicherer wird er abgewälzt, desto leichter ist es, die zur Ausfuhr gelangenden Theile der betreffenden Produktgattungen ganz steuerfrei zu lassen oder dafür die Ausfuhrrückvergütung einfach zu gestalten.

Worauf beruht denn nun aber die Nöthigung zu vorwiegender Konfektions- und Detailhandel-Besteuerung? Die Antwort ist einfach. Wieder auf dem Gebrauchscharakter dieser Gattung von Steuerobjekten!

Bei den mehr oder weniger entbehrlichen Gebrauchsgegenständen fällt der Stoffwerth gegenüber dem Formwerth weit weniger entscheidend ins Gewicht als bei den Gegenständen des Verbrauchs. Bei der Verbrauchsbesteuerung des Tabak-, Zucker-, Bier-, Branntweinkonsums weiß man ganz gewiß, daß Rohstoffe — Rohtabak, Rübe, Braumalz, Obst, Getreide- und Kartoffel-Maische — wirklich nur Cigarren und Rauchtabak, Rübenzucker, Bier, Branntwein ergeben werden. Die Rohstoffbesteuerung ist zwar auch hier nicht von vornherein das bessere, aber sie ist ein mögliches Besteuerungverfahren. Bei denjenigen Materialien dagegen, welche in steuerpflichtige Gebrauchsgegenstände übergehen, ist nicht das Gleiche der Fall, außer etwa bei Seide, die übrigens durch den Zoll zu treffen wäre, oder bei den Edelmetallen, sofern diese nicht in die Münz-, sondern in die Luxusverarbeitung übergehen. Ihre Eigenschaft als Luxusgegenstände erhalten sie doch erst durch ihre weitere Verarbeitung, namentlich durch ihre letzte Ausrüstung (Konfektion) zum absatzfertigen Ganzfabrikat, zur Waare des Luxus-Detailverkaufes, in welchem letzten Stadium sie auch noch die Kosten luxuriöser Schaustellung und Annoncirung in sich aufnehmen. Die unedlen Metalle, Metalldrähte u. s. w., die weichen und harten Hölzer, die Woll- und Linnengespinnste und Gewebe, Stahl und Eisen, Leder, Guttapercha und andere Halbfabrikate gehen zum größten Theil in solche Ganzfabrikate und Waaren über, welche rationeller Weise der Gebrauchsbesteuerung nicht zu unterziehen sind. Erst das Ganzfabrikat, die konfektionirte Waare, läßt eine sichere Bestimmung darüber zu, daß und in welchem Grade die Luxusbesteuerung angezeigt sei. Hie-

nach wird in der allgemeinen Luxusbesteuerung nicht bloß die Roh=
stoffbesteuerung nahezu ganz ausgeschlossen, sondern auch die Halb=
fabrikat=Besteuerung nur sehr beschränkt zulässig sein.

Die Halbfabrikatbesteuerung ist im Gebiet der allgemeinen
Luxusbesteuerung offenbar nur unter zwei Voraussetzungen berechtigt,
dann aber auch gefordert. Nämlich einmal dann, wenn schon das
Halbfabrikat sicher auf steuerfähigen Endkonsum hinweist, und weiter
dann, wenn es, wie Seidengarn, Seidenstoffe, feine Gewebe und
andere Materialien des Kleider= und Putz=Luxus, direkt in die Hände
der Konsumenten oder besser der Konsumentinnen übergeht, ohne
vorher durch die Steuerthore der Konfektion und der Magazine
fertiger Absatzwaare zu passiren. Die Halbfabrikatsteuern wären hier
das Mittel, allen luxusartigen Konsum zu treffen, aber die Selbst=
konfektion der Konsumenten frei zu lassen, was sich socialpolitisch
durchaus nur als wünschenswerth herausstellen wird. Wo dagegen
das Halbfabrikat sicher in Ganzfabrikationgeschäfte übergeht, wird
nur die Ganzfabrikation, und wo die Ganzfabrikate sicher in den
Luxus=Detailhandel übergehen, dieser als Träger zur Vorschießung
der Abgaben eines vollständigen und rationellen Luxussteuer=Zweig=
systems zu erwählen und zu verpflichten sein. Der Handelsluxus
selbst für Schaustellung und Reklame gelangt dann ebenfalls zur Be=
lastung, wenn das nicht schon durch Wohnbesteuerung geschieht.

Es ist selbstverständlich an diesem Orte nicht möglich, die An=
wendung entweder der Halbfabrikat=, oder der Ganzfabrikat= oder der
Detailabsatzbesteuerung oder aller möglichen Kombinationen dieser
drei Besteuerungformen ins Gebiet der einzelnen Hauptzweige des
Luxusgebrauches zu verfolgen. Bloße Andeutungen wären der Ge=
fahr des Mißverstandenwerdens auch allzu sehr ausgesetzt. Dennoch
will ich einige Bemerkungen mir erlauben, welche nicht wohl miß=
deutet werden können.

Zur kombinirten Fabrik= und Ladenbesteuerung werden sich
hauptsächlich Webe= und Wirkwaaren, Kleider, Putzsachen, sowie die
fabrizirten Materialien für solche Waaren, Edelmetall= und Edel=
steinwaaren, Lederwaaren, Waaren aus Gespinnsten in Verbindung
mit anderen Materialien, Plüsche, Shawls, Spitzen, Stickereien, Wirk=
und Strumpfwaaren, Wäsche, Glaswaaren, Steinwaaren, Thonwaaren,
Möbel, Uhren eignen. Doch wird auf diesem umfassenden Gebiete
des Gebrauchsluxus auch mehrfach nur entweder die Endfabrikation=

oder die Ladenbesteuerung angezeigt erscheinen, so bei Kurzwaaren, Glaswaaren, Thonwaaren, Steinwaaren, Holzwaaren, Papierwaaren, Tapeten, Messerwaaren, Solinger Artikeln, Uhren aller Art. Da= gegen wird sich z. B. für musikalische Instrumente und Photographieen die Fabrikbesteuerung hauptsächlich eignen. Einfache Bijouterieen ohne Edelsteine könnten vielleicht eher der Fabrik= als der Laden= besteuerung, aber sehr wohl auch beiden unterzogen werden.

Die neue Fassung von Edelsteinen für deren Privatbesitzer wäre selbstverständlich der Fabrikationsteuer, wohl nach dem Gesammt= werth des neuen Produktes, zu unterziehen. Die Neufassung auf Wiederverkauf angekaufter Edelsteine würde ebenfalls den ganzen Edelsteinwerth zu versteuern haben. Anders wird man den Edelstein= luxus, welcher sich der ergänzenden Vermögen= und der Erbschaftsteuer besonders leicht entzieht, nicht entsprechend belasten können.

Die möglichste Konzentration der Steuererhebung auf das letzte Stadium des Waarenlaufes der Gebrauchsgegenstände, auf den Punkt, hinter welchem die Waarenmassen durch Absatz sich unter die Gebraucher zerstreuen, scheint auf den ersten Blick dem Steuerergeb= niß zwei große Gefahren bereiten zu müssen. Einmal das Ent= schlüpfen derjenigen Halbfabrikate, welche als Materialien weiterer Verarbeitung mit Umgehung des Magazin= und Detailhändlers vom Fabrikanten direkt an den Konsumenten gehen, sodann der Vertrieb durch Kolporteure und Detailreisende.

Allein der ersten Gefahr kann einmal durch eine zur Ganz= fabrikat= oder Absatzsteuer hinzukommende oder vielmehr ihr voraus= gehende Materialsteuer begegnet werden, wie namentlich für luxu= riösere Gewebe, Gespinnste, feine Leder u. s. w. Wenn die von dieser Materialiensteuer betroffenen Stoffe bei Selbstkonfektion durch den Konsumenten oder die Konsumentin nicht auch noch die Ganz= fabrikat= oder Magazinsteuer zahlen, so ist dies socialpolitisch wünschenswerth und auch steuerpolitisch, da immerhin die Selbst= konfektion luxuriöserer Materialien, z. B. durch häusliche Arbeiten für Kleidung, Putz u. s. w., als weniger steuerfähig anzusehen ist.

Die andere Gefahr scheint dem Luxussteuergefäll von Seiten des Betriebes durch Detailreisende und Kolporteure zu drohen. Allein in Wirklichkeit besteht eine solche Gefahr bei keinem jener Luxusartikel, die blos der Halb= und Ganzfabrikat=Besteuerung unter= liegen. Für diejenigen Artikel aber, die nur im Laden vorschußweise

versteuert werden, ist die Ausgleichung, was Detailreisenden-, Post-
versendung- und Hausirwaaren betrifft, steuertechnisch leicht zu erlangen. Jene Unternehmungen, von welchen solche Vertriebsweise
ausgeht, sind mit der Absatzsteuer, nöthigenfalls mit einer erhöhten,
zu treffen, soweit man nicht überhaupt für gewisse Waaren ein
Detailversandt- und Hausirverbot verhängen will. Die Kontrole durch
Hausirpaß u. s. w. wäre keineswegs schwer durchzuführen. Uebrigens
wird die Umgehung der Detailverkaufstätten bei Gebrauchsgegenständen im Allgemeinen weit weniger stattfinden als bei Verbrauchs-
artikeln. Bei den zuerst genannten Artikeln spielen Mannichfaltigkeit
der Waare und die Möglichkeit der Auswahl eine größere Rolle, und
dieser Umstand drängt zum Ladenkauf gerade der steuerfähigen Artikel
in stärkerem Maße hin.

3. Einige Fragen der praktischen Durchführung.

Das Bild allgemeiner Gebrauchsbesteuerung ist nach den großen
praktischen Grundlinien und Gliederungen gezeichnet, doch fehlen
noch bedeutende Striche. Die ausreichenden Kontrollmittel, die
Rückwirkungen auf die Handelsgestaltung, die einzuräumen-
den Steuerbefreiungen, die Schonungen alles, namentlich des
kleineren Betriebes, Gewerbes und Handels, die leitenden Grundsätze der Tarifbildung, die Wahl der Monopolbesteuerung, die
Ausfuhrrückvergütung, die socialpolitische Verwerthung und
der Reichssteuercharakter der fraglichen Abgaben sind noch in
thunlichster Kürze zur Erörterung zu bringen.

An einfachen Mitteln der Steuerfeststellung und der Steuer-
kontrolle für eine vorwiegende Ganzfabrikat (Konfektions-) und für
eine Magazinbesteuerung, sowie für eine Kombination der beiderlei
Weisen der Steuervorschußerhebung fehlt es durchaus nicht.

In den Vordergrund würde wohl die Buchbesteuerung theils
dem Stück, theils dem Werthe nach treten. Aus den Geschäfts-
büchern ließen sich bei Verhängung des Zwanges zu einer Buchung,
die bei den in Betracht kommenden Fabrik- und Detailgeschäften
ohnehin üblich ist, der Bezugs- und der Absatzwerth, insgesammt
oder gegliedert nach den verschiedenen Positionen des Luxussteuertarifes, periodisch ermitteln und die Vorschreibung der Steuer nach
Stück oder Werth vollziehen; das würde einfacher und wohlfeiler
und könnte ohne so viel Kontrollen wie bei den großen Verbrauchs-

steuern von Statten gehen. Die Belästigung, welche die aufgetragene Selbstermittelung der Luxussteuern durch die besteuerten Geschäfte bringt, wäre nicht größer als jene in der Verbrauchsbesteuerung. Industrie und Handel sind diese Selbstermittelung dem Gemeinwesen doch nicht weniger schuldig als die Tabakbauer, Brenner, Brauer und Zuckerfabrikanten. Oder „Bauer, das ist ganz was anders!"?

Man erschrecke überhaupt nicht bei dem Wort Buchkontrolle und Buchbemessung der Luxussteuern! Es würde keineswegs jedes Geschäft, welches Gebrauchsgegenstände erzeugt und absetzt, vom Zwang der Steuerbuchung betroffen werden; denn nach dem, was noch zu sagen ist, würden nicht nur die kleinen Geschäfte in größter Zahl steuerfrei bleiben, sondern auch mittlere und große würden dem Buchungszwang entgehen, sofern sie die große Masse steuerfreier ordinärer Gebrauchsgegenstände fertigen und feil halten. Sodann wäre die Kontrolle keine fortlaufende; denn es würde, wie noch hervorgehoben werden wird, die Steuer-Pauschalirung für längere Zeitabschnitte auf das Umfassendste angewendet werden können. Die wirklich unerläßliche Büchereinsicht könnte durch völlig vertrauenswürdige, nicht ortsansässige, auf Geheimhaltung eidlich verpflichtete Beamte geschehen. Die der Steuerbemessung und der Steuerpauschalirung zu Grunde zu legenden Geschäftsaufzeichnungen über den Bezug und Absatz steuerpflichtiger Waaren könnten auf Verlangen abgesondert von der sonstigen Buchführung geschehen, und nur ausnahmeweise fände eine Kontrolleinsicht in diese statt. Es wäre hienach keine Rede davon, daß das Eindringen in die Geschäfts-, Vermögens- und Einkommenverhältnisse auch nur in jenem Maße und Grade stattfände, wie dies bei der allgemeinen Einkommen- und der allgemeinen Vermögensbesteuerung jetzt schon geschieht. Die allgemeine Luxusbesteuerung legt an neuen Kontrollelasten nichts auf, was in der direkten Besteuerung sowie in der Verbrauchs- und Verkehrsbesteuerung nicht eben so stark und stärker den Steuerzahlern und Steuervorschußleistern bereits zugemuthet wird.

Eine Folge der allgemeinen Luxusbesteuerung würde jedenfalls die sein, daß die Fabrikation und der Detailverkauf der luxussteuerfreien Artikel von der Fabrikation und dem Detailverkauf der luxusbesteuerten Artikel sich trennen würden, daß bei gemischtem Fabriziren und Detailverkaufen die Geschäfte völlig oder annähernd gleicher Tarifhöhe sich von denjenigen in den Artikeln der anderen höheren oder niedrigeren Tariflagen absondern würden, sofern diese nicht gewillt sind, eine nach Tarifpositionen gegliederte Stück= (Gewichts=) oder Werthbuchung zu Diensten der Steuerbehörde zu führen. Aller indirekten Besteuerung haftet ja der große Vorzug an, daß nicht nur der Konsument, der die übergewälzte Steuer zahlt, sondern auch der Geschäftsmann, der die Steuer dem Staate vorschießt, seine Steuer= leistung selbständig zu regeln mehr oder weniger in der Lage ist. Die Geschäftsleute werden sich unter dem Druck des im Zollwesen längst geübten Grundsatzes, daß bei gemischter Waare der Zollsatz nach den werthvolleren Bestandtheilen sich richtet, nicht lange be= sinnen, in die ausschließliche Führung theils steuerfreier, theils steuer= gleicher Artikel sich zu fügen. Geschäfte steuerfreier Ordinärwaaren, Geschäfte mäßig besteuerter Mittelqualitäten, endlich solche hochgradig luxuriöser Artikel müßten sich sondern, und wenn diese Sonderung einmal vollzogen wäre, würde die Steuererhebung wenig belästigen.

Nun mag es wohl sein, daß zahlreiche kleinere Geschäfte, selbst in der Stadt, geschweige auf dem Lande, gemischte Vorräthe steuerfreier und steuerpflichtiger Waare führen müssen. Allein man kann entweder den Absatz der steuerpflichtigen Waare buchmäßig ab= sondern, oder den Absatz pauschaliren, oder, wenn er sehr gering ist, auf besonderen Antrag bezirksweise aufgestellter Steuerkommissionen auch frei ausgehen lassen; wie man die Kleinbrauer und Kleinbrenner schont, könnten auch die Kleinhandwerker und Flickhandwerker gegen die Verpflichtung, nur ihre Handarbeit den Kunden zu liefern, von allen Fabrikat= und Absatzluxussteuern freigelassen werden.

Außerdem könnte man auch gegen mittlere und größere Geschäfte die Pauschalirung für längere Epochen und für den Gesammt= umsatz höchst umfassend zur Anwendung bringen und so die Steuer= erhebung von Plackereien frei halten. Aehnliche Pauschalirung der Steuer für längere Zeit kommt außerhalb Deutschlands, selbst in der Verkehrsbesteuerung, z. B. für die Gebührenentrichtung der Bank= geschäfte, bereits vor. Desgleichen in der Verbrauchsbesteuerung, z. B. in der sog. Akkordbesteuerung des Weinumgeldes, in der Bren= nerei= und Brauereibesteuerung.

Ob und wie namentlich bei den Fabrikationssätzen des Luxus= steuertarifs Prägestempelzeichen auf Hartwaaren und Verpackungs= stempel auf weiche Waaren, Saalbandfäden u. s. w. als Kontrol= mittel anzuwenden wären, kann hier nicht erörtert werden. Es würde den Leser ermüden und den Raum überschreiten. Doch ist es offen ersichtlich, daß die Gebrauchsgegenstände wegen ihrer Dauerhaftigkeit die Defraudation mehr erschweren, und das glaube ich auf Grund sorgfältiger Erwägung behaupten zu dürfen, daß es an verhältniß= mäßig einfachen und wohlfeilen Mitteln der Steuerkontrole über die Verkehrsbewegung der besteuerten Gegenstände durchaus nicht fehlen würde.

Eine weitere eigenthümliche Erscheinung der Gebrauchsbesteue= rung heischt noch Erwähnung. Es ist die wiederholte Belastung der durch den Handel, die Auktionen und die Konkurse laufenden Gegenstände.

Der Luxusbesteuerung würden — und hiermit tritt wieder eine der Verbrauchsbesteuerung ihrem Wesen nach fremde Erscheinung auf — auch die vor voller Ausnützung nochmals in Verkehr kommenden Gebrauchsgegenstände steuerfähiger Art unterliegen, es sei denn, daß sie zur Formvernichtung erworben werden, wie Gold= und Silber= waaren zum Einschmelzen u. s. w. Wiederholte Besteuerung des= selben, wenn nur steuerfähigen Gegenstandes wäre nicht bedenklich, vielmehr grundsätzlich gefordert. Nicht der Gegenstand, sondern die in seiner Erwerbung und Nutzung sich kundgebende besondere Steuer= fähigkeit soll getroffen werden. Die Besteuerung alter, d. h. zur Nutzung schon gebraucht oder doch erworben gewesener Gebrauchs= gegenstände ist daher begründet, soweit diese Gegenstände in den geschäftlichen Verkehr oder in die öffentlichen Auktionen gelangen. Der Gesammtbetrag an „alten Gebrauchsgütern" dieser Art, die all= jährlich durch Verlassenschaft= und andern Verkauf, durch Leihhaus= verkäufe, durch Antiquitätenhandel, Kunstauktionen, Trödelhandel umgesetzt werden, und soweit sie mehr oder weniger entbehrlich sind, einer wiederholten Luxusbesteuerung zu unterliegen hätten, dürfte nicht ganz unbeträchtlich sein. Das Mittel der Besteuerung wäre die Erhebung von Absatzprozenten unter der leicht durchführbaren Auktion= und Geschäftsbuchkontrole.

Eine weitere Frage, welche übrig ist, stellt sich so: Könnte denn nicht die Besteuerung des freihändigen Geschäftsbetriebes durch Monopolbesteuerung ersetzt werden? Ich glaube, daß dies sich weder empfehlen noch ausführen läßt. Vielmehr würde sich die Un= anwendbarkeit der Monopole als weiteres, die Gebrauchs= von der Verbrauchsbesteuerung ablehnendes Charaktermerkmal ergeben. Eben die Gegenstände des Gebrauchsluxus fordern, um dem ästhetischen Bedürfniß des Volkes entgegenzukommen, eine große Mannichfaltigkeit und einen nach dem psychologischen Gesetz des Kontrastes — häufigeren Wechsel in der Formgebung. Sie verlangen bei der letzten Konfektion, z. B. durch Putz= und Kleidermacherin, sogar die Anpassung an den individuellen Geschmack und Formbedarf. Dieser Forderung könnten Luxussteuermonopole nicht gerecht werden, während bei der verhältnißmäßigen Bedeutunglosigkeit des Formwerthes, welchen die Verbrauchsgegenstände vor dem Detailabsatz, vor dem Ausschank, vor der Verwendung in der Feinbäckerei u. s. w. besitzen, für die Verbrauchsbesteuerung die Monopole sehr wohl sich eignen können. Das Monopol würde sich am meisten für ordinäre Kleider, Schuhe u. s. w. eignen; diese müßten jedoch als Gegenstände des nicht ent= behrlichen Konsums luxussteuerfrei bleiben. Aus Gründen der Steuerpraxis kann hienach ein Luxussteuermonopol nicht in Frage kommen. Als Mittel der Bekämpfung des Luxus, oder als Mittel der Vorbereitung kollektivistischer Zukunftproduktion, oder als Mittel der Verwohlfeilerung des Ordinärverbrauchs geht es mich aber hier nicht an.

Ich berühre hier weiter, jedoch nur kurz, die socialpolitisch weittragende Frage der eventuellen Steuerbefreiungen.

Die Selbstanfertigung von Gebrauchsgegenständen zum Familien= gebrauch, also namentlich die Selbstkonfektion von Kleidern und Putz= sachen im Hause, mit oder ohne Beiziehung von Kleidermacherinnen, Putzmacherinnen u. s. w. gegen Kundenlohn, wäre selbstverständlich steuerfrei; nur die Materialien würden theilweise einer Fabrikat= steuer unterliegen. Desgleichen die handwerkliche Erzeugung im Kleinen, die eine gewisse Gehilfenzahl nicht überschreitet und stück= weise für Kunden, nicht waarenweise für den Handel, arbeitet. Die Produkte häuslicher Familienarbeit an Gespinnsten, Leinwand, Geräthen zu eigenem Gebrauch, die Selbstherstellung von Braut= und dergleichen Aussteuern hätten ebenfalls steuerfrei zu bleiben. Somit würden die von der Familie und von Kundenlöhnern in der Familie, ferner die allein vom Kleinhandwerk hergestellten Produkte bloß durch die auf das Material gelegten Fabrikat= und Halbfabrikatsteuern, etwa auf Seidenstoffe, Seidengarne, feine Leder u. s. w. belastet werden, soweit sie auf Entbehrliches weisen. Produkte jener Hausindustrie, welche durch Manufakturvertrieb größerer Unternehmer

in den Handel gehen, wären erst bei diesem Vertrieb anzufassen, so=
weit sie überhaupt zur Besteuerung sich empfehlen, wie: Spitzen,
Stickereien u. s. w.

Weiter ist noch die Tarifbildung zu berühren. Die Aus=
arbeitung des Luxussteuertarifes wäre allermindestens nicht schwieriger,
als es die Aufstellung und Entwickelung der Zolltarife überall und
der überaus künstlichen Verkehrssteuer= (Gebühren=)Tarife in Ländern
entwickelter Verkehrsbesteuerung gewesen ist. Dem Luxussteuertarif
kann in beliebigem Maße eben so viel Einfachheit gegeben werden,
wie den Zoll= und den Verkehrssteuern= (Gebühren=)Tarifen. Man
braucht sich ja nur auf die ergiebigeren Artikel jedes Hauptzweiges
von Gebrauchsgegenständen zu beschränken. Es entstünde aller=
dings ein vierter großer, allgemeiner Steuertarif neben dem
Zoll= und Verzehrungssteuertarif und neben dem Gebührentarif
der Verkehrsbesteuerung, aber komplizirter müßte er nicht ausfallen.
Die Höhe der Tarifsätze wäre, wie beim Zolltarif, nach dem Grade
der Entbehrlichkeit (Luxuriosität) abzustufen, wie sich diese in der Er=
werbung der einzelnen Artikel ausspricht. Die Tarifirung würde
etwa nach dem Stück oder nach dem Werth stattfinden.

Der Werthbesteuerung könnte eine weit größere Ausdehnung
gegeben werden als der Werthverzollung; denn eine vollständig zu=
verläßige Werthdeklaration wäre durch die Buchungkontrole von
selbst gegeben, die Werthsteuer=Erhebung also verhältnißmäßig ein=
facher als im Zollwesen. Die tarifarische Abhebung der steuerfreien
ordinären Waare und wieder der in verschiedenem Grade steuer=
fähigen halbfeinen, feinen und hochfeinen Artikel von einander wäre
auch bei Stückbesteuerung oft mit den selben Mitteln durchführbar,
die zu gleichem Zweck im Zollwesen angewendet werden. Es kann
nämlich unterschieden werden nach der Beschaffenheit des verwendeten
Materials (Weichholz Hartholz Fremdholz, Linnen — Wolle
Seide, Glattgewebe — Sammetgewebe, Edelmetalle — Nichtedel=
metalle, Gold Silber Perlen — Edelsteine, echte — unechte
Spitzen u. s. w.). Weiter nach der Anzahl der Fäden per Flächen=
einheit, nach der Dichtheit der Gewebe, nach dem Gewicht der Ge=
spinnste und Gewebe, nach der Verschiedenheit von Form und Größe
(Taschenuhren Wand= und Stutzuhren, Flügel Tafelklaviere,
Pianinos). Vielleicht ließe sich z. B. für Konfektiongeschäfte, Bi=
jouterieen, Juweliere die Werthbesteuerung mit der Stückbesteuerung

kombiniren, wenn für den Absatz von Stücken, die gewisse Preismaße
übersteigen, eine gegliederte Buchung und Buchkontrole zur Be=
lastung mit höheren Tarifsätzen verfügt würde. Im Ganzen wird
man sagen dürfen, daß, weil bei den Gebrauchs=, im Gegensatz zu
den Verbrauchsgegenständen die Entbehrlichkeitgrade im Form= und
Formwerth=Unterschied fast durchgehends zur Erscheinung kommen
und weil die Erhebungweise überwiegend Fabrikations=, Konfektions=
und Detailabsatz=Besteuerung zu sein hat, die grundsätzlich geforderte
Tarifabstufung nach dem Entbehrlichkeitgrad weitaus sicherer sich
durchführen läßt, als dies — das Tabakmonopol ausgenommen —
in der Verbrauchs= und analog in der Verkehrsbesteuerung der
Fall ist.

Endlich die Kosten der Ueberwachung und Erhebung. Sie wür=
den aus Gründen, die der Leser leicht selbst finden wird, höchstwahr=
scheinlich kleiner sein, als sie in der Verbrauchsbesteuerung mit ihren
fortlaufenden Betriebsüberwachungen sich darstellen. Wenigstens
dann, wenn das Pauschalirungverfahren umfassende Anwendung
fände.

Dies die zur Erörterung noch übrig gewesenen praktischen
Fragen einer Regulirung der allgemeinen Luxusbesteuerung!

Es gilt nun noch, einige Seitenfragen zur Erledigung zu
bringen.

Zunächst die zurückgestellte Frage der Ueberwälzbarkeit,
die für die Gebrauchs= wie für die Verbrauchsbesteuerung als vor=
handen angenommen werden muß. Es kann nun, wie ich glaube, mit
Grund nicht wohl behauptet werden, daß Gebrauchsteuern dem Kon=
sumenten (Gebraucher) schwerer zuzuwälzen seien, als die Verbrauch=
steuern dem Verbraucher gegenüber. Eher wird nach der Natur der
beiderlei Gegenstände das Gegentheil anzunehmen sein. Nur ge=
stattet es der an dieser Stelle zugewiesene Raum nicht, den Nach=
weis für diese Wahrscheinlichkeit zu erbringen. Sollte aber auch die
Steuer da, wo die höheren Steuersätze verminderten Absatz zur
Folge haben, also im Absatz der hochfeinen Artikel, einige Einbuße
am Geschäftsgewinn zur Folge haben, so werden die betroffenen Ge=
schäfte in der Regel hierfür tragfähig sein und von ihrem hohen
Nutzen lediglich Etwas abzugeben haben, was längst dem Reiche als
Luxussteuer gehört hätte. Der Kleinbetrieb aber, namentlich der=
jenige des Handwerkes zum Stückabsatz an Kunden, kann überhaupt

nicht Noth leiden, da er gar keine Steuern oder nur geringe Fa=
brikat=Materialsteuern zu tragen haben würde.

Eine weitere Seitenfrage geht noch dahin: Wie wird die all=
gemeine Luxusbesteuerung zu dem Zollsystem und zu dem Anspruch
der Ausfuhrwaaren auf Steuerfreiheit bezw. auf Steuerrückvergütung
sich stellen? Die Eingangzölle auf Gebrauchsgegenstände würden
durchgehends etwas höher anzulegen sein als die Luxus=Inland=
steuern für die gleichartigen Steuerobjekte. Sofern jene Zölle durch
Verträge festgelegt sind, würden die Luxus=Binnensteuern unter den
Zolltariffsätzen zu halten sein.

Die Steuerrückvergütung wäre ungleich leichter zu regeln,
als es in der Verbrauchsbesteuerung der Fall ist. Der Grund hier=
von trat schon früher hervor: die Luxusbesteuerung fände ja über=
wiegend erst bei und nach dem Fabrikationschluß durch Fabrikat=
oder Detailverkaufabgaben statt, welche die Exportwaare überhaupt
nicht treffen könnten. Der Fabrikatbesteuerung aber können die reinen
Exportfabriken ganz, und soweit sie nur theilweise exportiren, mit
dem Exporttheil ihres Fabrikates unter nicht drückenden Kontrolen
und Lagerungverpflichtungen entrückt werden. Sofern seine Fabrikate
als Materialien in die Exportwaare hineingearbeitet werden, ist die
volle Rückvergütung unter Materialbezugs=, Materialverbrauchs=
und Identitätcontrole mindestens so leicht durchzuführen, wie es in
der Verbrauchsbesteuerung und bei der Zollrückvergütung bereits vor
sich geht.

Droht denn aber nicht eine Doppelbesteuerung für die Im=
portgegenstände? Schwer wäre es wohl manchmal zu vermeiden,
daß Artikel, die schon Zoll bezahlt haben, nochmals, wenn sie durch
die Stätten des Detailhandels laufen, der Luxusbesteuerung unter=
liegen. Doch ist dies nicht von Bedeutung. Es läge darin dennoch
keine Doppelbesteuerung, sondern ein Luxussteuer=Zuschlag für die
aus dem Auslande kommende Waare. Dieser Zuschlag wird im
Durchschnitt ganz begründet sein, da die Kaufkraft für solche Waaren
in der Regel auf besondere Steuerkraft hinweisen wird. Uebrigens
ist es nicht ausgeschlossen, Waaren, die Zoll gezahlt haben, unter
Kontrole in die besteuerten Materiallager, Fabrikgeschäfte, Magazine
und Detailgeschäfte behufs Abschreibung des Zolles zu leiten.

Die Dienstorganisation der allgemeinen Luxusbesteuerung
soll mich hier nicht aufhalten! Sie würde nur theilweise ein beson=

deres Personal neben dem bisherigen Personal der indirekten Besteuerung benöthigen.

Hiermit wäre gesagt, was über die Haupt= und Nebenfragen praktischer Regulirung einer allgemeinen Luxussteuer nicht verschwiegen werden durfte, wenn dem öffentlichen Urtheil ein völlig faßbares Bild der praktischen Durchführung solcher Besteuerung geboten werden wollte.

4. Zu den socialpolitischen Nebenwirkungen allgemeiner Gebrauchs=besteuerung.

Es wären noch über die socialpolitischen Wirkungen einer allgemeinen Luxusbesteuerung einige kurze Andeutungen zu geben.

Was die alten Luxussteuern nicht bewirken können, würde die vollständige Luxusbesteuerung erreichen: durch die Erfassung des ganzen Gebrauchsluxus von irgend welchem Belang, durch die aus dem Ertrag der Luxussteuern ermöglichte Schonung der schwächeren Steuerkräfte in den übrigen Zweigen direkter und indirekter Besteuerung und durch Anderes würde sie wirklich „social versöhnend" wirken.

Dem übertriebenen Luxus würde durch das ganze Volk hindurch ein Zügel angelegt werden. Eine Umwendung von einseitigem Kleider= und Putzluxus zu größeren Verwendungen für das Wohnen, für die Gesundheitpflege würde bewirkt werden, wenn man das Wohnen der kleinen Leute, die Benutzung der öffentlichen Badeanstalten u. dergl. steuerfrei ließe.

Die häusliche Selbstkonfektion von Kleidern und Putzsachen, von Ausstattungen u. s. w., würde wieder ermuntert und der Beschäftigung von jetzigen Fabrikarbeiterinnen im Kundenlohne würde künftig mehr Vorschub geleistet werden. Das bedeutet ein wichtiges Stück der „Frauenarbeitfrage".

Auf „vernünftiges Bedürfen" im ganzen Umfang des Volkskonsums könnte durch die Tarifstaffelung und durch die Tariffreilassungen mächtig eingewirkt werden.

Auf dem selben Wege könnte der gewerbliche Kleinbetrieb, dessen Zukunft nur auf dem Gebiet der höheren Qualität des Werkes von Hand, mit Unterstützung durch einfache Motoren und Werkzeugmaschinen, zu suchen sein wird, gefördert und durch Freilassungen, Differentialtarifirungen, Pauschalirungen u. dergl., könnte auch dem

Kleinhandel der schwere Kampf ums Dasein dem kapitalistischen Großbetrieb gegenüber erheblich erleichtert werden.

Eine Art „Schutzsteuern", d. h. Steuerschonungen im Innern, würden einen viel stärkeren Hebel socialpolitischen Schutzes abgeben können als die gegen außen gerichteten Zölle als Schutzzölle, wenn man dabei nur streng innerhalb der Grundprinzipien allgemeiner Luxusbesteuerung verharren will, statt socialpolitischen Uebertreibungen sich hinzugeben.

5. Die allgemeine Luxusbesteuerung als Reichsbesteuerung.

Schließlich sei betont, daß die allgemeine Luxusbesteuerung in ihrem Hauptgebiete, nämlich als Fabrik=, Konfektion= und Laden= besteuerung, nur Reichsbesteuerung sein könnte, genau so, wie die indirekte Verbrauchsbesteuerung dies ist und vollständig sein sollte. Der Grund ist einfach: für die Herstellung und für den Gebrauch wenigstens der beweglichen Gebrauchsgegenstände giebt es keine ört= liche oder einzelstaatliche Absperrung. Nur die wenigen Konsumenten= und Mieth=Luxussteuern, von denen im Eingang die Rede war, sind am Besten als Gemeindesteuern nach besonderen örtlichen Verhält= nissen zu reguliren.

Wenn die allgemeine Luxusbesteuerung als zweiter Hauptzweig einer vollständigen indirekten Konsumbesteuerung mit der Zeit An= klang finden sollte, so wird der auf allen Gebieten wachsende öffent= liche Bedarf schon dafür sorgen, daß man für die praktische Ausge= staltung auch den rechten Mann, einen Miquel der allgemeinen Gebrauchsbesteuerung, aufsucht und wirklich findet.

Die allgemeine Vermögen- und die allgemeine Erbschaftsteuer.

Die Epoche machende Finanzkunst des preußischen Ministers Miquel hat neben ihrer Hauptleistung, nämlich der Reform der all= gemeinen Einkommensteuer, eine allgemeine Vermögenssteuer ins deutsche Steuersystem eingeführt. Der Versuch, eine allgemeine Erb= schaftssteuer, d. h. eine auch in auf= und absteigender Linie treffende Sterbfalls=Vermögensteuer einzuführen, wurde den vorhandenen Widerständen gegenüber aufgegeben. Vermuthlich ist auch die allge= meine Erbsteuer nur vorübergehend von der Bildfläche der deutschen

Finanzpolitik wieder verschwunden. Beiderlei Vermögenssteuern, der Jahres- und der Sterbfalls-Vermögenssteuer, glaube ich hier zur Vervollständigung der in meiner „Steuerpolitik" gegebenen Begründung einige Betrachtungen widmen zu sollen.

Die allgemeine Vermögenssteuer Preußens ist nicht, wie in den demokratischen Republiken der Gegenwart, eine Hauptsteuer neben oder gar statt der allgemeinen Einkommensteuer. Dieselbe ist nur als Ergänzung der allgemeinen Personaleinkommensteuer gedacht; sie ist vorläufig nur eine Zusatzsteuer zur Einkommensteuer ohne Ausschließung einer allgemeinen Erbschaftsteuer. Ergänzen will sie zu drei hauptsächlichen Zwecken, nämlich: erstens zu dem Zweck, das fundirte Einkommen (aus Vermögen) stärker zu belasten als das Arbeiteinkommen, zweitens zu dem Zweck, in der Belastung zwischen dem erwerbenden Kapital und etwa ertraglosem Besitz (Bauplätzen, Parks und dergleichen Werthen) eine Ausgleichung herbeizuführen, endlich drittens zu dem Zweck ununterbrochener mäßiger Herbeiziehung jenes größeren, dem Erwerb gewidmeten Vermögens, das zwar für die Regel, nämlich in Jahren mit Reinerträgen, von der allgemeinen Einkommensteuer getroffen wird, aber so steuerkräftig ist, um auch in Jahren des mangelnden Ertrages dennoch der großen Steuerbüchse sein Scherflein zu zahlen. Das Alles ist wirklich nur „Ergänzung" der allgemeinen Einkommensteuer. Die Erbschaftsteuer kann weit über diesen Zweck hinausgreifen und dürfte nach der ganzen Strömung der Zeit in nicht ferner Zeit auch wirklich über diese Ergänzungfunktionen hinausgreifen.

Für die Erwartungen, welche man vom Ertrage der beiderlei Vermögensteuern hegen darf, ist die Schätzung des Volksvermögens maßgebend. Nach den Schätzungen der preußischen Vermögenssteuervorlage betrüge das ganze Volksvermögen Preußens, nach Abzug von 17 Milliarden M. Schulden, 73 Milliarden M., was für ganz Deutschland ein Nationalvermögen von rund 120 Milliarden anzunehmen gestattet. Für das cisleithanische Oesterreich hat auf einem besonderen, an die Erträge der Erbschaftssteuer sich haltenden Schätzungswege der Vorstand der amtlichen Statistik Inama-Sternegg die Hauptsumme von 22 Milliarden Gulden ö. W., also 35 bis 40 Milliarden M. ermittelt. Für Frankreich nennt Foville 160, für Italien Pantaleoni 44 Milliarden M. Beachtenswerth ist, daß das bewegliche Vermögen in Preußen, Frankreich, Oesterreich dem unbeweglichen im Gesammtwerthe sehr nahe kommt, wenn es das letztere nicht übersteigt. Für Deutschland würde eine Vermögensteuer von 1 pro Mille 120 Millionen M. eintragen. Eine allgemeine Erbschaftsteuer, woferne sie die in direkter Linie erwerbenden Vermögen und die Vermächtnisse mit immer noch ganz erträglichen Progressivsteuersätzen[1]) heranzieht, würde wohl mindestens ebensoviel Erträgniß erwarten lassen. Zwar ist seitenverwandtschaftliches Vererben schon mehr oder weniger stark belastet, allein der weitaus größere Theil der Verlassenschafts-Gesammtmasse in Oesterreich, 75 Prozent, geht den Weg des Erbganges in direkter Linie.

Bedeutsam für die Regelung einer allgemeinen Erbschaftsteuer in den deutschen Staaten sind einige Fingerzeige, welchen die österreichische Erbschaftsteuer-Statistik ertheilt. In Oesterreich sind es die meist ärmeren Länder mit hohen Ehestandsziffern und größerem Kinderreichthum (Bukowina, Dalmatien, Schlesien, Böhmen, Mähren), die am meisten Verlassenschaftwerth für die direkte Vererbung aufweisen. Für Deutschland würde die Erfahrung wohl das Gleiche ergeben. Die Ausdehnung der Erbschaftsteuer auf die direkte Verwandtschaftslinie muß daher die ärmeren Gebietstheile stärker berühren. Die ehe- und kinderreichen Länder würden relativ mehr bei der Aufhebung der bisherigen Steuerfreiheit direkter Vererbung einbüßen. Eigentlich müßte man nicht sagen „Länder", sondern in allen Gebietstheilen die kinderreichen Familien. Diese Schicht der Bevölkerung würde bei Aufhebung der Steuerfreiheit der Verlassenschaften in direkter Linie relativ mehr einbüßen als die Masse der weniger kinderreichen Bevölkerung. Und dazu käme noch der Umstand, daß erstere Bevölkerungschicht bei größerer Sterblichkeit mit ihrem Vermögen häufiger in den Erbgang kommt, was durch den von Inama-Sternegg für Oesterreich nachgewiesenen Umstand geringerer Zahl der Verlassenschaftfälle in dieser Schicht allerdings einigermaßen aufgewogen wird.

Weiter sind die Erfahrungen Oesterreichs bezüglich des vergleichsweisen Antheiles, welchen das unbewegliche und das bewegliche Vermögen am steuerpflichtigen Verlassenschaftwerth haben, zu beachten. Die Summe aller abgehandelten Verlassenschaften in den drei Jahren 1889 bis 1891 hat in Cisleithanien betragen 974

---

[1]) Vergl. hierüber m. Steuerpolitik.

Millionen Gulden ö. W. mit einem steuerpflichtigen Reinwerth von 723 Millionen Gulden, wie dieses sich durch Abzug von 251 Millionen Abzugsposten beziffert. Von dieser Gesammtsumme (974 Millionen Gulden) fielen nun auf das Realvermögen 457,3 Millionen, auf das bewegliche Vermögen 517,5 Millionen Gulden, auf jenes also erheblich weniger, nämlich nur 47 Prozent der Gesammtsumme. In Wirklichkeit würde das bewegliche Vermögen, wenn es eben so sicher zu erreichen wäre, wie das unbewegliche, noch einen viel höheren Prozentsatz für sich haben. Inama-Sternegg weist an der Gliederung der obigen Hauptsumme nach, daß in den Kronländern von überwiegend agrarischem Charakter ein größerer Prozentsatz der der Gebührenbemessung unterzogenen Verlassenschaften vorkommt — in Galizien mit 65 Prozent gegen Niederösterreich mit 35,2 Prozent — und steht nicht an, dies auch darauf zurückzuführen, daß unbewegliches Vermögen schwerer und seltener der Verlassenschaftabhandlung sich entzieht als bewegliches.

Die preußische Regierung giebt zur Zeit der ergänzenden Vermögensteuer entschieden den Vorzug vor der allgemeinen Erbschaftsteuer. Ob man „nach Tische nicht anders lesen" wird? Mich hat keiner der dafür angeführten Gründe von der Richtigkeit des fraglichen Urtheils überzeugt, noch von der Meinung, daß beide Steuern kommen werden, weil sie einander stützen, bis jetzt abbringen können. Auch nicht von der Ansicht, daß vor den beiden Steuern zuerst die Kapitalrentensteuer als Ertragssteuer hätte kommen müssen, wenn das durchsetzbar gewesen wäre.

Daß die große Schwierigkeit, das bewegliche Vermögen mit derselben Sicherheit zu erfassen wie das unbewegliche, der Erbschaftbesteuerung in höherem Grade aufklebe, als einer ergänzenden allgemeinen Vermögensteuer, läßt sich nicht erweisen. Man mag die allgemeine Vermögensteuer so streng und scharf reguliren, wie man nur immer kann, so werden die beweglichen Fische dem Steuernetz zahlreicher und leichter durch die Maschen schlüpfen als die unbeweglichen, namentlich wenn die Vermögensteuerpflichtigen die Nachtragskontrole der Erbschaftbesteuerung nicht zu befürchten haben. Bei der Erbschaftbesteuerung hat der Staat unmittelbar die Ermittelung des Steuerobjektes durch die Verlassenschaftgerichte, und wenn er nach schweizerischem Beispiel verfahren will, durch steuerliche Obsignation oder „Inventarisation" vollständig in der Hand, und

jedes Menschenalter einmal läßt jede Familie sich die strenge Er=
mittelung viel eher gefallen, als die alljährliche Prüfung von Herzen
und Nieren bei Ermittelung des Vermögenswerthes nach den Ein=
kommensquellen. Früher war ja die allgemeine Erbschaftsteuer eben
deshalb eingebracht, um ein starkes Kontrolmittel für die Selbst=
einschätzung der Einkommensteuer zu gewinnen!

Die allgemeine Erbschaftsteuer ist, was die wirthschaftliche und
die formale Belastung der Steuerträger betrifft, einer allgemeinen
Vermögensteuer wohl eher überlegen. Erstere nimmt einen immer
noch sehr geringen Betrag in einem bestimmten Augenblick, unmittelbar
bevor das Vermögen ganz oder wie meist durch Theilung in neue
Hände übergeht. Die Ermittelung für den Fiskus erfolgt mit vor=
ausgehender Hilfe des „größten Offenbarers", des Todes, unmittelbar
durch die Gerichte und würde auch ohne Erbschaftsteuer, nur vielleicht
nicht ganz so eindringlich erfolgen. Die Prozedur wiederholt sich in
langen Zwischenräumen, niemals für das ganze Volk der Steuer=
zahler gleichzeitig, was die Unzufriedenheit unter den letzteren gewiß
mindert.

Für einen großen Staat bietet die Gleichmäßigkeit der Ein=
schätzung der allgemeinen Vermögensteuer in allen Gebietstheilen
überhaupt große Schwierigkeiten. Zwar die unbeweglichen Werthe
und die beweglichen Betriebsmittel und Betriebsvorräthe lassen sich
durch die Kontrole der Selbsteinschätzung mit ziemlicher Sicherheit
fassen. Sobald es aber an die Herbeiziehung der beweglichen sog.
Nutzkapitale geht, welche dem Gebrauche, nicht dem Erwerbe dienen
und dem Gebrauche so, daß sie in fortgesetzter „Nutzung", nicht in
einmaliger Verzehrung ihren Zweck erfüllen, wie Möbel, Kleider,
Pretiosen, Instrumente, Geräthe, Wagen und Pferde, Waffen, Ge=
mälde, Sammlungen und andere ständige Luxussachen aller Art, so
beginnen die größten Schwierigkeiten. Ich gestehe, daß ich solange, als
man diese Gegenstände nicht sicher zu fassen vermag, auf die Be=
steuerung auch des unbeweglichen Nutzkapitals lieber verzichten würde;
denn anders gelangt man thatsächlich zu einer nochmaligen Be=
günstigung des beweglichen Vermögens und zu einseitiger Belastung
des in Grund und Boden und in Gebäuden bestehenden unbeweg=
lichen Nutzkapitals. Wenn man denn aber in einem Stadium der
Steuerentwickelung, wo man trotz Fortbestandes der an die Ge=
meinden überwiesenen alten Ertragssteuern das Leihkapital von einer

besonderen Kapitalrentenbesteuerung freiläßt, die Nutzkapitalbesteue=
rung dennoch schon haben will, dann würde ich hierfür die Erbschaft=
besteuerung vorziehen; denn diese sichert unmittelbar die vollständige
und genaue Ermittelung, welche für diesen Vermögensbestand, im
Wege der Selbsteinschätzung zur ergänzenden Vermögensteuer der
Natur der Sache nach gar nicht möglich ist.

Einen weiteren Vergleichspunkt bilden die Erhebungskosten;
diese sind bei der Erbschaftsteuer die geringeren. Aus zwei Gründen.
Einmal weil die Steuerveranlagung nicht für Alle jedes Jahr er=
folgt. Sodann deshalb, weil die Verlassenschaften bezw. die Erben
in den Abhandlungsporteln die Erhebungskosten selbst zu tragen
haben, und zwar nach dem Gebührenprinzip mit vollem Grund, da
die gerichtliche Abhandlung der Verlassenschaft zunächst im Interesse
der Erben geschieht.

Ist etwa nun die Erbschaftsteuer einer progressiven Regulirung
nicht fähig? Sie ist hierzu mindestens ebenso fähig wie die allge=
meine Einkommen= und die allgemeine Vermögensteuer.

Es bedarf jedoch überhaupt nicht der ausschließenden
Wahl der einen der beiden Steuern. Die Erbschaftsteuer ist viel=
mehr mit einer ergänzenden allgemeinen Vermögensteuer vollständig
verträglich und weiteren Steigerungen der Verzehrungsteuer auf
nothwendigen Lebensbedarf sicherlich vorzuziehen. Durch beide
Steuern zusammen kann man einmal mehr und auf erträglichere
Weise gewisse Bedarfe aufbringen als durch eine einzige dieser
Steuern allein. Sodann wirkt jede der beiden für die andere als
Stützpunkt der Ermittelung. Das Kataster einer gut regulirten all=
gemeinen Einkommen= und Vermögensteuer erleichtert für die
Steuerverwaltung die Ermittelung der Erbsteuerschuldigkeit; um=
gekehrt ist die Ermittelung der Erbschaftsteuer nach dem Tode des
Defraudanten und gegenüber seinen meist weder einzigen, noch unter
sich einigen Erben, eine scharfe Waffe theils zur Abschreckung von
der Hinterziehung der Einkommen= und Vermögensteuer, theils zur
Bestrafung und Nachholung wirklich stattgehabter Steuerhinter=
ziehungen dieser Art. Nach alledem bin ich des festen Glaubens,
daß auch die Erbschaftsteuer kommen wird, bei steigendem öffentlichen
Bedarf sogar kommen muß.

Ein letzter Punkt bezüglich der Regelung einer allgemeinen
Erbschaftsteuer betrifft die Frage, ob das Reich oder der Staat

oder die Gemeinde sie beziehen soll. In Oesterreich und überall sonst, in England, Frankreich, Italien, bezieht sie das Reich, der Gesammtstaat. Für Deutschland wäre an sich das Gleiche möglich; denn bei der direkten Ermittelung des Steuerobjektes durch die Landesbehörden hätte das Reich an diesen hinreichend zuverlässige, mitinteressirte Organe der Steuererhebung. Es liegt aber nicht viel daran, daß das geschehe; wenn die Landesbehörden die Erbschaft= steuern auf eigene Rechnung einheben und aus der Einnahme daraus die höher bleibenden Matrikularbeiträge bezahlen, so kommt es auf dasselbe hinaus. Die aufgeworfene Frage liegt daher nur zwischen dem Einzelstaat und seinen Kommunalkörperschaften. Wenn das richtig ist, dann wäre meines Dafürhaltens den Gemeinden ein erheblicher Antheil des Ertrages zu überweisen. Nur die Erträge aus dem be= weglichen Werthe der Verlassenschaften hätten den Ländern, bezw. durch diese dem Reich uneingeschränkt zuzukommen. Dagegen müßte der Ertrag aus dem unbeweglichen Werthe der Verlassenschaften und aus der Liegenschaft=Verkehrsabgabe entweder ganz oder doch größten= theils den Gemeinden zufallen. Der unbewegliche Besitz ist es ja, für den in Stadt und Land die Gemeinde großen besonderen Auf= wand hat. Aus diesem Grunde rechtfertigt man gegenwärtig die Ueberweisung der staatlichen Grund=, Gebäude= und Gewerbesteuer an die Gemeinden. Ganz derselbe Grund spricht für diese Ueber= weisung auch bezüglich des Ertägnisses der Gebühren aus den un= beweglichen Verlassenschaftswerthen. Womöglich die gänzliche, jedenfalls eine recht kräftige Betheiligung der Gemeinden am Immobilien=Erbschaftsteuerertrag! Das kann bei dem bevorstehenden Hereinbruch der allgemeinen Erbschaftsteuer meines Erachtens nicht energisch genug betont werden. Es müßte recht bald geschehen, bevor der Aufwand für Militär, für Reichs= und Staatsschulden Alles verschlingt, wie das in Frankreich, Italien, Oesterreich und eigentlich auch in England bereits geschehen ist.

Das Finanzgleichgewicht im Bundesstaate.

Dieses Gleichgewicht hat zur Voraussetzung vor Allem die sachgemäße Austheilung der Steuerquellen zwischen Reich, Land und Gemeinde.

Dem Reiche oder dem Gesammtstaat gehören naturgemäß alle

indirekten Steuern mit Ausnahme der Immobiliarverkehrsgebühr
oder Liegenschaftsaccise, welche Verkehrsteuer naturgemäß den Gemeinden zuzusprechen ist, und mit Ausnahme der direkten Luxussteuern (vgl. vor. Abschn.). Den Ländern gehören sachgemäß die direkten
Steuern: Reineinkommen- und Vermögensteuern, mit Ausnahme
der Immobiliarerbsteuer und der alten Ertragsteuern, welche beide
ganz oder theilweise den Gemeinden zu überlassen sind. Allen
drei Bereichen öffentlichen Haushaltes gehören die Verwaltungs-
vergütungen oder „Gebühren" im e. S. d. W., je für die von
den Organen jedes Bereiches gewährten Leistungen. Diese jetzt allgemein geforderte Vertheilung der Steuerquellen ist schon in meiner
„Steuerpolitik" 1878 vertreten und begründet.

Der gedachten Vertheilungsweise treten immer wieder Forderungen entgegen, welche ich nicht für begründet halten kann. Unter
diesen Forderungen stehen obenan die Einführung einer Reichs-
einkommensteuer und die möglichste Fixirung der Matrikularbeiträge des Einzelstaates an das Reich, sowie der Ueberweisungen vom Reich an die Einzelstaaten. Beide Forderungen
sind mit dem Charakter eines noch wesentlich territorialistisch
angehauchten Neuzeitstaates — und dies ist der „Bundesstaat" des
Deutschen Reiches — nicht vereinbar. So lange die staatlichen
Grundaufgaben noch den Einzelstaaten zufallen, haben diese
auch den Anspruch auf die direkten Hauptsteuern. Die gemeinsamen
oder gesammtstaatlichen Ausgaben sind durch jene Steuern zu decken,
welche schon steuertechnisch der partikularstaatlichen Abgrenzung
widerstreben, d. h. durch die großen indirekten Steuern, die Ver-
kehrs-, die Verbrauchs-, die Gebrauchssteuern. Der Schwerpunkt
des Steuersystems ruht im Bundesstaate, im noch halbterritorialistischen Neuzeitstaate, in welchem sogar die Verwaltung der indirekten oder Reichssteuern noch den Gliedstaaten obliegt, auf dem
Einzelstaate. Dieser hauptsächlich hat die Pflicht, den Tragbalken
des Gesammtfinanzsystems vor Schwankungen möglichst zu bewahren.
Er hat die Pflicht, die Ausfälle des Gesammtstaatshaus-
haltes zu decken, wie er anderseits das Recht und den nothwendigen Einfluß haben muß, es zu bewirken, daß die Entwickelung der indirekten Besteuerung nach den Anforderungen
des Gesammtsteuersystems stattfinde und daß die hiernach
möglichen „Ueberweisungen" aus dem Erträgniß der indirekten

Steuern, soweit dieses Erträgniß den Reichsbedarf übersteigt, auch wirklich erzielt werden. Dagegen hat das Reich auf diejenige Steuer, welche als Steuer der Herstellung und Erhaltung des Finanzgleichgewichtes anzusehen ist, welche deshalb auch als die regulative Hauptsteuer des Gesammtsteuersystems anzusehen ist: nämlich auf die allgemeine Einkommensteuer, einen Anspruch nicht zu erheben. Ergeben sich Ausfälle im Reiche, so ist es Sache der Einzelstaaten, die Schraube dieser von ihnen auch ausschließlich verwalteten Regulativ- oder Hauptsteuer anzuziehen. Durch die Bestimmung der Matrikularbeiträge hat das Reich es völlig in der Hand, dieses zu bewirken.

Ob das Reich die Befugniß eingeräumt erhalten soll, gewisse Summen der Matrikularbeiträge lediglich auf die allgemeinen Einkommensteuern der Länder auszuschreiben, darüber läßt sich streiten. Sehr praktisch wäre jedoch der Streit nicht.

Das Gesagte ergiebt, wie entscheidend für die angeregten Fragen wiederum der Charakter der Verfassung ist, welche ein Reich hat und zur Zeit allein haben kann; es ist die Mischlingsverfassung zwischen Territorial- und Neustzeitstaat, die Verfassung des sog. Bundesstaates. Jede einseitige Ernährung der Landeshaushalte vom Reiche aus ist ein Schritt weiter zur einheitlichen Form des Neustzeitstaates. Vielleicht sind solche Schritte jetzt schon unvermeidlich, und wenn sie von der partikularistischen Unschuld gemacht werden, auch nicht zu beklagen.

Die goldene Regel, welche für die Bewahrung des Finanzgleichgewichtes entscheidend ist,[1] kann im halbterritorialistischen Bundesstaat von den Gliedstaaten aus so wirksam gehandhabt werden, als im Einheitsstaat von den Vollzugs- und Vertretungs-Centralgewalten aus.

---

[1] Vergl. „Theorie der Deckung des Staatsbedarfes", Tüb. Ztschr. 1883. S. 646 ff.

Druck von H. S. Hermann in Berlin.